FÍSICO-QUÍMICA
Caderno de Atividades
3ª edição

JOSÉ RICARDO L. ALMEIDA

NELSON BERGMANN

Direção Geral:	Julio E. Emöd
Supervisão Editorial:	Maria Pia Castiglia
Revisão de Texto:	Patrícia Gazza
Revisão de Provas:	Mônica Roberta Suguiyama
Ilustrações:	KLN
	Ana Olívia Justo
Editoração Eletrônica:	AM Produções Gráficas Ltda.
Capa:	Grasiele Lacerda Favatto Cortez
Fotografias da Capa:	Shutterstock: Dencg, Dusan Zidar, Dwayne Fussell, Ifong, Kekyalyaynen, Nik Merkulov, Sunny Forest, Zhu Difeng
Impressão e Acabamento:	Cromosete Gráfica e Editora Ltda.

Dados Internacionais de Catalogação na Publicação (CIP)
(Câmara Brasileira do Livro, SP, Brasil)

Almeida, José Ricardo L.
    Físico-química : caderno de atividades / José Ricardo L. Almeida, Nelson Bergmann. - - 3. ed. -- São Paulo : HARBRA, 2015.

    Bibliografia.
    ISBN 978-85-294-0446-2

    1. Físico-química 2. Ensino médio I. Bergmann, Nelson. II. Título.

14-11671   CDD-541.307

Índices para catálogo sistemático:
1. Físico-química : Ensino médio   541.307

Todos os direitos reservados. Nenhuma parte desta edição pode ser utilizada ou reproduzida – em qualquer meio ou forma, seja mecânico ou eletrônico, fotocópia, gravação etc. – nem apropriada ou estocada em sistema de banco de dados, sem a expressa autorização da editora.

FÍSICO-QUÍMICA – CADERNO DE ATIVIDADES – 3ª edição

Copyright © 2015 por editora HARBRA Ltda.
Rua Joaquim Távora, 629
04015-001 São Paulo – SP
Promoção: (0.xx.11) 5084-2482 e 5571-1122. Fax: (0.xx.11) 5575-6876
Vendas: (0.xx.11) 5084-2403, 5571-0276 e 5549-2244. Fax: (0.xx.11) 5571-9777

ISBN 978-85-294-0446-2

Apresentação

> "A satisfação da própria curiosidade é uma das grandes fontes de felicidade da vida."
> *"Satisfaction of one's curiosity is one of the greatest sources of happiness in life."*
>
> Linus Pauling
> Químico norte-americano, prêmio Nobel de Química (1954) e da Paz (1962).

Já se foi o tempo em que a Química era vista como um conjunto de teorias e suposições sobre algo que não se sabia exatamente o que era, sobre um tipo de "mágica".

Constata-se, hoje, que a Química está presente em todas as atividades humanas, na vida dos seres, nas relações comerciais, na luz que emana da combustão de uma folha de papel.

Os antigos egípcios afirmavam que o significado de Kēme (chem), a Química, era "terra". E estavam certos. A amplitude e abrangência da ciência Química em nossa Terra podem até mesmo nos amedrontar, mas para não deixar que isso aconteça é preciso conhecer essa ciência. Não só o que ela foi e o que ela é, mas também o que ela será.

Química é *transformação* e *conexão*. E o mesmo pode ser afirmado para o objetivo deste trabalho: o *conhecimento*.

Nosso convite tem como origem a pretensão (nada modesta!) de transformar a visão que se tem da Química e inseri-la em um mundo que faça jus às particularidades contemporâneas, sem, contudo, esvaziar sua grandeza. Com esta coleção almeja-se apresentar de forma descontraída e precisa não só os preceitos básicos, mas também discussões mais aprofundadas da ciência central. Deseja-se, enfim, poder partilhar cada uma dessas reflexões com aqueles que agora leem estas palavras, porque só assim fará sentido querer compreendê-las.

Com esse objetivo, os conteúdos de Química passam a ser divididos, a partir desta edição, em quatro volumes, cada um contendo exercícios agrupados em séries em ordem crescente de dificuldade (Séries Prata e Ouro, para o livro de **Química Geral**; Séries Prata, Ouro e Platina para os demais), de modo a guiar os alunos nessa escalada do conhecimento.

No livro **Química Geral**, o aluno percorrerá os conceitos fundamentais da atomística e química geral.

A química orgânica, por sua vez, é tratada com exclusividade pelo livro **Química Orgânica**. Esse volume aborda os diversos tipos de reações até a introdução da bioquímica.

No livro **Físico-Química**, que busca estabelecer o primeiro contato entre a Química e a Física, passa-se pelo estudo das soluções, propriedades coligativas, termoquímica, cinética, equilíbrio molecular e iônico. Essa linha de estudo da físico-química será encerrada e aprofundada pelo livro **Eletroquímica**, que também aborda conceitos como pilhas, pilhas combustíveis e processos de eletrólise, colocando em pauta, do ponto de vista econômico e sustentável, possíveis fontes alternativas de energia.

Além da nova organização dos volumes, nesta nova edição foram inseridos **Exercícios Resolvidos** de modo a auxiliar o estudante no processo de aprendizagem.

E se a sustentabilidade é uma das palavras de ordem da Química do novo milênio, não poderíamos deixar de evoluir também nesse sentido. A partir desta edição, os gabaritos e resoluções dos exercícios encontram-se disponíveis na Internet e podem ser acessados pelos alunos por meio da plataforma da editora HARBRA, responsável pela edição deste material.

Nosso agradecimento especial aos alunos por nos acompanharem na procura por uma visão transformadora da Química, inserindo-a no século XXI, de modo sustentável e limpo, sem perder o foco com as relações do cotidiano.

Um abraço,
Os autores.

Conteúdo

1 Soluções 7
Tipos de solução.. 7
Soluções aquosas: o objeto de estudo 8
Como preparar uma solução em laboratório 8
Concentração de solução (C) 8
A densidade nos dias de hoje 9
Concentrações expressas em porcentagem 10
Partes por milhão (ppm) 10
Concentração em mol/L (M ou [ ]) 10
Concentração em mol/L de íons 11
Relações entre as unidades de concentração...... 11
Exercícios Série Prata 12
Exercícios Série Ouro 19
Exercícios Série Platina 27

2 Diluição e Mistura 29
Diluição 29
Mistura de soluções de mesmo soluto 29
Mistura de soluções de solutos diferentes
   sem reação química 29
Mistura de soluções com reação química 30
Exercícios Série Prata 30
Exercícios Série Ouro 35
Exercícios Série Platina 40

3 Titulação 43
Conceito 43
Indicadores ácido-base 43
Esquema da titulação 43
Equação da titulação ácido-base 43
Exercícios Série Prata 44
Exercícios Série Ouro 47
Exercícios Série Platina 52

4 Propriedades Coligativas 54
Evaporação de um líquido em recipiente aberto ... 54
Evaporação em recipiente fechado –
   Pressão de vapor... 54
A pressão de vapor não depende da quantidade de
   líquido nem do espaço ocupado pelo vapor 55
Fatores que afetam a pressão de vapor............... 55
Diminuição da pressão de vapor: tonoscopia 56
Quando um líquido entra em ebulição?............... 57
Influência da pressão externa em função da
   temperatura de ebulição................................. 58
Aumento da temperatura de ebulição:
   ebulioscopia... 58
Diminuição da temperatura de congelamento:
   crioscopia 59
Diagramas de fases 59
Osmose.. 61
Efeito coligativo 63
Exercícios Série Prata 63
Exercícios Série Ouro 71
Exercícios Série Platina 78

5 Termoquímica 82
O que estuda a termoquímica?............................. 82
Como determinar o calor de uma
   reação química?.. 82
Conceito de calor e suas unidades 83
Processo exotérmico e endotérmico.................... 83
Relação entre ΔH e ΔU. Por que se usa
   ΔH e não ΔU?... 84
Cálculo do ΔH 84
Diagrama de energia de uma reação exotérmica
   ($\Delta H < 0$) 85
Diagrama de energia de uma reação endotérmica
   ($\Delta H > 0$) 85
Fatores que afetam o ΔH de uma reação 85
Equação termoquímica... 87
Tipos de ΔH... 87

Lei de Hess: medida do ΔH por soma de equações 88
Cálculo do ΔH de uma reação usando somente os ΔH_f^0 – simplificando a Lei de Hess. 89
Energia de ligação 90
ΔH de dissolução (ΔH_{diss}) 91
ΔH de neutralização 92
Exercícios Série Prata 92
Exercícios Série Ouro 100
Exercícios Série Platina 113

6 Cinética Química 119

Introdução 119
Variação da concentração dos participantes de uma reação química com o tempo 119
Velocidade (ou rapidez) das reações químicas 120
Diferença entre velocidade média e velocidade instantânea 120
Inclinação de curva do gráfico concentração *versus* tempo 121
Por que as reações químicas ocorrem? 121
Teoria das colisões 121
Teoria do complexo ativado 121
Energia de ativação (E_a) 122
Gráfico de energia de ativação 122
Fatores que alteram a velocidade da reação 122
Equação da velocidade 124
Exercícios Série Prata 127
Exercícios Série Ouro 137
Exercícios Série Platina 146

7 Equilíbrio Químico Molecular 151

Introdução 151
Reação reversível 151
Equilíbrio químico 152
Gráficos envolvendo equilíbrio químico 152
Tipos de equilíbrios químicos 153
Rendimento de uma reação reversível ou grau de equilíbrio (α) 153
Constante de equilíbrio (K) 154
O significado da constante de equilíbrio 155
Operações matemáticas com equações de equilíbrio e as respectivas constantes 156
O quociente de reação, Q 156
Exercícios Série Prata 157
Exercícios Série Ouro 165
Exercícios Série Platina 178

8 Deslocamento de Equilíbrio 180

Produção de aço no alto-forno 180
Efeito da concentração 181
Efeito da pressão 182
Efeito da temperatura 183
Efeito do catalisador 184
Exercícios Série Prata 186
Exercícios Série Ouro 192
Exercícios Série Platina 202

9 Equilíbrios Iônicos em Solução Aquosa 206

Conceito 207
Teorias que explicam a formação de íons quando dissolvemos um ácido fraco ou base fraca em água 207
Deslocamento de equilíbrios iônicos 210
Exercícios Série Prata 212
Exercícios Série Ouro 218
Exercícios Série Platina 226

10 pH e pOH 227

A origem da escala de pH 227
Equilíbrio iônico da água 227
Produto iônico da água (Kw) 228
Kw a 25 °C 228
Influência da temperatura no Kw 228
Meio neutro (solução aquosa neutra) 228
Meio ácido (solução aquosa ácida) 229
Meio básico ou alcalino (solução aquosa básica) 229
pH e pOH 229
pH + pOH = 14 a 25 °C 229
Escala pH 230
Cálculo de H^+ de um ácido fraco 230
Cálculo de OH^- de uma base fraca 230
A medida do pH na prática 230
Exercícios Série Prata 231
Exercícios Série Ouro 235
Exercícios Série Platina 247

11 Hidrólise Salina 251

Por que o papel fica amarelo 251
Força de ácidos e bases 251
Força de par conjugado 251
Conceito de sal 251

Caráter ácido-base de uma solução aquosa de sal 251
Conceito de hidrólise salina 252
Quando um ânion sofre hidrólise? 252
Quando um cátion sofre hidrólise? 252
Cálculo do pH de uma solução aquosa de sal ... 253
Exercícios Série Prata 253
Exercícios Série Ouro 256
Exercícios Série Platina 263

12 Solução-tampão – Curva de Titulação 264

Distúrbios do equilíbrio ácido-básico nos seres vivos 264
Solução-tampão 265
Como se prepara uma solução-tampão? 265
Como funciona um tampão? 265
Cálculo do pH de um tampão 265
Tampão nos seres vivos 266
Curvas de titulação 266
Exercícios Série Prata 269
Exercícios Série Ouro 272
Exercícios Série Platina 276

13 Equilíbrio da Dissolução 277

A "dança da chuva" moderna 277
Poluição da água por íons de metais pesados 278
Introdução 278
Solubilidade ou coeficiente de solubilidade 278
Solução supersaturada 279
Curvas de solubilidade 280
Solubilidade dos gases na água 283
Equilíbrio químico entre a solução saturada e o corpo de fundo de uma substância pouco solúvel em água 284
Produto de solubilidade 285
Relação entre K_s e S 286
Efeito do íon comum sobre a solubilidade 286
Quando ocorre a precipitação ao misturarmos duas soluções? 287
Precipitação seletiva – separação de íons pela diferença de solubilidade 287
Exercícios Série Prata 288
Exercícios Série Ouro 297
Exercícios Série Platina 308

14 Radioatividade 313

Séries radioativas naturais 313
Descoberta da radioatividade 314
Conceito de radioatividade 314
Tipos de radiação 314
Leis das emissões radioativas 315
Reação nuclear artificial ou transmutação artificial 317
Meia-vida ou período de semidesintegração (P ou $t_{1/2}$) 317
Fissão nuclear induzida 317
Fusão nuclear 321
Datação de compostos orgânicos (por C-14) 321
Outros usos 322
Exercícios Série Prata 322
Exercícios Série Ouro 327
Exercícios Série Platina 332

Bibliografia 334

Capítulo 1
Soluções

Diferentemente da massa e do volume, a densidade é uma propriedade física que nos permite identificar as substâncias. Talvez um dos registros históricos mais famosos sobre o uso dessa propriedade para esse fim seja a história de Arquimedes e a coroa do rei Hieron.

No século III a.C., o rei de Siracusa, cidade da Sicília, encomendou a um ourives uma coroa de ouro. Ao receber o objeto, o rei desconfiou que o ourives não tivesse utilizado apenas ouro, mas sim uma mistura de ouro e prata. Para tirar a prova, o rei solicitou a ajuda do matemático grego Arquimedes para verificar se sua coroa possuía prata em sua composição.

Arquimedes conseguiu encontrar uma solução para o problema quando observou que poderia calcular o volume de um sólido irregular a partir do volume de água que ele desloca quando imerso.

Conta-se que ele teria corrido pela rua, nu, gritando "*Eureka! Eureka!*" ("Encontrei! Encontrei!")

Com a medida do volume da coroa, foi possível determinar sua densidade, que, atualmente, definimos como a razão entre a massa e o volume de determinado material:

$$d = \frac{m}{V}$$

onde m é a massa e V é o volume do material.

Ao comparar com as densidades dos metais puros (ouro e prata), Arquimedes determinou que prata havia sido utilizada na produção da coroa, o que levou o rei Hieron a condenar o ourives, que o havia enganado, à morte.

1. Tipos de solução

A coroa produzida pelo ourives para enganar o rei Hieron era composta por uma *mistura homogênea*, também chamada de **solução**, na qual a prata estava dissolvida no ouro. Por estar no estado sólido, essa mistura recebe o nome de uma **solução sólida**.

Dependendo do estado de agregação, teremos soluções **sólidas**, **líquidas** e **gasosas**.

Ouro 18k: solução sólida (mistura homogênea no estado sólido) de ouro e outros metais, como cobre e prata.

Água do mar: solução líquida na qual diversas substâncias (como sais) estão dissolvidas em água.

Ar: solução gasosa (mistura homogênea no estado gasoso), composta principalmente pelos gases nitrogênio (N_2) e oxigênio (O_2).

2. Soluções aquosas: o objeto de estudo

Dentre os diversos tipos de soluções possíveis, destacam-se na Química as **soluções aquosas**, soluções líquidas nas quais o meio utilizado é a água.

As soluções aquosas são de extrema importância para a Química, pois são mais fáceis de manusear e preparar do que as soluções sólidas e gasosas. Além disso, as reações em soluções aquosas apresentam maiores velocidades, agilizando o trabalho do químico.

Quando dissolvemos uma pequena quantidade de sal na água, a água é capaz de dissolver todo o sólido adicionado e obteremos uma mistura homogênea, ou seja, uma solução aquosa. Na solução produzida, os componentes utilizados (sal e água) recebem nomes específicos: ao sal, damos o nome de **soluto** (substância que está sendo dissolvida), e à água, o de **solvente** (substância que efetua a dissolução).

Assim: uma **solução** é uma *mistura homogênea*, na qual o **soluto** está disperso (espalhado) no **solvente**.

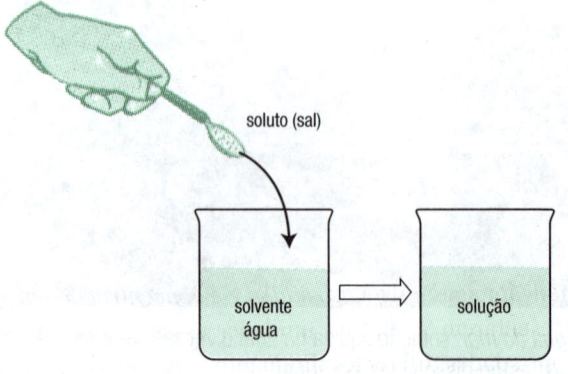

3. Como preparar uma solução aquosa em laboratório

As etapas de preparação de uma solução aquosa em laboratório são simples. Para este procedimento, são necessários uma balança digital, um balão volumétrico e uma pisseta. Vamos preparar uma solução aquosa de cloreto de sódio (NaCl) em água:

(1) Pegue um balão volumétrico vazio de 1 L.
(2) Pese 30 g de NaCl em uma balança digital e adicione no balão volumétrico.
(3) Adicione um pouco de água e, com o balão tampado, inverta-o várias vezes para dissolver o soluto.
(4) Adicione água até atingir o traço de calibração para obter uma solução de volume igual a 1 L.

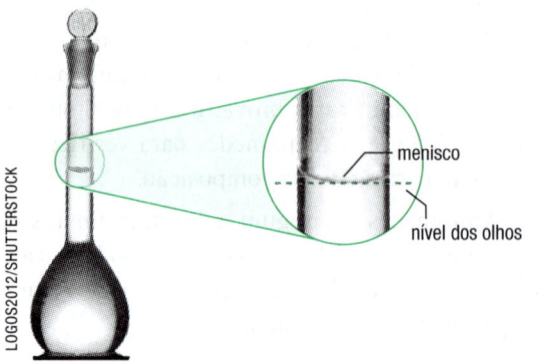

Ao término dessas etapas, a solução aquosa final conterá 30 g de NaCl em cada litro de solução. Essa solução é armazenada em um recipiente adequado, etiquetado com a identificação da solução contida:

rótulo —— NaCl(aq) = 30 g em 1 L

4. Concentração de solução (C)

Quando o químico prepara uma solução aquosa, ele tem conhecimento da quantidade de soluto dissolvido em determinado volume de solução.

Como as soluções são misturas homogêneas, a razão $\dfrac{\text{quantidade de soluto}}{\text{quantidade de solução}}$ é constante para qualquer porção de solução, ou seja, a quantidade de soluto e a quantidade de solução são grandezas diretamente proporcionais.

Na solução preparada (30 g de NaCl em 1 L de solução):

• se retirarmos 0,5 L, teremos 15 g de NaCl.
• se retirarmos 0,25 L, teremos 7,5 g de NaCl.
• se retirarmos 0,1 L, teremos 3,0 g de NaCl.

Na maioria dos casos, a massa do soluto é expressa em gramas e o volume de solução é expresso em litros. Por isso, a razão $\frac{\text{quantidade de soluto}}{\text{quantidade de solução}}$ é chamada de **concentração em g/L**.

$$C = \frac{m_1 \text{ (g)}}{V \text{ (L)}}$$

onde m_1 é a massa do soluto em gramas e V é o volume de solução em litros. No nosso exemplo, tem-se:

$$C = \frac{30 \text{ g}}{1 \text{ L}} = 30 \text{ g/L}$$

No laboratório, também são utilizadas outras unidades de concentração, como mg/L e μg/dL (1 L = 10 dL e 1 μ = 10^{-6} g).

5. A densidade nos dias de hoje

Quando sabemos como foi preparada determinada solução aquosa, teremos conhecimento de sua concentração. Contudo, se um frasco sem rótulo for encontrado no laboratório, a propriedade mais fácil de ser determinada é a sua **densidade**.

De forma semelhante a Arquimedes, a densidade pode ser utilizada em uma primeira análise da solução, uma vez que é uma propriedade de fácil medição.

No exemplo anterior (solução de 30 g de NaCl em 1 L de água), com o auxílio de uma balança é possível determinar a massa de 1 L de solução:

m = massa do recipiente com solução – massa do recipiente vazio = 1.029 g

V = 1 L = 1.000 mL

$$d = \frac{m}{V} = \frac{1.029 \text{ g}}{1.000 \text{ mL}} = 1{,}029 \text{ g/mL}$$

Em outras unidades, tem-se:

1,029 g/cm³ ou 1,029 kg/L ou 1.029 g/L

A densidade de uma solução líquida, como a aquosa, é facilmente determinada por meio de um equipamento chamado **densímetro**. Trata-se de um tubo de vidro com certa massa (de um metal denso, como chumbo) na base. Na parte superior do tubo, há uma escala graduada em g/mL. Quanto maior a densidade da solução, menor será o volume de líquido deslocado e, portanto, o densímetro flutuará mais.

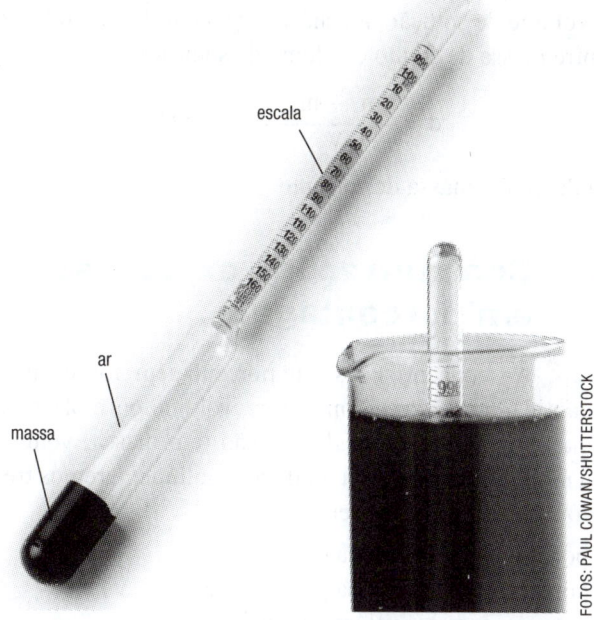

À esquerda, densímetro e, à direita, imerso em um líquido.

Esses equipamentos estão presentes em todas as bombas de álcool combustível e permitem que o motorista avalie rapidamente se o combustível utilizado para abastecer seu carro está dentro das especificações. Se o álcool tiver sido adulterado por adição de água em excesso, a densidade da mistura aumentará, provocando a elevação do tubo de vidro.

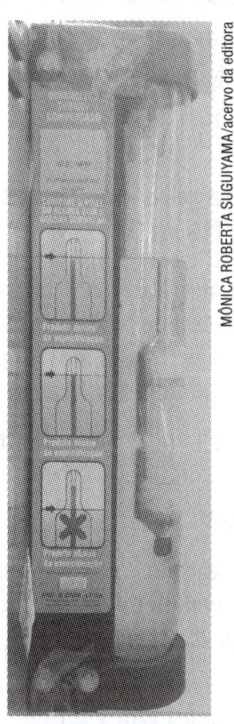

Atenção: apesar de a *densidade* e a *concentração em g/L* apresentarem a mesma unidade, essas grandezas são propriedades diferentes. Enquanto a densidade expressa uma relação entre massa de solução (soluto + solvente) e volume de solução, a concentração em g/L é a relação entre massa de soluto e volume de solução:

$$d = \frac{m_1 + m_2}{V} \neq \frac{m_1}{V} = C$$

onde m_2 é a massa de solvente.

6. Concentrações expressas em porcentagem

As concentrações em porcentagem fornecem a quantidade de soluto (em massa, volume ou mol) existente em 100 unidades de solução (em massa, volume ou mol). Dependendo da unidade escolhida, teremos três principais tipos de porcentagem:
- porcentagem em massa (% m/m),
- porcentagem em massa por volume (% m/V) e
- porcentagem em volume (% V/V).

6.1 Porcentagem em massa (% m/m)

O químico preparou a solução aquosa anterior de NaCl e determinou tanto sua densidade como a concentração em g/L.

Agora, ele deseja saber qual é a porcentagem em massa de soluto nessa solução, isto é, a massa do soluto em gramas presente em 100 g de solução:

1.029 g de solução ——— 100%
30 g de NaCl ——— x

x = 2,9% m/m

6.2 Porcentagem em massa por volume (% m/V)

Outra possibilidade para expressar a concentração da solução aquosa de NaCl é através da porcentagem em massa por volume, que indica a massa de soluto presente em 100 mL de solução:

30 g de NaCl ——— 1.000 mL de solução
x ——— 100%

x = 3% m/V

Sabendo-se todas essas unidades de concentração, o rótulo completo do recipiente que contém a solução aquosa de NaCl ficará:

rótulo —
NaCl(aq)
d = 1,029 g/mL
C = 30 g/L
2,9% m/m
3% m/V

6.3 Porcentagem em volume (% V/V)

Quando trabalhamos com soluções líquidas ou gasosas, o volume dos componentes pode ser facilmente medido, o que permite determinar a porcentagem em volume dessas soluções, que indica o volume de soluto, em L ou em mL, presente em 100 L ou 100 mL de solução.

Nota: o grau GL (Gay-Lussac) é uma unidade de concentração que indica porcentagem em volume de etanol presente no álcool comercial (solução aquosa de etanol).

7. Partes por milhão (ppm)

Existem situações em que a quantidade de soluto é muito pequena em relação à quantidade da solução. A concentração normal de zinco (utilizado na síntese do DNA) no sangue, por exemplo, está entre 0,5 e 1,1 µg por mL. Fora do nosso corpo, encontramos, em cada quilo de ar próximo dos centros metropolitanos, apenas 40 mg de monóxido de carbono (CO); já em 1 g de água potável, temos cerca de $5,0 \cdot 10^{-4}$ mg de mercúrio (Hg).

Nesses casos, para evitar o inconveniente de números tão pequenos, costuma-se utilizar a concentração em **partes por milhão (ppm)**, que corresponde à quantidade de soluto referente à 10^6 quantidade de solução.

Para o caso da água contaminada com Hg, temos:

$5,0 \cdot 10^{-4} \cdot 10^{-3}$ g de Hg ——— 1 g água
x ——— 10^6

x = 0,5 ppm

Observações:
- para soluções aquosas diluídas, a densidade da solução se aproxima da densidade da água pura (1 kg/L). Para essas soluções, 1 ppm = 1 mg/L;
- para concentrações ainda menores, os químicos empregam as unidades *ppb* (partes por bilhão) e *ppt* (partes por trilhão).

1 milhão = 10^6; 1 bilhão = 10^9; 1 trilhão = 10^{12}

8. Concentração em mol/L (M ou [ ])

Depois de preparadas as soluções, o químico deseja realizar reações químicas. Contudo, a proporção fornecida pelos coeficientes estequiométricos das equações químicas apresenta como unidade o **mol**.

$2\ NaOH + 1\ H_2SO_4 \longrightarrow Na_2SO_4 + 2\ H_2O$
2 mol   1 mol   1 mol   2 mol

Por esse motivo, é interessante expressar a concentração de soluto em função da quantidade em mol, o que facilita o cálculo estequiométrico. A essa nova unidade de concentração dá-se o nome de **concentração em mol/L**:

$$M = \frac{n_1}{V}$$

onde n_1 é a quantidade em mol de soluto que pode ser calculada por meio da fórmula:

$$n_1 = \frac{m_1}{\overline{M}_1}$$

onde $\overline{M}_1$ é a massa molar do soluto.

Logo, é válido que:

$$M = \frac{m_1}{\overline{M}_1 V}$$

Para a solução de NaCl já preparada, sua concentração em mol/L é dada por:

30 g/L ——— M
58,51 g ——— 1 mol
M = [NaCl] = 0,51 mol/L

Agora, podemos completar o rótulo do frasco que contém essa solução aquosa com a concentração em mol/L:

rótulo ——
> NaCl(aq)
> d = 1,029 g/mL
> C = 30 g/L
> 2,9% m/m
> 3% m/V
> 0,51 mol/L

9. Concentração em mol/L de íons

Sabemos que as soluções aquosas de ácidos, bases e sais apresentam íons hidratados dispersos:

$HCl(g) \xrightarrow{H_2O} HCl(aq) \xrightarrow{H_2O} H^+(aq) + Cl^-(aq)$

$NaOH(s) \xrightarrow{H_2O} NaOH(aq) \xrightarrow{H_2O} Na^+(aq) + OH^-(aq)$

$NaCl(s) \xrightarrow{H_2O} NaCl(aq) \xrightarrow{H_2O} Na^+(aq) + Cl^-(aq)$

Para determinar a concentração em mol/L dos íons em solução, é necessário dissociar o soluto, respeitando a proporção estequiométrica:

$$CaCl_2(aq) \xrightarrow{H_2O} Ca^{2+}(aq) + 2\,Cl^-(aq)$$
0,1 mol/L   0,1 mol/L   0,2 mol/L

Nesse caso, temos:

$[Ca^{2+}] = 0{,}1$ mol/L
$[Cl^-] = 0{,}2$ mol/L

Por meio da concentração em mol/L dos íons, podemos verificar que uma solução aquosa é **eletricamente neutra**, isto é, a soma das cargas dos íons em mol/L é igual a zero. Contudo, essas soluções são **condutoras de corrente elétrica**, uma vez que apresentam íons livres dispersos na solução.

Retornando ao exemplo do cloreto de cálcio ($CaCl_2$), obtemos:

Ca^{2+} Cl^-
0,1 mol/L   0,2 mol/L
Carga: $(+2) \cdot (0{,}1) + (-1) \cdot (0{,}2) = 0$

10. Relações entre as unidades de concentração

Em alguns casos, é necessário realizar a conversão de uma unidade para outra. Nesses casos, a conversão pode ser efetuada a partir das definições das unidades de concentração e de regras de três ou por meio de fórmulas de conversão. As principais fórmulas utilizadas são:

Convertendo $C_{g/L}$ em $\%_{m/m}$

$$C = \frac{d \cdot \%\,m/m}{100}$$

(d em g/L)

$$C = 10 \cdot d \cdot \%\,m/m$$

(d em g/mL)

Convertendo ppm em $\%_{m/m}$

$$ppm = 10^4\,\%\,m/m$$

Convertendo $C_{g/L}$ em $C_{mol/L}$

$$C = M \cdot \overline{M}_1$$

Exercícios Série Prata

Preencha corretamente as lacunas a seguir.

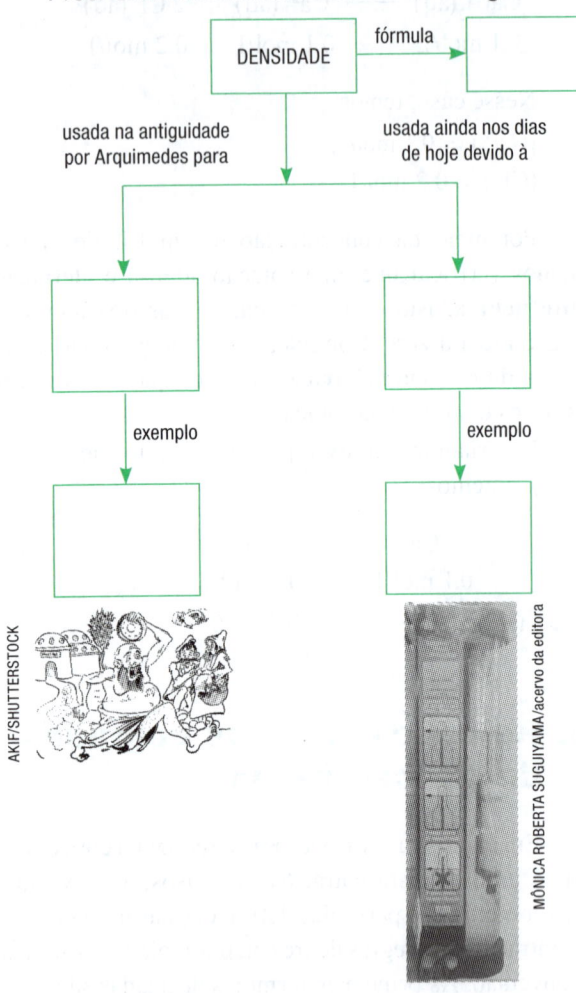

1. 240 g de certo soluto foram adicionados a 960 g de H₂O. O volume obtido da solução é 1,0 L. Calcule a densidade da solução em g/mL.

2. Uma solução cuja densidade é 1.150 g/L foi preparada dissolvendo-se 160 g de NaOH em 760 cm³ de água. Determine a massa da solução obtida e seu volume.
   Dado: densidade da água = 1,0 g/cm³.

3. Um estudante deseja verificar a densidade de uma certa solução. Com auxílio de uma pipeta ele retira 20 mL dessa solução e constata que a amostra pesa 30 g. Pergunta-se:
   a) Qual a densidade da solução?
   b) Qual a massa da solução contida num volume de 4,0 mL?
   c) Qual o volume da solução cuja massa seja 92 g?

4. Um estudante preparou 500 mL de solução aquosa de NaOH de concentração 40 g/L da seguinte maneira: pesou 20 g de NaOH e adicionou a um balão volumétrico de capacidade 500 mL. Em seguida adicionou 500 mL de água destilada. Justifique:
   a) se o estudante agiu corretamente;
   b) se a concentração da solução preparada é maior, menor ou igual a 40 g/L.

5. Em um balão volumétrico de 400 mL, são colocados 18 g de cloreto de sódio e água suficiente para atingir a marca do gargalo. Determine a concentração dessa solução em g/L.

6. Um adulto possui, em média, 5 L de sangue com cloreto de sódio dissolvido na concentração de 5,8 g/L. Qual a massa total de NaCl no sangue de uma pessoa adulta?

7. Sabendo que o soro fisiológico contém sal de cozinha na concentração de 9 g/L, calcule o volume de soro que você pode preparar com 45 g de NaCl.

8. (FUVEST – SP) Foi determinada a quantidade de SO_2 em certo local de São Paulo. Em 2,5 m^3 de ar foram encontrados 220 µg de SO_2. A concentração de SO_2, expressa em µg/m^3, é:
a) 0,011.
b) 0,88.
c) 55.
d) 88.
e) 550.

9. Em um laboratório há dois frascos, **A** e **B**, contendo soluções aquosas, em cujos rótulos pode-se ler: concentração 110 g/L e densidade 1,10 g/mL, respectivamente. Comparando as duas soluções dos frascos **A** e **B**, pode-se afirmar que:

a) a solução do frasco **A** é mais concentrada do que a solução do frasco **B**.
b) as massas de soluto dissolvidas nos dois frascos **A** e **B** são iguais.
c) o mesmo soluto está dissolvido nos frascos **A** e **B**.
d) a solução do frasco **B** é 100 vezes mais concentrada do que a do frasco **A**.
e) as concentrações das soluções dos frascos **A** e **B** podem ser iguais.

10. Uma xícara contém 90 g de café com leite. Considerando que você adoce essa mistura com duas colheres de chá, contendo 5 g de açúcar cada uma, a porcentagem em massa de açúcar comum será:
a) 12,5%.
b) 6,25%.
c) 25%.
d) 10%.
e) 5%.

Preencha corretamente as lacunas a seguir.

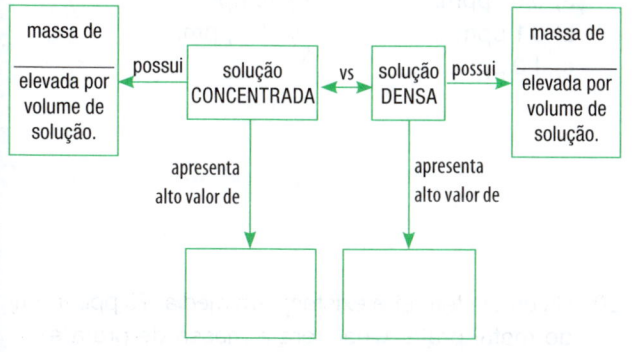

11. A água do mar é imprópria para consumo porque contém 3,5% em massa de sais dissolvidos. Em uma salina, determine a massa de água do mar necessária para produzir 700 kg de sais.

12. Quantos gramas de H_2O são necessários a fim de se preparar uma solução, a 20% em massa, usando 80 gramas de soluto?

a) 400.
b) 500.
c) 180.
d) 320.
e) 480.

13. Qual a % m/V de uma solução preparada usando 10 g de NaOH para 2.000 mL de solução?

14. Qual a massa de $C_{12}H_{22}O_{11}$ presente em 600 mL de solução 3% m/V?

15. Que volume de solução de KCl de 5% m/V podemos obter utilizando uma massa de sal igual a 10 g?

16. Uma solução excelente para limpar manchas de graxa em tecidos ou couros apresenta a seguinte composição: 80% V/V de CCl_4, 16% V/V de ligroína e 4% V/V de álcool amílico. Quantos mL de ligroína devem ser misturados para preparar 75 mL de solução?

17. 50 mL de gasolina foram misturados com 50 mL de água destilada. Foi obtida uma mistura heterogênea de duas fases: gasolina e água. A fase aquosa apresentou 61 mL. Calcule o teor de álcool nessa gasolina.

Resolução:

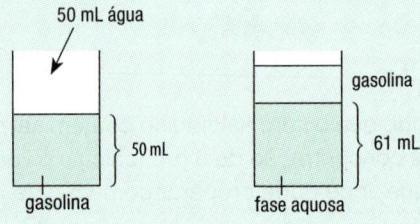

O aumento de 11 mL na fase aquosa é do álcool que estava na gasolina, pois o álcool é muito solúvel na água.

50 mL —————— 100%
11 mL —————— x   ∴ x = 22%

18. Em uma lata de 200 g de atum, informa-se que há mercúrio na concentração de 0,5 ppm. Calcule a massa de mercúrio.

19. A água potável pode conter uma quantidade máxima de 1,0 mg de íons Ba^{2+} por litro. Essa concentração de bário corresponde a:

a) 0,01 ppm.
b) 0,1 ppm.
c) 1,0 ppm.
d) 10 ppm.
e) 100 ppm.

20. Na crosta terrestre existem, em média, 70 ppb (m/m) do metal prata. Qual será a massa de prata existente em 1 tonelada da crosta terrestre?

21. Na cidade de São Paulo, por exemplo, a qualidade do ar é considerada inadequada se o teor de CO atingir 15 ppm (V/V). Nessa situação, qual é o volume de CO existente em cada metro cúbico de ar?

22. Em uma amostra de 100 L de ar de uma cidade há $2 \cdot 10^{-8}$ L do poluente SO_2. Calcule a concentração ppm (V/V).

23. Um refrigerante contém 0,1% em massa de benzoato de sódio. Qual o valor dessa concentração em ppm?

24. Qual a porcentagem em massa correspondente a 12 ppm?

25. O limite máximo permitido de íon cromo (Cr^{3+}) na água potável é de 100 ppb. Transforme essa relação em ppm.

26. Soro fisiológico pode ser produzido com 4,5 g de NaCl dissolvidos em 500 mL de água destilada (d = 1 g/mL). Admitindo que o volume final continue igual a 500 mL, calcule a concentração do soro em:
a) gramas por litro.
b) % em massa do soluto.
c) ppm.

27. Uma xícara contém 200 mL de leite adoçado com 6,84 g de açúcar. Determine a concentração em mol/L do açúcar.

Dado: massa molar do açúcar = 342 g/mol.

28. Quantos gramas de soluto há em 150 mL de solução 0,20 mol/L de HNO_3?

Dado: massa molar do HNO_3 = 63 g/mol.

29. A concentração de ouro na água do mar é igual a $2 \cdot 10^{-11}$ mol/L. Para produzir 1,0 g de ouro, qual o volume de água do mar que você deveria colher?

a) $2,5 \cdot 10^8$ L
d) $4 \cdot 10^7$ L
b) $2,5 \cdot 10^4$ L
e) 1.000 L
c) $4 \cdot 10^{11}$ L

Dado: massa molar do Au = 200 g/mol.

31. Calcule a massa necessária de sulfato de cobre (II) penta-hidratado, $CuSO_4 \cdot 5\ H_2O$, que deverá ser dissolvida em água para que sejam obtidos 500 mL de solução 0,02 mol/L.

Dados: massas molares em g/mol: Cu = 64, S = 32, O = 16, H = 1.

30. (ENEM) Ao colocar um pouco de açúcar na água e mexer até a obtenção de uma só fase, prepara-se uma solução. O mesmo acontece ao se adicionar um pouquinho de sal à água e misturar bem. Uma substância capaz de dissolver o soluto é denominada solvente; por exemplo, a água é um solvente para o açúcar, para o sal e para várias outras substâncias. A figura a seguir ilustra essa citação.

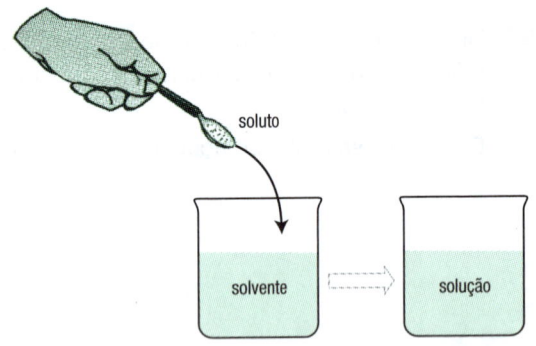

Disponível em: www.sobiologia.com.br.
Acesso em: 27 abr. 2010.

Suponha que uma pessoa, para adoçar seu cafezinho, tenha utilizado 3,42 g de sacarose (massa molar igual a 342 g/mol) para uma xícara de 50 mL do líquido. Qual é a concentração final, em mol/L, de sacarose nesse cafezinho?

a) 0,02
d) 200
b) 0,2
e) 2.000
c) 2

32. Uma solução de 0,8 mol/L de $CaCl_2$ apresenta:

a) $[Ca^{2+}] = 1,6$ mol/L e $[Cl^-] = 0,8$ mol/L.
b) $[Ca^{2+}] = [Cl^-] = 0,8$ mol/L.
c) $[Ca^{2+}] = [Cl^-] = 1,6$ mol/L.
d) $[Ca^{2+}] = 0,8$ mol/L e $[Cl^-] = 1,6$ mol/L.

33. Uma solução aquosa de K_3PO_4 apresenta 0,6 mol/L em relação aos cátions K^+. A concentração em mol/L dessa solução em relação ao sal será de:

a) 0,1 mol/L.
d) 0,4 mol/L.
b) 0,2 mol/L.
e) 0,5 mol/L.
c) 0,3 mol/L.

34. (PUC – PR) O sulfato de sódio, quando em solução aquosa, dissocia-se produzindo íons positivos e negativos. Uma solução 0,1 mol/L deste sal apresentará, respectivamente, uma concentração de íons positivos e negativos iguais a:

35. (CESGRANRIO – RJ) Em um balão volumétrico de 500 mL colocaram-se 9,5 g de $MgCl_2$ e completou-se o volume com H_2O destilada. Sabendo-se que o $MgCl_2$ foi totalmente dissolvido, identifique a concentração aproximada de íons Mg^{2+} nessa solução:

a) 0,05 mol/L.   d) 0,4 mol/L.
b) 0,1 mol/L.   e) 3,2 mol/L.
c) 0,2 mol/L.

Dados: $\overline{M}$: Mg = 24; Cl = 35,5.

Resolução:

$\overline{M} = (24 + 2 \cdot 35,5)$ g/mol $\therefore$ $\overline{M} = 95$ g/mol

$M = \dfrac{n_1}{V}$ $\therefore$ $M = \dfrac{m_1}{\overline{M}_1 V}$ $\therefore$ $M = \dfrac{9,5 \text{ g}}{95 \text{ g/mol} \cdot 0,5 \text{ L}}$

$\therefore$ M = 0,2 mol/L

$MgCl_2 \longrightarrow Mg^{2+} + 2\, Cl^-$
0,2 mol   0,2 mol

Resposta: alternativa c.

---

36. (FUVEST – SP) A massa de cloreto de crômio (III) hexa-hidratado, necessária para se preparar 1 litro de uma solução que contém 20 mg de Cr^{3+} por mililitro, é igual a:

a) 0,02 g.   d) 102,5 g.
b) 20 g.   e) 266,5 g.
c) 52 g.

Dados: massas molares, em g/mol: Cr = 52; cloreto de crômio hexa-hidratado = 266,5.

---

37. (ITA – SP) Sabe-se que uma solução só contém os seguintes íons:

0,10 mol/L de K^{1+}, 0,16 mol/L de Mg^{2+}, 0,16 mol/L de Cl^{1-} e **x** mol/L de SO_4^{2-}

Este **x** deve ser igual a:

a) 0,10.   d) 0,42.
b) 0,13.   e) 0,52.
c) 0,26.

Resolução:

Uma solução iônica é condutora de corrente elétrica, pois apresenta íons dispersos na solução.

Uma solução iônica é eletricamente neutra, pois a dissociação do soluto na água não altera a quantidade em mol de carga positiva e de carga negativa.

$Ca^{2+}Cl_2^{1-} \longrightarrow Ca^{2+} + 2\,Cl^{1-}$
2 mol de carga $\oplus$ 2 mol de carga $\oplus$ 2 mol de carga $\ominus$
2 mol de carga $\ominus$

No nosso exercício temos:

+0,10 + 0,32 − 0,16 − 2x = 0 $\therefore$ x = 0,13
 K^+ Mg^{2+} Cl^{1-} SO_4^{2-}

$[SO_4^{2-}] = 0{,}13$ mol/L

Resposta: alternativa b.

---

38. (ITA – SP) Um litro de uma solução aquosa contém 0,30 mol de íons Na^+, 0,28 mol de íons Cl^-, 0,10 mol de íons SO_4^{2-} e x mols de íons Fe^{3+}. A concentração de íons Fe^{3+} (em mol/L) presentes na solução é:

a) 0,03.   d) 0,18.
b) 0,06.   e) 0,26.
c) 0,08.

---

39. Considere uma solução aquosa de H_2SO_4 a 95% em massa e densidade 1,84 g/cm³. Pede-se:

a) concentração em g/L.
b) concentração em mol/L.

Dado: massa molar do H_2SO_4 = 98 g/mol.

Resolução:

1ª maneira:

a) 1 cm³ temos 1,84 g de solução
   1.000 cm³ (1 L) temos 1.840 g de solução.

   100% ———— 1.840 g
   95% ————— x

   x = 174,8 g (H_2SO_4) $\therefore$ C = 1.748 g/L

b) 98 g ———— 1 mol
   1.740 g ———— y

   y = 17,8 mol $\therefore$ M = 17,8 mol/L

2ª maneira:

a) C = 10 d p $\Rightarrow$ C = 10 · 1,84 · 95 $\therefore$ C = 1.748 g/L
b) C = M · $\overline{M}$ $\Rightarrow$ 1.748 = M · 98 $\therefore$ M = 17,8 mol/L

Cap. 1 | Soluções

40. O rótulo de uma garrafa de H_2SO_4 indica:

80% em massa

$d = 1,7$ g/mL

$\overline{M} = 98$ g/mol

Calcule:

a) a concentração em g/L;
b) a concentração em mol/L.

41. Uma solução de ácido sulfúrico apresenta 4,9% m/V.

Calcule:

a) a concentração em g/L;
b) a concentração em mol/L ($\overline{M} = 98$ g/mol).

42. Uma solução aquosa de $CaBr_2$ tem concentração igual a 10 g/L e densidade praticamente igual a 1 g/mL.

Calcule:

a) a porcentagem em massa;
b) a concentração em mol/L ($\overline{M} = 200$ g/mol).

43. (CESGRANRIO – RJ) A concentração do cloreto de sódio na água do mar é, em média, de 2,95 g/L. Assim sendo, a concentração em mol/L desse sal na água do mar é aproximadamente de:

a) 0,050.
b) 0,295.
c) 2,950.
d) 5,000.
e) 5,850.

Dado: massa molar de NaCl = 58,5 g/mol.

44. O vinagre contém ácido acético na concentração de 0,8 mol/L e a densidade da solução é igual a 1,0 g/mL. Nessas condições, a porcentagem em massa do ácido acético no vinagre é de:

a) 7,5%.
b) 0,75%.
c) 0,48%.
d) 4,8%.
e) 9,6%.

Dado: massa molar do ácido acético = 60 g/mol.

45. Uma solução de carbonato de cálcio ($CaCO_3$) apresenta concentração igual a 25 ppm em massa. A concentração em mol/L dessa solução é:

a) 0,00025.
b) 0,025.
c) 0,25.
d) 2,5.
e) 25.

Dado: densidade da solução = 1,0 g/mL; massa molar do $CaCO_3$ = 100 g/mol.

46. (UFV – MG) Soluções fisiológicas são soluções aquosas de NaCl a 0,9% (m/V). As concentrações aproximadas dessas soluções, expressas em mol/L e mg/L, são, respectivamente:
a) $1,5 \cdot 10^{-2}$ e $9,0 \cdot 10^2$.
b) $1,5 \cdot 10^{-2}$ e $9,0 \cdot 10^3$.
c) $1,5 \cdot 10^{-1}$ e $9,0 \cdot 10^4$.
d) $1,5 \cdot 10^{-1}$ e $9,0 \cdot 10^3$.
e) $1,5 \cdot 10^{-1}$ e $9,0 \cdot 10^2$.

Dado: massa molar: NaCl = 58,5 g/mol.

Exercícios Série Ouro

1. (FATEC – SP) A Agência Nacional de Petróleo (ANP) estabelece que a gasolina vendida no Brasil deve conter entre 22% e 26% de etanol em volume. Esse teor pode ser medido facilmente: de um dado volume de gasolina é possível extrair todo o etanol utilizando-se um volume de água idêntico ao da gasolina inicial. Assim, o teor de etanol no extrato aquoso será igual ao teor de etanol na amostra inicial de gasolina. Sabe-se que a densidade da mistura etanol-água é proporcional a seu teor de etanol, conforme mostra a tabela abaixo:

Densidade da mistura etanol-água (g/mL)	Teor de etanol na mistura (%)
0,969	15,8
0,954	23,7
0,935	31,6

Cinco diferentes amostras de gasolina foram analisadas, extraindo-se o etanol em fase aquosa. Mediu-se a densidade (d) desses extratos aquosos e os resultados são dados a seguir.

Assinale a alternativa em que a gasolina analisada encontra-se dentro das especificações da ANP.
a) Amostra 1: d = 0,959 g/mL.
b) Amostra 2: d = 0,969 g/mL.
c) Amostra 3: d = 0,954 g/mL.
d) Amostra 4: d = 0,935 g/mL.
e) Amostra 5: d = 0,925 g/mL.

2. (UFRJ) Um recipiente contém um líquido A de densidade 0,60 g/cm³ em volume V. Outro recipiente contém um líquido B de densidade 0,70 g/cm³ e volume 4V. Os dois líquidos são miscíveis. Qual a densidade da mistura?
a) 0,64 g/cm³
b) 0,62 g/cm³
c) 0,86 g/cm³
d) 0,70 g/cm³
e) 0,68 g/cm³

3. (FESP) O volume de álcool etílico que devemos misturar com 80 cm³ de água destilada para obtermos uma solução alcoólica de densidade 0,93 g/cm³ é (despreze a contração de volume que acompanha a mistura de álcool com água):

a) 4 cm³.
b) 40 cm³.
c) 60 cm³.
d) 70 cm³.
e) 65 cm³.

Dado: $d_{H_2O} = 1$ g/cm³; $d_{C_2H_5OH} = 0,79$ g/cm³.

4. (FUVEST – SP) O gráfico abaixo relaciona a densidade do álcool hidratado com a sua porcentagem de água. Pede-se:

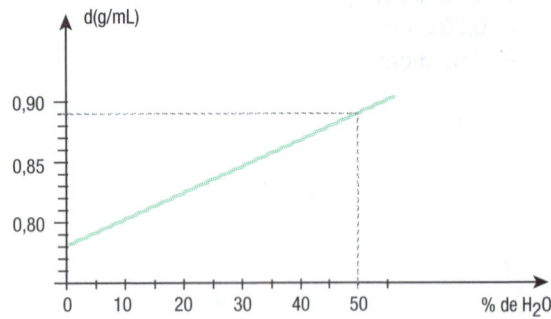

a) a porcentagem de álcool em uma solução de densidade 0,82 g/mL;
b) a massa, em gramas, de 1 litro de álcool com 30% de água.

5. (ENEM) Analise a figura.

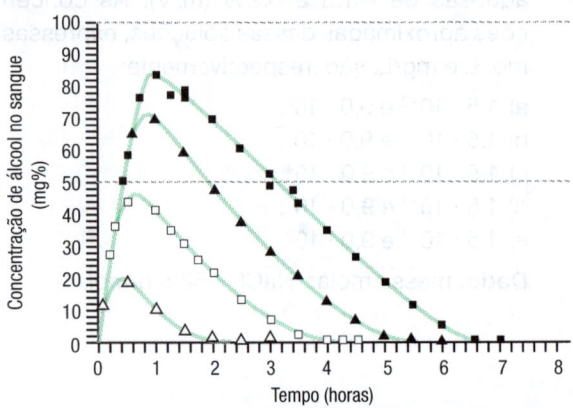

Disponível em: http://www.alcoologia.net.
Acesso em: 15/jul./2009 (adaptado).

Supondo que seja necessário dar um título para essa figura, a alternativa que melhor traduziria o processo representado seria:

a) Concentração média de álcool no sangue ao longo do dia.
b) Variação da frequência da ingestão de álcool ao longo das horas.
c) Concentração mínima de álcool no sangue a partir de diferentes dosagens.
d) Estimativa de tempo necessário para metabolizar diferentes quantidades de álcool.
e) Representação gráfica da distribuição de frequência de álcool em determinada hora do dia.

6. (FUVEST – SP) Água e etanol misturam-se completamente, em quaisquer proporções. Observa-se que o volume final da mistura é menor do que a soma dos volumes de etanol e de água empregados para prepará-la. O gráfico a seguir mostra como a densidade varia em função da porcentagem de etanol (em volume) empregado para preparar a mistura (densidades medidas a 20 °C).

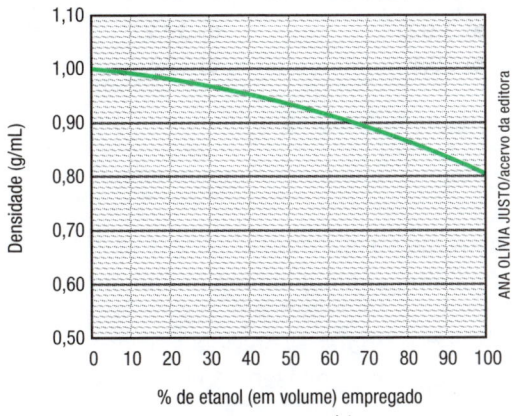

Se 50 mL de etanol forem misturados a 50 mL de água, a 20 °C, o volume da mistura resultante, a essa mesma temperatura, será de, aproximadamente,

a) 76 mL.
b) 79 mL.
c) 86 mL.
d) 89 mL.
e) 96 mL.

7. (FIR – PE) Uma solução de sulfato de cobre ($CuSO_4$) apresenta as seguintes quantidades do sal por volume de solução:

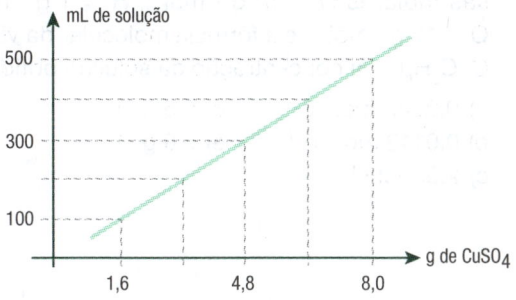

A concentração da solução é:

a) 10^2 g/L.
b) 10^0 mol/L.
c) 10^1 g/L.
d) 10^{-1} mol/L.
e) 10^2 mol/L.

Dado: massa molar do $CuSO_4$ = 160 g/mol.

8. (UFPA) O ácido cítrico (I) é utilizado em indústrias de alimentos como conservante dos produtos. Em uma dada indústria de refrigerantes são adicionados 2,4 kg do ácido para cada 100 litros do refrigerante. A concentração em mol/L do ácido cítrico em uma lata com 300 mL é:

$$\begin{array}{c} OH \\ | \\ HOOCCH_2CCH_2COOH \\ | \\ COOH \end{array} \quad (I)$$

a) 0,037.
b) 0,063.
c) 0,125.
d) 0,250.
e) 0,50.

Dados: massas molares em g/mol C = 12, H = 1, O = 16.

9. (UNESP) Uma pastilha contendo 500 mg de ácido ascórbico (vitamina C) foi dissolvida em um copo contendo 200 mL de água. Dadas as massas molares C = 12 g · mol⁻¹, H = 1 g · mol⁻¹ e O = 16 g · moL⁻¹ e a fórmula molecular da vitamina C, $C_6H_8O_6$, a concentração da solução obtida é:

a) 0,0042 mol · L⁻¹
b) 0,0142 mol · L⁻¹
c) 2,5 mol · L⁻¹
d) 0,5 g · L⁻¹
e) 5,0 g · L⁻¹

10. (FATEC – SP) O hidróxido de sódio, NaOH (soda cáustica), é bastante solúvel em água e utilizado para a remoção de resíduos de matéria orgânica na limpeza dos equipamentos usados na fabricação de alimentos.

anvisa.gov.br/alimentos/informes/33_251007.htm.
Acesso em: 03.05.2013.

Uma empresa alimentícia usou uma solução de hidróxido de sódio (soda cáustica) a 2,5% (m/V) para a limpeza de seus equipamentos.

Essa solução apresenta pH elevado, aproximadamente 13, a 25 °C, o que pode representar risco de queimadura ou sensação de forte ardência na boca, caso venha a ser ingerida.

A solução de NaOH, descrita no texto, apresenta concentração em mol/L, aproximadamente, de

a) 0,6.
b) 1,0.
c) 2,5.
d) 13.
e) 25.

Dados: massas molares: H = 1 g/mol, O = 16 g/mol, Na = 23 g/mol.

11. (UECE) Em 2012, a emissão de gás carbônico (CO_2) na atmosfera foi muito elevada, atingindo a concentração de 392 ppm (partes por milhão – medida de concentração das soluções), o que causou enormes prejuízos para o meio ambiente e, por consequência, para a humanidade. Considerando a quantidade do ar atmosférico de 100 trilhões de toneladas nesse ano, a emissão de CO_2, em bilhões de toneladas, foi

a) 3,92.
b) 36,1.
c) 39,2.
d) 392.

12. (FATEC) Em depósitos subterrâneos, a água pode entrar em contato com certos materiais como o calcário ($CaCO_3$) ou a dolomita ($CaCO_3 \cdot MgCO_3$).

Dessa forma, passa a existir em sua composição uma quantidade excessiva de íons Ca^{2+} e Mg^{2+}, passando a ser denominada água dura e tornando-a imprópria para consumo humano.

Na indústria, quando exposta ao aumento de temperatura, ocorre cristalização do calcário, criando incrustações que exigem altos custos para reparação e manutenção dos equipamentos, levando à menor produtividade e ao risco de explosões das caldeiras.

uenf.br/uenf/centros/cct/qambiental/ag_dura.html
Acesso em: 03.05.2013. Adaptado.

Considere a tabela de classificação da água.

Classificação	Teor de cátions
dura	acima de 150 mg/L
moderada	entre 75 e 150 mg/L
mole	abaixo de 75 mg/L

Analisando a tabela, conclui-se, corretamente, que a água é considerada

a) moderada, quando a concentração está entre 7,5 e 15 ppm (m/m).
b) moderada, quando a concentração está entre 75 e 150 ppb (m/m).
c) mole, quando a concentração está abaixo de 0,75 ppm (m/m).

d) dura, quando a concentração está acima de 150 ppm (m/m).
e) dura, quando a concentração está acima de 150 ppb (m/m).

Dados: densidade da solução = 1 g/cm³; ppm = partes por milhão; ppb = partes por bilhão.

13. (UNESP) Há décadas são conhecidos os efeitos da fluoretação da água na prevenção da cárie dentária. Porém, o excesso de fluoreto pode causar a fluorose, levando, em alguns casos, à perda dos dentes. Em regiões onde o subsolo é rico em fluorita (CaF_2), a água subterrânea, em contato com ela, pode dissolvê-la parcialmente. Considere que o VMP (Valor Máximo Permitido) para o teor de fluoreto (F^-) na água potável é 1,0 mg · L^{-1} e que uma solução saturada em CaF_2, nas condições normais, apresenta 0,0016% em massa (massa de soluto/massa de solução) deste composto, com densidade igual a 1,0 g · cm^{-3}. Dadas as massas molares, em g · mol^{-1}, Ca = 40 e F = 19, é correto afirmar que, nessas condições, a água subterrânea em contato com a fluorita:

a) nunca apresentará um teor de F^- superior ao VMP.
b) pode apresentar um teor de F^- até cerca de 8 vezes maior que o VMP.
c) pode apresentar um teor de F^- até cerca de 80 vezes maior que o VMP.
d) pode apresentar um teor de F^- até cerca de 800 vezes maior que o VMP.
e) pode apresentar valores próximos a 10^{-1} mol · L^{-1} em F^-.

Resolução:

VMP F^- = 1,0 mg/L
solução saturada de CaF_2
0,0016% d = 1 g/cm³
1 cm³ ⟶ 1 g
1.000 cm³ (1 L) ⟶ 1.000 g

100% ———— 1.000 g
0,0016% ———— x   ∴ x = 0,016 g

CaF_2 ⟶ Ca^{2+} + 2 F^-
78 g ———— 2 · 19 g
0,016 g ———— y   ∴ y = 0,008 g ∴ 8 mg/L

8 mg/L > VMP (1 mg/L)

Resposta: alternativa b.

14. (UNIFESP) Em intervenções cirúrgicas, é comum aplicar uma tintura de iodo na região do corpo onde será feita a incisão. A utilização desse produto deve-se à sua ação antisséptica e bactericida. Para 5 litros de etanol, densidade 0,8 g/mL, a massa de iodo sólido, em gramas, que deverá ser utilizada para obter uma solução que contém 0,50 mol de I_2 para cada quilograma de álcool, será de:

a) 635.   d) 254.
b) 508.   e) 127.
c) 381.

Dado: I_2 = 254 g/mol.

15. (UnB – DF) O rótulo de uma garrafa de água mineral indica a seguinte composição química provável, em mg/L:

Bicarbonato de bário	0,04
Bicarbonato de estrôncio	0,01
Bicarbonato de cálcio	4,04
Bicarbonato de magnésio	2,16
Bicarbonato de potássio	13,88
Óxido de alumínio	0,13
Óxido de silício	30,00

Considerando a massa molar do óxido de silício igual a 60 g/mol, julgue os itens abaixo.

a) A concentração do óxido de silício na água mineral é igual a 0,5 mol/L.
b) Em cada litro da água mineral, existem 30 mg de silício.
c) Cinco das substâncias indicadas no rótulo podem ser obtidas por neutralização parcial do ácido carbônico.

16. (UERJ) Para analisar o crescimento de raízes, quatro mudas idênticas de violeta foram submetidas a um procedimento experimental.

Três das mudas foram colocadas em soluções nutritivas contendo diferentes concentrações de ácido naftaleno acético, um inibidor do crescimento de raízes. As concentrações de ácido utilizadas, em mol · L⁻¹, foram:

$$C_1 = 2 \cdot 10^{-4}$$

$$C_2 = 1 \cdot 10^{-3}$$

$$C_3 = 2 \cdot 10^{-5}$$

A quarta muda, para controle, foi colocada na mesma solução nutritiva, porém na ausência do inibidor. Observe o gráfico abaixo:

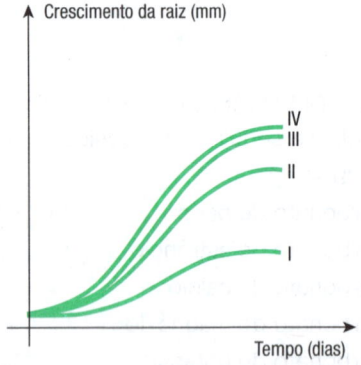

As curvas que representam o crescimento das raízes para as concentrações C_1, C_2, C_3 e de controle são, respectivamente, as de números:
a) IV, III, II, I.
b) III, IV, II, I.
c) II, I, III, IV.
d) I, II, III, IV.

17. (UNESP) Os frascos utilizados no acondicionamento de soluções do ácido clorídrico comercial, também conhecido como ácido muriático, apresentam as seguintes informações em seus rótulos: solução 20% m/m (massa percentual); densidade = 1,10 g/mL; massa molar = 36,50 g/mol.

Com base nessas informações, a concentração da solução comercial desse ácido será:
a) 7 mol/L.
b) 6 mol/L.
c) 5 mol/L.
d) 4 mol/L.
e) 3 mol/L.

18. (FGV) A concentração crítica de elementos essenciais nas plantas é a concentração mínima necessária para seu crescimento, e pode haver variação de uma espécie para outra. Sobre as necessidades gerais das plantas, na tabela são apresentadas as concentrações típicas (massa do elemento/massa da planta seca) para alguns elementos essenciais.

Elemento	mg/kg
N	$1,5 \cdot 10^4$
K	$1,0 \cdot 10^4$
Ca	$5,0 \cdot 10^3$
Mg	$2,0 \cdot 10^3$
P	$2,0 \cdot 10^3$
S	$1,0 \cdot 10^3$
Fe	$1,0 \cdot 10^2$
Mn	$5,0 \cdot 10^1$

A partir dos dados da tabela, pode-se afirmar que a concentração típica de manganês e o número aproximado de átomos de fósforo para 100 kg de planta seca são, respectivamente,
a) 50 ppm e $1,5 \cdot 10^{25}$.
b) 50 ppm e $3,9 \cdot 10^{24}$.
c) 2.000 ppm e $1,5 \cdot 10^{25}$.
d) 2.000 ppm e $3,9 \cdot 10^{24}$.
e) 5.000 ppm e $3,9 \cdot 10^{25}$.

Dados: constante de Avogadro = $6,0 \cdot 10^{23}$ mol⁻¹; massa molar do P = 31 g/mol.

19. (UNESP) Durante este ano, no período de vacinação contra a gripe A (H1N1), surgiram comentários infundados de que a vacina utilizada, por conter mercúrio (metal pesado), seria prejudicial à saúde. As autoridades esclareceram que a quantidade de mercúrio, na forma do composto tiomersal, utilizado como conservante, é muito pequena. Se uma dose dessa vacina, com volume igual a 0,5 mL, contém 0,02 mg de Hg, calcule:

a) concentração da solução de tiomersal, em ppm.
b) a quantidade de matéria (em mol) de mercúrio em um litro da vacina.

Dado: massa molar do Hg = 200 g/mol.

20. (UERJ) Observe, a seguir, a fórmula estrutural do ácido ascórbico, também conhecido como vitamina C:

Para uma dieta saudável, recomenda-se a ingestão diária de $2,5 \cdot 10^{-4}$ mol dessa vitamina, preferencialmente obtida de fontes naturais, como as frutas. Considere as seguintes concentrações de vitamina C:

– polpa de morango: 704 mg · L^{-1};
– polpa de laranja: 528 mg · L^{-1}.

Um suco foi preparado com 100 mL de polpa de morango, 200 mL de polpa de laranja e 700 mL de água.

Calcule a quantidade desse suco, em mililitros, que fornece a dose diária recomendada de vitamina C.

Dado: massa molar, em g/mol, de vitamina C = 176.

21. (FATEC – SP) Segundo a legislação, a concentração máxima permitida de chumbo (íons Pb^{2+}) na água potável é de 50 ppb (partes por bilhão). Águas de três diferentes fontes foram analisadas para verificar se estavam dentro dessa especificação. A tabela a seguir mostra os dados dessa análise:

Fonte	$V_{\text{água analisada}}$ (em mL)	Quantidade de Pb^{2+} (em μg)
P	100	20,7
Q	100	4,04
R	50	3,11

De acordo com esses resultados, a concentração de chumbo acima do valor máximo permitido é encontrada apenas na água da(s) fonte(s):

a) P.
b) Q.
c) R.
d) P e R.
e) Q e R

Dados: massa molar (g/mol) de Pb = 207; 1 ppb = = μg/L; 1 μg = 10^{-6} g.

22. A Demanda Bioquímica de Oxigênio (DBO) expressa a quantidade de oxigênio necessário (m_{O_2}), em miligramas, para degradar compostos orgânicos complexos em substâncias mais simples e não poluentes:

$$DBO = \frac{m_{O_2}}{\text{volume da amostra em litros}} =$$

$$= \frac{\text{uma parte de } O_2}{\text{um milhão de partes da amostra}}$$

Quando o oxigênio presente na água é utilizado na decomposição de substâncias, a sua disponibilidade para os seres vivos o utilizarem na respiração diminui e, às vezes, de forma tão intensa que esses seres não conseguem sobreviver. Suponha que um caminhão transportando benzeno caia em um rio. A concentração dessa substância na água do rio atinge $1,0 \cdot 10^{-3}$ g/L. Sabendo que a reação de degradação do benzeno é:

$$2\ C_6H_6 + 15\ O_2 \longrightarrow 12\ CO_2 + 6\ H_2O$$

calcule o DBO da água do rio, expressando o resultado em ppm. (Sugestão: calcule, com base na equação, a massa de oxigênio em miligramas necessária para consumir 1 g de benzeno.)
Dados: massas molares em g/mol: $C_6H_6 = 78$, $O_2 = 32$; $d_{solução} = 1$ g/mL.

23. (ENEM) Todos os organismos necessitam de água e grande parte deles vive em rios, lagos e oceanos. Os processos biológicos, como respiração e fotossíntese, exercem profunda influência na química das águas naturais em todo o planeta. O oxigênio é ator dominante na química e na bioquímica da hidrosfera. Devido a sua baixa solubilidade em água (9,0 mg/L a 20 °C) a disponibilidade de oxigênio nos ecossistemas aquáticos estabelece o limite entre a vida aeróbica e anaeróbica. Nesse contexto, um parâmetro chamado Demanda Bioquímica de Oxigênio (DBO) foi definido para medir a quantidade de matéria orgânica presente em um sistema hídrico. A DBO corresponde à massa de O_2 em miligramas necessária para realizar a oxidação total do carbono orgânico em um litro de água.

BAIRD, C. **Química Ambiental**.
Porto Alegre: Bookman, 2005 (adaptado).

Suponha que 10 mg de açúcar (fórmula mínima CH_2O e massa molar igual a 30 g/mol) são dissolvidos em um litro de água; em quanto a DBO será aumentada?

a) 0,4 mg de O_2/litro
b) 1,7 mg de O_2/litro
c) 2,7 mg de O_2/litro
d) 9,4 mg de O_2/litro
e) 10,7 mg de O_2/litro

Dados: massas molares em g/mol: C = 12; H = 1; O = 16.

24. Concentração da água oxigenada é apresentada em volumes.

Esse tipo de concentração é baseada na equação de decomposição da água oxigenada:

$$2 H_2O_2 \longrightarrow 2 H_2O + O_2$$

Água oxigenada 10 V corresponde a uma solução aquosa de água oxigenada em que 1 L dessa solução é capaz de liberar 10 L de O_2 nas CNTP (P = 1 atm, T = 273 K).

Uma solução de H_2O_2 é 0,1 mol/L. Qual é a concentração em volumes dessa água oxigenada?

Dados: volume molar dos gases nas CNTP = = 22,4 L/mol.

25. (ITA – SP) A solução aquosa 6% em massa de água oxigenada (H_2O_2) é geralmente empregada como agente branqueador para tecidos e cabelos. Pode-se afirmar que a concentração aproximada dessa solução aquosa, expressa em volumes, é:

a) 24.
b) 20.
c) 12.
d) 10.
e) 6.

Dados: concentração expressa em volumes significa o volume de O_2 liberado em 1 L de solução nas CNTP.

$d_{solução} = 1 \text{ g} \cdot mL^{-1}$; $V_{molar} = 22,4$ L (CNTP); massa molar = 34 g/mol;

reação: $2 H_2O_2 \longrightarrow O_2 + 2 H_2O$

Exercícios Série Platina

1. A presença de íon de fosfato no esgoto que descarrega em rios e lagos é muito prejudicial aos ecossistemas aquáticos. É por isso que as estações de tratamento de esgoto mais avançadas incluem um processo de "remoção de fósforo", como:

$$H_2PO_4^- + MgO + NO_4^+ + 5 H_2O \longrightarrow$$
$$\longrightarrow Mg(NH_4)PO_4 \cdot 6 H_2O$$

Uma estação de tratamento de esgoto em uma cidade de tamanho médio processa 50.000 m³ de esgoto bruto por dia. A análise química do esgoto mostra que contém 30 ppm (partes por milhão) de íon de $H_2PO_4^-$.

a) Calcule a massa do esgoto.
b) Calcule a massa do íon $H_2PO_4^-$ no esgoto.
c) Partindo-se do pressuposto de que a eficiência da remoção do íon de fosfato é de 90%, qual a massa de $Mg(NH_4)PO_4 \cdot 6 H_2O$ produzida na estação semanalmente?

Dados: densidade do esgoto: 1 kg/L; massas molares, em g/mol: $H_2PO_4^- = 97$ e $Mg(NH_4)PO_4 \cdot 6 H_2O = = 245$.

2. Certa solução aquosa de amônia (NH_3) contém 1,7% em massa dessa substância.

a) Calcule a concentração, em mol/L, de NH_3, em 100 g de solução.

b) Quantos mililitros de solução aquosa 1 mol/L de HCl são necessários para a completa neutralização de 100 g dessa solução?

Dados: massa molar do NH_3: 17 g/mol e densidade da solução: 1 g/mL.

3. (UNIFESP – adaptada) O ácido nítrico é um dos ácidos mais utilizados na indústria e em laboratórios químicos. É comercializado em diferentes concentrações e volumes, como frascos de 1 litro de solução aquosa, que contém 60% em massa de HNO_3 (massa molar: 63 g/mol). Por se tratar de ácido forte, encontra-se totalmente na forma ionizada quando em solução aquosa diluída. É um líquido incolor, mas adquire coloração castanha quando exposto à luz, devido à reação de fotodecomposição. Nesta reação, o ácido nítrico decompõe-se em dióxido de nitrogênio, gás oxigênio e água.

a) Escreva as equações químicas, devidamente balanceadas, da reação de fotodecomposição do ácido nítrico (I) e da ionização do ácido nítrico em meio aquoso (II).

b) A 20 °C, a solução aquosa de ácido nítrico, descrita no enunciado, apresenta concentração 13,0 mol/L. Calcule a massa da solução a 20 °C. Apresente seus cálculos.

c) Qual é a densidade da solução e a concentração em g/L a 20 °C? Apresente seus cálculos.

4. (UNIFESP – adaptada) Na queima do cigarro, há a liberação dos gases CO, CO_2 e de outras substâncias tóxicas como alcatrão, nicotina, fenóis e amônia (NH_3). Para a conscientização sobre a toxicidade do cigarro, a campanha antifumo do estado de São Paulo mostrava o uso do monoxímetro, "bafômetro do cigarro", que mede a concentração de monóxido de carbono, em ppm (partes por milhão), no ar exalado dos pulmões do indivíduo. A figura representa o resultado da aplicação do teste.

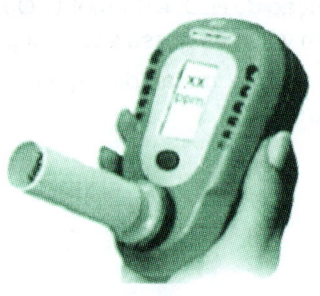

www.bhsbrasil.com.br/monoximetro.htm. Adaptado.

Considerando que dois litros de ar exalado por aquele indivíduo contém $4,58 \cdot 10^{-2}$ mg de monóxido de carbono, determine:

a) O volume de CO exalado pelo indivíduo em dois litros de ar.

b) O valor de XX, indicado no visor do monoxímetro.

Dados: 1 ppm de CO refere-se ao teor de 1 L de CO em 10^6 L de ar; densidade do CO = 1,145 g/L nas condições do teste.

Capítulo 2
Diluição e Mistura

1. Diluição

Diluir uma solução significa adicionar solvente a esta solução com a finalidade de diminuir sua concentração.

Exemplo:

Solução concentrada de ácidos comerciais.

Ao diluir uma solução, verificamos que:
- a quantidade de soluto (m, n) permanece constante;
- o volume da solução aumenta ($V_2 > V_1$);
- a concentração diminui.

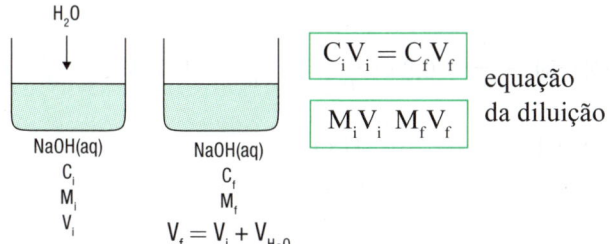

$C_i V_i = C_f V_f$
$M_i V_i = M_f V_f$ equação da diluição

$V_f = V_i + V_{H_2O}$

A operação inversa de **diluição** chama-se **concentrar**. Concentrar consiste num aquecimento cuidadoso da solução, de modo a evaporar apenas o solvente. Nesse caso, continuam valendo as fórmulas apresentadas.

2. Mistura de soluções de mesmo soluto

Nesse tipo de mistura, as quantidades de soluto (m, n) somam-se.

Exemplo:

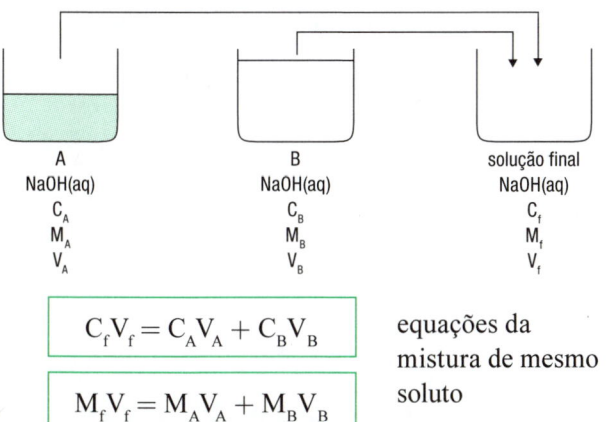

$C_f V_f = C_A V_A + C_B V_B$
$M_f V_f = M_A V_A + M_B V_B$

equações da mistura de mesmo soluto

A concentração final tem um valor intermediário do das concentrações iniciais.

Não sendo dado o volume final da mistura, devemos considerá-lo como a soma dos volumes iniciais. Nem sempre os volumes são aditivos. Na mistura água + álcool, por exemplo, ocorre contração de volume.

3. Mistura de soluções de solutos diferentes sem reação química

Nesse tipo de mistura, as quantidades de soluto (m, n) permanecem inalteradas. Tudo se passa como se cada solução individualmente sofresse uma diluição.

A concentração de cada soluto diminui, pois o volume da solução aumenta decorrente da mistura das soluções.

Exemplo:

Misturando-se 150 mL de solução 2 mol/L de NaCl com 250 mL de solução 1 mol/L de KCl, pergunta-se quais serão as concentrações em mol/L da solução resultante em relação:

a) ao NaCl
b) ao KCl
c) aos íons presentes na solução final

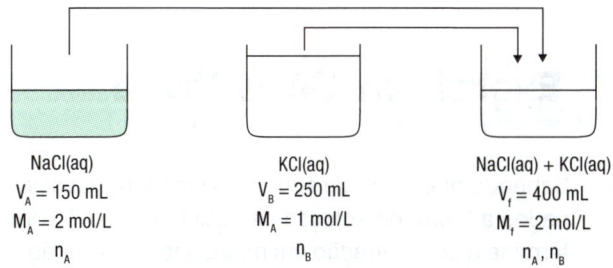

a) NaCl $M_A V_A = M_f V_f$ ∴ $2 \cdot 150 = M_f \cdot 400$
$M_f = 0{,}75$ mol/L

b) KCl $M_B V_B = M_f V_f$ ∴ $1 \cdot 250 = M_f \cdot 400$
$M_f = 0{,}625$ mol/L

c) NaCl $\longrightarrow$ Na$^+$ + Cl$^-$
0,75 mol/L   0,75 mol/L   0,75 mol/L

KCl $\longrightarrow$ K$^+$ + Cl$^-$
0,625 mol/L   0,625 mol/L   0,625 mol/L

[Na$^+$] = 0,75 mol/L, [K$^+$] = 0,625 mol/L,
[Cl$^-$] = 1,375 mol/L

4. Mistura de soluções com reação química

Quando se misturam soluções com reação química, estamos diante de um problema de estequiometria.

Roteiro

- calcular a quantidade em mols de cada soluto
- escrever a equação química balanceada
- obedecer a estequiometria

Exemplo:

Juntam-se 300 mL de HCl 0,4 mol/L e 200 mL de NaOH 0,8 mol/L. Calcular a concentração em mol/L do sal formado e do reagente em excesso.

HCl $M = \dfrac{n}{V}$ $0,4 = \dfrac{n}{0,3}$ $\therefore n_A = 0,12$ mol   NaOH $M = \dfrac{n}{V}$ $0,8 = \dfrac{n}{0,2}$ $\therefore n_B = 0,16$ mol

	NaOH	+	HCl	$\longrightarrow$	NaCl	+	H$_2$O
equação	1 mol		1 mol		1 mol		1 mol
exercício	0,16 mol		0,12 mol				
reage e forma	0,12 mol		0,12 mol		0,12 mol		0,12 mol
final	0,04 mol		0		0,12 mol		0,12 mol $V_f = 500$ mL $= 0,5$ L

NaCl $M = \dfrac{n}{V}$, $M = \dfrac{0,12}{0,5}$ $\therefore M = 0,24$ mol/L

NaOH $M = \dfrac{n}{V}$, $M = \dfrac{0,04}{0,5}$ $\therefore M = 0,08$ mol/L

Exercícios Série Prata

1. Sabendo que 8 cm³ de água destilada foram adicionados a 2 cm³ de solução de H$_2$SO$_4$ 3,0 mol/L, determine a concentração em mol/L final da solução.

2. (UNESP) O soro fisiológico é uma das soluções mais utilizadas na área de saúde. Consiste em uma solução aquosa de cloreto de sódio NaCl 0,9% em massa por volume, que equivale à concentração 0,15 mol · L^{-1}. Dispondo de uma solução estoque de NaCl 0,50 mol · L^{-1}, o volume necessário dessa solução, em mL, para preparar 250 mL de soro fisiológico será igual a

a) 15.
b) 100.
c) 25.
d) 75.
e) 50.

3. 400 mL de solução aquosa de NaOH 0,16 mol/L são aquecidos até que o volume seja reduzido a 80% do inicial. Determine a concentração em mol/L no fim do processo.

4. Sabendo que foram adicionados 300 g de água destilada a 200 g de solução aquosa de 18% em massa de NaCl, determine a porcentagem em massa de soluto na solução final.

5. Que volume de água deve ser adicionado a 50 cm³ de solução de NaOH, cuja concentração é igual a 60 g/L, para que seja obtida uma solução a 5 g/L?

6. Um frasco de solução de HCl apresenta as seguintes informações no rótulo:

HCl
38% m/m
d = 1,2 g/mL

Sabendo que um químico necessita de 100 mL de solução 0,5 mol/L de HCl, calcule o volume da solução inicial.

Dado: massa molar do HCl = 36,5 g/mol.

7. (UNESP) Na preparação de 500 mL de uma solução aquosa de H_2SO_4 de concentração 3 mol/L, a partir de uma solução de concentração 15 mol/L do ácido, deve-se diluir o seguinte volume da solução concentrada:

a) 10 mL.
b) 100 mL.
c) 150 mL.
d) 300 mL.
e) 450 mL.

8. A uma solução 0,4 mol/L de H_2SO_4 foi adicionado um volume de água fazendo com que o volume da solução quadruplicasse.

Calcule:
a) a concentração em mol/L da solução final.
b) a concentração dos íons H$^+$ e SO_4^{2-} em mol/L da solução final.

9.
a) Calcule a concentração em g/L da solução obtida quando se adiciona 400 mL de água a 200 mL de solução 492 g/L de $Ca(NO_3)_2$.

b) Calcule a concentração em mol/L dos íons Ca^{2+} e O_3^- após a diluição.

Dados: massas molares em g/mol: Ca = 40, N = 14, O = 16.

10. 0,75 L de NaOH 2 mol/L foi misturado com 0,50 L da mesma base a 3 mol/L. Calcular a concentração em mol/L da solução resultante.

11. Um volume de 200 mL de uma solução aquosa de $C_6H_{12}O_6$ de concentração igual a 60 g/L foi misturada a 300 mL de uma solução $C_6H_{12}O_6$ de concentração igual a 120 g/L. Determine a concentração em g/L da solução final.

12. Que volumes de soluções 1 mol/L e 3,5 mol/L de HCl devem ser misturados para que sejam obtidos 100 mL de solução 2 mol/L?

13. (MACKENZIE – SP) Adicionando-se 600 mL de uma solução 0,25 mol/L de KOH a um certo volume (V) de solução 1,5 mol/L de mesma base, obtém-se uma solução 1,2 mol/L. O volume (V) adicionado de solução 1,5 mol/L é de:
a) 0,1 L.
b) 3,0 L.
c) 2,7 L.
d) 1,5 L.
e) 1,9 L.

14. 500 mL de uma solução 1,0 mol/L de H_2SO_4 e 1.500 mL de outra solução 2,0 mol/L de H_2SO_4 foram misturados e o volume final completado a 2.500 mL pela adição de água. Qual a concentração em mol/L da solução resultante?

15. Quais as massas de duas soluções aquosas de H_2SO_4 de títulos iguais a 0,20 e 0,60, respectivamente, que devem ser misturadas para obtermos uma solução de 400 gramas e título igual a 0,50?

Resolução:

m + m' = 400   T · m + T'm' = $T_f m_f$

0,20 m + 0,60 m' = 0,50 · 400

0,20 (400 − m') + 0,60 m' = 200

m' = 300 g   m = 100 g

16. Misturando-se 150 mL de solução 0,4 mol/L de KCl com 50 mL de solução 0,8 mol/L de K_2SO_4, calcule:

a) concentração em mol/L resultante em relação a cada um dos sais;

b) concentração em mol/L resultante em relação aos íons presentes na solução (K^{1+}, Cl^{1-}, SO_4^{2-}).

17. Misturando 100 mL de solução aquosa 0,1 mol/L de NaCl com 100 mL de solução aquosa 0,1 mol/L de KCl, a solução resultante deve apresentar concentrações de Na^+, K^+ e Cl^-, respectivamente, iguais a:

a) 0,05 mol/L; 0,05 mol/L; 0,1 mol/L.
b) 0,1 mol/L; 0,1 mol/L; 0,1 mol/L.
c) 0,1 mol/L; 0,1 mol/L; 0,2 mol/L.
d) 0,1 mol/L; 0,2 mol/L; 0,1 mol/L.
e) 0,2 mol/L; 0,2 mol/L / 0,1 mol/L.

18. 1 L de solução aquosa de HNO_3 0,2 mol/L são misturados com 2 L de solução 0,1 mol/L de KOH.

a) Calcule as quantidades em mols de HNO_3 e de KOH nas soluções iniciais.

b) Escreva a equação que representa a reação ocorrida.

c) Existe excesso de um dos solutos?

d) Calcule a concentração, em mol/L, do sal formado.

19. 1 L de solução aquosa de HNO_3 0,5 mol/L são misturados com 2 L de solução 0,1 mol/L de KOH.

a) Calcule as quantidades em mol de HNO_3 e KOH nas soluções iniciais.

b) Escreva a equação que representa a reação ocorrida.

c) Existe excesso de um dos solutos?

d) Calcule a concentração, em mol/L, do soluto em excesso.

e) Calcule a concentração, em mol/L, do sal formado.

f) Calcule as concentrações, em mol/L, dos íons K^+, NO_3^- e OH^-.

20. 200 mL de solução aquosa de NaOH 1 mol/L são misturados com 400 mL de solução 0,5 mol/L de H_2SO_4.

a) Calcule as quantidades em mol de NaOH e H_2SO_4 nas soluções iniciais.

b) Escreva a equação química que representa a reação ocorrida.

c) Existe excesso de um dos solutos?

d) Calcule a concentração, em mol/L, do soluto em excesso, se houver.

e) Calcule a concentração, em mol/L, do sal formado.

f) Calcule as concentrações, em mol/L, dos íons Na^+, SO_4^{2-} e H^+.

21. A mistura de 20 mL de solução 0,5 mol/L de $AgNO_3$ com 20 mL de solução 0,5 mol/L de NaCl produz um precipitado branco de AgCl. Calcule as concentrações, em mol/L, dos íons Ag^+, Cl^-, Na^+ e NO_3^- na solução final.

22. A mistura de 20 mL de solução 0,5 mol/L de $AgNO_3$ com 40 mL de solução 0,5 mol/L de NaCl produz um precipitado branco de AgCl. Calcule as concentrações, em mol/L, dos íons Ag^+, Cl^-, Na^+ e NO_3^- na solução final.

23. Que volume de solução 0,1 mol/L de HCl neutraliza completamente 200 mL de solução 0,5 mol/L de NaOH?

24. A mistura de 35 mL de solução 0,2 mol/L de $BaCl_2$ com 15 mL de solução 0,5 mol/L de Na_2SO_4 produz $BaSO_4$, um precipitado branco. Determine a massa do precipitado.

Dado: massa molar do $BaSO_4$ = 233 g/mol.

25. 0,3 L de HCl 0,4 mol/L é misturado com 0,2 L de NaOH 0,8 mol/L. A concentração do sal em mol/L é:

a) 0,48.
b) 0,24.
c) 0,12.
d) 0,32.
e) 0,56.

26. A mistura de 200 mL de solução 1,5 mol/L de NaOH com 300 mL de solução 0,4 mol/L de H_2SO_4 resulta em solução final ácida, básica ou neutra?

27. (UFS – SE) 50 mL, de uma solução aquosa 0,1 mol/L de cloreto de sódio foram adicionados a 50 mL de uma solução 0,1 mol/L de nitrato de prata. Houve precipitação de cloreto de prata (praticamente insolúvel em água). Na solução resultante, a concentração do íon Na^+:

a) e a do íon NO_3^- se reduziram à metade.
b) e a do íon NO_3^- dobraram.
c) e a do íon NO_3^- são as mesmas das soluções originais.
d) dobrou e a do íon NO_3^- se reduziu à metade.
e) se reduziu à metade e a do íon NO_3^- dobrou.

28. (UFV – MG) Para identificar os diversos minerais presentes em rochas, os geólogos utilizam vários testes químicos. A dolomita e calcita, minerais que contém carbonato de cálcio ($CaCO_3$), reagem com o ácido acético causando uma efervescência pela formação de CO_2. A equação a seguir representa a reação do carbonato de cálcio com o vinagre (solução de ácido acético, CH_3COOH 4% m/v):

$CaCO_3(s) + 2\ CH_3COOH(aq) \longrightarrow$
$\longrightarrow (CH_3COO)_2Ca(s) + CO_2(g) + H_2O(l)$

O volume, em mL, de vinagre necessário para produzir 15,8 g de acetato de cálcio é:

a) 150. d) 450.
b) 300. e) 239.
c) 478.

Dados: massa molar do acetato de cálcio = 158 g/mol; massa molar do ácido acético = 60 g/mol.

Exercícios Série Ouro

1. (UNESP) Medicamentos, na forma de preparados injetáveis, devem ser soluções isotônicas com relação aos fluídos celulares. O soro fisiológico, por exemplo, apresenta concentração de cloreto de sódio (NaCl) de 0,9% em massa (massa do soluto por massa da solução), com densidade igual a $1 \cdot 0\ g\ cm^{-3}$.

a) Dada a massa molar de NaCl, em $g\ mol^{-1}$: 58,5 qual a concentração, em $mol \cdot L^{-1}$, do NaCl no soro fisiológico? Apresente seus cálculos.

b) Quantos litros de soro fisiológico podem ser preparados a partir de 1 L de solução que contém $27\ g \cdot L^{-1}$ de NaCl (a concentração aproximada deste sal na água do mar). Apresente seus cálculos.

2. (UERJ – RJ) Um medicamento, para ser administrado a um paciente, deve ser preparado como uma solução aquosa de concentração igual a 5%, em massa, de soluto. Dispondo-se do mesmo medicamento em uma solução duas vezes mais concentrada, esta deve ser diluída com água, até atingir o percentual desejado.

As massas de água na solução mais concentrada, e naquela obtida após a diluição, apresentam a seguinte razão:

a) 5/7
b) 5/9
c) 9/19
d) 7/15
e) 9/7

3. (FGV) O Brasil é um grande produtor e exportador de suco concentrado de laranja. O suco *in natura* é obtido a partir de processo de prensagem da fruta que, após a separação de cascas e bagaços, possui 12% em massa de sólidos totais, solúveis e insolúveis. A preparação do suco concentrado é feita por evaporação de água até que se atinja o teor de sólidos totais de 48% em massa.

Quando uma tonelada de suco de laranja *in natura* é colocada em uma evaporador, a massa de água evaporada para obtenção do suco concentrado é, em quilograma, igual a

a) 125.
b) 250.
c) 380.
d) 520.
e) 750.

4. (ENEM) A varfarina é um fármaco que diminui a agregação plaquetária, e por isso é utilizada como anticoagulante, desde que esteja presente no plasma, com uma concentração superior a 1,0 mg/L. Entretanto, concentrações plasmáticas superiores a 4,0 mg/L podem desencadear hemorragias.

As moléculas desse fármaco ficam retidas no espaço intravascular e dissolvidas exclusivamente no plasma, que representa aproximadamente 60% do sangue em volume. Em um medicamento, a varfarina é administrada por via intravenosa na forma de solução aquosa, com concentração de 3,0 mg/mL. Um indivíduo adulto, com volume sanguíneo total de 5,0 L, será submetido a um tratamento com solução injetável desse medicamento.

Qual é o máximo volume da solução do medicamento que pode ser administrado a esse indivíduo, pela via intravenosa, de maneira que não ocorram hemorragias causadas pelo anticoagulente?

a) 1,0 mL
b) 1,7 mL
c) 2,7 mL
d) 4,0 mL
e) 6,7 mL

5. (F.O.S. LEOPOLDO MANDIC – SP) A fluoretação da água de abastecimento público tem caráter preventivo no combate à cárie dental. A dosagem recomendada de flúor na água é de 0,6 a 0,9 mg/L. Nas estações de tratamento de água, costuma-se usar uma bomba dosadora, que acrescenta o flúor à água tratada a partir de uma solução concentrada de fluoreto de cálcio.

Considere o esquema apresentado abaixo, em que uma estação de tratamento produz 0,24 m³/s de água tratada. Pretende-se que a água tratada receba um teor de 0,8 mg de fluoreto de cálcio por litro, provenientes de uma solução com 16 g/L de fluoreto de cálcio.

(**Observação:** desprezar o volume da solução.)

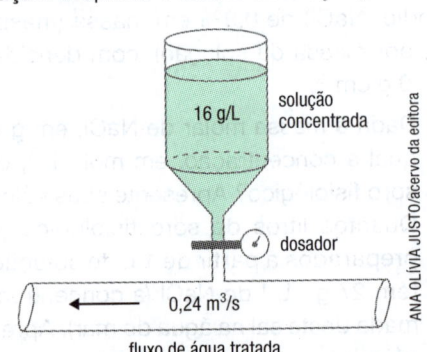

Para obter o teor desejado, o dosador da bomba deverá ser regulado para despejar na adutora uma vazão de

a) 10 mL/s.
b) 12 mL/s.
c) 14 mL/s.
d) 16 mL/s.
e) 18 mL/s.

7. (UFOP – MG) A partir do esquema de diluições representado a seguir, qual será a concentração no frasco **D**, após a execução das operações indicadas na sequência de 1 a 5?

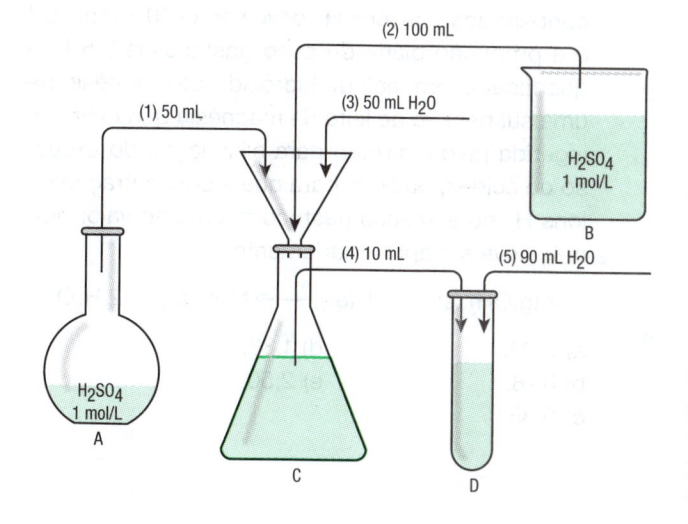

a) 0,075 mol/L
b) 0,75 mol/L
c) 1,0 mol/L
d) 0,1 mol/L
e) 7,5 mol/L

6. (UNICAMP – SP) 10,0 g de um fruto de uma pimenteira foram colocados em contato com 100 mL de acetona para extrair as substâncias capsaicina e di-hidrocapsaicina, dois dos compostos responsáveis pela pungência (sensação de quente) da pimenta.

A mistura resultante foi filtrada e o líquido obtido teve seu volume reduzido a 5,0 mL por aquecimento. Estes 5,0 mL foram diluídos a 50 mL pela adição de etanol anidro. Destes 50 mL, uma porção de 10 mL foi diluída em 25 mL. A análise desta última solução, num instrumento apropriado, forneceu o gráfico representado na figura.

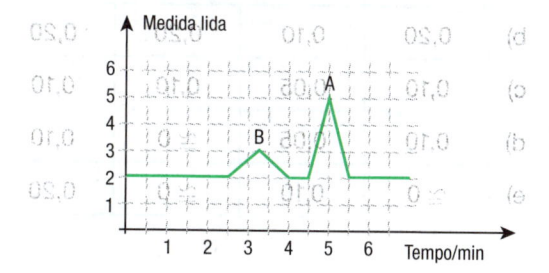

Observou-se que as concentração da capsaicina é metade da di-hidrocapsaicina.

a) Qual a relação entre as concentrações da capsaicina, na solução de 5,0 mL e na solução final? Justifique.
b) Identifique o "triângulo" que corresponde à capsaicina e o "triângulo" que corresponde à di-hidrocapsaicina.

Mostre claramente como você fez esta correlação.

8. (UNESP) Para neutralizar 100 mL de solução 1,60 mol/L de ácido sulfúrico (H_2SO_4), um laboratorista adicionou 400 mL de solução 1,00 mol/L de hidróxido de sódio (NaOH). Considerando o volume da solução final igual a 500 mL, determine:

a) utilizando cálculos, se a solução final será ácida, básica ou neutra;
b) a concentração em quantidade de matéria (mol/L) do sal formado na solução final.

9. (FATEC – SP) A concentração de íons H⁺, no suco gástrico de um certo indivíduo, alcançou o valor $1 \cdot 10^{-1}$ mol · L⁻¹.

Considerando que, para um indivíduo normal, a concentração de íons H⁺ deve ser $3 \cdot 10^{-2}$ mol · L⁻¹ e a produção diária de suco gástrico de 2,5 L, a quantidade (em mol) de hidróxido de magnésio de uma suspensão de leite de magnésia que deve ser ingerida pelo indivíduo para eliminação do excesso de acidez, ou seja, para que a concentração de íons H⁺ no seu suco gástrico retorne ao valor normal, deve ser aproximadamente

$$Mg(OH)_2(s) + 2\, H^+(aq) \longrightarrow Mg^{2+}(aq) + 2\, H_2O$$

a) 0,09.
b) 0,18.
c) 0,36.
d) 1,80.
e) 2,50.

10. (UNESP) A soda cáustica (hidróxido de sódio) é um dos produtos utilizados na formulação dos limpa-fornos e desentupidores de pias domésticas, tratando-se de uma base forte. O ácido muriático (ácido clorídrico com concentração de 12 mol · L⁻¹) é muito utilizado na limpeza de pisos e é um ácido forte. Ambos devem ser manuseados com cautela, pois podem causar queimaduras graves se entrarem em contato com a pele.

a) Escreva a equação química para a neutralização do hidróxido do sódio com o ácido clorídrico, ambos em solução aquosa.

b) Dadas as massas molares, em g · mol⁻¹: H = 1: O = 16 e Na = 23, calcule o volume de ácido muriático necessário para a neutralização de 2 L de solução de hidróxido de sódio com concentração de 120 g · L⁻¹. Apresente seus cálculos.

11. (FUVEST – SP) Para neutralizar 30 mL de ácido clorídrico 2 mol/L, utlizaram-se 2,67 g da base Me(OH)₂. Determine a massa atômica de Me.

Dados: O = 16, H = l.

12. (PUC – SP) Os sais contendo o ânion nitrato (NO_3^-) são muito solúveis em água, independentemente do cátion presente no sistema. Já o ânion cloreto (Cl^-), apesar de bastante solúvel com a maioria dos cátions, forma substâncias insolúveis na presença dos cátions Ag^+, Pb^{2+} e Hg_2^{2+}.

Em um béquer foram adicionados 20,0 mL de uma solução aquosa de cloreto de cálcio ($CaCl_2$) de concentração 0,10 mol/L a 20,0 mL de uma solução aquosa de nitrato de prata ($AgNO_3$) de concentração 0,20 mol/L. Após efetuada a mistura, pode-se afirmar que concentração de cada espécie na solução será:

	[Ag⁺] (mol/L)	[Ca²⁺] (mol/L)	[Cl⁻] (mol/L)	[NO₃⁻] (mol/L)
a)	≅ 0	0,05	≅ 0	0,10
b)	0,20	0,10	0,20	0,20
c)	0,10	0,05	0,10	0,10
d)	0,10	0,05	≅ 0	0,10
e)	≅ 0	0,10	≅ 0	0,20

13. (PUC – SP – adaptada) Sabendo que todos os cloretos são solúveis, exceto AgCl, PbCl$_2$ e HgCl$_2$ e que todos os nitratos são solúveis, adicionaram-se 200 mL de solução aquosa de CaCl$_2$ 0,2 mol/L e 300 mL de solução aquosa de AgNO$_3$ 0,3 mol/L em um béquer de 600 mL de capacidade.

a) Escreva a equação química, devidamente balanceada, que representa a reação entre as soluções adicionadas.
b) Utilizando os cálculos necessários, identifique o reagente limitante e o reagente em excesso, se houver.
c) Determine a massa de cloreto de prata formada.
d) Calcule a concentração, em mol/L, dos íons presentes na solução final.

Dados: massas molares, em g/mol: Ag = 108; Cl = 35,5.

14. (UNESP) O sulfato de bário (BaSO$_4$) é um sal muito pouco solúvel. Suspensões desse sal são comumente utilizadas como contraste em exames radiológicos do sistema digestório. É importantíssimo que não ocorra dissolução dos íons bário, Ba^{2+}, no estômago. Estes íons são extremamente tóxicos, podendo levar à morte. No primeiro semestre de 2003, vários pacientes brasileiros morreram após a ingestão de um produto que estava contaminado por carbonato de bário (BaCO$_3$), em uma proporção de 13,1% (m/V). O carbonato de bário reage com o ácido clorídrico (HCl), presente no estômago humano, produzindo cloreto de bário (BaCl$_2$), que sendo solúvel, libera íons Ba^{2+} que podem passar para a corrente sanguínea, intoxicando o paciente.

a) Escreva a equação química que representa a reação que ocorre no estômago quando o carbonato de bário é ingerido.
b) Sabendo que o preparado é uma suspensão 100% em massa do sólido por volume da mesma e que cada dose é de 150 mL, calcule a massa de íons Ba^{2+} resultante da dissolução do carbonato de bário na ingestão de uma dose do preparado contaminado.

Dados: massas molares, em g · mol^{-1}: bário = = 137,3; carbono = 12,0; oxigênio = 16,0.

15. Soluções de NaOH são extremamente usadas em indústrias, residências e laboratórios.

Partindo-se de 50 mL de uma solução 2 mol/L em NaOH, que volume de água se adicionaria à solução para torná-la 5% em massa? Considere que estas soluções têm densidades igual a 1 g/mL.

Dado: massa molar do NaOH = 40 g/mol.

16. (FESP – PE) Dissolveu-se 1,06 g de carbonato de sódio puro em um béquer contendo água destilada. Qual é o número de gotas de uma solução aquosa 0,8 mol/L de ácido clorídrico que deve ser adicionado ao béquer para reagir completamente com o carbono do sódio?

Dados: Na = 23 u, C = 12 u, O = 16 u; volume de uma gota = 0,05 mL.

17. (FUVEST – SP) Com a finalidade de determinar a fórmula de certo carbonato de um metal Me, seis amostras, cada uma de 0,0100 mol desse carbonato, foram tratadas, separadamente, com volumes diferentes de ácido clorídrico de concentração 0,500 mol/L. Mediu-se o volume de gás carbônico produzido em cada experiência, à mesma pressão e temperatura.

V(HCl)/mL	30	60	90	120	150	180
V(CO_2)/mL	186	372	558	744	744	744

Então, a fórmula do carbonato deve ser:
a) Me_2CO_3
b) $MeCO_3$
c) $Me_2(CO_3)_3$
d) $Me(CO_3)_2$
e) $Me_2(CO)_5$

Dado: o volume molar do gás carbônico, nas condições da experiência, é igual a 24,8 L/mol.

Exercícios Série Platina

1. Dado o esquema abaixo:

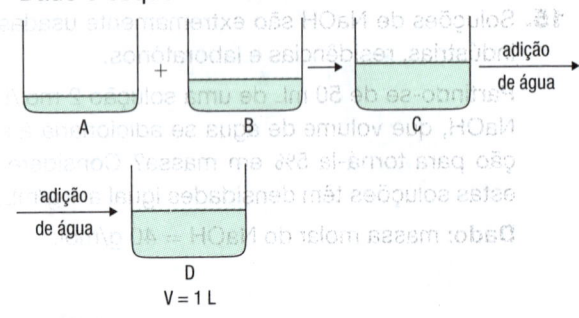

Informações:

A: 50 mL de solução 1 mol/L de cloreto de sódio (NaCl);

B: 300 mL de uma solução que possui 30 g de cloreto de sódio por litro de solução.

Pede-se.

a) Determinar o valor da concentração, em mol/L, da solução C.

b) Determinar o valor da concentração, em mol/L, da solução C.

c) Sabe-se que o soro fisiológico é solução de cloreto de sódio 0,9% em massa. A solução D pode ser usada como soro fisiológico? Justifique por meio de cálculos.

Dados: massa molar, em g/mol: NaCl = 58,5; densidade da solução D: 1 g/mL.

2. (UNES – adaptada) Uma solução foi preparada com 17,5 g de sulfato de potássio (K_2SO_4) e água suficiente para obter 500 mL de solução. A essa solução foi adicionado 500 mL de solução 0,1 mol/L de nitrato de cálcio ($Ca(NO_3)_2$). Sabe-se que um dos produtos de reação é insolúvel em água.

a) Determine a concentração inicial em mol · L^{-1} da solução de sulfato de potássio. Apresente seus cálculos.

b) Escreva a equação química balanceada da reação que ocorreu e verifique se existe reagente em excesso. Se houver, identifique o reagente. Apresente seus cálculos.

c) Calcule a concentração de íons potássio e sulfato na solução final. Apresente seus cálculos.

Dados: Massas molares em g · mol^{-1}; Ca = 40, K = 39, S = 32, O = 16, N = 14.

3. Misturar soluções é um procedimento muito comum e importante em laboratórios e indústrias. Considere que A, B e C são recipientes que contêm, respectivamente, 15 g de NaCl em 50 mL de solução aquosa, 0,20 mol de NaCl em 100 mL de solução aquosa e 500 mL de solução aquosa de $MgCl_2$, cuja concentração é 1 mol/L.

Determine as concentrações, em mol/L:

a) da solução obtida após adição de 200 mL de água ao recipiente que contém a solução A. Justifique com cálculos.

b) da solução resultante da mistura da solução A inicial, com a solução B inicial.
Justifique com cálculos.

c) dos íons presentes na solução final após misturar 50 mL da solução B com 100 mL da solução C. Justifique com cálculos.

Dados: massas molares, em g/mol: NaCl = 58,5; $MgCl_2$ = 95,3.

4. (MACKENZIE – SP – adaptada) Em um laboratório de Química, existem 4 frascos A, B, C e D contendo soluções de um mesmo soluto, conforme mostrado na tabela.

Frasco	Volume	Concentração (mol · L⁻¹)
A	100	0,5
B	400	1,0
C	500	0,5
D	1.000	2,0

Utilizando as soluções contidas em cada frasco, foram preparadas as seguintes misturas, exatamente na ordem apresentada a seguir.

I. Conteúdo total do frasco A com metade do conteúdo do frasco B e mais 200 mL do conteúdo do frasco C.
II. Conteúdo restante do frasco C com 400 mL de água.
III. Supondo que as soluções A, B, C e D sejam soluções de cloreto de potássio, determine a concentração de íons potássio presente na solução resultante obtida a partir da mistura entre a solução final do item I com 200 mL de uma solução de carbonato de potássio de concentração 0,7 mol/L.

Em relação às misturas I e II, **determine a concentração em mol/L da solução final**

a) I.
b) II.
c) Determine a concentração de íons K⁺ na solução final obtida da mistura III.

Capítulo 3
Titulação

1. Conceito

Operação feita em laboratório para determinar a concentração de uma solução a partir de uma solução de concentração conhecida.

2. Indicadores ácido-base

Substâncias que mudam de cor na presença de ácidos ou de bases. Os indicadores mais usados em laboratórios são:

Indicador	Ácido	Base
tornassol	róseo	azul
fenolftaleína	incolor	vermelho
alaranjado de metila	vermelho	amarelo
azul de bromotimol	amarelo	azul

3. Esquema da titulação

A titulação usa habitualmente uma **bureta** e um **erlenmeyer**.

bureta
- solução de concentração conhecida (ácido ou base)
- volume gasto na titulação

erlenmeyer
- solução de concentração desconhecida (ácido ou base)
- volume conhecido
- algumas gotas de um indicador

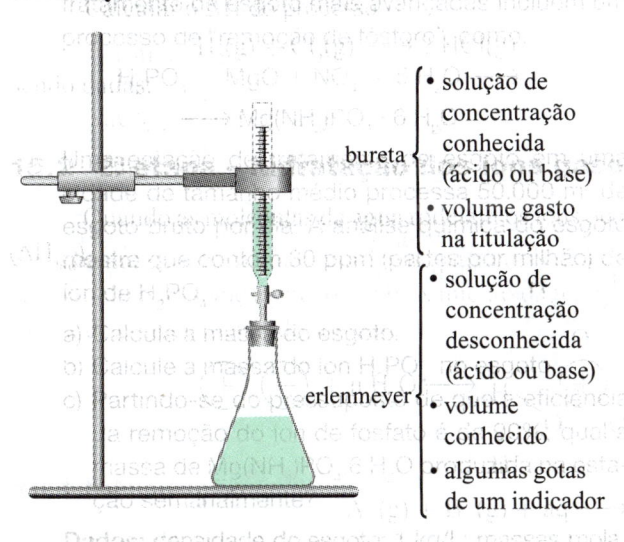

Ao abrir a torneira da bureta, ocorrerá a reação entre o ácido e a base.

A titulação termina (fecha-se a torneira) quando o ácido ou a base de erlenmeyer for consumido totalmente. Isto é evidenciado pela mudança de cor da solução do erlenmeyer.

erlenmeyer início
- ácido
- fenolftaleína
- incolor

erlenmeyer final
- ácido consumido
- excesso de base
- vermelha

As principais titulações são:

Acidimetria: determinação da concentração de um ácido.

Alcalimetria: determinação da concentração de uma base.

4. Equação da titulação ácido-base

Essa equação é obtida pela proporção em mols do ácido e da base que reagem.

Exemplos:

1) Titulação entre HCl e NaOH.

$$NaOH + HCl \longrightarrow NaCl + H_2O$$

final da titulação: 1 mol — 1 mol
n_B — n_A

$n_A = n_B$

2) Titulação entre H_2SO_4 e NaOH

$$2\,NaOH + H_2SO_4 \longrightarrow Na_2SO_4 + 2\,H_2O$$

final da titulação: 2 mol — 1 mol
n_B — n_A

$n_B = 2\,n_A$

Exercícios Série Prata

1. (UFC – CE) Considerando que 50 cm³ de solução de KOH foram titulados com 20 cm³ de solução 0,5 mol/L de HCl, determine a concentração em mol/L de KOH.

2. (UEPA) Uma alíquota de 10 mL de uma solução de NaOH consumiu, na titulação, 15 mL de HCl 0,10 mol/L. Qual a concentração em mol/L da solução de NaOH?
a) 1,5
b) 1,0
c) 0,75
d) 0,20
e) 0,15

3. (PUC – RS) O vinagre é uma solução aquosa de ácido acético (HAc). Qual é a concentração de ácido no vinagre, se forem gastos 30 mL de uma solução de NaOH 0,2 mol/L para titular 20 mL de vinagre?

4. (UnB – DF) A figura abaixo mostra os instantes inicial e final da titulação de 20 mL de solução de H_2SO_4 com 10 mL de solução 0,8 mol/L de NaOH

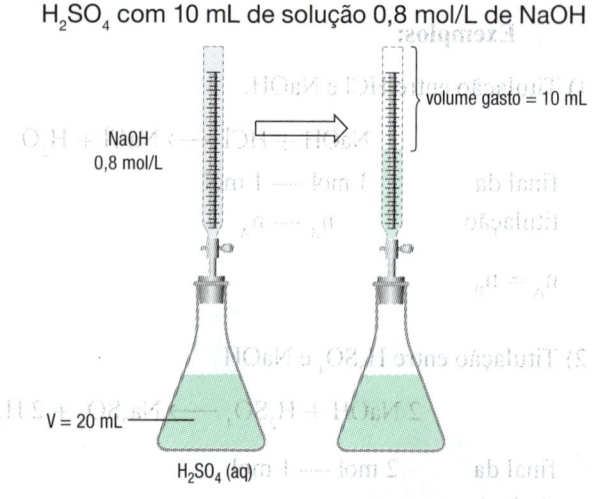

NaOH 0,8 mol/L
volume gasto = 10 mL
V = 20 mL
H_2SO_4 (aq)

M = ?
indicador: fenolftaleína
(incolor)

ponto final
indicador: fenolftaleína
(cor rosa)

Nesse tipo de titulação após a neutralização da solução, a primeira gota de titulante (NaOH) torna a solução básica e é responsável pela mudança de cor do indicador, que passa de incolor a rosa. Qual a concentração em mol/L da solução de H_2SO_4? Dê os nomes dos aparelhos de laboratório envolvidos.

5. (CEFET – SP) Em uma titulação, foram gastos 7,0 mL de uma solução de HNO_3 (0,70 mol/L) como solução reagente para a análise de 25,0 mL de uma solução de hidróxido de bário. A concentração em mol/L da solução de hidróxido de bário analisada foi:
a) 0,098.
b) 0,049.
c) 0,030.
d) 0,196.
e) 0,070.

6. (PUC – RS) 100 mL de uma solução aquosa de $Ce(OH)_3$ de concentração desconhecida foram titulados com uma solução aquosa 1 mol/L de H_2SO_4. O volume de ácido gasto na titulação foi 50 mL. Qual a concentração em mol/L da base?

7. (FCM – MG) O rótulo do frasco de um vinagre informava que o produto era composto de 5% em massa de ácido acético. Verifique se essa informação era verdadeira, através da titulação de 20 mL desse vinagre com 24 mL da solução de NaOH 1,0 mol/L.

Dados: densidade do vinagre = 1 g/mL, massa molar do HAc = 60 g/mol.

8. (FATEC – SP) Goteja-se, por meio de uma bureta, solução de ácido sulfúrico de certa concentração sobre um dado volume de solução de hidróxido de bário de igual concentração, até que o ponto final da neutralização seja alcançado. O gráfico que melhor expressa a variação da condutibilidade elétrica do sistema no decorrer da neutralização é:

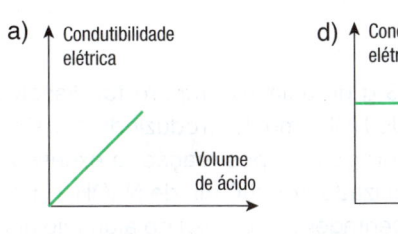

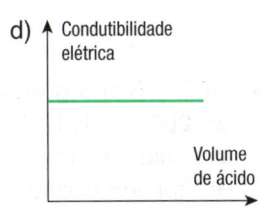

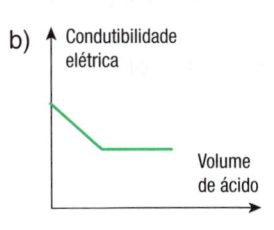

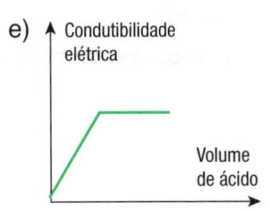

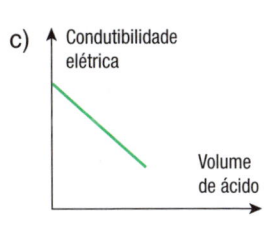

a) Condutibilidade elétrica × Volume de ácido

b) Condutibilidade elétrica × Volume de ácido

c) Condutibilidade elétrica × Volume de ácido

d) Condutibilidade elétrica × Volume de ácido

e) Condutibilidade elétrica × Volume de ácido

9. (UFMG) O rótulo de uma garrafa de vinagre indica que a concentração de ácido acético (CH_3COOH) é 42 g/L.

A fim de verificar se a concentração da solução ácida corresponde à indicada no rótulo, 10,00 mL da mesma solução foram titulados com hidróxido de sódio 0,100 mol/L, gastando-se 25,00 mL da base para a neutralização. Quatro grupos de estudantes realizaram os cálculos de ambas as concentrações, a indicada no rótulo e a obtida através da titulação. Os resultados encontrados pelos quatro grupos estão apresentados no quadro.

Grupo	Concentração indicada no rótulo / (mol/L)	Concentração calculada a partir da titulação / (mol/L)
I	0,25	0,25
II	0,25	0,70
III	0,70	0,25
IV	0,70	0,70

Ambas as concentrações foram calculadas corretamente pelo grupo:

a) IV. c) III.
b) I.   d) II.

Dado: massa molar do CH_3COOH = 60 g/mol.

10. (UFBA) 15,0 g de um vinagre, solução aquosa de ácido acético (HAc) foram titulados com 50 mL de solução aquosa 0,20 mol/L de NaOH. Determine a pureza do vinagre.

Dado: massa molar de HAc = 60 g/mol.

11. (PUC) Para neutralizar completamente uma amostra de 4,0 g de hidróxido de sódio foram necessários 50 mL de uma solução 0,7 mol/L de ácido sulfúrico. O teor de pureza dessa amostra de hidróxido de sódio é de

a) 30%
b) 35%
c) 50%
d) 70%
e) 100%

Dado: massa molar do NaOH = 40 g/mol.

12. (UNESP) 12,25 g de H_2SO_4 impuro foram dissolvidos em água até que se completassem 250 mL de solução. Uma amostra de 25 mL dessa solução foi titulada com 20 mL de solução 0,1 mol/L de NaOH. Determine o grau de pureza da amostra de H_2SO_4, admitindo que as impurezas não reagiram com NaOH.

Dado: massa molar do H_2SO_4 = 98 g/mol.

13. (UFC – CE) X g de zinco foi dissolvido em 10 mL de H_2SO_4 0,5 mol/L. O excesso de H_2SO_4 foi neutralizado por 16 mL de KOH 0,25 mol/L. Calcule **X**.

Dado: massa molar do Zn = 65 g/mol.

14. (UFG – GO) 3 g de alumínio impuro foi dissolvido em 200 mL de HCl 3 mol/L, produzindo cloreto de alumínio e hidrogênio. Após reação, o excesso de HCl foi neutralizado por 300 mL de NaOH 1 mol/L. Qual é a porcentagem de pureza do alumínio analisado?

Dado: massa molar de Al = 27 g/mol.

15. (UFG – GO) Barrilha, que é o carbonato de sódio impuro, é um insumo básico da indústria química. Uma amostra de barrilha de 10 g foi totalmente dissolvida em 800 mL de ácido clorídrico 0,2 mol/L. O excesso de ácido clorídrico foi neutralizado com 250 mL de NaOH 0,2 mol/L. Qual o teor de carbonato de sódio, em porcentagem de massa, na amostra de barrilha?

Dado: massa molar do Na_2CO_3 = 106 g/mol.

16. (CESGRANRIO – RJ) Em laboratório, um aluno misturou 10 mL de uma solução de HCl 2 mol/L com 20 mL de uma solução **x** mol/L do mesmo ácido em um balão volumétrico de 50 mL. Em seguida, completou o volume do balão volumétrico com água destilada. Na total neutralização de 10 mL da solução final obtida, foram consumidos 5 mL de solução de NaOH 2 mol/L. Calcule o valor de **x**.

Exercícios Série Ouro

1. (FATEC – SP) Ácido cítrico reage com hidróxido de sódio segundo a equação:

$$\text{ácido cítrico} + 3\,NaOH = 3\,H_2O + \text{citrato de sódio}$$

Considere que a acidez de um certo suco de laranja provenha apenas do ácido cítrico. Uma alíquota de 5,0 mL desse suco foi titulada com NaOH 0,1 mol/L, consumindo-se 6,0 mL de solução básica para completa neutralização da amostra analisada.

Levando em conta essas informações e a equação química apresentada, é correto afirmar que a concentração de ácido cítrico no referido suco, em mol/L é:

a) $2,0 \cdot 10^{-4}$. b) $6,0 \cdot 10^{-4}$. c) $1,0 \cdot 10^{-2}$. d) $1,2 \cdot 10^{-2}$. e) $4,0 \cdot 10^{-2}$.

2. (FATEC – SP) Uma indústria compra soda caústica com teor de pureza de 80%, em NaOH. Antes de mandar o material para o estoque, chama o Técnico em Química para verificar se a informação procede. No laboratório, ele dissolve 1 g do material em água, obtendo 10 mL de solução. Utilizando um indicador apropriado, realiza uma titulação, gastando 20 mL de HCl, a 0,5 mol/L.

Sobre o resultado da titulação, é correto afirmar que a informação

a) não procede, pois o grau de pureza é de 40%.
b) não procede, pois o grau de pureza é de 60%.
c) procede, pois o grau de pureza é de 80%.
d) procede, pois o teor de impurezas é de 80%.
e) procede, pois o teor de impurezas é de 40%.

Dados: massas molares (g/mol): NaOH = 40 e HCl = 36,5
Reação: NaOH + HCl $\longrightarrow$ NaCl + H_2O

3. (UNIFESP) Soluções aquosas de nitrato de prata ($AgNO_3$), com concentração máxima de 1,7% em massa, são utilizadas como antisséptico em ambiente hospitalar. A concentração de íons Ag^+ presentes numa solução aquosa de $AgNO_3$ pode ser determinada pela titulação com solução de concentração conhecida de tiocianato de potássio (KSCN), através da formação do sal pouco solúvel tiocianato de prata (AgSCN). Na titulação de 25,0 mL de uma solução de $AgNO_3$, preparada para uso hospitalar, foram utilizados 15,0 mL de uma solução de KSCN 0,2 mol · L^{-1}, para atingir o ponto final da reação.

a) Determine, em mol · L^{-1}, a concentração da solução preparada de $AgNO_3$.
b) Mostre, através de cálculos de concentração, se a solução de $AgNO_3$ preparada é adequada para uso hospitalar. Considere que a massa molar de $AgNO_3$ seja igual a 170 g · mol^{-1} e que a densidade da solução aquosa seja igual a 1 g · ml^{-1}.

4. (VUNESP) Uma solução aquosa de cloreto de sódio deve ter 0,90% em massa do sal para que seja utilizada como solução fisiológica (soro). O volume de 10,0 mL de uma solução aquosa de cloreto de sódio foi titulado com solução aquosa 0,10 mol/L de nitrato de prata, exigindo exatamente 20,0 mL de titulante.

a) A solução aquosa de cloreto de sódio pode ou não ser utilizada como soro fisiológico? Justifique sua resposta.
b) Supondo 100% de rendimento na reação de precipitação envolvida na titulação, calcule a massa de cloreto de prata formada.

Dados: massas molares, em g/mol: Na = 23,0; Cl = 35,5; Ag = 107,9; densidade da solução de NaCl = 1,0 g/mL.

5. (UCGO) Para determinar a porcentagem de prata em uma liga, um analista dissolve uma amostra de 0,800 g de liga em ácido nítrico. Isto causa a dissolução da prata como íons Ag^+. A solução é diluída com água e titulada com uma solução 0,150 mol/L de tiocianato de potássio (KSCN). É formado, então, um precipitado:

$$Ag^+(aq) + SCN^-(aq) \longrightarrow AgSCN(s)$$

Ele descobre que são necessários 42 mL de solução de KSCN para a titulação. Qual é a porcentagem em massa de prata na liga?

Dados: massa molar do Ag = 108 g · mol^{-1}.

6. (FUVEST – SP) Determinou-se o número de moléculas de água de hidratação (**x**) por molécula de ácido oxálico hidratado ($H_2C_2O_4 \cdot x\ H_2O$), que é um ácido dicarboxílico. Para isso, foram preparados 250 mL de uma solução aquosa, contendo 5,04 g de ácido oxálico hidratado. Em seguida, 25,0 mL dessa solução foram neutralizados com 16,0 mL de uma solução de hidróxido de sódio, de concentração 0,500 mol/L.

a) Calcule a concentração, em mol/L, da solução aquosa de ácido oxálico.
b) Calcule o valor de **x**.

Dados:

Massas molares (g/mol)	
H	1
C	12
O	16

7. (UPE) 42,0 g de carbonato de magnésio reagem com excesso de ácido sulfúrico. Aqueceu-se o sistema para eliminar o dióxido de carbono. Em seguida, resfria-se e dilui-se a 1,0 L. Retira-se uma alíquota de 10,0 mL e titula-se, utilizando-se como titulante uma solução de hidróxido de sódio 0,50 mol/L, gastando-se 2,0 mL para a neutralização. O volume de ácido sulfúrico, utilizado inicialmente, é, aproximadamente,

a) 30,0 mL.
b) 50,0 mL.
c) 18,4 mL.
d) 40,0 mL.
e) 36,2 mL.

Dados: densidade do H_2SO_4 = 1,8 g/mL; Mg = 24 u; C = 12 u; O = 16 u; S = 32 u e H = 1 u.

8. Um químico adicionou solução de ácido sulfúrico a uma solução de hidróxido de bário na presença de fenolftaleína, como no procedimento representado a seguir.

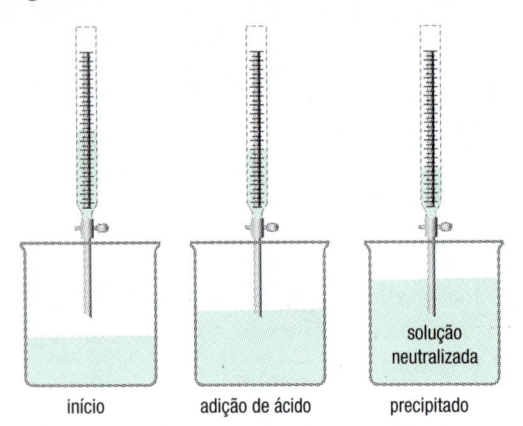

início — adição de ácido — precipitado (solução neutralizada)

No início, a solução de hidróxido de bário permitia a passagem de corrente elétrica. Durante o experimento, os valores da quantidade de ácido adicionada e da intensidade da corrente foram medidos e se construiu este gráfico:

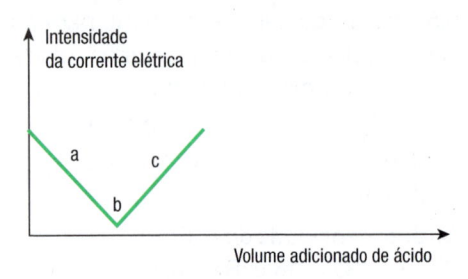

Intensidade da corrente elétrica × Volume adicionado de ácido (regiões a, b, c)

a) Explique por que a intensidade da corrente:
 – diminui (região **a** do gráfico);
 – fica praticamente nula (ponto **b**);
 – aumenta (região **c**).
b) Escreva a equação iônica da reação que ocorre.

9. (FUVEST – SP) Um recipiente contém 100 mL de uma solução aquosa de H_2SO_4 de concentração 0,1 mol/L. Duas placas de platina são inseridas na solução e conectadas a um LED (diodo emissor de luz) e a uma bateria, como representado abaixo.

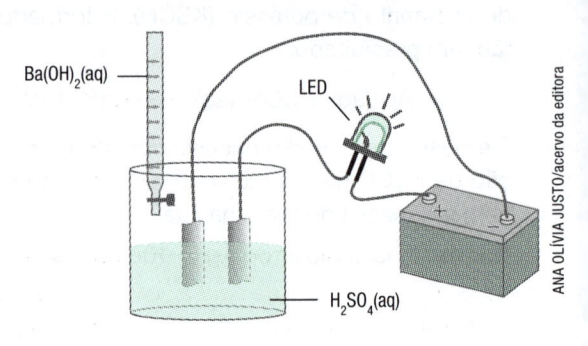

A intensidade da luz emitida pelo LED é proporcional à concentração de íons na solução em que estão inseridas as placas de platina.

Nesse experimento, adicionou-se, gradativamente, uma solução aquosa de $Ba(OH)_2$, de concentração 0,4 mol/L, à solução aquosa de H_2SO_4, medindo-se a intensidade de luz a cada adição.

Os resultados desse experimento estão representados no gráfico.

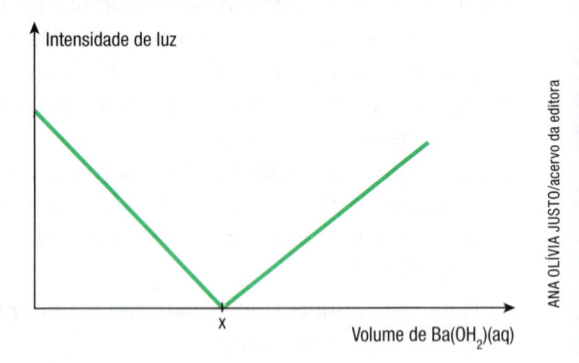

Intensidade de luz × Volume de $Ba(OH)_2$(aq), com ponto mínimo x

Sabe-se que a reação que ocorre no recipiente produz um composto insolúvel em água.

a) Escreva a equação química que representa essa reação.
b) Explique por que, com a adição de solução aquosa de $Ba(OH)_2$, a intensidade de luz decresce até um valor mínimo, aumentando a seguir.
c) Determine o volume adicionado da solução aquosa de $Ba(OH)_2$ que corresponde ao ponto x no gráfico. Mostre os cálculos.

10. (FUVEST – SP) Uma solução aquosa de NaOH (base forte), de concentração 0,10 mol · L^{-1}, foi gradualmente adicionada a uma solução aquosa de HCl (ácido forte), de concentração 0,08 mol · L^{-1}. O gráfico que fornece as concentrações das diferentes espécies durante essa adição é:

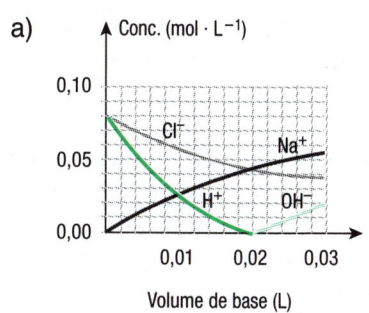

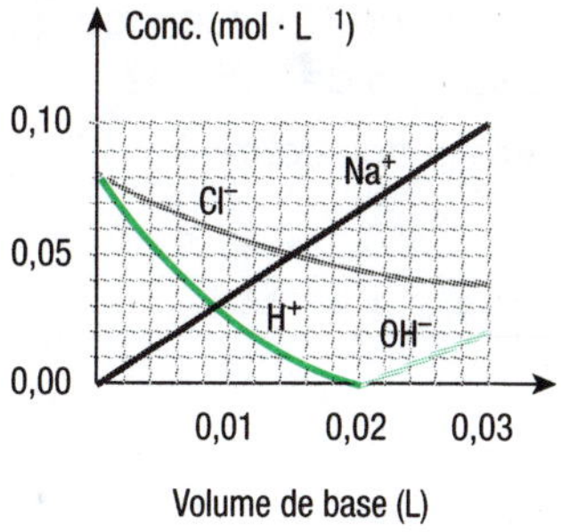

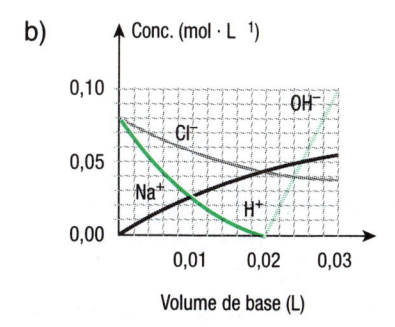

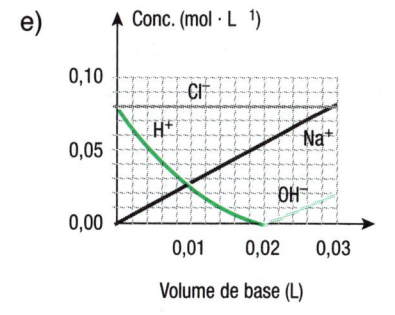

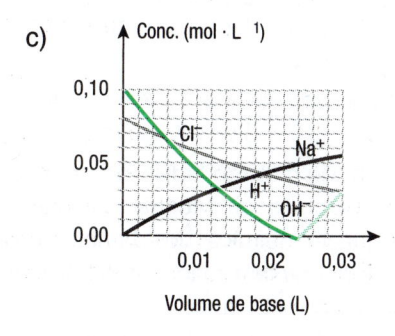

Exercícios Série Platina

1. Para se determinar a percentagem em massa de cobre numa liga de cobre, uma amostra da liga foi dissolvida em ácido. Adicionou-se excesso de KI, e entre os íons Cu^{2+} e I^- ocorre a reação

$$2\,Cu^{2+}(aq) + 5\,I^-(aq) \longrightarrow 2\,CuI + I_3^-(aq)$$

O íon I_3^- liberado foi titulado pelo tiossulfato de sódio, conforme a equação

$$I_3^-(aq) + 2\,S_2O_3^{2-}(aq) \longrightarrow S_4O_6^{2-}(aq) + 3\,I^-(aq)$$

Se 26 mL de $Na_2S_2O_3$ 0,10 mol/L forem consumidos na titulação até o ponto de equivalência, qual a percentagem em massa do Cu, sabendo que a massa da amostra da liga era de 0,251 g?

Dado: massa molar, em g/mol: cobre = 63,5.

2. (UFPR – adaptada) 10,00 mL de uma solução de $(NH_4)_2SO_4$ foram tratados com excesso de NaOH. O gás NH_3 liberado foi absorvido em 50,00 mL de uma solução 0,10 mol/L de HCl. O HCl que sobrou foi neutralizado por 21,5 mL de uma solução 0,10 mol/L de NaOH.

a) Escreva as equações das reações químicas que ocorrem.
b) Calcular a quantidade, em mols, inicial de HCl.
c) Calcular a quantidade, em mols, em excesso de HCl.
d) A partir da quantidade que reagiu de HCl, determine a concentração, em mol/L, da solução de $(NH_4)_2SO_4$.

3. (UFSCar – SP – adaptada) A azia é muitas vezes devida a uma alteração no pH do estômago, causada por excesso de ácido clorídrico.

Antiácidos como o leite de magnésia neutralizam este ácido. O leite de magnésia apresenta em sua composição 64,8 g de hidróxido de magnésio, $Mg(OH)_2$, por litro da suspensão.

Considere uma pessoa que ingeriu duas colheres de sopa (volume total de 9 mL) de leite de magnésia.

a) Determine o nº de mols de hidróxido de magnésio ingeridos pela pessoa. Mostre seus cálculos.
b) Escreva a equação química, devidamente balanceada, que representa a reação entre o leite de magnésia e o ácido clorídrico.
c) Determine o nº de mols de ácido clorídrico que foram neutralizados. Mostre seus cálculos.
d) Para a solução final obtida após a ingestão do leite de magnésia, faça um desenho representando os íons em solução aquosa e mostrando a interação desses íons com as moléculas de água. Dê o nome da interação representada.

Dados: massas molares, em g/mol: H = 1; O = 16; Mg = 24;

4. (UNESP) Um analista químico de uma indústria de condimentos analisa o vinagre produzido por meio de titulação volumétrica, utilizando solução padrão de hidróxido de sódio tendo fenolftaleína como indicador. Sabendo-se que são utilizados 25 mL de vinagre em cada análise – vinagre é uma solução contendo 4,8% (m/v) de ácido acético – que a concentração do titulante é igual 1,0 mol · L^{-1}, que são realizadas três análises por lote e que são analisados quatro lotes por dia.

Dados: considere a fórmula do ácido acético HAc.

a) Determine a massa de ácido acético puro em 25 mL de vinagre. Mostre seus cálculos.
b) Determine a quantidade média, em gramas, de hidróxido de sódio consumida para a realização das 264 análises feitas por esse analista em um mês de trabalho. Mostre seus cálculos.

Dados: massas molares, em g/mol: HAc 60; NaOH = 40.

5. (IME – RJ) Uma massa **x** de $CaCO_3$ reagiu com 50 mL de HCl 0,2 mol/L aquoso, sendo o meio racional, posteriormente, neutralizado com 12 mL de NaOH aquoso. Sabe-se que 20 mL da solução de NaOH foram titulados com 25 mL do HCl 0,20 mol/L.

a) O HCl foi utilizado para consumir o $CaCO_3$ e posteriormente o excesso foi neutralizado. Equacione as reações envolvidas nesse processo.

Equação I: _____

Equação II: _____

b) Uma 2ª titulação foi introduzida no processo com o objetivo específico de calcular a concentração da solução de hidróxido de sódio. Explique a razão dessa 2ª titulação e determine o valor da concentração de NaOH.
c) Calcule a quantidade em mol de HCl em excesso e a quantidade em mol de HCl que reagiu com o $CaCO_3$.
d) Determine a massa **x** de carbono de cálcio.

Dados: massa molar, em g/mol: $CaCO_3$ = 100.

Capítulo 4
Propriedades Coligativas

1. Evaporação de um líquido em recipiente aberto

Os líquidos, quando estão em recipientes abertos, têm seu volume diminuído. Por que isso ocorre? Vamos exemplificar com a água e o éter.

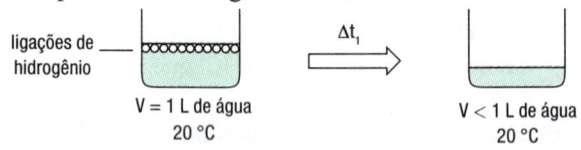

ligações de hidrogênio

V = 1 L de água
20 °C

V < 1 L de água
20 °C

Devido às colisões intermoleculares entre as moléculas de água, algumas ganham energia para romper as ligações de hidrogênio, saindo da água e indo para o ar.

Conclusão: evaporação é um fenômeno físico que ocorre na superfície do líquido.

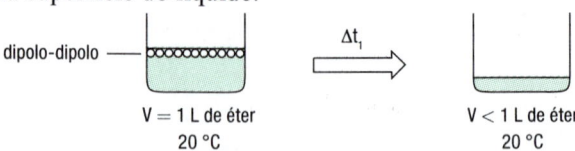

dipolo-dipolo

V = 1 L de éter
20 °C

V < 1 L de éter
20 °C

Nota-se que para o mesmo intervalo de tempo (Δt_1) o volume de éter diminui mais que a água, portanto, o éter evapora mais fácil que a água.

Isto ocorre devido ao fato do éter ser uma molécula pouco polar e que as forças intermoleculares são menos intensas que as da água.

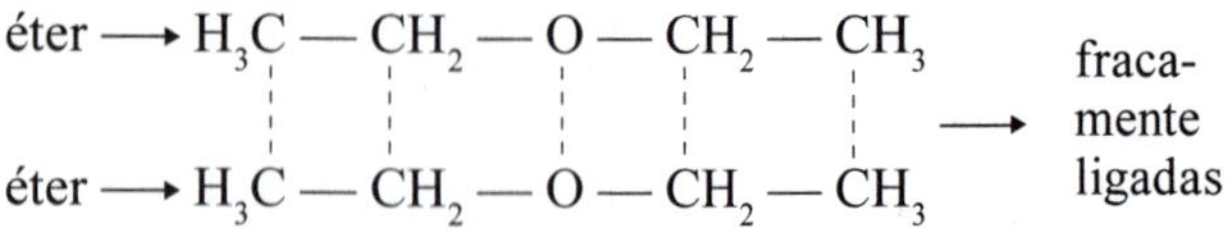

éter ⟶ $H_3C - CH_2 - O - CH_2 - CH_3$
éter ⟶ $H_3C - CH_2 - O - CH_2 - CH_3$ fracamente ligadas

2. Evaporação em recipiente fechado – Pressão de vapor

Vamos colocar 1 L de água a 20 °C em um recipiente fechado.

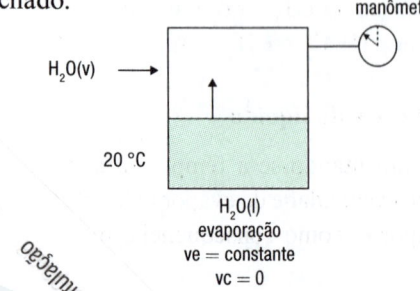

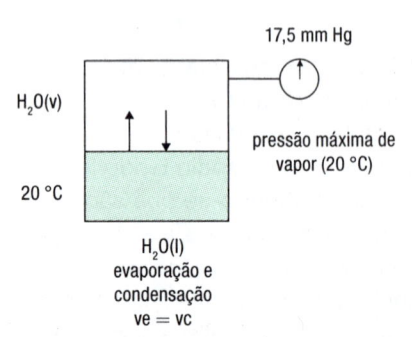

manômetro

$H_2O(v)$
20 °C
$H_2O(l)$
evaporação
ve = constante
vc = 0

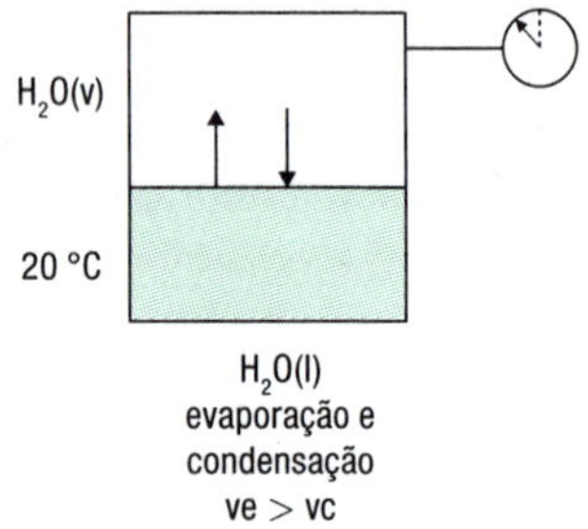

$H_2O(v)$
20 °C
$H_2O(l)$
evaporação e condensação
ve > vc

17,5 mm Hg

$H_2O(v)$
20 °C
$H_2O(l)$
evaporação e condensação
ve = vc

pressão máxima de vapor (20 °C)

ve = velocidade de evaporação, que é sempre constante a uma determinada temperatura.
vc = velocidade de condensação.

Nessa temperatura (20 °C) o ponteiro do manômetro não mais se altera (17,5 mmHg). Esse vapor exerce uma pressão nas paredes e na superfície da água, a qual chamamos de pressão de vapor (Pv) ou pressão máxima de vapor.

Observação: se aumentarmos a temperatura eliminando a fase líquida, não teremos mais a pressão de vapor e sim uma pressão do vapor-d'água.

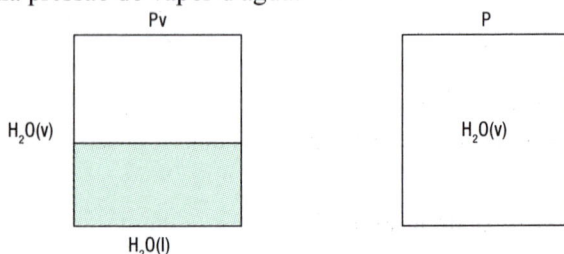

Pv
$H_2O(v)$
$H_2O(l)$

P
$H_2O(v)$

Conclusão:

$H_2O(l) \rightleftarrows H_2O(v)$ Pv = 17,5 mmHg a 20 °C

Observação: se o sistema é aberto nunca será atingido o equilíbrio $H_2O(l) \rightleftarrows H_2O(v)$.

Comparando com a pressão de vapor do éter com a pressão de vapor-d'água a mesma temperatura. Observe:

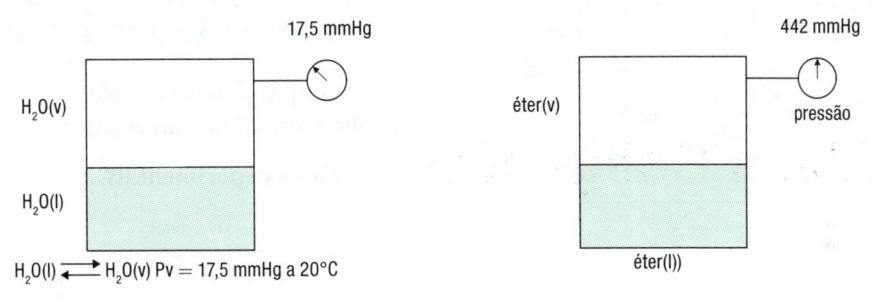

$H_2O(l) \rightleftharpoons H_2O(v)$ Pv = 17,5 mmHg a 20°C

éter(l) $\rightleftharpoons$ éter(v) Pv = 442 mmHg a 20 °C

O éter evapora mais facilmente que a água numa mesma temperatura, pois as forças intermoleculares que atraem as moléculas do éter são mais fracas que as forças intermoleculares que atraem as moléculas de água.

3. A pressão de vapor não depende da quantidade de líquido nem do espaço ocupado pelo vapor

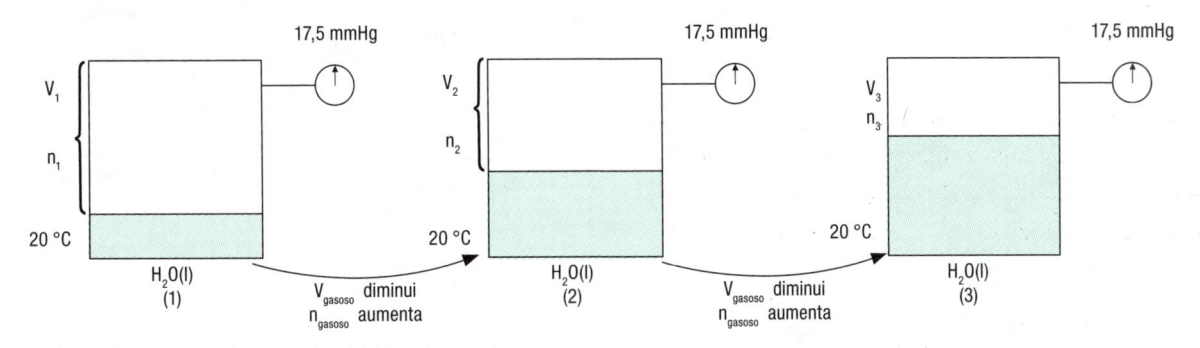

A pressão de vapor pode ser calculada utilizado a equação PV = nRT comparando o sistema 1 e 2.

sistema 1 $V_1 n_1$
fase gasosa
$$P_1 V_1 = n_1 RT$$
$$\frac{P_1}{RT} = \frac{n_1}{V_1}$$

sistema 2 $V_2 n_2$
fase gasosa
$$P_2 V_2 = n_2 RT$$
$$\frac{P_2}{RT} = \frac{n_2}{V_2}$$

Conclusão: $\boxed{P_1 = P_2}$

4. Fatores que afetam a pressão de vapor

Quanto maior a força intermolecular de um líquido, menor a pressão de vapor, isto é, o líquido é pouco volátil.

a) **Natureza do líquido**

líquidos diferentes ⟶ Pv diferentes

$H_2O(l) \rightleftharpoons H_2O(v)$ Pv = 17,5 mmHg (20 °C)
éter(l) $\rightleftharpoons$ éter(v) Pv = 442 mmHg (20 °C)

A maior ou menor pressão de vapor de um líquido depende das forças intermoleculares entre suas moléculas. Forças intensas, como as ligações de hidrogênio, "prendem" fortemente as moléculas umas às outras e, em consequência, tornam o líquido menos volátil, isto é, com menor pressão de vapor, como é o caso da água. Forças menos intensas, como as de dipolo-dipolo, unem fracamente as moléculas umas às outras, tornando o líquido mais volátil – é o caso do éter comum ($H_3C — CH_2 — O — CH_2 — CH_3$).

b) **Temperatura do líquido**

Aumentando-se a temperatura de um líquido aumenta a velocidade de evaporação, portanto, haverá mais vapor e, como consequência, maior pressão de vapor.

Cap. 4 | Propriedades Coligativas

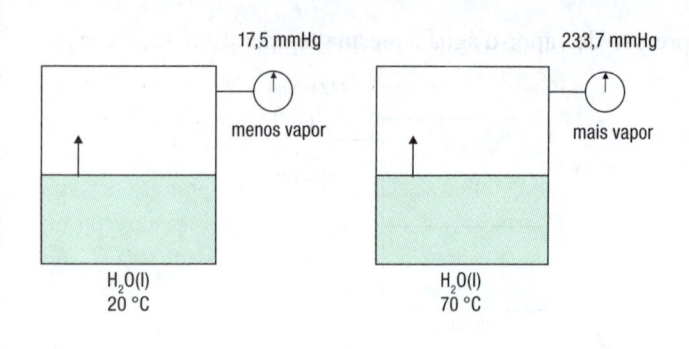

5. Diminuição da pressão de vapor: tonoscopia

O que acontece com a pressão de vapor ao dissolver um soluto não volátil na água.

Fatos experimentais

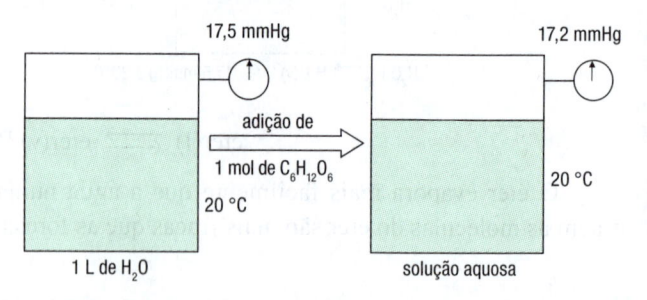

No gráfico temos:

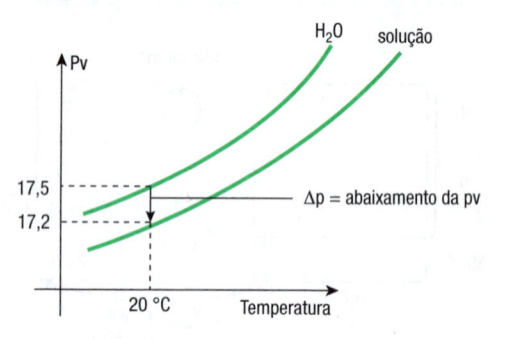

Observa-se que tonoscopia estuda o abaixamento da pressão de vapor de um solvente pela adição de um soluto não volátil.

Verifica-se experimentalmente que a tonoscopia depende apenas do número de partículas dispersas do soluto existente na solução, não dependendo da natureza dessas partículas.

Observe o exemplo: a uma dada temperatura, quem possui a menor pressão de vapor a solução aquosa?

a) 0,1 mol/L de $C_6H_{12}O_6$
b) 0,2 mol/L de $C_6H_{12}O_6$

Resposta: solução B.

A solução mais concentrada (0,2 mol/L) terá menor pressão de vapor, pois o número de moléculas de água na superfície é menor que na solução 0,1 mol/L, tornando o escape das moléculas de água na superfície mais difícil.

Legenda: ○ água
● glicose

Água pura	
Temperatura (°C)	Pressão de vapor (mmHg)
0	4,6
10	9,2
20	17,5
30	31,8
40	55,3
50	92,5
60	149,4
70	233,7
80	355,1
90	525,8
100	760,0
110	1.074,6
120	1.489,1

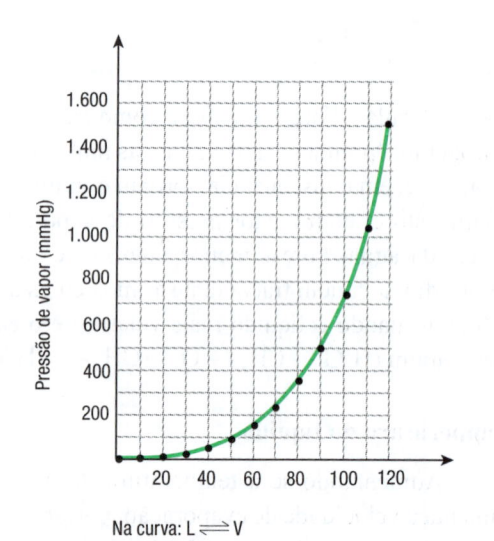

Na curva: L ⇌ V
Antes da curva: L
Depois da curva: V

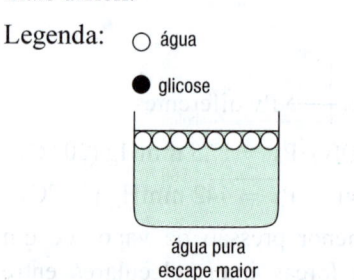

O que acontece ao dissolver NaCl (composto iônico) na água?

Fatos experimentais

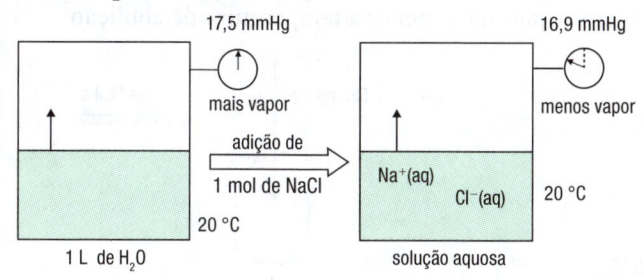

Verificou-se experimentalmente que ao dissolver 1 mol de $C_6H_{12}O_6$ em 1 L de H_2O a 20 °C, o abaixamento da pressão de vapor foi de 0,3 (17,5 − 17,2), enquanto no NaCl o abaixamento da pressão de vapor foi de 0,6 (17,5 − 16,9). Por que isso ocorre?

Já vimos que os compostos iônicos em água sofrem *dissociação*.

$$NaCl(s) \longrightarrow Na^+(aq) + Cl^-(aq)$$
   1 mol   1 mol   1 mol

número de partículas dispersas = 2 mol

$$C_6H_{12}O_6(s) \longrightarrow C_6H_{12}O_6(aq)$$
   1 mol   1 mol

número de moléculas dispersas = 1 mol

Concluímos que o abaixamento da pressão de vapor é o dobro, pois o número de partículas dispersas na solução de NaCl é o dobro do $C_6H_{12}O_6$.

Observação:
- solutos que não dissociam (maioria dos compostos orgânicos). **Exemplos:** sacarose, glicose, ureia.
- solutos que dissociam (ácido, base e sal).

6. Quando um líquido entra em ebulição?

Quando a água é aquecida em recipiente aberto ao nível do mar, observa-se no fundo do recipiente a formação de bolhas de ar que estavam dissolvidas na água.

À medida que prossegue o aquecimento, uma parte das moléculas de água adquire a uma dada temperatura energia suficiente para vaporizar (bolha). Bolha é vapor cercado de líquido.

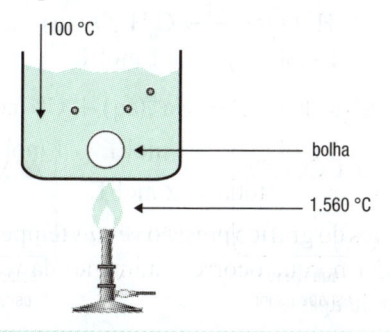

Por que a temperatura da água não é 1.560 °C? Do calor fornecido uma parte é dissipado no ar e a outra parte é usada para separar as moléculas de água, portanto, não aumentando a energia cinética (calor latente).

Uma bolha escapa somente quando a sua pressão interna de vapor se iguala à pressão externa ou atmosférica. No caso da água isso ocorre a 100 °C no nível do mar.

Conclusão:

> Um líquido entra em ebulição quando a sua pressão de vapor se iguala à pressão atmosférica.

Exemplo:

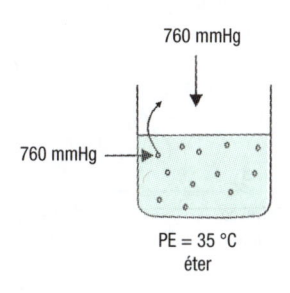

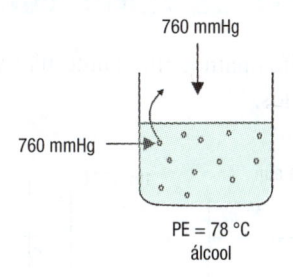

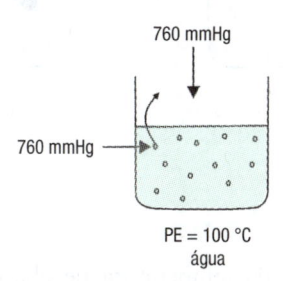

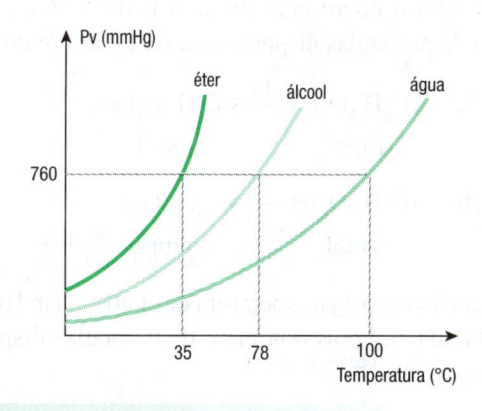

7. Influência da pressão externa em função da temperatura de ebulição

Quanto menor a pressão externa, mais fácil a bolha escapar, portanto, menor a temperatura de ebulição.

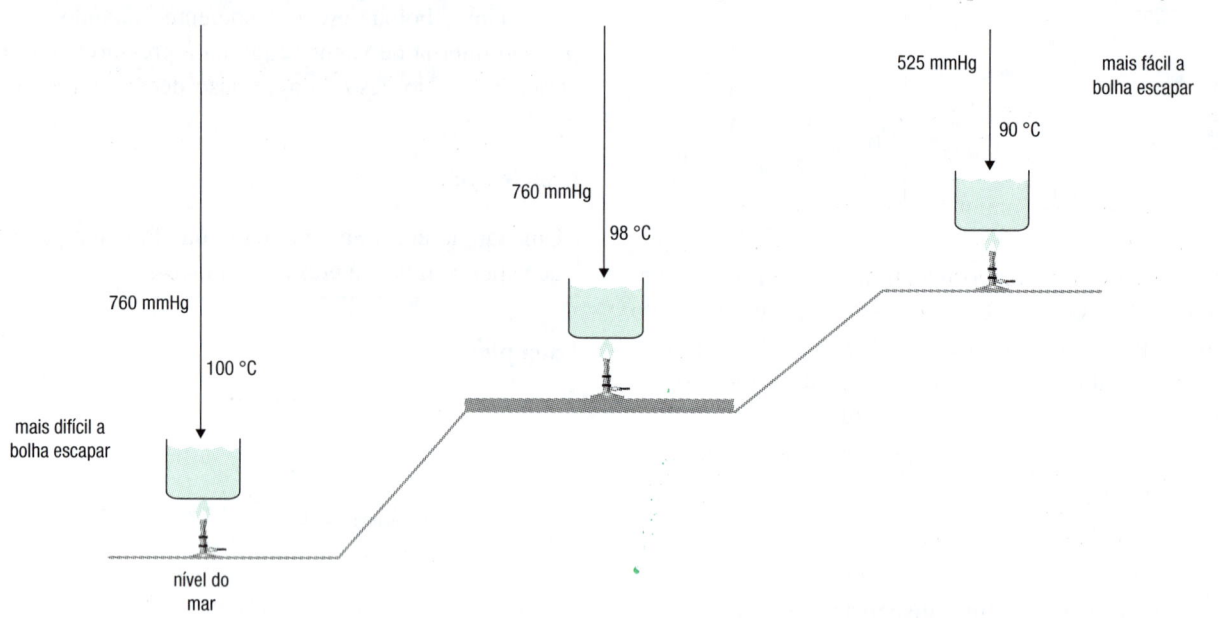

- 760 mmHg → 100 °C (nível do mar) — mais difícil a bolha escapar
- 760 mmHg → 98 °C
- 525 mmHg → 90 °C — mais fácil a bolha escapar

8. Aumento da temperatura de ebulição: ebulioscopia

Quando adicionamos um soluto não volátil na água ocorre um aumento da temperatura de ebulição da água (solvente). Exemplos:

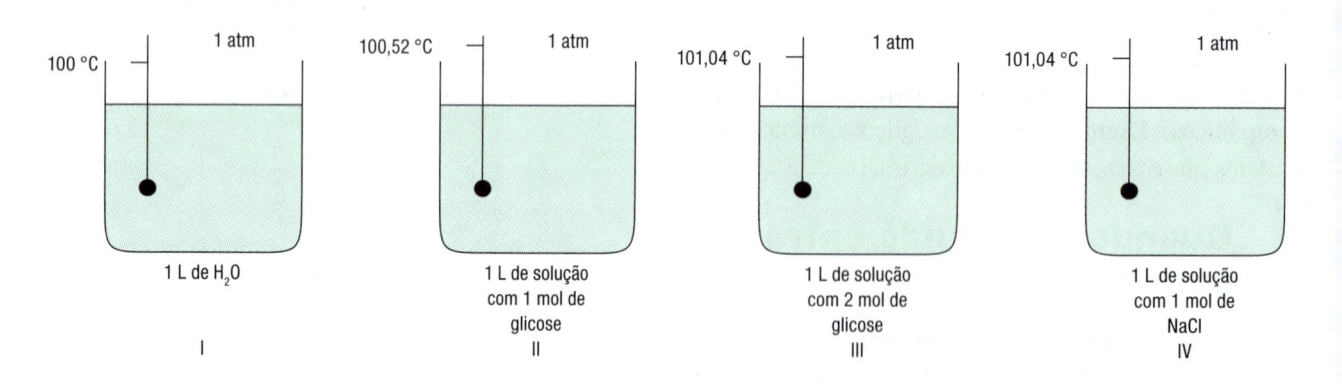

- I: 1 L de H$_2$O — 100 °C, 1 atm
- II: 1 L de solução com 1 mol de glicose — 100,52 °C, 1 atm
- III: 1 L de solução com 2 mol de glicose — 101,04 °C, 1 atm
- IV: 1 L de solução com 1 mol de NaCl — 101,04 °C, 1 atm

A elevação da temperatura de ebulição em III (1,04 °C) foi o dobro em relação a II (0,52 °C), pois o número de partículas dispersas em III é o dobro de II.

II $\quad$ C$_6$H$_{12}$O$_6$(s) $\xrightarrow{1\,L}$ C$_6$H$_{12}$O$_6$(aq)
$\qquad$ 1 mol $\qquad\qquad$ 1 mol/L

III $\quad$ C$_6$H$_{12}$O$_6$(s) $\xrightarrow{1\,L}$ C$_6$H$_{12}$O$_6$(aq)
$\qquad$ 2 mol $\qquad\qquad$ 2 mol/L

A elevação da temperatura de ebulição em III e IV é igual (1,04 °C) pois o número de partículas dispersas é o mesmo.

A elevação da temperatura de ebulição em IV (1,04 °C) é o dobro de II (0,52 °C), pois o número de partículas dispersas em IV é o dobro de II.

II $\quad$ C$_6$H$_{12}$O$_6$(s) $\xrightarrow{1\,L}$ C$_6$H$_{12}$O$_6$(aq)
$\qquad$ 1 mol $\qquad\qquad$ 1 mol/L

IV $\quad$ NaCl(s) $\xrightarrow{1\,L}$ Na$^+$(aq) + Cl$^-$(aq)
$\qquad$ 1 mol $\qquad$ 1 mol/L $\quad$ 1 mol/L
$\qquad\qquad$ total = 2 mol/L

Através do gráfico pressão *versus* temperatura fica fácil entender porque ocorre o aumento da temperatura de ebulição da água.

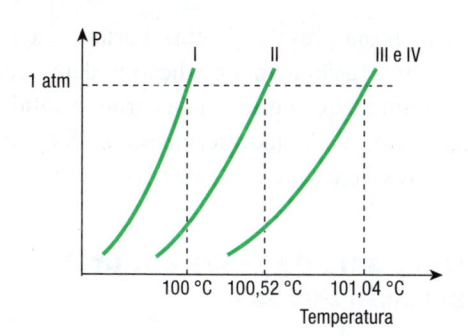

Conclusão: quanto maior o número de partículas dispersas do soluto na solução maior a elevação da temperatura de ebulição do solvente.

9. Diminuição da temperatura de congelamento: crioscopia

Quando adicionamos um soluto não-volátil na água ocorre uma diminuição na temperatura de congelamento da água (solvente). Exemplos:

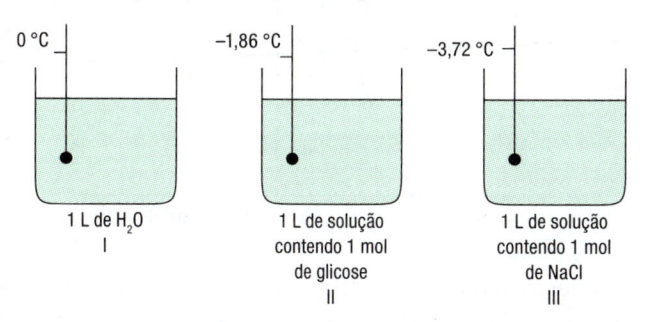

O abaixamento da temperatura de congelamento III (−3,72 °C) é o dobro do abaixamento de temperatura de congelamento II (−1,86 °C), pois o número de partículas dispersas em III é o dobro do número de partículas dipersas em II.

$$C_6H_{12}O_6(s) \xrightarrow{1\,L} C_6H_{12}O_6(aq)$$
$$1\text{ mol} \qquad 1\text{ mol/L}$$

$$NaCl(s) \xrightarrow{1\,L} Na^+(aq) + Cl^-(aq)$$
$$1\text{ mol} \qquad 1\text{ mol/L} \quad 1\text{ mol/L}$$
$$\text{total} = 2\text{ mol/L}$$

Conclusão: quanto maior o número de partículas dispersas do soluto na solução menor o abaixamento da temperatura de congelamento do solvente.

10. Diagramas de fases

10.1 Introdução

É o gráfico pressão *versus* temperatura que mostra os estados físicos e as curvas de fusão, ebulição e sublimação de uma determinada substância.

Conclusão: um diagrama de fases é um gráfico de pressão *versus* temperatura que mostra, para cada condição de pressão e temperatura, qual é a fase mais estável da substância.

10.2 Diagrama de fases da água

O diagrama nos mostra as mudanças de estado físico da água.

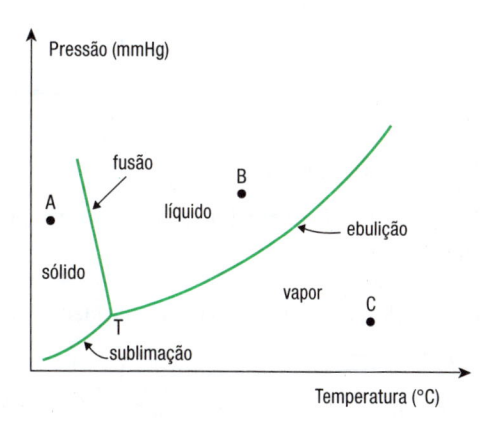

As três curvas (fusão, ebulição e sublimação) são obtidas por meio de três pontos:
- ponto F (ponto de fusão, 0 °C e 760 mmHg)
- ponto E (ponto de ebulição, 100 °C e 760 mmHg)
- ponto T (ponto triplo, 0,01 °C e 4,58 mmHg)

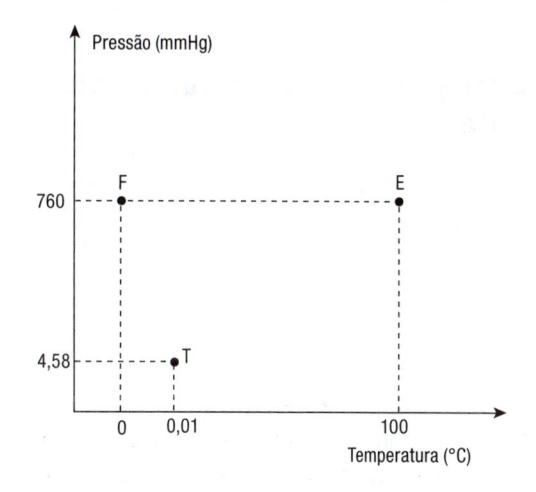

Unindo os pontos F e T, obtemos a curva de fusão. A curva de fusão está inclinada para a esquerda, pois o ponto de fusão da água diminui com o aumento da pressão. Unindo os pontos E e T, obtemos a curva de ebulição.

O ponto T é chamado de **ponto triplo**, pois coexistem em equilíbrio as três fases:

$$\text{gelo} \rightleftarrows \text{água} \rightleftarrows \text{vapor-d'água}$$

Abaixo do ponto T temos a curva de sublimação, pois abaixo desse ponto não temos o estado líquido.

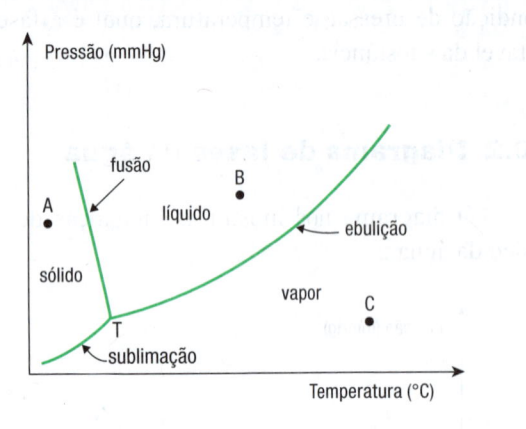

Resumindo, temos:

Curva de fusão: coexistem as fases sólida e líquida (S $\rightleftarrows$ L)

Curva de ebulição: coexistem as fases líquida e vapor (L $\rightleftarrows$ V)

Curva de sublimação: coexistem as fases sólida e vapor (S $\rightleftarrows$ V)

No ponto **triplo** (4,58 mmHg e 0,01 °C) coexistem as 3 fases em equilíbrio: S $\rightleftarrows$ L $\rightleftarrows$ V

Ponto A: existe somente sólido

Ponto B: existe somente líquido

Ponto C: existe somente vapor

10.3 Diagrama de fases do dióxido de carbono

Particularidade: a curva de fusão está inclinada para a direita, pois o ponto de fusão aumenta com o aumento da pressão.

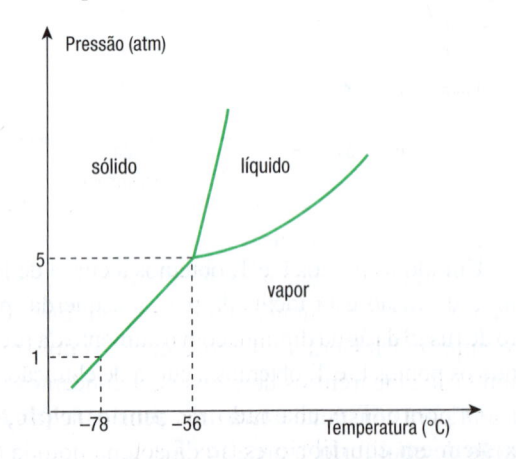

Observe que a pressão de CO_2 no ponto triplo é maior que 1 atm. Isto significa que o CO_2 líquido não pode existir nesta pressão (1 atm). Portanto, a 1 atm de pressão, nem a fusão nem a ebulição podem ocorrer, só temos a sublimação. O dióxido de carbono sólido é chamado gelo seco, sendo que o termo seco refere-se ao fato de que na pressão atmosférica ele não se funde.

10.4 Diagrama de fases em uma solução aquosa

Uma solução aquosa em relação à água pura tem menor pressão de vapor, maior temperatura de ebulição e menor temperatura de congelamento. Portanto, as curvas do diagrama de fases serão deslocadas para obedecer essas condições. **Exemplo**: solução aquosa contendo 1 mol de glicose.

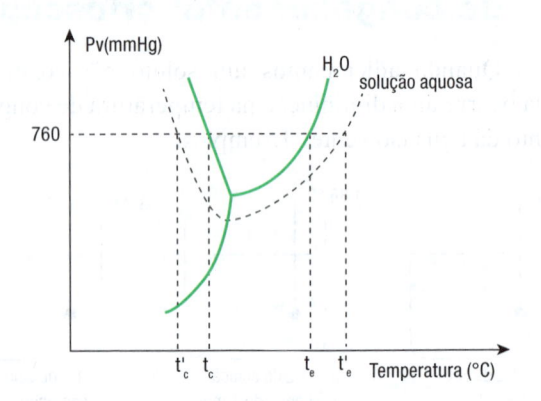

t_c = temperatura de congelamento da água pura (0°C)

t'_c = temperatura de congelamento da água na solução (−1,86 °C)

t_e = temperatura de ebulição de água pura (100 °C)

t'_e = temperatura de ebulição da água na solução (100,52 °C)

LEITURA COMPLEMENTAR: Ponto crítico

A curva de ebulição representando as condições de equilíbrio entre o líquido e o vapor do líquido termina no **ponto crítico**. A temperatura em que isto acontece é a **temperatura crítica** (T_C) e a pressão de vapor correspondente é a **pressão crítica** (P_C).

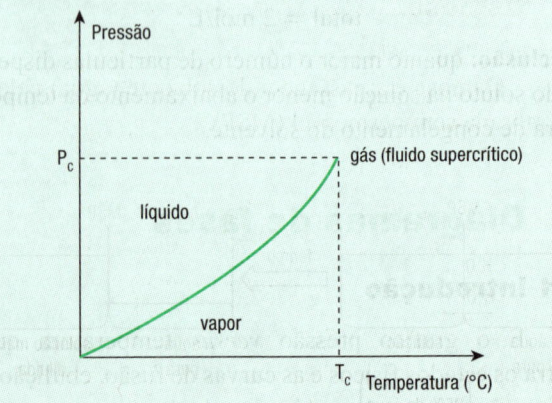

A temperatura crítica é a temperatura mais alta na qual o vapor pode ser liquefeito por pressão. A partir do ponto crítico, a densidade do gás é igual à do líquido, formando-se uma fase única, chamada de **fluido supercrítico** ou **gás**.

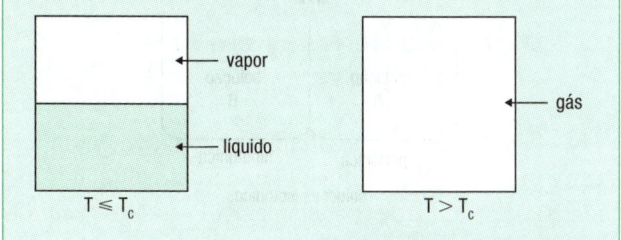

Para a maioria das substâncias o ponto crítico tem valores muito elevados de temperatura e pressão. Por exemplo, a água tem uma **temperatura crítica de 374 °C** e uma **pressão crítica de 218 atm**.

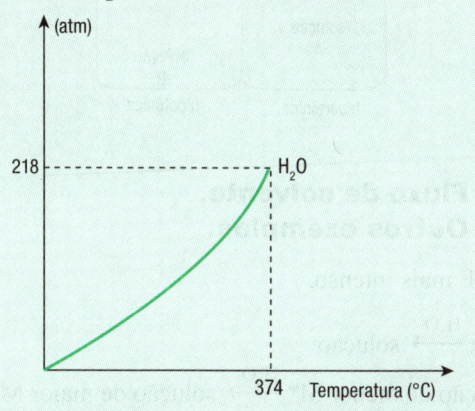

Acima de 374 °C, a água é um fluido supercrítico, isto é, a água não pode ser liquefeita por compressão. No estado supercrítico, certos fluidos como a água e o dióxido de carbono têm propriedades inesperadas, como a capacidade de dissolver materiais normalmente insolúveis.

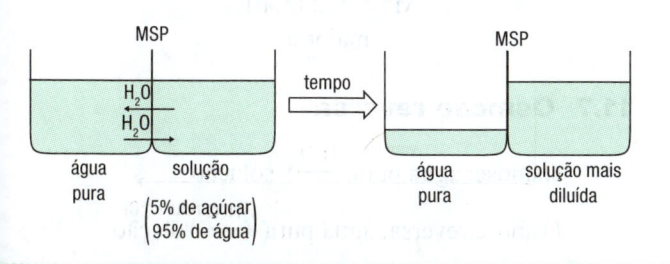

O fluxo de água é mais intenso no sentido da solução. Quando os fluxos de água se igualarem, não haverá alteração externa nos níveis dos líquidos.

Membrana semipermeável é aquela que permite a passagem do solvente e não permite a passagem do soluto. **Exemplos:** papel celofane, bexiga animal, cenoura oca e porcelana cujos poros contêm $Cu_2[Fe(CN)_6]$.

11.2 Pressão osmótica (π)

A pressão osmótica é a pressão que deve ser exercida sobre a solução para evitar a entrada do solvente.

Quanto maior a pressão osmótica, maior tendência do solvente para entrar na solução.

A pressão osmótica pode ser medida aplicando-se uma pressão externa que bloqueie a osmose.

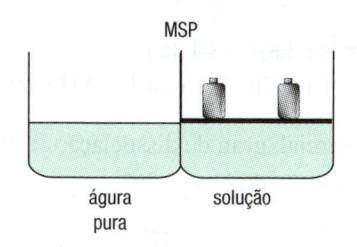

Voltando ao exemplo:

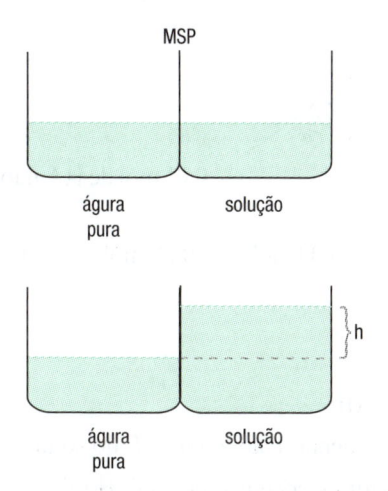

Por que depois de certo tempo os níveis dos dois recipientes não mais se alteram?

Devido à passagem mais intensa de água para solução temos um aumento de volume que vamos representar por h (será a diferença entre os dois níveis). Quando estacionarem os dois níveis, a concentração da solução ficará constante e terá uma densidade (d). Nessa situação de equilíbrio, a pressão da coluna líquida (hdg) é igual à pressão osmótica (π).

$\pi = hdg$ g: aceleração da gravidade

11. Osmose

11.1 Membrana semipermeável (MSP) – Osmose

Osmose é a passagem do solvente (água) pela membrana semipermeável (MSP).

11.3 Equação da pressão osmótica (π)

A pressão osmótica (propriedade coligativa) depende da concentração em mol/L do número total de partículas dispersas (M*) e da temperatura da solução em Kelvin (T).

$$\pi = M^*RT$$

em que R é a constante universal dos gases ideais (o valor é fornecido).

11.4 Cálculo do M*

a) Soluto que não se dissocia

$C_6H_{12}O_6(s) \xrightarrow{1L} C_6H_{12}O_6(aq)$
  0,1 mol   0,1 mol $M^* = 0,1$ mol/L

b) Soluto que se dissocia (ácido, base, sal)
  dissociação total: grau de dissociação = 100%.

  $NaCl(s) \xrightarrow{1L} Na^+(aq) + Cl^-(aq)$
  0,1 mol   0,1 mol/L   0,1 mol/L $M^* = 0,2$ mol/L

c) dissociação parcial: grau de dissociação < 100%.
  grau de dissociação do HA = 90%

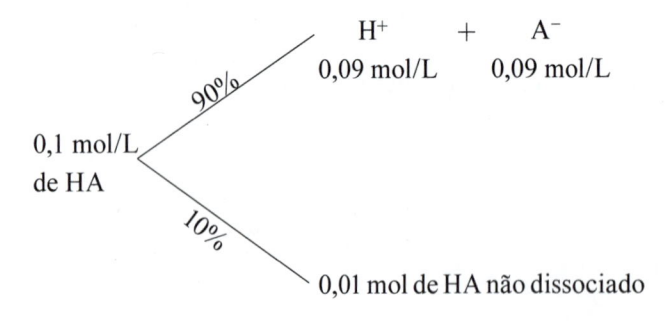

0,1 mol/L de HA
  — 90% → H^+ + A^- : 0,09 mol/L   0,09 mol/L
  — 10% → 0,01 mol de HA não dissociado

$M^* = 0,09$ mol/L $+ 0,09$ mol/L $+ 0,01$ mol/L $=$
$= 0,19$ mol/L

Observação:

$M^* = Mi$

M = concentração em mol/L do soluto

i = fator de correção de van't Hoff

Para ITA e IME $\pi = M\,RT\,i$

$i = 1 + \alpha\,(q - 1)$

Exemplo:

$NaCl(s) \xrightarrow{1L} Na^+(aq) + Cl^-(aq)$ i = 2
0,1 mol   0,1 mol/L   0,1 mol/L

$M^* = 0,2$ mol   M = 0,1 mol/L

usando: i = 2, q = 2, $\alpha = 1$

11.5 Classificação das soluções em relação à pressão osmótica

Considere duas soluções, A e B:

$\pi_A = \pi_B$ soluções isotônicas

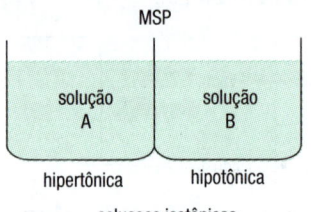

soluções isotônicas (A hipertônica | B hipotônica, MSP)

$\pi_A > \pi_B$ solução A é hipertônica
          solução B é hipotônica

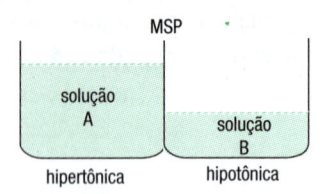

11.6 Fluxo de solvente. Outros exemplos.

É mais intenso.

a) água $\xrightarrow{H_2O}$ solução

b) solução de menor M* $\xrightarrow{H_2O}$ solução de maior M*
   (mais diluída)   (mais concentrada)

Exemplo: Qual o sentido mais intenso da água?

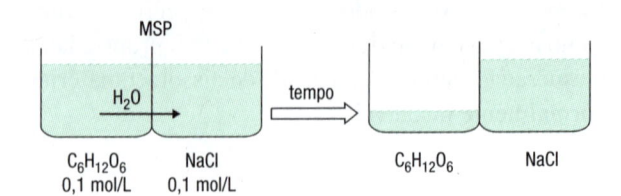

$C_6H_{12}O_6$ 0,1 mol/L | NaCl 0,1 mol/L → tempo → $C_6H_{12}O_6$ | NaCl

$C_6H_{12}O_6 \xrightarrow{H_2O} C_6H_{12}O_6$
0,1 mol   0,1 mol/L
$M^* = 0,1$ mol/L
menor π

$NaCl \xrightarrow{H_2O} Na^+ + Cl^-$
0,1 mol/L   0,1 mol/L   0,1 mol/L
$M^* = 0,2$ mol/L
maior π

11.7 Osmose reversa

Osmose: água pura $\xrightarrow{H_2O}$ solução

Osmose reversa: água pura $\xleftarrow{H_2O}$ solução

Observe pelo esquema que a água da solução vai para água pura, isso ocorre porque é aplicada na solução uma pressão mecânica maior que a pressão osmótica da solução.

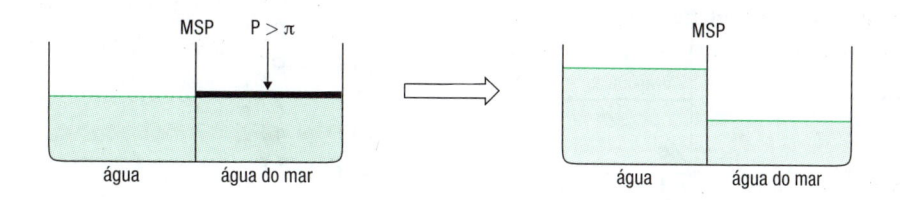

12. Efeito coligativo

A adição de um soluto não volátil altera certas propriedades físicas como pressão de vapor, temperatura de ebulição, temperatura de congelamento e a pressão osmótica.

Essa alteração depende apenas do número de partículas dispersas do soluto na solução e essa alteração foi chamada de *efeito coligativo* ou *propriedade coligativa*.

Exercícios Série Prata

1. Complete com **soluto** ou **solvente**.

Dissolvendo-se sal comum em água, por exemplo, ela passa a congelar-se em temperatura mais baixa e a ferver em temperatura mais alta, em relação à água pura. Essas alterações que os solutos causam aos solventes são denominadas propriedades coligativas.

Propriedade coligativa das soluções é aquela que depende do número de partículas do _____ .

2. A pressão máxima de vapor (Pv) de um líquido é a pressão exercida por seus vapores que estão em equilíbrio com o líquido.

Complete:

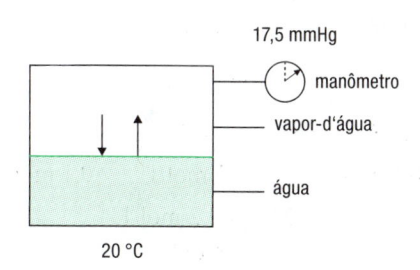

ve: velocidade de evaporação
vc: velocidade de condensação
ve = vc equilíbrio

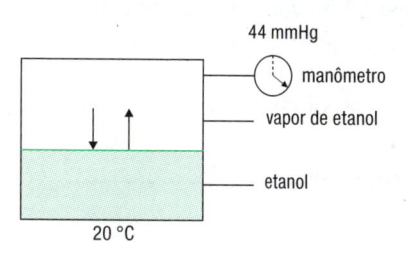

ve: velocidade de evaporação
vc: velocidade de condensação
ve = vc equilíbrio

a) água (l) ⇌ vapor-d'água Pv = _____

b) etanol (l) ⇌ vapor de etanol Pv = _____

3. Complete com **menor** ou **maior**, **mais** ou **menos**.
Volátil: facilidade de um líquido em evaporar.
Quanto mais volátil for o líquido, _____ será sua pressão de vapor. O álcool é _____ volátil que a água.

4. (FUVEST – SP) Leia o texto:

"Quando um líquido é fechado em um frasco, com temperatura constante, a condensação é estabelecida gradualmente. No instante em que é fechado o frasco, a condensação é nula, mas sua velocidade vai aumentando até igualar-se com a velocidade de evaporação. Nesse momento, é atingido o equilíbrio líquido-vapor." Assinale o diagrama que melhor interpreta o texto acima.

a) Velocidade (evaporação decresce, condensação cresce, encontram-se) × Tempo

b) Velocidade (evaporação constante acima, condensação constante abaixo) × Tempo

c) Velocidade (evaporação e condensação paralelas crescentes) × Tempo

d) Velocidade (evaporação constante, condensação cresce até encontrá-la) × Tempo

e) Velocidade (condensação constante, evaporação cresce até encontrá-la) × Tempo

5. Complete com **aumenta** ou **diminui**.
A pressão de vapor de um líquido _____ com o aumento da temperatura.

6. Indique as pressões de vapor da água a 20 °C e 47 °C.
   20 °C Pv _____
   47 °C Pv _____

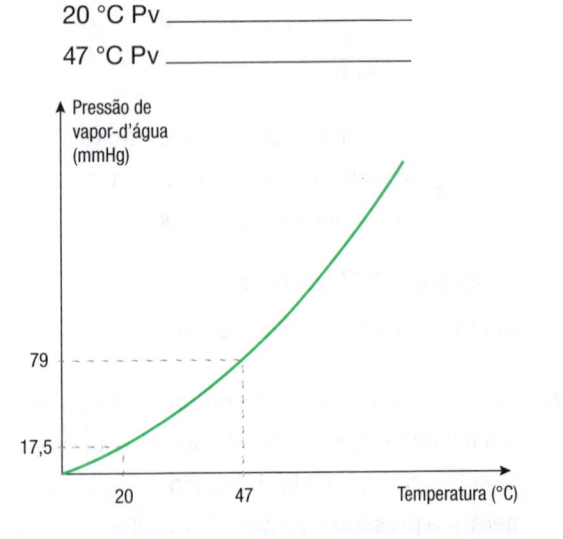

(Gráfico: Pressão de vapor-d'água (mmHg) × Temperatura (°C); pontos 17,5 em 20 °C e 79 em 47 °C)

7. (FUND. CARLOS CHAGAS) Tem-se um recipiente dotado de um êmbolo que contém água (fig. 1); abaixamos o êmbolo (fig. 2), sem que a temperatura se altere:

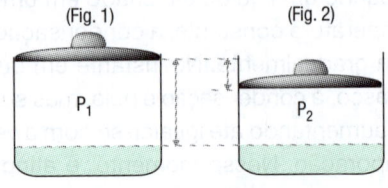

(Fig. 1) P₁ — (Fig. 2) P₂

Chamamos a primeira pressão de vapor de P_1, e a segunda de P_2.

Pode-se afirmar que:
a) $P_1 > P_2$.
b) $P_1 = P_2$.
c) $P_1 = 2 P_2$.
d) $P_1 = 4 P_2$.
e) $P_1 = 8 P_2$.

8. Complete com **diferente** ou **igual**.
Um líquido entra em ebulição quando a sua pressão de vapor (bolha) é _____ à pressão atmosférica.

9. Complete com **maior** ou **menor**.
Quanto mais volátil for o líquido, _____ será a temperatura de ebulição.

10. (UNICAMP – SP) As pressões de vapor dos líquidos **A** e **B**, em função da temperatura, estão representadas no gráfico abaixo.

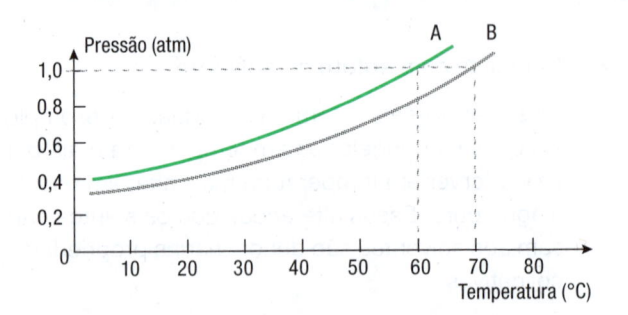

(Gráfico: Pressão (atm) × Temperatura (°C); curvas A e B atingindo 1,0 atm em aproximadamente 60 °C e 70 °C respectivamente)

a) Sob pressão de 1,0 atm, qual a temperatura de ebulição de cada um desses líquidos?
b) Qual dos líquidos apresenta maior pressão de vapor a 50 °C, e qual o valor aproximado dessa pressão?
c) Qual dos líquidos é o mais volátil a qualquer temperatura?
d) Qual é o estado físico de **A** e de **B** a 65 °C (1 atm)?

11. No diagrama de líquidos **A** e **B**:

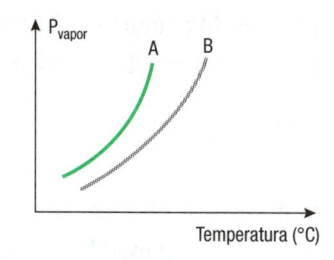

é possível afirmar que:
a) o líquido **A** é menos volátil.
b) o líquido **B** terá menor temperatura de ebulição.
c) o líquido **A** possui atrações intermoleculares mais fortes.
d) ambos os líquidos possuem o mesmo ponto de ebulição.
e) o líquido **A** poderia ser éter e o líquido **B**, água.

12. Observe o diagrama:

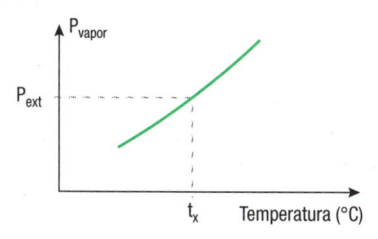

Agora, responda:
a) Por que a curva é ascendente?
b) Qual o significado da temperatura t_x?

13. (FATEC – SP) Se a água contida em um béquer está fervendo, e o termômetro acusa a temperatura de 97 °C, pode-se afirmar que:
a) a temperatura de ebulição independe da pressão ambiente.
b) a água está fervendo em Santos.
c) nessa temperatura a pressão de vapor-d'água é menor do que a pressão ambiente.
d) nessa temperatura estão sendo rompidas ligações intramoleculares.
e) nessa temperatura a pressão de vapor-d'água é igual à pressão ambiente.

14. O diagrama abaixo refere-se a três líquidos **A**, **B** e **C**.

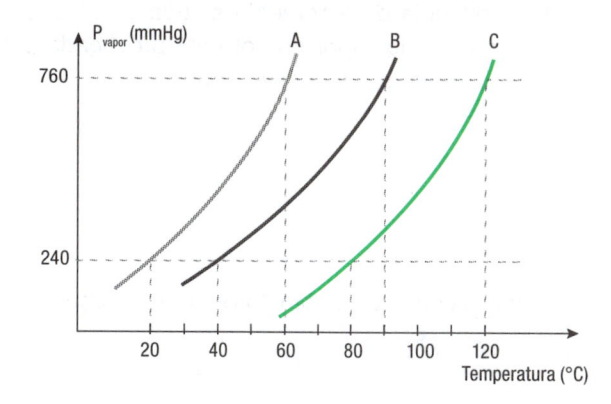

a) Qual o líquido mais volátil?
b) O que é temperatura de ebulição normal?
c) Quais as temperaturas normais de ebulição de **A**, **B** e **C**?
d) Quais seriam as temperaturas de ebulição desses líquidos no pico do Monte Everest, local em que a pressão atmosférica está ao redor de 240 mmHg?

15. (UNIP – SP) Considere as curvas de pressão de vapor.

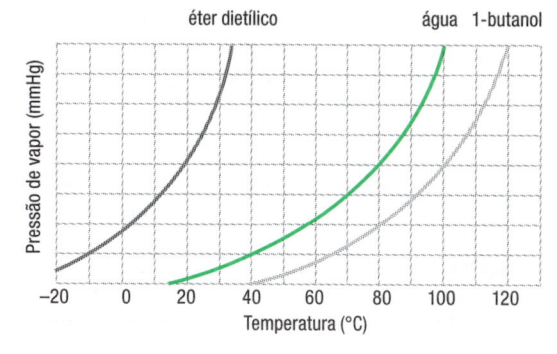

As forças intermoleculares estão na ordem:
a) éter dietílico > água > 1-butanol
b) água > 1-butanol > éter dietílico
c) 1-butanol > água > éter dietílico
d) 1-butanol > éter dietílico > água
e) água > éter dietílico > 1-butanol

16. Complete com **aumento** ou **diminuição**.

A tonoscopia ou tonometria estuda _____ da pressão de vapor do solvente provocada pela adição de um soluto não volátil.

17. Associe cada curva com solvente ou solução:

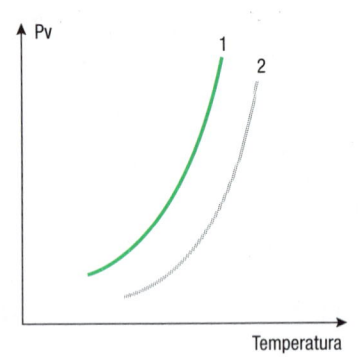

Curva 1: _____

Curva 2: _____

18. Associe cada curva com solvente, solução mais concentrada e solução menos concentrada.

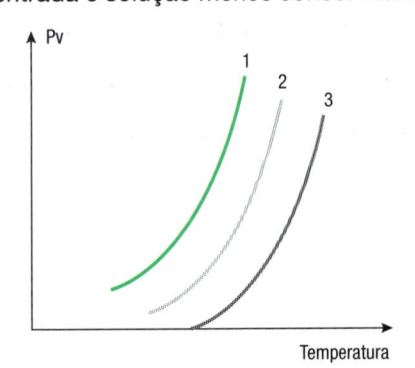

Curva 1: _____

Curva 2: _____

Curva 3: _____

19. Complete:

a) não dissocia: em água

$C_6H_{12}O_6$(aq)

0,1 mol/L

total de partículas dispersas _____

b) dissocia: em água

NaCl(aq) $\longrightarrow$ Na$^+$(aq) + Cl$^-$(aq)

0,1 mol/L   0,1 mol/L   0,1 mol/L

total de partículas dispersas _____

c) dissocia:

$MgCl_2$(aq) $\longrightarrow$ Mg^{2+}(aq) + 2 Cl$^-$(aq)

0,1 mol/L   0,1 mol/L   0,2 mol/L

total _____

d) dissocia:

$Al_2(SO_4)_3$(aq) $\longrightarrow$ 2 Al^{3+}(aq) + 3 SO_4^{2-}(aq)

0,1 mol/L   0,2 mol/L   0,3 mol/L

total _____

20. Associe as curvas com H_2O pura, solução aquosa de NaCl 0,1 mol/L, solução aquosa de $C_6H_{12}O_6$ 0,1 mol/L e solução aquosa de $Al(NO_3)_3$ 0,1 mol/L.

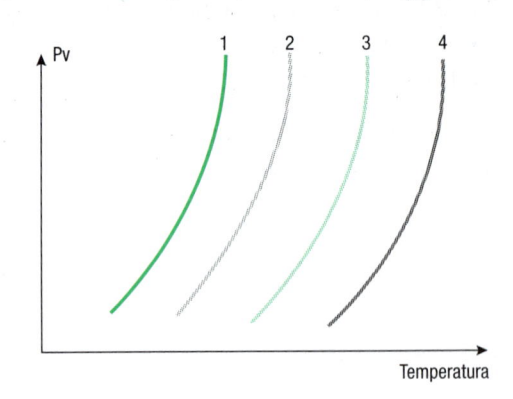

Curva 1: _____

Curva 2: _____

Curva 3: _____

Curva 4: _____

21. (PUC – MG) Sejam dadas as seguintes soluções aquosas:

X: 0,25 mol/L de glicose ($C_6H_{12}O_6$).

Y: 0,25 mol/L de carbonato de sódio (Na_2CO_3).

Z: 0,50 mol/L de ácido nítrico (HNO_3).

W: 0,50 mol/L de sacarose ($C_{12}H_{22}O_{11}$).

Das soluções acima, assinale a opção que apresenta a maior pressão de vapor:

a) X   b) Y   c) Z   d) W

22. Complete com **aumento** ou **diminuição**, **maior** ou **menor**.

A ebulioscopia ou ebuliometria estuda _____ _____ da temperatura de ebulição do solvente pela adição de um soluto não volátil.

Quanto mais concentrada for uma solução, _____ a temperatura da ebulição do solvente.

23. (PUC – MG) Sejam dadas as seguintes soluções aquosas:

I. 0,1 mol/L de glicose ($C_6H_{12}O_6$).
II. 0,2 mol/L de sacarose ($C_{12}H_{22}O_{11}$).
III. 0,1 mol/L de hidróxido de sódio (NaOH).
IV. 0,2 mol/L de cloreto de cálcio ($CaCl_2$).
V. 0,2 mol/L de nitrato de potássio (KNO_3).

A que apresenta maior temperatura de ebulição é:
a) I   b) II   c) III   d) IV   e) V

24. Complete com **aumento** ou **diminuição**, **maior** ou **menor**.

A crioscopia ou criometria estuda _____ da temperatura de congelação do solvente pela adição de um soluto não volátil.

Quanto mais concentrada for uma solução, _____ a temperatura de congelação do solvente.

25. (UNESP) A solução aquosa que apresenta menor ponto de congelação é a de:
a) $CaBr_2$ de concentração 0,10 mol/L.
b) KBr de concentração 0,20 mol/L.
c) Na_2SO_4 de concentração 0,10 mol/L.
d) glicose ($C_6H_{12}O_6$) de concentração 0,50 mol/L.
e) HNO_3 de concentração 0,30 mol/L (100% ionizado).

26. (ITA – SP) Em relação à água pura, é de se esperar que uma solução de 10 g de sacarose em 150 g de água tenha respectivamente:

	Ponto de ebulição	Ponto de solidificação	Pressão de vapor
a)	menor	maior	menor
b)	menor	menor	menor
c)	maior	menor	menor
d)	maior	menor	maior
e)	maior	maior	maior

27. Complete:

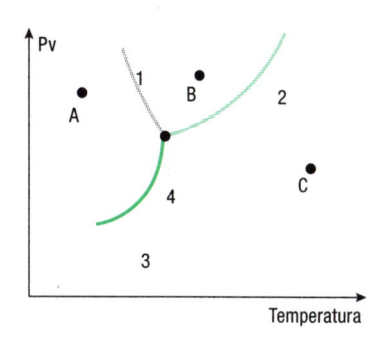

a) Curva 1: _____
b) Curva 2: _____
c) Curva 3: _____
d) Ponto 4: _____
e) Ponto A estado: _____
f) Ponto B estado: _____
g) Ponto C estado: _____

28. Complete:
a) Ponto de fusão: PF _____
b) Ponto de ebulição: PE _____
c) Pressão no ponto triplo: _____
d) Temperatura no ponto triplo: _____

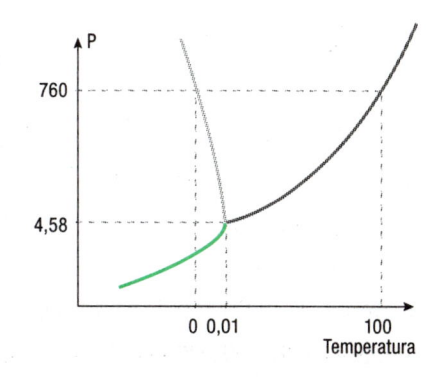

29. Complete com **solução** ou **solvente**.

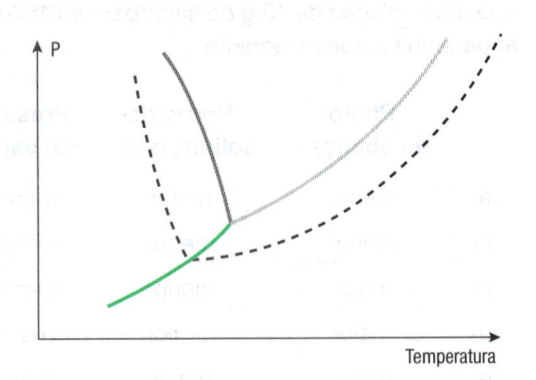

a) Curva cheia corresponde
_____ .

b) Curva da linha tracejada corresponde
_____ .

30. Complete com **solvente** ou **soluto**.

Membrana semipermeável ideal é a que permite a passagem do _____ e impede a passagem do _____ .

31. Complete com **solvente** ou **soluto**.

Osmose é a passagem do _____ através de uma membrana semipermeável.

32. Complete com **mais** ou **menos**.

O fluxo maior do solvente é da solução _____ concentrada para a solução _____ concentrada.

33. Complete com **mais** ou **menos**, **aumenta** e **diminui**.

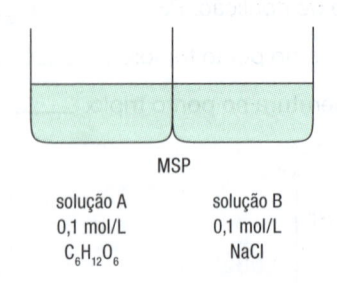

solução A 0,1 mol/L $C_6H_{12}O_6$ solução B 0,1 mol/L NaCl

a) O fluxo de água é _____ intenso no sentido da solução A para solução B.

b) O volume da solução A _____

c) O volume da solução B _____

34. Complete com **aumenta** ou **diminui**.

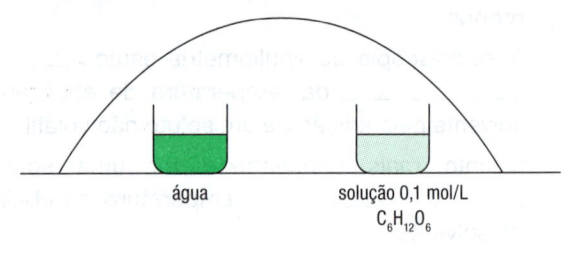

água   solução 0,1 mol/L $C_6H_{12}O_6$

O volume da solução _____ .

35. Admita que uma célula viva contenha uma solução de concentração 0,16 mol/L. Se essa célula for mergulhada em uma solução aquosa 0,05 mol/L, podemos prever que:

a) não haverá osmose.
b) a célula irá inchar.
c) a célula perderá água e irá murchar.

36. Observe o esquema:

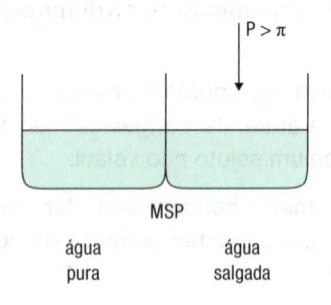

$P > \pi$

MSP

água pura   água salgada

O fenômeno é chamado de _____ .

37. (UFPB) A escassez de água própria para o consumo humano tem provocado a busca pelo aproveitamento das águas de oceanos e mares. Para aproveitamento da água salgada, foram desenvolvidos equipamentos de dessalinização que se baseiam na aplicação da osmose reversa. Esses equipamentos têm permitido que bilhões de litros de água potável sejam produzidos anualmente no mundo inteiro. Por definição, a osmose é a passagem de um solvente através de uma membrana semipermeável (MS). Os processos de osmose e osmose reversa estão representados na figura a seguir.

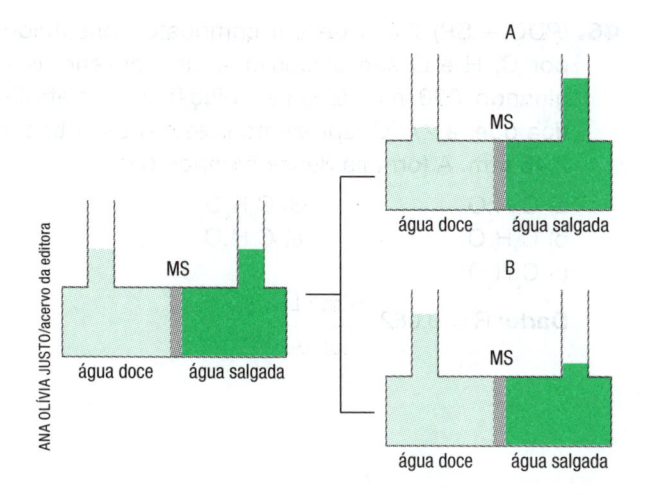

Considerando essas informações e observando a figura, verifica-se:

a) Em A e B, os sais conseguem atravessar a membrana semipermeável.
b) Em A, o fluxo através da membrana ocorreu no sentido da água salgada para a água doce.
c) Em A, a concentração de sais na água salgada foi aumentada.
d) Em B, o fluxo de água, no sentido da água salgada para água doce, exigiu aplicação de pressão externa.
e) Em A, está representado o processo que ocorre nos dessalinizadores.

38. Complete com **solvente** ou **solução**.

Pressão osmótica (π) é a pressão exercida sobre a _____ para impedir a osmose.

39. Complete com **hipotônica**, **hipertônica** ou **isotônica**.

a) $\pi_A = \pi_B$ solução A é _____ da solução B.

b) $\pi_A > \pi_B$ solução A é _____ da solução B.

c) $\pi_A < \pi_B$ solução A é _____ da solução B.

40. Observe o esquema.

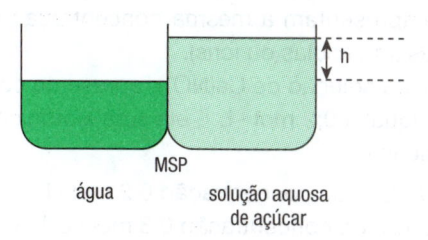

Quandos os níveis dos líquidos não mais se alteram, a pressão osmótica (π) é igual à pressão hidrostática (hdg).

$$\pi = hdg$$

Dê os nomes das grandezas envolvidas.

a) π _____
b) h _____
c) d _____
d) g _____

41. (UECE) A descoberta do fenômeno da osmose foi atribuída a René Joachim Henri Dutrochet (1776-1847), físico e botânico francês, autor do termo "osmose". Sua pesquisa teve fundamental importância para explicar o processo da respiração celular. A pressão osmótica utilizada para interromper a osmose de determinada solução de glicose ($C_6H_{12}O_6$) contendo 10 g/L a 15 °C é

a) 2,62 atm.
b) 1,83 atm.
c) 2,92 atm.
d) 1,31 atm

Dado: R = 0,082 atm · L · mol^{-1} · K^{-1}.

42. (UECE) A osmose é muito importante para os seres vivos. Ela é responsável, por exemplo, pelas trocas de líquidos entre as células e seu meio. Nas células humanas, o excesso de água pode provocar uma citólise, originando um acidente vascular cerebral (AVC). A pressão osmótica de uma solução molecular que apresenta 0,15 mol/L a 27 °C considerada, neste caso, isotônica com a da célula humana é, em termos aproximados,

a) 1,85 atm.
b) 3,70 atm.
c) 5,55 atm.
d) 7,40 atm.

Dado: R = 0,082 atm · L/mol · K.

43. (FAMECA – SP) Soluções isotônicas são aquelas que apresentam a mesma concentração de partículas (moléculas ou íons).

Se uma solução de $Ca(NO_3)_2$ apresenta concentração igual a 0,2 mol · L⁻¹, ela será isotônica de uma solução de

a) Na_2SO_4 de concentração 0,2 mol · L⁻¹.
b) $CaCl_2$ de concentração 0,3 mol · L⁻¹.
c) $Ca(NO_3)_2$ de concentração 0,3 mol · L⁻¹.
d) $Al(NO_3)_3$ de concentração 0,2 mol · L⁻¹.
e) $C_6H_{12}O_6$ de concentração 0,2 mol · L⁻¹.

44. (FMJ – SP) A adição de soro fisiológico em uma amostra de sangue não promoveu alteração no volume celular, enquanto que a adição de água causou a destruição das hemácias por meio da lise celular. É correto afirmar que o soro fisiológico e a água, em relação à hemácia, são, respectivamente,

a) isotônico e hipotônica.
b) hipertônico e isotônica.
c) isotônico e hipertônica.
d) hipotônico e hipertônica.
e) hipertônico e hipotônica.

45. (UEM – PR) Assinale o que for correto.

a) O sangue, o leite e a maionese são soluções.
b) A pressão de vapor-d'água pura é maior do que a da água salgada; portanto, a temperatura de ebulição da água pura é maior do que a da água salgada.
c) A pressão osmótica depende do número de partículas na solução.
d) Uma solução aquosa de cloreto de sódio 0,01 mol/L apresenta pressão osmótica maior do que uma solução aquosa de sacarose 0,01 mol/L, na mesma temperatura.
e) A dimensão média das partículas que formam uma dispersão coloidal é maior do que a dimensão média das partículas que formam uma solução.

46. (PUC – SP) 2,8 g de um composto constituído por C, H e O são dissolvidos em benzeno, originando 500 mL de uma solução não eletrolítica que, a 27 °C, apresenta pressão osmótica a 2,46 atm. A fórmula desse composto é:

a) C_3H_4O d) $C_2H_4O_2$
b) C_3H_8O e) C_2H_6O
c) C_2H_2O

Dado: $R = 0,082 \dfrac{atm \cdot L}{mol \cdot K}$.

47. (ENEM) Osmose é um processo espontâneo que ocorre em todos os organismos vivos e é essencial à manutenção da vida. Uma solução 0,15 mol/L de NaCl (cloreto de sódio) possui a mesma pressão osmótica das soluções presentes nas células humanas.

A imersão de uma célula humana em uma solução 0,20 mol/L de NaCl tem, como consequência, a

a) adsorção de íons Na^+ sobre a superfície da célula.
b) difusão rápida de íons Na^+ para o interior da célula.
c) diminuição da concentração das soluções presentes na célula.
d) transferência de íons Na^+ da célula para a solução.
e) transferência de moléculas de água do interior da célula para a solução.

48. (PSS – UFS – SE) Quando se comparam soluções aquosas de mesma concentração (em mol/L), uma de sal de cozinha, NaCl (composto solúvel em água e totalmente dissociado), outra de cloreto de potássio, KCl (composto solúvel em água e totalmente dissociado), com água destilada, afirma-se que:

a) Sob mesma pressão, a água destilada ferve à menor temperatura.
b) Sob a mesma pressão, as duas soluções fervem à mesma temperatura.
c) As duas soluções congelam à mesma temperatura, que é maior do que a da água.

d) Com membrana semipermeável separando as duas soluções da água:

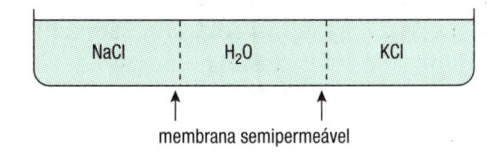

| NaCl | H₂O | KCl |

membrana semipermeável

a solução de maior pressão osmótica é a solução de NaCl.

e) As duas soluções diferem bastante da água, quanto à concentração de cátions e ânions presentes.

Quais itens estão corretos?

49. (UNESP) Injeções endovenosas de glicose são aplicadas em pessoas que estão alcoolizadas. A solução de glicose, que é injetada nas veias desses pacientes, deve ser isotônica em relação ao sangue, para não lesar os glóbulos vermelhos. Considerando que o sangue humano possui uma pressão osmótica (π) da ordem de 7,8 atmosferas,

a) qual deve ser o valor da pressão osmótica da injeção endovenosa a ser aplicada no paciente alcoolizado?

b) demonstre através de cálculos que o soro fisiológico, utilizado nas injeções endovenosas, é solução com concentração C = 0,16 mol/L em cloreto de sódio (NaCl).

Dados: R = 0,082 atm · L · mol^{-1} · K^{-1}, T = 298 K.

Exercícios Série Ouro

1. (UNISA – SP) A pressão de vapor de um líquido puro molecular depende:

a) apenas da estrutura de suas moléculas.
b) apenas da massa específica do líquido.
c) apenas da temperatura do líquido.
d) da estrutura de suas moléculas e da temperatura do líquido.
e) da estrutura de suas moléculas e do volume do vapor.

2. À temperatura de 80 °C e pressão de 700 mmHg, quantas substâncias estão totalmente vaporizadas?

a) 1   b) 2   c) 3   d) 4   e) 5

Dados:

Substâncias	Pressão de vapor em mmHg a 80 °C
CH_3COOH	202
D_2O	332
H_2O	355
C_2H_5OH	813
CCl_4	843

3. (FATEC – SP) São dadas as curvas de pressão de vapor para os líquidos **A** e **B**.

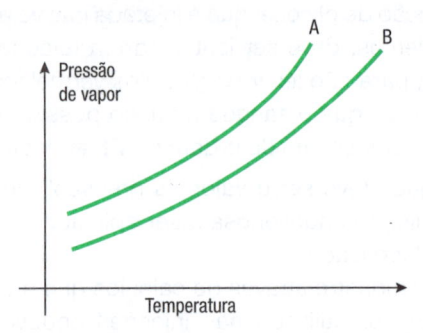

Pode-se concluir que:

a) a temperatura de ebulição de **A** é maior que a temperatura de ebulição de **B**.
b) se o líquido **A** for um solvente puro, o líquido **B** poderia ser uma solução de um soluto não volátil nesse solvente.
c) o líquido **B** é mais volátil que o líquido **A**.
d) se o líquido **B** for um solvente puro, o líquido **A** poderia ser uma solução de um soluto não volátil nesse solvente.
e) a temperatura de ebulição de **A** em São Paulo é maior que a temperatura de ebulição de **A** em Santos.

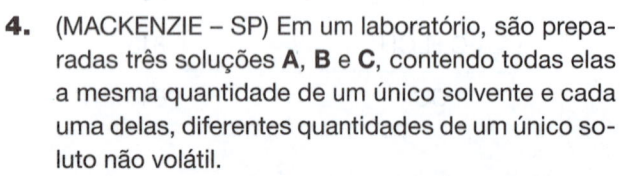

a) a solução **C** corresponde à curva **I**, pois quanto maior a quantidade de soluto não volátil dissolvido em um solvente, menor é a pressão de vapor dessa solução.
b) solução **A** corresponde à curva **III**, pois quanto menor a quantidade de soluto não volátil dissolvido em um solvente, maior é a pressão de vapor dessa solução.
c) as soluções **A**, **B** e **C** correspondem respectivamente às curvas **III**, **II** e **I**, pois quanto maior a quantidade de um soluto não volátil dissolvido em um solvente, maior a pressão de vapor da solução.
d) as soluções **A**, **B** e **C** correspondem respectivamente às curvas **I**, **II** e **III**, pois quanto menor a quantidade de um soluto não volátil dissolvido em um solvente, maior a pressão de vapor da solução.
e) a solução **B** é a mais volátil, que é representada pela curva **II**.

4. (MACKENZIE – SP) Em um laboratório, são preparadas três soluções **A**, **B** e **C**, contendo todas elas a mesma quantidade de um único solvente e cada uma delas, diferentes quantidades de um único soluto não volátil.
Considerando que as quantidades de soluto, totalmente dissolvidas no solvente, em **A**, **B** e **C**, sejam crescentes, a partir do gráfico abaixo, que mostra a variação da pressão de vapor para cada uma das soluções em função da temperatura, é correto afirmar que, a uma dada temperatura "T",

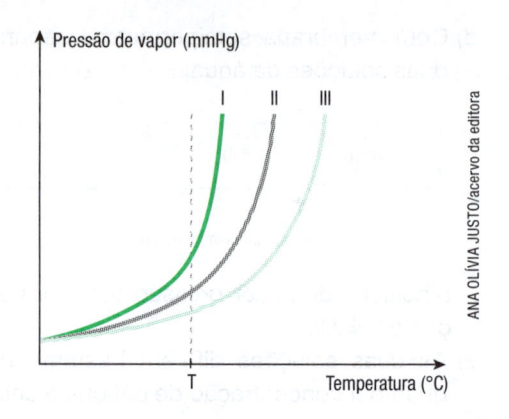

5. (UFRGS – RS) Considere o gráfico a seguir, que representa as variações das pressões máximas de vapor da água pura (AP) e duas amostras líquidas, **A** e **B**, em função da temperatura.

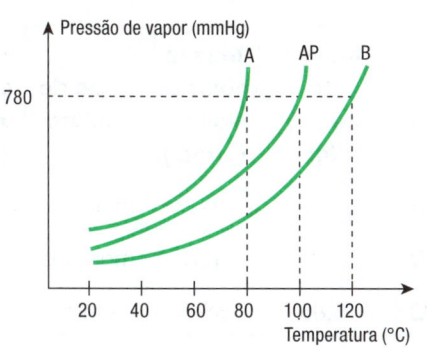

Pode-se concluir que, em temperaturas iguais:

a) a amostra **A** constitui-se de um líquido menos volátil que a água pura.
b) a amostra **B** pode ser constituída de uma solução aquosa de cloreto de sódio.
c) a amostra **B** constitui-se de um líquido que evapora mais rapidamente que a água pura.
d) a amostra **A** pode ser constituída de solução aquosa de sacarose.
e) as amostras **A** e **B** constituem-se de soluções aquosas preparadas com solutos diferentes.

6. (UFMG) Acetona, água e etanol puros, inicialmente líquidos a 20 °C e a 1 atm de pressão, são aquecidos, entram em ebulição e se vaporizam completamente. O gráfico apresenta as curvas de aquecimento dos três líquidos:

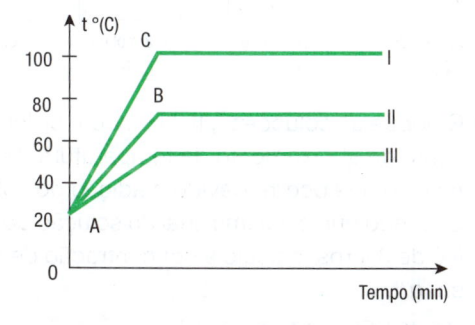

a) Considerando as interações intermoleculares características dos três líquidos – CH_3COCH_3, H_2O e CH_3CH_2OH – mais intensas do que simples interações de van der Waals, identifique a curva de aquecimento correspondente a cada um deles. Justifique sua resposta, considerando o tipo de interação possível em cada caso.

b) Considerando que, num novo experimento, se aqueça uma quantidade maior do líquido II, indique se haverá modificações na inclinação do segmento AB da curva do aquecimento e no tempo durante o qual a temperatura permanecerá constante. Justifique sua resposta.

7. (UnB – DF) A 25 °C, os líquidos A (20 cm^3) e B (70 cm^3) apresentam as pressões de vapor (mmHg) indicadas nos manômetros. Com base nas informações fornecidas, julgue os itens:

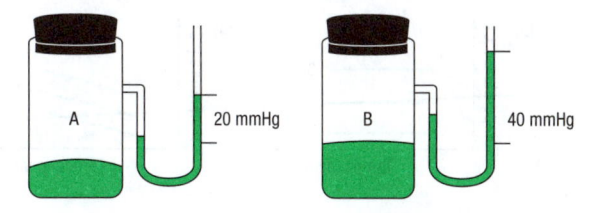

1 – O líquido A é mais volátil que o B.
2 – A temperatura de ebulição de B é mais elevada que a de A.
3 – Se o volume de A fosse 40 cm^3, a 25 °C, sua pressão de vapor seria 40 mmHg.
4 – Dependendo da pressão externa, os líquidos A e B podem apresentar diferentes temperaturas de ebulição.
5 – Ao se dissolver um soluto não volátil em A ou B, haverá um decréscimo da pressão de vapor.
6 – Se o líquido A fosse a água, para que sua pressão de vapor se igualasse a 760 mmHg, seria necessária uma temperatura de 100 °C.

8. (UFRN) Considere três recipientes abertos, contendo líquido em ebulição contínua. Em (1), tem-se água pura; em (2), uma solução aquosa de glicose 10^{-3} mol/L; em (3), uma outra solução aquosa de glicose 10^{-1} mol/L, conforme ilustrado a seguir. Assinale a opção cujo gráfico representa a variação das temperaturas dos líquidos anteriores em função do tempo.

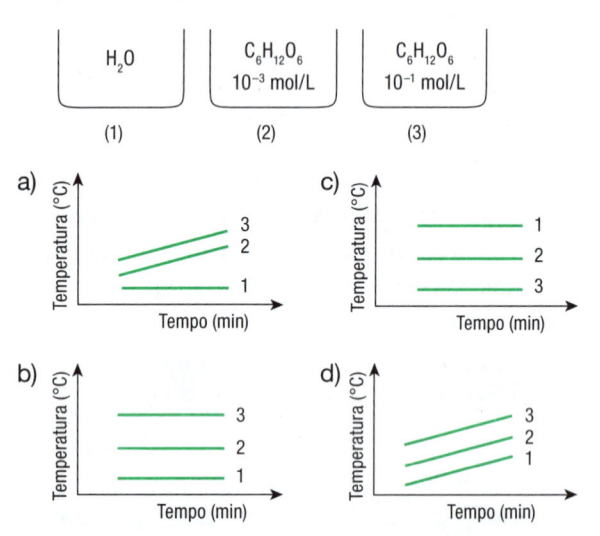

(1) H_2O — (2) $C_6H_{12}O_6$ 10^{-3} mol/L — (3) $C_6H_{12}O_6$ 10^{-1} mol/L

a) gráfico com três retas ascendentes (3, 2, 1 de cima para baixo)
b) gráfico com três retas horizontais (3, 2, 1 de cima para baixo)
c) gráfico com três retas horizontais (1, 2, 3 de cima para baixo)
d) gráfico com três retas ascendentes (3, 2, 1 de cima para baixo)

9. (FUVEST – SP) Uma mistura constituída de 45 g de cloreto de sódio e 100 mL de água, contida em um balão e inicialmente a 20 °C, foi submetida à destilação simples, sob pressão de 700 mmHg, até que fossem recolhidos 50 mL de destilado. O esquema abaixo representa o conteúdo do balão de destilação, antes do aquecimento:

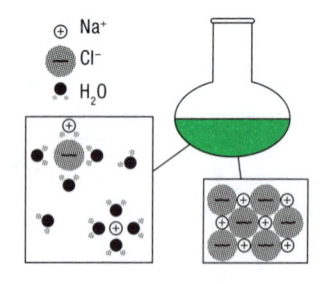

A temperatura de ebulição durante a destilação era igual, maior ou menor que 97,4 °C? Justifique.

Dado: ponto de ebulição da água pura a 700 mmHg = = 97,4 °C.

10. (EFOA – MG) Considere as soluções **A**, **B** e **C**, obtidas pela dissolução de três solutos não voláteis em 1 litro de solução, cujas características são resumidas na tabela a seguir:

Solução	Massa do soluto (g)	Massa molar do soluto (g/mol)	Tipo de soluto	Pressão de vapor medida (mmHg)
A	34,2	342	molecular	P_a
B	18,0	180	molecular	P_b
C	5,85	58,5	iônico	P_c

a) Ordene as pressões de vapor medidas para as soluções **A**, **B** e **C**. Justifique a ordem proposta.
b) Se as soluções **A**, **B** e **C** forem congeladas, qual delas apresentará o ponto de congelamento mais baixo? Justifique.

11. (UFRJ) Certas propriedades físicas de um solvente, tais como temperatura de ebulição e de solidificação, são alteradas quando nele dissolvemos um soluto não volátil. Para verificar esse fato, quatro sais distintos foram dissolvidos em frascos contendo a mesma quantidade de água, como indica o esquema a seguir:

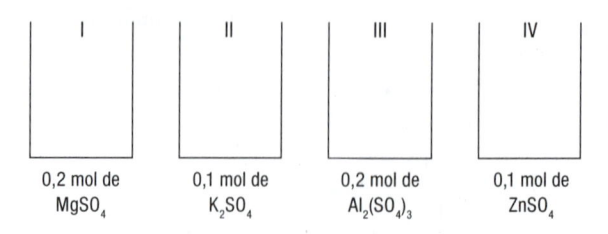

I — 0,2 mol de $MgSO_4$
II — 0,1 mol de K_2SO_4
III — 0,2 mol de $Al_2(SO_4)_3$
IV — 0,1 mol de $ZnSO_4$

a) Coloque as soluções I, II, III e IV em ordem crescente de abaixamento da temperatura de solidificação que ocorre devido à adição do soluto.
b) Sabendo que o volume final da solução do frasco II é de 3 litros, calcule a concentração de K_2SO_4, em g/L.

Dado: $K_2SO_4 = 174$ g · mol^{-1}.

12. (PUC – MG) Considere as seguintes soluções aquosas:

X: 0,1 mol/L de frutose ($C_6H_{12}O_6$);
Y: 0,2 mol/L de cloreto de sódio (NaCl);
Z: 0,3 mol/L de sulfato de potássio (K_2SO_4);
W: 0,3 mol/L de ácido clorídrico (HCl).

Considerando as propriedades das soluções, assinale a afirmativa **incorreta**:

a) Numa mesma pressão, a solução Z apresenta a maior temperatura de ebulição.
b) A solução X é a que apresenta a maior pressão de vapor.
c) A solução W apresenta uma temperatura de congelação maior que a solução Y.
d) Todas apresentam uma temperatura de ebulição maior do que 100 °C a 1 atm.

13. (FUVEST – SP) Louis Pasteur realizou experimentos pioneiros em Microbiologia. Para tornar estéril um meio de cultura, o qual poderia estar contaminado com agentes causadores de doenças, Pasteur mergulhava o recipiente que o continha em um banho de água aquecida à ebulição e à qual adicionava cloreto de sódio.

Com a adição de cloreto de sódio, a temperatura de ebulição da água do banho, com relação à da água pura, era _____ . O aquecimento do meio de cultura provocava _____ .

As lacunas podem ser corretamente preenchidas, respectivamente, por:

a) maior; desnaturação das proteínas das bactérias presentes.
b) menor; rompimento da membrana celular das bactérias presentes.
c) a mesma; desnaturação das proteínas das bactérias.
d) maior; rompimento da membrana celular dos vírus.
e) menor; alterações no DNA dos vírus e das bactérias.

14. (FUVEST – SP) A adição de um soluto à água altera a temperatura de ebulição desse solvente. Para quantificar essa variação em função da concentração e da natureza do soluto, foram feitos experimentos, cujos resultados são apresentados abaixo. Analisando a tabela, observa-se que a variação de temperatura de ebulição é função da concentração de moléculas ou íons de soluto dispersos na solução.

Volume de água (L)	Soluto	Quantidade de matéria de soluto (mol)	Temperatura de ebulição (°C)
1	—	—	100,00
1	NaCl	0,5	100,50
1	NaCl	1,0	101,00
1	sacarose	0,5	100,25
1	$CaCl_2$	0,5	100,75

Dois novos experimentos foram realizados, adicionando-se 1,0 mol de Na_2SO_4 a 1 L de água (experimento **A**) e 1,0 mol de glicose a 0,5 L de água (experimento **B**). Considere que os resultados desses novos experimentos tenham sido consistentes com os experimentos descritos na tabela. Assim sendo, as temperaturas de ebulição da água, em °C, nas soluções dos experimentos **A** e **B**, foram, respectivamente, de

a) 100,25 e 100,25.
b) 100,75 e 100,25.
c) 100,75 e 100,50.
d) 101,50 e 101,00.
e) 101,50 e 100,50.

15. (ITA – SP) Esboce graficamente o diagrama de fases (pressão versus temperatura) da água pura (linhas cheias). Neste mesmo gráfico, esboce o diagrama de fases de uma solução aquosa 1 mol/kg em etilenoglicol (linhas tracejadas).

16. (UFSC) Considere o diagrama de fases do dióxido de carbono, representado a seguir. Assinale qual(is) a(s) proposição(ões) correta(s):

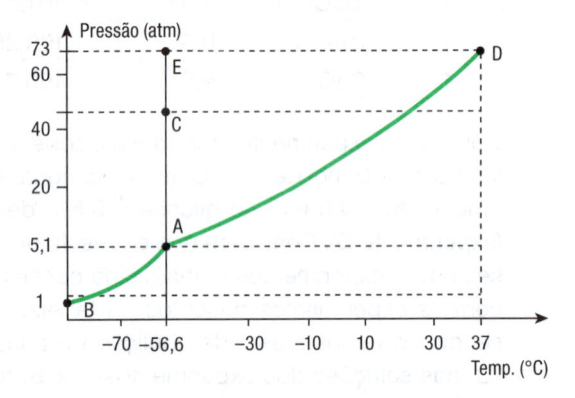

(01) À pressão de 73 atm, o dióxido de carbono é líquido na temperatura de 25 °C e é sólido na temperatura de −60 °C, mantendo a mesma pressão.
(02) Os valores de pressão e temperatura correspondentes à linha **A-C-E** representam o equilíbrio entre os estados sólido e vapor.
(04) Este composto é um gás nas condições ambientes.
(08) A −56,6 °C e 5,1 atm, tem-se o ponto triplo, no qual o dióxido de carbono se encontra em equilíbrio nos três estados físicos.
(16) No ponto C do diagrama, estão em equilíbrio as fases sólida e vapor.
(32) O gelo seco sublima quando mantido a 1 atm; portanto, não é possível conservá-lo em freezers comuns, a −18 °C.

Dê como resposta a soma dos números associados às proposições corretas.

17. (ITA) Considere o diagrama de fase hipotético representado esquematicamente na figura a seguir:

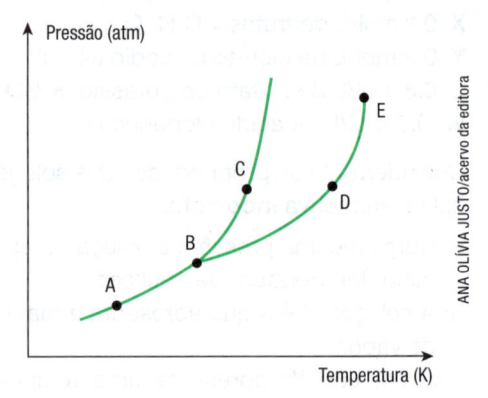

O que representa os pontos A, B, C, D e E?

18. (FUVEST – SP) A porcentagem em massa de sais no sangue é de aproximadamente 0,9%. Em um experimento, alguns glóbulos vermelhos de uma amostra de sangue foram coletados e separados em três grupos. Foram preparadas três soluções, identificadas por X, Y e Z, cada qual com uma diferente concentração salina. A cada uma dessas soluções foi adicionado um grupo de glóbulos vermelhos. Para cada solução, acompanhou-se, ao longo do tempo, o volume de um glóbulo vermelho, como mostra o gráfico.

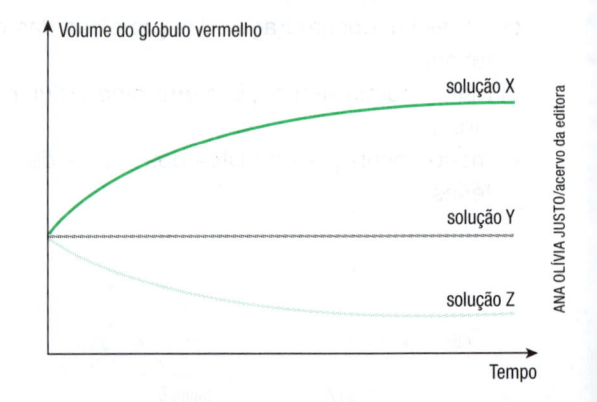

Com base nos resultados desse experimento, é correto afirmar que

a) a porcentagem em massa de sal, na solução Z, é menor do que 0,9%.
b) a porcentagem em massa de sal é maior na solução Y do que na solução X.
c) a solução Y e a água destilada são isotônicas.
d) a solução X e o sangue são isotônicos.
e) a adição de mais sal à solução Z fará com que ela e a solução X fiquem isotônicas.

As seguintes afirmações são feitas a respeito do que será observado após o estabelecimento do equilíbrio:

I. A pressão osmótica das duas soluções será a mesma.
II. A pressão de vapor-d'água será igual nos dois balões.
III. O nível do líquido no balão **A** será maior do que o inicial.
IV. A concentração da solução aquosa de $FeBr_3$ no balão **B** será maior do que a inicial.
V. A concentração do KBr na solução do balão **A** será igual à em mol/L do $FeBr_3$ no balão **B**.

Qual das opções a seguir contém apenas as afirmações corretas?

a) I e II
b) I, III e IV
c) I, IV e V
d) II e III
e) II, III, IV e V

19. (ITA – SP) Deseja-se desdobrar 2 litros de uma solução aquosa 0,15 mol/L de NaCl em: 1 litro de água pura e 1 litro de solução 0,30 mol/L de NaCl, isto sem haver afastamento da temperatura ambiente e sem usar destilação, mas utilizando apenas os princípios envolvidos no fenômeno da osmose. Explique como isto poderia ser feito e que tipo de trabalho estaria em jogo. Ilustre sua resposta com uma figura que deixe clara a aparelhagem a ser utilizada.

20. (ITA – SP) Na figura a seguir, o balão **A** contém 1 L de solução aquosa 0,2 mol/L em KBr, enquanto o balão **B** contém 1 L de solução aquosa 0,1 mol/L de $FeBr_3$. Os dois balões são mantidos à temperatura de 25 °C. Após a introdução das soluções aquosas de KBr e de $FeBr_3$, as torneiras T_A e T_B são fechadas, sendo aberta, a seguir, a torneira T_C.

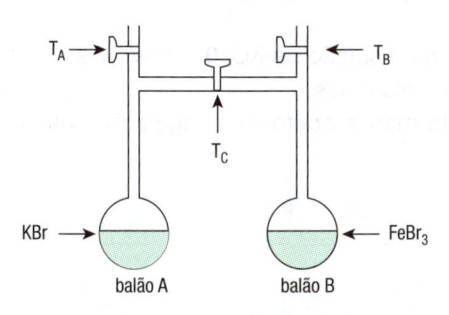

21. (ITA – SP) Considere as seguintes soluções aquosas

I. 0,030 mol/L de glicose;
II. 0,030 mol/L de ácido acético; e
III. 0,010 mol/L de cloreto de cálcio.

Em relação a essas soluções são feitas as seguintes afirmações:

A) A pressão de vapor-d'água nessas soluções obedece à ordem: $p_{II} < p_I \cong p_{III}$.
B) A pressão osmótica nessas soluções obedece à ordem: $\pi_I < \pi_{II} < \pi_{III}$;
C) A elevação da temperatura de ebulição nessas soluções está na ordem: $\Delta T_{III} < \Delta T_{II} < \Delta T_I$.

Dentre as afirmações citadas está(ão) certa(s):

a) apenas A.
b) apenas A e B.
c) apenas A e C.
d) apenas B e C.
e) todas.

22. (ITA – SP – adaptada) Sejam dois copos **A** e **B**, recobertos com uma campânula de vidro, como mostra a figura abaixo.

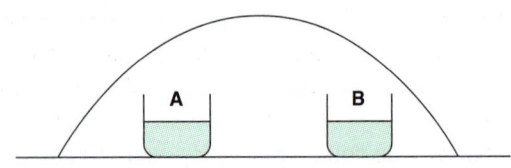

Vamos supor que inicialmente **A** contém 5 L de solução 0,1 mol/L de $C_6H_{12}O_6$ e **B** contém 2 L de solução 0,2 mol/L de $C_6H_{12}O_6$. Depois de atingido o equilíbrio no sistema, pedem-se:

a) Quais os volumes das soluções em **A** e **B**?
b) Qual a concentração em mol/L em **A** e **B**?

Exercícios Série Platina

1. (UFSCar – SP – adaptada) Considere as substâncias puras: água, ácido acético e tetracloreto de carbono e observe as curvas do gráfico de variação de pressão de vapor em função da temperatura.

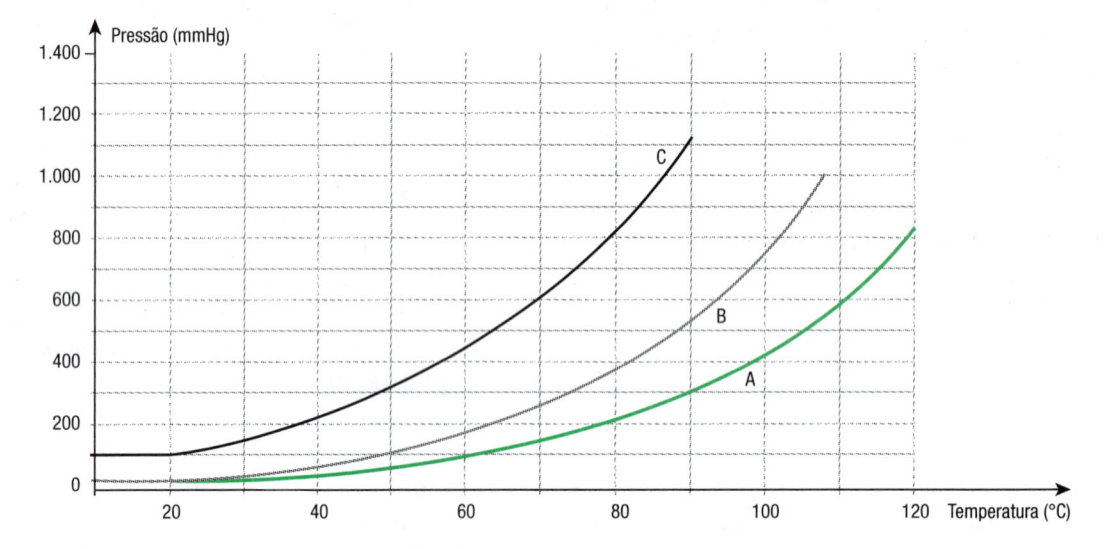

a) Considere que cada substância foi aquecida, isoladamente, até 80 °C, sob pressão de 700 mmHg. Quais das curvas (A, B ou C) representam as substâncias que estão no estado gasoso nessas condições? Justifique sua resposta.
b) Associe a curva de pressão de vapor em função da temperatura (A, B ou C) a cada um dos líquidos citados no enunciado.
Dados: ponto de ebulição normal dos líquidos puros, em °C: água = 100; ácido acético = 118; tetracloreto de carbono: 76.
c) Desenhe no gráfico acima, a curva de pressão de vapor de uma solução de KCl 0,1 mol/L e a curva de uma solução de glicose de mesma concentração. Identifique cada uma delas.
d) Entre as soluções de KCl e de glicose, qual delas apresenta menor ponto de congelação? Justifique sua resposta.

2. (UFRJ) As hemácias apresentam mesmo volume, quando estão no sangue ou em solução aquosa de NaCl 9 g/L (solução isotônica). No entanto, quando as hemácias são colocadas em solução aquosa de NaCl mais diluída (solução hipotônica), elas incham, podendo até arrebentar. Esse processo chama-se *hemólise*.

O gráfico a seguir apresenta curvas de pressão de vapor (Pv), em função da temperatura (T), para soluções aquosas de diferentes concentrações de NaCl.

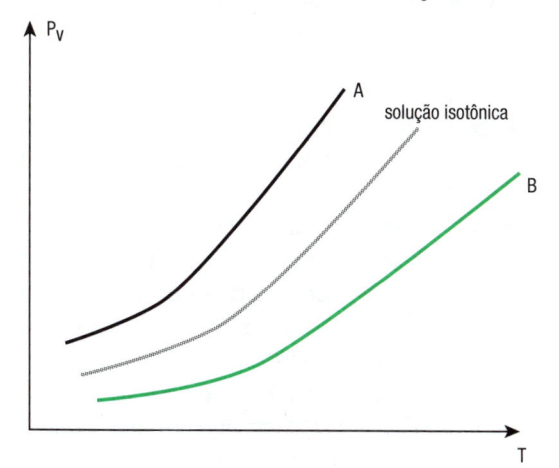

a) Qual das curvas representa a solução de NaCl que pode causar o processo de hemólise? Justifique.
Curva: _____
Justificativa: _____

b) Com o objetivo de concentrar 2 L da solução isotônica, evaporam-se, cuidadosamente, 10% de seu volume. Determine a concentração, em g/L, da solução resultante.

A montagem representada nessa figura permite, a partir da altura – h – do desnível observado na coluna de mercúrio, comparar-se a pressão do vapor dos dois líquidos.

Nesse experimento, os dois líquidos são água e etanol e ambos estão à temperatura de 25 °C. O gráfico abaixo, representa a pressão de vapor desses dois líquidos, em mmHg, em função da temperatura:

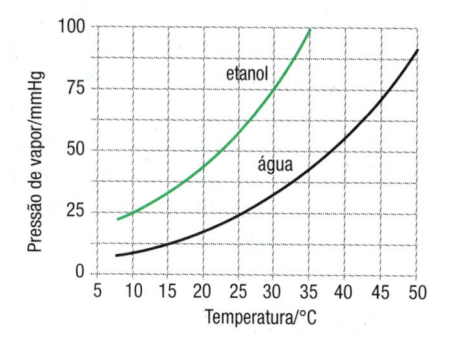

Considerando o desnível entre as colunas de mercúrio da figura I e os dados do gráfico acima, responda:

a) Identifique o líquido A e o líquido B.
líquido A: _____
líquido B: _____

b) Calcule a altura h, em milímetros, do desnível entre as colunas de mercúrio. Mostre seus cálculos.

c) Qual dos líquidos A ou B apresenta maior ponto de ebulição? Justifique.

d) Considere que nesse experimento a água é mantida à 25 °C. Indique qual deve ser a temperatura do etanol para que não mais se observe desnível na coluna de mercúrio.

3. (UFMG) Dois balões de vidro contêm, cada um, um líquido A e B em equilíbrio com seus respectivos vapores. Esses balões são interligados por um tubo na forma de U, preenchido parcialmente com mercúrio, conforme mostrado nesta figura:

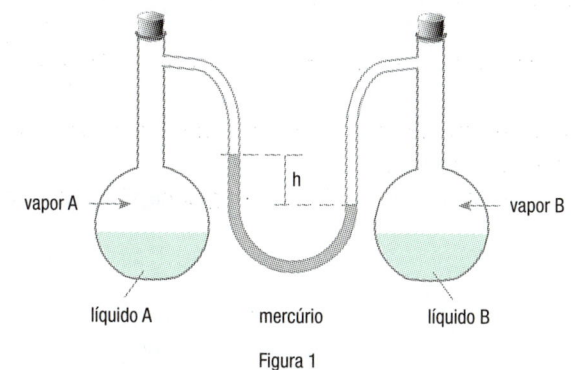

Figura 1

Cap. 4 | Propriedades Coligativas

4. (UFMG) Considere as soluções aquosas, todas na mesma temperatura:

I. 1 L de solução de NaNO$_3$(aq) 0,1 mol/L;
II. 0,5 L de solução de KNO$_3$(aq) 0,1 mol/L;
III. 2 L de solução de C$_{12}$H$_{22}$O$_{11}$(aq) 0,2 mol/L.

a) A solução aquosa I tem menor pressão de vapor que H$_2$O(l), ambas estando à mesma temperatura, uma vez que NaNO$_3$ é um soluto não-volátil. Como consequência, a concentração do vapor em I é menor que em H$_2$O(l). Utilizando dos conceitos que afetam as velocidades de evaporação e condensação, explique por que é menor a pressão de vapor de I em relação a H$_2$O(l).

b) No gráfico abaixo desenhe as curvas referentes à variação da pressão de vapor das soluções e II, bem como a de III, descrita a seguir. Indique as curvas e justifique.

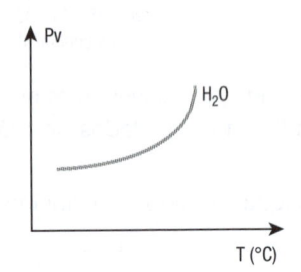

5. (UNICAMP – SP) As informações contidas na tabela abaixo foram extraídas de rótulos de bebidas chamadas "energéticas", muito comuns atualmente, e devem ser consideradas para a resolução da questão.

Cada 500 mL contém

Valor Energético _____ 140 kcal

Carboidratos (sacarose) _____ 35 g

Sais minerais _____ 0,015 mols(*)

Proteínas _____ 0 g

Lipídios _____ 0 g

(*) Valor calculado a partir do rótulo.

A pressão osmótica (π) de uma solução aquosa de íons e/ou de moléculas, pode ser calculada por $\pi = M.R.T$. Esta equação é semelhante àquela dos gases ideais. M é a concentração: em mol/L, de partículas (íons e moléculas) presentes na solução. O processo de osmose que corre nas células dos seres vivos, inclusive nas do ser humano, deve-se, principalmente, à existência da pressão osmótica. Uma solução aquosa 0,15 mol/L de NaCl é chamada de isotônica em relação às soluções contidas nas células do homem, isto é, apresenta o mesmo valor de pressão osmótica que as células do corpo humano. Com base nestas informações e admitindo R = 8,3 kPa · L/mol · K:

a) Calcule a pressão osmótica em uma célula do corpo humano onde a temperatura é 37 °C.

b) A bebida do rótulo é isotônica em relação às células do corpo humano? Justifique. Considere que os sais adicionados são constituídos apenas por cátions e ânions monovalentes.

Dados: massa molar, em g/mol: sacarose = 342.

6. Considere três soluções diferentes, A, B e C, contendo cada uma delas 1.000 g de água e, respectivamente, 34,2 g de sacarose, 9,5 g de cloreto de magnésio e 4,0 g de hidróxido de sódio.

Massa molar	
Sacarose ($C_{12}H_{22}O_{11}$)	342 g/mol
Cloreto de magnésio ($MgCl_2$)	95 g/mol
Hidróxido de sódio (NaOH)	40 g/mol

a) Esboce o gráfico da variação da pressão de vapor com a temperatura para as três soluções citadas acima. Identifique cada uma das curvas.

b) Entre as soluções citadas, qual delas apresenta menor ponto de congelamento? Justifique.

Solução: _____

Justificativa: _____

c) Coloque as soluções sem ordem crescente de pressão osmótica (π).

_____

Capítulo 5
Termoquímica

1. O que estuda a termoquímica?

Termoquímica é a parte da Química que estuda as trocas de energia, na forma de calor, que ocorrem nas reações químicas que envolvem as substâncias.

2. Como determinar o calor de uma reação química?

O calor de uma reação pode ser obtido experimentalmente através de um aparelho chamado calorímetro. Temos dois tipos de calorímetros:
- *calorímetro de volume constante*: sistema fechado e adiabático (não troca calor com o meio externo) fornece valores mais precisos de calor;
- *calorímetro de pressão constante*: sistema aberto, fornece valores menos precisos de calor, pois ocorre dissipação para o meio ambiente.

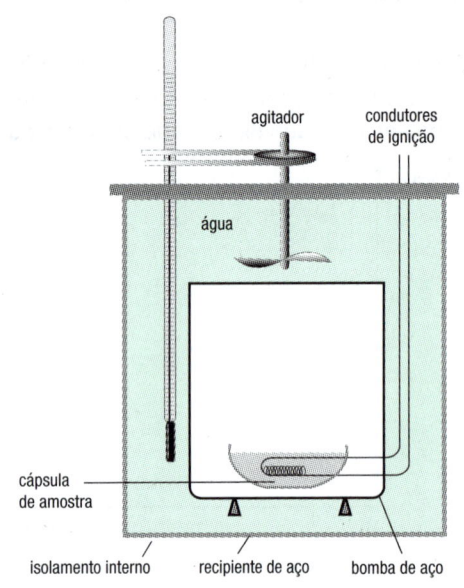

Figura 1 – Calorímetro empregado para medir o calor liberado por reações de combustão de sólidos e líquidos a volume constante.

2.1 Calorímetro de volume constante

O calor medido nesse calorímetro é representado por ΔU ou ΔE (variação de energia interna) que é uma grandeza estudada na termodinâmica.

Nesses calorímetros, o recipiente da reação está circundado por uma certa quantidade de água, portanto, o calor liberado de reação é transferido para a água, aumentando a sua temperatura.

$$Q_{reação} = Q_{água}$$

$$Q_{água} = m \cdot c \cdot \Delta\theta$$

Q = quantidade de calor

m = massa da água em gramas, contida no calorímetro

c = calor específico da água (1 cal/g °C)

$\Delta\theta$ = variação de temperatura

$\Delta\theta = \theta_2 - \theta_1$

θ_2 = temperatura final θ_1 = temperatura inicial

Observação: calor específico de uma substância é a quantidade de calor capaz de elevar de 1 °C a temperatura, de 1 g dessa substância, sem mudança de estado físico.

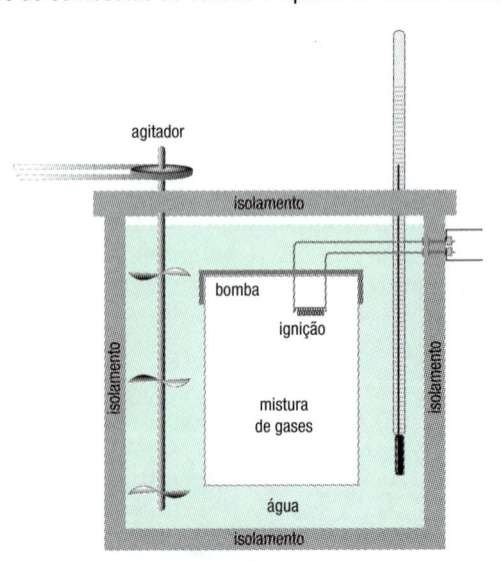

Figura 2 – Calorímetro empregado para medir o calor envolvido em reações gasosas a volume constante.

2.2 Cálculo de calor de combustão de 12 g (1 mol) de grafita a volume constante

Procedimento:
1. o calorímetro contém 1.000 g de água
2. temperatura inicial da água = 25 °C

3. acionar a ignição para iniciar a combustão da grafita usando 6 g
4. temperatura final da água = 72 °C

$\Delta\theta = \theta_2 - \theta_1 = 72\ °C - 25\ °C = 47\ °C$

$Q_{reação} = Q_{água} = mc\,\Delta\theta$

$Q_{reação} = 1.000 \cdot 1 \cdot 47 \therefore Q_{reação} = 47.000\ cal$

Concluímos que 6 g de grafita ao sofrer combustão liberam 47.000 cal ou 47 kcal.

6 g ——————— 47 kcal

12 g ——————— x $\therefore$ x = 94 kcal

$C(grafita) + O_2(g) \longrightarrow CO_2(g) + 94\ kcal$

$C(grafita) + O_2(g) \longrightarrow CO_2(g) \quad \Delta U = -94\ kcal$

O sinal negativo de ΔU indica que houve liberação de calor, isto é, a energia diminui.

O sinal positivo de ΔU indica que os reagentes receberam calor, isto é, a energia aumenta.

Conclusão:

$\Delta U < 0$: reação exotérmica

$\Delta U > 0$: reação endotérmica

O calor medido a volume constante é representado por ΔU ou ΔE (energia interna).

2.3 Calorímetro de pressão constante

O calor medido nesse calorímetro é representado por ΔH (variação de entalpia) grandeza que é estudada na termodinâmica.

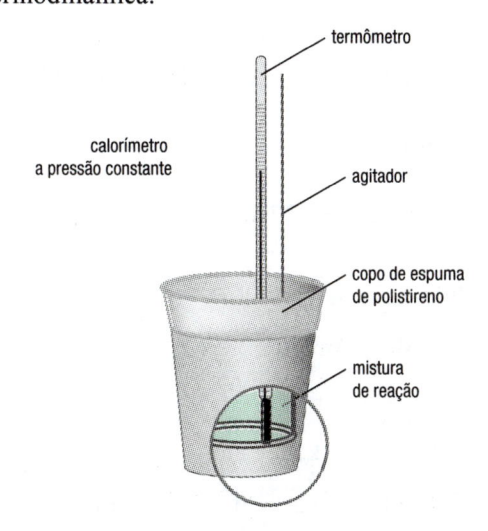

Como o sistema se encontra aberto ocorre dissipação de calor para o meio ambiente, portanto, não fornece valores precisos. Exemplo:

$HCl(aq) + NaOH(aq) \longrightarrow NaCl(aq) + H_2O(l)$

$H \cong -13,8\ kcal$

O sinal negativo de ΔH indica que houve liberação de calor, isto é, a energia diminui.

O sinal positivo de ΔH indica que os reagentes receberam calor, isto é, a energia aumenta.

Conclusão:

$\Delta H < 0$: reação exotérmica

$\Delta H > 0$: reação endotérmica

exotérmica $\xrightarrow{\Delta H < 0}$ endotérmica $\xleftarrow{\Delta H > 0}$

Conclusão:

ΔH é o calor liberado ou absorvido medido a pressão constante.

3. Conceito de calor e suas unidades

Calor é a transferência de energia que ocorre em consequência de uma diferença de temperatura. A energia flui na forma de calor de uma região de temperatura alta para uma região de temperatura baixa.

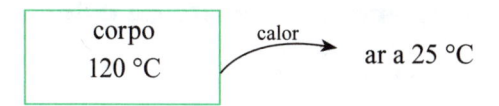

corpo 120 °C $\xrightarrow{calor}$ ar a 25 °C

O sistema Internacional de Unidades recomenda que se utilize o joule (J) ou o quilojoule (kJ) como unidade de calor. Entretanto, uma unidade muito usada é a caloria (cal). A relação entre cal e joule é dado por

1 cal = 4,18 J   ou   1 kcal = 4,18 kJ

4. Processo exotérmico e endotérmico

4.1 Processo exotérmico: ocorre com a liberação de calor

Exemplos:

Para solidificar a água, devemos colocá-la numa região de menor temperatura (por exemplo, geladeira); teremos, portanto, a liberação de calor. Podemos representar esse fenômeno da seguinte maneira:

$H_2O(l) \longrightarrow H_2O(s) + calor$

Quando ocorre a queima da grafita, a temperatura ao redor aumenta, indicando que houve liberação de calor por parte da reação. Podemos representar esse fenômeno da seguinte maneira:

$$C(\text{grafita}) + O_2(g) \longrightarrow CO_2(g) + \text{calor}$$

O calor no segundo membro indica que o estado inicial do processo liberou calor para o ambiente.

Essa situação ocorre quando o conteúdo energético inical *é maior* que o conteúdo energético final.

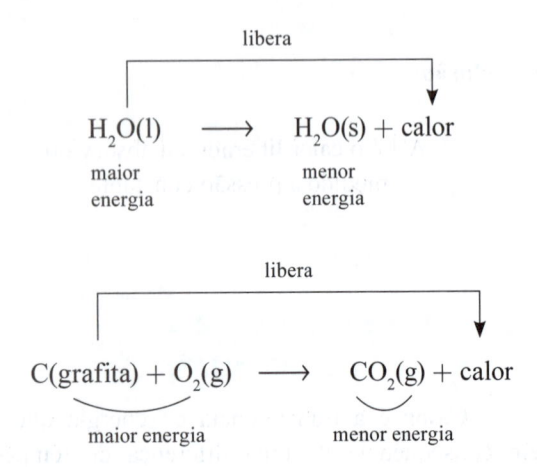

$H_2O(l) \xrightarrow{\text{libera}} H_2O(s) + \text{calor}$
maior energia — menor energia

$C(\text{grafita}) + O_2(g) \xrightarrow{\text{libera}} CO_2(g) + \text{calor}$
maior energia — menor energia

4.2 Processo endotérmico: para a sua ocorrência necessita de calor

Exemplos:

Para liquefazer o gelo devemos fornecer calor. Podemos representar esse fenômeno da seguinte maneira:

$$H_2O(s) + \text{calor} \longrightarrow H_2O(l)$$

A cal (CaO) substância de grande aplicação é obtida quando o calcário ($CaCO_3$) recebe calor.

$$CaCO_3(s) + \text{calor} \longrightarrow CaO(s) + O_2(g)$$

O calor no primeiro membro indica que o processo para ocorrer necessita de calor.

Essa situação ocorre quando o conteúdo energético inical *é menor* que o conteúdo energético final.

$H_2O(s) + \text{calor} \longrightarrow H_2O(l)$
menor energia — maior energia

$CaCO_3(s) + \text{calor} \longrightarrow CaO(s) + CO_2(g)$
menor energia — maior energia

5. Relação entre ΔH e ΔU. Por que se usa ΔH e não ΔU?

A relação entre ΔH e ΔU é dada pela equação

$$\boxed{\Delta H = \Delta U + \Delta n_{\text{gás}} RT}$$

$\Delta n_{\text{gás}} = n_{\text{produtos}} - n_{\text{reagentes}}$

R = constante universal dos gases = $8{,}31 \cdot 10^{-3}$ kJ/K · mol

T = temperatura em Kelvin

Na prática, usa-se ΔH e não ΔU, pois o valor de ΔH é mais completo do que do ΔU. O valor de ΔH inclui o calor (ΔU) envolvido a volume constante mais a variação da quantidade em mol da reação que faz variar o volume da reação; por exemplo, $\Delta n_{\text{gás}} > 0$ ocorre expansão de volume e $\Delta n_{\text{gás}} < 0$ ocorre contração de volume.

Observação:

$\Delta n_{\text{gás}} = 0 \longrightarrow \Delta H = \Delta U$

$C(\text{grafita}) + O_2(g) \longrightarrow CO_2(g) \quad \Delta H = \Delta U = -94$ kcal
   1 mol   1 mol

6. Cálculo do ΔH

O cálculo do ΔH para várias reações segue o seguinte procedimento:

1º determinar experimentalmente o ΔU,
2º aplicar a equação $\Delta H = \Delta U + \Delta n_{\text{gás}} RT$.

Exemplo:

$N_2(g) + 3 H_2(g) \longrightarrow 2 NH_3(g) \quad \Delta U = -87{,}1$ kJ
   4 mol   2 mol   (experimental)

$\Delta H = \Delta U + \Delta n\, RT$

$\Delta n = 2 - 4 = -2$

$R = 8{,}31 \cdot 10^{-3}$ kJ/K · mol   T = 298 K

$\Delta H = -87{,}1 - (2 \cdot 8{,}31 \cdot 10^{-3} \cdot 298)$

$\Delta H = -92$ kJ

$N_2(g) + 3 H_2(g) \longrightarrow 2 NH_3(g) \quad \Delta U = -92$ kJ

No valor do ΔH está incluso a contração de volume que a reação sofre a pressão constante.

7. Diagrama de energia de uma reação exotérmica ($\Delta H < 0$)

Na reação exotérmica ($\Delta H < 0$), os reagentes liberam calor para o meio ambiente, porque o conteúdo energético dos reagentes *é maior* do que o dos produtos.

Exemplo:

$$C_{grafita} + O_2(g) \longrightarrow CO_2(g) + 394 \text{ kJ}$$
$$C_{grafita} + O_2(g) \longrightarrow CO_2(g) \quad \Delta H = -394 \text{ kJ}$$

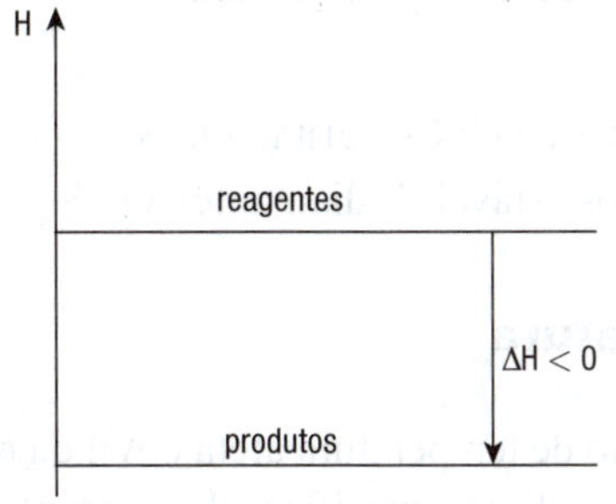

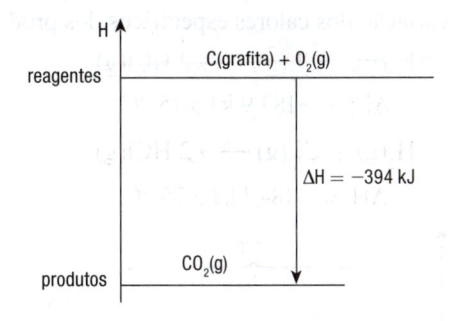

8. Diagrama de energia de uma reação endotérmica ($\Delta H > 0$)

Na reação endotérmica ($\Delta H > 0$), os reagentes recebem calor de uma fonte externa para processar a reação, pois o conteúdo energético dos produtos *é maior* do que o dos reagentes.

Exemplo:

$$6 \text{ CO}_2(g) + 6 \text{ H}_2O(l) + 2.800 \text{ kJ} \longrightarrow$$
$$\longrightarrow C_6H_{12}O_6(s) + 6 \text{ O}_2(g)$$

$$6 \text{ CO}_2(g) + 6 \text{ H}_2O(l) \longrightarrow$$
$$\longrightarrow C_6H_{12}O_6(s) + 6 \text{ O}_2(g) \quad \Delta H = +2.800 \text{ kJ}$$

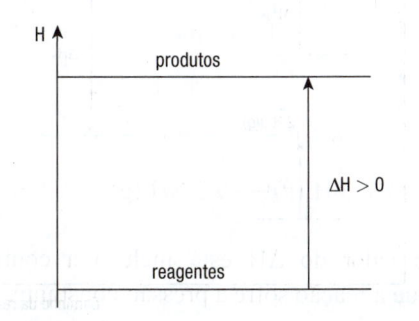

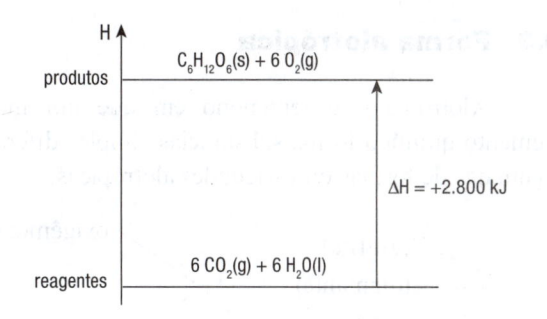

9. Fatores que afetam o ΔH de uma reação

  I. Quantidade de reagentes
 II. Estado físico dos reagentes e produtos
III. Forma alotrópica
 IV. Temperatura

9.1 Quantidade de reagentes

O ΔH é diretamente proporcional à quantidade dos reagentes.

$$H_2(g) + 1/2 \text{ O}_2(g) \longrightarrow H_2O(l) \quad \Delta H = -68 \text{ kcal}$$

multiplicando a equação por 2

$$2 \text{ H}_2(g) + 1 \text{ O}_2(g) \longrightarrow 2 \text{ H}_2O(l) \quad \Delta H = -136 \text{ kcal}$$

9.2 Estado físico dos reagentes e produtos

A mudança do estado físico de uma substância altera o seu conteúdo energético modificando o valor do ΔH.

$$H_2O(v) \quad > \quad H_2O(l) \quad > \quad H_2O(s)$$

diminui a energia cinética das moléculas de água
conteúdo energético diminui

$$H_2(g) + 1/2 \text{ O}_2(g) \longrightarrow H_2O(g) \quad \Delta H_1 = -242,9 \text{ kJ/mol}$$
$$H_2(g) + 1/2 \text{ O}_2(g) \longrightarrow H_2O(l) \quad \Delta H_2 = -286,6 \text{ kJ/mol}$$
$$H_2(g) + 1/2 \text{ O}_2(g) \longrightarrow H_2O(s) \quad \Delta H_3 = -292,6 \text{ kJ/mol}$$

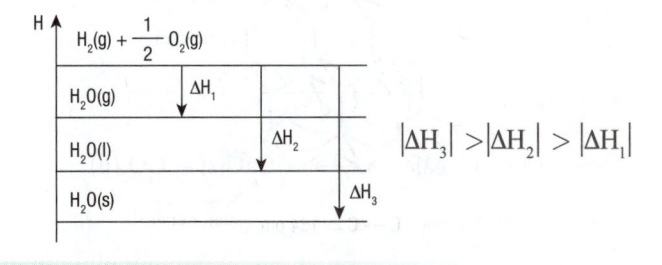

$$|\Delta H_3| > |\Delta H_2| > |\Delta H_1|$$

Cap. 5 | Termoquímica

9.3 Forma alotrópica

Alotropia é o fenômeno em que um mesmo elemento químico forma substâncias simples diferentes chamadas de formas ou variedades alotrópicas.

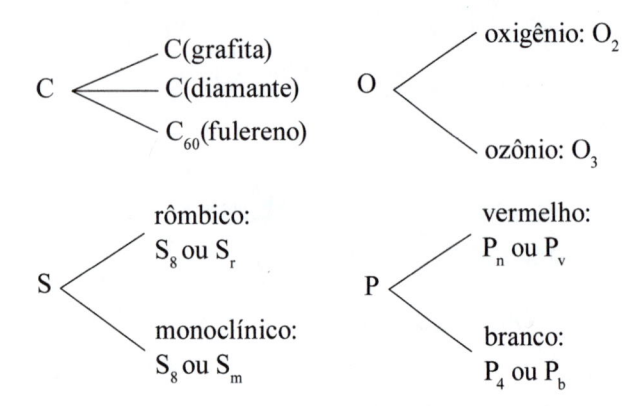

C
- C(grafita)
- C(diamante)
- C_{60}(fulereno)

O
- oxigênio: O_2
- ozônio: O_3

S
- rômbico: S_8 ou S_r
- monoclínico: S_8 ou S_m

P
- vermelho: P_n ou P_v
- branco: P_4 ou P_b

Os conteúdos energéticos das formas alotrópicas são diferentes, portanto, os ΔH serão diferentes.

Exemplos:

$$C(grafita) + O_2(g) \longrightarrow CO_2(g)$$
$$\Delta H = -394 \text{ kJ (mais estável)}$$

$$C(diamante) + O_2(g) \longrightarrow CO_2(g)$$
$$\Delta H = -395 \text{ kJ (menos estável)}$$

Se a queima de 1 mol de diamante libera mais energia que a queima de 1 mol de grafita, conclui-se que o diamante é mais energético (menos estável) que a grafita (mais estável).

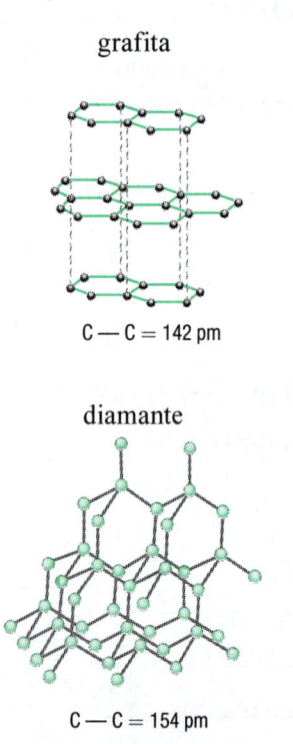

grafita

C — C = 142 pm

diamante

C — C = 154 pm

$$S_r + O_2(g) \longrightarrow SO_2(g)$$
$$\Delta H = -296,8 \text{ kJ (mais estável)}$$

$$S_m + O_2(g) \longrightarrow SO_2(g)$$
$$\Delta H = -297,1 \text{ kJ (menos estável)}$$

$$O_3(g) \longrightarrow \frac{3}{2} O_2(g)$$
$$\Delta H = -142,7 \text{ kJ}$$

mais energia   menos energia
menos estável   mais estável

Conclusão:
forma mais estável: C(grafita), O_2, S_r
forma menos estável: C(diamante), O_3, S_m

9.4 Temperatura

Um aumento de temperatura afeta o ΔH da reação, pois a variação dos calores específicos dos reagentes é diferente da variação dos calores específicos dos produtos.

$$H_2(g) + Cl_2(g) \longrightarrow 2 \text{ HCl}(g)$$
$$\Delta H = -183,9 \text{ kJ a } 15 \text{ °C}$$

$$H_2(g) + Cl_2(g) \longrightarrow 2 \text{ HCl}(g)$$
$$\Delta H = -184,1 \text{ kJ a } 75 \text{ °C}$$

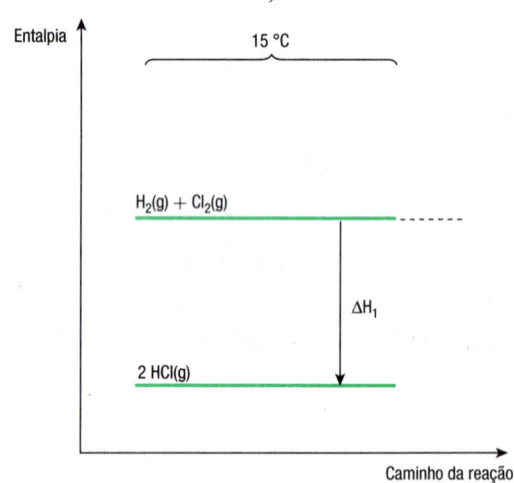

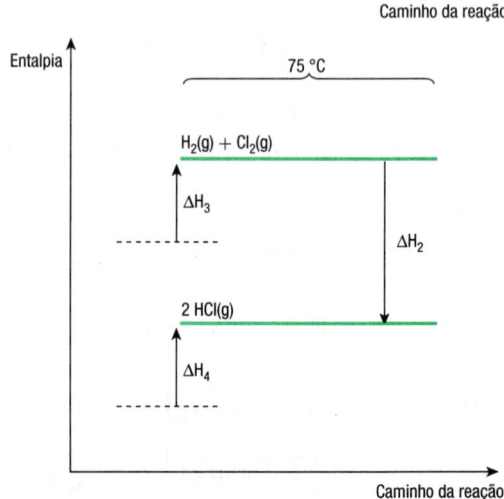

Aumenta a temperatura do sistema para 75 °C, muda o calor específico do $H_2(g)$, $Cl_2(g)$ e do $HCl(g)$. Logo, o ΔH da reação será outro.

$$\Delta H_2 \neq \Delta H_1$$

Portanto, padronizamos a temperatura em 25 °C e a pressão 1 atm (760 mmHg).

10. Equação termoquímica

É toda equação química em que aparece:

- os estados físicos dos participantes
- os coeficientes estequiométricos
- condições padrão (1 atm, 25 °C)
- valor do ΔH^0 (condições padrão)

Exemplo:

$$C(\text{grafita}) + O_2(g) \longrightarrow CO_2(g) \quad \Delta H^0 = -394 \text{ kJ}$$

o = condições padrão (1 atm, 25 °C)

11. Tipos de ΔH

O ΔH recebe o nome da reação química.

Exemplos:

$C_{\text{grafita}} + O_2(g) \longrightarrow CO_2(g) \quad \Delta H$ combustão

$C_{\text{grafita}} + 2\,H_2(g) \longrightarrow CH_4(g) \quad \Delta H$ formação

$H_2(g) \longrightarrow 2\,H(g) \quad \Delta H$ (energia de ligação)

$NaOH(aq) + HCl(aq) \longrightarrow NaCl(aq) + H_2O(l)$
ΔH neutralização

11.1 ΔH padrão de combustão: ΔH^0_C

É o calor liberado na queima total de **1 mol** de substância (combustível) a 25 °C e 1 atm (condições padrão).

Exemplos:

$$C(\text{grafita}) + O_2(g) \longrightarrow CO_2(g)$$

$$\Delta H^0_C = -394 \text{ kJ}$$

$$H_2(g) + \frac{1}{2}O_2(g) \longrightarrow H_2O(l)$$

$$\Delta H^0_C = -286 \text{ kJ}$$

$$CH_4(g) + 2\,O_2(g) \longrightarrow CO_2(g) + 2\,H_2O(l)$$

$$\Delta H^0_C = -890 \text{ kJ}$$

11.1.1 Valor energético dos alimentos

Corresponde à queima de 1 g de alimento, expressa em kJ ou kcal.

Material	kJ/g
cerveja	1,5
maçã	2
leite	3
batata	3
ovo	6
carne de vaca	8
pão	11
glicose	15
queijo	18
manteiga	34

Apesar de os açúcares serem considerados o principal "combustível" celular, proteínas e gorduras também são importantes fontes energéticas, como indicado na tabela a seguir:

Macronutriente	Valor energético (kcal/g)
açúcar	4,0
proteína	4,0
gordura	9,0

11.1.2 Poder calorífico dos combustíveis

Corresponde à queima de 1 kg de combustível, expressa em kJ ou kcal.

Combustível	kcal/kg
hidrogênio	28.900
metano	12.900
gás liquefeito de petróleo (GLP)	11.730
gasolina (sem etanol)	11.220

Combustível	kcal/kg
querosene	10.800
óleo diesel	10.730
acetileno (etino)	9.800
gasolina com 20% de etanol	9.700
etanol (álcool etílico)	7.090

11.2 ΔH padrão de formação: ΔH_f^0

É o calor envolvido na reação de formação de **1 mol** de uma substância a partir de substâncias simples nas condições padrão (estado físico referente a 25 °C e 1 atm ou na forma alotrópica mais estável).

Pode usar

$F_2(g)$, $Na(s)$, $Fe(s)$, $H_2(g)$, $Br_2(l)$, $I_2(s)$,

$C(grafita)$, O_2, $S(rômbico)$, $P_4(branco)$

Não pode usar

$Br_2(g)$, $H_2(l)$, $Na(l)$, $C(diamante)$,

$O_3(g)$, $S(monoclínico)$, $Pn(vermelho)$

Exemplos:

$C(grafita) + 2\,H_2(g) \longrightarrow CH_4(g)$

$\Delta H_f^0 = -76$ kJ

$2\,C(grafita) + 3\,H_2(g) + \dfrac{1}{2}O_2(g) \longrightarrow C_2H_6O(l)$

$\Delta H_f^0 = -278$ kJ

$\dfrac{1}{2}N_2 + \dfrac{3}{2}H_2(g) \longrightarrow NH_3(g)$

$\Delta H_f^0 = -46$ kJ

$Fe(s) + \dfrac{1}{2}O_2(g) \longrightarrow FeO(s)$

$\Delta H_f^0 = -272$ kJ

O ΔH_f^0 de uma substância simples na sua forma mais estável a 25 °C e 1 atm é definida como zero, pois essas substâncias simples não são formadas por outra substância simples mais estável. Exemplos:

$\Delta H_f^0\ H_2(g) = 0$, $\Delta H_f^0\ O_2(g) = 0$, $\Delta H_f^0\ Br_2(l) = 0$,

$\Delta H_f^0\ C(grafita) = 0$, $\Delta H_f^0\ S_r = 0$, $\Delta H_f^0\ Fe(s) = 0$.

Isso significa que o ΔH_f^0 de uma substância simples que não é estável a 25 °C e 1 atm é diferente de zero. Por exemplo, a conversão da grafita em diamante é endotérmica.

$C(grafita) \longrightarrow C(diamante) \qquad \Delta H_f^0 = +1,9$ kJ

Tabela de ΔH_f^0

Substância	ΔH_f^0 kcal/mol
$H_2O(l)$	−68,3
$HCl(g)$	−22,0
$HBr(g)$	−8,6
$HI(g)$	+6,2
$CO(g)$	−26,4
$CO_2(g)$	−94,1
$NH_3(g)$	−11,0
$SO_2(g)$	−70,9
$CH_4(g)$	−17,9
$C_2H_4(g)$	+11,0
$C_2H_6(g)$	−20,5
$C_2H_2(g)$	+53,5
$C_6H_6(l)$	+12,3

12. Lei de Hess: medida do ΔH por soma de equações

Existem reações em que é muito difícil medir o ΔH da reação. Há vários motivos para essa dificuldade; algumas são explosivas, outras muito lentas e há também aquelas que apresentam rendimento muito baixo ou que formam outros produtos além dos desejados.

Exemplo:

$$2\ KNO_3 + S + 2\ C \longrightarrow K_2SO_4 + N_2 + 2\ CO \quad \Delta H?\ (perigo)$$

$\underbrace{}_{\text{pólvora}}$

Hess descobriu um método de calcular o ΔH de uma reação sem realizá-la, desde que se conheçam alguns outros valores adequados de ΔH.

Exemplo:

O etanol (C_2H_6O) não pode ser obtido pela simples mistura de C(grafita), $H_2(g)$ e $O_2(g)$. Considere a equação:

$$2\ C(gr) + 3\ H_2(g) + \frac{1}{2} O_2(g) \longrightarrow C_2H_6O(l) \quad \Delta H^0 = ?$$

O valor do ΔH dessa reação pode ser calculado a partir de outras três equações:

I. $C(gr) + O_2(g) \longrightarrow CO_2(g) \quad \Delta H^0 = -394\ kJ$

II. $H_2(g) + \frac{1}{2} O_2(g) \longrightarrow H_2O(l) \quad \Delta H^0 = -286\ kJ$

III. $C_2H_6O(l) + 3\ O_2(g) \longrightarrow 2\ CO_2(g) + 3\ H_2O(l)$
$\Delta H^0 = -1.368\ kJ$

Vamos trabalhar com as equações I, II e III, de modo que a soma delas nos permita obter a equação termoquímica desejada. Para isso devemos:

a) multiplicar a equação I por 2 para obter 2 C(gr);
b) multiplicar a equação II por 3 para obter 3 $H_2(g)$;
c) inverter a equação III para obter $C_2H_6O(l)$ no produto.

Então, obtemos:

I. $2\ C(gr) + \cancel{2\ O_2(g)} \longrightarrow \cancel{2\ CO_2(g)} \quad \Delta H^0 = -788\ kJ$

II. $3\ H_2(g) + \cancel{\frac{3}{2} O_2(g)} \longrightarrow 3\ H_2O(l)$
$\Delta H^0 = -858\ kJ$

III. $\cancel{2\ CO_2(g)} + 3\ H_2(l) \longrightarrow C_2H_6O(l) + \cancel{3\ O_2(g)}$
$\Delta H^0 = -1.368\ kJ$

$2\ C(gr) + 3\ H_2(g) + \frac{1}{2} O_2(g) \longrightarrow C_2H_6O(l)$

$\Delta H^0 = -278\ kJ$

Embora essa reação não ocorra, na prática podemos calcular o seu ΔH usando a Lei de Hess.

Concluímos que o enunciado da Lei de Hess fica sendo:

A variação de entalpia de uma reação é igual à soma das variações de entalpia das etapas intermediárias.

$$\Delta H = \Delta H_1 + \Delta H_2 + \ldots$$

Observações:

- Quando uma equação termoquímica é multiplicada ou dividida por um determinado valor, seu ΔH também será multiplicado ou dividido pelo mesmo valor.
- Quando uma equação termoquímica for invertida, o sinal de seu ΔH também será invertido.

13. Cálculo do ΔH de uma reação usando somente os ΔH_f^0 – Simplificando a Lei de Hess

Exercício Ilustrativo

$CaCO_3(s) \longrightarrow CaO(s) + CO_2(g) \quad \Delta H^0?$

Dadas as ΔH_f^0

I. $Ca(s) + \frac{1}{2} O_2(g) \longrightarrow CaO(s)$

$\Delta H_f^0 = -635{,}5\ kJ$

II. $C(grafita) + O_2(g) \longrightarrow CO_2(g)$

$\Delta H_f^0 = -394\ kJ$

III. $Ca(s) + C(grafita) + \frac{3}{2} O_2(g) \longrightarrow CaCO_3(s)$

$\Delta H_f^0 = -1.207\ kJ$

Resolução:

Para obter a equação desejada devemos somar as equações de tal forma que I e II são mantidas e a III é invertida.

Cap. 5 | Termoquímica **89**

$Ca(s) + \frac{1}{2} O_2(g) \longrightarrow CaO(s)$

$\Delta H_f^0 = -635{,}5 \text{ kJ}$

$C(\text{grafita}) + O_2(g) \longrightarrow CO_2(g)$

$\Delta H_f^0 = -394 \text{ kJ}$

$CaCO_3(s) \longrightarrow Ca(s) + C(\text{grafita}) + \frac{3}{2} O_2(g)$

$\Delta H_f^0 = +1.207 \text{ kJ}$

$CaCO_3(s) \longrightarrow CaO(s) + CO_2(g)$

$\Delta H_f^0 = +177{,}5 \text{ kJ}$

Podemos resolver de uma maneira mais rápida através da equação:

$$\Delta H^0 = \Sigma \Delta H_f \text{produtos} - \Sigma \Delta H_f \text{reagentes}$$

$\Delta H^0 = (-635{,}5 - 394) - (-1.207)$

$\Delta H^0 = +177{,}5 \text{ kJ}$

Cuidado: essa equação só pode ser usada se todos os ΔH são, na realidade, ΔH_f^0.

14. Energia de ligação

14.1 Conceito

É a energia necessária para quebrar 1 mol de ligações no estado gasoso.

A quebra de ligações é sempre um **processo endotérmico**, portanto, ΔH é sempre positivo.

Exemplo:

$H_2(g) \longrightarrow 2\, H(g) \quad \Delta H = +436 \text{ kJ/mol}$

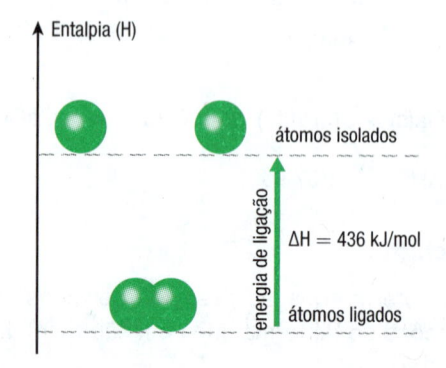

Nesse exemplo, são necessários 436 kJ para quebrar 1 mol de ligações simples (H — H).

Outros exemplos:

$O_2(g) \longrightarrow 2\, O(g)$

$\Delta H = +497 \text{ kJ}$

Nesse exemplo, são necessários 497 kJ para quebrar 1 mol de ligações duplas (O = O).

$N_2(g) \longrightarrow 2\, N(g)$

$\Delta H = +945 \text{ kJ}$

Nesse exemplo, são necessários 945 kJ para quebrar 1 mol de ligações triplas (N ≡ N).

$CH_4(g) \longrightarrow C(g) + 4\, H(g) \quad \Delta H = +1.653{,}6 \text{ kJ}$

Nesse caso, temos a quebra de 4 mol de ligações (C — H). Como a energia de ligação é expressa por **mol de ligação**, temos que:

$$C - H = \frac{1.653{,}6 \text{ kJ}}{4} = +413{,}4 \text{ kJ}$$

- quanto maior a energia de ligação, mais forte é a ligação, ou seja, é mais difícil quebrá-la;
- a energia fornecida na quebra de uma ligação será numericamente igual à energia liberada na sua formação, porém a energia de ligação é definida para o processo de quebra de ligações.

14.2 Energia média de ligação

Certas ligações aparecem em várias substâncias, por exemplo, a ligação O — H.

água:	HO — H	492 kJ
metanol:	CH_3O — H	437 kJ

Os valores tabelados correspondem à energia média de ligação, no caso O — H, a energia média de ligação corresponde a 463 kJ.

A energia média de ligação é a média da variação de entalpia que acompanha a quebra de um determinado tipo de ligação.

Ligação	Entalpia de ligação média kJ/mol
C — I	238
N — H	388
N — N	163
N = N	409
N — O	210
N = O	630
N — F	195
N — Cl	381
O — H	463
O — O	157
C — H	412
C — C	348
C = C	612
C ≡ C	837
C = O	800

14.3 Cálculo do ΔH pelo método das energias de ligação

A partir do conhecimento das energias das ligações existentes nos reagentes e nos produtos, podemos calcular o ΔH de qualquer reação, relacionando a quantidade de energia absorvida na quebra de ligações e a quantidade de energia liberada na formação de novas ligações. Não se usa fórmula nesse tipo de cálculo de ΔH através das energias de ligação.

Calcular o ΔH do processo

$$H_2(g) + Cl_2(g) \longrightarrow 2\ HCl(g)$$

sendo dadas:

- energia de ligação do H_2 = 104 kcal/mol
- energia de ligação do Cl_2 = 58 kcal/mol
- energia de ligação do HCl = 103 kcal/mol

Resolução:

Reação   H — H + Cl — Cl ⟶ 2 H — Cl

E de ligação   +104   +58   −2(103)
(kcal/mol)   quebra: +   forma: −

ΔH = +104 + 58 − 206   **ΔH = −44 kcal/2 mol HCl**

15. ΔH de dissolução (ΔH$_{diss}$)

A dissolução de um sal em água pode ocorrer com liberação de calor, absorção de calor ou sem efeito térmico.

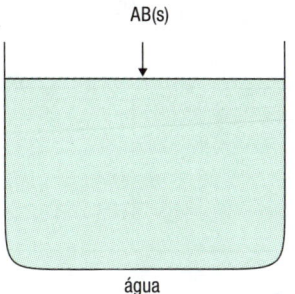

A dissolução pode ser explicada teoricamente em duas etapas:

15.1 1.ª etapa – destruição do retículo cristalino do sal: endotérmica

A energia para separar os íons de um sal é chamada de energia reticular ou energia da rede (ΔH$_{ret}$).

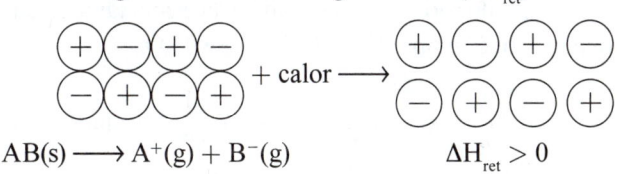

$$AB(s) \longrightarrow A^+(g) + B^-(g) \qquad \Delta H_{ret} > 0$$

15.2 2.ª etapa – hidratação dos íons gasosos: exotérmica

Quando as moléculas da água rodeiam os íons ocorre liberação de calor que é chamada de entalpia de hidratação (ΔH$_{hid}$).

$$A^+(g) + B^-(g) + aq \longrightarrow A^+(aq) + B^-(aq) \qquad \Delta H_{hid} < 0$$

Somando as duas etapas temos: $AB(s) + aq \longrightarrow A^+(aq) + B^-(aq) \qquad \Delta H_{diss}$

Através da Lei de Hess temos: $\Delta H_{diss} = \Delta H_{ret} + \Delta H_{hid}$

- **dissolução endotérmica:** $|\Delta H_{ret}| > |\Delta H_{hid}|$

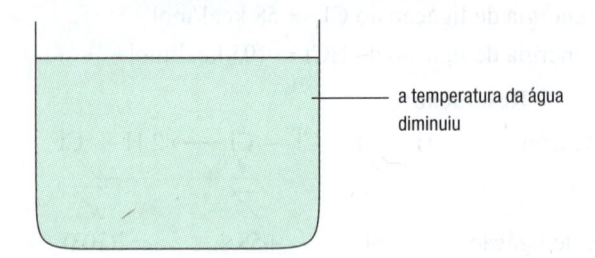

a temperatura da água diminuiu

$$AB(s) + aq \longrightarrow A^+(aq) + B^-(aq) \quad \Delta H_{diss} > 0$$

energia $A^+(g) + B^-(g) > A^+(aq) + B^-(aq) > AB(s) + aq$

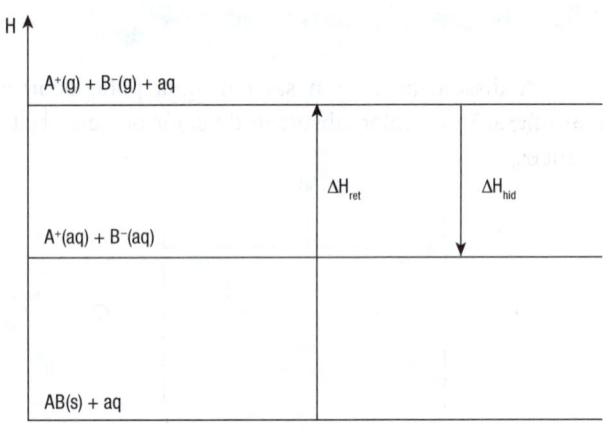

- **dissolução exotérmica:** $|\Delta H_{hid}| > |\Delta H_{ret}|$

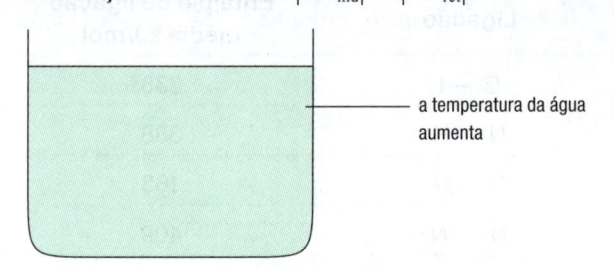

a temperatura da água aumenta

$$AB(s) + aq \longrightarrow A^+(aq) + B^-(aq) \quad \Delta H_{diss} < 0$$

energia $A^+(g) + B^-(g) > AB(s) > A^+(aq) + B^-(aq)$

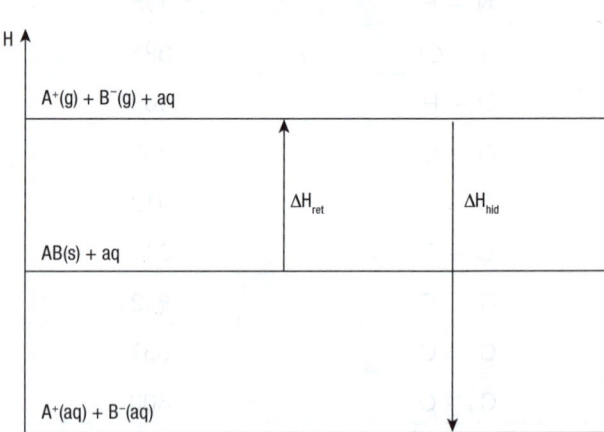

16. ΔH de neutralização

É o calor liberado na neutralização de 1 mol de H⁺ do ácido por 1 mol de OH⁻ da base nas condições padrão.

Exemplos:

$$\underset{\text{forte}}{NaOH(aq)} + \underset{\text{forte}}{HCl(aq)} \longrightarrow NaCl(aq) \quad \Delta H = -57,9 \text{ kJ}$$

O valor do ΔH de neutralização é constante quando temos uma base forte reagindo com um ácido, pois a reação que ocorre é sempre $H^+ + OH^- \longrightarrow H_2O$

$$\underset{\text{forte}}{NaOH} + \underset{\text{fraco}}{\frac{1}{2} H_2S(aq)} \longrightarrow \frac{1}{2} Na_2S(aq) + H_2O \quad \Delta H = -15,9 \text{ kJ.}$$

Exercícios Série Prata

1. Que quantidade de calor é liberada por uma reação química que é capaz de elevar de 10 °C para 14 °C a temperatura de 1 kg de água?

Dado: H_2O: c = 1 cal/g °C.

2. Considere um béquer contendo 50 mL de HCl 1 mol/L e outro contendo 50 mL de NaOH 1 mol/L, ambos a 25 °C. Misturando-se as duas soluções, ocorre a reação e a temperatura da solução obtida sobe para 32 °C. Considere desprezível o calor absorvido pelas paredes do béquer e pelo termômetro.

a) A reação libera ou absorve calor?
b) Qual é a quantidade de calor por mol de reagente?

Dados: $d_{solução}$: 1 g/mL, $c_{solução}$: 4,18 J/g °C.

3. (UFSC) Imagine que você mistura 100 mL de CsOH 0,2 mol/L com 50 mL de HCl 0,4 mol/L num calorímetro improvisado com dois copos de plástico. Ocorre a seguinte reação:

$$CsOH + HCl \longrightarrow CsCl + H_2O$$

A temperatura das soluções, antes da mistura, era de 22,50 °C e sobe 24,28 °C depois da reação ácido-base. Qual o calor da reação por mol de CsOH? (Admita que as densidades das soluções sejam todas 1 g/mL e que o calor específico de cada seja 4,2 J/g °C).

4. O ΔH depende das quantidades dos reagentes e dos produtos que participam da reação.
Complete.

$$2\,H_2(g) + O_2(g) \longrightarrow 2\,H_2O(v) \quad \Delta H = -484\text{ kJ}$$

$$H_2(g) + \frac{1}{2}\,O_2(g) \longrightarrow H_2O(v) \quad \Delta H = \underline{\quad\quad\quad}$$

O gráfico a seguir representa a combustão do gás hidrogênio.

Com base nessas informações, responda as questões de 5 a 10.

5. A reação indicada no gráfico é exotérmica ou endotérmica?

6. Calcule o calor envolvido na formação de 5 mol de $H_2O(v)$.

7. Calcule o calor envolvido na formação de 1,8 kg de $H_2O(v)$.
Dado: massa molar da água = 18 g/mol.

8. Na decomposição de $H_2O(v)$ ocorre absorção ou liberação de calor?

9. Calcule o calor envolvido na decomposição de 9,0 g de $H_2O(v)$.

Dado: massa molar de $H_2O = 18$ g/mol.

10. (UNICAMP – SP) Uma vela é feita de um material ao qual se pode atribuir a fórmula $C_{20}H_{42}$. Qual o calor liberado na combustão de 10 g dessa vela à pressão constante?

Dados: massas molares: C = 12 g/mol, H = 1 g/mol.

$C_{20}H_{42} + \dfrac{61}{2} O_2 \longrightarrow 20\ CO_2 + 21\ H_2O$
$\Delta H = -13.300$ kJ

11. Complete com **simples** ou **compostas**.

Alotropia é o fenômeno em que um elemento químico apresenta duas ou mais substâncias _____ .

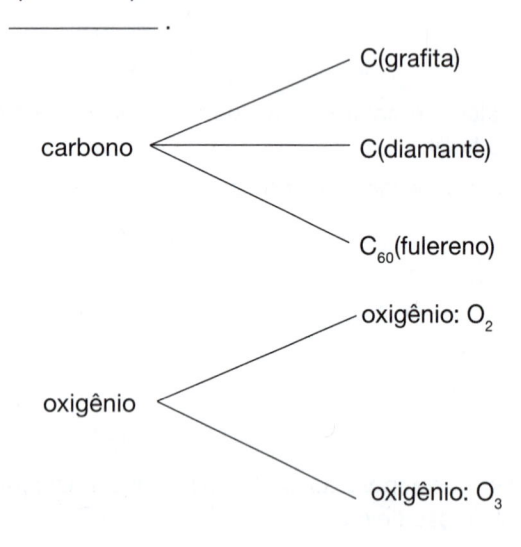

carbono
- C(grafita)
- C(diamante)
- C_{60}(fulereno)

oxigênio
- oxigênio: O_2
- oxigênio: O_3

12. Complete com **mais** ou **menos**.

C(grafita) + O_2 $\longrightarrow$ CO_2 $\Delta H = -393$ kJ
C(diamante) + O_2 $\longrightarrow$ CO_2 $\Delta H = -395$ kJ
C_{60} + 60 O_2 $\longrightarrow$ 60 O_2 $\Delta H = -25.700$ kJ

O futeboleno tem conteúdo _____ energético que o diamante e a grafita.

Conclusão: o calor de reação (ΔH) depende das formas alotrópicas das substâncias simples.

13. Complete com **C(grafita)**, **C(diamante)** ou C_{60}.

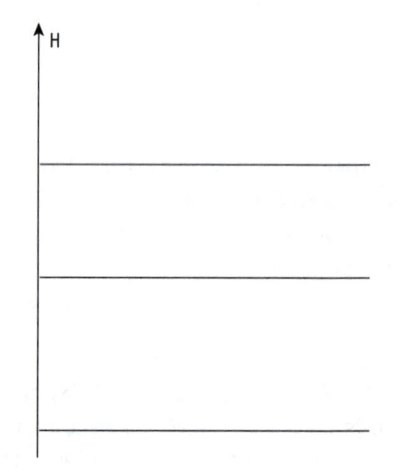

14. O calor de reação (ΔH) depende do estado físico dos reagentes e dos produtos da reação.

$H_2(g) + \dfrac{1}{2} O_2(g) \longrightarrow H_2O(v)$ $\Delta H_1 = -243$ kJ

$H_2(g) + \dfrac{1}{2} O_2(g) \longrightarrow H_2O(l)$ $\Delta H_2 = -287$ kJ

$H_2(g) + \dfrac{1}{2} O_2(g) \longrightarrow H_2O(s)$ $\Delta H_3 = -293$ kJ

Complete com **sólido, líquido** ou **gasoso**.
A água no estado _____ libera maior quantidade de calor.

15. Complete o diagrama usando os dados da questão 14.

16. Dado o diagrama:

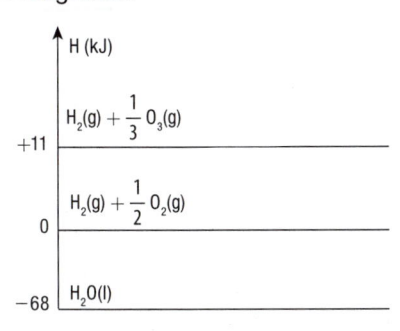

$H_2(g) + \frac{1}{3}O_3(g)$ → +11

$H_2(g) + \frac{1}{2}O_2(g)$ → 0

$H_2O(l)$ → −68

Calcule o ΔH da reação

$$H_2(g) + \frac{1}{3}O_3(g) \longrightarrow H_2O(l)$$

17. Entalpia de formação (ΔH_f) é o calor liberado ou absorvido na reação de formação de **1 mol** de uma substância a partir de substâncias simples no seu estado físico a 25 °C e 1 atm ou na sua forma alotrópica mais estável a 25 °C e 1 atm (C(grafita), O_2, S(rômbico), P(vermelho)).

Complete:

a) _____ ⟶ $CO_2(g)$ $\Delta H_f \neq 0$

b) _____ ⟶ $H_2O(l)$ $\Delta H_f \neq 0$

c) _____ ⟶ $H_2SO_4(l)$ $\Delta H_f \neq 0$

d) _____ ⟶ $C_2H_5OH(l)$ $\Delta H_f \neq 0$

e) _____ ⟶ $C_6H_{12}O_6(s)$ $\Delta H_f \neq 0$

f) _____ ⟶ $NH_3(g)$ $\Delta H_f \neq 0$

g) _____ ⟶ $O_3(g)$ $\Delta H_f \neq 0$

h) _____ ⟶ $O_2(g)$ $\Delta H_f = 0$

i) _____ ⟶ C(diamante) $\Delta H_f \neq 0$

j) _____ ⟶ C(grafita) $\Delta H_f = 0$

18. A entalpia de formação do CO é igual a −110 kJ/mol de CO.

a) Escreva a equação termoquímica correspondente.
b) Construa o diagrama de entalpia do processo.

19. Considere as seguintes equações termoquímicas.

I. C(grafita) + 2 S(rômbico) ⟶ $CS_2(l)$ $\Delta H_1 > 0$

II. C(diamante) + 2 S(rômbico) ⟶ $CS_2(l)$ $\Delta H_2 > 0$

Construa o diagrama de entalpia desses processos.

20. A respeito do diagrama de entalpia:

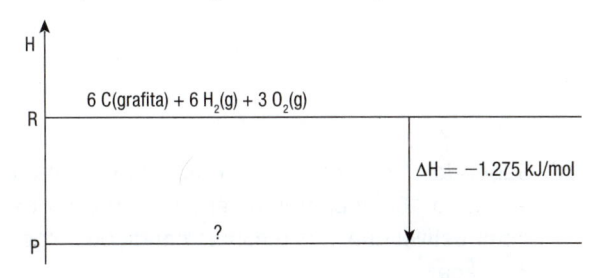

R — 6 C(grafita) + 6 H_2(g) + 3 O_2(g)

ΔH = −1.275 kJ/mol

P — ?

Escreva a equação química do processo.

21. Calor de combustão ou entalpia de combustão (ΔH) é a quantidade de calor liberada na combustão completa de 1 mol de substância à 25 °C e 1 atm.

Complete.

a) $C_{(grafita)}$ + _____ $\longrightarrow$ _____
  $\Delta H = -393$ kJ/mol de $C_{(grafita)}$

b) $H_2(g)$ + _____ $\longrightarrow$ _____
  $\Delta H = -286$ kJ/mol de $H_2(g)$

c) $CH_4(g)$ + _____ $\longrightarrow$ _____ + _____
  $\Delta H = -890$ kJ/mol de $CH_4(g)$

d) $C_4H_{10}(g)$ + _____ $\longrightarrow$ _____ + _____
  $\Delta H = -2.280$ kJ/mol de $C_4H_{10}(g)$

e) $C_2H_5OH(l)$ + _____ $\longrightarrow$ _____ + _____
  $\Delta H = -1.366$ kJ/mol de $C_2H_5OH(l)$

f) $C_6H_{12}O_6(s)$ + _____ $\longrightarrow$ _____ + _____
  $\Delta H = -2.813$ kJ/mol de $C_6H_{12}O_6(s)$

g) $C_8H_{18}(l)$ + _____ $\longrightarrow$ _____ + _____
  $\Delta H = -5.400$ kJ/mol de $C_8H_{18}(l)$

22. Qual desses combustíveis tem maior poder energético (1 g de combustível)?

Combustível	Massa molar	Calor de combustão
gasolina	114 g/mol	-5.100 kJ/mol de $C_8H_{18}(l)$
metano	16 g/mol	-213 kJ/mol de $CH_4(g)$
hidrogênio	2 g/mol	-286 kJ/mol de $H_2(g)$

23. Sabendo que o calor de combustão do metanol é igual a 182 kcal/mol, determine a massa desse combustível que, nas mesmas condições, liberaria 36,4 kcal.

Dado: massa molar do metanol = 32 g/mol.

24. (PASUSP) A análise do conteúdo calórico de um sorvete demonstra que ele contém, aproximadamente, 5% de proteínas, 22% de carboidratos e 13% de gorduras. A massa restante pode ser considerada como água. A tabela a seguir apresenta dados de calor de combustão para esses três nutrientes. Se o valor energético diário recomendável para uma criança é de 8.400 kJ, o número de sorvetes de 100 g necessários para suprir essa demanda seria de, aproximadamente,

Nutriente (1 grama)	Calor liberado (kJ)
proteínas	16,7
carboidratos	16,7
lipídios (gorduras)	37,7

a) 2   b) 3   c) 6   d) 9   e) 12

25. Observe o diagrama a seguir:

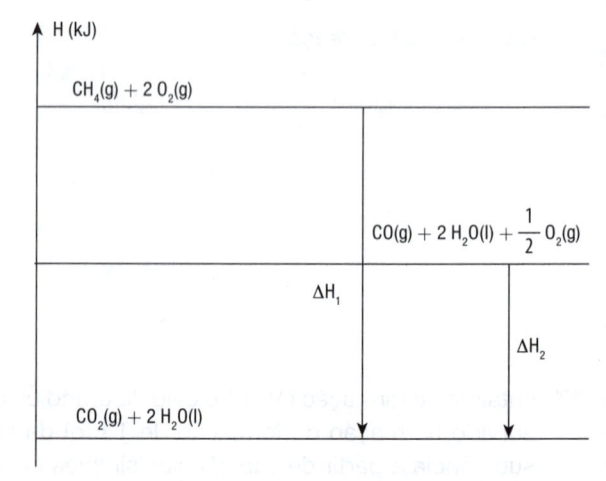

Calcule o ΔH de combustão de $CH_4(g)$ que produz $CO(g)$.

Dados: $\Delta H_1 = -890$ kJ; $\Delta H_2 = -283$ kJ.

26. (UNESP) A combustão incompleta de carbono, responsável pela produção do CO, é difícil de ser realizada isoladamente em um calorímetro. No entanto, o ΔH desse processo pode ser calculado pelos seguintes dados:

$C(grafita) + O_2(g) \longrightarrow CO_2(g) \quad \Delta H = -394 \text{ kJ}$

$2\ CO(g) + O_2(g) \longrightarrow 2\ CO_2(g) \quad \Delta H = -566 \text{ kJ}$

Pede-se:

a) $C(grafita) + \frac{1}{2} O_2(g) \longrightarrow CO(g) \quad \Delta H = ?$

b) O calor liberado na queima de 36 g de grafita para obter CO.

Dado: C = 12.

27. Dada a equação termoquímica:

$3\ C_2H_2(g) \longrightarrow C_6H_6(l) \quad \Delta H = ?$

Dados:

I. $C_6H_6(l) + \frac{15}{2} O_2(g) \longrightarrow 6\ CO_2(g) + 3\ H_2O(l)$
$\Delta H = -1.115 \text{ kJ}$

II. $C_2H_2(g) + \frac{5}{2} O_2(g) \longrightarrow 2\ CO_2(l) + H_2O(l)$
$\Delta H = -648 \text{ kJ}$

28. (UNIFESP) Dadas as equações termoquímicas:

$H_2(g) + \frac{1}{2} O_2(g) \longrightarrow H_2O(g) \quad \Delta H = -58 \text{ kcal}$

$H_2(g) + \frac{1}{2} O_2(g) \longrightarrow H_2O(l) \quad \Delta H = -68 \text{ kcal}$

Determine a quantidade de calor envolvida na vaporização de 1 L de água líquida.

Dados: $d_{H_2O} = 1$ g/mL; $H_2O = 18$ g/mol.

29. Determine o ΔH da liquefação de 1 mol de metanol, de acordo com a seguinte equação:

$CH_3OH(g) \longrightarrow CH_3OH(l) \quad \Delta H = ?$

Dados:

I. $CH_3OH(l) + \frac{3}{2} O_2(g) \longrightarrow CO_2(g) + 2\ H_2O(l)$
$\Delta H = -727 \text{ kJ}$

II. $CH_3OH(g) + \frac{3}{2} O_2(g) \longrightarrow CO_2(g) + 2\ H_2O(l)$
$\Delta H = -765 \text{ kJ}$

30. (MACKENZIE – SP – adaptada) Dada a equação termoquímica:

$C(grafita) + W(s) \longrightarrow WC(s) \quad \Delta H = ?$

Dados:

I. $W(s) + \frac{3}{2} O_2(g) \longrightarrow WO_3(s) \quad \Delta H = -840 \text{ kJ}$

II. $C(grafita) + O_2(g) \longrightarrow CO_2(g) \quad \Delta H = -394 \text{ kJ}$

III. $WC(s) + \frac{5}{2} O_2(g) \longrightarrow WO_3(s) + CO_2(g)$
$\Delta H = -1.196 \text{ kJ}$

31. (UFMG) As variações de entalpia envolvidas nas etapas de formação de NaCl(s) a partir dos átomos gasosos são:

I. $Na(g) \longrightarrow Na^+(g) + e^- \quad \Delta H = +502 \text{ kJ}$

II. $Cl^-(g) + e^- \longrightarrow Cl^-(g) \quad \Delta H = -342 \text{ kJ}$

III. $Na^+(g) + Cl^-(g) \longrightarrow NaCl(s) \quad \Delta H = -788 \text{ kJ}$

a) Calcule a variação de entalpia da reação:

$Na(g) + Cl(g) \longrightarrow Na^+(g) + Cl^-(g)$

b) Calcule a variação de entalpia do processo global de formação do NaCl(s) a partir dos átomos gasosos.

32. Dada a equação termoquímica.

$$C(\text{grafita}) + 2\,H_2(g) \longrightarrow CH_4(g) \qquad \Delta H = ?$$

Dados:

I. $CH_4(g) + 2\,O_2(g) \longrightarrow CO_2(l) + 2\,H_2O(l)$
$\Delta H = -890\,kJ$

II. $H_2O(l) \longrightarrow H_2(g) + \dfrac{1}{2}O_2(g) \qquad \Delta H = +287\,kJ$

III. $C(\text{grafita}) + O_2(g) \longrightarrow CO_2(g) \qquad \Delta H = -393\,kJ$

33. (UNESP) Aplique a Lei de Hess para a determinação do ΔH da reação de hidrogenação do acetileno, de acordo com a equação.

$$C_2H_2(g) + 2\,H_2(g) \longrightarrow C_2H_6(g)$$

Dados:

I. $2\,C_2H_2(g) + 5\,O_2(g) \longrightarrow 4\,CO_2(g) + 2\,H_2O(l)$
$\Delta H = -2.602\,kJ$

II. $2\,C_2H_6(g) + 7\,O_2(g) \longrightarrow 4\,CO_2(g) + 6\,H_2O(l)$
$\Delta H = -3.124\,kJ$

III. $H_2(g) + \dfrac{1}{2}O_2(g) \longrightarrow H_2O(l) \qquad \Delta H = -286\,kJ$

34. Determine o calor de combustão do propano, $C_3H_8(g)$.

Dados: entalpias de formação em kJ/mol.

$C_3H_8 = -104 \qquad CO_2(g) = -394 \qquad H_2O(l) = -286$

35. (UFF – RJ) A amônia, apesar de ser considerada não combustível, pode reagir com O_2 na presença de platina como catalisador. A equação química do processo é:

$$4\,NH_3(g) + 5\,O_2(g) \longrightarrow 4\,NO(g) + 6\,H_2O(g)$$
$\Delta H = ?$

Dados:

Substância	ΔH formação (kJ/mol)
$NH_3(g)$	−46
$NO(g)$	+90
$H_2O(g)$	−242

36. A entalpia de formação de $H_2O(l)$ e o de $H_2O(g)$ valem, respectivamente, −286 kJ/mol e −242 kJ/mol. Calcule o calor de vaporização a partir de 0,9 g de água líquida.

Dado: $H_2O = 18\,g/mol$.

37. Considere as reações:

I. 6 C(grafita) + 3 H_2(g) ⟶ C_6H_6(l) ΔH_f = 49 kJ

II. C(grafita) + O_2(g) ⟶ CO_2(g) ΔH_f = −393,5 kJ

III. H_2(g) + $\frac{1}{2}$ O_2(g) ⟶ H_2O(l) ΔH_f = −285,8 kJ

Calcule o calor de combustão do benzeno (C_6H_6(l)).

38. Com base nos ΔH associados às reações a seguir:

N_2(g) + $\frac{1}{2}$ O_2(g) ⟶ NO_2(g) ΔH_f = +33,8 kJ

N_2(g) + 2 O_2(g) ⟶ N_2O_4(g) ΔH_f = +9,6 kJ

Calcule o ΔH associado à reação de dimerização do NO_2.

39. Calcule o ΔH de formação de B_2H_6(g).

Dados:

I. 2 B(s) + $\frac{3}{2}$ O_2(g) ⟶ B_2O_3(s)

ΔH = −1.273 kJ

II. B_2H_6(g) + 3 O_2(g) ⟶ B_2O_3(s) + 3 H_2O(g)

ΔH = −2.035 kJ

III. H_2(g) + $\frac{1}{2}$ O_2(g) ⟶ H_2O(g)   ΔH = −242 kJ

40. Dada a equação termoquímica.

NH_3(g) ⟶ N(g) + 3 H(g)

ΔH = 1.170 kJ/mol de NH_3

Calcule a energia de ligação N — H.

41. (FUVEST – SP) Com base nos dados da tabela:

Ligação	Energia de ligação (kJ/mol)
H — H	436
Cl — Cl	243
H — Cl	432

pode-se estimar que o ΔH da reação representada por

H_2(g) + Cl_2(g) ⟶ 2 HCl(g)

Dado em kJ por mol de HCl(g), é igual a:

a) −92,5
b) −185
c) −247
d) +185
e) +92,5

42. Determine o ΔH do processo a seguir:

H₂C=CH₂ + Cl—Cl ⟶ H₂ClC—CClH₂

(esquema estrutural: H—C=C—H com H acima de cada C + Cl—Cl ⟶ H—C—C—H com H acima e Cl abaixo de cada C)

Dados:

Ligação	Energia (kJ/mol)
C = C	612
Cl — Cl	243
C — C	347
C — Cl	331

43. (UNICAMP – SP) Dada a reação:

$CH_4(g) + F_2(g) \longrightarrow CH_3F(g) + HF(g) \qquad \Delta H = ?$

Determine o valor de ΔH pelo método:

a) das entalpias de formação;
b) das energias de ligação.

Dados:

Substância	ΔH_f (kJ/mol)
CH_4	−75
CH_3F	−288
HF	−271

Ligação	Energia de ligação (kJ/mol)
C — H	413
F — F	155
C — F	485
H — F	567

44. (UFRGS – RS) Os valores de energia de ligação entre alguns átomos são fornecidos no quadro abaixo:

Ligação	Energia de ligação (kJ/mol)
C — H	413
O = O	494
C = O	804
O — H	463

Considerando a reação representada por

$CH_4(g) + 2\ O_2(g) \longrightarrow CO_2(g) + 2\ H_2O(v)$

Calcule o ΔH da reação.

Exercícios Série Ouro

1. (FATEC – SP) Considere as seguintes transformações:

I. Combustão do magnésio (metal pirofórico) em um fogo de artifício.
II. Desaparecimento da neblina horas após o amanhecer.
III. Atomização da amônia.
IV. Síntese de glicose e oxigênio por um vegetal a partir de CO_2 e H_2O.

São endotérmicas **somente** as transformações:

a) I e II.
b) I e III.
c) II e IV.
d) I, II e III.
e) II, III e IV.

I. café em uma garrafa térmica perfeitamente tampada;
II. líquido refrigerante de serpentina da geladeira;
III. calorímetro de bomba no qual foi queimado ácido benzoico.

Identifique os sistemas como aberto, fechado ou isolado.

a) I – isolado; II – fechado; III – isolado.
b) I – isolado; II – aberto; III – isolado.
c) I – aberto; II – isolado; III – isolado.
d) I – aberto; II – aberto; III – fechado.
e) I – fechado; II – isolado; III – aberto.

2. (UNESP) Na termodinâmica, os sistemas são classificados em relação às trocas de massa e de energia com as respectivas vizinhanças. O sistema aberto pode trocar com sua vizinhança matéria e energia, o sistema fechado pode trocar somente energia, e o sistema isolado não troca nem matéria nem energia. Considere os sistemas:

3. (FUVEST – SP) Nas condições ambiente, ao inspirar, puxamos para nossos pulmões, aproximadamente, 0,5 L de ar, então aquecido da temperatura ambiente (25 °C) até a temperatura do corpo (36 °C). Fazemos isso cerca de 16×10^3 vezes em 24 h. Se, nesse tempo, recebermos, por meio da alimentação, $1,0 \times 10^7$ J de energia, a porcentagem aproximada dessa energia, que será gasta para aquecer o ar inspirado, será de:

a) 0,1%.
b) 0,5%.
c) 1%.
d) 2%.
e) 5%.

Dados: ar atmosférico nas condições ambiente: densidade = 1,2 g/L; calor específico = 1,0 J/g · °C.

4. (MACKENZIE – SP) Observe o gráfico de entalpia abaixo, obtido por meio de experimentos realizados no estado padrão:

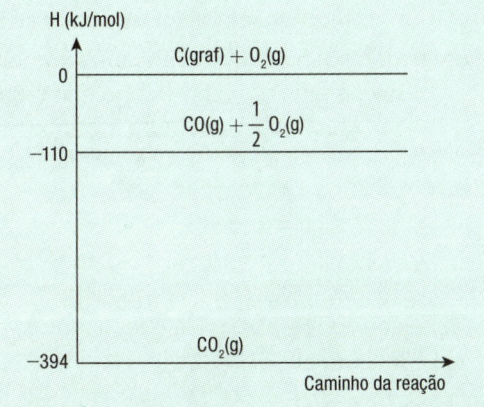

H (kJ/mol)
0 ——— C(graf) + O_2(g)
−110 ——— CO(g) + $\frac{1}{2} O_2$(g)
−394 ——— CO_2(g)
Caminho da reação

Com base em seus conhecimentos de termoquímica e nas informações do gráfico acima, a equação termoquímica **incorretamente** representada é

a) CO_2(g) → C(graf) + O_2(g) $\Delta H^0 = +394$ kJ/mol
b) CO(g) + 1/2 O_2(g) → CO_2(g) $\Delta H^0 = -284$ kJ/mol
c) C(graf) + 1/2 O_2(g) → CO(g) $\Delta H^0 = +110$ kJ/mol
d) CO_2(g) → CO(g) + 1/2 O_2(g) $\Delta H^0 = +284$ kJ/mol
e) C(graf) + O_2(g) → CO_2(g) $\Delta H^0 = -394$ kJ/mol

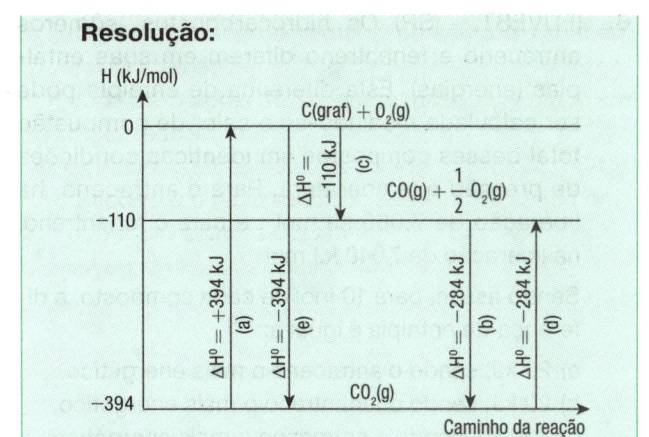

Resolução:

H (kJ/mol)
0 ——— C(graf) + O_2(g)
−110 ——— CO(g) + $\frac{1}{2} O_2$(g)
−394 ——— CO_2(g)

(a) $\Delta H^0 = +394$ kJ
(e) $\Delta H^0 = -394$ kJ
(c) $\Delta H^0 = -110$ kJ
(b) $\Delta H^0 = -284$ kJ
(d) $\Delta H^0 = -284$ kJ

Caminho da reação

Resposta: a equação termoquímica incorreta é a da alternativa **c**.

5. (UNESP) Entre as formas alotrópicas de um mesmo elemento, há aquela mais estável e, portanto, menos energética, e também a menos estável, ou mais energética. O gráfico, de escala arbitrária, representa as entalpias (ΔH) do diamante e grafite sólidos, e do CO_2 e O_2 gasosos.

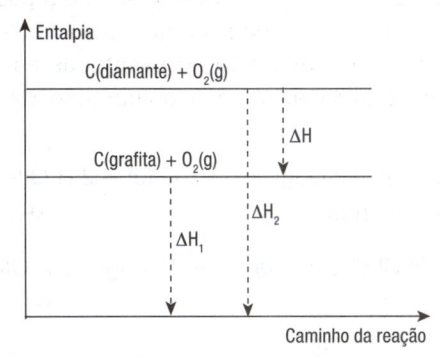

Entalpia
C(diamante) + O_2(g)
C(grafita) + O_2(g)
ΔH
ΔH_1
ΔH_2
Caminho da reação

a) Sabendo-se que os valores de ΔH_1 e ΔH_2 são iguais a −393 e −395 kJ, respectivamente, calcule a entalpia (ΔH) da reação: C(grafite) ⟶ C(diamante). Indique se a reação é exotérmica ou endotérmica.

b) Considerando-se a massa molar do C = 12 g/mol, calcule a quantidade de energia, em kJ, necessária para transformar 240 g de C(grafite) em C(diamante).

Cap. 5 | Termoquímica

6. (FUVEST – SP) Os hidrocarbonetos isômeros antraceno e fenantreno diferem em suas entalpias (energias). Esta diferença de entalpia pode ser calculada medindo-se o calor de combustão total desses compostos em idênticas condições de pressão e temperatura. Para o antraceno, há liberação de 7.060 kJ mol^{-1} e para o fenantreno, há liberação de 7.040 kJ mol^{-1}.

Sendo assim, para 10 mol de cada composto, a diferença de entalpia é igual a:

a) 20 kJ, sendo o antraceno o mais energético.
b) 20 kJ, sendo o fenantreno o mais energético.
c) 200 kJ, sendo o antraceno o mais energético.
d) 200 kJ, sendo o fenantreno o mais energético.
e) 2.000 kJ, sendo o antraceno o mais energético.

7. (UNESP) O gás natural, o etanol e a gasolina são três dos principais combustíveis utilizados no Brasil. A seguir, são apresentadas as equações termoquímicas para a combustão de cada um deles.

$CH_4(g) + 2\ O_2(g) \longrightarrow CO_2(g) + 2\ H_2O(l)$
gás natural $\quad\quad\quad\quad\quad\quad\quad\quad\quad \Delta H = -900$ kJ

$C_2H_5OH(l) + 3\ O_2(g) \longrightarrow 2\ CO_2(g) + 3\ H_2O(l)$
etanol $\quad\quad\quad\quad\quad\quad\quad\quad\quad\quad \Delta H = -1.400$ kJ

$C_8H_{18}(l) + \dfrac{25}{2}\ O_2(g) \longrightarrow 8\ CO_2(g) + 9\ H_2O(l)$
octano (principal $\quad\quad\quad\quad\quad \Delta H = -5.500$ kJ
componente da gasolina)

Dadas as massas molares, em g · mol^{-1}:
$\quad CH_4 = 16;\ C_2H_5OH = 46;\ C_8H_{18} = 114$.

a) Qual destes combustíveis libera a maior quantidade de energia por unidade de massa? Apresente seus cálculos.
b) A queima de 1 L de gasolina produz cerca de 34.100 kJ. Calcule a massa de etanol necessária para a produção desta mesma quantidade de calor. Apresente seus cálculos.

8. (UNICAMP – SP) Considere uma gasolina constituída apenas de etanol e de octano, com frações molares iguais. As entalpias de combustão do etanol e do octano são −1.368 e −5.471 kJ/mol, respectivamente. A densidade dessa gasolina é 0,72 g/cm^3 e a sua massa molar aparente, 80,1 g/mol.

a) Escreva a equação química que representa a combustão de um dos componentes dessa gasolina.
b) Qual a energia liberada na combustão de 1,0 mol dessa gasolina?
c) Qual a energia liberada na combustão de 1,0 litro dessa gasolina?

Dados: etanol: C_2H_6O, octano: C_8H_{18}.

9. (FUVEST – SP) As reações, em fase gasosa, representadas pelas equações I, II e III, liberam, respectivamente, as quantidades de calor Q_1J, Q_2J e Q_3J, sendo $Q_3 > Q_2 > Q_1$.

I. $2 NH_3 + \dfrac{5}{2} O_2 \longrightarrow 2 NO + 3 H_2O$ ....

$\Delta H_1 = -Q_1 J$

II. $2 NH_3 + \dfrac{7}{2} O_2 \longrightarrow 2 NO_2 + 3 H_2O$ ....

$\Delta H_2 = -Q_2 J$

III. $2 NH_3 + 4 O_2 \longrightarrow N_2O_5 + 3 H_2O$ ....

$\Delta H_3 = -Q_3 J$

Assim sendo, a reação representada por

IV. $N_2O_5 \longrightarrow 2 NO_2 + \dfrac{1}{2} O_2$ .... ΔH_4

será:

a) exotérmica, com $\Delta H_4 = (Q_3 - Q_1)$J.
b) endotérmica, com $\Delta H_4 = (Q_2 - Q_1)$J.
c) exotérmica, com $\Delta H_4 = (Q_2 - Q_3)$J.
d) endotérmica, com $\Delta H_4 = (Q_3 - Q_2)$J.
e) exotérmica, com $\Delta H_4 = (Q_1 - Q_2)$J.

10. (FGV) "Gás-d'água", mistura de CO e H_2 gasosos, é obtido pela reação química representada pela reação

$C(s) + H_2O(g) \longrightarrow CO(g) + H_2(g)$

Sendo conhecidas as entalpias das reações

$C(s) + \dfrac{1}{2} O_2(g) \longrightarrow CO(g) \quad \Delta H = -110$ kJ/mol

$C(s) + O_2(g) \longrightarrow CO_2(g) \quad \Delta H = -394$ kJ/mol

$H_2(g) + \dfrac{1}{2} O_2(g) \longrightarrow H_2O(g) \quad \Delta H = -242$ kJ/mol

pode–se afirmar que:

a) a entalpia do produto é maior que a dos reagentes na reação de formação de CO_2 a partir de seus constituintes.
b) a entalpia da reação de obtenção do "gás-d'água", a partir de C(s) e H_2O(g), é igual a +132 kJ por mol de CO e H_2 formados.
c) a entalpia da reação de conversão de CO(g) a CO_2(g) é igual a +284 kJ/mol.
d) a reação de formação de H_2O(g) é endotérmica.
e) a formação do "gás-d'água" é um processo exotérmico.

11. (MACKENZIE) O craqueamento (cracking) é a denominação técnica de processos químicos na indústria por meio dos quais moléculas mais complexas são quebradas em moléculas mais simples. O princípio básico desse tipo de processo é o rompimento das ligações carbono-carbono pela adição de calor e/ou catalisador. Um exemplo da aplicação do craqueamento é a transformação do dodecano em dois compostos de menor massa molar, hexano e propeno (propileno), conforme exemplificado, simplificadamente, pela equação química a seguir:

$C_{12}H_{26}(l) \longrightarrow C_6H_{14}(l) + 2 C_3H_6(g)$

São dadas as equações termoquímicas de combustão completa, no estado-padrão para três hidrocarbonetos:

$C_{12}H_{26}(l) + \dfrac{37}{2} O_2(g) \longrightarrow 12 CO_2(g) + 13 H_2O(l)$

$\Delta H_C^0 = -7.513,0$ kJ/mol

$C_6H_{14}(l) + \dfrac{19}{2} O_2(g) \longrightarrow 6 CO_2(g) + 7 H_2O(l)$

$\Delta H_C^0 = -4.163,0$ kJ/mol

$C_3H_6(g) + \dfrac{9}{2} O_2(g) \longrightarrow 3 CO_2(g) + 3 H_2O(l)$

$\Delta H_C^0 = -2.220,0$ kJ/mol

Utilizando a Lei de Hess, pode-se afirmar que o valor da variação de entalpia-padrão para o craqueamento do dodecano em hexano e propeno, será

a) −13.896,0 kJ/mol.
b) −1.130,0 kJ/mol.
c) +1.090,0 kJ/mol.
d) +1.130,0 kJ/mol.
e) +13.896,0 kJ/mol.

Resolução:

Mantendo a primeira equação, invertendo a segunda equação, invertendo e multiplicando por dois a terceira equação e somando, temos:

$C_{12}H_{26}(l) + \cancel{\frac{37}{2}} O_2(g) \longrightarrow 12 \cancel{CO_2(g)} + 13 \cancel{H_2O(l)}$

$\Delta H = -7.513,0$ kJ/mol

$6 \cancel{CO_2(g)} + 7 \cancel{H_2O(l)} \longrightarrow C_6H_{14}(l) + \cancel{\frac{19}{2}} O_2(g)$

$\Delta H = +4.163,0$ kJ/mol

$6 \cancel{CO_2(g)} + 6 \cancel{H_2O(l)} \longrightarrow 2 C_3H_6(g) + 9 \cancel{O_2(g)}$

$\Delta H = +4.440,0$ kJ/mol

$C_{12}H_{26}(l) \longrightarrow C_6H_{14}(l) + 2 C_3H_6(g)$
$\Delta H = +1.090,0$ kJ/mol

Resposta: alternativa c.

---

12. (UNIFESP) Gás-d'água é um combustível constituído de uma mistura gasosa de CO e H_2 na proporção, em mol, de 1 : 1. As equações que representam a combustão desses gases são:

$CO(g) + \frac{1}{2} O_2(g) \longrightarrow CO_2(g) \qquad \Delta H = -284$ kJ

e

$H_2(g) + \frac{1}{2} O_2(g) \longrightarrow H_2O(l) \qquad \Delta H = -286$ kJ

Massas molares, em g/mol:

CO 28,0
H_2 2,0

Se 15,0 g de gás-d'água forem queimados ao ar, a quantidade de energia liberada, em kJ, será
a) 142.
b) 285.
c) 427.
d) 570.
e) 1.140.

---

13. (UNESP) O álcool etílico pode ser obtido pela fermentação de açúcares produzidos a partir de diferentes matérias-primas vegetais. Sendo assim, é um combustível renovável e não contribui para o aumento da concentração de dióxido de carbono na atmosfera. Considerando-se a importância de sua utilização como combustível, calcule o calor de combustão do etanol a partir dos dados da entalpia padrão fornecidos a seguir:

ΔH_f^0 etanol (l) $= -277,6$ kJ $\cdot$ mol^{-1}

ΔH_f^0 água (l) $= -285,8$ kJ $\cdot$ mol^{-1}

ΔH_f^0 dióxido de carbono (g) $= -393,5$ kJ $\cdot$ mol^{-1}

---

14. O aumento da demanda de energia é uma das principais preocupações da sociedade contemporânea. A seguir, temos equações termoquímicas de dois combustíveis muito utilizados para a produção de energia.

I. $CH_3 - CH_2 - OH(l) + 3 O_2(g) \longrightarrow$
$\longrightarrow 2 CO_2(g) + 3 H_2O(l) \qquad \Delta H = -1.366,8$ kJ

II. $CH_3 - \underset{\underset{CH_3}{|}}{\overset{\overset{CH_3}{|}}{C}} - CH_2 - \underset{\underset{CH_3}{|}}{CH} - CH_3(l) + 25/2\ O_2(g) \longrightarrow$

$\longrightarrow 8 CO_2(g) + 9 H_2O(l) \qquad \Delta H = -5.461,0$ kJ

Dadas as entalpias de formação dos compostos

$CO_2(g) \qquad \Delta H_f = -393$ kJ/mol
$H_2O(l) \qquad \Delta H_f = -286$ kJ/mol

conclui-se, corretamente, que a entalpia de formação do combustível presente em I é, em kJ/mol,
a) $-107,5$.
b) $+107,5$.
c) $-277,2$.
d) $+277,2$.
e) $+687,7$.

15. (PUC – SP) **Dados:**
Calor de formação do $Fe_2O_3 = -820$ kJ/mol
Calor de formação do $CO = -110$ kJ/mol
Calor de formação do $CO_2 = -390$ kJ/mol
Massa molar (g/mol): Fe = 56; CO = 28; CO_2 = 44; Fe_2O_3 = 160

O ferro metálico é obtido em um alto forno siderúrgico a partir da redução do óxido de ferro (III), na presença de monóxido de carbono. A reação global do processo pode ser representada pela equação:

$Fe_2O_3(s) + 3\ CO(g) \longrightarrow 2\ Fe(s) + 3\ CO_2(g)$ $\Delta H_r = ?$

A partir dos dados fornecidos é possível calcular que na produção de 56 kg de ferro metálico são

a) liberados $1{,}0 \times 10^4$ kJ.
b) liberados $1{,}6 \times 10^5$ kJ.
c) liberados $2{,}7 \times 10^5$ kJ.
d) absorvidos $1{,}6 \times 10^5$ kJ.
e) absorvidos $1{,}0 \times 10^4$ kJ.

16. (PUC) Para determinar a entalpia de formação de algumas substâncias que não podem ser sintetizadas diretamente a partir dos seus elementos constituintes, utiliza-se, muitas vezes, o calor de combustão.

Dados:

$H_2(g) + \dfrac{1}{2} O_2(g) \longrightarrow H_2O(l)$ $\Delta H^0 = -290$ kJ

$C(s) + O_2(g) \longrightarrow CO_2(g)$ $\Delta H^0 = -390$ kJ

$C_8H_8(l) + 10\ O_2(g) \longrightarrow 8\ CO_2(g) + 4\ H_2O(l)$
   $\Delta H^0 = -4.400$ kJ

A partir das reações de combustão do estireno (C_8H_8), do hidrogênio e do carbono nas condições padrão acima, conclui-se que a entalpia de formação do estireno ($\Delta H^0\ C_8H_8$) é igual a:

a) 3.720 kJ/mol.
b) 120 kJ/mol.
c) −200 kJ/mol.
d) −5.080 kJ/mol.
e) −8.680 kJ/mol.

17. (UNIFESP) Devido aos atentados terroristas ocorridos em Nova Iorque, Madri e Londres, os Estados Unidos e países da Europa têm aumentado o controle quanto à venda e produção de compostos explosivos que possam ser usados na confecção de bombas. Dentre os compostos químicos explosivos, a nitroglicerina é um dos mais conhecidos. É um líquido à temperatura ambiente, altamente sensível a qualquer vibração, decompondo-se de acordo com a equação:

$2\ C_3H_5(NO_3)_3(l) \longrightarrow$

$\longrightarrow 3\ N_2(g) + \dfrac{1}{2} O_2(g) + 6\ CO_2(g) + 5\ H_2O(g)$

Considerando-se uma amostra de 4,54 g de nitroglicerina, massa molar 227 g/mol, contida em um frasco fechado com volume total de 100,0 mL:

a) calcule a entalpia envolvida na explosão.

Dados:

Substância	ΔH^0 formação (kJ/mol)
$C_3H_5(NO_3)_3(l)$	−364
$CO_2(g)$	−394
$H_2O(g)$	−242

b) calcule a pressão máxima no interior do frasco antes de seu rompimento, considerando-se que a temperatura atinge 127 °C.

Dado: $R = 0{,}082$ atm · L · K^{-1} · mol^{-1}.

18. (FGV) Considere a equação da reação de combustão do metano:

$CH_4(g) + 2\ O_2(g) \longrightarrow CO_2(g) + 2\ H_2O(l)$

Para calcular a variação de entalpia de combustão do metano, um estudante dispunha da entalpia-padrão de vaporização de água, +44 kJ/mol, e das entalpias-padrão de formação seguintes:

	ΔH^0_f (kJ/mol)
$CO_2(g)$	−393
$CH_4(g)$	−75
$H_2O(g)$	−242

Cap. 5 | Termoquímica

O valor encontrado, em kJ/mol, para a combustão do $CH_4(g)$ foi de

a) −484.
b) −666.
c) −714.
d) −812.
e) −890.

a) Calcule a quantidade de calor necessária para elevar a temperatura de 1 L de água, no nível do mar, de 25 °C até o ponto de ebulição. Apresente seus cálculos.

b) Dadas as entalpias-padrão de formação (ΔH_f^0) para o butano gasoso (−126 kJ · mol⁻¹), para o dióxido de carbono gasoso (−394 kJ · mol⁻¹), para a água líquida (−242 kJ · mol⁻¹) e para o oxigênio gasoso (0 kJ · mol⁻¹), escreva a equação química para a combustão do butano e calcule a entalpia-padrão de combustão (ΔH_c^0) para esse composto.

19. (FGV) A amônia, NH_3, é um dos produtos químicos mais utilizados no mundo. O seu consumo está, de certa forma, relacionado com o desenvolvimento econômico de uma nação. O principal processo de fabricação da amônia é o processo Haber-Bosch, a partir dos gases N_2 e H_2, cuja reação libera 46 kJ de energia por mol de amônia formada. A principal aplicação de amônia é na fabricação de fertilizantes agrícolas. A hidrazina, N_2H_4, um outro subproduto da amônia, pode ser utilizada como combustível para foguetes e para obtenção de plásticos insuflados. A entalpia de formação de um mol de $N_2H_4(l)$ é +50 kJ. A redução da hidrazina com o gás hidrogênio resulta na formação de amônia. Considerando que as entalpias mencionadas estão relacionadas a 25 °C, o valor da entalpia da redução de um mol de hidrazina em amônia, nessas mesmas condições, é igual a

a) +142 kJ.
b) −142 kJ.
c) −96 kJ.
d) +96 kJ.
e) −14 kJ.

21. (UNESP) O monóxido de carbono, um dos gases emitidos pelos canos de escapamento de automóveis, é uma substância nociva, que pode causar até mesmo a morte, dependendo de sua concentração no ar. A adaptação de catalisadores aos escapamentos permite diminuir sua emissão, pois favorece a formação do CO_2, conforme a equação a seguir:

$$CO(g) + \frac{1}{2} O_2(g) \rightleftharpoons CO_2(g)$$

Sabe-se que as entalpias de formação para o CO e para o CO_2 são, respectivamente, −110,5 kJ · mol⁻¹ e −393,5 kJ · mol⁻¹.

É correto afirmar que, quando há consumo de 1 mol de oxigênio por esta reação, serão:

a) consumidos 787 kJ.
b) consumidos 183 kJ.
c) produzidos 566 kJ.
d) produzidos 504 kJ.
e) produzidos 393,5 kJ.

20. (UNESP) O gás butano (C_4H_{10}) é o principal componente do gás de cozinha, o GLP (gás liquefeito de petróleo). A água fervente (H_2O, com temperatura igual a 100 °C, no nível do mar) é utilizada para diversas finalidades: fazer café ou chá, cozinhar, entre outras. Considere que para o aumento de 1 °C na temperatura de 1 g de água são necessários 4 J, que esse valor pode ser tomado como constante para a água líquida sob 1 atmosfera de pressão e que a densidade da água a 25 °C é aproximadamente igual a 1,0 g · mL⁻¹.

22. (PUC – SP) A entalpia de combustão corresponde à energia térmica liberada durante o processo de combustão completa de 1 mol de combustível em determinadas condições:

Dados:

ΔH_f^0 de $CO_2(g) = -394$ kJ/mol

ΔH_f^0 de $H_2O(l) = -286$ kJ/mol

ΔH_f^0 de $C_2H_2(g) = +227$ kJ/mol

onde ΔH_f^0 é entalpia-padrão de formação.

A partir dos dados, pode-se concluir que a entalpia de combustão no estado padrão (ΔH_c^0) do acetileno é:

a) -453 kJ/mol.
b) -847 kJ/mol.
c) -907 kJ/mol.
d) -1.301 kJ/mol.
e) $+907$ kJ/mol.

23. (UNICAMP – SP) As condições oxidativas/redutoras e de pH desempenham importantes papéis em diversos processos naturais. Desses dois fatores dependem, por exemplo, a modificação de rochas e a presença ou não de determinados metais em ambientes aquáticos e terrestres, disponíveis à vida. Ambos os fatores se relacionam fortemente à presença de bactérias sulfato-redutoras atuantes em sistemas anaeróbicos. Em alguns sedimentos, essas bactérias podem decompor moléculas simples como o metano, como está simplificadamente representado pela equação abaixo:

$$CH_4 + H_2SO_4 \rightleftarrows H_2S + CO_2 + 2\,H_2O$$

a) Considerando o caráter ácido-base dos reagentes e produtos, assim como a sua força relativa, seria esperado um aumento ou diminuição do pH da solução onde a bactéria atua? Justifique.

b) Nas condições-padrão, esse processo seria endotérmico ou exotérmico? Justifique com o cálculo da variação de entalpia dessa reação nas condições padrão.

Dados: entalpias padrão de formação em kJ mol^{-1}: $CH_4 = -75$; $H_2SO_4 = -909$; $H_2S = -21$; $CO_2 = -394$; $H_2O = -286$.

24. (UFSCar – SP) O prêmio Nobel de química em 1996 foi atribuído à descoberta da molécula C_{60}, com forma de bola de futebol, representada na figura.

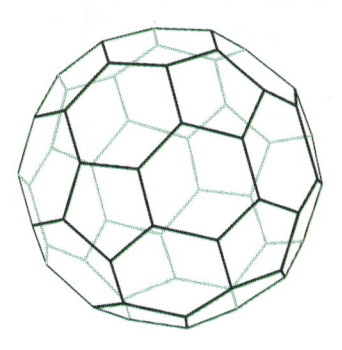

Seguindo a descoberta dos fulerenos, os nanotubos de carbono foram sintetizados. Esses avanços estão relacionados à promissora área de pesquisa que é a nanotecnologia. No C_{60} cada átomo de carbono está ligado a outros 3 átomos. Dadas as entalpias-padrão de formação do $C_{60}(s)$ ($\Delta H_f^0 = +2.300$ kJ/mol) e do $CO_2(g)$ ($\Delta H_f^0 = -390$ kJ/mol), a entalpia de combustão completa, em kJ/mol, e a razão entre o número de ligações simples e duplas no C_{60} são, respectivamente, iguais a:

a) -1.910 e 3.
b) -1.910 e 2.
c) 21.100 e 3.
d) -25.700 e 3.
e) -25.700 e 2.

25. (PUC) A reação de síntese da amônia, processo industrial de grande relevância para a indústria de fertilizantes e de explosivos, é representada pela equação

$$N_2(g) + 3\,H_2(g) \longrightarrow 2\,NH_3(g) \qquad \Delta H = -90\,kJ$$

A partir dos dados fornecidos, determina-se que a entalpia de ligação contida na molécula de N_2 ($N \equiv N$) é igual a:

a) -645 kJ/mol.
b) 0 kJ/mol.
c) 645 kJ/mol.
d) 945 kJ/mol.
e) 1.125 kJ/mol.

Dados: entalpia de ligação
$H - H = 435$ kJ/mol
$N - H = 390$ kJ/mol

Cap. 5 | Termoquímica

26. (UNIFESP) Com base nos dados da tabela

Ligação	Energia média de ligação (kJ/mol)
O—H	460
H—H	436
O=O	490

pode-se estimar que o ΔH da reação representada por

$$2\ H_2O(g) \longrightarrow 2\ H_2(g) + O_2(g),$$

dado em kJ por mol de $H_2O(g)$, é igual a:
a) +239.
b) +478.
c) +1.101.
d) −239.
e) −478.

27. (UNICAMP – SP) As variações de entalpia (ΔH) do oxigênio, do estanho e dos seus óxidos, a 298 K e 1 bar, estão representadas no diagrama abaixo.

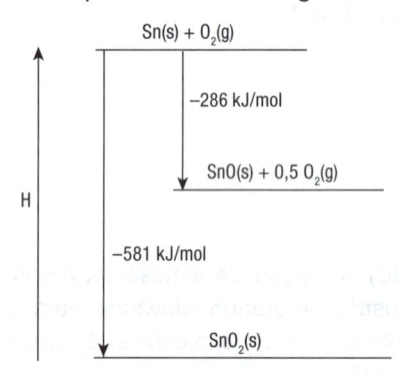

```
         Sn(s) + O₂(g)
              │
              │ −286 kJ/mol
              ↓
         SnO(s) + 0,5 O₂(g)
H
              │
              │ −581 kJ/mol
              ↓
           SnO₂(s)
```

Assim, a formação do SnO(s), a partir dos elementos, corresponde a uma variação de entalpia de −286 kJ/mol.

a) Calcule a variação de entalpia (ΔH_1) correspondente à decomposição do $SnO_2(s)$, nos respectivos elementos, a 298 K e 1 bar.
b) Escreva a equação química e calcule a respectiva variação de entalpia (ΔH_2) da reação entre o óxido de estanho (II) (SnO) e o oxigênio, produzindo o óxido de estanho (IV) (SnO_2) e 298 K e 1 bar.

28. (VUNESP) Na fabricação de chapas para circuitos eletrônicos, uma superfície foi recoberta por uma camada de ouro, por meio de deposição a vácuo.

a) Sabendo que para recobrir esta chapa foram necessários $2 \cdot 10^{20}$ átomos de ouro, determine o custo do ouro usado nesta etapa do processo de fabricação.
b) No processo de deposição, o ouro passa diretamente do estado sólido para o estado gasoso. Sabendo que a entalpia de sublimação do ouro é 370 kJ/mol, a 298 K, calcule a energia mínima necessária para vaporizar esta quantidade de ouro depositada na chapa.

Dados: $N_0 = 6 \cdot 10^{23}$; massa molar do ouro = 197 g/mol; 1 g de ouro = R$ 17,00 (*Folha de S. Paulo*, 20 ago. 2000).

29. (UNIFESP) Sob a forma gasosa, o formol (CH_2O) tem excelente propriedade bactericida e germicida. O gráfico representa a variação de entalpia na queima de 1 mol de moléculas de formol durante a reação química.

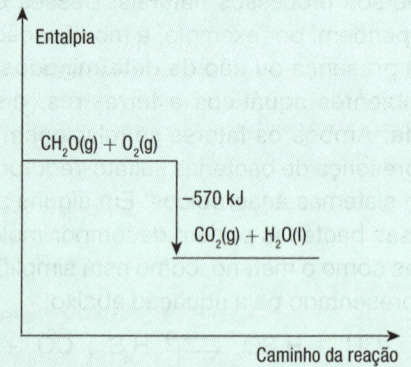

```
Entalpia
│
│  CH₂O(g) + O₂(g)
│         ─────────┐
│                  │ −570 kJ
│                  ↓
│                CO₂(g) + H₂O(l)
│                  ─────────
└─────────────────────────→
            Caminho da reação
```

a) Escreva a fórmula estrutural do formol e o nome da função orgânica presente nas moléculas desse composto.
b) Dadas as entalpias-padrão de formação do $H_2O(l) = -286$ kJ/mol e do $CO_2(g) = -394$ kJ/mol, calcule a entalpia-padrão de formação do formol.

Resolução:

a) H — C(=O)(H)   aldeído

b) $CH_2O(g) + O_2(g) \longrightarrow CO_2(g) + H_2O(l)$
kJ   x   0   −394   −286

$\Delta H^0 = \Sigma \Delta H^0_{f\,produtos} - \Sigma \Delta H^0_{f\,reagentes}$

$-570\ kJ = -394\ kJ - 286\ kJ - x$

$x = -110\ kJ \qquad \Delta H^0_{fCH_2O} = -110\ kJ$

30. (PUC – SP) O estudo da energia reticular de um retículo cristalino iônico envolve a análise do ciclo de Born-Haber.

O diagrama de entalpia a seguir exemplifica o ciclo de Born-Haber do cloreto de potássio (KCl).

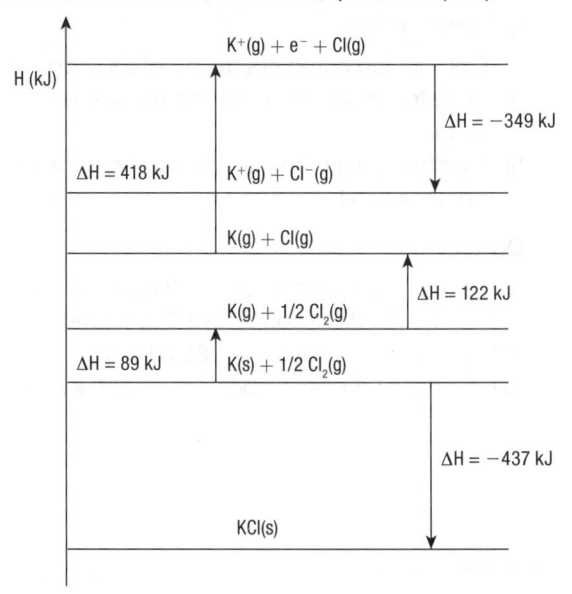

A partir da análise do diagrama é **incorreto** afirmar que

a) a entalpia de sublimação do potássio é de 89 kJ/mol.
b) a entalpia de ligação Cl — Cl é de 244 kJ/mol.
c) a entalpia de formação do KCl(s) é de −717 kJ/mol.
d) o potencial de ionização do K(g) é de 418 kJ/mol.
e) a reação entre o metal potássio e o gás cloro é exotérmica.

31. (FUVEST – SP) Calcula-se que $1,0 \times 10^{16}$ kJ da energia solar são utilizados na fotossíntese, no período de um dia. A reação da fotossíntese pode ser representada por:

$$6\ CO_2 + 6\ H_2O \xrightarrow[\text{clorofila}]{\text{energia solar}} C_6H_{12}O_6 + 6\ O_2$$

e requer, aproximadamente, $3,0 \times 10^3$ kJ por mol de glicose formada.

a) Quantas toneladas de CO_2 podem ser retiradas, por dia, da atmosfera, através da fotossíntese?
b) Se, na fotossíntese, se formasse frutose em vez de glicose, a energia requerida (por mol) nesse processo teria o mesmo valor? Justifique, com base nas energias de ligação. São conhecidos os valores das energias médias de ligação dos átomos:

C — H, C — C, C — O, C = O, H — O

glicose:
```
         H   H   H   H   H
         |   |   |   |   |        O
   H —  C — C — C — C — C — C
         |   |   |   |   |        \
        OH  OH  OH  OH  OH         H
```

frutose:
```
         H   H   H   H       H
         |   |   |   |       |
   H —  C — C — C — C — C — C — H
         |   |   |   |   ||  |
        OH  OH  OH  OH   O   OH
```

Dado: $CO_2 = 44$ g/mol.

32. (UNICAMP – SP) A síntese de alimentos no ambiente marinho é de vital importância para a manutenção do atual equilíbrio do sistema Terra. Nesse contexto, a penetração da luz na camada superior dos oceanos é um evento fundamental. Ela possibilita, por exemplo, a fotossíntese, que leva à formação de fitoplâncton, cuja matéria orgânica serve de alimento para outros seres vivos. A equação química abaixo, não balanceada, mostra a síntese do fitoplâncton. Nessa equação o fitoplâncton é representado por uma composição química média.

$$CO_2 + NO_3^- + HPO_4^{2-} + H_2O + H^+ \rightleftharpoons$$
$$\rightleftharpoons C_{106}H_{263}O_{110}N_{16}P + 138\ O_2$$

a) Reescreva essa equação química balanceada.
b) De acordo com as informações do enunciado, a formação do fitoplâncton absorve ou libera energia? Justifique sua resposta.
c) Além da produção de alimento, que outro benefício a formação do fitoplâncton fornece para o sistema Terra?

Cap. 5 | Termoquímica

33. (FUVEST – SP) Buscando processos que permitam o desenvolvimento sustentável, cientistas imaginaram um procedimento no qual a energia solar seria utilizada para formar substâncias que, ao reagirem, liberariam energia:

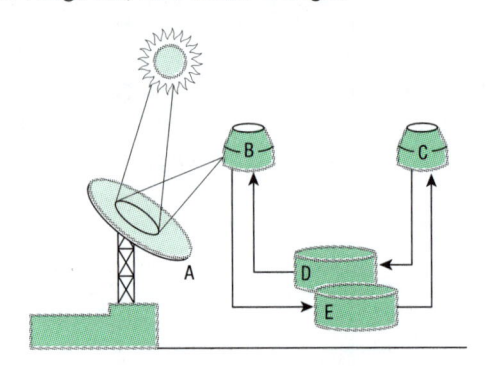

A = refletor parabólico   C = reator exotérmico
B = reator endotérmico   D e E = reservatórios

Considere as seguintes reações

I. $2 H_2 + 2 CO \longrightarrow CH_4 + CO_2$
II. $CH_4 + CO_2 \longrightarrow 2 H_2 + 2 CO$

e as energias médias de ligação:

H — H	$4,4 \times 10^2$ kJ/mol
C ≡ O (CO)	$10,8 \times 10^2$ kJ/mol
C = O (CO_2)	$8,0 \times 10^2$ kJ/mol
C — H	$4,2 \times 10^2$ kJ/mol

A associação correta que ilustra tal processo é

	Reação que ocorre em B	Conteúdo de D	Conteúdo de E
a)	I	$CH_4 + CO_2$	CO
b)	II	$CH_4 + CO_2$	$H_2 + CO$
c)	I	$H_2 + CO$	$CH_4 + CO_2$
d)	II	$H_2 + CO$	$CH_4 + CO_2$
e)	I	CH_4	CO

34. (PUC – SP) Equacione a reação de transformação de glicose ($C_6H_{12}O_6$) em carvão (C). Determine a variação de entalpia dessa transformação a partir dos dados fornecidos abaixo. Represente, em um único diagrama, as energias envolvidas nas seguintes reações:

I. Combustão completa de 1 mol de glicose (ΔH_I).
II. Transformação de 1 mol de glicose em carvão (ΔH_{II}).
III. Combustão completa do carvão formado no processo (ΔH_{III}).

Dados:

ΔH^0 combustão da glicose = -2.800 kJ/mol
ΔH^0 formação da glicose = -1.250 kJ/mol
ΔH^0 formação da água = -285 kJ/mol
ΔH^0 formação do gás carbônico = -390 kJ/mol

35. (UNICAMP – SP) Agora sou eu que vou me deliciar com um chocolate – diz Naná. E continua: – Você sabia que uma barra de chocolate contém 7% de proteínas, 59% de carboidratos e 27% de lipídios e que a energia de combustão das proteínas e dos carboidratos é de 17 kJ/g e dois lipídios é 38 kJ/g aproximadamente?

a) Se essa barra de chocolate tem 50 g, quanto de energia ela me fornecerá?
b) Se consideramos o "calor específico" do corpo humano como 4,5 J g^{-1} · K^{-1}, qual será a variação de temperatura do meu corpo se toda esta energia for utilizada para o aquecimento? O meu "peso", isto é, a minha massa, é 60 kg. Admita que não haja dissipação do calor para o ambiente.

a) Determine o valor de ΔH_r.
b) Calcule a entalpia de formação para o $H_3CCl(g)$.

$$CH_4(g) + Cl_2(g) \longrightarrow H_3CCl(g) + HCl(g)$$

Substância	ΔH_f em kJ · mol^{-1}
CH_4	−75
Cl_2	0
CH_3Cl	−
HCl	−92

Ligação	ΔH_1 em kJ · mol^{-1}
$H_3C - H$	435
$Cl - Cl$	242
$H_3C - Cl$	452
$H - Cl$	431

36. (FUVEST – SP) Pode-se calcular a entalpia molar de vaporização do etanol a partir das entalpias das reações de combustão representadas por

$C_2H_5OH(l) + 3 O_2(g) \longrightarrow 2 CO_2(g) + 3 H_2O(l)$ ΔH_1
$C_2H_5OH(g) + 3 O_2(g) \longrightarrow 2 CO_2(g) + 3 H_2O(l)$ ΔH_2

Para isso, basta que se conheça, também, a entalpia molar de
a) vaporização da água.
b) sublimação do dióxido de carbono.
c) formação da água líquida.
d) formação do etanol líquido.
e) formação do dióxido de carbono gasoso.

37. (UNICAMP – SP) A variação de entalpia de uma reação na fase gasosa, ΔH_r, pode ser obtida indiretamente por duas maneiras distintas: 1) pela diferença entre as entalpias de formação, ΔH_f, dos produtos e dos reagentes; 2) pela diferença entre as entalpias de ligação, ΔH_1, das ligações rompidas e das ligações formadas. Considerando a reação e as tabelas a seguir:

38. Dado o gráfico:

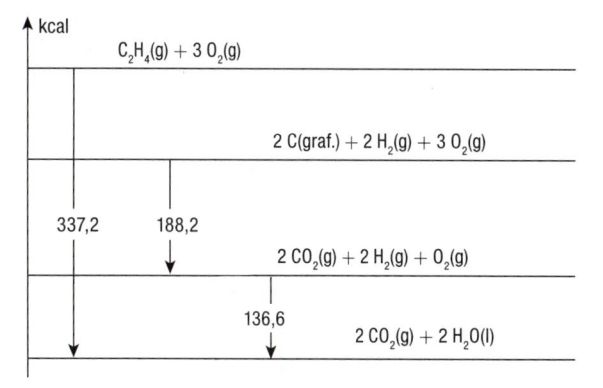

[Gráfico com eixo vertical em kcal mostrando:
- $C_2H_4(g) + 3 O_2(g)$ (nível superior)
- $2 C(graf.) + 2 H_2(g) + 3 O_2(g)$
- $2 CO_2(g) + 2 H_2(g) + O_2(g)$
- $2 CO_2(g) + 2 H_2O(l)$ (nível inferior)
com valores 337,2; 188,2; 136,6]

Pede-se:
a) o calor de formação de $H_2O(l)$.
b) o calor de formação do $CO_2(g)$.
c) o calor de combustão de $C_2H_4(g)$.
d) o calor da formação do $C_2H_4(g)$.

39. (UNIFESP) A solubilidade da sacarose em água é devida à formação de forças intermoleculares do tipo .... que ocorrem entre estas moléculas. Esse dissacarídeo, quando hidrolisado por ação de soluções aquosas de ácidos diluídos ou pela ação da enzima invertase, resultada em glicose e frutose. A combustão de 1 mol de glicose ($C_6H_{12}O_6$) libera .... kJ de energia.

Considere os dados da tabela e responda.

Substância	ΔH^0_f (kJ/mol)
$C_6H_{12}O_6(s)$	−1.268
$H_2O(l)$	−286
$CO_2(g)$	−394

As lacunas do texto podem ser preenchidas corretamente por

a) dipolo-dipolo e 2.812.
b) dipolo-dipolo e 588.
c) ligações de hidrogênio e 2.812.
d) ligações de hidrogênio e 588.
e) ligações de hidrogênio e 1.948.

40. (FUVEST – SP) A matriz energética brasileira é constituída, principalmente, por usinas hidrelétricas, termelétricas, nucleares e eólicas, e também por combustível fósseis (por exemplo, petróleo, gasolina e óleo diesel) e combustíveis renováveis (por exemplo, etanol e biodiesel).

a) Para cada tipo de usina da tabela abaixo, assinale no mapa, utilizando o símbolo correspondente, um estado, ou a divisa de estados limítrofes, em que tal usina pode ser encontrada.

Usina	Símbolo
hidrelétrica binacional em operação	●
hidrelétrica de grande porte em construção	■
nuclear em operação	▲
eólica em operação	Y

b) A entalpia de combustão do metano gasoso, principal componente do gás natural, corrigida para 25 °C, é −213 kcal/mol e a do etanol líquido, à mesma temperatura, é −327 kcal/mol. Calcule a energia liberada na combustão de um grama de metano e na combustão de um grama de etanol. Com base nesses valores, qual dos combustíveis é mais vantajoso sob o ponto de vista energético? Justifique.

Dados: massa molar (g/mol): CH_4 = 16; C_2H_6O = 46.

Exercícios Série Platina

1. (UNICAMP – SP – adaptada) Se o caso era cozinhar, Rango não tinha problemas. Ele preparou a massa do bolo da festa utilizando um fermento químico à base de carbonato ácido (bicarbonato) de sódio e um ácido fraco, HA. Rango começou bem cedo essa preparação, pois Estrondosa vivia reclamando que depois que o gás passou a ser o gás de rua, parecia que o forno havia ficado mais lento para assar. Perdido nessas maravilhas que rodeavam a atividade na cozinha, Rango se refestelava com os conceitos químicos...

a) "Antes de usar o fermento, eu coloquei um pouco dele em água e houve um desprendimento de gás. Isso me indicou que o fermento estava adequado para ser utilizado no bolo. Qual é a equação química da reação que eu acabei de observar?"

b) "Se a reclamação de Estrondosa sobre o gás combustível for verdadeira, o gás liquefeito de petróleo (butano) deve fornecer uma energia maior que o gás de rua (metano), considerando-se uma mesma massa de gás queimado... Será que essa hipótese é verdadeira?"

Justifique a pergunta formulada no texto com cálculos.

Dados: entalpias de formação em kJ mol^{-1}: butano (C_4H_{10}) = -126, metano (CH_4) = -75, gás carbônico = -394 e água = -242; massas molares, em g/mol: butano = 58; metano = 16.

2. (UNESP) Dado o diagrama de entalpia abaixo:

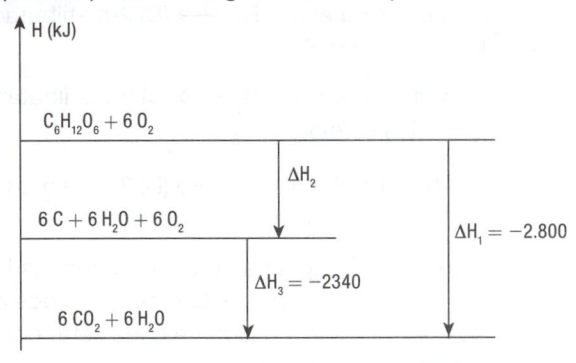

[Diagrama: H (kJ); $C_6H_{12}O_6 + 6\,O_2$ → $6\,C + 6\,H_2O + 6\,O_2$ (ΔH_2) → $6\,CO_2 + 6\,H_2O$ ($\Delta H_3 = -2340$); $\Delta H_1 = -2.800$]

Responda:

a) Qual a variação de entalpia (ΔH) da transformação de 1 mol de glicose em carvão? Mostre seus cálculos.

b) Qual a variação de entalpia de formação (ΔH_f) do gás carbônico? Justifique.

c) Qual a variação de entalpia de formação (ΔH_f) da glicose, sabendo que o ΔH_f da água é -285 kJ/mol? Mostre seus cálculos.

3. (PUC – SP – adaptada) Um passo no processo de produção de ferro metálico, Fe(s), é a redução do óxido ferroso (FeO) com monóxido de carbono (CO).

$FeO(s) + CO(g) \longrightarrow Fe(s) + CO_2(g) \quad \Delta H = x$

Utilizando as equações termoquímicas fornecidas abaixo:

$Fe_2O_3(s) + 3\,CO(g) \longrightarrow 2\,Fe(s) + 3\,CO_2(g)$
$\Delta H = -25$ kJ

$3\,FeO(s) + CO_2(g) \longrightarrow Fe_3O_4(s) + CO(g)$
$\Delta H = -36$ kJ

$2\,Fe_3O_4(s) + CO_2(g) \longrightarrow 3\,Fe_2O_3(s) + CO(g)$
$\Delta H = +47$ kJ

Determine o valor mais próximo de x. Justifique com cálculos.

4. (FUVEST – SP) O 2-metilbutano (D) pode ser obtido pela hidrogenação cotalítica, em fase gasosa, de qualquer dos seguintes alcenos isoméricos, denominados A, B e C:

(A) 2-metil-2-buteno + $H_2 \longrightarrow$ (D) 2-metilbutano
$\Delta H_1 = -113$ kJ/mol

(B) 2-metil-1-buteno + $H_2 \longrightarrow$ (D) 2-metilbutano
$\Delta H_2 = -119$ kJ/mol

(C) 3-metil-1-buteno + $H_2 \longrightarrow$ (D) 2-metilbutano
$\Delta H_3 = -127$ kJ/mol

a) Complete o diagrama de entalpia com as letras (A, B ou C) que representam cada um dos alcenos. Além disso, ao lado de cada seta, coloque o respectivo ΔH da reação.

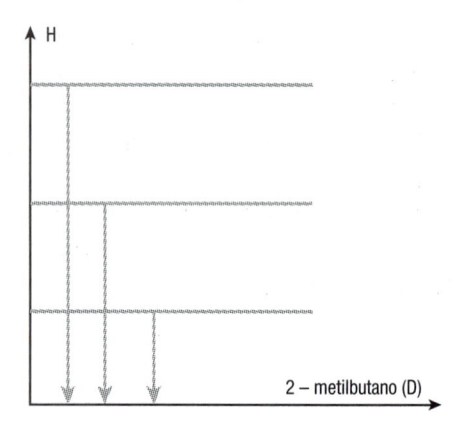

b) Sabendo que os alcenos A, B e C são isômeros, isto é, possuem a mesma fórmula molecular, C_5H_{10}, represente, em uma única equação, a reação de combustão completa dos três alcenos isoméricos.

5. O álcool etílico, também conhecido por etanol (C_2H_5OH), pode ser obtido pela fermentação de açúcares produzidos a partir de diferentes matérias primas vegetais. Sendo assim, é um combustível renovável e não contribui para o aumento da concentração de dióxido de carbono na atmosfera.

Dados:

Etanol:
$$\begin{array}{c} \text{H} \quad \text{H} \\ | \quad\quad | \\ \text{H} - \text{C} - \text{C} - \text{O} - \text{H} \\ | \quad\quad | \\ \text{H} \quad \text{H} \end{array}$$

ΔH_f água (g) = -242 kJ · mol^{-1}
ΔH_f dióxido de carbono (g) = -394 kJ · mol^{-1}

Tipo de ligação	Energia de ligação (kJ/mol)
H — H	436
C — C	347
C = C	612
C — H	413
C = O	804
O — H	463
O = O	494
C — O	357

Considerando-se a importância da sua utilização como combustível e a partir dos dados acima,

a) escreva a equação da reação de combustão do etanol;
b) calcule o ΔH da reação;
c) calcule a entalpia de formação do etanol.

6. (FUVEST – SP) A e B são compostos de mesma fórmula molecular C_2H_6O, sendo um deles o álcool etílico (etanol) e o outro éter dimetílico (metoximetano).

Dados:

1. Tabela de energia de ligação

Ligação	Energia média de ligação (kJ/mol)
O — H	464
C — C	350
C — H	415
C — O	360

2. Calor de combustão no estado gasoso:
   - composto A = 1.410 kJ/mol;
   - composto B = 1.454 kJ/mol.

3. etanol: $CH_3 — CH_2 — OH$
   éter: $CH_3 — O — CH_3$

A partir dos dados, identifique A e B, explicando o raciocínio usado.

a) Sabe-se que a entalpia molar de combustão do metano é de −803 kJ/mol; que a entalpia molar de formação desse mesmo gás é de −75 kJ/mol; que a entalpia molar de formação do CO_2 é de −394 kJ/mol.
A partir dessas informações, calcule a entalpia molar de formação da água nessas mesmas condições. Mostre seus cálculos.

b) No aparelho digestório de um ruminante ocorre um processo de fermentação de hexoses, semelhante ao que ocorre nos biodigestores. A equação abaixo tem sido utilizada para representar essa fermentação:

58 $C_6H_{12}O_6$ ⟶ 59 CH_3COOH +
+ 24 CH_3CH_2COOH + 15 $CH_3CH_2CH_2COOH$ +
+ 62,5 CO_2 + 35,5 CH_4 + 27 H_2O

Considere a seguinte afirmação: "o processo de fermentação digestiva de ruminantes contribui para o aquecimento global", você concorda? Responda **sim** ou **não** e explique sua resposta.

c) Qual seria o número de mols de gás metano produzido na fermentação de 5,8 kg de hexose ingeridos por um ruminante? Mostre seus cálculos.

Dado: massa molar, em g/mol: $C_6H_{12}O_6 = 180$.

7. (UNICAMP – SP) Quando se utiliza um biossistema integrado numa propriedade agrícola, a biodigestão é um dos processos essenciais desse conjunto. O biodigestor consiste de um tanque, protegido do contato com o ar atmosférico, onde a matéria orgânica de efluentes, principalmente fezes animais e humanas, é metabolizada por bactérias. Um dos subprodutos obtidos nesse processo é o gás metano, que pode ser utilizado na obtenção de energia em queimadores.

A parte sólida e líquida que sobra é transformada em fertilizante. Dessa forma, faz-se o devido tratamento dos efluentes e ainda se obtêm subprodutos com valor agregado.

8. (UEL – PR – adaptada) A sacarose é um alimento importante para o ser humano. O metabolismo dos açúcares envolve reações que são as fontes de energia para que a célula possa realizar os trabalhos mecânico, elétrico e químico.

a) Determine o calor de combustão da sacarose. Mostre seus cálculos.
b) Construa o diagrama de energia que representa a reação de combustão da sacarose.
c) Qual a massa de sacarose necessária para a liberação de 314 kJ de energia?

Dados: ΔH^0 (formação) $C_{12}H_{22}O_{11} = -2.222$ kJ/mol; $CO_2 = -394$ kJ/mol; $H_2O = -286$ kJ/mol; massas molares (g/mol): C = 12; O = 16; H = 1.

9. (PUC – MG – adaptada) O metanol (CH_3OH) é uma substância muito tóxica, seu consumo pode causar cegueira e até morte. Ele é geralmente empregado como anticongelante, solvente e combustível. O metanol pode ser obtido a partir da reação entre o monóxido de carbono e o gás hidrogênio.

A partir das equações termoquímicas seguintes e de suas respectivas entalpias padrão de combustão, a 25 °C.

$$CH_3OH(l) + \frac{3}{2} O_2(g) \longrightarrow CO_2(g) + 2 H_2O(l)$$
$$\Delta H = -638 \text{ kJ/mol}^{-1}$$

$$H_2(g) + \frac{1}{2} O_2(g) \longrightarrow H_2O(l) \quad \Delta H = -286 \text{ kJ/mol}^{-1}$$

$$CO(g) + \frac{1}{2} O_2(g) \longrightarrow CO_2(g) \quad \Delta H = -283 \text{ kJ/mol}^{-1}$$

a) Escreva a equação da reação de obtenção do metanol líquido a partir do monóxido de carbono e do gás hidrogênio.
b) Determine a variação de entalpia da reação citada no item a. Mostre seus cálculos.

10. (ENEM) Nas últimas décadas, o efeito estufa tem-se intensificado de maneira preocupante, sendo esse efeito muitas vezes atribuído à intensa liberação de CO_2 durante a queima de combustíveis fósseis para a geração de energia. O quadro traz as entalpias-padrão de combustão a 25 °C (ΔH^0_{25}) do metano, do butano e do octano.

Composto	Fórmula molecular	Massa molar (g/mol)	ΔH^0_{25} (kJ/mol)
metano	CH_4	16	-890
butano	C_4H_{10}	58	-2.870
octano	C_8H_{18}	114	-5.471

À medida que aumenta a consciência sobre os impactos ambientais relacionados ao uso da energia, cresce a importância de se criar políticas de incentivo ao uso de combustíveis mais eficientes. Nesse sentido, considerando-se que o metano, o butano e o octano sejam representativos do gás natural, do gás liquefeito de petróleo (GLP) e da gasolina, respectivamente, então, a partir dos dados fornecidos, é possível concluir que, do ponto de vista da quantidade de calor obtido por mol de CO_2 gerado, a ordem crescente desses três combustíveis é

a) gasolina, GLP e gás natural.
b) gás natural, gasolina e GLP.
c) gasolina, gás natural e GLP.
d) gás natural, GLP e gasolina.
e) GLP, gás natural e gasolina.

11. (ENEM) As mobilizações para promover um planeta melhor para as futuras gerações são cada vez mais frequentes. A maior parte dos meios de transporte de massa é atualmente movida pela queima de um combustível fóssil. A título de exemplificação do ônus causado por essa prática, basta saber que um carro produz, em média, cerca de 200 g de dióxido de carbono por km percorrido.

Revista Aquecimento Global. Ano 2, n. 8.
Publicação do Instituto Brasileiro de Cultura Ltda.

Um dos principais constituintes da gasolina é o octano (C_8H_{18}). Por meio da combustão do octano é possível a liberação de energia, permitindo que o carro entre em movimento. A equação que representa a reação química desse processo demonstra que

a) no processo há liberação de oxigênio, sob a forma de O_2.
b) o coeficiente estequiométrico para a água é de 8 para 1 do carbono.
c) no processo há consumo de água, para que haja liberação de energia.
d) o coeficiente estequiométrico para o oxigênio é de 12,5 para 1 do octano.
e) o coeficiente estequiométrico para o gás carbônico é de 9 para 1 do octano.

12. (ENEM) No que tange à tecnologia de combustíveis alternativos, muitos especialistas em energia acreditam que os alcoóis vão crescer em importância em um futuro próximo. Realmente, alcoóis como metanol e etanol têm encontrado alguns nichos para o uso doméstico como combustíveis há muitas décadas e, recentemente, vêm obtendo uma aceitação cada vez maior como aditivos, ou mesmo como substitutos para gasolina em veículos. Algumas das propriedades físicas desses combustíveis são mostradas no quadro seguinte.

Álcool	Densidade a 25 °C (g/mL)	Calor de combustão (kJ/mol)
metano (CH_3OH)	0,79	−726,0
etanol (CH_3CH_2OH)	0,79	−1.367,0

BAIARD, C. **Química Ambiental.**
São Paulo: Artmed, 1995 (adaptado).

Considere que, em pequenos volumes, o custo de produção de ambos os alcoóis seja o mesmo. Dessa forma, do ponto de vista econômico, é mais vantajoso utilizar

a) metanol, pois sua combustão completa fornece aproximadamente 22,7 kJ de energia por litro de combustível queimado.
b) etanol, pois sua combustão completa fornece aproximadamente 29,7 kJ de energia por litro de combustível queimado.
c) metanol, pois sua combustão completa fornece aproximadamente 17,9 MJ de energia por litro de combustível queimado.
d) etanol, pois sua combustão completa fornece aproximadamente 23,5 MJ de energia por litro de combustível queimado.
e) etanol, pois sua combustão completa fornece aproximadamente 33,7 MJ de energia por litro de combustível queimado.

Dados: Massas molares em g/mol: H = 1,0; C = 12,0; O = 16,0.

13. (ENEM) O abastecimento de nossas necessidades energéticas futuras dependerá certamente do desenvolvimento de tecnologias para aproveitar a energia solar com maior eficiência. A energia solar é a maior fonte de energia mundial. Num dia ensolarado, por exemplo, aproximadamente 1 kJ de energia solar atinge cada metro quadrado da superfície terrestre por segundo. No entanto, o aproveitamento dessa energia é difícil porque ela é diluída (distribuída por uma área muito extensa) e oscila com o horário e as condições climáticas. O uso efetivo da energia solar depende de formas de estocar a energia coletada para uso posterior.

BROW, T. **Química a Ciência Central**.
São Paulo: Pearson Prentice Hall, 2005.

Atualmente, uma das formas de se utilizar a energia solar tem sido armazená-la por meio de processos químicos endotérmicos que mais tarde podem ser revertidos para liberar calor. Considerando a reação:

$$CH_4(g) + H_2O(v) + calor \rightleftarrows CO(g) + 3\,H_2(g)$$

e analisando-a como potencial mecanismo para o aproveitamento posterior da energia solar, conclui-se que se trata de uma estratégia

a) insatisfatória, pois a reação apresentada não permite que a energia presente no meio externo seja absorvida pelo sistema para ser utilizada posteriormente.
b) insatisfatória, uma vez que há formaçõ de gases poluentes e com potencial poder explosivo, tornando-a uma reação perigosa e de difícil controle.
c) insatisfatória, uma vez que há formação de gás CO que não possui conteúdo energético passível de ser aproveitado posteriormente e é considerado um gás poluente.
d) satisfatória, uma vez que a reação direta ocorre com absorção de calor e promove a formação das substâncias combustíveis que poderão ser utilizadas posteriormente para obtenção de energia e realização de trabalho útil.
e) satisfatória, uma vez que a reação direta ocorre com liberação de calor havendo ainda a formação das substâncias combustíveis que poderão ser utilizadas posteriormente para obtenção de energia e realização de trabalho útil.

14. (ENEM) Um dos problemas dos combustíveis que contêm carbono é que sua queima produz dióxido de carbono. Portanto, uma característica importante, ao se escolher um combustível, é analisar seu calor de combustão (ΔH_C^0), definido como a energia liberada na queima completa de um mol de combustível no estado padrão. O quadro seguinte relaciona algumas substâncias que contêm carbono e seu ΔH_C^0.

Substância	Fórmula	DH_C^0 (kJ/mol)
benzeno	$C_6H_6(l)$	−3.268
etanol	$C_2H_5OH(l)$	−1.368
glicose	$C_6H_{12}O_6(s)$	−2.808
metano	$CH_4(g)$	−890
octano	$C_8H_{18}(l)$	−5.471

ATKINS, P. **Princípios de Química**.
Porto Alegre: Bookman, 2007 (adaptado).

Neste contexto, qual dos combustíveis, quando queimado completamente, libera mais dióxido de carbono no ambiente pela mesma quantidade de energia produzida?

a) Benzeno.
b) Metano.
c) Glicose.
d) Octano.
e) Etanol.

Capítulo 6
Cinética Química

1. Introdução

Quando uma reação química ocorre, é importante que as respostas de duas questões a respeito delas sejam conhecidas. Em quanto tempo os reagentes são transformados em produtos? Até onde ela pode avançar no sentido dos produtos?

Este capítulo se detém na primeira questão, ou seja, no estudo da rapidez com que os reagentes se transformam nos produtos. Este tipo de problema é o objeto da cinética química.

A ideia de que as reações químicas ocorrem por causa das colisões entre as moléculas reagentes permite explicar a existência de reações rápidas e lentas.

As reações são rápidas quando ocorrem muitas colisões com energia suficiente para quebrar as ligações dos reagentes, possibilitando a formação de novos arranjos atômicos.

Exemplo: explosão da pólvora

$$2\ KNO_3(s) + S(s) + 3\ C(s) \longrightarrow$$
$$\longrightarrow K_2S(s) + N_2(g) + 3\ CO_2(g) + calor$$

Por outro lado, são lentas quando poucas colisões têm energia suficiente para quebrar as ligações dos reagentes.

Exemplo: corrosão do ferro

$$2\ Fe + \frac{3}{2}\ O_2 + H_2O \longrightarrow \underset{\text{ferrugem}}{Fe_2O_3 \cdot x\ H_2O}$$

2. Variação da concentração dos participantes de uma reação química com o tempo

Observe os dados experimentais sobre a decomposição da água oxigenada.

tempo (min)	$2\ H_2O_2$	$\longrightarrow$	$2\ H_2O$	+	O_2
0	0,8 mol/L		–		–
10	0,5 mol/L		0,3 mol/L		0,15 mol/L
20	0,3 mol/L		0,5 mol/L		0,25 mol/L
30	0,2 mol/L		0,6 mol/L		0,3 mol/L
	diminui		aumentam		

(trecho I: 0–10; trecho II: 10–20; trecho III: 20–30)

Com base nos dados obtidos, podemos agora fazer a representação gráfica das concentrações em mol/L de H_2O_2, H_2O e O_2, em função do tempo.

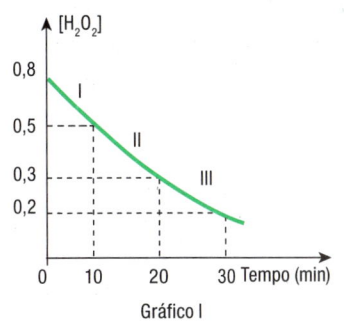

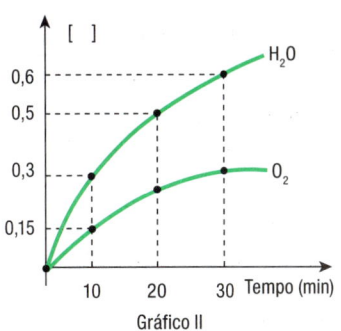

Gráfico I

Gráfico II

Nos dois gráficos, observamos que os trechos têm o mesmo intervalo de tempo (10 min), mas o consumo de H_2O_2 e a formação de H_2O e O_2 em cada trecho são diferentes.

	H_2O_2	H_2O	O_2
trecho I	0,3	0,3	0,15
trecho II	0,2	0,2	0,10
trecho III	0,1	0,1	0,05

Observe que o consumo do H_2O_2 e a formação do H_2O e O_2 obedece a proporção estequiométrica da equação.

trecho I   0,3 : 0,3 : 0,15

equação $2\ H_2O_2 \longrightarrow 2\ H_2O + 1\ O_2$

No dia a dia, a velocidade (rapidez) é definida como a mudança de uma propriedade dividida pelo tempo que ela leva para ocorrer. Vamos representar a rapidez por v minúsculo.

trecho I:

$$v_{H_2O_2} = \frac{0{,}3\ mol/L}{10\ min} \qquad v_{H_2O} = \frac{0{,}3\ mol/L}{10\ min}$$

$$v_{O_2} = \frac{0{,}15\ mol/L}{10\ min} \qquad v_{H_2O_2} = 0{,}03\ mol/L \cdot min$$

$$v_{H_2O} = 0{,}03\ mol/L \cdot min \qquad v_{O_2} = 0{,}015\ mol/L \cdot min$$

Cap. 6 | Cinética Química

3. Velocidade (ou rapidez) das reações químicas

A velocidade de reação mede quão rapidamente um reagente é consumido ou um produto é formado, durante a reação.

Para medir a velocidade é preciso medir duas grandezas: concentração e tempo.

Se dividimos a quantidade pelo intervalo de tempo estamos calculando a velocidade média.

$$v_m = \frac{|\Delta \text{ quantidade}|}{\Delta \text{ tempo}}$$

quantidade: concentração em mol/L, mol, massa ou volume.

$|\Delta \text{ quantidade}|$: indica o módulo da variação da quantidade de um reagente ou produto, isto é, quantidade final − quantidade inicial.

Δt = intervalo de tempo

Exemplo: intervalo de 10 a 20 min (exemplo anterior)

$$v_{H_2O_2} = \frac{|0{,}3 - 0{,}5| \text{ mol/L}}{(20 - 10) \text{ min}}$$

$$v_{H_2O_2} = 0{,}02 \text{ mol/L} \cdot \text{min}$$

$$v_{H_2O} = \frac{|0{,}5 - 0{,}3| \text{ mol/L}}{(20 - 10) \text{ min}}$$

$$v_{H_2O} = 0{,}02 \text{ mol/L} \cdot \text{min}$$

$$v_{O_2} = \frac{|0{,}25 - 0{,}15| \text{ mol/L}}{(20 - 10) \text{ min}}$$

$$v_{O_2} = 0{,}01 \text{ mol/L} \cdot \text{min}$$

Observe que obedece a proporção estequiométrica da reação.

A velocidade média da reação, sem especificar a substância, será a velocidade média de uma substância dividida pelo coeficiente estequiométrico.

$$2 H_2O_2 \longrightarrow 2 H_2O + O_2$$

$$v_m = \frac{v_{H_2O_2}}{2} = \frac{v_{H_2O}}{2} = \frac{v_{O_2}}{1}$$

$$v_m = \frac{0{,}02 \text{ mol/L} \cdot \text{min}}{2} = \frac{0{,}02 \text{ mol/L} \cdot \text{min}}{2} = \frac{0{,}01 \text{ mol/L} \cdot \text{min}}{1}$$

$$v_m = 0{,}01 \text{ mol/L} \cdot \text{min}$$

Se dividimos a concentração por um tempo determinado estamos calculando a velocidade instantânea.

A velocidade instantânea de uma reação é a inclinação da reta tangente à curva concentração-tempo no ponto desejado.

Exemplo: $2 N_2O_5 \longrightarrow 4 NO_2 + O_2$

Cálculo da velocidade instantânea no instante 5 h.

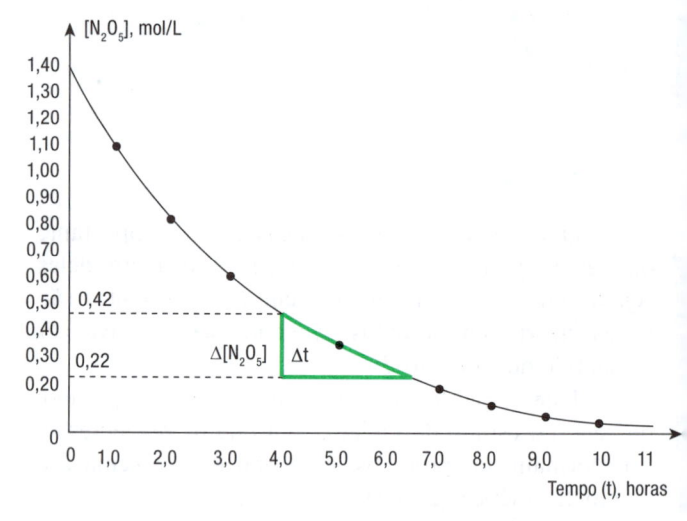

Velocidade instantânea a 5 h = −inclinação =

$$= \frac{0{,}22 - 0{,}42}{6{,}3 - 4{,}0}$$

Velocidade instantânea a 5 h = 0,087 mol/L · h

4. Diferença entre velocidade média e velocidade instantânea

Decomposição da água oxigenada

Tempo (min)	[H_2O_2]
0	0,8 mol/L
10	0,5 mol/L
20	0,3 mol/L

Vimos que no intervalo de 0 a 10 minutos a velocidade média em relação ao H_2O_2 é constante e vale 0,03 mol/L · min.

A cada instante neste intervalo a velocidade instantânea vai variar, de tal forma que a média dessas velocidades instantâneas será 0,03 mol/L · min.

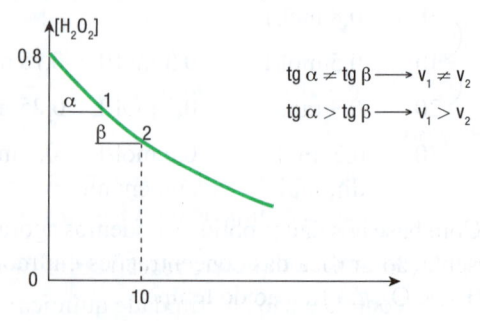

tg α ≠ tg β ⟶ $v_1 \neq v_2$
tg α > tg β ⟶ $v_1 > v_2$

5. Inclinação de curva do gráfico concentração *versus* tempo

Quanto maior a inclinação em um trecho, maior a **velocidade média** naquele trecho.

Considere o exemplo A + B ⟶ C + D

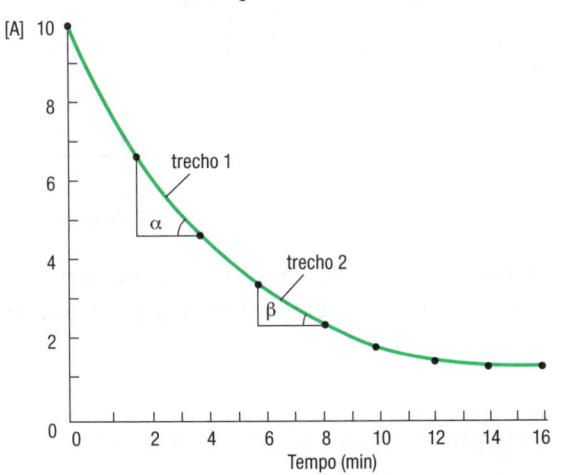

Logo α > β, trecho 1 > trecho 2.

Quanto maior a inclinação em um ponto, maior a velocidade instantânea naquele ponto.

Considere o exemplo A + B ⟶ C + D

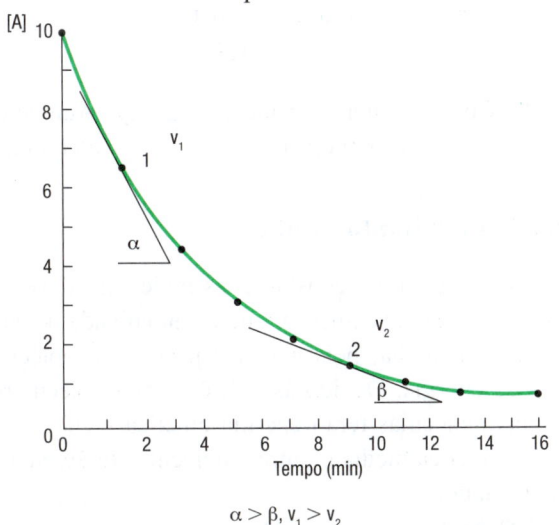

α > β, $v_1 > v_2$

6. Por que as reações químicas ocorrem?

Para que uma reação química ocorra, é necessário que os reagentes sejam colocados em contato (misturados) e tenham uma afinidade química.

Exemplos:

HCl + NaOH ⟶ NaCl + H_2O reação ocorre
contato e afinidade química

Au + O_2 não ocorre reação química
contato e não há afinidade química

7. Teoria das colisões

A formação de um produto em uma reação química é devida às colisões entre as moléculas dos reagentes.

Exemplo:

$H_2(g)$ + $I_2(g)$ ⟶ 2 HI(g)   ΔH = −6 kcal
⎵ colisão

Para que ocorra uma colisão efetiva que garanta formação dos produtos, três condições são necessárias:

1. Colisão entre as moléculas.
2. Para cada reação, existe um mínimo necessário de energia, sem o qual a reação não acontece.
3. As moléculas que colidem entre si devem estar apropriadamente orientadas.

8. Teoria do complexo ativado

No instante em que os reagentes se tocam forma uma partícula instável e intermediária chamada de complexo ativado.

H—H I—I + energia ⟶ H----I / H----I ⟶
reagentes   complexo ativado
E_R E_{CA}

⟶ H—I + H—I + calor
produto
E_P

Energia potencial: energia armazenada em uma substância.

A energia potencial do complexo ativado (E_{CA}) é sempre maior que a energia potencial dos reagentes (E_R) e a dos produtos (E_P), pois os reagentes recebem uma energia adicional.

$$E_{CA} > E_R, E_{CA} > E_P$$

Caminho da reação:

reagentes ⟶ complexo ativado ⟶ produtos
         absorve energia   libera energia

Cap. 6 | Cinética Química

9. Energia de ativação (E_a)

É a energia fornecida (luz, calor, eletricidade, atrito etc.) aos reagentes para formar o complexo ativado, isto é, iniciar a reação.

Cada reação tem um valor fixo de E_a, portanto, não depende da concentração e nem da temperatura.

10. Gráfico de energia de ativação

a) Reação exotérmica: $\Delta H < 0$

$E_{CA} > E_R$, $E_{CA} > E_P$, $E_R > E_P$

$E_a = E_{CA} - E_R$ $\Delta H = E_P - E_R$

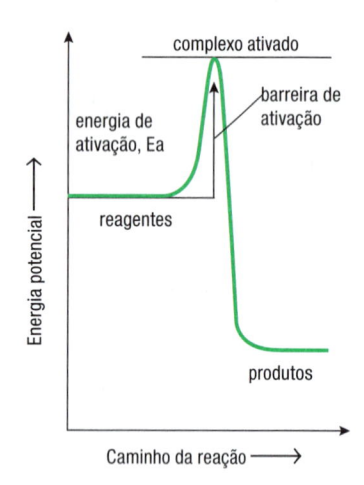

b) Reação endotérmica: $\Delta H > 0$

$E_{CA} > E_R$, $E_{CA} > E_P$, $E_P > E_R$

$E_a = E_{CA} - E_R$ $\Delta H = E_P - E_R$

Quanto menor a Ea $\longrightarrow$ maior a velocidade de reação.

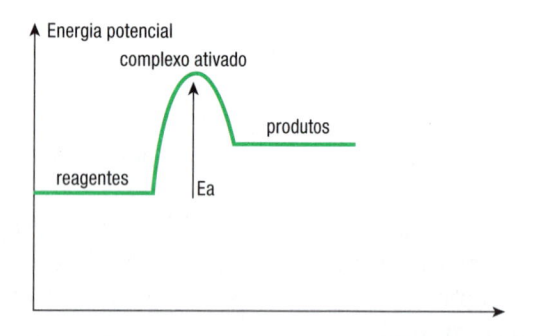

Conclusão: a velocidade de uma reação química depende:

I. do número de colisões intermoleculares;
II. da energia cinética das moléculas que colidem entre si;
III. da orientação das moléculas na colisão, isto é, da geometria da colisão.

$H_2 --- I_2$ $\begin{array}{c}\text{colisão frontal}\\\text{choque forte}\end{array}$ = complexo ativado

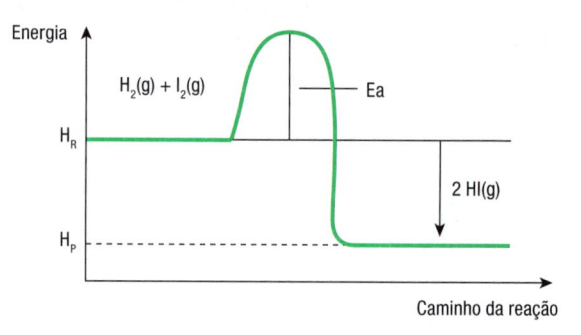

Observação: se modificarmos o número de colisões ou a energia cinética estaremos alterando a velocidade da reação.

11. Fatores que alteram a velocidade da reação

11.1 Temperatura

Aumento da temperatura $\Longrightarrow$ Aumento da energia cinética $\Longrightarrow$

$E_C = KT$

$\Longrightarrow$ Colisões intermoleculares mais energéticas $\Longrightarrow$ Aumento da rapidez

11.1.1 Aprofundamento

À temperatura constante, as moléculas deveriam ter a mesma energia cinética, que é denominada de energia cinética média, pois a maior parte das moléculas tem essa energia. Devido às colisões intermoleculares, algumas moléculas terão energia cinética menor que a energia cinética média e outras moléculas terão energia cinética maior.

Considere o exemplo abaixo:

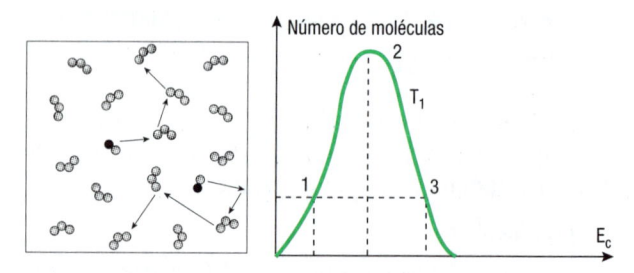

- 1: pequeno número de moléculas com baixa E_C.
- 2: maioria das moléculas com E_C média.
- 3: pequeno número de moléculas com alta E_C.

Passando para temperatura T_2, onde $T_2 > T_1$, a energia cinética média aumenta, ocorrendo uma maior distribuição de energia cinética.

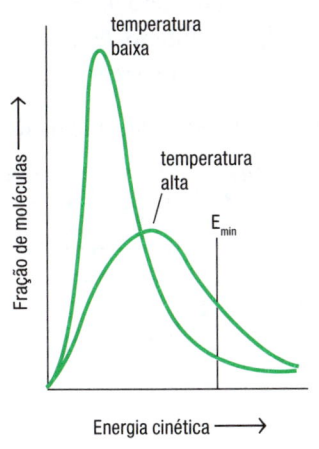

Motivo: diminui a energia de ativação.

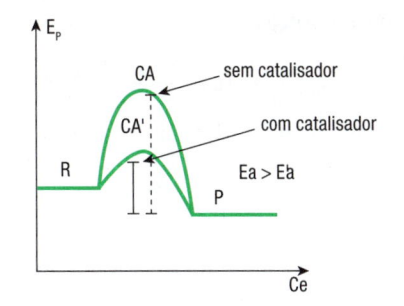

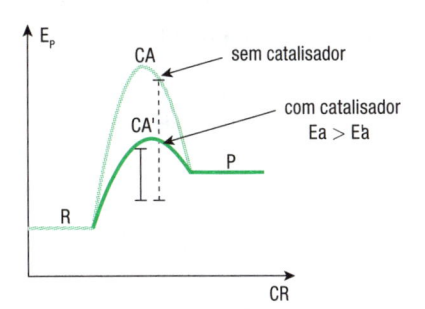

11.2 Superfície de contato

Quando em uma reação química temos um reagente sólido reagindo com um líquido ou gás, as colisões ocorrem na superfície do sólido, portanto, quanto maior a superfície do sólido, maior a rapidez da reação.

1. $Fe(s) + 2\ HCl(aq) \longrightarrow FeCl_2(aq) + H_2(g)$ $\quad v_1$
   limalha de ferro (ferro triturado): 10 g

2. $Fe(s) + 2\ HCl(aq) \longrightarrow FeCl_2(aq) + H_2(g)$ $\quad v_2$
   prego de ferro: 10 g

$$v_1 > v_2$$

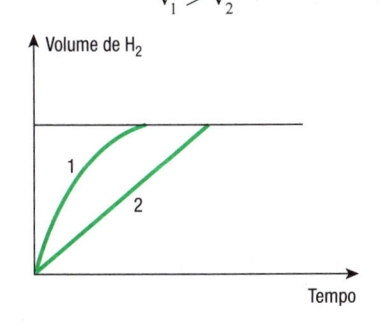

11.3 Catalisador

Nem sempre o uso do aumento da temperatura é aconselhável para aumentar a velocidade de uma reação, devido a uma série de fatores que podem prejudicar o processo, tais como decomposição das substâncias, custo etc.

Um meio encontrado na indústria é a utilização de catalisadores. **Catalisadores** são substâncias que aumentam a velocidade das reações sem serem consumidos.

Exemplo:

$N_2(g) + 3\ H_2(g) \longrightarrow 2\ NH_3(g)$ $\quad v_1$

$\quad\quad\quad\quad\quad\quad\quad\quad\quad\quad\quad\quad v_2 > v_1$

$N_2(g) + 3\ H_2(g) \xrightarrow{Fe} 2\ NH_3(g)$ $\quad v_2$ catálise

Fe: catalisador.

11.3.1 Catálise homogênea: reagente e catalisador formam um sistema homogêneo (1 fase)

$$2\ H_2O_2 \xrightarrow{I^-} 2\ H_2O + O_2$$

Mecanismo da Catálise Homogênea

$A + B \xrightarrow{C} AB \quad\quad$ C: catalisador

1ª etapa: $A + C \longrightarrow AC$

2ª etapa: $AC + B \longrightarrow AB + C$

AC: composto intermediário

O catalisador (C) participou da 1ª etapa, mas foi regenerado na 2ª etapa. Ofereceu à reação a possibilidade de se realizar em novas etapas. Etapas mais rápidas que não ocorreriam sem o catalisador.

Observação: mecanismo é uma forma teórica que os cientistas usam para explicar o comportamento das reações químicas.

Exemplo:

$$2\ H_2O_2(aq) \xrightarrow{I^-\ (aq)} 2\ H_2O + O_2 \quad\quad I^-: \text{catalisador}$$

Mecanismo proposto:

1ª etapa: $H_2O_2 + I^- \longrightarrow H_2O + IO^-$

2ª etapa: $H_2O_2 + IO^- \longrightarrow H_2O + O_2 + I^-$

11.3.2 Catálise heterogênea: reagente e catalisador formam um sistema heterogêneo

$$C_2H_4(g) + H_2(g) \xrightarrow{Ni(s)} C_2H_6(g)$$

Mecanismo da Catálise Heterogênea

——————— Ni catalisador

Os reagentes são adsorvidos na superfície do Ni e as suas ligações são enfraquecidas.

⬇ 1

——————— Ni

As ligações são quebradas.

⬇ 2

——————— Ni

Novas ligações são formadas.

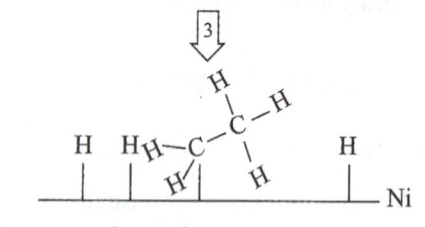

⬇ 3

——————— Ni

Formação do produto.

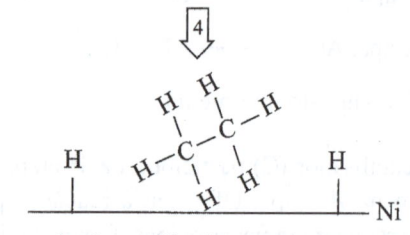

⬇ 4

——————— Ni

Exemplo da catálise heterogênea.

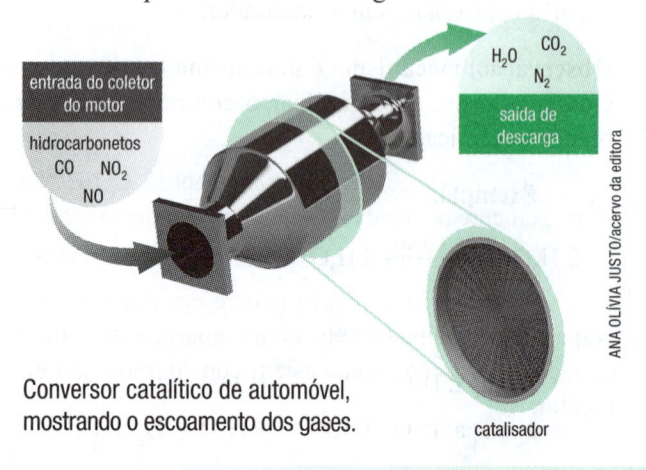

Conversor catalítico de automóvel, mostrando o escoamento dos gases.

11.4 Efeito da concentração dos reagentes

aumento da concentração dos reagentes ⟹ aumento do número de colisões ⟹ aumento da velocidade

Exemplo: destruição da camada de ozônio.

$$NO(g) + O_3(g) \longrightarrow NO_2(g) + O_2(g)$$

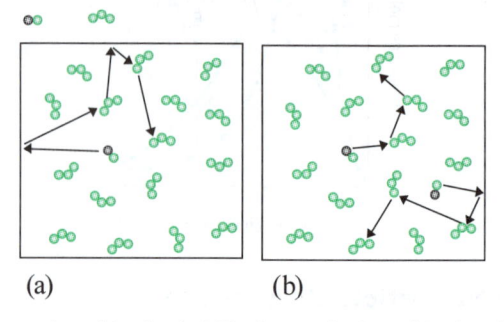

(a)   (b)

frasco a: 1 molécula de NO   frasco b: 2 moléculas de NO
16 moléculas de O_3 16 moléculas de O_3

Observa-se que no frasco b o número de colisões aumenta.

12. Equação da velocidade

A possibilidade de choques será maior entre as partículas se a concentração dos reagentes for alta. Será que a influência da concentração de todos os reagentes é a mesma na velocidade da reação? Será que dobrando a concentração dos reagentes, a velocidade da reação dobra?

Para verificar a influência da concentração dos reagentes na velocidade da reação, é preciso realizar experimentos.

> A equação da velocidade é uma relação matemática entre a velocidade e a concentração dos reagentes.

Portanto, sempre a equação de velocidade deve ser obtida através de dados experimentais.

1º exemplo:

Decomposição do dióxido de nitrogênio (NO_2)

$$2\ NO_2(g) \longrightarrow 2\ NO(g) + O_2(g)$$

	[NO_2]	Velocidade de formação (mol · L^{-1} · s^{-1})
1ª experiência	0,010	7 · 10^{-5}
2ª experiência	0,020	28 · 10^{-5}
3ª experiência	0,030	63 · 10^{-5}

Observando os dados obtidos,

- entre a 1ª experiência e a 2ª experiência, a [NO$_2$] dobrou e a velocidade quadruplicou;
- entre: a 1ª e a 3ª experiência, a [NO$_2$] triplicou e a velocidade aumentou 9 vezes.

Nesse experimento, observamos uma relação diretamente proporcional ao quadrado de concentração do **reagente e a velocidade da reação**.

1ª experiência: $\dfrac{v}{[NO_2]^2} = \dfrac{7 \cdot 10^{-5}}{(0,01)^2} = 0,7$

2ª experiência: $\dfrac{v}{[NO_2]^2} = \dfrac{28 \cdot 10^{-5}}{(0,02)^2} = 0,7$

3ª experiência: $\dfrac{v}{[NO_2]^2} = \dfrac{63 \cdot 10^{-5}}{(0,03)^2} = 0,7$

Portanto:

$$\dfrac{v}{[NO_2]^2} = k \quad \text{ou} \quad v = k[NO_2]^2$$

A expressão acima representa a **equação da velocidade** da reação, e a constante **k** é chamada **constante de velocidade**.

Ordem de uma reação é a soma dos expoentes que aparecem na fórmula da velocidade.

Nesse exemplo, a ordem da reação é 2 ou a reação é de 2ª ordem.

A reação é bimolecular (molecularidade = 2), pois ocorreu devido à colisão entre duas moléculas.

2º exemplo:

$$2\ NO(g) + Cl_2(g) \longrightarrow 2\ NOCl(g)$$

	[NO$_2$]	[Cl$_2$]	Velocidade de formação (mol · L^{-1} · s^{-1})
1ª experiência	0,1	0,1	12
2ª experiência	0,1	0,2	24
3ª experiência	0,1	0,3	36
4ª experiência	0,2	0,3	144

Observando os dados obtidos,

- entre a 1ª experiência e a 2ª experiência, a [NO] foi mantida constante, a [Cl$_2$] dobrou e a velocidade dobrou;
- entre a 3ª e a 4ª experiência, a [NO] dobrou, a [Cl$_2$] foi mantida constante e a velocidade quadruplicou.

Nesse experimento, observamos que:

1ª: a velocidade da reação é proporcional à concentração do reagente Cl$_2$;

2ª: a velocidade da reação é proporcional ao quadrado da variação da concentração do reagente NO.

Portanto, $v = k \cdot [NO]^2 \cdot [Cl_2]^1$

Ordem da reação = 2 + 1 = 3

Há coincidência entre o coeficiente estequiométrico e a ordem da reação. Sendo assim, a reação ocorre numa única etapa e é chamada de **reação elementar**.

3º exemplo:

$$NO_2(g) + CO(g) \longrightarrow NO(g) + CO_2(g)$$

	[NO$_2$]	[CO]	Velocidade de formação (mol · L^{-1} · s^{-1})
1ª experiência	0,1	0,1	$5 \cdot 10^{-2}$
2ª experiência	0,1	0,2	$5 \cdot 10^{-2}$
3ª experiência	0,2	0,2	$20 \cdot 10^{-2}$

Observando os dados obtidos,

- entre a 1ª e a 2ª experiência, a [NO$_2$] foi mantida constante, a [CO] dobrou e a velocidade não mudou;
- entre a 2ª e a 3ª experiência, a [NO$_2$] dobrou, a [CO] foi mantida constante e a velocidade aumentou 4 vezes.

Nesse experimento, observamos que:

1º: a velocidade da reação independe da [CO];

2º: a velocidade da reação é proporcional ao quadrado da variação da concentração do reagente NO$_2$.

Portanto: $v = k\,[NO_2]^2 \cdot [CO]^0$

Se a reação contém dois reagentes, CO e NO$_2$, como somente um deles influi na velocidade da reação?

Como será que a reação ocorre?

Em geral uma reação ocorre em duas ou mais etapas e não diretamente como aparece escrito na equação da reação, sendo assim considerada não elementar.

O mecanismo proposto para explicar a reação é:

1ª etapa: $NO_2(g) + NO_2(g) \longrightarrow NO_3(g) + NO(g)$

reação lenta

2ª etapa: $NO_3(g) + CO(g) \longrightarrow NO_2(g) + CO_2(g)$

reação rápida

reação global: $NO_2(g) + CO(g) \longrightarrow NO(g) + CO_2(g)$

Cada etapa do processo ocorre pelo choque direto entre as moléculas participantes.

A soma das duas etapas nos leva à equação global, dada no início.

Observe que o $NO_3(g)$ é cancelado na soma das etapas, pois é apenas, um intermediário nessa reação.

De acordo com os dados experimentais, a velocidade da reação depende apenas da concentração do $NO_2(g)$.

Podemos concluir que a etapa da qual o NO_2 participa é a etapa que determina a velocidade da reação e, portanto, deve ser a etapa mais lenta do mecanismo.

Desta forma, a equação da velocidade então é dada por $v = k[NO_2]^2$, **que corresponde à velocidade da etapa lenta do processo**.

O mecanismo da reação é proveniente da equação da velocidade que é determinada experimentalmente.

Quando uma reação ocorre em várias etapas, é bom lembrar que cada etapa (que é uma reação elementar) tem a sua própria energia de ativação.

Na reação, $NO_2(g) + CO(g) \longrightarrow NO(g) + CO_2(g)$, temos:

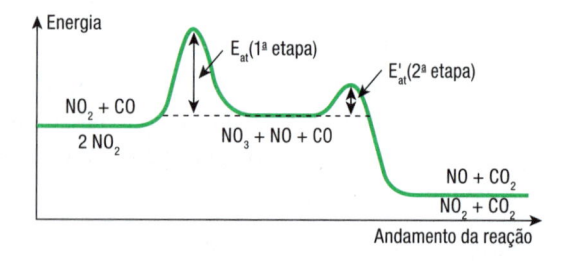

Conclusão: para reações não elementares, se for dado o mecanismo, a equação da velocidade é sempre tirada da etapa lenta.

Se os dados experimentais não coincidirem com a estequiometria da equação, a equação da velocidade obtida é da etapa lenta do processo.

A energia de ativação da reação é da energia de ativação da etapa mais lenta.

Aprofundando

Reação de 1ª ordem: meia-vida

Exemplo: curva da concentração contra o tempo na decomposição do H_2O_2.

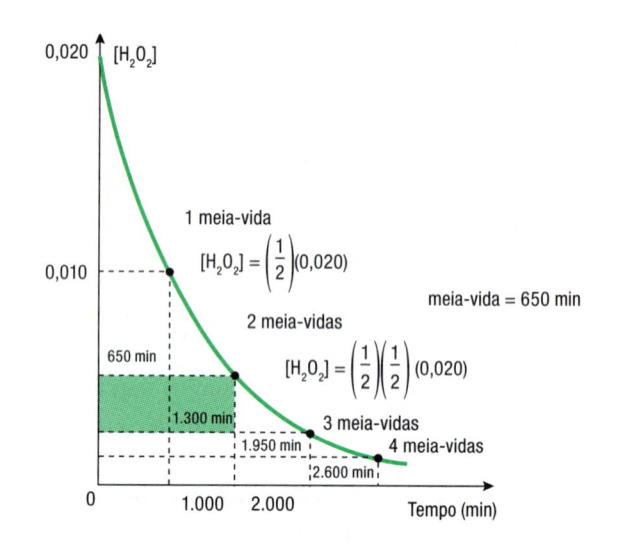

A meia-vida, $t_{1/2}$, de uma reação é o tempo necessário para que a concentração do reagente caia à metade do valor inicial.

Equação de Arrhenius

É uma equação que explica como varia a constante de velocidade k com a temperatura e a energia de ativação.

$$k = A\, e^{\frac{-Ea}{RT}} \quad \text{ou} \quad k = \frac{A}{e^{\frac{Ea}{RT}}}$$

T aumenta $\Longrightarrow$ $e^{\frac{Ea}{RT}}$ diminui $\Longrightarrow$ k aumenta

Para reações diferentes com T constante.

Ea é maior $\Longrightarrow$ $e^{\frac{Ea}{RT}}$ será maior $\Longrightarrow$ k será menor

Exercícios Série Prata

1. Complete com **reagente** ou **produto**.

a) Concentração vs Tempo (curva decrescente)

_____

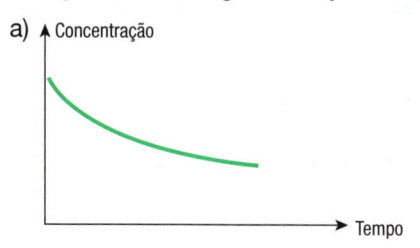

b) Concentração vs Tempo (curva crescente)

_____

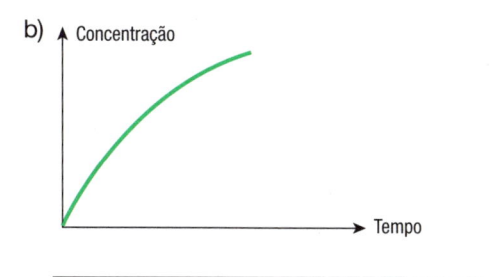

2. Dada a equação química: $2\ H_2O_2 \longrightarrow 2\ H_2O + O_2$, associe as substâncias envolvidas na reação com as curvas fornecidas.

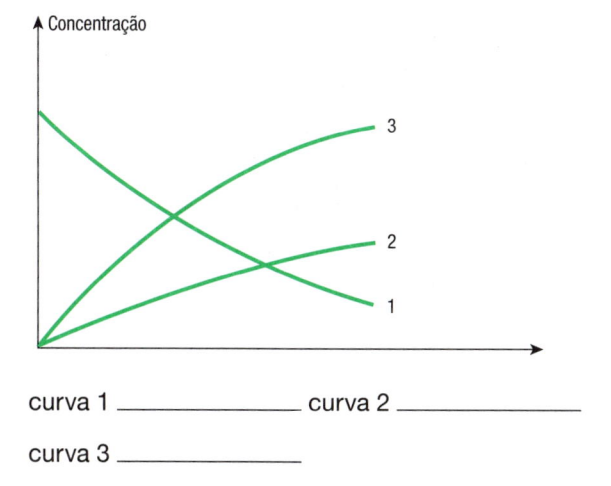

curva 1 _____ curva 2 _____

curva 3 _____

3. Dada a tabela abaixo em relação à reação $2\ HBr \longrightarrow H_2 + Br_2$:

mol de HBr	0,2	0,175	0,07	0,04	0,024
tempo (min)	0	5	10	15	20

a) Qual é a quantidade consumida de HBr após 20 minutos?

b) Qual é a quantidade produzida de H_2 após 20 minutos?

c) Qual é a velocidade média em relação ao HBr, no intervalo de 0 a 5 minutos?

d) Qual é a velocidade média em relação ao Br_2, no intervalo de 0 a 5 minutos?

e) Calcule a velocidade média em relação ao HBr, ao H_2, no intervalo de 10 a 15 minutos.

4. (UNICAMP – SP) A água oxigenada (H_2O_2) se decompõe, produzindo água e gás oxigênio. O gráfico a seguir mostra a diminuição da concentração do H_2O_2 em função do tempo.

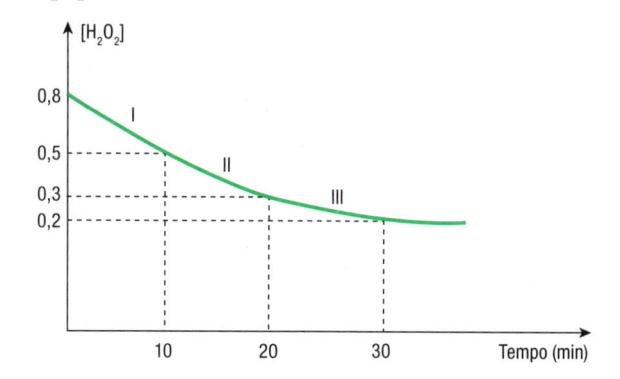

a) Qual trecho da velocidade média é maior?

b) Calcule a velocidade média em relação ao H_2O_2, no trecho II.

c) Calcule a velocidade média em relação ao O_2, no trecho II.

5. A chama de um aquecedor está queimando 10 L de propano a cada minuto, de acordo com a seguinte equação:

$$C_3H_8(g) + 5\ O_2 \longrightarrow 3\ CO_2(g) + 4\ H_2O(g)$$

Nas mesmas condições de pressão e temperatura, determine:

a) a velocidade de consumo de O_2 em L/min;

b) a velocidade de formação de CO_2 em L/min.

Cap. 6 | Cinética Química

6. No processo de síntese da amônia

$$N_2 + 3 H_2 \longrightarrow 2 NH_3$$

foram obtidos os valores da tabela abaixo:

Tempo (min)	[H_2] mol/L
0	3,6
2	2,4

No intervalo de tempo entre 0 e 2 min, determine:

a) a velocidade média de formação de NH_3;
b) a velocidade média da reação.

7. O diagrama abaixo mostra as variações de concentração de duas substâncias **X** e **Y**, participantes de uma mesma reação em função do tempo. Observe:

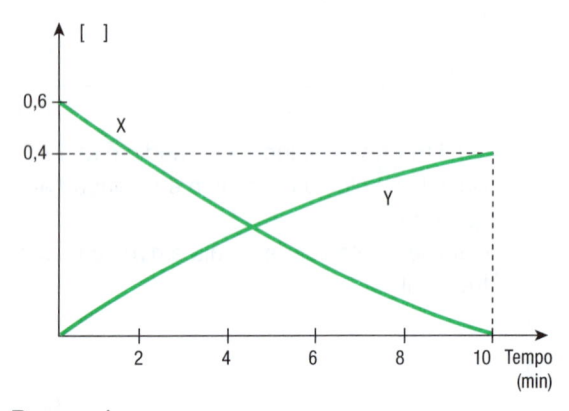

Responda:

a) Qual é o reagente? Por quê?
b) Qual é a velocidade média em relação ao reagente, no intervalo de tempo entre 0 e 10 minutos?
c) Qual a equação química corretamente balanceada?

8. (UFC – CE) O diagrama abaixo mostra as variações de concentração de gás carbônico, absorvido em dois processos diferentes (I e II), realizados à mesma temperatura e pressão.

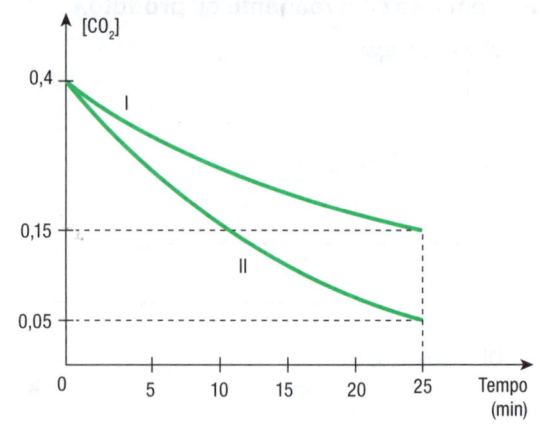

Em que processo o CO_2 é absorvido mais rapidamente? Por quê?

9. (UNISINOS – RS) A combustão completa do etanol ocorre pela equação

$$C_2H_5OH + 3 O_2 \longrightarrow 2 CO_2 + 3 H_2O$$

Considerando que em 1 h de reação foram produzidos 2.640 g de CO_2, a velocidade média em relação ao C_2H_5OH, expressa em quantidade em mol por minuto, é igual a:

a) 0,5.   b) 1,0.   c) 23.   d) 46.   e) 69.

Dado: massa molar do CO_2 = 44 g/mol.

10. (PUC – Campinas – SP) A combustão do butano corresponde à equação:

$$C_4H_{10} + 6,5 O_2 \longrightarrow 4 CO_2 + 5 H_2O$$

Se a velocidade da reação for 0,05 mol de butano/min, qual a massa de CO_2 produzida em meia hora?

Dados: C = 12, O = 16.

11. Complete.

A teoria das colisões admite que o produto é formado devido às _____ entre as moléculas dos reagentes.

$$H_2 + I_2 \longrightarrow 2\ HI$$

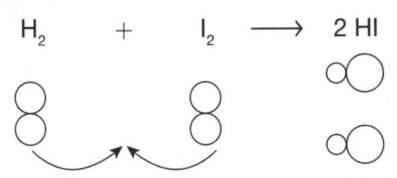

12. Complete.

a) De acordo com a chamada **Teoria do Complexo Ativado**, no momento em que os reagentes se tocam, há a formação de uma estrutura intermediária entre a estrutura dos reagentes e a dos produtos.

A este estado intermediário denominou-se _____ .

$$H_2 + I_2 \longrightarrow \langle H_2I_2 \rangle \longrightarrow 2\ HI$$

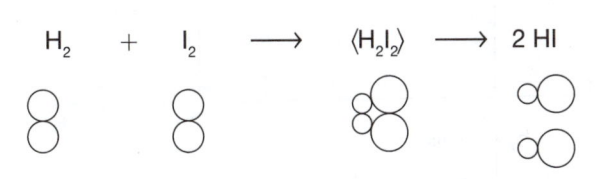

b) _____ é o estado intermediário (estado de transição) formado entre reagentes e produtos, em cuja estrutura existem ligações enfraquecidas (presentes nos reagentes) e formação de novas ligações (presentes nos produtos).

```
H - - - - - I
|           |
|           |
H - - - - - I
```
complexo ativado

13. Complete com **efetiva** ou **não efetiva**.

Dada a equação química: $A_2 + B_2 \longrightarrow 2\ AB$

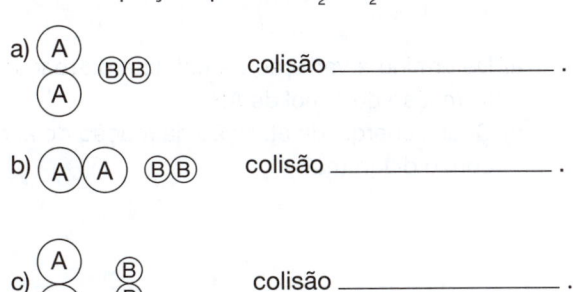

a) colisão _____ .

b) colisão _____ .

c) colisão _____ .

14. Considere o processo de ionização de HCl em água.

$$HCl + H_2O \longrightarrow H_3O^+ + Cl^-$$

As moléculas de HCl devem colidir com as de H_2O. Analise de colisões:

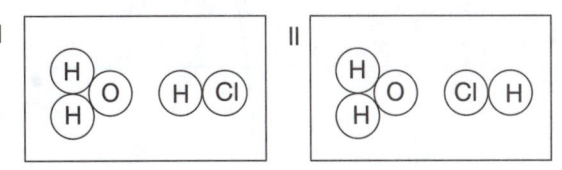

I   II

Julgue os itens:

1) Se o átomo de Cl do HCl chocar-se com o O de H_2O, ocorrerá a formação de íons.

2) A colisão do H do HCl com o O da água poderá originar íons, se ela for suficientemente energética.

15. Complete com **ΔH > 0, ΔH < 0, R, CA, P, endotérmica, exotérmica** e **Ea**.

a) 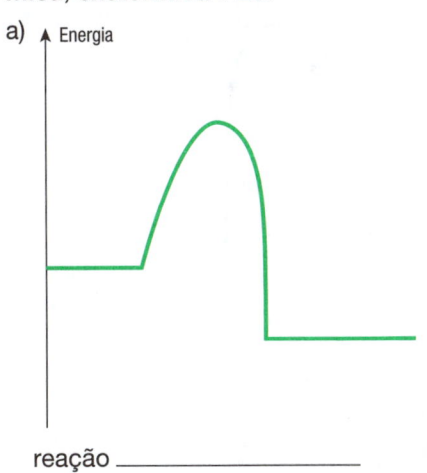 reação _____

b) 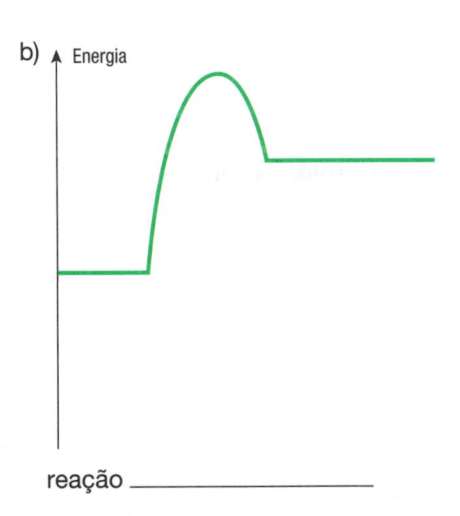 reação _____

16. Observe o diagrama de energia a seguir:

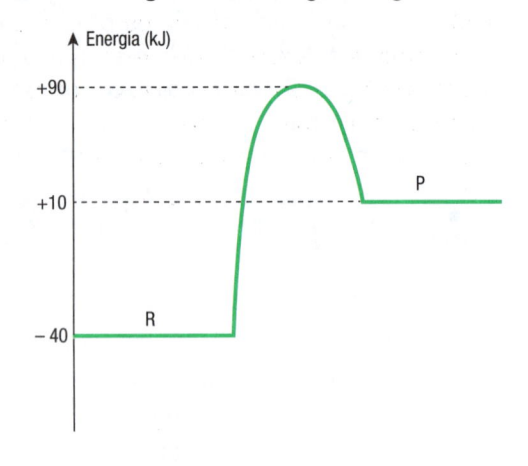

a) ΔH = _____

b) E_{CA} = _____

c) Ea = _____

17. Observe o diagrama de energia a seguir:

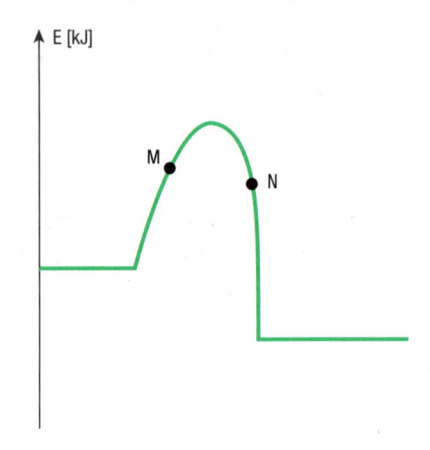

Explique:
a) ponto M;
b) ponto N.

18. Complete com **rápida** ou **lenta**.

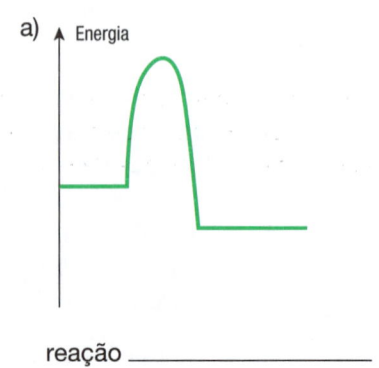

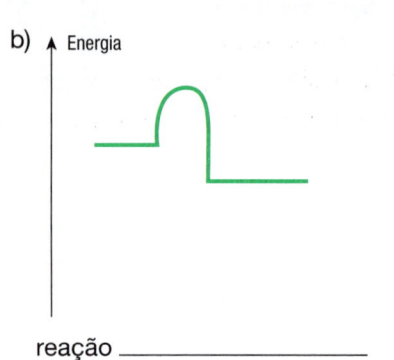

a) reação _____

b) reação _____

19. Assinale a reação que libera mais calor.

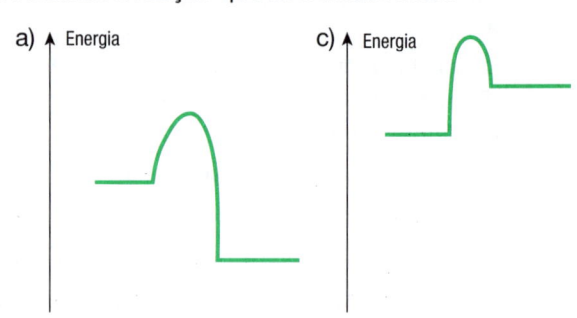

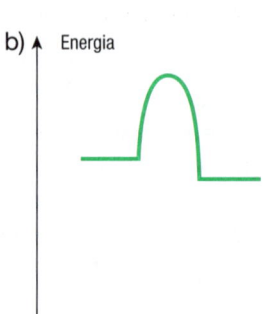

a)

b)

c)

20. Dado o diagrama de entalpia:

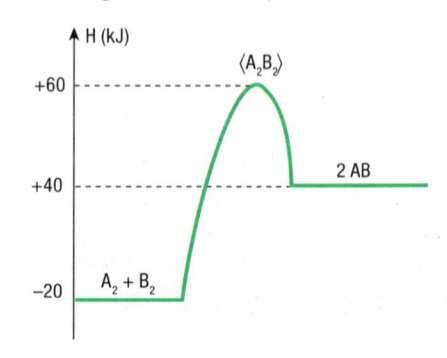

a) Determine a variação de entalpia da reação, na formação de 1 mol de AB.
b) Qual a energia de ativação da reação de acordo com o diagrama?

21. Considerando o processo A ⟶ B, construa um diagrama de energia.

Dados: ΔH = −30 kJ; energia de ativação = +50 kJ.

22. Dado o processo:

2 HCl(g) ⟶ ⟨H_2Cl_2⟩ ⟶ H_2(g) + Cl_2(g)
        complexo ativado   ΔH = +44 kcal

e sabendo que a energia de ativação vale 140 kcal, construa um diagrama de energia com esses participantes, marcando corretamente os valores de ΔH e de energia de ativação.

23. (UNIFESP) Para a reação 2 O_3(g) ⟶ 3 O_2(g), a energia de ativação é de aproximadamente 28 kcal. Com base nessa informação e sabendo que a entalpia de formação de O_3(g) vale +34 kcal/mol:

a) Determine o valor de ΔH desse processo.
b) Construa um diagrama de entalpia mostrando a energia de ativação.

24. A maioria das reações químicas são reversíveis, isto é, os reagentes originam os produtos (direta) e os produtos regeneram os reagentes (inversa), portanto não haverá consumo total dos reagentes. Através do diagrama de energia podemos calcular a energia de ativação da reação inversa.

$$E'a = E_{CA} - E_P$$

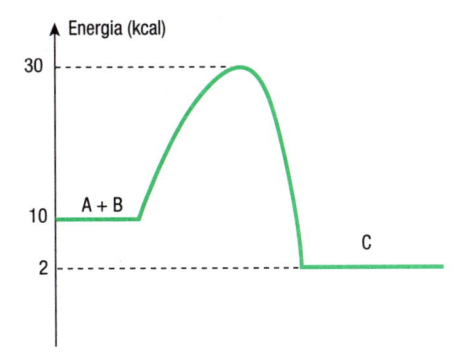

Determine a energia de ativação da reação inversa (C ⟶ A + B).

25. Ao ser aquecida uma reação química, há um aumento da energia cinética média dos reagentes e um deslocamento da curva de distribuição para a direita.

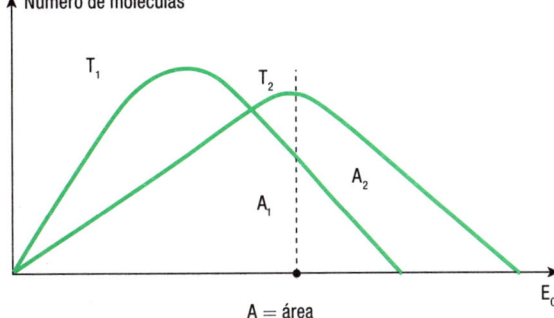

Complete com > ou <.
a) T_1 _____ T_2
b) A_1 _____ A_2

Conclusão: o aquecimento simplesmente aumenta o número de moléculas capazes de reagir e essa é a causa do aumento da velocidade da reação.

26. Um aumento de temperatura da reação geralmente provoca:

  I. diminuição da agitação molecular.
  II. aumento do número de colisões efetivas à reação.
  III. diminuição da velocidade de reação.
  IV. aumento da energia de ativação.

Está(ão) correta(s) somente a(s) afirmativa(s):

a) I.
b) II.
c) III.
d) IV.
e) I e III.

27. Se jogar um comprimido de Cebion na água, a reação se completará em torno de dois minutos. No entanto, se o comprimido for fragmentado (transformado em pó), a reação terminará em poucos segundos.

○ = água

comprimido inteiro
I

comprimido em pó
II

Complete **lenta** e **rápida**.

Na situação II, a reação será mais _____ porque o reagente está fragmentado e isso aumenta o número de colisões efetivas.

28. Assinale a alternativa que indica a reação mais rápida entre o ferro e uma solução de HCl 1 mol/L.

$$Fe + 2\,HCl \longrightarrow FeCl_2 + H_2$$

a) Um prego de ferro, a 25 °C.
b) Um prego de ferro, a 40 °C.
c) Ferro em pó, a 40 °C.

29. (FUVEST – SP) Em presença de ar e à mesma temperatura, o que queima mais rapidamente: 1 kg de carvão em pó ou 1 kg de carvão em pedaços? Justifique sua resposta.

30. Observe os sistemas:

  I. Tora de madeira   A) velocidade alta
  II. Serragem   B) velocidade baixa
  III. Pó de madeira finamente espalhado no ar   C) velocidade muito alta, explosiva

Assinale a alternativa que apresenta a melhor associação para a combustão da madeira:

a) I – A, II – B, III – C.
b) I – A, II – C, III – B.
c) I – B, II – A, III – C.
d) I – B, II – C, III – A.

31. Dadas as equações químicas.

$$1 - CaCO_3(\text{pedaço}) + 2\,HCl \longrightarrow CaCl + CO_2 + H_2O$$
  10 g   excesso

$$2 - CaCO_3(\text{pó}) + 2\,HCl \longrightarrow CaCl_2 + CO_2 + H_2O$$
  10 g   excesso

Associe as reações com as curvas fornecidas.

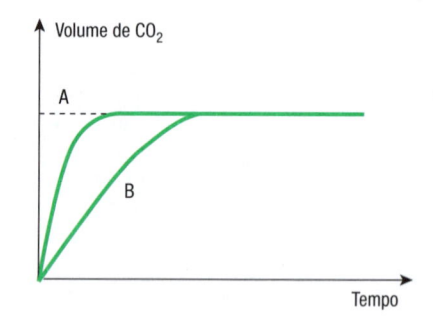

32. Complete com **homogêneo** e **heterogêneo**.

a) Catálise homogênea é aquela que o catalisador e os reagentes formam um sistema _____ .

$$SO_2(g) + \frac{1}{2}O_2(g) \xrightarrow{NO_2(g)} SO_2(g)$$

b) Catálise heterogênea é aquela em que o catalisador e os reagentes formam um sistema _____ .

$$H_2(g) + \frac{1}{2}O_2(g) \xrightarrow{Pt(s)} H_2O(l)$$

33. Complete com **com** ou **sem**.

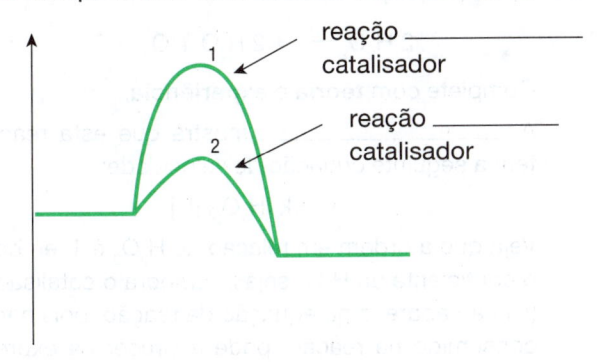

1 ← reação _____ catalisador
2 ← reação _____ catalisador

34. Complete com **com** ou **sem**.

Um catalisador acelera a reação, mas não aumenta seu rendimento, isto é, ele produz a mesma quantidade de produto, mas num período de tempo menor.

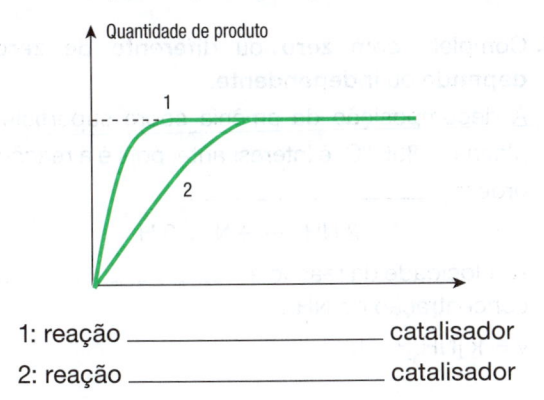

1: reação _____ catalisador
2: reação _____ catalisador

35. Observe o seguinte diagrama:

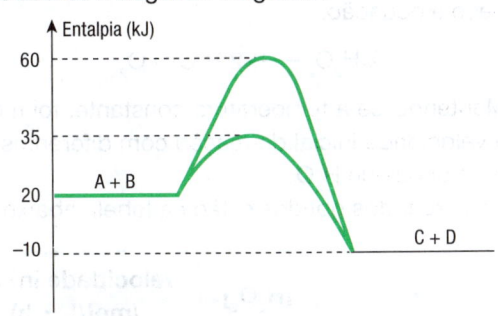

a) Determine o valor da energia de ativação dessa reação sem catalisador.
b) Determine o valor da energia de ativação dessa reação com catalisador.
c) Determine o valor do abaixamento de energia de ativação causada pelo catalisador.
d) Qual é o ΔH da reação?

36. Considere o gráfico abaixo, identificando cada segmento.

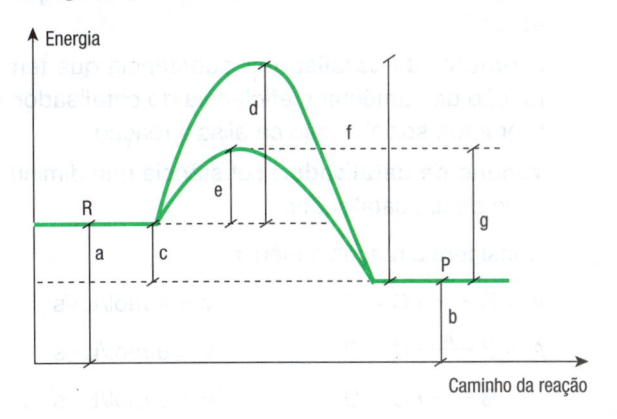

37. Na catálise homogênea temos duas etapas:
• o reagente e o catalisador formam facilmente um composto intermediário.
• o composto intermediário vai reagir regenerando o catalisador.

1ª etapa: $CH_3CHO + I_2 \longrightarrow CH_3I + HI + CO$
2ª etapa: $CH_3I + HI \longrightarrow I_2 + CH_4$

catalisador _____

38. Dada a equação química e as etapas:

$$SO_2(g) + \frac{1}{2} O_2(g) \longrightarrow SO_3(g)$$

1ª etapa: $SO_2 + NO_2 \longrightarrow SO_3 + NO$
2ª etapa: $NO + \frac{1}{2} O_2 \longrightarrow NO_2$

a) composto intermediário: _____.
b) catalisador: _____.

39. Complete com **lenta** e **rápida**.

Autocatálise é uma reação na qual um dos produtos da reação age como catalisador da própria reação.

$$3\ Cu + 8\ HNO_3 \xrightarrow{NO} 3\ Cu(NO_3)_2 + 4\ H_2O + 2\ NO$$

a) No início a reação é _____.
b) Com a formação do NO a reação se torna _____.

Cap. 6 | Cinética Química **133**

40. **Inibidor:** substância que diminui a velocidade da reação, isto é, ocorre um aumento da energia de ativação.

Promotor de catalisador: substância que tem a função de aumentar a eficiência do catalisador. O promotor, sozinho, não catalisa a reação.

Veneno de catalisador: substância que diminui a ação de um catalisador.

Considere a reação genérica.

A + B $\longrightarrow$ C + D	v = 4 mol/L · s
A + B $\xrightarrow{X}$ C + D	v = 9 mol/L · s
A + B $\xrightarrow{Y}$ C + D	v = 2 mol/L · s
A + B $\xrightarrow{X+Z}$ C + D	v = 14 mol/L · s
A + B $\xrightarrow{X+W}$ C + D	v = 7 mol/L · s

Complete.

X _____

Y _____

Z _____

W _____

41. Complete com **equação química** ou **experimentalmente**.

A equação da velocidade é determinada _____ .

aA + bB $\longrightarrow$ xX   aA + bB $\xrightarrow{C}$ xX

v = k $[A]^m [B]^n$ v = k $[A]^m [B]^n [C]^p$

C = catalisador

42. Complete.

k = constante de _____ e o seu valor aumenta com a _____ .

43. Dada a equação química.

$$2 H_2O_2 \longrightarrow 2 H_2O + O_2$$

Complete com **teoria** ou **experiência**.

A _____ mostra que esta reação tem a seguinte equação de velocidade:

v = k[H_2O_2]

Veja que a ordem é 1, embora o coeficiente estequiométrico da H_2O_2 seja 2.

44. Dada a equação química.

$$2 H_2O_2 \xrightarrow{I^-} 2 H_2O + O_2$$

Complete com **teoria** e **experiência**.

A _____ mostra que esta reação tem a seguinte equação de velocidade:

$$v = k [H_2O_2] [I^-]$$

Veja que a ordem em relação ao H_2O_2 é 1, embora o coeficiente da H_2O_2 seja 2. Embora o catalisador (I^-) não apareça na equação da reação, pois não é consumido na reação, pode aparecer na expressão da equação da velocidade, pois o catalisador aumenta a velocidade da reação. O aparecimento da concentração do I^- na equação da velocidade faz aumentar a velocidade da reação.

45. Complete com **zero** ou **diferente de zero** e **depende** ou **independente**.

A decomposição da amônia sobre superfície da platina, a 856 °C, é interessante, pois é a reação de ordem _____ .

$$2 NH_3 \longrightarrow N_2 + 3 H_2$$

A velocidade da reação é _____ da concentração do NH_3.

v = k $[NH_3]^0$ = k

46. A decomposição do peróxido de hidrogênio obedece à equação.

$$2 H_2O_2 \longrightarrow 2 H_2O + O_2$$

Mantendo-se a temperatura constante, foi medida a velocidade inicial da reação com diferentes concentrações de H_2O_2.
Os resultados obtidos estão na tabela abaixo.

	[H_2O_2]	Velocidade inicial (mol/L · h)
1ª experiência	0,35	0,1
2ª experiência	0,70	0,2

a) Qual a equação da velocidade dessa reação?
b) Qual o valor da constante de velocidade?
c) Qual a velocidade inicial da reação para [H_2O_2] = 2 mol/L, na mesma temperatura?

47. Dada a equação química:

$$(CH_3)_2O \longrightarrow CH_4 + H_2 + CO$$

exibe a seguinte dependência da velocidade com a concentração.

Experimento	$[(CH_3)_2O]$	v (mol/L · s)
1	0,20	$1,60 \cdot 10^9$
2	0,40	$6,40 \cdot 10$

a) Qual a equação da velocidade da reação?
b) Qual o valor da constante de velocidade?

48. As velocidades iniciais foram obtidas para a reação global $2A + B \longrightarrow C + D$, conforme representado abaixo:

Experimento	[A]	[B]	v (mol/L · s)
1	0,1	0,2	0,1
2	0,2	0,2	0,2
3	0,2	0,4	0,8

Qual a equação da velocidade da reação?

49. Para a reação gasosa: $2A + 2B \longrightarrow$ produtos tem como dados experimentais:

Experimento	[A]	[B]	v (mol/L · s)
1	$1 \cdot 10^{-2}$	$1 \cdot 10^{-3}$	$4,8 \cdot 10^{-5}$
2	$3 \cdot 10^{-2}$	$1 \cdot 10^{-3}$	$43,8 \cdot 10^{-5}$
3	$3 \cdot 10^{-2}$	$2 \cdot 10^{-3}$	$86,4 \cdot 10^{-5}$

Qual a equação da velocidade da reação?

50. (UFES – modificada) Dada a equação química:

$$2A + B + 3C \longrightarrow \text{produtos}$$

foi obtida experimentalmente a seguinte tabela:

Experiência	[A] mol/L	[B] mol/L	[C] mol/L	v (mol · L⁻¹ · s⁻¹)
I	0,1	0,2	0,3	0,1
II	0,1	0,4	0,3	0,4
III	0,1	0,4	0,6	0,4
IV	0,2	0,4	0,6	3,2

Com base nessas informações, determine a lei de velocidade de reação.

51. Considere as reações elementares e complete:

a) $2 HCl(g) \longrightarrow H_2(g) + Cl_2(g)$ v = k _____

b) $H_2(g) + I_2(g) \longrightarrow 2 HI(g)$ v = k _____

52. Escreva a equação da velocidade usando as pressões parciais dos reagentes gasosos.

$$H_2(g) + I_2(g) \longrightarrow 2 HI(g) \text{ _____}$$

53. Quando temos um reagente sólido, a sua quantidade diminui, mas a sua concentração em mol/L é constante, pois **n** e **V** diminuem na mesma proporção, portanto, o reagente sólido não participa da equação da velocidade.

Complete.

$$Zn(s) + 2 HCl(aq) \longrightarrow ZnCl_2(aq) + H_2(g)$$

v = k _____

54. Com a equação da velocidade $v = k[NO_2]^2$ podemos montar um mecanismo para a reação não elementar.

$$CO + NO_2 \longrightarrow CO_2 + NO$$

Complete com **rápida** e **lenta**.

1ª etapa _____: $NO_2 + NO_2 \longrightarrow NO_3 + NO$
2ª etapa _____: $NO_3 + CO \longrightarrow NO_2 + CO_2$

reação não elementar $CO + NO_2 \longrightarrow CO_2 + NO$

Composto intermediário _____

55. Uma das reações mais importantes do *smog* fotoquímico, tipo de poluição que ocorre em cidades com muitos carros, é dada pelo mecanismo:

$NO_2 \longrightarrow NO + O$ (etapa lenta)
$O_2 + O \longrightarrow O_3$ (etapa rápida)

Escreva a lei da velocidade dessa reação.

56. A reação global $2\ NO + 2\ H_2 \longrightarrow N_2 + 2\ H_2O$ apresenta o seguinte mecanismo:

$2\ NO + H_2 \longrightarrow N_2O + H_2O$ (etapa lenta)
$N_2O + H_2 \longrightarrow N_2 + H_2O$ (etapa rápida)

a) Qual a lei de velocidade da reação?
b) Como varia a velocidade se dobrar apenas a concentração de NO?

57. Dada a reação elementar $2\ H_2 + O_2 \longrightarrow 2\ H_2O$, como varia a velocidade se dobramos a concentração de H_2 e triplicamos a concentração de O_2?

58. Dado o diagrama de energia:

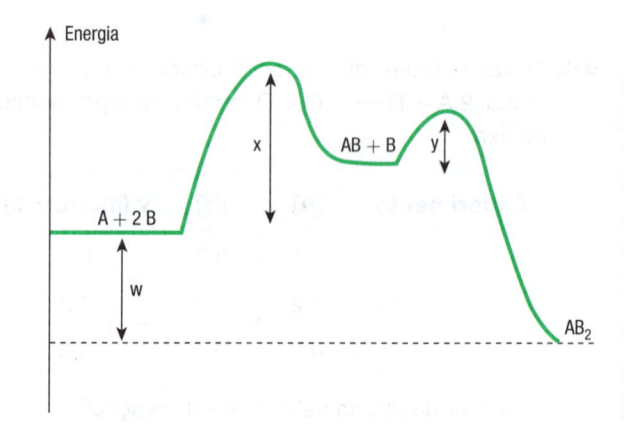

a) Escreva as etapas desse processo.
b) Indique o segmento que representa a energia de ativação da reação.
c) Escreva a equação da velocidade da reação.

Exercícios Série Ouro

1. (UNESP) Para a reação genérica:

$$A + 2B \longrightarrow 4C$$

com as concentrações de **A** e **B** iguais a 1,7 mol/L e 3,0 mol/L, respectivamente, obtiveram-se em laboratório os dados mostrados na tabela.

[C] (mol/L)	0,0	0,6	0,9	1,0	1,1
Tempo (h)	0,0	1,0	2,0	3,0	4,0

Com base na tabela, a velocidade média de consumo do reagente **A** no intervalo de 2,0 h a 4,0 h, expresso em mol/L^{-1}h^{-1}, será igual a:

a) 0,250.
b) 0,150.
c) 0,075.
d) 0,050.
e) 0,025.

2. (UNIFESP) Tetróxido de dinitrogênio se decompõe rapidamente em dióxido de nitrogênio, em condições ambientais.

$$N_2O_4(g) \longrightarrow 2 NO_2(g)$$

A tabela mostra parte dos dados obtidos no estudo cinético da decomposição do tetróxido de dinitrogênio, em condições ambientais.

Tempo (µs)	[N$_2$O$_4$]	[NO$_2$]
0	0,050	0
20	0,033	x
40	y	0,050

Os valores de **x** e de **y** na tabela e a velocidade média de consumo de N$_2$O$_4$ nos 20 µs iniciais devem ser, respectivamente,

a) 0,034, 0,025 e 1,7 × 10^{-3} mol L^{-1} µs^{-1}.
b) 0,034, 0,025 e 8,5 × 10^{-4} mol L^{-1} µs^{-1}.
c) 0,033, 0,012 e 1,7 × 10^{-3} mol L^{-1} µs^{-1}.
d) 0,017, 0,033 e 1,7 × 10^{-3} mol L^{-1} µs^{-1}.
e) 0,017, 0,025 e 8,5 × 10^{-4} mol L^{-1} µs^{-1}.

3. (UNESP) Em um laboratório de química, dois estudantes realizam um experimento com o objetivo de determinar a velocidade da reação apresentada a seguir.

$$MgCO_3(s) + 2 HCl(aq) \longrightarrow$$
$$\longrightarrow MgCl_2(aq) + H_2O(l) + CO_2(g)$$

Sabendo que a reação ocorre em um sistema aberto, o parâmetro do meio reacional que deverá ser considerado para a determinação da velocidade dessa reação é

a) a diminuição da concentração de íons Mg^{2+}.
b) o teor de umidade no interior do sistema.
c) a diminuição da massa total do sistema.
d) a variação da concentração de íons Cl$^-$.
e) a elevação da pressão do sistema.

4. (UNESP) A queima de um combustível como a gasolina, ou seja, sua reação com o oxigênio, é bastante exotérmica e, do ponto de vista termodinâmico, é espontânea. Entretanto, essa reação inicia-se somente com a ocorrência de um estímulo externo, como, por exemplo, uma faísca elétrica. Dizemos que o papel deste estímulo é:

a) fornecer a energia da ativação necessária para a reação ocorrer.
b) deslocar o equilíbrio no sentido de formação de produtos.
c) aumentar a velocidade da reação direta e diminuir a velocidade da reação inversa.
d) favorecer a reação no sentido da formação de reagentes.
e) remover o nitrogênio do ar, liberando o oxigênio para reagir.

5. (UNESP) A oxidação da glicose no nosso organismo, levando a dióxido de carbono e água, é um processo bioquímico. O perfil energético dessa reação pode ser representado esquematicamente pelo gráfico:

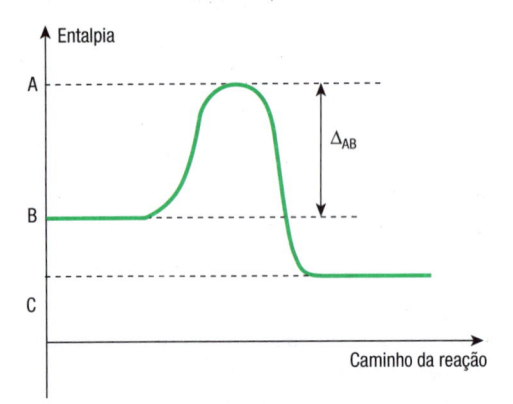

a) O que se pode afirmar sobre a entalpia desta reação? Qual o significado de Δ_{AB}?
b) Compare a oxidação da glicose em nosso organismo, até CO_2 e H_2O, com a sua combustão completa, feita num frasco de laboratório. Pode-se afirmar que este último processo envolve maior quantidade de energia? Justifique sua resposta.

6. (UFSCar – SP) À temperatura ambiente, a reação química entre eteno e hidrogênio, ambos gasosos, é exotérmica. A reação é muito lenta, mas pode ser acelerada quando se adiciona um metal em pó, como níquel, paládio ou platina.

a) Explique por que a reação é acelerada pela adição do metal.
b) Esquematize um diagrama de energias, indicando as entalpias de reagentes e produto, relacionando-as com o calor de reação. Localize no diagrama a energia de ativação antes e depois da adição do metal.

7. (FVG) A energia envolvida nos processos industriais é um dos fatores determinantes da produção de um produto. O estudo da velocidade e da energia envolvida nas reações é de fundamental importância para a otimização das condições de processos químicos, pois alternativas como a alta pressurização de reagentes gasosos, a elevação de temperatura, ou ainda o uso de catalisadores podem tornar economicamente viável determinados processos, colocando produtos competitivos no mercado. O estudo da reação reversível:

$$A + B \rightleftarrows C + D$$

revelou que ela ocorre em uma única etapa. A variação de entalpia da reação direta é de −25 kJ. A energia de ativação da reação inversa é +80 kJ. Então, a energia de ativação da reação direta é igual a:

a) −80 kJ.
b) −55 kJ.
c) +55 kJ.
d) +80 kJ.
e) +105 kJ.

8. (UNIFESP) Na tabela, são fornecidas as energias de ativação e as variações de entalpia, a 25 °C, de três reações do tipo A $\longrightarrow$ B.

Reação	Ea (kJ/mol)	ΔH (kJ/mol)
I	85	−20
II	50	−30
III	25	+20

Para a reação que apresenta maior velocidade de conversão de **A** em **B**, a diferença entre a energia do complexo ativado e a entalpia do produto deve valer:

a) 5 kJ.
b) 45 kJ.
c) 65 kJ.
d) 80 kJ.
e) 105 kJ.

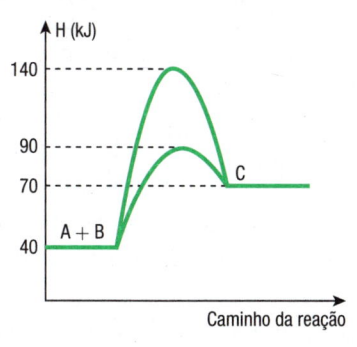

9. (FGV) Para a reação A + B ⟶ C, os valores de entalpia são apresentados no gráfico a seguir, em duas situações: na presença e na ausência de catalisador.

Considere as seguintes afirmações:

I. A reação A + B ⟶ C é endotérmica.
II. A velocidade da reação é aumentada na presença de catalisador devido a um aumento da energia de ativação.
III. A energia de ativação da reação na ausência do catalisador é 50 kJ.

Está correto o contido em:

a) I, II e III.
b) II e III, apenas.
c) I e II, apenas.
d) II, apenas.
e) I, apenas.

10. (UNIFESP) Para investigar a cinética da reação representada pela equação

$$NaHCO_3(s) + H^+X^-(s) \xrightarrow{H_2O} Na^+(aq) + X^-(aq) + CO_2(g) + H_2O(l)$$

H^+X^- = ácido orgânico sólido

foram realizados três experimentos, empregando comprimidos de antiácido efervescente, que contêm os dois reagentes no estado sólido. As reações foram iniciadas pela adição de iguais quantidades de água aos comprimidos, e suas velocidades foram estimadas observando-se o desprendimento de gás em cada experimento. O quadro a seguir resume as condições em que cada experimento foi realizado.

Experimento	Forma de adição de cada comprimido (2 g)	Temperatura da água (°C)
I	inteiro	40
II	inteiro	20
III	moído	40

Assinale a alternativa que apresenta os experimentos em ordem crescente de velocidade de reação.

a) I, II, III
b) II, I, III
c) III, I, II
d) II, III, I I
e) III, I, II

11. (UNESP) O esquema apresentado descreve os diagramas energéticos para uma mesma reação química, realizada na ausência e na presença de um agente catalisador.

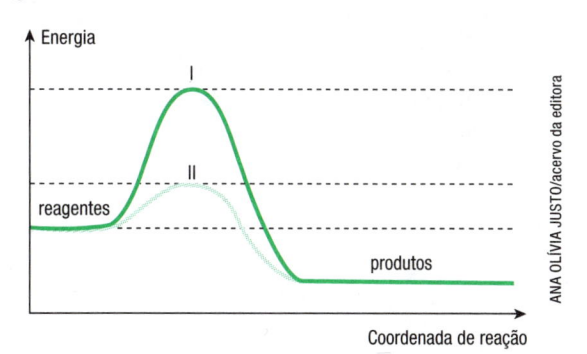

Com base no esquema, responda qual a curva que representa a reação na presença de catalisador. Explique sua resposta e faça uma previsão sobre a variação da entalpia dessa reação na ausência e na presença do catalisador.

12. (UFSCar – SP) Um dos produtos envolvidos no fenômeno da precipitação ácida, gerado pela queima de combustíveis fósseis, envolve o SO_2 gasoso. Ele reage com o O_2 do ar, numa reação no estado gasoso catalisada por monóxido de nitrogênio, NO. No processo, é gerado SO_3, segundo a reação global representada pela equação química balanceada.

$$2\ SO_2 + O_2 \xrightarrow{NO(g)} 2\ SO_3$$

No gráfico a seguir estão representadas as variações das concentrações dos componentes da reação em função do tempo de reação, quando ela é estudada em condições de laboratório, em recipiente fechado contendo inicialmente uma mistura de SO_2, O_2 e NO gasosos.

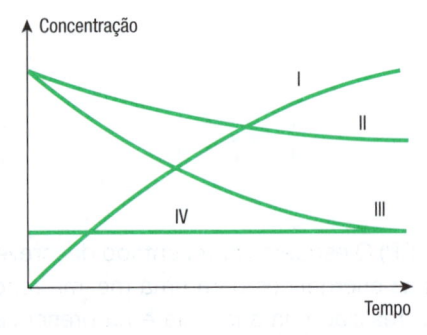

As curvas que representam as concentrações de SO_2, SO_3, O_2 e NO são, respectivamente:

a) I, II, III, IV.
b) II, I, III, IV.
c) III, I, II, IV.
d) III, II, I, IV.
e) IV, III, II, I.

13. (MACKENZIE – SP) Um aluno, querendo verificar os conceitos de cinética-química discutidos na escola, dirigiu-se a uma drogaria e comprou alguns comprimidos efervescentes, os quais continham, de acordo com o rótulo do produto, massas iguais de bicarbonato de sódio. Ao chegar a sua casa realizou a mistura desses comprimidos com água usando diferentes métodos. Após a observação do fenômeno de liberação gasosa, até que toda a massa de cada comprimido tivesse sido dissolvida em água, o aluno elaborou a seguinte tabela:

Método	Estado do comprimido	Temperatura da água	Tempo de reação
1	inteiro	10 °C	50 s
2	triturado	60 °C	15 s
3	inteiro	60 °C	25 s
4	triturado	10 °C	30 s

De acordo com os resultados obtidos e mostrados na tabela acima, o aluno fez as seguintes afirmações:

I. Ao comparar somente os métodos 1 e 2 fica impossível determinar qual dos dois fatores variados (estado do comprimido e temperatura da água), aumentou mais a velocidade da reação.
II. A mudança da condição da água, de fria para quente, faz com que, qualquer que seja o estado do comprimido, a velocidade da reação caia pela metade.
III. A influência da temperatura da água é maior do que a influência do estado do comprimido, no aumento da velocidade da reação.

Das afirmações acima, é correto dizer que o aluno errou

a) apenas na afirmação I.
b) apenas na afirmação II.
c) apenas na afirmação III.
d) apenas nas afirmações II e III.
e) em todas as afirmações.

14. (UERJ) O gráfico a seguir refere-se às curvas de distribuição de energia cinética entre um mesmo número de partículas, para quatro valores diferentes de temperatura T_1, T_2, T_3 e T_4, sendo $T_1 < T_2 < T_3 < T_4$. Note que as áreas sob cada uma das curvas são idênticas, uma vez que são proporcionais aos números de partículas.

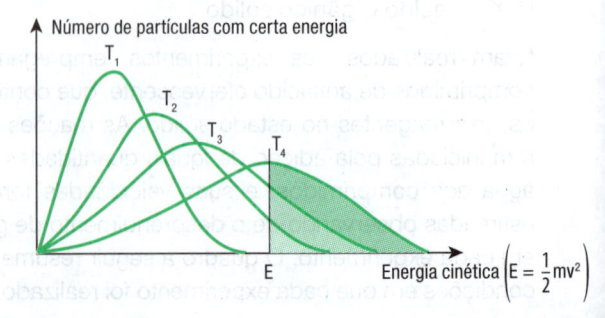

As transformações químicas serão tanto mais rápidas quanto maior for o número de colisões possíveis. Mas isso depende não só do valor do número de colisões, mas também do valor mínimo da energia. Assim, com relação ao gráfico apresentado, a transformação química torna-se mais rápida na seguinte temperatura:

a) T_1 b) T_2 c) T_3 d) T_4

15. (FATEC – SP) Pode-se detectar a presença de iodetos em águas-mães de salinas, por meio da reação representada pela equação.

$H_2O_2(aq) + 2\ H^+(aq) + 2\ I^-(aq) \longrightarrow 2\ H_2O(l) + I_2(aq)$

Os seguintes gráficos, mostrando a velocidade da reação em função da concentração dos reagentes, foram construídos com os dados coletados em vários experimentos.

– variando a concentração de H_2O_2 e mantendo constantes as de H^+ e I^-.
– variando a concentração de H^+ e mantendo constantes as de H_2O_2 e I^-.
– variando a concentração de I^- e mantendo constantes as de H_2O_2 e H^+.

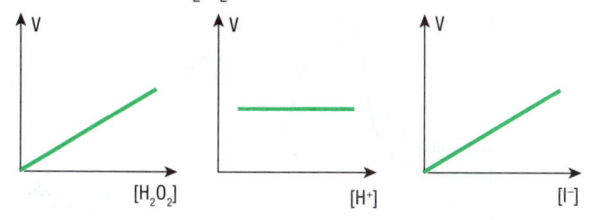

Com base na análise dos gráficos, afirma-se que a velocidade da reação:

I. depende apenas da concentração de H^+.
II. é diretamente proporcional à concentração de H_2O_2.
III. independe da concentração de H^+.
IV. é inversamente proporcional à concentração de I^-.

É correto o que se afirma apenas em:

a) I.
b) III.
c) IV.
d) II e III.
e) II, III e IV.

16. (PUC) Considere a reação:

$NO_2(g) + CO(g) \longrightarrow NO(g) + CO_2(g)$
$\Delta H = -226$ kJ/mol

Ao realizar essa reação a 700 °C e com pressões parciais de NO_2 (pNO_2) e CO (pCO) iguais a 1 atm, determinou-se uma taxa de formação para o CO_2(v) igual a x.

Sabendo-se que a lei de velocidade para essa reação é $v = k[NO_2]^2$, foram feitas as seguintes previsões sobre a taxa de formação de CO_2(v).

Experimento	pNO$_2$ (atm)	pCO (atm)	t (°C)	V
I	2	1	700	2x
II	1	2	700	x
III	1	1	900	> x

Estão corretas as previsões feitas para

a) I, apenas.
b) I e II, apenas.
c) II e III, apenas.
d) I e III, apenas.
e) I, II e III.

17. (UFSCar – SP) A decomposição do pentóxido de dinitrogênio é representada pela equação

$2\ N_2O_5(g) \longrightarrow 4\ NO_2(g) + O_2(g)$

Foram realizados três experimentos, apresentados na tabela.

Experimento	[N_2O_5]	Velocidade
I	x	4z
II	x/2	2z
III	x/4	z

A expressão da velocidade da reação é

a) $v = k[N_2O_5]^0$
b) $v = k[N_2O_5]^{1/4}$
c) $v = k[N_2O_5]^{1/2}$
d) $v = k[N_2O_5]^1$
e) $v = k[N_2O_5]^2$

18. (PUC) A reação

$$2\,NO(g) + 2\,H_2(g) \longrightarrow N_2(g) + 2\,H_2O(g)$$

foi estudada a 904 °C. Os dados da tabela seguinte referem-se a essa reação.

[NO] (mol/L)	[H$_2$] (mol/L)	Velocidade (mol/L · s)
0,420	0,122	0,140
0,210	0,122	0,035
0,105	0,122	0,0087
0,210	0,244	0,070
0,210	0,366	0,105

A respeito dessa reação é correto afirmar que sua expressão da velocidade é

a) $v = k[NO][H_2]$
b) $v = k[NO]^2[H_2]$
c) $v = k[H_2]$
d) $v = k[NO]^4[H_2]^2$
e) $v = k[NO]^2[H_2]^2$

19. (UNESP) Considere o seguinte mecanismo proposto em duas etapas:

Etapa 1: $ICl + H_2 \longrightarrow HI + HCl$
Etapa 2: $HI + ICl \longrightarrow HO + I_2$

a) Escreva a reação química global.
b) Identifique os intermediários da reação.

20. (FGV) Para otimizar as condições de um processo industrial que depende de uma reação de soluções aquosas de três diferentes reagentes para a formação de um produto, um engenheiro químico realizou um experimento que consistiu em uma série de reações nas mesmas condições de temperatura e agitação. Os resultados são apresentados na tabela:

Experimento	Reagente A mol · L^{-1}	Reagente B mol · L^{-1}	Reagente C mol · L^{-1}	Velocidade da reação mol · L^{-1} · s^{-1}
I	x	y	z	v
II	2x	y	z	2v
III	x	2y	z	4v
IV	x	y	2z	v

Após a realização dos experimentos, o engenheiro pode concluir corretamente que a ordem global da reação estudada é igual a

a) 1.   b) 2.   c) 3.   d) 4.   e) 5.

21. (UNIFESP) Estudos cinéticos da reação entre os gases NO$_2$ e CO na formação dos gases NO e CO$_2$ revelaram que o processo ocorre em duas etapas:

I. $NO_2(g) + NO_2(g) \longrightarrow NO(g) + NO_3(g)$
II. $NO_3(g) + CO(g) \longrightarrow NO_2(g) + CO_2(g)$

O diagrama de energia da reação está esquematizado a seguir:

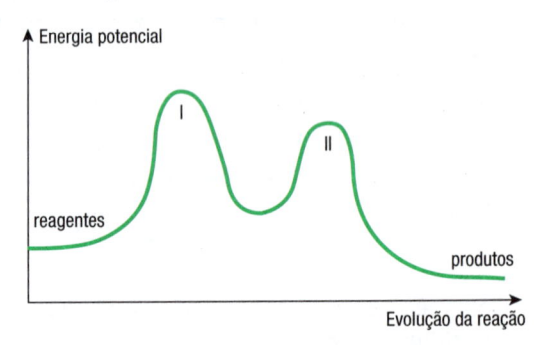

a) Apresente a equação global da reação e a equação da velocidade da reação que ocorre experimentalmente.
b) Verifique e justifique se cada afirmação a seguir é verdadeira:
   I. a reação em estudo absorve calor;
   II. a adição de um catalisador, quando o equilíbrio é atingido, aumenta a quantidade de gás carbônico.

22. (UNESP) Há décadas são conhecidos os efeitos dos CFCs, ou freons, na destruição da camada de ozônio da atmosfera terrestre. Acredita-se que a diminuição da quantidade de O_3 na atmosfera seja responsável pelo aumento na incidência de câncer de pele, pois a radiação ultravioleta não mais é bloqueada com a mesma eficiência. A ação destes gases, como o CF_2Cl_2, inicia-se com a produção de átomos de cloro livres (Cl $\cdot$), pela interação das moléculas do gás com a radiação solar, seguindo-se as reações:

1ª etapa: $O_3 + Cl\cdot \longrightarrow O_2 + ClO\cdot$

2ª etapa: $ClO\cdot + O_3 \longrightarrow 2\, O_2 + Cl\cdot$

a) Escreva a equação global para esta reação e identifique o produto formado.
b) Considere a afirmação: "O mecanismo proposto para a destruição da camada de ozônio equivale a uma reação catalisada". Justifique esta afirmação e identifique o catalisador.

23. (IME) O gráfico abaixo ilustra as variações de energia devido a uma reação química conduzida nas mesmas condições iniciais de temperatura, pressão, volume de reator e quantidades de reagentes em dois sistemas diferentes. Estes sistemas diferem apenas pela presença de catalisador. Com base no gráfico, é possível afirmar que:

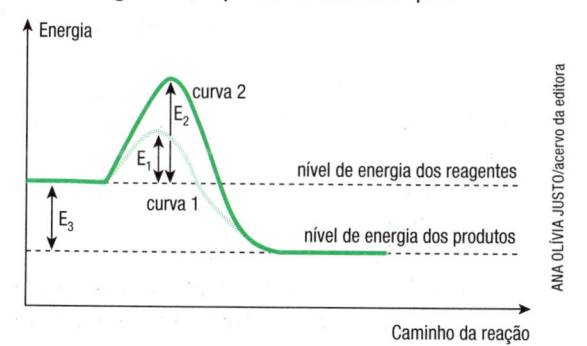

a) A curva 1 representa a reação catalisada, que ocorre com absorção de calor.
b) A curva 2 representa a reação catalisada, que ocorre com absorção de calor.
c) A curva 1 representa a reação catalisada com energia de ativação dada por $E_1 + E_3$.
d) A curva 2 representa a reação não catalisada, que ocorre com liberação de calor e a sua energia de ativação é dada por $E_2 + E_3$.
e) A curva 1 representa a reação catalisada, que ocorre com liberação de calor e a sua energia de ativação é dada por E_1.

24. No estudo da reação:

$$2\, NO(g) + 2\, H_2(g) \longrightarrow N_2(g) + 2\, H_2O(g)$$

foram feitos três experimentos a 25 °C.

A tabela a seguir mostra as concentrações iniciais de NO e H_2 (em mol/L):

Experimentos	[NO], em mol/L	[H_2], em mol/L
I	1	1
II	2	1
III	1	0,5

Com os resultados, foi construído o seguinte diagrama:

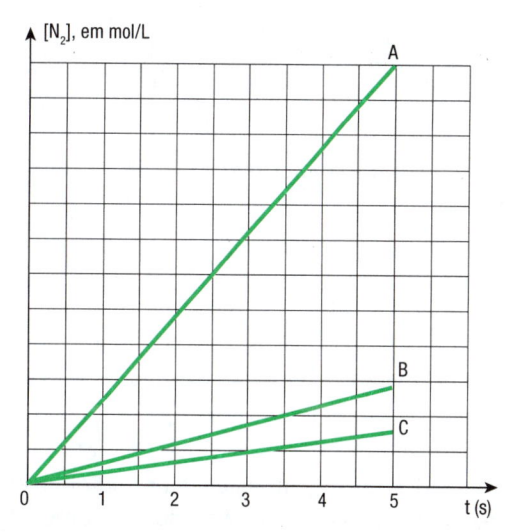

Associe as retas **A**, **B** e **C** com os experimentos.

25. No estudo da reação

$$S_2O_8^{2-}(aq) + 2\,I^-(aq) \longrightarrow 2\,SO_4^{2-}(aq) + I_2(aq)$$

foram realizados 4 experimentos:

Experimento	1	2	3	4
T, em °C	20	20	35	35
Concentração inicial [I$^-$], em mmol · L^{-1}	20	40	20	40
Concentração inicial [S$_2$O$_8^{2-}$], em mmol · L^{-1}	10	20	10	20

Os resultados obtidos, a respeito da formação do I$_2$ em função do tempo, permitiram a construção do seguinte gráfico:

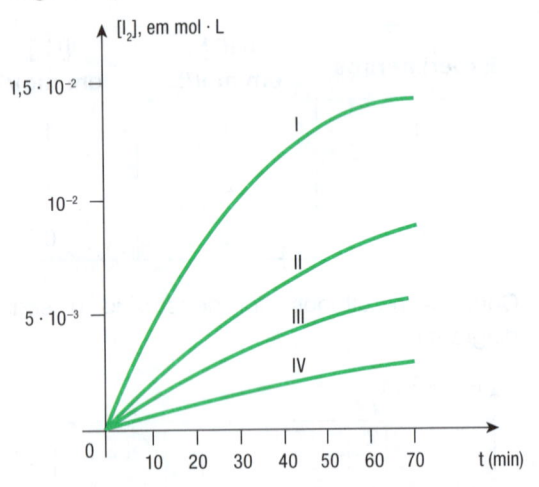

Associe cada experimento a uma das curvas obtidas.

26. (FUVEST – SP) Ao abastecer um automóvel com gasolina, é possível sentir o odor do combustível a certa distância da bomba. Isso significa que, no ar, existem moléculas dos componentes da gasolina, que são percebidas pelo olfato. Mesmo havendo, no ar, moléculas de combustível e de oxigênio, não há combustão nesse caso. Três explicações diferentes foram propostas para isso:

I. As moléculas dos componentes da gasolina e as do oxigênio estão em equilíbrio químico e, por isso, não reagem.

II. À temperatura ambiente, as moléculas dos componentes da gasolina e as do oxigênio não têm energia suficiente para iniciar a combustão.

III. As moléculas dos componentes da gasolina e as do oxigênio encontram-se tão separadas que não há colisão entre elas.

Dentre as explicações, está correto apenas o que se propõe em

a) I.   d) I e II.
b) II. e) II e III.
c) III.

27. (ITA – SP) Velocidades iniciais (v$_i$) de decomposição de peróxido de hidrogênio foram determinadas em três experimentos (A, B e C), conduzidos na presença de I$^-$(aq) sob as mesmas condições, mas com diferentes concentrações iniciais de peróxido ([H$_2$O$_2$]$_i$), de acordo com os dados abaixo:

Experimento	[H$_2$O$_2$]$_i$ (mol · L^{-1})	v$_i$ (10^{-3} mol · L^{-1} · s^{-1})
A	0,750	2,745
B	0,500	1,830
C	0,250	0,91

Com base nestes dados, para a reação de decomposição do peróxido de hidrogênio:

a) escreva a equação estequiométrica que representa a reação;
b) indique a ordem desta reação;
c) escreva a lei de velocidade da reação;
d) determine o valor numérico da constante de velocidade, k;
e) indique a função do I$^-$(aq) da reação.

28. (UFG – GO) A tabela, a seguir, apresenta os dados da quantidade de reagentes e produtos, ao longo do tempo, para uma reação genérica realizada em três condições, como representado:

$$A(s) + B(l) \longrightarrow C(l) \quad (I)$$
$$A(s) + B(l) \xrightarrow{catalisador} C(l) \quad (II)$$
$$A(l) + B(l) \xrightarrow{catalisador} C(l) \quad (III)$$

Quantidade de substância (mol)			Tempo (s)		
A	B	C	Reação (I)	Reação (II)	Reação (III)
1,00	1,00	0	0	0	0
0,75	0,75	0,25	3	2	1
0,50	0,50	0,50	6	4	2
0,25	0,25	0,75	9	6	3
0	0	1,00	12	8	4

a) Esquematize um gráfico da quantidade de produto em função do tempo, para a reação que ocorre com maior velocidade.
b) Considerando que o produto é mais estável que os reagentes, esboce para as reações (I) e (II) um único gráfico de energia em função da coordenada de reação.

29. (UFC – CE) O estudo da dependência da velocidade da reação hipotética A + B $\longrightarrow$ C, com relação à variação de concentração de um dos reagentes, é realizado, mantendo-se constantes a concentração do outro reagente e a temperatura. Respeitando-se essas condições, considere o gráfico de velocidade de reação, v, versus a concentração dos reagentes em mol/L ([A], [B]), para os dois experimentos distintos abaixo.

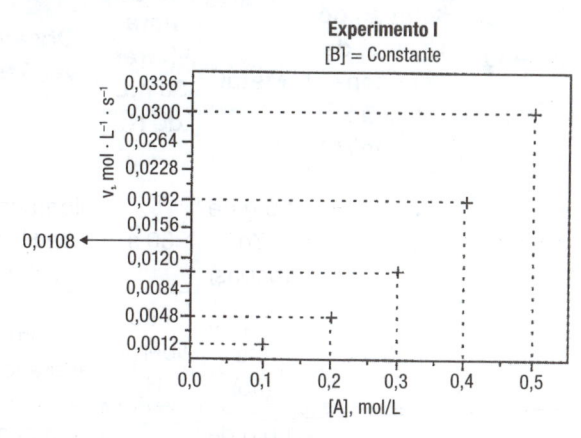

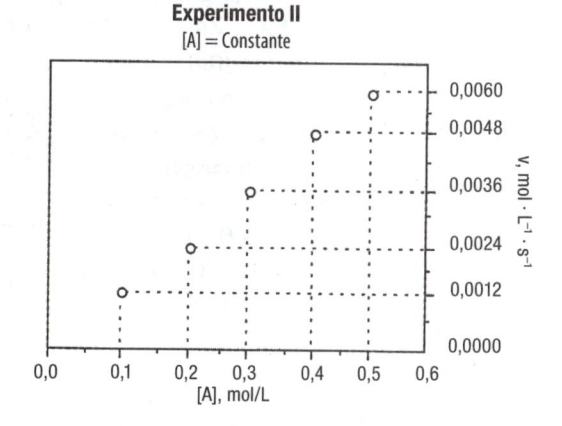

Experimento I
[B] = Constante

Experimento II
[A] = Constante

a) Com base apenas nas informações fornecidas no gráfico, qual a ordem total da reação? Justifique.
b) Admitindo que a concentração do reagente B e a temperatura foram mantidas constantes, e que a velocidade da reação aumentou em dezesseis (16) vezes, em quanto aumentou a concentração do reagente A? Justifique.

30. (FUVEST – SP) Quando certos metais são colocados em contato com soluções ácidas, pode haver formação de gás hidrogênio. Abaixo, segue uma tabela elaborada por uma estudante de Química, contendo resultados de experimentos que ela realizou em diferentes condições.

Experimento	Reagentes		Tempo para liberar 30 mL de H_2	Observações
	Solução de HCl(aq) de concentração 0,2 mol/L	Metal		
1	200 mL	1,0 g de Zn (raspas)	30 s	liberação de H_2 e calor
2	200 mL	1,0 g de Cu (fio)	não liberou H_2	sem alterações
3	200 mL	1,0 g de Zn (pó)	18 s	liberação de H_2 e calor
4	200 mL	1,0 g de Zn (raspas) + 1,0 g de Cu (fio)	8 s	liberação de H_2 e calor; massa de Cu não se alterou

Após realizar esses experimentos, a estudante fez três afirmações:

I. A velocidade da reação de Zn com ácido aumenta na presença de Cu.
II. O aumento na concentração inicial do ácido causa o aumento da velocidade de liberação do gás H_2.
III. Os resultados dos experimentos 1 e 3 mostram que, quanto maior o quociente superfície de contato/massa total de amostra de Zn, maior a velocidade de reação.

Com os dados contidos na tabela, a estudante somente poderia concluir o que se afirma em

a) I.   b) II.   c) I e II.   d) I e III.   e) II e III.

Exercícios Série Platina

1. (UFRJ) A redução das concentrações de gases responsáveis pelo efeito estufa constitui o desafio central do trabalho de muitos pesquisadores. Uma das possibilidades para o sequestro do CO_2 atmosférico é sua transformação em outras moléculas.

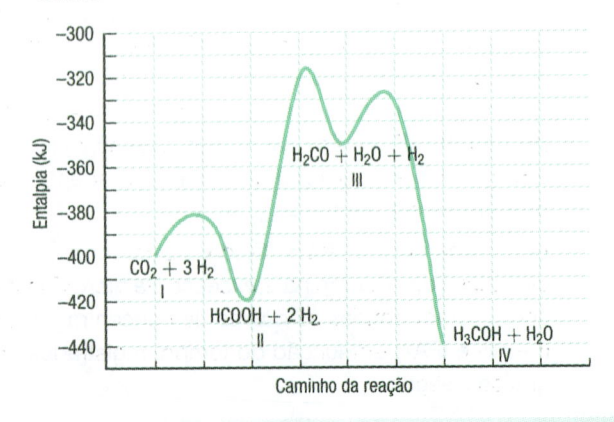

O diagrama ao lado mostra a conversão do gás carbônico em metanol.

a) Indique a etapa lenta do processo. Justifique sua resposta.
b) A partir das informações do gráfico, escreva as equações químicas das reações que descrevem o mecanismo do processo, e o ΔH de cada uma delas.
c) Escreva a equação global do processo e calcule a variação da entalpia na conversão do CO_2 em metanol.

2. A reação de bromação da acetona, com catálise ácida, ocorre em duas etapas, conforme representado nas sequências abaixo:

sequência 1:

$$CH_3 - \underset{\underset{O}{\|}}{C} - CH_3 + H^+ \longrightarrow CH_3 - \underset{\underset{OH}{|}}{C} = CH_2$$

sequência 2:

$$CH_3 - \underset{\underset{OH}{|}}{C} = CH_2 + Br_2 \longrightarrow$$

$$\longrightarrow CH_3 - \underset{\underset{O}{\|}}{C} = CH_2Br + Br^- + H^+$$

Um estudo experimental da cinética da reação de bromação apresentou os seguintes resultados:

[CH$_3$COCH$_3$] mol/L	[Br$_2$] mol/L	[H$^+$] mol/L	Velocidade inicial (mol/L · s)
0,30	0,05	0,05	5,7 · 10^{-5}
0,30	0,10	0,05	5,7 · 10^{-5}
0,30	0,05	0,10	1,14 · 10^{-4}
0,40	0,05	0,20	3,04 · 10^{-4}
0,40	0,05	0,05	7,6 · 10^{-5}

Com base no que foi apresentado.
a) Escreva a equação da velocidade para a reação.
b) Determine o valor da constante de velocidade.
c) Transcreva a sequência que representa a etapa lenta do processo.

3. (UERJ) O gráfico a seguir representa a variação, em função do tempo, da concentração, em quantidade de matéria, do hidrogênio gasoso formado em duas reações químicas de alumínio metálico com solução concentrada de ácido clorídrico. Estas reações são realizadas sob as mesmas condições, diferindo, somente, quanto às formas de apresentação do alumínio: placas metálicas e pó metálico.

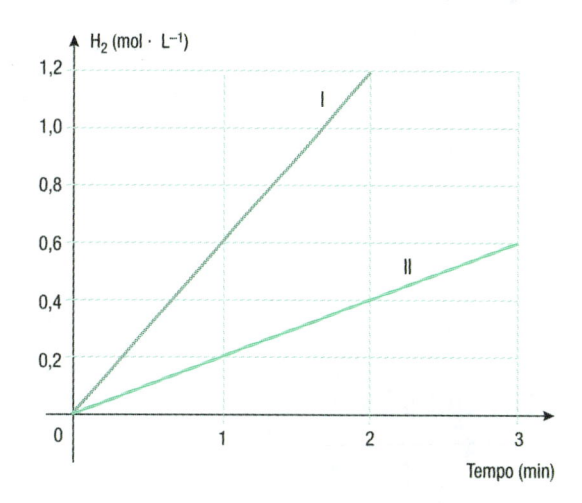

a) Calcule a razão entre a maior e a menor velocidade média da reação. Justifique sua resposta com cálculos.
b) Defina a que forma de apresentação do alumínio corresponde cada uma das curvas. Justifique sua resposta.

4. (FUVEST – SP) Pilocarpina (P) é usada no tratamento de glaucoma. Em meio alcalino, sofre duas reações simultâneas: isomerização, formando iso-pilocarpina (i — P) e hidrólise, com formação de pilocarpato (PA$^-$). Em cada uma dessas reações, a proporção estequiométrica entre o reagente e o produto é de 1 para 1.

Num experimento, a 25 °C, com certa concentração inicial de pilocarpina e excesso de hidróxido de sódio, foram obtidas as curvas de concentração de (i — P) e (PA$^-$) em função do tempo, registradas no gráfico a seguir.

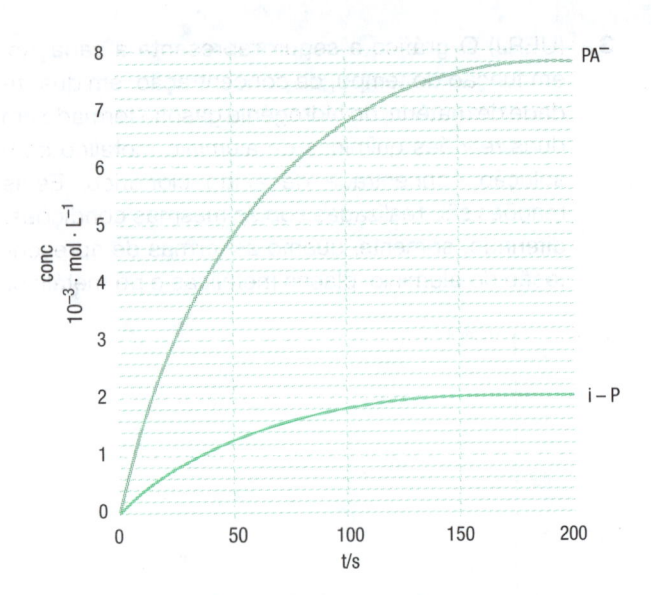

Tempo/s	0	100	200
[i − P]/10^{-3} mol/L^{-1}			
[PA$^-$]/10^{-3} mol/L^{-1}			
[P]/10^{-3} mol/L^{-1}			

Considere que, decorridos 200 s, a reação se completou, com consumo total do reagente pilocarpina.

a) Para os tempos indicados na tabela da folha de respostas, complete a tabela com as concentrações de (i − P) e (PA$^-$).
b) Complete a tabela com as concentrações do reagente P.
c) Analisando as curvas do gráfico, qual das duas reações, a de isomerização ou a de hidrólise, ocorre com maior velocidade? Explique.

5. (UFMG) A reação de decomposição do pentóxido de dinitrogênio, N_2O_5, que produz dióxido de nitrogênio NO_2, e oxigênio, O_2, foi realizada num recipiente de 1 litro, à temperatura de 25 °C.

a) Escreva a equação balanceada que representa essa reação.
b) Analise este gráfico, em que está representada a concentração do N_2O_5 em função do tempo, ao longo dessa reação:

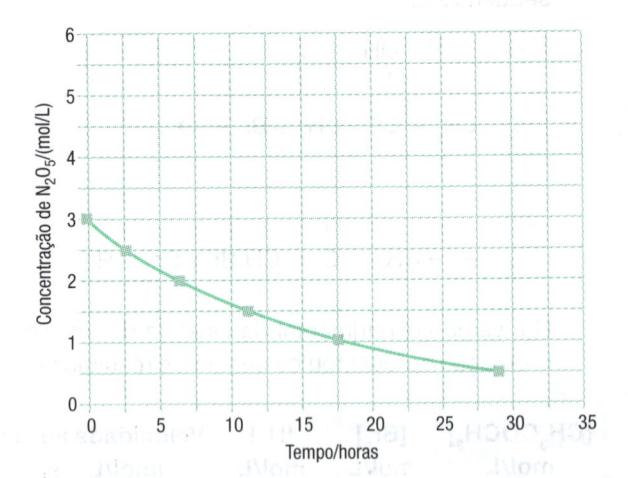

No início da reação, a concentração dos produtos é igual a zero.
Considerando essas informações, **trace**, diretamente no gráfico acima, a curva que representa a concentração do NO_2 produzido em função do tempo.

c) Considere, agora, o tempo transcorrido para que a concentração inicial do N_2O_5 se reduza a metade. Calcule a velocidade média de consumo do N_2O_5, nesse intervalo de tempo.

6. (UFMG) Um grupo de estudantes foi encarregado de investigar a reação do brometo de terc-butila (composto I) com uma solução aquosa de hidróxido de sódio, que resulta na formação de álcool terc-butílico (composto II) como representado na seguinte equação:

$(CH_3)_3C-Br + OH^- \longrightarrow (CH_3)_3C-OH + Br^-$
  I   II

Para isso, eles realizaram cinco experimentos, nas condições indicadas neste quadro:

Experimento	Concentração/ (mol/L)		Velocidade/ mol/(L · s)
	$(CH_3)_3C-Br$	OH^-	
1	0,10	0,10	$1 \cdot 10^{-3}$
2	0,20	0,10	$2 \cdot 10^{-3}$
3	0,30	0,10	$3 \cdot 10^{-3}$
4	0,10	0,20	$1 \cdot 10^{-3}$
5	0,10	0,30	$1 \cdot 10^{-3}$

a) Indique se a velocidade da reação depende apenas da concentração do brometo de terc--butila, apenas da concentração do íon hidróxido ou de ambas as concentrações. Justifique.

b) O mecanismo proposto para essa reação envolve duas etapas – a primeira mais lenta que a segunda:

• Primeira etapa (**lenta**)

$(CH_3)_3C-Br + OH^- \longrightarrow (CH_3)_3C^+ + OH^- + Br^-$

• Segunda etapa (**rápida**)

$(CH_3)_3C^+ + OH^- + Br^- \longrightarrow (CH_3)_3C-OH + Br^-$

Analise estes diagramas, em que se apresenta a energia do **sistema inicial**, $[(CH_3)_3C-Br + OH^-]$, do **sistema intermediário**, $[(CH_3)_3C^+ + OH^- + Br^-]$, e do **sistema final**, $[(CH_3)_3C-OH + Br^-]$:

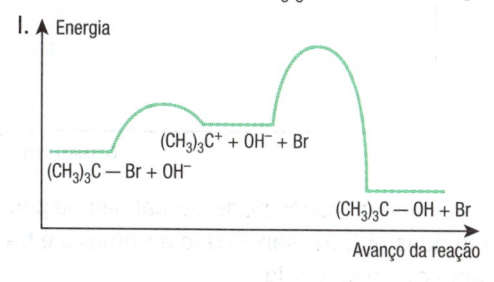

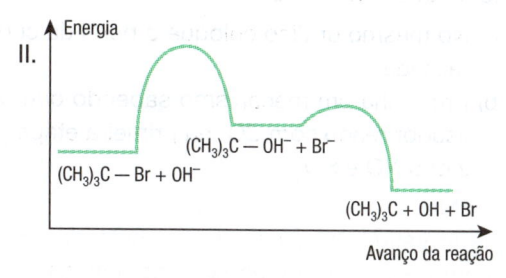

I. [Diagrama de energia com barreira menor seguida de barreira maior]

II. [Diagrama de energia com barreira maior seguida de barreira menor]

Indique qual dos diagramas – I ou II – representa corretamente a energia de ativação das duas etapas.

c) Indique, por meio de setas, diretamente no diagrama que você indicou como o correto, a energia de ativação das duas etapas.

7. (UNESP – adaptada) O gás cloreto de carbonila, $COCl_2$ (fosgênio), extremamente tóxico, é usado na síntese de muitos compostos orgânicos. Conhecendo os seguintes dados coletados a uma dada temperatura para a reação:

$CO(g) + Cl_2(g) \longrightarrow COCl_2(g)$

Experimento	Concentração inicial (mol/L)		Velocidade inicial (mol/L · s)
	CO(g)	Cl_2(g)	
1	0,12	0,20	0,09
2	0,24	0,20	0,18
3	0,24	0,40	0,72

a) Escreva a expressão da lei de velocidade para a reação mencionada.
b) Calcule o valor da constante (k) de velocidade.
c) Qual será a velocidade da reação se as concentrações dos gases CO e Cl_2 forem respectivamente, 2,0 e 0,5 mol/L? Mostre seus cálculos.

8. A série de experimentos, representada esquematicamente a seguir, foi realizada colocando-se, em um mesmo instante, uma massa de 10,35 g de chumbo em três recipientes distintos (A, B e C), cada um contendo 100 mL de uma solução aquosa de ácido clorídrico, a 25 °C.

As figuras abaixo representam os fenômenos observados em cada um dos recipientes, após certo intervalo de tempo.

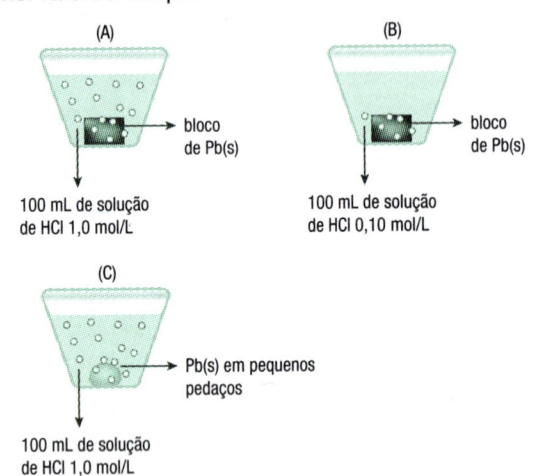

(A) bloco de Pb(s) — 100 mL de solução de HCl 1,0 mol/L
(B) bloco de Pb(s) — 100 mL de solução de HCl 0,10 mol/L
(C) Pb(s) em pequenos pedaços — 100 mL de solução de HCl 1,0 mol/L

Analise os fenômenos observados e responda:

a) Entre os recipientes A e B, onde a reação ocorreu com maior velocidade? Justifique sua resposta.
b) Entre os recipientes A e C, onde a reação ocorreu com maior velocidade? Justifique sua resposta.
O gráfico a seguir mostra a variação do pH com o tempo nos experimentos A, B e C.

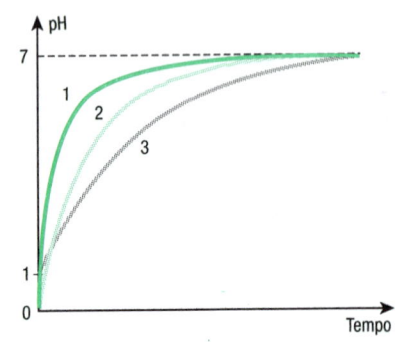

c) Associe as curvas 1, 2 e 3 com os experimentos A, B e C.
d) Explique o comportamento observado no gráfico para a variação do pH representado na curva 1 com o seu respectivo experimento.

9. (IME – RJ – adaptada) Considere a sequência de reações e o perfil energético associados ao processo de oxidação do dióxido de enxofre.

Etapa 1: $SO_2(g) + NO_2(g) \longrightarrow SO_3(g) + NO(g)$
Etapa 2: $2\ NO(g) + O_2(g) \longrightarrow 2\ NO_2(g) + NO(g)$

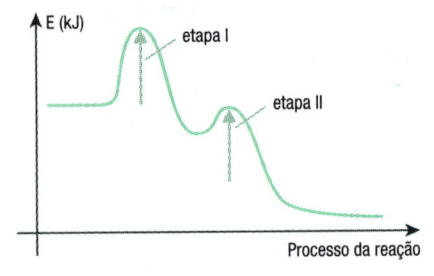

a) Indique a etapa lenta da reação, e escreva a equação global do processo.
b) Escreva a lei de velocidade da reação.
c) O processo de oxidação do dióxido de enxofre demonstrado acima apresenta catalisador? Justifique.

10. (ITA – SP) A reação de combustão
$$2\ SO_2 + O_2 \longrightarrow 2\ SO_3$$
é lenta e pode ser representada pela figura abaixo:

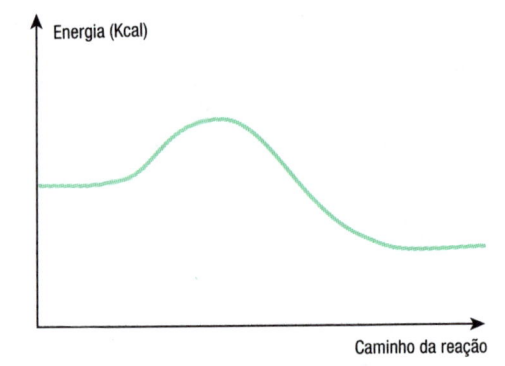

Esta mesma reação pode ser catalisada pelo $NO_2(g)$ em duas etapas, sendo que a primeira é bem mais lenta que a segunda.

a) No mesmo gráfico coloque o perfil da curva catalisada.
b) Proponha um mecanismo sabendo que o catalisador reage com SO_2 na primeira etapa produzindo NO e SO_3.

Capítulo 7
Equilíbrio Químico Molecular

1. Introdução

O conceito de equilíbrio é proveniente das mudanças de estado físico, por exemplo, $H_2O(l) \rightleftarrows H_2O(v)$ (a 25 °C). A dupla seta supõe o sistema em equilíbrio.

Quando o ponteiro do manômetro estabiliza em 17,54 mmHg significa que a quantidade de vapor fica constante. Podemos explicar considerando que a vaporização e a condensação estão ocorrendo simultaneamente com a mesma velocidade, isto é, se 100 moléculas de H_2O vaporizam outras 100 moléculas de H_2O condensam.

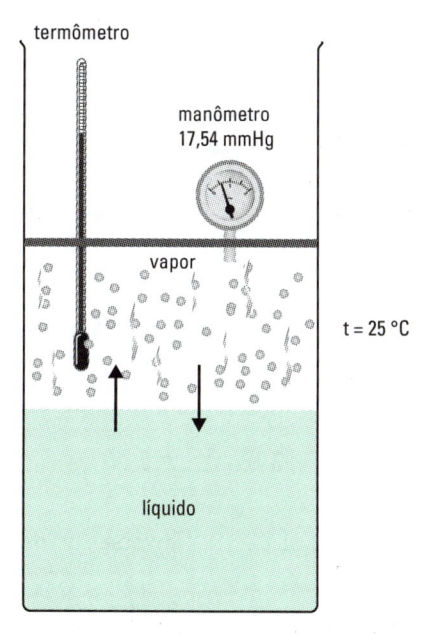

$v_{condensação} = v_{vaporização}$ (equilíbrio físico)

Um sistema fechado atinge um equilíbrio físico quando as velocidades das mudanças de fase se tornam iguais. Portanto, **equilíbrio significa igualdade nas velocidades**.

2. Reação reversível

Para explicar esse tipo de reação vamos utilizar a seguinte equação química:

$$N_2O_4(g) \rightleftarrows 2\,NO_2(g)$$
incolor   marrom

Experiência 1: $N_2O_4(g)$

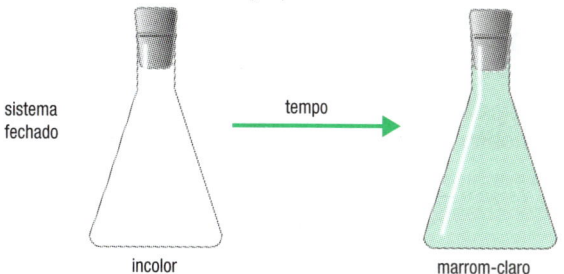

$N_2O_4(g) \longrightarrow 2\,NO_2(g)$ reação direta

Experiência 2: $NO_2(g)$

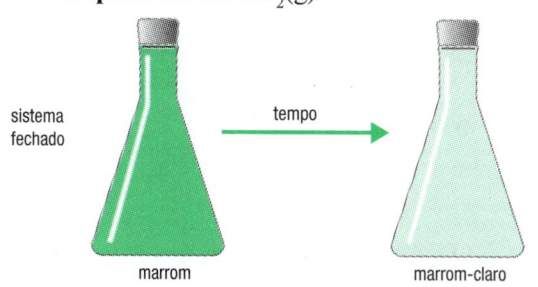

$2\,NO_2(g) \longrightarrow N_2O_4(g)$ reação inversa

Essas duas experiências mostram que o $N_2O_4(g)$ se dissocia produzindo $NO_2(g)$ e por sua vez $NO_2(g)$ dimeriza produzindo $N_2O_4(g)$. Esse tipo de reação é chamada de **reação reversível**.

Reação reversível é aquela que se processa simultaneamente nos dois sentidos, isto é, os reagentes se transformam nos produtos, e estes, à medida que se formam, regeneram os reagentes iniciais, acontecendo em um sistema fechado.

Teoricamente, todas as reações químicas são reversíveis. No entanto, na prática, algumas reações não podem ser revertidas, por exemplo, fritar um ovo é um processo que, em termos práticos, não pode ser considerado reversível.

Um conjunto de setas duplas $\rightleftarrows$, em uma equação, indica que a reação é reversível.

Outros exemplos de reações reversíveis, em sistema fechados:

$$H_2(g) + I_2(g) \rightleftarrows 2\,HI(g)$$
$$N_2(g) + 3\,H_2(g) \rightleftarrows 2\,NH_3(g)$$
$$2\,SO_2(g) + O_2(g) \rightleftarrows 2\,SO_3(g)$$

3. Equilíbrio químico

Uma reação reversível atinge o equilíbrio químico quando a **velocidade da reação direta é igual** a **velocidade da reação inversa**, isso é evidenciado experimentalmente, pois as concentrações dos participantes ficam constantes em um determinado intervalo de tempo.

Exemplo:

$$N_2(g) + 3\,H_2(g) \underset{v_2}{\overset{v_1}{\rightleftarrows}} 2\,NH_3(g)$$

equilíbrio químico: $v_1 = v_2$ (concentrações constantes).

Tabela 1:

Tempo	$[N_2]$	$[H_2]$	$[NH_3]$	
t_0	1	1	0	A reação vai começar.
t_1	0,874	0,622	0,252	A reação está caminhando.
t_2	0,814	0,442	0,372	
t_3	0,786	0,358	0,428	
t_4	0,781	0,343	0,438	A reação chegou ao equilíbrio.
t_5	0,781	0,343	0,438	

RUSSEL, J. B. **Química Geral**. 6. ed. São Paulo: Pearson Education, 1994. v. 2.

No instante t_4, as concentrações ficaram constantes evidenciando que a reação atingiu o equilíbrio químico.

4. Gráficos envolvendo equilíbrio químico

4.1 Concentração em função do tempo

Colocando em um gráfico, os valores de $[NH_3]$ da tabela 1 em função do tempo, teremos:

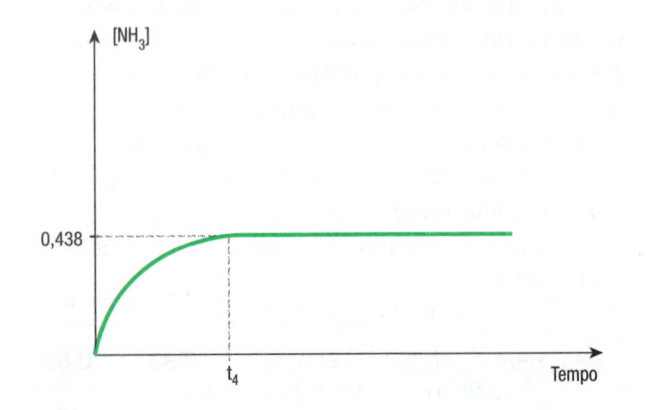

Colocando em um gráfico, os valores das concentrações dos reagentes (N_2 e H_2), teremos:

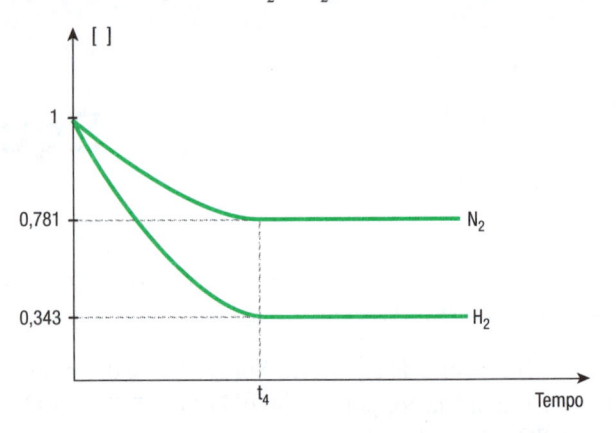

Colocando em um mesmo gráfico, os valores das concentrações dos **produtos** e **reagentes** da tabela 1 em função do tempo, teremos:

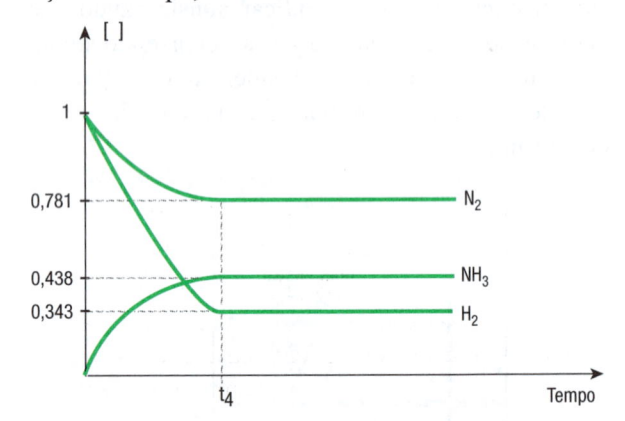

4.2 Velocidade em função do tempo

Utilizando a tabela 1

$$N_2 + 3\,H_2 \underset{v_2}{\overset{v_1}{\rightleftarrows}} 2\,NH_3$$

direta $v_1 = k_1[N_2][H_2]^3$ inversa $v_2 = k_2[NH_3]^2$

t_0 $v_1 = k_1 \cdot 1 \cdot 1^3$ t_0 $v_2 = k_2 \cdot 0 = 0$

t_1 $v_1 = k_1 \cdot 0,874 \cdot 0,622^3$ t_1 $v_2 = k_2 \cdot 0,252^2$

t_4 $v_1 = k_1 \cdot 0,784 \cdot 0,343^3$ t_4 $v_2 = k_2 \cdot 0,438^2$

↓ diminui   ↓ aumenta

antes de atingir o equilíbrio químico v_1 diminui v_2 aumenta

equilíbrio químico atingido $v_1 = v_2$

t_4 $k_1 \cdot 0,784 \cdot 0,343^3 = k_2 \cdot 0,438^2$

$$\frac{k_1}{k_2} = 6,09$$

$k_1 > k_2$: curva da reação direta é mais inclinada do que a curva da reação inversa.

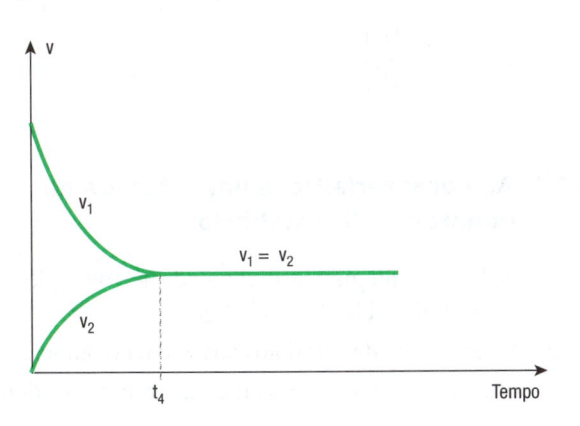

$k_1 = k_2$: as inclinações são iguais.

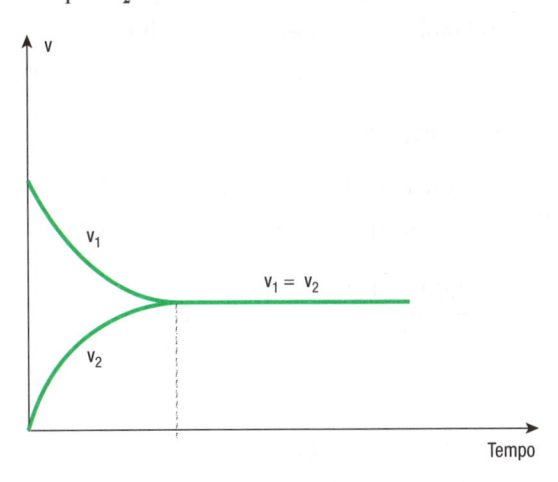

Aprofundando a discussão

t_1 $\quad v_1 = k_1[N_2][H_2]^3 \qquad v_2 = k_2[NH_3]^2$

$\qquad v_1 = k_1 \cdot 0{,}874 \cdot 0{,}622^3 \qquad v_2 = k_2 \cdot 0{,}252^2$

$\qquad \boxed{v_1 = k_1 \cdot 0{,}210} \qquad \boxed{v_2 = k_2 \cdot 0{,}063}$

$t_2 \quad v_1 = k_1 \cdot 0{,}874 \cdot 0{,}442^3 \qquad v_2 = k_2 \cdot 0{,}372^2$

$\qquad \boxed{v_1 = k_1 \cdot 0{,}07} \qquad \boxed{v_2 = k_2 \cdot 0{,}138}$

Como $k_1 = 6{,}09 k_2$, a diminuição de v_1 será mais acentuada que ao aumento de v_2.

$k_2 > k_1$: curva da reação inversa é mais inclinada do que a curva da reação direta.

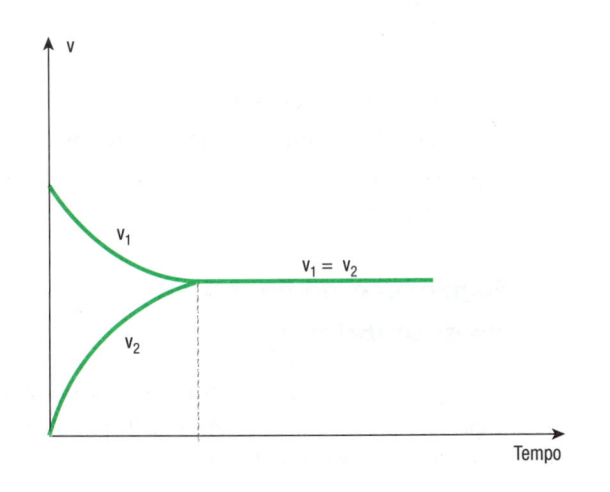

5. Tipos de equilíbrios químicos

a) **Equilíbrios homogêneos**

São os que ocorrem em reações nas quais todos os reagentes e produtos formam um **sistema homogêneo**.

Exemplos:

Sistemas gasosos:

$$H_2(g) + I_2(g) \rightleftarrows 2\,HI(g)$$

Soluções:

$$CH_3COOH(aq) + C_2H_5OH(aq) \rightleftarrows$$
$$\rightleftarrows CH_3COOC_2H_5(aq) + H_2O(l)$$

b) **Equilíbrios heterogêneos**

São os que ocorrem em reações nas quais os reagentes e produtos formam um **sistema heterogêneo**.

Exemplos:

Substâncias sólidas e gasosas:

$$2\,C(s) + O_2(g) \rightleftarrows 2\,CO(g)$$

Solução saturada e o precipitado correspondente:

$$BaSO_4(s) \rightleftarrows Ba^{2+}(aq) + SO_4^{2-}(aq)$$

6. Rendimento de uma reação reversível ou grau de equilíbrio (α)

Observe a tabela:

Tempo de reação (min)	CO(g)	+ NO$_2$(g) $\rightleftarrows$	CO$_2$(g)	+ NO(g) (600 °C)
início	1,00	1,00	0	0
equilíbrio	0,20	0,20	0,80	0,80

Cap. 7 | Equilíbrio Químico Molecular

reagiu 0,80 mol de CO e NO_2

1,00 mol ——————— 100%
0,80 mol ——————— x ∴ x = 80%

Outra maneira:

$$\alpha_{CO} = \frac{\text{quantidade de mols que reagiu de CO}}{\text{quantidade inicial de mols de CO}} =$$

$$= \frac{1,00 - 0,20}{1,00} = \frac{0,80}{1,0} = 0,80$$

ou
$\alpha_\% = 80\%$
$0 < \alpha < 1$ e $0 < \alpha\% < 100$
$\alpha \to 1$ (ou 100%): rendimento da reação é grande
$\alpha \to 0$ próximo de zero: rendimento da reação é pequeno

7. Constante de equilíbrio (K)

A maneira de descrever a posição do equilíbrio de uma reação reversível é dar as concentrações de equilíbrio dos reagentes e produtos. A expressão da constante de equilíbrio, que é uma constante numérica, relaciona as concentrações entre reagentes e produtos no equilíbrio numa certa temperatura.

$$K = \frac{\text{produto}}{\text{reagente}}$$

7.1 Expressão da constante de equilíbrio: K_C

Na expressão da constante de equilíbrio podemos usar as concentrações em mol/L, e por isso o símbolo K recebe o índice c (concentração) e fica K_C. Utilizando a Tabela 1

N_2 + 3 H_2 $\underset{v_2}{\overset{v_1}{\rightleftarrows}}$ 2 NH_3
t_4 0,781 mol/L   0,343 mol/L   0,438 mol/L   equilíbrio

velocidade da reação direta: $v_1 = k_1[N_2][H_2]^3$
velocidade da reação inversa: $v_2 = k_2[NH_3]^2$
equilíbrio $v_1 = v_2$

$$k_1[N_2][H_2]^3 = k_2[NH_3]^2$$

$$K_C = \frac{k_1}{k_2} = \frac{[NH_3]^2}{[N_2][H_2]^3}$$

$$K_C = \frac{0,438^2}{0,781 \cdot 0,343^3} \therefore K_C = 6,09$$

K_C é chamado de constante de equilíbrio em termos de concentrações em mol/L.

Dada a equação simbólica:

aA + bB $\rightleftarrows$ cC + dD

$$K = \frac{[C]^c[D]^d}{[A]^a[B]^b}$$

7.1.1 As caracterísiticas importantes da constante de equilíbrio

- Essa relação matemática é chamada lei da ação das massas ou Lei de Guldberg-Waage.
- As concentrações dos produtos aparecem no numerador.
- As concentrações dos reagentes aparecem no denominador.
- Cada uma das concentrações está elevada a uma potência que é igual ao respectivo coeficiente estequiométrico na equação equilibrada.
- O valor da constante K_C depende da reação e da temperatura, e esta constante é adimensional.
- Os sólidos não devem ser incluídos na expressão da constante de equilíbrio.

Exemplo:

S(s) + O_2(g) $\rightleftarrows$ SO_2(g)

$$K = \frac{[SO_2]}{[O_2]}$$

A concentração de um sólido é determinada por sua densidade, e a densidade é um valor fixo (temperatura constante).

$[S] = \dfrac{n}{V}$ \qquad como $n = \dfrac{m}{M}$

$[S] = \dfrac{m}{MV}$ \qquad como $d = \dfrac{m}{V}$

$[S] = \dfrac{d}{M}$

$\overline{M}$: massa molar é constante (32 g/mol).
d: densidade é constante pois a temperatura é constante.
[S] = constante

7.2 Expressão da constante de equilíbrio: K_P

Em um sistema em equilíbrio que participa uma mistura gasosa, a concentração em mol/L pode ser substituída pela pressão parcial do gás.

$pV = nRT$ \qquad $p = \dfrac{n}{V} RT$ \qquad $p = [\ ] RT$

Exemplo:

$$\boxed{N_2(g) + 3\,H_2(g) \rightleftarrows 2\,NH_3(g)} \quad \begin{array}{c} V \\ T \end{array}$$

$$N_2(g) + 3\,H_2(g) \rightleftarrows 2\,NH_3(g)$$

$$K_C = \frac{[NH_3]^2}{[N_2][H_2]^3}$$

Substituindo a concentração em mol/L pela pressão parcial de cada gás.

$$pNH_3 = [NH_3]RT,\ [NH_3] = \frac{pNH_3}{RT},\ [NH_3]^2 = \frac{p^2NH_3}{(RT)^2}$$

$$pN_2 = [N_2]RT, \qquad [N_2] = \frac{pN_2}{RT}$$

$$pH_2 = [H_2]RT, \qquad [H_2] = \frac{pH_2}{RT},\qquad [H_2]^3 = \frac{p^3H_2}{(RT)^3}$$

$$K_C = \frac{p^2NH_3}{pN_2 \cdot p^3H_2} \cdot \frac{\frac{1}{(RT)^2}}{\frac{1}{RT} \cdot \frac{1}{RT^3}}$$

A relação $\dfrac{p^2NH_3}{pN_2 \cdot p^3H_2}$ representa o K_P

$$K_C = K_P\,RT^2 \therefore K_P = K_C(RT)^{-2}$$

generalizando temos:

$$\boxed{K_P = K_C(RT)^{\Delta n}}$$

$$\boxed{\Delta n = n_{\text{produtos gasosos}} - n_{\text{reagentes gasosos}}}$$

Exemplos:

$$N_2 + 3\,H_2 \rightleftarrows 2\,NH_3$$
$$\Delta n = 2 - 4 = -2$$

$$H_2(g) + I_2(g) \rightleftarrows 2\,HI(g)$$
$$\Delta n = 2 - 2 = 0$$

Conclusões:

- Na expressão do K_P só entram gases.
- $aA(g) + bB(g) \rightleftarrows cC(g) + dD(g)$

$$K_P = \frac{p_C^c \cdot p_D^d}{p_A^a \cdot p_B^b}$$

8. O significado da constante de equilíbrio

O valor da constante de equilíbrio mostra se a reação é favorável aos produtos ou aos reagentes. Além disso, pode ser usado para calcular a quantidade de produto presente no equilíbrio, o que é uma informação valiosa para os químicos e os engenheiros químicos.

Um valor grande de K significa que os reagentes se convertem em grande parte no produto, ou seja, no equilíbrio predomina os produtos.

Um exemplo é o da reação entre o monóxido de nitrogênio e o ozônio.

K >> 1: a reação é favorável aos produtos; as concentrações dos produtos no equilíbrio são maiores do que as concentrações dos reagentes no equilíbrio.

$$NO(g) + O_3(g) \rightleftarrows NO_2(g) + O_2(g)$$

$$K_C = 6 \times 10^{34} \text{ a } 25\,°C = \frac{[NO_2][O_2]}{[NO][O_3]}$$

$K_C >> 1$, desta maneira, o equilíbrio,

$[NO_2][O_2] >> [NO][O_3]$

O valor muito grande de K mostra que, quando se misturam quantidades estequiométricas de NO e de O_3 num recipiente fechado e se deixa o sistema entrar em equilíbrio, há praticamente o desaparecimento dos reagentes, que se convertem em NO_2 e O_2. Como se diz em química, "a reação foi completa".

Ao contrário, um valor pequeno de K (como na formação do ozônio a partir do oxigênio) significa que há muito pouca formação de produtos a partir dos reagentes ao se chegar ao equilíbrio, ou seja, os reagentes são privilegiados diante dos produtos no equilíbrio.

K << 1: A reação é favorável aos reagentes; as concentrações dos reagentes no equilíbrio são maiores do que as concentrações dos produtos no equilíbrio.

$$\frac{3}{2}\,O_2(g) \rightleftarrows O_3(g)$$

$$K_C = 2{,}5 \times 10^{-29} \text{ a } 25\,°C = \frac{[O_3]}{[O_2]^{3/2}}$$

$K_C << 1$, significando que $[O_3] << [O_2]^{3/2}$ no equilíbrio

O valor muito pequeno de K indica que, se o O_2 for colocado num balão, será mínima a quantidade convertida a O_3 quando o equilíbrio tiver sido atingido.

Conclusão:

K >> 1 existem mais produtos que reagentes no equilíbrio

K << 1 existem mais reagentes que produtos no equilíbrio

9. Operações matemáticas com equações de equilíbrio e as respectivas constantes

Multiplicação dos coeficientes da equação por um fator:

$H_2(g) + \frac{1}{2} O_2(g) \rightleftarrows H_2O(g)$ $K_1 = [H_2O]/[H_2][O_2]^{1/2}$

$2 H_2(g) + O_2(g) \rightleftarrows 2 H_2O$ $K_2 = [H_2O]^2/[H_2]^2[O_2]$

$K_2 = K_1^2$

Quando se multiplicam os coeficientes de uma equação por um certo fator, deve-se elevar K a um expoente igual ao fator para se obter a constante da nova equação de equilíbrio.

Equações inversas:

$H_2(g) + I_2(g) \rightleftarrows 2 HI(g)$ $K_1 = [HI]^2/[H_2][I_2]$

$2 HI(g) \rightleftarrows H_2(g) + I_2(g)$ $K_2 = [H_2][I_2]/[HI]^2$

$K_2 = 1/K_1$

As constantes de equilíbrio de uma equação e a da equação inversa são recíprocas entre si.

Adição de equações:

$2 NO(g) + O_2(g) \rightleftarrows 2 NO_2(g)$ $K_1 = [NO_2]^2/[NO]_2[O_2]$
$2 NO_2(g) \rightleftarrows N_2O_4(g)$ $K_2 = [N_2O_4]/[NO_2]^2$
_____
$2 NO(g) + O_2(g) \rightleftarrows N_2O_4(g)$ $K_3 = [N_2O_4]/[NO]^2[O_2]$

$K_3 = \dfrac{[NO_2]^2}{[NO]^2[O_2]} \cdot \dfrac{[N_2O_4]}{[NO_2]^2} = K_1 \times K_2$

Quando se adicionam duas ou mais equações de equilíbrio devem-se multiplicar as constantes de equilíbrio para obter K da equação total.

10. O quociente de reação, Q

Para uma reação, a constante de equilíbrio, K, tem um valor numérico particular quando os reagentes e produtos estão em equilíbrio. Entretanto, quando os reagentes e produtos em uma reação não estão em equilíbrio é conveniente calcular o **quociente de reação**, Q.

Para a reação geral entre A e B resultando C e D.

$$aA + bB \rightleftarrows cC + dD$$

o quociente de reação é definido como

$$Q = \dfrac{[C]^c[D]^d}{[A]^a[B]^b}$$

Cálculo idêntico ao K.

Tabela 2:

Tempo	$[N_2]$	$[H_2]$	$[NH_3]$	$Q = \dfrac{[NH_3]^2}{[N_2][H_2]^3}$
t_0	1	1	0	0
t_1	0,874	0,622	0,252	0,302
t_2	0,814	0,442	0,372	1,97
t_3	0,786	0,358	0,428	5,08
t_4	0,781	0,343	0,438	6,09
t_5	0,781	0,343	0,438	6,09

RUSSEL, J. B. **Química Geral**. 6. ed. São Paulo: Pearson Education, 1994. v. 2.

No instante t_4, (atingiu o equilíbrio químico) temos $Q = K_C$. Determinar um quociente de reação é útil, por duas razões.

- Primeiro, Q informará se um sistema está em equilíbrio (quando Q = K) ou não está em equilíbrio (quando Q ≠ K)

    está em equilíbrio: Q = K

    não está em equilíbrio: Q ≠ K

- Segundo, ao comparar Q e K, podemos prever quais das mudanças que ocorrerão nas concentrações dos reagentes e produtos, antes de o equilíbrio ser atingido.
- **Q < K**: se Q for menor do que K, alguns reagentes precisam ser convertidos para produtos, a fim de que a reação atinja o equilíbrio. Isso diminuirá as concentrações de reagentes e aumentará as concentrações dos produtos.
- **Q > K**: se Q for maior do que K, alguns produtos precisam ser convertidos para reagentes, a fim de que a reação atinja o equilíbrio. Isso aumentará as concentrações de reagentes e diminuirá as concentrações dos produtos.

Relação	Direção da reação
Q = K	reação em equilíbrio ($v_1 = v_2$)
Q < K	reagentes ⟶ produtos ($v_1 > v_2$)
Q > K	reagentes ⟵ produtos ($v_1 < v_2$)

Resumo:

- Entender a natureza e as características do estudo de equilíbrio: (a) as reações químicas são reversíveis; (b) os equilíbrios são dinâmicos; (c) a natureza do estado de equilíbrio é sempre a mesma, qualquer que seja o sentido de aproximação.

- Escrever a expressão da constante de equilíbrio de qualquer reação química. Para a reação geral.

$$aA + bB \rightleftarrows cC + dD$$

as concentrações de reagentes e produtos no equilíbrio estão relacionadas pela **expressão da constante de equilíbrio**.

$$\text{Constante de equilíbrio} = K_C = \frac{[C]^c[D]^d}{[A]^a[B]^b}$$

- Reconhecer que nas concentrações de sólidos e solventes (por exemplo, água) não aparecem as expressões das constantes de equilíbrio.
- Saber que as constantes de equilíbrio se exprimem em termos das concentrações dos reagentes e dos produtos (expressas em mols por litro) e que K é simbolizada então por K_C. Ou, então, as concentrações dos gases podem ser representadas por pressões parciais, e K é então simbolizada por K_P.
- Saber como K se altera quando os coeficientes estequiométricos da equação se alteram, ou quando a equação é invertida.
- Saber que, quando duas equações químicas se adicionam para dar uma equação global, o valor de K da equação global é igual ao produto dos valores de K das duas equações parciais.
- Saber que quando K for grande (K >> 1) a reação é favorável ao produto e as concentrações dos produtos no equilíbrio são maiores que as dos reagentes. Um valor pequeno de K(K << 1) indica que a reação é favorável aos reagentes, e então, no equilíbrio, as concentrações dos produtos são menores que as dos reagentes.
- Aproveitar a ideia do **quociente reacional (Q)** para decidir se uma reação está em equilíbrio.
- Q = K processo está em equilíbrio.
- Q < K processo não está em equilíbrio (reação direta tem maior velocidade).
- Q > K processo não está em equilíbrio (reação inversa tem maior velocidade).
- Calcular a constante de equilíbrio, dadas as concentrações dos reagentes e dos produtos no equilíbrio.
- Usar as constantes de equilíbrio para calcular a concentração de um reagente, ou de um produto, no equilíbrio.

Exercícios Série Prata

1. Complete com **atingiu** ou **não atingiu**.

Dada a reação reversível.

$$CO(g) + NO_2(g) \rightleftarrows CO_2(g) + NO(g)$$
incolor   castanho   incolor   incolor

Quando a intensidade da cor castanho do NO_2 não mais variar com o tempo, a reação _____ o equilíbrio químico.

Dada a tabela em concentração mol/L para a resolução das questões **2** a **4**.

Tempo (min)	CO(g)	+ NO₂(g) ⇌	CO₂(g)	+ NO(g)
0	1	1	—	—
10	0,50	0,50	0,50	0,50
20	0,32	0,32	0,68	0,68
30	0,24	0,24	0,76	0,76
40	0,20	0,20	0,80	0,80
50	0,20	0,20	0,80	0,80
60	0,20	0,20	0,80	0,80

2. Complete com **10, 20, 30, 40, 50** ou **60**.

A partir de _____ min as concentrações dos participantes ficaram constantes, portanto, dizemos que a reação reversível atingiu o equilíbrio químico.

3. Complete com **10, 20, 30, 40, 50** ou **60**.

A intensidade da cor do NO_2 não mais variou a partir de _____ min.

4. Complete os gráficos.

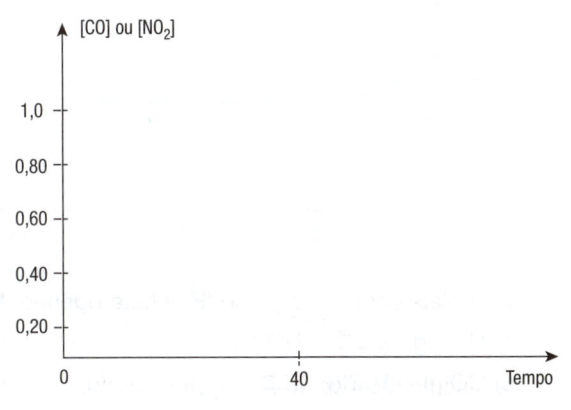

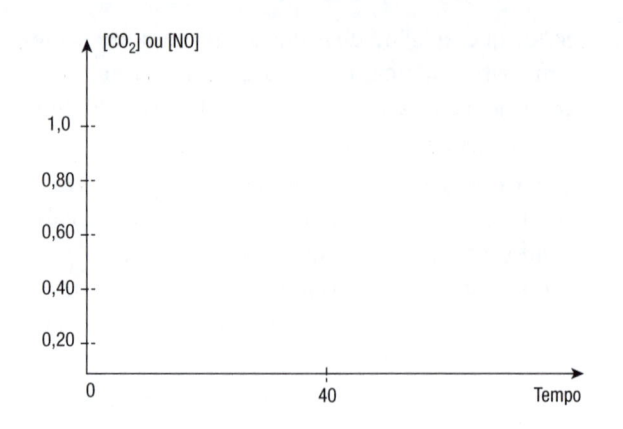

[Gráfico: [CO₂] ou [NO] vs Tempo, com valores 0,20 a 1,0 no eixo y e 40 no eixo x]

5. Complete com **direta** ou **inversa**.

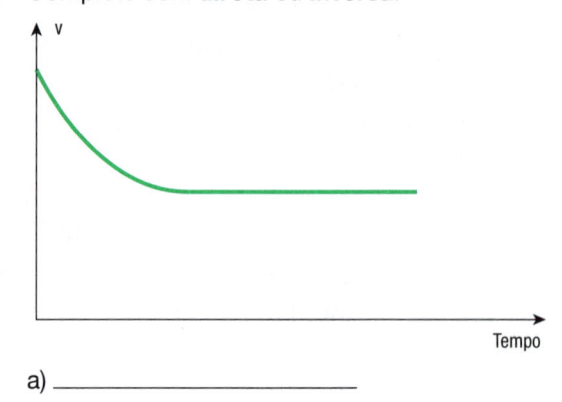

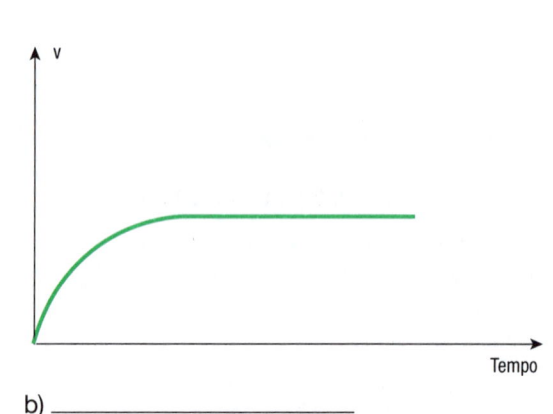

a) _____

b) _____

6. Complete com v_1, v_2, $v_1 = v_2$ e $v_1 \neq v_2$.

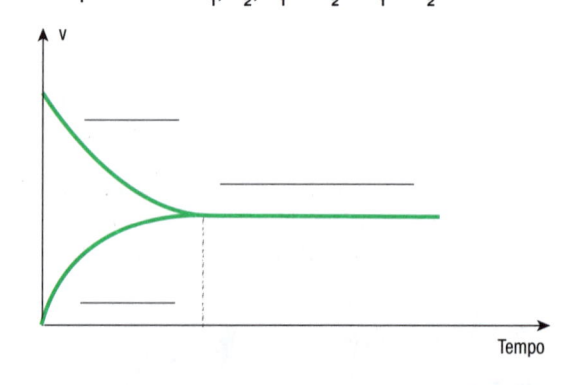

7. Complete com homogêneo (**H**) e heterogêneo (**He**).

a) $N_2O_4(g) \rightleftarrows 2\ NO_2(g)$ ( )

b) $CO(g) + H_2O(g) \rightleftarrows H_2(g) + CO_2(g)$ ( )

c) $Fe_2O_3(s) + 3\ CO(g) \rightleftarrows 2\ Fe(s) + 3\ CO_2(g)$ ( )

d) $NH_4Cl(s) \rightleftarrows NH_3(g) + HCl(g)$ ( )

e) $CH_3COOH(solv) + CH_3CH_2OH(solv) \rightleftarrows$
$\rightleftarrows CH_3COOCH_2(solv) + H_2O(solv)$ ( )

8. Complete com **pouco** e **muito**.

Valor alto de K_C indica que no equilíbrio há _____ reagente e _____ produto.

$2\ SO_2(g) + O_2(g) \rightleftarrows 2\ SO_3(g)$ $K_C = 9,9 \cdot 10^{+25}$

9. Complete com **pouco** e **muito**.

Valor baixo de K_C indica que no equilíbrio há _____ reagente e _____ produto.

$N_2(g) + O_2(g) \rightleftarrows 2\ NO(g)$ $K_C = 1,0 \cdot 10^{-25}$

10. Complete com **sólido** ou **gás**.

Na expressão do K_C não entra _____, pois a sua concentração é constante.

11. Complete.

a) $CO(g) + NO_2(g) \rightleftarrows CO_2(g) + NO(g)$
K_C

b) $CaCO_3(s) \rightleftarrows CaO(s) + CO_2(g)$
K_C

c) $H_2(g) + I_2(g) \rightleftarrows 2\ HI(g)$
K_C

d) $C(s) + CO_2(g) \rightleftarrows 2\ CO(g)$
K_C

e) $3\ Fe(s) + 4\ H_2O(g) \rightleftarrows Fe_3O_4(s) + 4\ H_2(g)$
K_C

12. Complete com **sólido** ou **gás**.

Na expressão do K_P só entra _____.

13. Complete.

a) $H_2(g) + CO_2(g) \rightleftarrows H_2O(g) + CO(g)$
$K_P =$

b) $2\ SO_2(g) + O_2(g) \rightleftarrows 2\ SO_3(g)$
$K_P =$

c) $CaCO_3(s) \rightleftarrows CaO(s) + CO_2(g)$
$K_P =$

d) $C(s) + CO_2(g) \rightleftarrows 2\ CO(g)$
$K_P =$

14. Calcule o Δn.

a) $2\ H_2(g) + O_2(g) \rightleftarrows 2\ H_2O(g)$
$\Delta n =$

b) $H_2(g) + I_2(g) \rightleftarrows 2\ HI(g)$
$\Delta n =$

c) $2\ NH_3(g) \rightleftarrows N_2(g) + 3\ H_2(g)$
$\Delta n =$

15. A 25 °C, o valor de K_c para o equilíbrio

$$N_2(g) + O_2(g) \rightleftarrows 2\,NO(g)$$

é $1,0 \cdot 10^{-30}$. Determine o valor de K_p para esse equilíbrio, nessa temperatura.

16. (PUC – SP) No equilíbrio químico

$$N_2(g) + 3\,H_2(g) \rightleftarrows 2\,NH_3(g)$$

Verifica-se que $K_c = 2,4 \cdot 10^{-3}$ a 727 °C. Qual o valor de K_p, nas mesmas condições físicas?

Dado: $R = 0,082 \dfrac{atm \cdot L}{mol \cdot L}$.

17. (CESGRANRIO – RJ) Assinale, entre as opções abaixo, a razão $\dfrac{K_p}{K_c}$ relativa a reação.

$$2\,NaHCO_3(s) \rightleftarrows Na_2CO_3(s) + CO_2(g) + H_2O(g)$$

a) 1
b) 2
c) RT
d) $(RT)^2$
e) $(RT)^3$

18. Na reação química

$$A + 2\,B \rightleftarrows C + 3\,D$$

determinaram-se, respectivamente, as seguintes concentrações no equilíbrio: 2 mol/L de A, 4 mol/L de B, 3 mol/L de C e 2 mol/L de D. Qual o valor da constante de equilíbrio?

19. Qual a concentração de X presente em equilíbrio com 3 mol/L de Y e 6 mol/L de Z na reação:

$$X + 3\,Y \rightleftarrows 2\,Z$$

sabendo-se que, na temperatura em que a reação foi realizada, a constante de equilíbrio vale 2/3?

20. (UECE) A 1.200 °C, K_c é igual a 8 para a reação:

$$NO_2(g) \rightleftarrows NO(g) + \frac{1}{2}O_2(g)$$

Calcule K_c para:

$$2\,NO_2(g) \rightleftarrows 2\,NO(g) + O_2(g)$$

a) 16
b) 4
c) 32
d) 64

21. (UFPE) Considere o sistema abaixo em equilíbrio

$$2\,HI(g) \rightleftarrows H_2(g) + I_2(g) \qquad K_c = 0,02$$

Qual a constante de equilíbrio da reação inversa nas mesmas condições?

22. O fosgênio é um gás tóxico, utilizável como arma química, que pode ser obtido pelo processo a seguir, a 530 °C:

$$CO(g) + Cl_2(g) \rightleftarrows COCl_2(g)$$

Se, em um recipiente de 30 dm³, estão em equilíbrio 2 mol de monóxido de carbono, 5 mol de cloro e 15 mol de fosgênio, determine o valor de K_c.

23. (UFV – MG) Considere uma reação hipotética:

$$A + B \rightleftarrows C + D$$

O gráfico da variação da concentração dos reagentes e produtos, em função do tempo, a uma dada temperatura, é mostrado abaixo.

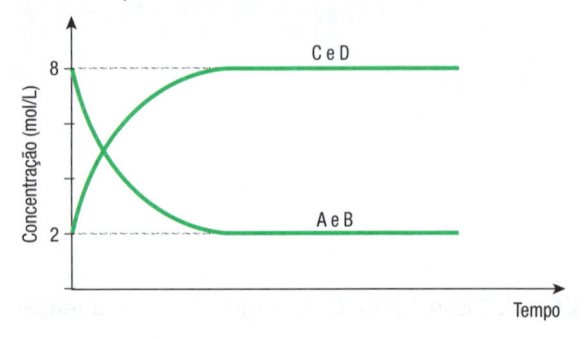

A constante de equilíbrio para a reação é:

a) 4
b) $\dfrac{1}{16}$
c) $\dfrac{1}{4}$
d) 6
e) 16

24. (UFSM – RS) O gráfico a seguir mostra a variação em função do tempo, da concentração de A, B, C e D durante a reação de 3,5 mol/L de A com 3,5 mol/L de B a 25 °C. Observe que as concentrações de A, B, C e D para o cálculo de K_C estão indicadas no gráfico.

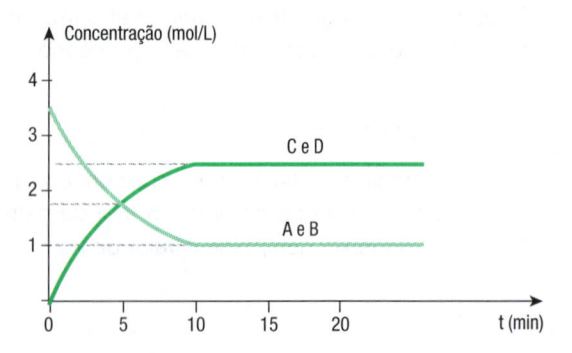

Considerando a reação $A + B \rightleftarrows C + D$, o equilíbrio químico foi alcançado aos _____ minutos, e o valor de K_C quanto à concentração é _____.

Identifique a alternativa que completa corretamente as lacunas.

a) 5; 1,75
b) 10; 2,25
c) 5; 6,25
d) 20; 1,75
e) 10; 6,25

25. Dentro de um recipiente contendo inicialmente apenas NO_2, ocorre o seguinte processo, a temperatura constante:

$$2\,NO_2(g) \rightleftarrows 2\,NO(g) + O_2(g)$$

As concentrações dos participantes forma acompanhadas com o passar do tempo, tendo sido feito o gráfico abaixo.

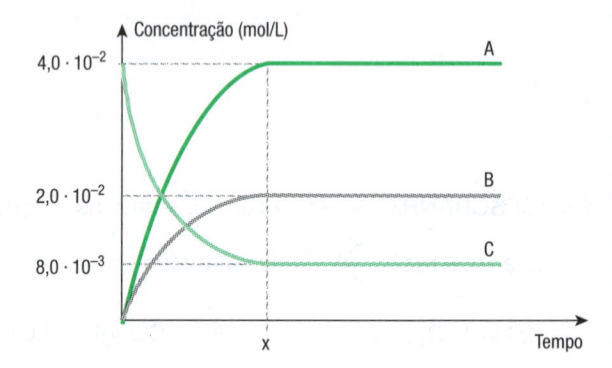

a) Associe as curvas A, B e C aos participantes da reação.
b) Que ocorre de especial no tempo x?
c) Calcule K_C para o equilíbrio em questão.

26. Em um recipiente fechado, em uma dada temperatura, existe o equilíbrio.

$$N_2O_4(g) \rightleftarrows 2\,NO_2(g)$$

Nessa temperatura, a pressão parcial do N_2O_4 é 1 atm e a do NO_2 é 2 atm. Determine o valor de K_P.

27. (FAAP – SP) Sabendo-se que no equilíbrio

$$H_2(g) + I_2(g) \rightleftarrows 2\,HI(g)$$

a pressão parcial do hidrogênio é 0,22 atm, a do iodo é 0,22 atm e a do gás iodídrico é 1,56 atm, o valor de K_p é:

a) 32,2
b) 11,0
c) 7,0
d) 4,5
e) 50,2

28. (VUNESP) O hidrogênio pode ser obtido do metano, de acordo com a equação química em equilíbrio:

$$CH_4(g) + H_2O(g) \rightleftarrows CO(g) + 3\,H_2(g)$$

A constante de equilíbrio dessa reação é igual a 0,20 a 900 K. Numa mistura dos gases em equilíbrio a 900 K, as pressões parciais de $CH_4(g)$ e de $H_2O(g)$ são ambas iguais a 0,40 atm e a pressão parcial de $H_2(g)$ é de 0,30 atm.

a) Dê a expressão da constante de equilíbrio.
b) Calcule a pressão parcial de $CO(g)$ no equilíbrio.

29. Complete a tabela:

	AB $\rightleftarrows$	A	+ B	
início	2	—	—	quantidade em mol
reage e forma				
equilíbrio			0,5	

30. Calcule o K_c da questão 29, sabendo que o volume do recipiente é de 2 litros.

31. Em um recipiente de 1 L são introduzidos 5,0 mol de N_2O_4 que se transformam em NO_2:

$$N_2O_4(g) \rightleftarrows 2\,NO_2(g)$$

Uma vez atingido o equilíbrio, resta no sistema 1,3 mol de reagente. Calcule K_c na temperatura desse experimento.

	N_2O_4 $\rightleftarrows$	2 NO_2	
início	5		concentração em mol/L
reage e forma			
equilíbrio	1,3		

32. (UFRGS – RS) Num vaso de reação a 45 °C e 10 atm foram colocados 1,0 mol de N_2 e 3,0 mols de H_2. O equilíbrio que se estabeleceu pode ser representado pela equação:

$$N_2(g) + 3\,H_2(g) \rightleftarrows 2\,NH_3(g)$$

Qual é a composição da mistura no estado de equilíbrio se nessa condição é obtido 0,08 mol de NH_3?

	N_2	H_2	NH_3
a)	1,0 mol	3,0 mol	0,08 mol
b)	0,96 mol	2,92 mol	0,16 mol
c)	0,84 mol	2,84 mol	0,16 mol
d)	0,84 mol	2,92 mol	0,08 mol
e)	0,96 mol	2,88 mol	0,08 mol

	$N_2(g)$ +	3 $H_2(g)$ $\rightleftarrows$	2 $NH_3(g)$	
início	1	3	—	quantidade em mol
reage e forma				
equilíbrio			0,08	

Cap. 7 | Equilíbrio Químico Molecular

33. (UFMG) 0,80 mol/L de A é misturado com 0,80 mol/L de B. Esses dois compostos reagem lentamente produzindo C e D, de acordo com a reação A + B ⇌ C + D. Quando o equilíbrio é atingido, a concentração de C é medida, encontrando-se o valor 0,60 mol/L. Qual o valor da constante de equilíbrio K_C dessa reação?

	A	+ B	⇌ C	+ D	
início	0,80	0,80	—	—	concentração em mol/L
reage e forma					
equilíbrio			0,60		

	$PCl_5(g)$	⇌ $PCl_3(g)$	+ $Cl_2(g)$	
início	1,5	—	—	concentração em mol/L
reage e forma				
equilíbrio		0,25		

34. (UFPI) Um mol de um composto AB reage com um mol de um composto CD, conforme a equação:

$$AB(g) + CD(g) \rightleftarrows AD(g) + CB(g)$$

Quando se estabelece o equilíbrio, verifica-se que 3/4 de mol de cada um dos reagentes AB e CD foram transformados em AD e CB. Qual é a constante de equilíbrio da reação acima?
a) 9
b) 1/9
c) 9/16
d) 16/9
e) 2/9

	AB(g)	+ CD(g)	⇌ AD(g)	+ CB(g)	
início	1	1	—	—	quantidade em mol
reage e forma	3/4	3/4			
equilíbrio					

35. (PUC – Campinas – SP) Colocam-se em um recipiente de 2 litros, 3 mols de PCl_5 gasoso. Atingindo-se o equilíbrio, observa-se a formação de 0,5 mol de tricloreto de fósforo. Qual a constante do equilíbrio?
a) 5
b) 0,5
c) 0,05
d) 0,005
e) 50

36. Em um recipiente fechado mantido a temperatura constante foram introduzidos monóxido de carbono e vapor-d'água em quantidades tais que suas pressões parciais eram iguais e valiam 0,856 atm cada uma. Após certo tempo, estabeleceu-se o equilíbrio $CO(g) + H_2O(g) \rightleftarrows CO_2(g) + H_2(g)$. Medindo-se então a pressão parcial de CO, obteve-se 0,580 atm. Qual o valor da constante de equilíbrio K_P?

	CO(g)	+ $H_2O(g)$	⇌ $CO_2(g)$	+ $H_2(g)$	
início	0,856	0,856	—	—	pressões parciais
reage e forma					
equilíbrio	0,580				

37. Na esterificação de 1 mol de ácido acético com 1 mol de álcool etílico, a 25 °C, o equilíbrio é atingido com $K_C = 4$. Quais são as quantidades em mols das substâncias presentes no equilíbrio?

	ácido	+ álcool	⇌ éster	+ água	
início	1	1	—	—	quantidade em mol
reage e forma					
equilíbrio					

38. (UFPB) Se 1 mol de H_2 e 1 mol de I_2, em um recipiente de 1 litro, atingiram a condição de equilíbrio a 500 °C, a concentração de HI no equilíbrio é:
a) 2,31
b) 5,42
c) 1,55
d) 3,29
e) 4,32

Dado: $K_C = 49$.

	H_2	+ I_2	$\rightleftarrows$ 2 HI	
início	1	1	—	concentração em mol/L
reage e forma				
equilíbrio				

	PCl_5	$\rightleftarrows$ PCl_3	+ Cl_2	
início	1	—	—	concentração em mol/L
reage e forma				
equilíbrio				

39. (UNICAMP – SP) Em um recipiente de 1,0 dm³, introduziu-se 0,10 mol de butano gasoso que, em presença de um catalisador, isomerizou-se em isobutano:

$$butano(g) \rightleftarrows isobutano(g)$$

A constante desse equilíbrio é 2,5 nas condições de experimento. Qual a concentração em mol/dm³ do isobutano no equilíbrio?

	butano(g)	$\rightleftarrows$ isobutano(g)	
início	0,10	—	concentração em mol/dm³
reage e forma			
equilíbrio			

41. (IMT – SP) Um mol de HI gasoso, a determinada temperatura, está 20% dissociado em hidrogênio e iodo. Qual é o valor de constante de equilíbrio?

	2 HI	$\rightleftarrows$ H_2	+ I_2	
início	1	—	—	quantidade em mol/L
reage e forma				
equilíbrio				

42. (UEL – PR) Em um recipiente de capacidade de 2,0 L são colocados 8,0 mol de CO e 8,0 mol de Cl_2 para tomarem parte no seguinte processo, a temperatura constante:

$$CO(g) + Cl_2(g) \rightleftarrows COCl_2(g)$$

Sabendo que o grau de equilíbrio é 75%, calcule K, na temperatura do experimento.

	CO	+ Cl_2	$\rightleftarrows$ $COCl_2$	
início	4	4	—	concentração em mol/L
reage e forma				
equilíbrio				

40. (ITA – SP) Aqueceram-se 2 mol de PCl_5 em um recipiente fechado, com capacidade de 2 L. Atingido o equilíbrio, o PCl_5 estava 40% dissociado em PCl_3 e Cl_2. Calcule a constante de equilíbrio.

Cap. 7 | Equilíbrio Químico Molecular

43. 64,0 g de HI gasoso sofrem decomposição a temperatura constante em recipiente fechado:

$$2\ HI(g) \rightleftarrows H_2(g) + I_2(g)$$

Estabelecido o equilíbrio, verifica-se presença de 12,8 g de HI no sistema. Pede-se:

a) o grau de equilíbrio;
b) o valor da constante de equilíbrio.

Dado: massa molar do HI é 128 g/mol.

	2 HI $\rightleftarrows$	H_2 +	I_2	
início	0,5	—	—	quantidade em mol
reage e forma				
equilíbrio	0,1			

44. Complete com =, > ou <.

a) predomina reação direta K_C _____ Q
b) predomina reação inversa K_C _____ Q
c) atingiu o equilíbrio K_C _____ Q

45. (VUNESP) O equilíbrio gasoso

$$N_2O_4 \rightleftarrows 2\ NO_2$$

apresenta, a uma dada temperatura, constante de equilíbrio, $K_C = 2$. Nessa temperatura foram feitas duas misturas diferentes, A e B, cada uma acondicionada em recipiente fechado, isolado e distinto. As condições iniciais estão mostradas na tabela.

Mistura	[NO_2]/mol/L	[N_2O_4]/mol/L
A	$2 \cdot 10^{-2}$	$2 \cdot 10^{-4}$
B	$2 \cdot 10^{-1}$	$2 \cdot 10^{-3}$

a) Efetue os cálculos necessários e conclua se a mistura **A** se encontra ou não em situação de equilíbrio.

b) Efetue os cálculos necessários e conclua se a mistura **B** se encontra ou não em situação de equilíbrio.

46. (FCC – BA) A respeito da reação

$$A + B \rightleftarrows C + 2\ D,$$

foram levantados os seguintes dados:

Experimento	Concentração (mol · litro^{-1})			
	A	B	C	D
I	0,50	4,00	1,00	1,00
II	4,00	2,00	1,00	2,00
III	4,00	3,00	2,00	2,00
IV	9,00	2,00	1,00	3,00
V	16,00	8,00	4,00	4,00

Dos cinco experimentos realizados, quatro já atingiram o equilíbrio. Em qual dos experimentos o equilíbrio ainda não foi atingido?

47. (PUC – SP) Sejam as reações e os valores de suas constantes de equilíbrio:

$2\ A(g) + B(g) \rightleftarrows 2\ C(g)$ $K_1 = 5$
$2\ C(g) + B(g) \rightleftarrows 2\ D(g)$ $K_2 = 20$

Qual o valor da constante de equilíbrio para a reação:

$A(g) + B(g) \rightleftarrows D(g)$ $K_3 = ?$

48. Considere as duas reações abaixo e suas respectivas constantes de equilíbrio, em condições ambientais:

$2\ C(s) + 2\ H_2(g) \rightleftarrows C_2H_4(g)$ $K_1 = 1,2 \cdot 10^{-12}$

$2\ C(s) + 3\ H_2(g) \rightleftarrows C_2H_6(g)$ $K_2 = 5,7 \cdot 10^{5}$

Concluímos que nas mesmas condições, a constante de equilíbrio da reação:

$$C_2H_4(g) + H_2(g) \rightleftarrows C_2H_6(g)$$

será igual a:

a) $4,75 \cdot 10^{17}$
b) $6,8 \cdot 10^{5}$
c) $6,84 \cdot 10^{-7}$
d) $1,46 \cdot 10^{-8}$
e) $2,10 \cdot 10^{-18}$

Exercícios Série Ouro

1. (FUVEST – SP) Em condições industrialmente apropriadas para se obter amônia, juntaram-se quantidades estequiométricas dos gases N_2 e H_2

$$N_2(g) + 3\ H_2(g) \longrightarrow 2\ NH_3(g)$$

Depois de alcançado o equilíbrio químico, uma amostra da fase gasosa poderia ser representada corretamente por:

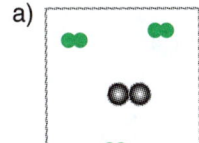

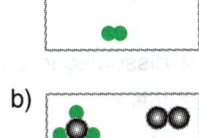

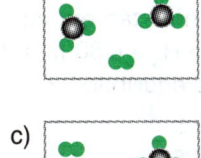

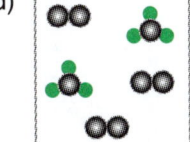

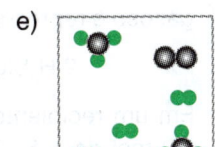

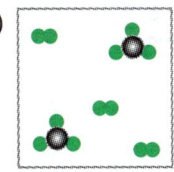

a)
b)
c)
d)
e)

2. (VUNESP – SP) Estudou-se a cinética da reação:

$$S(s) + O_2(g) \rightleftarrows SO_2(g)$$

realizada a partir de enxofre e oxigênio em um sistema fechado. Assim as curvas I, II e III do gráfico abaixo representam as variações das concentrações dos componentes com o tempo desde o momento da mistura até o sistema atingir o equilíbrio.

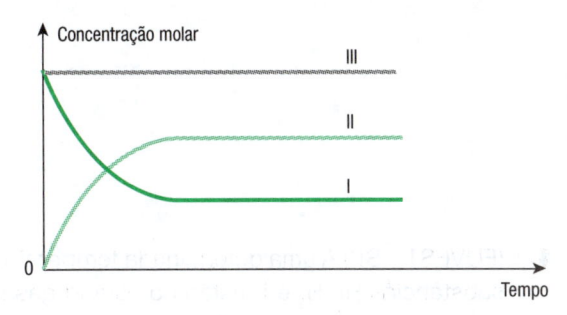

As variações das concentrações de S, O_2 e de SO_2 são representadas, respectivamente, pelas curvas:

a) I, II e III.
b) II, III e I.
c) III, I e II.
d) I, III e II.
e) III, II e I.

3. (FUVEST – SP) No gráfico, estão os valores das pressões parciais de NO_2 e N_2O_4, para diferentes misturas desses dois gases, quando, a determinada temperatura, é atingido o equilíbrio.

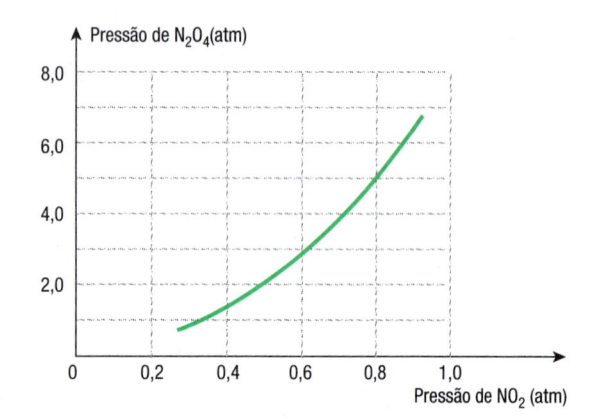

$$2\ NO_2(g) \rightleftarrows N_2O_4(g)$$

Com os dados desse gráfico, pode-se calcular o valor da constante (K_p) do equilíbrio atingido, naquela temperatura. Seu valor numérico é próximo de:

a) 1   b) 2   c) 4   d) 8   e) 12

Experimento B

$2\ HI \rightleftarrows H_2 + I_2$ Constante de equilíbrio = K_2

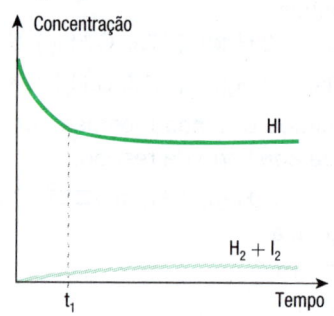

Pela análise dos dois gráficos, pode-se concluir que:

a) no experimento A, ocorre diminuição da pressão total no interior do recipiente, até que o equilíbrio seja atingido.
b) no experimento B, as concentrações das substâncias (HI, H_2 e I_2) são iguais no instante t_1.
c) no experimento A, a velocidade de formação de HI aumenta com o tempo.
d) no experimento B, a quantidade de matéria (em mols) de HI aumenta até que o equilíbrio seja atingido.
e) no experimento A, o valor da constante de equilíbrio (K_1) é maior do que 1.

4. (FUVEST – SP) A uma determinada temperatura, as substâncias HI, H_2 e I_2 estão no estado gasoso. A essa temperatura, o equilíbrio entre as três substâncias foi estudado, em recipientes fechados, partindo-se de uma mistura equimolar de H_2 e I_2 (experimento A) ou somente de HI (experimento B).

Experimento A

$H_2 + I_2 \rightleftarrows 2\ HI$ Constante de equilíbrio = K_1

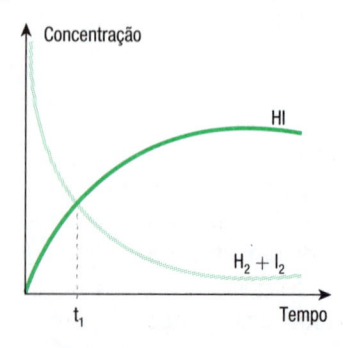

5. (FUVEST – SP) O equilíbrio de dissociação do H_2S gasoso é representado pela equação

$$2\ H_2S(g) \rightleftarrows 2\ H_2(g) + S_2(g)$$

Em um recipiente de 2,0 dm^3 estão em equilíbrio 1,0 mol de H_2S, 0,20 mol de H_2 e 0,80 mol de S_2. Qual o valor da constante de equilíbrio K?

a) 0,016   d) 12,5
b) 0,032   e) 62,5
c) 0,080

6. (SIMULADO) Considere a reação em equilíbrio:

$$CaCO_3(s) \rightleftharpoons CaO(s) + CO_2(g)$$

A 1.000 K, a constante de equilíbrio em termos de pressão parcial (K_p) vale 0,41. A concentração em mol/L do dióxido de carbono (CO_2) nesse equilíbrio é

a) 0,002
b) 0,003
c) 0,004
d) 0,005
e) 0,006

Dado: Constante dos gases: $R = 0,082 \dfrac{atm \cdot L}{K \cdot mol}$.

7. (SIMULADO) Sabe-se que a 2.000 °C e a uma pressão total de 1,03 atm, a pressão parcial da água gasosa é 1,00 atm. A constante de equilíbrio em termos de pressão parcial (K_p) para a reação

$$2\,H_2O(g) \rightleftharpoons 2\,H_2(g) + O_2(g)$$

é igual a:

a) $3,30 \cdot 10^{-6}$
b) $4,00 \cdot 10^{-6}$
c) $2,00 \cdot 10^{-4}$
d) $2,25 \cdot 10^{-4}$
e) $4,00 \cdot 10^{-4}$

8. (FUVEST – SP) O Brasil produz, anualmente, cerca de $6 \cdot 10^6$ toneladas de ácido sulfúrico pelo processo de contacto. Em uma das etapas do processo há, em fase gasosa, o equilíbrio

$$2\,SO_2(g) + O_2(g) \rightleftharpoons 2\,SO_3(g) \qquad K_p = 4,0 \cdot 10^4$$

que se estabelece à pressão total de P atm e temperatura constante. Nessa temperatura, para que o valor da relação $\dfrac{x^2_{SO_3}}{x^2_{SO_2} x_{O_2}}$ seja igual a $6,0 \cdot 10^4$, o valor de P deve ser:

a) 1,5
b) 3,0
c) 15
d) 30
e) 50

x = fração em quantidade de matéria (fração molar) de cada constituinte na mistura gasosa.
K_p = constante de equilíbrio.

9. (UFFRJ) Sabe-se que a amônia é produzida por meio da seguinte reação em fase gasosa:

$$3\,H_2(g) + N_2(g) \rightleftharpoons 2\,NH_3(g)$$

Considere, para essa reação, $K_p = 6,5 \cdot 10^{-3}$ a 450 °C e $\Delta H^0 = -91,8$ kJ/mol de NH_3.

a) Determine a quantidade de calor liberada ao se produzirem 907,0 kg de amônia segundo tal reação.
b) Calcule o valor da pressão parcial do $N_2(g)$ quando as pressões parciais do $NH_3(g)$ e $H_2(g)$ forem, respectivamente, 60,0 atm e 150,0 atm.

Dado: massa molar do $NH_3 = 17$ g/mol.

10. (FUVEST – SP) Quando fosgênio é aquecido, estabelece-se o seguinte equilíbrio:

$$COCl_2(g) \rightleftharpoons CO(g) + Cl_2(g)$$

O gráfico 1 mostra as pressões parciais de CO e Cl_2 em função do tempo, à temperatura de 720 K.

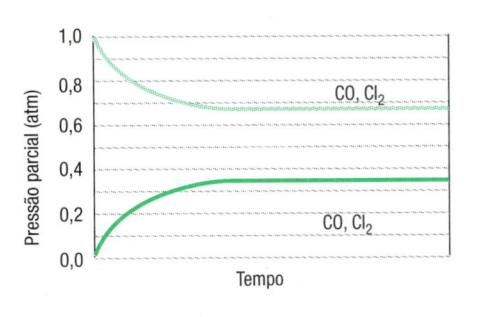

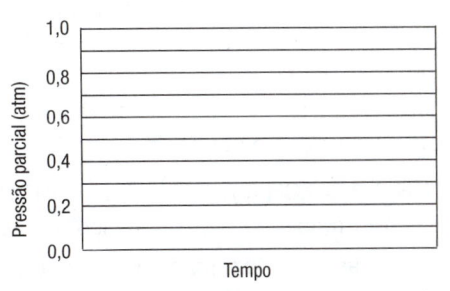

a) Sem calcular a constante de equilíbrio, complete o gráfico 2, traçando e identificando as curvas análogas às apresentadas, no caso em que se parte de uma mistura equimolar de CO e Cl_2 que atinge o equilíbrio a 720 K, sabendo que a pressão total inicial é igual a 2 atm.

b) Escreva a equação da constante do equilíbrio:
$$COCl_2(g) \rightleftarrows CO(g) + Cl_2(g)$$
em termos de pressões parciais. Calcule o valor dessa constante.

11. (FUVEST – SP) Cloreto de nitrosila puro (NOCl) foi aquecido a 240 °C em um recipiente fechado. No equilíbrio, a pressão total foi de 1,000 atm e a pressão parcial de NOCl foi de 0,640 atm. A equação abaixo representa o equilíbrio do sistema:

$$2\ NOCl(g) \rightleftarrows 2\ NO(g) + Cl_2(g)$$

a) Calcule as pressões parciais do NO e do Cl_2 no equilíbrio.
b) Calcule a constante do equilíbrio.

12. (FUVEST – SP) A isomerização catalítica de parafinas de cadeia não ramificada, produzindo seus isômeros ramificados, é um processo importante na indústria petroquímica.

A determinada temperatura e pressão, na presença de um catalisador, o equilíbrio

$$CH_3CH_2CH_2CH_3(g) \rightleftarrows (CH_3)_2CHCH_3(g)$$
n-butano   isobutano

é atingido após certo tempo, sendo a constante de equilíbrio igual a 2,5. Nesse processo, partindo exclusivamente de 70,0 g de n-butano, ao se atingir a situação de equilíbrio, x gramas de n-butano terão sido convertidos em isobutano. O valor de x e:

a) 10,0
b) 20,0
c) 25,0
d) 40,0
e) 50,0

13. (MACKENZIE – SP) Num recipiente adequado de 5 litros, colocaram-se 8 mol de gás hidrogênio e 4 mol de gás nitrogênio. À temperatura T, o equilíbrio foi atingido e verificou-se a presença de 3 mol de amônia no sistema. O valor do K_c é

a) 7,03
b) 2,7
c) 4,2
d) 2,1
e) 3,1

	$N_2(g)$ + 3 $H_2(g)$ $\rightleftarrows$ 2 $NH_3(g)$		
início			
reage e forma			
equilíbrio			

quantidade em mol

14. (PUC) Um frasco a 25 °C foi preenchido, exclusivamente, com tetróxido de dinitrogênio (N_2O_4) ficando com pressão total de 3 atm.

Nessas condições, o N_2O_4 se desproporciona formando o dióxido de nitrogênio (NO_2), segundo a equação

$$N_2O_4(g) \rightleftarrows 2\ NO_2(g)$$

Mantida a temperatura, após atingido o equilíbrio do sistema verifica-se que a pressão parcial do N_2O_4 é de 2,25 atm.

A pressão parcial do NO_2 após atingido o equilíbrio e a constante de equilíbrio de dissociação do N_2O_4 em função das pressões parciais (K_p), são, respectivamente:

a) 1,5 atm e 1.
b) 0,75 atm e 0,33.
c) 0,75 atm e 0,25.
d) 1,5 atm e 0,67.
e) 0,75 atm e 3.

$N_2O_4(g) \rightleftarrows 2\,NO_2(g)$		
início		
reage e forma			parcial
equilíbrio		

II. No equilíbrio, a concentração de NO_2 formado é o dobro da quantidade de N_2O_4 consumido.

III. No equilíbrio a concentração do N_2O_4 consumido é $0,04\ mol \cdot L^{-1}$.

$N_2O_4(g) \rightleftarrows 2\,NO_2(g)$		
início		
reage e forma		
equilíbrio		

É correto apenas o que se afirma em:
a) I.
b) II.
c) III.
d) I e II.
e) II e III.

15. (FATEC – SP) Considere o que acontece quando uma amostra do gás N_2O_4 (um gás incolor) é colocada em recipiente fechado e sob vácuo à temperatura de 100 °C. Imediatamente surge uma coloração castanho-avermelhada do gás NO_2 que se forma nestas condições. Após certo tempo, o sistema atinge o equilíbrio.

$$N_2O_4(g) \rightleftarrows 2\,NO_2(g)$$

O gráfico apresentado a seguir expressa os fatos descritos.

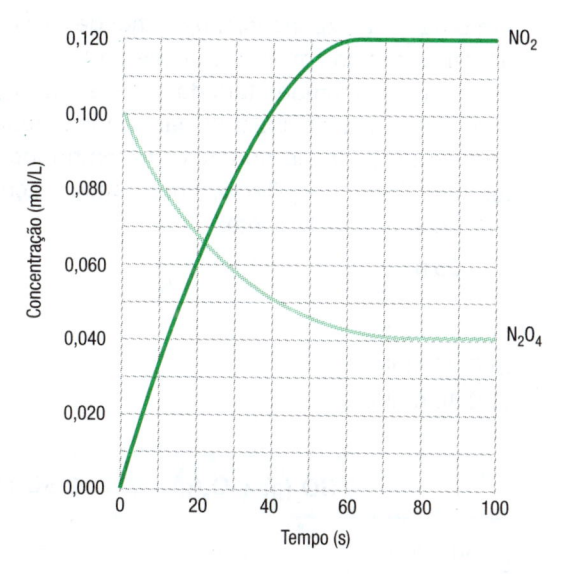

Analisado o gráfico, apresentam-se as seguintes afirmações:

I. O instante em que se estabeleceu o equilíbrio ocorreu após 60 segundos.

16. (PUC) O gás incolor N_2O_4 foi aprisionado em um frasco fechado sob temperatura constante. Em seguida, observou-se o aparecimento de uma coloração castanha no interior do tubo, atribuída à reação de dissociação do N_2O_4, com a formação do gás NO_2.

$$N_2O_4(g) \rightleftarrows 2\,NO_2(g)$$

O acompanhamento das concentrações das substâncias envolvidas no equilíbrio está representado no gráfico a seguir.

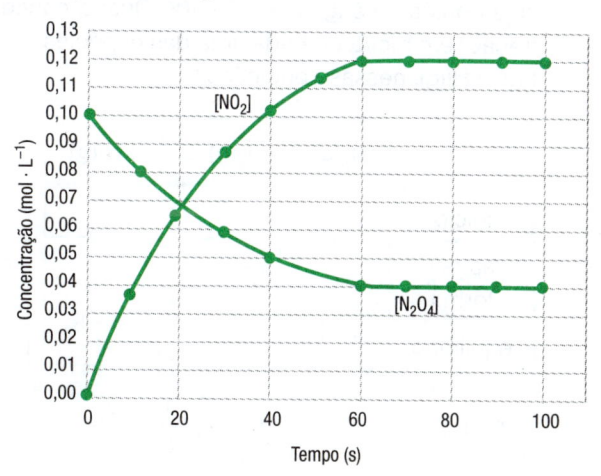

Sobre o sistema foram feitas as seguintes afirmações:

I. Nas condições do experimento, a extensão da reação de dissociação é de 60%.

II. Nas condições do experimento, $K_c = 0,36$, no sentido da formação do gás NO_2.
III. O equilíbrio foi atingido entre 20 e 30 segundos após o início do experimento.
IV. Se a concentração inicial de N_2O_4 no frasco fechado fosse de 0,04 mol · L⁻¹, nas mesmas condições de temperatura e pressão do experimento realizado, não haveria formação de NO_2.

	$N_2O_4(g)$ ⇌	$2 NO_2(g)$
início		
reage e forma		

Estão corretas somente as afirmações:
a) I e II.
b) I e III.
c) II e III.
d) II e IV.
e) III e IV.

17. (FUVEST – SP) Um recipiente fechado de 1 litro contendo inicialmente, à temperatura ambiente, 1 mol de I_2 e 1 mol de H_2 é aquecido a 300 °C. Com isto estabelece-se o equilíbrio

$$H_2(g) + I_2(g) \rightleftarrows 2 HI(g)$$

cuja constante é igual a $1,0 \cdot 10^2$. Qual a concentração, em mol/L de cada uma das espécies $H_2(g)$, $I_2(g)$ e $HI(g)$, nessas condições?

	$H_2(g)$ +	$I_2(g)$ ⇌	$2 HI(g)$	
início				mol/L
reage e forma				
equilíbrio				

a) 0, 0, 2
b) 1, 1, 10
c) $\frac{1}{6}, \frac{1}{6}, \frac{5}{3}$
d) $\frac{1}{6}, \frac{1}{6}, \frac{5}{6}$
e) $\frac{1}{11}, \frac{1}{11}, \frac{10}{11}$

18. (FUVEST – SP) Em uma experiência, aqueceu-se, a uma determinada temperatura, uma mistura de 0,40 mol de dióxido de enxofre e 0,20 mol de oxigênio, contidos em um recipiente de 1 L e na presença de um catalisador. A equação química, representando a reação reversível que ocorre entre esses dois reagentes gasosos, é

$$2 SO_2(g) + O_2(g) \rightleftarrows 2 SO_3(g)$$

As concentrações dos reagentes e do produto foram determinados em vários tempos, após o início da reação, obtendo-se o gráfico:

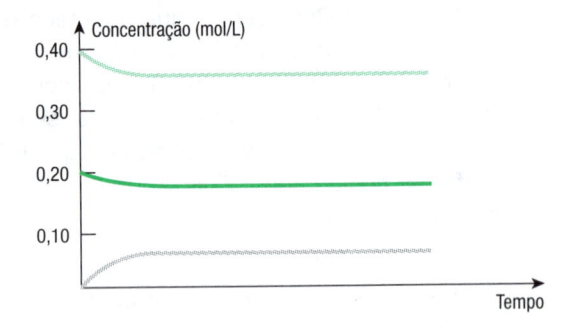

Em uma nova experiência, 0,40 mol de trióxido de enxofre, contido em um recipiente de 1 L, foi aquecido à mesma temperatura da experiência anterior e na presença do mesmo catalisador. Acompanhando-se a reação ao longo do tempo, deve-se ter, ao atingir o equilíbrio, uma concentração de SO_3 de aproximadamente:

a) 0,05 mol/L
b) 0,18 mol/L
c) 0,20 mol/L
d) 0,35 mol/L
e) 0,40 mol/L

	$2 SO_2(g) + $	$O_2(g)$ ⇌	$2 SO_3(g)$	
início			—	mol/L
reage e forma				
equilíbrio				

nova experiência	2 SO$_3$(g) ⇌ O$_2$(g) + 2 SO$_2$(g)			
início				
reage e forma				mol/L
equilíbrio				

	N$_2$O$_4$(g) ⇌ 2 NO$_2$(g)		
início			
reage e forma			pressão
equilíbrio			

19. (UNICAP – PE) Suponha a síntese a seguir:

$$A(g) + B(g) \rightleftarrows AB(g)$$

Se as pressões iniciais de A(g) e B(g) forem, respectivamente, 3 atm e 2 atm, a pressão total, no equilíbrio, será 4,2 atm. Nas condições indicadas, aponte as alternativas corretas.

a) A reação não pode atingir o equilíbrio.
b) A pressão de A(g), no equilíbrio, será 2,2 atm.
c) A pressão de AB(g), no equilíbrio, será 2,2 atm.
d) O grau de dissociação será 40%, em relação a B.
e) A pressão de B(g), no equilíbrio, será 0,8 atm.

	A(g) + B(g) ⇌ AB(g)			
início				
reage e forma				pressão
equilíbrio				

20. (FAAP – SP) Em um recipiente indeformável de 10 L são colocados 46 g de N$_2$O$_4$(g). O sistema é aquecido até 27 °C ocorrendo a reação representada pela equação N$_2$O$_4$(g) ⇌ 2 NO$_2$(g). Sabendo que, a essa temperatura, o grau dissociação do N$_2$O$_4$(g) é igual a 20%, calcule a pressão parcial de N$_2$O$_4$(g) no sistema (massas atômicas: N = 14; O = 16.)

Sugestão: com os dados iniciais, calcule a pressão do N$_2$O$_4$(g), usando a equação PV = nRT.

Dado: $R = 0{,}082 \dfrac{atm \cdot L}{mol \cdot K}$.

21. (UNICAMP – SP) A figura abaixo representa, do ponto de vista cinético, a evolução de uma reação química hipotética na qual o reagente A se transforma no produto B. Das curvas I, II, III e IV, duas dizem respeito à reação catalisada e duas, à reação não catalisada.

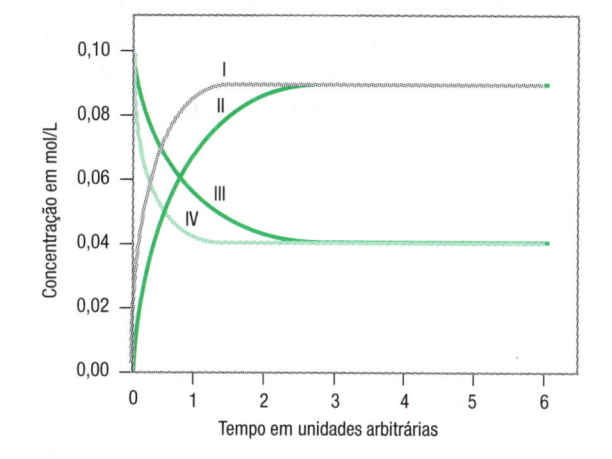

a) Quais das curvas representam as concentrações de A e de B, em função do tempo, para a reação não catalisada? Indique a curva que se refere à concentração de A e a curva que se refere à concentração de B.
b) Calcule o valor da constante de equilíbrio para a reação de transformação de A em B.

22. (FUVEST – SP) O equilíbrio

$$\underbrace{H_2(g)}_{\text{incolor}} + \underbrace{I_2(g)}_{\text{violeta}} \rightleftarrows \underbrace{2\ HI(g)}_{\text{incolor}}$$

tem, a 370 °C, constante K_C igual a 64.

Para estudar esse equilíbrio, foram feitas 2 experiências independentes A e B.

A: 0,10 mol de cada gás, H_2 e I_2, foi colocado em um recipiente adequado de 1 L, mantido a 370 °C até atingir o equilíbrio (a intensidade da cor não muda mais).

B: 0,20 mol do gás HI foi colocado em um recipiente de 1 L, idêntico ao utilizado em A, mantido a 370 °C até atingir o equilíbrio (a intensidade da cor não muda mais).

a) Atingido o equilíbrio em A e em B, é possível distinguir os recipientes pela intensidade da coloração violeta? Justifique.

b) Para a experiência A, calcule a concentração de cada gás no equilíbrio. Mostre, em um gráfico de concentração (no quadriculado abaixo), como variam, em função do tempo, as concentrações desses gases até que o equilíbrio seja atingido.

Identifique as curvas do gráfico.

$H_2(g)$	+	$I_2(g)$	$\rightleftarrows$	2 HI(g)	
início	0,10	0,10		—	concentração em mol/L
reage e forma					
equilíbrio					

23. (SIMULADO) A reação

$$CH_3CH_2CH_2CH_3(g) \rightleftarrows CH_3CHCH_3(g)\ |\ CH_3$$

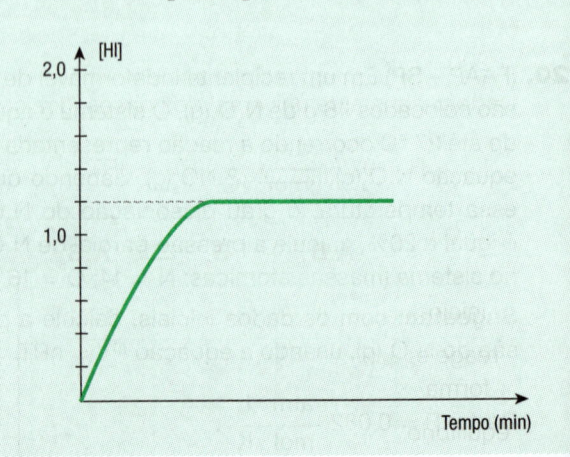

tem uma constante de equilíbrio, K_C, igual a 2,50 a 25 °C. Se num balão de 1,0 L estiverem presentes 0,500 mol de butano e 1,25 mol de metilpropano em equilíbrio e adicionarmos 1,50 mol de butano no sistema, as novas concentrações do butano e metilpropano serão, respectivamente,

a) 2,00 mol/L e 1,25 mol/L
b) 1,07 mol/L e 1,25 mol/L
c) 3,07 mol/L e 2,52 mol/L
d) 0,93 mol/L e 2,32 mol/L
e) 1,07 mol/L e 2,32 mol/L

	butano $\rightleftarrows$	metilpropano	
início			mol/L
reage e forma			
equilíbrio			

24. (SIMULADO) O gráfico a seguir mostra a variação da concentração de HI, durante a reação de 1 mol de H_2 com 1 mol de I_2, num balão de 1 L, a uma temperatura de 100 °C, em função do tempo. A equação da reação é:

$$H_2(g) + I_2(g) \rightleftarrows 2\ HI(g)$$

A constante de equilíbrio para essa reação é igual a:
a) 0,11
b) 0,56
c) 1,77
d) 9,00
e) 10,50

Resolução:

	H_2 +	I_2 ⇌	2 HI	
início	1	1	—	
reage e forma	0,6	0,6	1,2	mol/L
equilíbrio	0,4	0,4	1,2	

$$K_c = \frac{(1,2)^2}{0,4 \cdot 0,4} \therefore K_c = 9$$

Resposta: alternativa d.

25. Em um recipiente fechado, de 10 L de capacidade, são introduzidas quantidades equimolares das substâncias representadas por A_2B_3 e B_2 que reagem segundo a reação $A_2B_3(g) + B_2(g) \rightleftarrows A_2B_5(g)$ mantida na temperatura de 727 °C. Com base no gráfico a seguir, que ilustra a variação da pressão interna do sistema em função do tempo, o valor da constante de equilíbrio K_c, nessas condições, é:

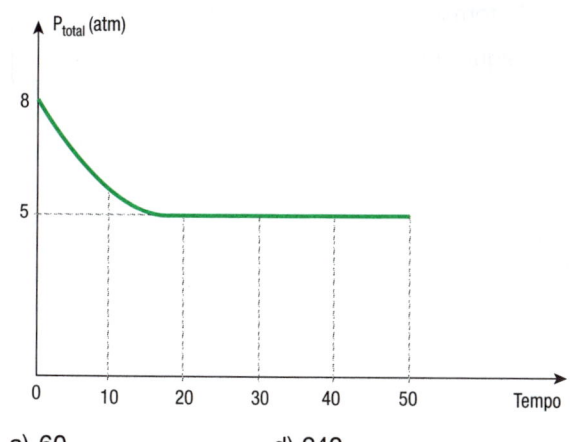

a) 60
b) 120
c) 200
d) 240
e) 300

Dados: constante universal dos gases ideais:

$$R = 0,08 \frac{atm \cdot L}{mol \cdot K} ; PV = nRT.$$

	A_2B_3 +	B_2 ⇌	A_2B_5	
início				
reage e forma				quantidade em mol
equilíbrio				

26. (PUC – SP) A reação de esterificação entre o ácido acético e o etanol formando o acetato de etila é um interessante exemplo de sistema em equilíbrio.

$$CH_3-C{\overset{O}{\underset{O-H}{}}} + CH_3-CH_2-OH \rightleftarrows$$

$$\rightleftarrows CH_3-C{\overset{O}{\underset{O-CH_2-CH_3}{}}} + H_2O$$

Considerando-se que a 100 °C, a constante de formação do éster é igual a 4, as concentrações iniciais de ácido acético e de etanol que levam à obtenção do acetato de etila na concentração de 1 mol · L⁻¹ são:

a) $[CH_3COOH]_{inicial} = 1,0$ mol · L⁻¹
   $[CH_3CH_2OH]_{inicial} = 1,0$ mol · L⁻¹
b) $[CH_3COOH]_{inicial} = 2,0$ mol · L⁻¹ ¹
   $[CH_3CH_2OH]_{inicial} = 5,0$ mol · L⁻¹
c) $[CH_3COOH]_{inicial} = 0,5$ mol · L⁻¹
   $[CH_3CH_2OH]_{inicial} = 10,0$ mol · L⁻¹
d) $[CH_3COOH]_{inicial} = 2,0$ mol · L⁻¹
   $[CH_3CH_2OH]_{inicial} = 2,0$ mol · L⁻¹
e) $[CH_3COOH]_{inicial} = 1,5$ mol · L⁻¹
   $[CH_3CH_2OH]_{inicial} = 1,5$ mol · L⁻¹

	ácido + álcool ⇌ éster + água				
início					mol/L
reage e forma					
equilíbrio					

27. (MACKENZIE – SP) Sob condições adequadas de temperatura e pressão, ocorre a formação do gás amônia. Assim, em um recipiente de capacidade igual a 10 L, foram colocados 5 mol de gás hidrogênio junto com 2 mol de gás nitrogênio. Ao ser atingido o equilíbrio químico, verificou-se que a concentração do gás amônia produzido era de 0,3 mol/L. Dessa forma, o valor da constante de equilíbrio (K_c) é igual a

a) $1,80 \cdot 10^{-4}$
b) $3,00 \cdot 10^{-2}$
c) $6,00 \cdot 10^{-1}$
d) $3,60 \cdot 10^{1}$
e) $1,44 \cdot 10^{4}$

28. (UNIFESP) Ácido acético e etanol reagem reversivelmente, dando acetato de etila e água.

ácido acético (1) + etanol (1) ⇌ acetato de etila (1) + água (1)

A 100 °C, a constante de equilíbrio vale 4.

a) Calcule a quantidade, em mol, de ácido acético que deve existir no equilíbrio, a 100 °C, para uma mistura inicial contendo 2 mols de acetato de etila e 2 mols de água.

	ácido + etanol ⇌ éster + água				
início					quantidade em mol
reage e forma					
equilíbrio					

b) Partindo-se de 1,0 mol de etanol, para que 90% dele se transformem em acetato de etila, a 100 °C, calcule a quantidade de ácido acético, em mol, que deve existir no equilíbrio. Justifique sua resposta com cálculos.

	ácido + etanol ⇌ éster + água				
início					quantidade em mol
reage e forma					
equilíbrio					

29. (FUVEST – SP) O carbamato de amônio sólido, NH_4OCONH_2, se decompõe facilmente formando os gases NH_3 e CO_2. Em recipiente fechado estabelece-se o equilíbrio:

$$NH_4OCONH_2(s) \longrightarrow 2\,NH_3(g) + CO_2(g)$$

A 20 °C, a constante desse equilíbrio, em termos de concentração mol/L, é igual a $4 \cdot 10^{-9}$.

a) Um recipiente de 2 L, evacuado, contendo inicialmente apenas carbamato de amônio na quantidade de $4 \cdot 10^{-3}$ mol foi mantido a 20 °C até não se observar mais variação de pressão. Nessas condições, resta algum sólido dentro do recipiente? Justifique com cálculos.

b) Para a decomposição do carbamato de amônio em sistema fechado, faça um gráfico da concentração de NH_3, em função do tempo, mostrando a situação de equilíbrio.

	$NH_4CONH_2(s) \rightleftharpoons 2\ NH_3(g) + CO_2(g)$		
início			
reage e forma			
equilíbrio			

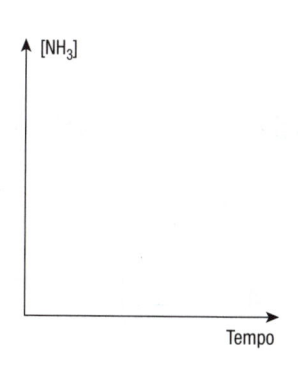

mol/L

[Gráfico: $[NH_3]$ vs Tempo]

Resolução:

	$X \longrightarrow 2Y + \frac{1}{2}Z$		
início	P_0	—	—
reage e forma	αP_0	$2\alpha P_0$	$\frac{1}{2}\alpha P_0$
equilíbrio	$P_0 - \alpha P_0$	$2\alpha P_0$	$\frac{1}{2}\alpha P_0$

pressão

$P = P_0 - \alpha P_0 + 2\alpha P_0 + \frac{1}{2}\alpha P_0$

$P = P_0 + 1{,}5\alpha P_0$

$P = \left[1 + \frac{3}{2}\alpha\right]P_0$

Resposta: alternativa c.

---

30. (ITA – SP) Um recipiente fechado, mantido a volume e temperatura constantes, contém a espécie química X no estado gasoso a pressão inicial P_0. Esta espécie decompõe-se em Y e Z de acordo com a seguinte equação química:

$$X(g) \longrightarrow 2\ Y(g) + 1/2\ Z(g)$$

Admita que X, Y e Z tenham comportamento de gases ideais. Assinale a opção que apresenta a expressão correta da pressão (P) no interior do recipiente em função do andamento da reação, em termos da fração α de moléculas de X que reagiram.

a) $P = [1 + (1/2)\alpha]P_0$
b) $P = [1 + (2/2)\alpha]P_0$
c) $P = [1 + (3/2)\alpha]P_0$
d) $P = [1 + (4/2)\alpha]P_0$
e) $P = [1 + (5/2)\alpha]P_0$

31. (FUVEST – SP) A 250 °C, a constante do equilíbrio de dimerização do ciclopentadieno é 2,7.

$$2\ C_5H_6 \rightleftharpoons C_{10}H_{12}$$

Nessa temperatura, foram feitas duas misturas do monômero com o seu dímero:

Concentrações iniciais das misturas (mol/L)		
Mistura	Monômero	Dímero
1	0,800	1,728
2	1,000	3,456

O que acontecerá com as concentrações do monômero e do dímero, ao longo do tempo,

a) na mistura 1? Justifique.
b) na mistura 2? Justifique.

32. Em um recipiente de 1,00 litro foram colocados 0,100 mol de $H_2S(g)$, 0,100 mol de $H_2(g)$ e enxofre sólido em excesso. O equilíbrio foi alcançado a 120 °C.

$$H_2S(g) \rightleftharpoons H_2(g) + S(s)$$

A constante de equilíbrio a 120 °C é $K_C = 0{,}0700$.

A concentração de $H_2(g)$, em mol/L, no equilíbrio é igual a:

a) 0,013
b) 0,027
c) 0,087
d) 0,113
e) 0,187

	$H_2S(g)$ ⇌	$H_2(g)$ +	$S(s)$	
início				concentração em mol/L
reage e forma				
equilíbrio				

33. (FUVEST – SP) A reação de esterificação do ácido etanoico com etanol apresenta constante de equilíbrio igual a 4, à temperatura ambiente. Abaixo estão indicadas cinco situações, dentre as quais apenas uma é compatível com a reação, considerando-se que a composição final é a de equilíbrio. Qual alternativa representa, nessa temperatura, a reação de esterificação citada?

X = ⚬⚬⚬⚬⚬   Y = ⚬⚬⚬⚬⚬   Z = ⚬⚬⚬⚬⚬⚬   W = ⚬⚬

⚬ = hidrogênio   ⚪ = carbono   🟢 = oxigênio

	Composição inicial em mol				Composição final em mol			
	X	Y	Z	W	X	Y	Z	W
a)	6	6	0	0	2	2	4	4
b)	6	5	0	0	4	3	2	2
c)	4	5	0	0	2	3	2	2
d)	3	3	1	0	1	1	3	2
e)	0	0	6	6	3	3	3	3

34. (FUVEST – SP) A produção industrial de metanol envolve o equilíbrio representado por:

$$CO(g) + 2\,H_2(g) \rightleftharpoons CH_3OH(g)$$

Numa experiência de laboratório colocaram-se 2 mol de CO e 2 mol de CH_3OH num recipiente vazio de 1 L. Em condições semelhantes às do processo industrial alcançado o equilíbrio. Quando a concentração de equilíbrio de H_2 for x mol/L, a de CH_3OH será:

a) $2 - x$
b) $2 - \dfrac{x}{2}$
c) $\dfrac{x}{2}$
d) $2 + x$
e) $2 + \dfrac{x}{2}$

	$CO(g)$ +	$2\,H_2(g)$ ⇌	$CH_3OH(g)$	
início				mol/L
reage e forma				
equilíbrio				

35. (UNIFESP) A constante de equilíbrio para a reação na fase gasosa

$$CO(g) + H_2O(g) \rightleftharpoons CO_2(g) + H_2(g)$$

vale 25, a 600 K.

Foi feita uma mistura contendo 1,0 mol de CO, 1 mol de H_2O, 2,0 mol de CO_2 e 2,0 mol de H_2 em um frasco de 1,0 L, a 600 K. Quais as concentrações de $CO(g)$ e $CO_2(g)$, em mol/L, quando for atingido o equilíbrio?

a) 3,5 e 1,5
b) 2,5 e 0,5
c) 1,5 e 3,5
d) 0,5 e 2,5
e) 0,5 e 3,0

	$CO(g) + H_2O(g) \rightleftharpoons CO_2(g) + H_2(g)$				
início					mol/L
reage e forma					
equilíbrio					

36. (FUVEST – SP) Considere o equilíbrio, em fase gasosa:

$$CO(g) + H_2O(g) \rightleftharpoons CO_2(g) + H_2(g)$$

cuja constante K, à temperatura de 430 °C, é igual a 4. Em um frasco de 1,0 L, mantido a 430 °C, foram misturados 1,0 mol de CO, 1,0 mol de H_2O, 3,0 mol de CO_2 e 3,0 mol de H_2. Esperou-se até o equilíbrio ser atingido.

a) Em qual sentido, no de formar mais CO ou de consumi-lo, a rapidez da reação é maior até se igualar no equilíbrio? Justifique.
b) Calcule as concentrações de equilíbrio de cada uma das espécies envolvidas (lembrete: $4 = 2^2$).

Observação: considerou-se que todos os gases envolvidos têm comportamento de gás ideal.

	CO	+ H_2O $\rightleftharpoons$	CO_2	+ H_2
início				
reage e forma				
equilíbrio				

(mol/L)

37. (ITA – SP) Uma reação química genérica pode ser representada pela seguinte equação:

$$A(s) \rightleftharpoons B(s) + C(g)$$

Sabe-se que, na temperatura T_{eq}, esta reação atinge o equilíbrio químico, no qual a pressão parcial de C é dada por Pc, eq. Os quatro recipientes fechados (I, II, III e IV), mantidos na temperatura T_{eq}, contêm as misturas de substâncias e as condições experimentais especificadas abaixo:

I. A(s) + C(g); $P_{C,I} < P_{C,eq}$
II. A(s) + B(s); $P_{C,II} = 0$
III. A(s) + C(g); $P_{C,III} >>> P_{C,eq}$
IV. B(s) + C(g); $P_{C,IV} > P_{C,eq}$

Para cada um dos recipientes, o equilíbrio químico citado pode ser atingido? Justifique suas respostas.

38. (SIMULADO) Considere as seguintes reações realizando-se no mesmo recipiente e com as respectivas constantes de equilíbrio em termos de concentração:

$Fe(s) + CO_2(g) \rightleftharpoons FeO(s) + CO(g)$ $K_1 = 1,5$
$H_2O(g) + CO(g) \rightleftharpoons H_2(g) + CO_2(g)$ $K_2 = 1,6$

A constante de equilíbrio (K_3) para a reação:

$Fe(s) + H_2O(g) \rightleftharpoons FeO(s) + H_2(g)$ $K_3 = ?$

é igual a:
a) 2,4   b) 2,2   c) 1,5   d) 1,1   e) 0,9

Exercícios Série Platina

1. No início de um experimento temos 0,10 mol/L de um reagente A. Ao atingir o equilíbrio temos 0,04 mol/L de A e 0,09 mol/L do produto B.
   a) Determine os coeficientes estequiométricos da equação da transformação de A em B.
   b) Calcule a constante de equilíbrio (K_C).
   c) Faça um esboço do gráfico concentração dos participantes versus tempo transcorrido.
   d) No mesmo gráfico mostre em linha tracejada a curva do produto B caso a reação tiver a participação de um catalisador.

2. O processo industrial Haber-Bosch de obtenção de amônia se baseia no equilíbrio químico expresso pela equação não balanceada.

   $$N_2(g) + H_2(g) \rightleftarrows NH_3(g)$$

   Sabendo que ao atingir o equilíbrio as pressões parciais dos gases N_2, H_2 e NH_3 são, respectivamente 0,4 atm, 1,0 atm e 0,2 atm.
   a) Escreva a expressão da constante de equilíbrio K_P.
   b) Calcule o valor de K_P nas condições descritas.
   c) Conhecendo-se o valor da constante de equilíbrio pode-se determinar a probabilidade de uma dada reação ocorrer na natureza. Você considera a reação de síntese da amônia uma reação eficiente para a "fixação" do nitrogênio atmosférico? Justifique sua resposta.

3. Num recipiente fechado previamente evacuado e com capacidade de 1,0 L, mantido à temperatura constante de 227 °C, introduz-se 0,8 mol de SO_3. Depois de certo tempo tem-se o equilíbrio:

   $$2\,SO_3(g) \rightleftarrows SO_2(g) + O_2(g)$$

   O gráfico abaixo representa a variação da concentração mol/L do SO_3 a partir do instante inicial até o instante $t_2 = 40$ s.

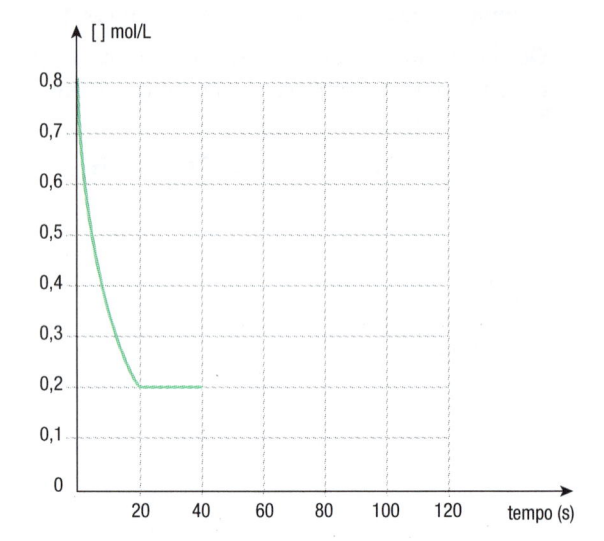

   Pedem-se:
   a) Calcule o K_C da reação fornecida.
   b) Calcule o grau de dissociação (α).
   c) Represente no próprio gráfico a variação da concentração em mol/L do SO_2 e do O_2 do instante inicial até o instante $t_2 = 40$ s.
   d) Calcule a pressão total do sistema no instante $t_2 = 40$ s.

   Dado: $0,082\,\dfrac{atm \cdot L}{mol \cdot K}$.

4. Um gás A foi aprisionado em um frasco fechado sob temperatura constante. Em seguida, observou-se o aparecimento de uma coloração no interior do tubo, atribuída ao gás B. Após certo tempo, o sistema atinge o equilíbrio. O gráfico apresentado expressa os fatos descritos.

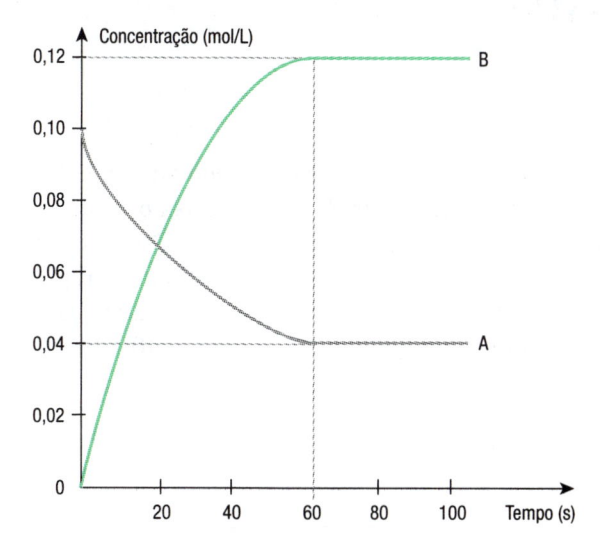

Sobre o sistema, pede-se:

a) Escreva a equação balanceada que representa a reação descrita.
b) Calcule o grau de equilíbrio.
c) Qual o valor de K_c?
d) Determine a razão entre a quantidade de matéria de B formado e a quantidade de A consumido.

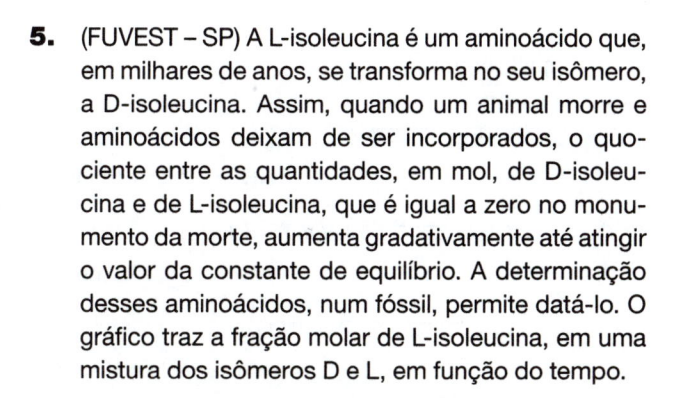

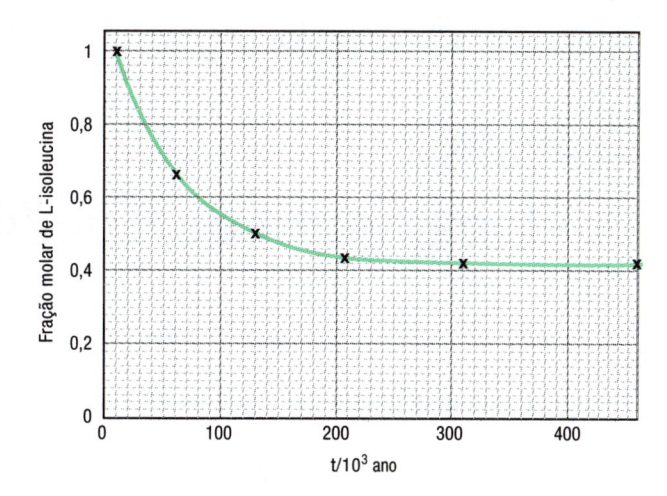

5. (FUVEST – SP) A L-isoleucina é um aminoácido que, em milhares de anos, se transforma no seu isômero, a D-isoleucina. Assim, quando um animal morre e aminoácidos deixam de ser incorporados, o quociente entre as quantidades, em mol, de D-isoleucina e de L-isoleucina, que é igual a zero no monumento da morte, aumenta gradativamente até atingir o valor da constante de equilíbrio. A determinação desses aminoácidos, num fóssil, permite datá-lo. O gráfico traz a fração molar de L-isoleucina, em uma mistura dos isômeros D e L, em função do tempo.

a) Leia no gráfico as frações molares de L-isoleucina indicadas com uma cruz e construa uma tabela com esses valores e com os tempos correspondentes.
b) Complete sua tabela com os valores da fração molar de D-isoleucina formada nos tempos indicados. Explique.
c) Calcule a constante do equilíbrio da isomerização.

$$\text{L-isoleucina} \rightleftarrows \text{D-isoleucina}$$

d) Qual é a idade de um osso fóssil em que o quociente entre as quantidades de D-isoleucina e L-isoleucina é igual a 1?

6. (FUVEST – SP) Cloreto de nitrosila puro (NOCl) foi aquecido a 240 °C em um recipiente fechado. No equilíbrio, a pressão foi de 1,000 atm e a pressão parcial do NOCl foi de 0,640 atm. A equação abaixo representa o equilíbrio do sistema;

$$2\ NOCl(g) \rightleftarrows 2\ NO(g) + Cl_2(g)$$

a) Calcule as pressões parciais do NO e do Cl_2 no equilíbrio.
b) Calcule a constante do equilíbrio.

Capítulo 8
Deslocamento de Equilíbrio

Produção de aço no alto-forno

O aço é a liga metálica produzida em maior quantidade atualmente. É composto em sua maior parte por ferro com adição de carbono, elemento responsável por melhorar algumas propriedades mecânicas, como o limite de resistência.

Hoje, o aço pode ser produzido tanto a partir da redução carbotérmica (redução por carbono em alta temperatura) do minério de ferro (hematita – Fe_2O_3) como da reciclagem de sucata de aço. No primeiro caso, as principais reações de redução ocorrem em um reator chamado de alto-forno, que apresenta diâmetro de 10 a 14 metros por 60 a 70 metros de altura.

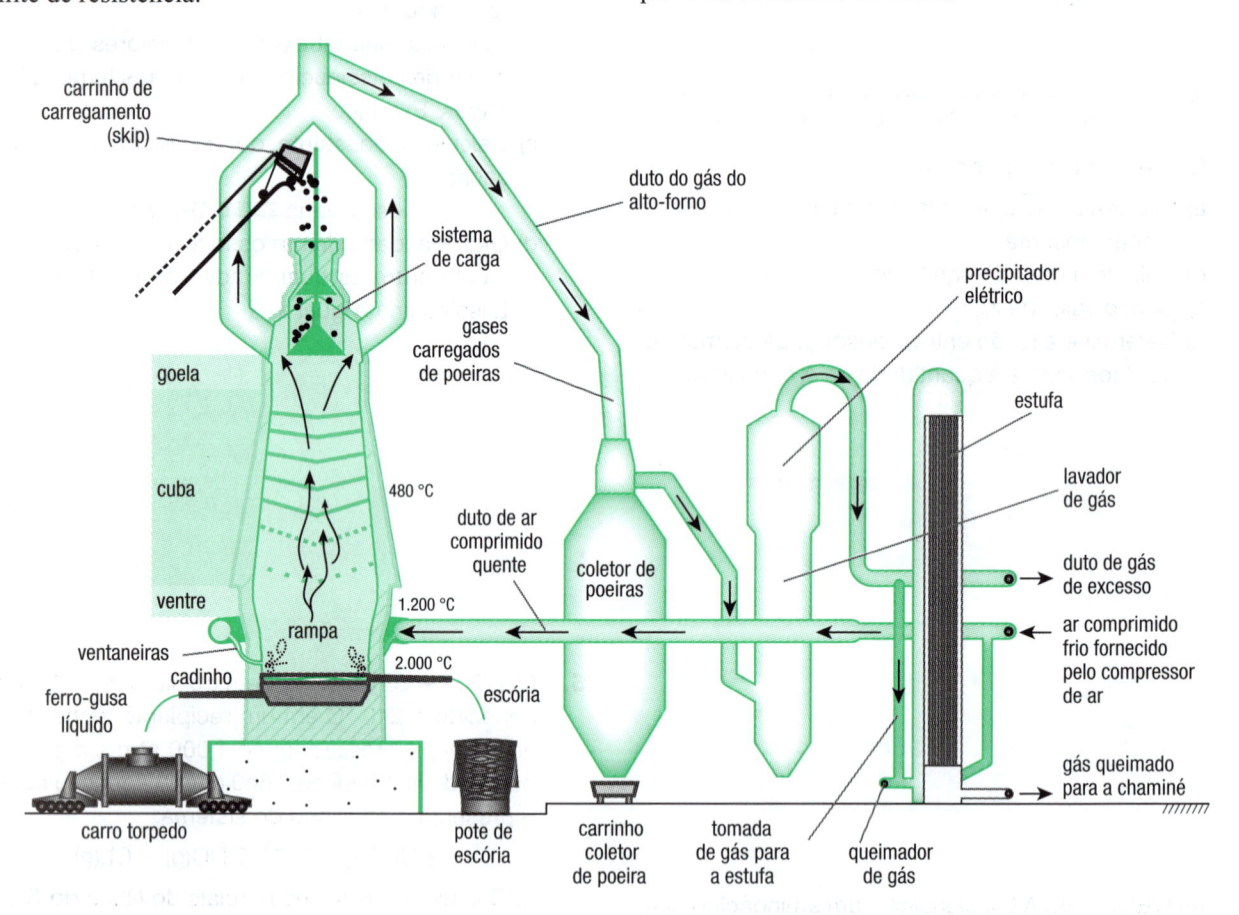

Desenho esquemático de um alto-forno.

Pela parte superior do alto-forno, são carregados minério de ferro, coque (composto basicamente por carbono) e calcário (utilizado para que os subprodutos sejam obtidos no estado líquido). Nas ventaneiras, localizadas na parte inferior, é soprado ar aquecido a alta pressão.

Na redução da hematita (Fe_2O_3), o monóxido de carbono (CO) é o principal agente redutor:

$$3\,Fe_2O_3(s) + CO(g) \rightleftharpoons 2\,Fe_3O_4(s) + CO_2(g)$$
$$\Delta H = -52,8 \text{ kJ/mol CO}$$

$$Fe_3O_4(s) + CO(g) \rightleftharpoons 3\,FeO(s) + CO_2(g)$$
$$\Delta H = -36,3 \text{ kJ/mol CO}$$

$$FeO(s) + CO(g) \rightleftharpoons Fe(l) + CO_2(g)$$
$$\Delta H = -17,3 \text{ kJ/mol CO}$$

Esse monóxido de carbono é produzido pela queima do carbono na região das ventaneiras. Primeiramente, o carbono é oxidado a CO_2, em uma reação altamente exotérmica.

$$C(coque) + O_2(ar) \rightleftarrows CO_2(g)$$
$$\Delta H = -393,5 \text{ kJ/mol C}$$

Contudo, em alta temperatura e na presença de carbono, o dióxido de carbono se decompõe em monóxido de carbono.

$$CO_2(g) + C(coque) \rightleftarrows 2\,CO(g)$$
$$\Delta H = +172,5 \text{ kJ/mol C}$$

Assim, tudo se passa como ocorre a seguinte reação:

$$C(coque) + 1/2\,O_2(ar) \rightleftarrows CO(g)$$
$$\Delta H = -221 \text{ kJ/mol C}$$

Como o monóxido de carbono é o gás que apresenta poder redutor, objetiva-se obter a maior quantidade de CO no gás dentro do forno.

Isto é conseguido por meio da manipulação do equilíbrio da reação entre CO_2 e C. Como essa reação é endotérmica, procura-se manter a temperatura do forno a mais alta possível, uma vez que uma maior temperatura implica uma maior quantidade de energia disponível para essa reação ocorrer. Dessa forma, o **equilíbrio** dessa reação é **deslocado** no sentido de formação do monóxido de carbono. Esse aumento da temperatura pode ser obtido, por exemplo, por meio da ingestão de oxigênio puro nas ventaneiras ao invés de ar.

Assim, pode-se perceber a importância, inclusive econômica, do estudo do deslocamento do equilíbrio. Este tópico será abordado neste capítulo.

1. Efeito da concentração

Adicionamos 1 mol de N_2O_4 a 100 °C em um balão de 1 L, sabendo que o rendimento da reação é 26%.

	N_2O_4 $\rightleftarrows$	$2\,NO_2$
início	1	—
reage e forma	0,26	0,52
equilíbrio	0,74	0,52

$$K_C = \frac{[NO_2]^2}{[N_2O_4]} \therefore K_C = \frac{(0,52)^2}{0,74} \therefore K_C = 0,36$$

Suponha agora que, nesse sistema em equilíbrio, seja adicionado mais 1 mol de N_2O_4. Logo após essa adição, as concentrações serão as seguintes:

$$N_2O_4 \rightleftarrows 2\,NO_2$$
$$1,74 \text{ mol/L} \quad 0,52 \text{ mol/L}$$

$$Q = \frac{[NO_2]^2}{[N_2O_4]} = \frac{(0,52)^2}{1,74} = 0,16$$

Não está em equilíbrio.

$Q < K_C$, prevalece a reação direta até $Q = K_C$.

Perceba que a **adição do N_2O_4 faz com que o sistema saia da condição de equilíbrio**. Dizemos que o **equilíbrio foi perturbado**. No entanto, nos instantes seguintes notaremos que haverá consumo de N_2O_4 e produção de NO_2 até que o sistema chegue a uma nova situação, na qual as concentrações serão:

	N_2O_4 $\rightleftarrows$	$2\,NO_2$
equilíbrio	0,74	0,52
adição de N_2O_4	1,74	0,52
reage e forma	x	2x
novo equilíbrio	1,74 − x	0,52 + 2x

$$K_C = \frac{[NO_2]^2}{[N_2O_4]} \therefore 0,36 = \frac{(0,52 + 2x)^2}{1,74 - x} \therefore x = 0,12$$

$$N_2O_4 \rightleftarrows 2\,NO_2$$

novo equilíbrio   1,62 mol/L   0,76 mol/L

$$\frac{[NO_2]^2}{[N_2O_4]} = \frac{(0,76)^2}{1,62} = 0,36$$

Está em equilíbrio.

Note que nessa nova situação os valores das concentrações voltaram a obedecer à lei do equilíbrio, $[NO_2]^2 / [N_2O_4] = 0,36$. Dessa forma, concluímos que, **ao aumentar a concentração de N_2O_4, o equilíbrio se deslocou para a direita**, ou seja, a reação "caminhou" um pouco no sentido de consumir N_2O_4 e formar NO_2 até que os valores das concentrações voltassem a obedecer à expressão $[NO_2]^2 / [N_2O_4] = 0,36$.

O gráfico a seguir representa a sequência do que acabamos de discutir:

[Gráfico: Concentração mol/L × Tempo, com curvas [N₂O₄] e [NO₂]]

Fases:
- a reação caminha para o equilíbrio
- equilíbrio químico
- o equilíbrio se desloca para a direita
- novo equilíbrio químico

(aumento de [N₂O₄] perturba o equilíbrio)

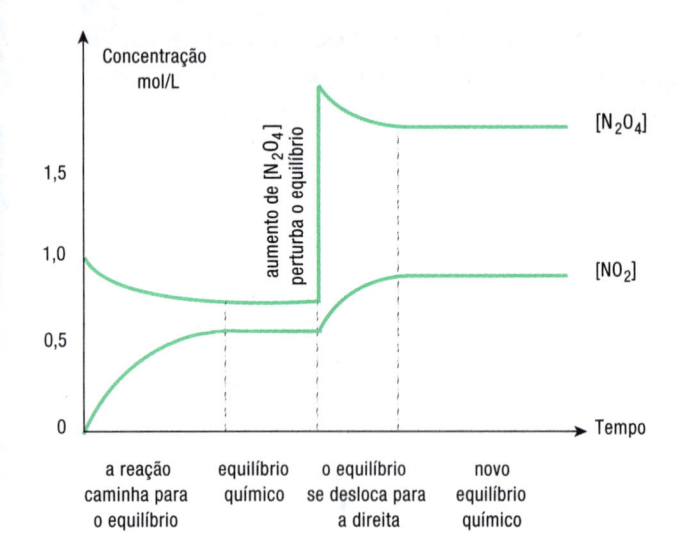

Se, em vez de aumentar a concentração de N_2O_4, tivéssemos aumentado a concentração de NO_2, seguindo um raciocínio análogo, o equilíbrio teria se deslocado para a esquerda.

$$N_2O_4 \rightleftarrows 2\, NO_2$$

A adição de N_2O_4 desloca para a direita.

A adição de NO_2 desloca para a esquerda.

De um modo geral, podemos afirmar então que:

> **Aumentando a concentração** de um participante, o equilíbrio se desloca na direção do seu **consumo**.

Raciocinando de um modo análogo, concluiríamos que:

$$N_2O_4 \rightleftarrows 2\, NO_2$$

A retirada de N_2O_4 desloca para a esquerda.

A retirada de NO_2 desloca para a direita.

Que podemos generalizar da seguinte maneira:

> **Diminuindo a concentração** de um participante, o equilíbrio se desloca na direção da sua **formação**.

2. Efeito da pressão

Retornando ao equilíbrio:

$$N_2O_4(g) \rightleftarrows 2\, NO_2 \quad K_C = 0{,}36$$

equilíbrio 0,74 mol/L   0,52 mol/L

[Recipiente de 1 L contendo N_2O_4 e NO_2]

Vamos aumentar a pressão sobre o êmbolo, provocando sua descida até que o volume se reduza à metade do inicial (0,5 L). Imediatamente após essa compressão, as concentrações passaram a valer o dobro:

[Recipiente de 0,5 L contendo N_2O_4 e NO_2]

$[N_2O_4] = 1{,}48$ mol/L

$[NO_2] = 1{,}04$ mol/L

$$Q = \frac{[NO_2]^2}{[N_2O_4]} = \frac{(1{,}04)^2}{1{,}48} = 0{,}73$$

$Q > K_C$, prevalece a reação inversa até $Q = K_C$.

	N_2O_4 $\rightleftarrows$	$2\, NO_2$
equilíbrio	0,74	0,52
aumento do P	1,48	1,04
reage e forma	x	2x
novo equilíbrio	1,48 + x	1,04 − 2x

$$K_C = \frac{[NO_2]^2}{[N_2O_4]} \therefore 0{,}36 = \frac{(1{,}04 - 2x)^2}{1{,}48 + x} \therefore x = 0{,}14$$

$$N_2O_4 \rightleftarrows 2\, NO_2$$

novo equilíbrio   1,62 mol/L   0,76 mol/L

Vemos então que o aumento de pressão desloca o equilíbrio no sentido do N_2O_4 e, por meio de um raciocínio análogo, concluiríamos que a diminuição da pressão o deslocaria no sentido do NO_2.

$$N_2O_4 \rightleftarrows 2\, NO_2$$

O aumento da pressão desloca para a esquerda.

A diminuição da pressão desloca para a direita.

Um raciocínio simples de ser executado para resolver problemas de deslocamento pela pressão baseia-se na seguinte observação: *o aumento de pressão desloca para o lado que ocupa menos espaço (isto é, com menor volume gasoso), e a diminuição de pressão, para o lado que ocupa maior espaço (isto é, com maior volume gasoso).*

$$\underset{\text{1 volume}}{① \; N_2O_4} \rightleftarrows \underset{\text{2 volumes}}{② \; NO_2}$$

O aumento da pressão desloca para o lado de menor volume gasoso.

A diminuição da pressão desloca para o lado de maior volume gasoso.

Assim, o efeito da pressão se resume em:

> Um **aumento de pressão** desloca um equilíbrio para o lado em que há **menor** volume gasoso.

> Uma **diminuição de pressão** desloca um equilíbrio para o lado em que há **maior** volume gasoso.

Explicação:

$$K_P = \frac{p^2_{NO_2}}{p_{N_2O_4}} \quad \text{como } p = x \cdot P \therefore K_P = \frac{x^2_{NO_2} p^2}{x_{N_2O_4} P}$$

$$K_P = \frac{x^2_{NO_2}}{x_{N_2O_4}} \cdot P \qquad K_P \;\; = \;\; \frac{x^2_{NO_2}}{x_{N_2O_4}} \qquad P$$

$$\qquad\qquad\qquad\qquad \text{constante} \quad \text{diminui} \quad \text{aumenta}$$

Conclusão: se P aumenta, desloca o equilíbrio para o lado de menor volume gasoso.

Há equilíbrios químicos que não são afetados pela pressão: trata-se daqueles em que o volume gasoso é igual em ambos os lados da equação como, por exemplo:

$$\boxed{1}\, H_2(g) + \boxed{1}\, I_2(g) \rightleftarrows \boxed{2}\, HI(g)$$

$$\qquad\quad \text{2 volumes} \qquad\qquad \text{2 volumes}$$

Esse equilíbrio **não** pode ser deslocado por variações de pressão.

Explicação:

$$K_P = \frac{p^2_{HI}}{p_{H_2} \cdot p_{I_2}} \quad \text{lembrando } p = x \cdot P$$

$$K_P = \frac{x^2_{HI} \cdot P^2}{x_{H_2} \cdot x_{I_2} \cdot P^2} \quad K_P = \frac{x^2_{HI}}{x_{H_2} \cdot x_{I_2}}$$

Observe que a pressão total é cancelada, portanto, esse equilíbrio não sofre deslocamento por variação da pressão.

Essas conclusões sobre efeito da pressão são válidas para todos os **equilíbrios dos quais participem gases. Sólidos e líquidos devem ser ignorados nesse tipo de análise**.

3. Efeito da temperatura

Como já vimos, a constante de equilíbrio apresenta, para cada reação a uma dada temperatura fixa, um valor invariável.

Discutiremos agora o efeito da variação de temperatura sobre a constante de equilíbrio.

O valor da constante de equilíbrio (K_C ou K_P) é alterado por variações de temperatura.

Por meio de investigações experimentais, os físico-químicos concluíram que o aquecimento pode aumentar ou diminuir o valor da constante de equilíbrio e que isso depende do valor do ΔH da reação. O aumento da temperatura provoca aumento do valor da constante de equilíbrio para reações endotérmicas ($\Delta H > 0$) e diminuição para exotérmicas ($\Delta H < 0$).

Explicação: quando aumentamos a temperatura, ambas as velocidades aumentam (direta e inversa), só que a velocidade da reação endotérmica aumenta mais que velocidade da reação exotérmica, pois a reação endotérmica absorve calor.

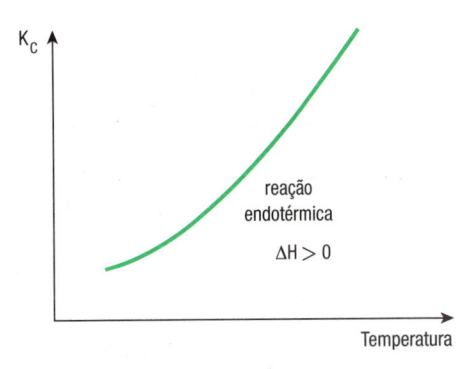

reação endotérmica
$\Delta H > 0$

(**Exemplo:** $N_2O_4 \rightleftarrows 2\, NO_2$)

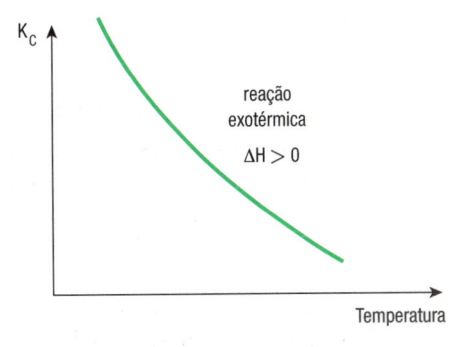

reação exotérmica
$\Delta H > 0$

Exemplo: $H_2 + Br_2 \rightleftarrows 2\, HBr$

Para exemplificar, voltemos à reação

$$N_2O_4 \rightleftarrows 2\, NO_2,$$

cujos valores de K_C a várias temperaturas se encontram na tabela na página seguinte.

Como se pode perceber, o aumento de temperatura provoca aumento de K_C, o que está de acordo com o fato de ser esta uma reação endotérmica ($\Delta H = +58{,}1$ kJ).

Tabela 1:
Valores de K_C para $N_2O_4 \rightleftarrows 2\,NO_2$
($\Delta H = +58$ kJ).

Temperatura (°C)	K_c
0	$3{,}8 \cdot 10^{-4}$
50	$2{,}0 \cdot 10^{-2}$
100	$3{,}6 \cdot 10^{-1}$
150	$3{,}2$
200	$1{,}9 \cdot 10^{1}$
250	$7{,}8 \cdot 10^{1}$

O fato de a constante de equilíbrio ser influenciada pela variação de temperatura tem uma importante consequência: um equilíbrio pode ser deslocado por meio de aquecimento ou resfriamento. Vamos ilustrar partindo do seguinte sistema em equilíbrio:

100 °C $N_2O_4 \underset{\text{exo}}{\overset{\text{endo}}{\rightleftarrows}} 2\,NO_2$ $\Delta H > 0$

$K_C = 0{,}36$ 0,74 mol/L 0,52 mol/L

$K_C = \dfrac{k_1}{k_2}$ k_1 = constante da velocidade da reação endotérmica.
k_2 = constante da velocidade da reação exotérmica.

Quando aumentamos a temperatura, k_1 aumenta mais que k_2, pois trata-se de uma reação endotérmica. O equilíbrio é deslocado para a direita e teremos uma nova constante de equilíbrio com um valor maior.

100 °C $K_C = \dfrac{k_1}{k_2}$ 150 °C $K'_C = \dfrac{k'_1}{k'_2}$ $k'_1 > k_1$
$K_C = 0{,}36$ $K'_C = 3{,}2$ $k'_2 > k_2$

Assim, concluímos que o aquecimento desloca o equilíbrio em questão para a direita e, por um raciocínio parecido, concluiríamos que um resfriamento o deslocaria para a esquerda.

$\text{calor} + N_2O_4 \underset{\text{sentido exotérmico}}{\overset{\text{sentido endotérmico}}{\rightleftarrows}} 2\,NO_2$

$\Delta H = +58{,}1$ kJ
↑
ΔH positivo: reação direta é endotérmica.

Aumento da temperatura desloca no sentido endotérmico.

Diminuição da temperatura desloca no sentido exotérmico.

Um **aumento de temperatura** desloca um equilíbrio no sentido **endo**térmico (sentido que absorve calor).

Uma **diminuição de temperatura** desloca um equilíbrio no sentido **exo**térmico (sentido que libera calor).

Aprofundando

Uma descrição quantitativa da variação da constante de equilíbrio com a temperatura é descrita pela equação de van't Hoff. A equação é:

$$\ln \dfrac{K_1}{K_2} = \dfrac{-\Delta H}{R}\left(\dfrac{1}{T_1} - \dfrac{1}{T_2}\right)$$

Se a temperatura é aumentada para uma reação exotérmica (ΔH é negativo), então:

$$T_2 > T_1$$

e assim, $\dfrac{1}{T_2} < \dfrac{1}{T_1}$

e, portanto $\dfrac{1}{T_1} - \dfrac{1}{T_2} > 0$

Como o ΔH é negativo, $-\Delta H$ tem um valor positivo. Assim, todo o lado direito da equação é positivo. Isso significa que:

$$\ln \dfrac{K_1}{K_2} > 0$$

A única maneira disso ser possível é para

$$K_1 > K_2$$

Significando que, para uma reação exotérmica, K diminui com o aumento da temperatura.

4. Efeito do catalisador

Vamos recordar a primeira experiência que descrevemos no início. Partimos de 1 mol/L de N_2O_4 (incolor) a 100 °C, chegando ao equilíbrio após um certo tempo.

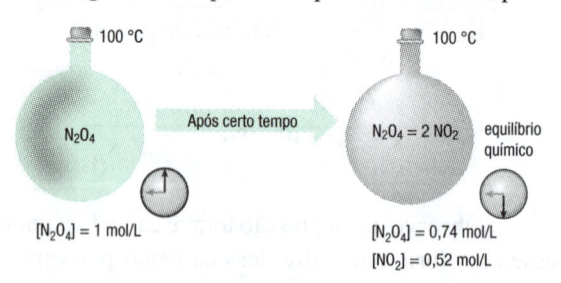

Imagine agora que tivéssemos em nosso laboratório um catalisador para essa reação e que repetíssemos essa experiência, porém na presença desse catalisador. Iríamos observar o seguinte:

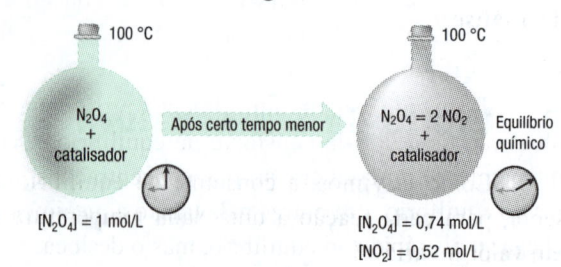

Como você pode perceber, as concentrações de equilíbrio são as mesmas na presença e na ausência do catalisador.

4.1 Catalisador não desloca equilíbrio

Podemos perceber, contudo, que utilizando o catalisador a velocidade com que a reação caminha para o equilíbrio é maior. Assim:

Um catalisador faz com que **cheguemos mais rapidamente** à situação de equilíbrio químico.

É muito simples entender por que o catalisador não desloca um equilíbrio. Como você deve estar lembrado, ele atua abaixando a energia de ativação. Acontece que o abaixamento na energia de ativação é o mesmo, tanto para a reação direta quando para a inversa.

Assim, se ambas as reações têm suas velocidades igualmente aumentadas, o equilíbrio não se deslocará no sentido direto nem no inverso.

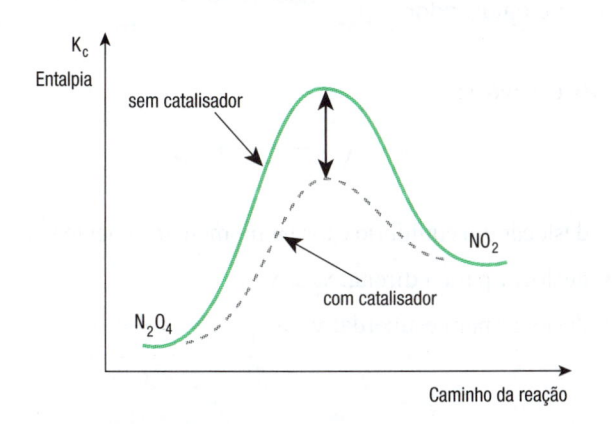

O abaixamento de energia de ativação provocado pelo catalisador é o mesmo tanto para a reação direta quanto para a inversa.

4.2 Não confunda os efeitos do catalisador e da temperatura

Tanto a presença do catalisador quanto o aumento da temperatura provocam aumento da velocidade de uma reação química. Assim, para atingirmos mais rápido o equilíbrio, poderemos usar ambos os recursos.

Quando usamos um catalisador, as concentrações no equilíbrio são exatamente as mesmas de quando ele não é utilizado.

Já quando usamos aquecimento, provocamos uma alteração do valor da constante de equilíbrio e, consequentemente, uma alteração das concentrações presentes do equilíbrio. Em outras palavras, o aquecimento faz chegar mais rápido ao equilíbrio, mas o desloca.

Para entender bem, analise atentamente os gráficos a seguir, que mostram o que acontece ao partimos de 1 mol/L de N_2O_4 em três condições experimentais diferentes.

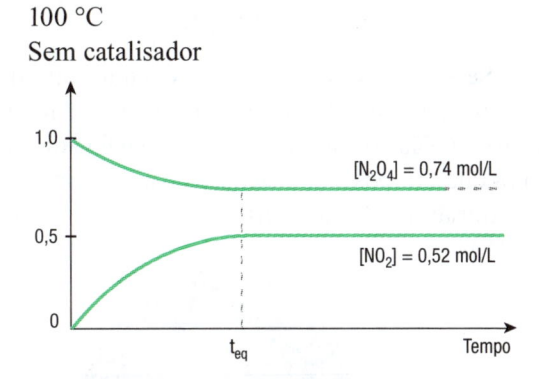

100 °C
Sem catalisador

100 °C
Com catalisador

Equilíbrio atingido mais rapidamente e com as mesmas concentrações que no primeiro caso.

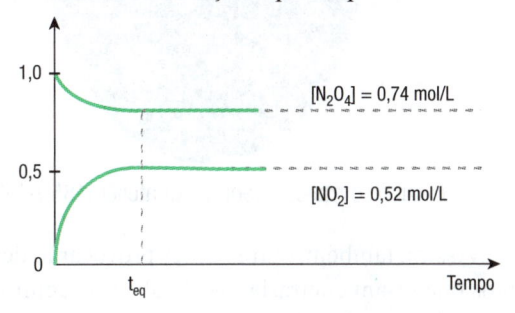

150 °C
Sem catalisador

Equilíbrio atingido mais rapidamente que no primeiro caso, porém com diferentes concentrações (equilíbrio deslocado, nesse exemplo, no sentido da formação de NO_2).

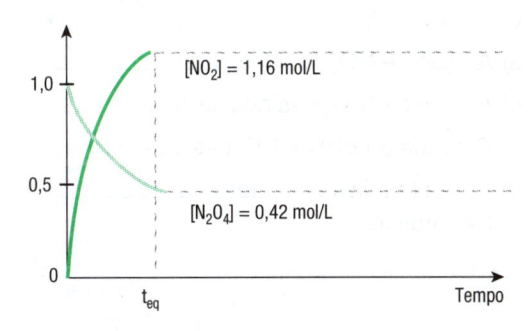

4.3 O princípio de Le Chatelier

O que discutimos sobre deslocamento de equilíbrio é resumido pelo chamado princípio de Le Chatelier, que diz:

"Quando um sistema em equilíbrio químico é perturbado por uma ação externa, o próprio sistema tende a contrariar a ação que o perturbou, a fim de restabelecer a situação de equilíbrio."

Para entender melhor, vamos tomar como exemplo o seguinte equilíbrio:

$$N_2O_4 \rightleftarrows 2\ NO_2$$

Se adicionarmos N_2O_4 (isto é, aumentarmos sua concentração), o equilíbrio se deslocará para a direita, ou seja, na direção do consumo do N_2O_4 que foi adicionado. Vemos que a resposta do sistema (consumo de N_2O_4) tenta contrariar a ação que perturbou o equilíbrio (adição de N_2O_4).

O químico francês Henri Le Chatelier (1850-1936).

Assim, também, outras ações provocarão deslocamentos que visam contrariá-las. A tabela a seguir ilustra todas as situações possíveis.

Perturbação externa	Desloca no sentido de	Altera o valor de K?
aumento da substância	consumo dessa substância	não
diminuição da substância	formação dessa substância	não
aumento da pressão	menor volume gasoso	não
diminuição da pressão	maior volume gasoso	não
aumento da temperatura	absorção de calor (endotérmico)	sim
diminuição da temperatura	liberação de calor (exotérmico)	sim
presença de catalisador	não desloca	não

Observações:

$$A \underset{v_2}{\overset{v_1}{\rightleftarrows}} B$$

- deslocar um equilíbrio é tornar momentaneamente $v_1 \neq v_2$
- deslocar para a direita: $v_1 > v_2$
- deslocar para esquerda: $v_2 > v_1$

Exercícios Série Prata

1. Dado o equilíbrio químico $N_2O_4(g) \rightleftarrows 2\ NO_2(g)$. Complete.

a) Adição de NO_2 desloca para _____.

b) Adição de N_2O_4 desloca para _____.

c) Retirada parcial de NO_2 desloca para _____.

d) A substância adicionada é _____.
(ver gráfico)

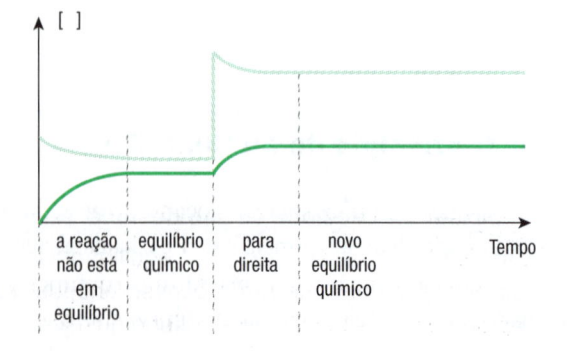

2. O que acontece com o equilíbrio:

$$CH_4(g) + H_2O(g) \rightleftarrows CO(g) + 3\ H_2(g)$$

quando a concentração de:

a) CH_4 é aumentada?   c) CO é aumentada?
b) CH_4 é diminuída?   d) CO é diminuída?

3. (VUNESP) Considerar o equilíbrio:

$$Fe_3O_4(s) + 4\ H_2(g) \rightleftarrows 3\ Fe(s) + 4\ H_2O(g)$$

a 150 °C em recipiente fechado. Qual será o efeito da adição ao sistema em equilíbrio de:

a) mais $H_2(g)$?
b) mais Fe(s)?

4. Preveja o que deve acontecer com o seguinte equilíbrio

$$N_2(g) + 3\ H_2(g) \rightleftarrows 2\ NH_3(g)$$

se for submetido a:
a) um aumento da pressão.
b) uma diminuição de pressão.

5. Considere o equilíbrio:

$$Br_2(g) + Cl_2(g) \rightleftarrows 2\ BrCl(g)$$

Que efeito sobre ele terá um aumento de pressão?

6. Considere o equilíbrio:

$$H_2O(g) + C(s) \rightleftarrows CO(g) + H_2(g)$$

Que efeito sobre ele terá um aumento de pressão?

7. O que deve acontecer com o equilíbrio químico

$$2\ NO(g) + O_2(g) \rightleftarrows 2\ NO_2(g) \quad \Delta H = -113\ kJ$$

a) quando a temperatura aumenta?
b) quando a temperatura diminui?

8. Complete com **exotérmica** ou **endotérmica**.

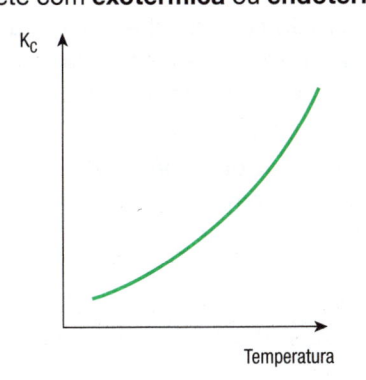

a) reação _____ .

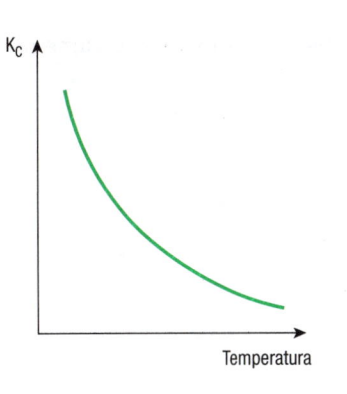

b) reação _____ .

9. Os dados da tabela se referem ao equilíbrio:

$$N_2O_4(g) \rightleftarrows 2\ NO_2(g)$$

Temperatura (°C)	K_c
25	$4,0 \cdot 10^{-2}$
100	$3,6 \cdot 10^{-1}$
127	1,4
150	3,2
227	4,1

a) A reação direta é endotérmica ou exotérmica?
b) Em qual dessas temperaturas o equilíbrio está mais deslocado no sentido do produto?

10. Um frasco bem fechado, de vidro incolor e resistente, contém, em fase gasosa, HI (incolor) em equilíbrio com H_2 (incolor) e I_2 (violeta).

$$2\ HI(g) \rightleftarrows H_2(g) + I_2(g) \quad \Delta H = -53\ kJ$$

O que se pode prever sobre a intensidade da cor violeta se esse frasco for colocado num ambiente mais:
a) quente? b) frio?

11. Complete com **desloca** ou **não desloca**.

Catalisador _____ equilíbrio. Um catalisador faz com que um processo chegue mais rapidamente à situação de equilíbrio químico.

Cap. 8 | Deslocamento de Equilíbrio

12. Complete com **com catalisador** e **sem catalisador**.

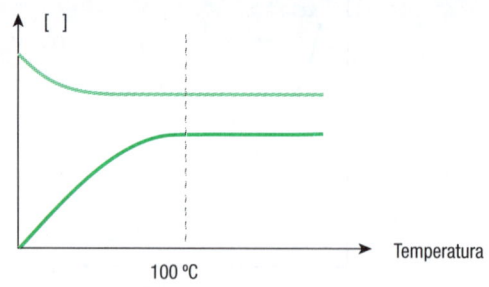

a) _____

b) _____

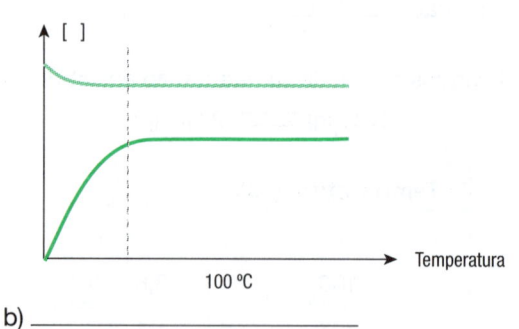

13. Complete o quadro.

	Perturbação externa	Desloca	Altera o valor de K?
a)	aumento da concentração		
b)	diminuição da concentração		
c)	aumento da pressão		
d)	diminuição da pressão		
e)	aumento da temperatura		
f)	diminuição da temperatura		
g)	presença de catalisador		

14. (UEMG) O sistema a seguir tem constante de equilíbrio igual a 0,003 a 627 °C e 0,2 a 927 °C.

$$H_2O(g) + C(s) \rightleftarrows CO(g) + H_2(g)$$

Pode-se concluir corretamente sobre esse sistema que:

a) A produção de CO(g) é exotérmica.
b) O aumento da pressão provoca aumento da constante de equilíbrio.
c) A expressão da constante de equilíbrio é:

$$K_C = \frac{[CO][H_2]}{[H_2][C]}$$

d) A produção de CO(g) é favorecida com o aumento da temperatura.

15. (UPF – RS) Faça uma análise da seguinte reação, considerando as afirmações abaixo:

$$4\ HCl(g) + O_2(g) \rightleftarrows 2\ H_2O(g) + 2\ Cl_2(g)$$

I. Um aumento da pressão deslocará o equilíbrio para a direita.
II. A adição de O_2 diminuirá a concentração de cloro gasoso.
III. A adição de HCl aumentará a concentração de cloro gasoso.
IV. A adição de um catalisador diminui a velocidade da reação.

As afirmativas verdadeiras, que correspondem à reação acima, são:

a) I e II.
b) I e III.
c) I e IV.
d) II e III.
e) II e IV.

16. (UNIRIO–RJ) Considere que, no sangue, as moléculas de hemoglobina e de gás oxigênio dissolvido estão em equilíbrio com a oxiemoglobina, de acordo com equação abaixo:

$$\text{hemoglobina} + \text{oxigênio} \underset{2}{\overset{1}{\rightleftarrows}} \text{oxiemoglobina}$$

Em grandes altitudes, quando o ar se torna rarefeito, essa posição de equilíbrio é alterada, causando distúrbios orgânicos.

A combinação correta entre o fator cuja variação é responsável pelo deslocamento do equilíbrio e o sentido desse deslocamento, indicado na equação, é:

a) concentração de oxigênio: 1.
b) concentração de oxigênio: 2.
c) temperatura ambiente: 1.
d) temperatura ambiente: 2.

17. (VUNESP) Considere o equilíbrio a 25 °C

$$2\,NO_2(g) \rightleftarrows N_2O_4(g) \quad \Delta H = -57{,}2\,kJ$$
marrom   incolor

a) Explique por que a constante de equilíbrio (K_c) aumenta quando a temperatura de 25 °C é reduzida a 0 °C.

b) Explique por que, reduzindo-se o volume do sistema em equilíbrio, a cor marrom passa a amarelo-pálido a 25 °C.

18. (MACKENZIE – SP) A diferença entre tintura para cabelos do tipo tintura permanente e tintura temporária está na presença ou não de amônia em sua composição. A amônia é responsável pela "tintura" das escamas de queratina, que recobre os fios e, nesse caso, o corante penetra em sua estrutura. Em sua ausência, o corante apenas se deposita na superfície do fio do cabelo.

$$N_2(g) + H_2(g) \underset{2}{\overset{1}{\rightleftarrows}} NH_3(g) \quad \Delta H = -46{,}22\,kJ$$

Acima, tem-se a equação não balanceada de obtenção da amônia, sobre a qual é **INCORRETO** afirmar que:

a) na reação entre 3 mols de hidrogênio com 1 mol de nitrogênio são produzidos 2 mols de amônia.
b) aumentando-se a pressão, a reação desloca-se no sentido 1.
c) a reação de formação da amônia é exotérmica.
d) a reação ocorre com contração de volume.
e) a amônia é um gás com cheiro característico e é irritante para as vias respiratórias.

19. (UEMG) As equações a seguir representam sistemas em equilíbrio. O único sistema que não se desloca para alteração de pressão é:

a) $SO_2(g) + \frac{1}{2} O_2(g) \rightleftarrows SO_3(g)$

b) $CO_2(g) + H_2(g) \rightleftarrows CO(g) + H_2O(g)$

c) $N_2(g) + 3\,H_2(g) \rightleftarrows 2\,NH_3(g)$

d) $2\,CO_2(g) \rightleftarrows 2\,CO(g) + O_2(g)$

20. (UFMG) A amônia, $NH_3(g)$, é obtida, industrialmente, pela reação entre os gases hidrogênio e nitrogênio, representada nesta equação:

$$N_2(g) + 3\,H_2(g) \rightleftarrows 2\,NH_3(g) \quad x = 1 \quad \Delta H < 0$$

O processo industrial é feito em alta pressão e alta temperatura, em condições de equilíbrio. Obtida a amônia, a mistura de gases é borbulhada em água líquida, o que permite separar a amônia do nitrogênio e do hidrogênio que não reagiram.

Considerando-se essas informações, é **CORRETO** afirmar que:

a) o princípio de Le Chatelier prevê que se forma mais amônia num equilíbrio em alta temperatura.
b) a reação de formação da amônia é mais rápida que sua decomposição pela reação inversa, no equilíbrio.
c) o rendimento em amônia é maior num equilíbrio em alta pressão.
d) o borbulhamento da mistura dos três gases em água retém, nesse líquido, em maior quantidade, os reagentes nitrogênio e hidrogênio.

21. (UFMG) Um tubo de vidro fechado contém NO_2 gasoso em equilíbrio com o N_2O_4 gasoso, a 25 °C.

Esse tubo é aquecido até 50 °C e, então, observa-se uma diminuição da concentração do N_2O_4.

É **CORRETO** afirmar que, no processo descrito, parte da energia fornecida no aquecimento é utilizada para:

a) favorecer a ocorrência da reação exotérmica.
b) diminuir a agitação térmica das moléculas.
c) quebrar ligações covalentes.
d) diminuir o número de moléculas no tubo.

22. Dado o equilíbrio:

$$N_2(g) + 3H_2(g) \rightleftarrows 2NH_3(g)$$

Que efeito terá sobre o equilíbrio adição do gás hélio?

23. (FEI – SP) O equilíbrio:

$$FeO(s) + CO(g) \rightleftarrows Fe(s) + CO_2(g)$$

se desloca no sentido de formação do Fe(s) quando:

I. Adiciona-se certa quantidade de FeO(s).
II. Retira-se uma fração de Fe(s).
III. Aumenta-se a concentração de CO(g).
IV. Eleva-se a pressão total sobre o sistema.
V. Reduz-se a concentração do $CO_2(g)$.

São verdadeiras:

a) somente I, II, III e V.
b) somente I e II.
c) somente III e V.
d) somente IV.
e) somente I e II.

24. (CESGRANRIO – RJ) O gráfico seguinte refere-se ao sistema químico:

$$H_2(g) + I_2(g) \rightleftarrows 2HI(g)$$

ao qual se aplica o princípio de Le Chatelier.

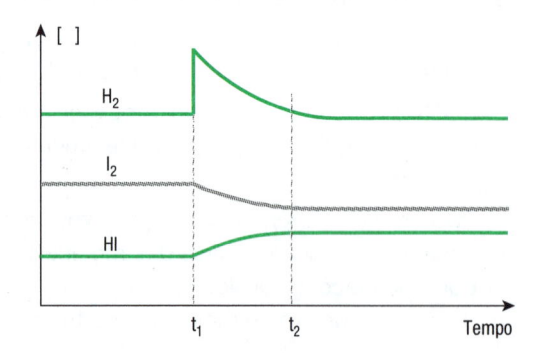

Analise o gráfico e indique a opção correta.

a) A adição de $I_2(g)$ em t_1 aumentou a concentração de HI(g).
b) A adição de $H_2(g)$ em t_2 aumentou a concentração de $I_2(g)$.
c) A adição de $H_2(g)$ em t_1 aumentou a concentração de HI(g).
d) A adição de $H_2(g)$ em t_2 levou o sistema ao equilíbrio.

25. (UFFS – BA) Considere o gráfico abaixo, o qual se refere à reação:

$$A + B \rightleftarrows C + D$$

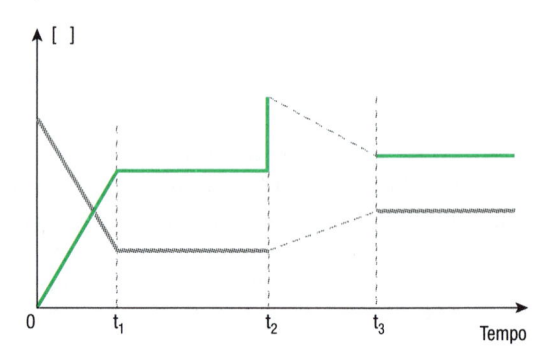

Analise as proposições:

I. No intervalo de tempo t_1 a t_2, as concentrações dos produtos e dos reagentes permaneceram constantes.
II. Em t_2, houve adição de produtos ao sistema em equilíbrio.
III. No intervalo de tempo t_2 a t_3, ocorreu um aumento na concentração dos reagentes.
IV. O estado de equilíbrio foi destruído após t_3.

Estão corretas as proposições:

a) II e III apenas.
b) II e IV apenas.
c) I, III e IV apenas.
d) I, II e III apenas.

26. (UFV – MG) O estudo experimental de uma reação química em equilíbrio demonstrou que o aumento da temperatura favorecia a formação dos produtos, enquanto o aumento da pressão favorecia a formação dos reagentes. Baseado nessas informações, e sabendo que A, B, C e D são gases, assinale a equação que representa a reação estudada:

a) $A + B \rightleftarrows 2C + D$ $\Delta H = +500$ kJ/mol
b) $3A + 5B \rightleftarrows 2C + 2D$ $\Delta H = +500$ kJ/mol
c) $4A + 5B \rightleftarrows 6C + 7D$ $\Delta H = -500$ kJ/mol
d) $3A + 6B \rightleftarrows 3C + 2D$ $\Delta H = +500$ kJ/mol
e) $2A + 2B \rightleftarrows C + D$ $\Delta H = -500$ kJ/mol

27. (UFC – CE) No estudo da ação do gás venenoso $COCl_2$, usado como arma química, observa-se seu processo de decomposição de acordo com a reação:

$$COCl_2(g) \rightleftarrows CO(g) + Cl_2(g)$$

Partindo de uma situação de equilíbrio, adicionou-se 0,10 mol de CO, e o sistema, após algum tempo, chegou a uma nova situação de equilíbrio.

Marque a opção que indica como as novas concentrações do equilíbrio estão relacionadas com as antigas.

	$[COCl_2]$	$[CO]$	$[Cl_2]$
a)	nova > antiga	nova > antiga	nova < antiga
b)	nova > antiga	nova > antiga	nova > antiga
c)	nova < antiga	nova > antiga	nova < antiga
d)	nova > antiga	nova < antiga	nova < antiga
e)	mesma	mesma	mesma

28. (UNESP) Sabendo que a reação representada pela equação

$$H_2(g) + Br_2(g) \rightleftarrows 2HBr(g)$$

é exotérmica, é correto afirmar que o equilíbrio

a) se deslocará para a esquerda, no sentido da formação do H_2 e do Br_2, com o aumento da pressão.
b) se deslocará para a direita, no sentido da formação do HBr, com o aumento da pressão.
c) se deslocará para a direita, no sentido da formação do HBr, com o aumento da temperatura.
d) se deslocará para a direita, no sentido da formação do HBr, com a diminuição da temperatura.
e) não é alterado por mudanças apenas na temperatura do sistema.

29. (MACKENZIE – SP)

$$CHCl_3(g) + Cl_2(g) \rightleftarrows CCl_4(g) + HCl(g)$$

No sistema em equilíbrio acima equacionado, para aumentar a produção de tetracloreto de carbono, deve-se:

a) aumentar a pressão do sistema.
b) diminuir a concentração de Cl_2.
c) aumentar a concentração de HCl.
d) aumentar a concentração de $CHCl_3$.
e) diminuir a pressão do sistema.

30. (VUNESP) Considere a reação em fase gasosa:
$$N_2 + O_2 \rightleftarrows 2NO \quad \Delta H = +43,5 \text{ Kcal}$$
Com relação à constante de equilíbrio em termos de concentração (K_c), assinale a afirmação correta:

a) K_c diminui, quando se adiciona NO ao equilíbrio.
b) K_c aumenta com o aumento de pressão.
c) K_c não depende da temperatura.
d) K_c varia, quando se adiciona um catalisador.
e) K_c aumenta, quando se aumenta a temperatura.

Exercícios Série Ouro

1. (MACKENZIE – SP)

$$N_2(g) + O_2(g) \underset{\text{exotérmica}}{\overset{\text{endotérmica}}{\rightleftarrows}} 2\ NO(g)$$

No equilíbrio acima:

I. Aumentando-se a pressão do sistema, o equilíbrio desloca-se no sentido endotérmico.

II. Diminuindo-se a temperatura do sistema, o equilíbrio desloca-se no sentido da reação indireta.

III. Adicionando-se um catalisador, o equilíbrio desloca-se no sentido exotérmico.

Das afirmações feitas,

a) I, II e III estão corretas.
b) somente I está correta.
c) somente II está correta.
d) somente I e II estão corretas.
e) somente II e III estão corretas.

2. (UNESP) A formação de glicose envolve o equilíbrio:

$$6\ CO_2(g) + 6\ H_2O(l) \rightleftarrows \underset{\text{glicose}}{C_6H_{12}O_6(s)} + 6\ O_2(g)$$

À temperatura constante, a remoção de $O_2(g)$ provoca

a) aumento da massa de glicose.
b) redução da velocidade da reação direta e aumento da velocidade da reação inversa.
c) aumento no valor da constante de equilíbrio da reação.
d) redução do consumo de CO_2 e aumento do consumo de H_2O.
e) aumento da energia de ativação da reação.

3. (PUC – SP) Em 1912, o químico alemão Fritz Haber desenvolveu um processo para sintetizar amônia diretamente dos gases nitrogênio e hidrogênio. Este processo é muito importante economicamente, porque a amônia é bastante utilizada, por exemplo, na indústria de fertilizantes. Considere a reação em equilíbrio químico num sistema fechado

$$N_2(g) + 3\ H_2(g) \rightleftarrows 2\ NH_3(g)$$

Mantendo-se a temperatura constante, algumas modificações podem ser realizadas nesse sistema:

I. introdução de $N_2(g)$;
II. aumento da pressão do sistema;
III. adição de catalisador.

As modificações que irão provocar o deslocamento do equilíbrio, favorecendo a formação de NH_3, são:

a) I e II, apenas.
b) I e III, apenas.
c) III, apenas.
d) II e III, apenas.
e) I, II e III.

4. (PUC – SP) O gás hidrogênio é obtido industrialmente a partir da reação de hidrocarbonetos com vapor-d'água a altas temperaturas.

$$CH_4(g) + 2\ H_2O(g) \rightleftarrows CO_2(g) + 4\ H_2(g)$$
$$\Delta H^0 = +163\ kJ$$

Considere um sistema fechado em que as substâncias metano, água, dióxido de carbono e hidrogênio encontram-se em equilíbrio a 700 °C e pressão de 1 bar. São propostas três modificações no sistema:

I. Reduzir o volume do recipiente, elevando a pressão interna para 10 bar.
II. Alterar a temperatura para 800 °C.
III. Adicionar um catalisador de Ni.

Entre as modificações sugeridas, contribuem para um aumento da concentração de H_2, em relação ao sistema em equilíbrio,

a) somente a modificação I.
b) somente a modificação II.
c) somente as modificações I e III.
d) somente as modificações II e III.
e) somente as modificações I e II.

5. (UEL – PR) A obtenção industrial da amônia, utilizada na produção de fertilizantes, segue o processo idealizado pelo alemão Fritz Haber. O hidrogênio necessário é obtido pela reação do metano com vapor-d'água:

$$CH_4(g) + H_2O(g) \rightleftarrows CO(g) + 3\,H_2(g)$$
$$\Delta H^0 = +323,5 \text{ kJ/mol de } CH_4 \quad \textbf{(Reação 1)}$$

que faz reagir o nitrogênio proveniente do ar com o hidrogênio da reação anterior:

$$N_2(g) + 3\,H_2(g) \rightleftarrows 2\,NH_3(g)$$
$$\Delta H^0 = -92,6 \text{ kJ} \quad \textbf{(Reação 2)}$$

Observando as reações acima, quais serão, respectivamente, as melhores condições das reações 1 e 2, a serem utilizadas para a produção industrial da amônia?

a) baixa temperatura e baixa pressão.
b) alta temperatura e baixa pressão.
c) baixa temperatura e alta pressão.
d) alta temperatura e alta pressão.
e) temperatura e pressão médias.

6. (PUC) Os gráficos mostram a variação das concentrações em mol/L dos participantes da reação:

$$A(g) + B(g) \rightleftarrows AB(g),$$

à medida que prossegue até atingir o equilíbrio à temperatura t_1 no gráfico I; e $t_2 > t_1$, no gráfico II.

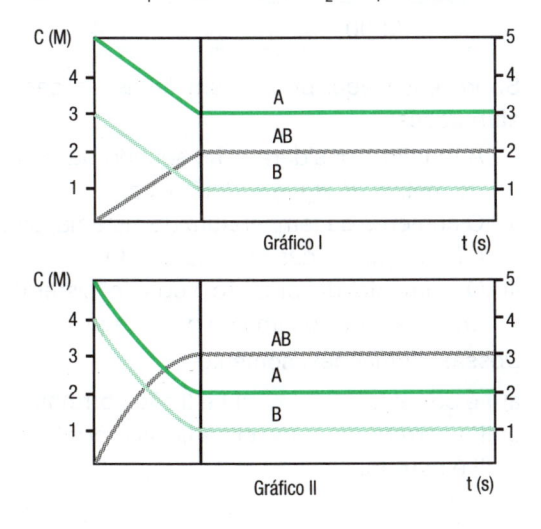

a) Calcule os valores das constantes de equilíbrio às temperaturas t_1 e t_2.
b) Explique se o sentido de formação de AB é exotérmico ou endotérmico.

7. (FGV) O uso de catalisadores para diminuir a emissão de gases poluentes pelos escapamentos dos automóveis tem contribuído para redução da taxa de aumento da poluição urbana.
São representadas duas curvas das energias envolvidas na reação das espécies reagentes

$$A + B \longrightarrow C + D$$

na presença e na ausência do catalisador.

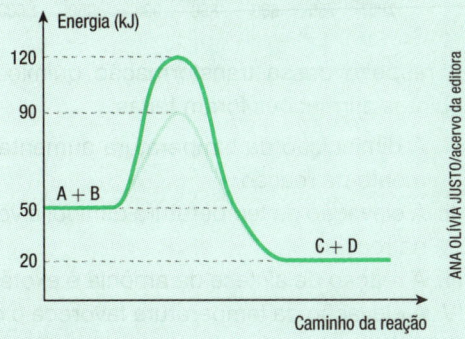

Em relação à sua atuação no processo reacional, é correto afirmar que o catalisador

a) aumenta a energia de ativação da reação direta, diminui a energia de ativação da reação inversa e desloca o equilíbrio reacional no sentido dos produtos.
b) aumenta a energia de ativação da reação direta, aumenta a energia de ativação da reação inversa e não altera o equilíbrio reacional.
c) diminui a energia de ativação da reação direta, aumenta a energia de ativação da reação inversa e desloca o equilíbrio reacional no sentido dos produtos.
d) diminui a energia de ativação da reação direta, diminui a energia de ativação da reação inversa e não altera o equilíbrio reacional.
e) diminui a energia de ativação da reação direta, diminui a energia de ativação da reação inversa e desloca o equilíbrio reacional no sentido dos produtos.

Resolução:
Catalisador acelera reações, fornecendo um novo mecanismo com energia de ativação menor, tanto para a reação direta como para a reação inversa. O equilíbrio não é afetado e as energias de reagentes e produtos são as mesmas com ou sem catalisador.

Resposta: alternativa d.

8. (FATEC – SP) O gráfico abaixo mostra como varia a constante de equilíbrio (K_C) em função da temperatura para a reação de síntese da amônia.

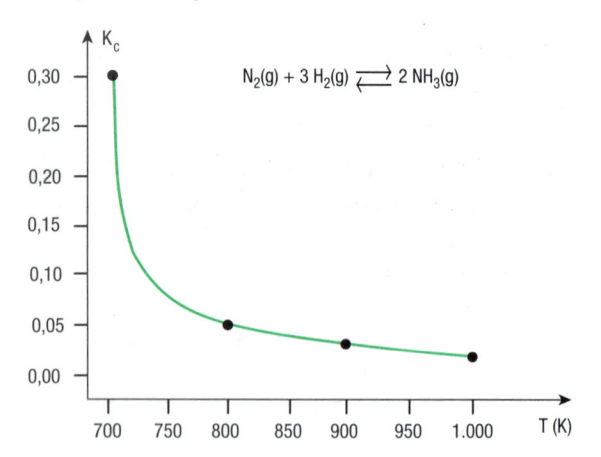

$$N_2(g) + 3\,H_2(g) \rightleftarrows 2\,NH_3(g)$$

A respeito dessa transformação química, as seguintes afirmações foram feitas:

I. A diminuição da temperatura aumenta o rendimento da reação.
II. A elevação da temperatura diminui a velocidade da reação.
III. A reação de síntese da amônia é exotérmica.
IV. A elevação da temperatura favorece o consumo de N_2 e H_2.

Dessas afirmações, são corretas apenas:

a) I e II.
b) I e III.
c) III e IV.
d) II e III.
e) II e IV.

9. (FATEC – SP) O gás dióxido de nitrogênio, NO_2, é castanho-avermelhado, e o gás tetróxido de nitrogênio, N_2O_4, é praticamente incolor. Considere uma ampola fechada contendo estes gases, em equilíbrio, a 25 °C, como representado a seguir:

$$\underset{\text{castanho-avermelhado}}{2\,NO_2(g)} \rightleftarrows \underset{\text{incolor}}{N_2O_4(g)} + \text{energia}$$

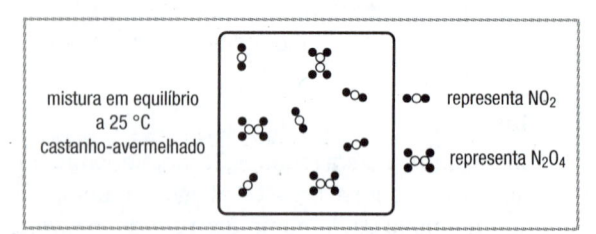

Suponha que o equilíbrio é perturbado por variações de temperatura, e novo estado de equilíbrio se estabelece, como representado pelas ilustrações (a), (b) e (c) seguintes.

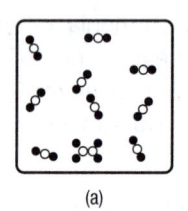

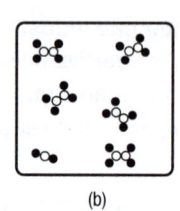

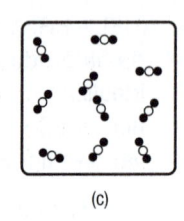

(a)　(b)　(c)

I. A ilustração (a) representa as concentrações dos gases, quando o equilíbrio se restabelece, após a temperatura ter variado de 25 °C para 0 °C.
II. A ilustração (b) representa as concentrações dos gases, quando o equilíbrio se restabelece após a temperatura ter variado de 25 °C para 0 °C.
III. A ilustração (c) representa as concentrações dos gases, quando o equilíbrio se restabelece após a temperatura ter variado de 25 °C para 100 °C.

Dessas afirmações são corretas apenas:

a) I e II.
b) I e III.
c) II.
d) II e III.
e) III.

10. (FATEC – SP) Para o seguinte equilíbrio gasoso

$$CO(g) + 3\,H_2(g) \rightleftarrows CH_4(g) + H_2O(g)$$

foram determinadas as constantes de equilíbrio (K_C) em diferentes temperaturas. Os dados obtidos estão na tabela abaixo:

Temperatura (K)	K_C
300	$5 \cdot 10^{27}$
1.000	$3 \cdot 10^2$
1.200	4

Sobre esse equilíbrio, foram feitas as seguintes afirmações:

I. A reação, considerada no sentido da formação do metano (CH_4), é endotérmica.
II. O aumento da temperatura do sistema favorece a formação de gás hidrogênio (H_2).
III. O aumento da pressão sobre o sistema não provoca o deslocamento desse equilíbrio.

Dessas afirmações, somente

a) I é correta.
b) II é correta.
c) III é correta.
d) I e II são corretas.
e) I e III são corretas.

11. (FGV – SP) O gás castanho NO_2 é um poluente atmosférico que em recipiente fechado sofre dimerização, formando o gás incolor N_2O_4. A reação de dimerização é representada pela seguinte equação de equilíbrio:

$$2\ NO_2(g) \rightleftarrows N_2O_4(g) + 58\ kJ$$
castanho   incolor

Sobre o sistema em equilíbrio, é correto afirmar que

a) a cor castanha será intensificada com o aumento da temperatura do sistema.
b) o sistema em equilíbrio é insensível à variação de pressão que atua sobre ele.
c) a retirada de NO_2 do equilíbrio, através de sua reação com água líquida introduzida no sistema, aumentará a produção de N_2O_4.
d) a constante de equilíbrio K_P, expressa em termos das pressões parciais dos gases, tem valor numérico idêntico à da constante de equilíbrio K_C, expressa em termos de suas concentrações em mol/L.
e) a adição de um catalisador ao sistema, inicialmente em equilíbrio, aumentará a massa de N_2O_4 produzida.

12. (PUC) O gráfico abaixo correlaciona os valores da constante de equilíbrio (K_C) em função da temperatura para a reação de síntese da amônia:

$$N_2(g) + 3\ H_2(g) \rightleftarrows 2\ NH_3(g)$$

Sobre o comportamento dessa reação, no intervalo de temperatura considerado no experimento, foram feitas algumas afirmações:

I. A reação é exotérmica no sentido de formação da amônia.
II. Com o aumento da temperatura, a velocidade da reação diminui.
III. Com o aumento da temperatura, o rendimento da reação diminui, formando-se menos amônia na situação de equilíbrio.

SOMENTE está correto o que se afirma em

a) I.   b) II.   c) III.   d) I e II.   e) I e III.

13. (UNIFESP) O monóxido de nitrogênio é um dos poluentes atmosféricos lançados no ar pelos veículos com motores mal regulados. No cilindro de um motor de explosão interna de alta compressão, a temperatura durante a combustão do combustível com excesso de ar é da ordem de 2.400 K e os gases de descarga estão ao redor de 1.200 K. O gráfico representa a variação da constante de equilíbrio (escala logarítmica) em função da temperatura, para a reação de formação do NO, dada por

$$\frac{1}{2}N_2(g) + \frac{1}{2}O_2(g) \rightleftarrows NO(g)$$

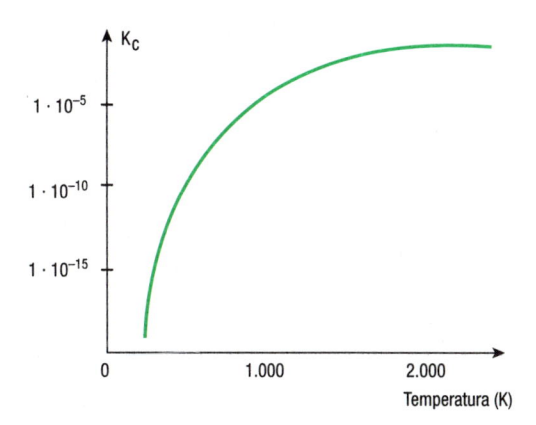

Considere as seguintes afirmações:

I. Um catalisador adequado deslocará o equilíbrio da reação no sentido da conversão do NO em N_2 e O_2.
II. O aumento da pressão favorece a formação do NO.
III. A 2.400 K há maior quantidade de NO do que a 1.200 K.
IV. A reação de formação do NO é endotérmica.

São corretas as afirmações contidas somente em
a) I, II e III.
b) II, III e IV.
c) I e III.
d) II e IV.
e) III e IV.

14. (UNIFESP) Poluentes como óxidos de enxofre e de nitrogênio presentes na atmosfera formam ácidos fortes, aumentando a acidez da água da chuva. A chuva ácida pode causar muitos problemas para as plantas, animais, solo, água e também às pessoas. O dióxido de nitrogênio, gás castanho, em um recipiente fechado, apresenta-se em equilíbrio químico com um gás incolor, segundo a equação:

$$2\ NO_2(g) \rightleftarrows N_2O_4(g)$$

Quando esse recipiente é colocado em um banho de água e gelo, o gás torna-se incolor. Em relação a esse sistema, são feitas as seguintes afirmações:

I. A reação no sentido da formação do gás incolor é exotérmica.
II. Com o aumento da pressão do sistema, a cor castanha é atenuada.
III. Quando o sistema absorve calor, a cor castanha é acentuada.

Dentre as afirmações, as corretas são:
a) I, apenas.
b) III, apenas.
c) I e III, apenas.
d) II e III, apenas.
e) I, II e III.

15. (FATEC – SP) A produção de alimentos para a população mundial necessita de quantidades de fertilizantes em grande escala, sendo que muito deles se podem obter a partir do amoníaco.

Fritz Haber (1868-1934), na procura de soluções para a otimização do processo, descobre o efeito do ferro como catalisador, baixando a energia de ativação da reação.

Carl Bosch (1874-1940), engenheiro químico, colega de Haber, trabalhando nos limites da tecnologia no início do século XX, desenha o processo industrial catalítico de altas pressões e altas temperaturas, ainda hoje utilizado como único meio de produção de amoníaco e conhecido por processo de Haber-Bosch.

Controlar as condições que afetam os diferentes equilíbrios que constituem o processo de formação destes e de outros produtos, otimizando a sua rentabilidade, é um dos objetivos da Ciência/Química e da Tecnologia para o desenvolvimento da sociedade.

nautilus.fis.uc.pt/spf/DTE/pdfs/fisica_quimica_a_11_homol.pdf. *Acesso em:* 28.09.2012.

Considere a reação de formação da amônia

$$N_2(g) + 3\ H_2(g) \rightleftarrows 2\ NH_3(g)$$

e o gráfico, que mostra a influência conjunta da pressão e da temperatura no seu rendimento.

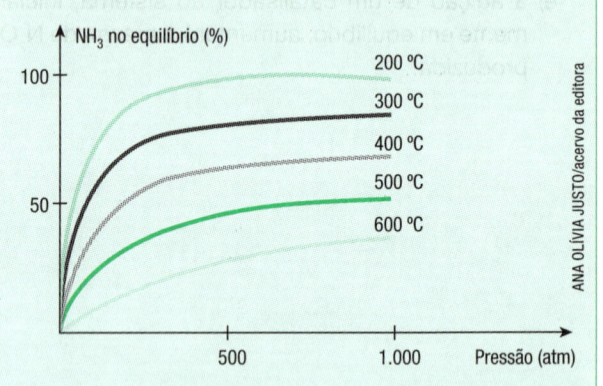

FELTRE, R. **Química**. São Paulo: Moderna, 2004. v. 2.

A análise do gráfico permite concluir, corretamente, que

a) a reação de formação da amônia é endotérmica.
b) o rendimento da reação, a 300 atm, é maior a 600 °C.
c) a constante de equilíbrio (K_C) não depende da temperatura.
d) a constante de equilíbrio (K_C) é maior a 400 °C do que a 500 °C.
e) a reação de formação da amônia é favorecida pela diminuição da pressão.

Resolução:

Pelo gráfico apresentado, observa-se que a diminuição da temperatura aumenta o rendimento da reação, portanto, a reação direta é exotérmica e a constante de equilíbrio (K_C) é maior a 400 °C do que a 500 °C.

Resposta: alternativa d.

16. (UFMG) Num recipiente fechado de volume constante, hidrogênio gasoso reagiu com excesso de carbono sólido finamente dividido formando gás metano, como descrito na equação:

$$C(s) + 2\,H_2(g) \rightleftarrows CH_4(g)$$

Essa reação foi realizada em duas temperaturas: 800 e 900 K. Em ambos os casos a concentração de metano foi monitorada desde o início do processo até um certo tempo após o equilíbrio ter sido atingido. O gráfico apresenta os resultados desse experimento.

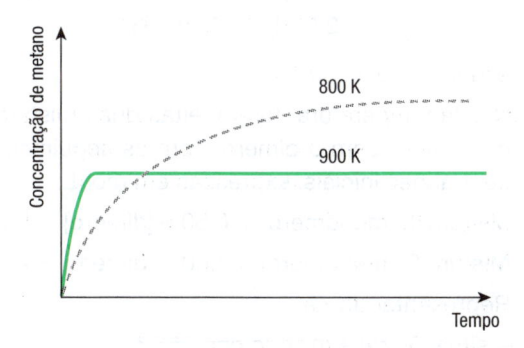

Considerando-se essas informações, é **CORRETO** afirmar que:

a) a adição de mais carbono após o sistema atingir o equilíbrio favorece a formação de mais gás metano.
b) a reação de formação do metano é exotérmica.
c) o número de moléculas de metano formadas é igual ao número de moléculas de hidrogênio consumidas na reação.
d) o resfriamento do sistema em equilíbrio de 900 K para 800 K provoca uma diminuição da concentração de metano.

17. (PUC – SP) A amônia é um produto industrial de grande relevância, sendo matéria-prima para a produção de fertilizantes. A amônia é obtida em larga escala pelo processo Haber em que são empregados nitrogênio e hidrogênio sob alta pressão a 450 °C. A equação que representa o processo é

$$N_2(g) + 3\,H_2(g) \rightleftarrows 2\,NH_3(g)$$

sendo que o K_C dessa reação a 25 °C é de $3,5 \cdot 10^8$, enquanto que o K_C medido a 450 °C é de 0,16.

Sobre a reação de síntese da amônia foram feitas as seguintes afirmações.

I. Trata-se de uma reação de oxirredução em que o gás hidrogênio é o agente redutor.
II. Trata-se de um processo endotérmico e por isso é realizado em alta temperatura.
III. Alterar a pressão dos reagentes modifica o valor de K_C.
IV. A 450 °C a velocidade de formação de amônia seria bem maior do que a 25 °C, considerando-se que as pressões parciais dos reagentes no início da reação fossem as mesmas em ambas as temperaturas.

Estão corretas apenas as afirmações

a) I e II.
b) II e IV.
c) III e IV.
d) I e III.
e) I e IV.

18. (FUVEST – SP) Em determinado processo industrial, ocorre uma transformação química, que pode ser representada pela equação genérica:

$$xA(g) + yB(g) \rightleftarrows zC(g)$$

em que x, y e z são, respectivamente, os coeficientes estequiométricos das substâncias A, B e C.

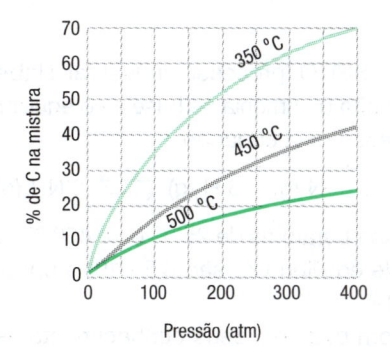

O gráfico representa a porcentagem, em mol, de C na mistura, sob várias condições de pressão e temperatura. Com base nesses dados, pode-se afirmar que essa reação é

a) exotérmica, sendo $x + y = z$.
b) endotérmica, sendo $x + y < z$.
c) exotérmica, sendo $x + y > z$.
d) endotérmica, sendo $x + y = z$.
e) endotérmica, sendo $x + y > z$.

19. (UEM – PR) A partir dos dados a seguir, assinale o que for correto.

I. $2\,SO_2(g) + O_2(g) \rightleftarrows 2\,SO_3(g)$ $\Delta H = -198$ kJ

II. $N_2O_4(g) \rightleftarrows 2\,NO_2(g)$ $\Delta H = 57,0$ kJ

(01) Na mistura em equilíbrio representada pela equação I, a diminuição da temperatura dessa mistura favorece a decomposição de $SO_3(g)$.

(02) Na mistura em equilíbrio representada pela equação I, o aumento da temperatura dessa mistura favorece a decomposição de $SO_3(g)$.

(04) Na mistura em equilíbrio representada pela equação II, o aumento da temperatura dessa mistura favorece a formação de $NO_2(g)$.

(08) Na mistura em equilíbrio representada pela equação II, o aumento da temperatura favorece a decomposição de $NO_2(g)$.

(16) Comprimindo-se a mistura em equilíbrio representada pela equação II, o equilíbrio é deslocado no sentido dos reagentes.

(32) Comprimindo-se a mistura em equilíbrio representada pela equação I, o equilíbrio é deslocado no sentido dos reagentes.

20. (VUNESP) O processo industrial Haber-Bosh de obtenção da amônia se baseia no equilíbrio químico, expresso pela equação:

$$N_2(g) + 3\,H_2(g) \rightleftarrows 2\,NH_3(g)$$

Nas temperaturas de 25 °C e de 450 °C, as constantes de equilíbrio K_P são $3,5 \cdot 10^8$ e $0,16$, respectivamente.

a) Com base em seus conhecimentos sobre equilíbrio e nos dados fornecidos, quais seriam as condições de pressão e temperatura que favoreceriam a formação de NH_3? Justifique sua resposta.

b) Na prática, a reação é efetuada nas seguintes condições: pressão entre 300 e 400 atmosferas, temperatura de 450 °C e emprego de ferro metálico como catalisador. Justifique por que essas condições são utilizadas industrialmente para a síntese de NH_3.

21. (UNIFESP) A constante de equilíbrio da reação de dimerização de C_5H_6, representada pela equação:

$$2\,C_5H_6 \rightleftarrows C_{10}H_{12}$$

é igual a 3,0 a 250 °C

Nessa temperatura, foram feitas duas misturas do monômero com o dímero, com as seguintes concentrações iniciais, expressas em mol/L:

Mistura 1: [monômero] = 0,50 e [dímero] = 0,75

Mistura 2: [monômero] = 1,00 e [dímero] = 2,50

Representando-se:

– situação de equilíbrio por $\rightleftarrows$.

– tendência do equilíbrio se deslocar para a formação do dímero por $\longrightarrow$.

– tendência do equilíbrio se deslocar para a formação do monômero por $\longleftarrow$.

Assinale a alternativa que representa a situação correta das misturas 1 e 2 no instante em que elas foram preparadas.

	Situação na condição inicial	
	Mistura 1	Mistura 2
a)	$\rightleftarrows$	$\rightleftarrows$
b)	$\rightleftarrows$	$\longrightarrow$
c)	$\rightleftarrows$	$\longleftarrow$
d)	$\longrightarrow$	$\longrightarrow$
e)	$\longleftarrow$	$\longleftarrow$

22. (FUVEST – SP) A ⇌ B, a transformação de A em B é endotérmica. Esse equilíbrio foi estudado, realizando-se três experimentos.

Experimento	Condições
X	a 20 °C, sem catalisador
Y	a 100 °C, sem catalisador
Z	a 20 °C, com catalisador

O gráfico abaixo mostra corretamente as concentrações de A e de B, em função do tempo, para o experimento X.

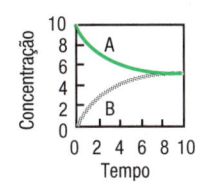

Examine os gráficos abaixo.

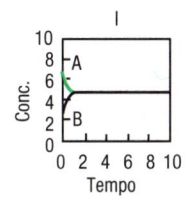

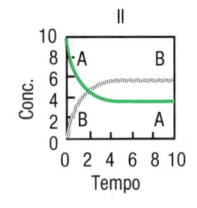

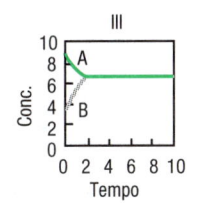

Aqueles que mostram corretamente as concentrações de A e de B, em função do tempo, nos experimentos Y e Z são, respectivamente,

a) I e II.   b) I e III.   c) II e I.   d) II e III.   e) III e I.

23. (MACKENZIE – SP) Considere o processo representado pela transformação reversível equacionada abaixo.

$$A_2(g) + B_2(g) \rightleftharpoons 2\ AB(g) \qquad \Delta H > 0$$

Inicialmente, foram colocados em um frasco com volume de 10 L, 1 mol de cada um dos reagentes. Após atingir o equilíbrio, a uma determinada temperatura T, verificou-se experimentalmente que a concentração da espécie AB(g) era de 0,10 mol/L.

São feitas as seguintes afirmações, a respeito do processo acima descrito.

I. A constante K_c para esse processo, calculada a uma dada temperatura T, é 4.
II. A concentração da espécie $A_2(g)$ no equilíbrio é de 0,05 mol/L.
III. Um aumento de temperatura faria com que o equilíbrio do processo fosse deslocado no sentido da reação direta.

Assim, pode-se confirmar que

a) é correta somente a afirmação I.
b) são corretas somente as afirmações I e II.
c) são corretas somente as afirmações I e III.
d) são corretas somente as afirmações II e III.
e) são corretas as afirmações I, II e III.

24. (FMABC – SP) O brometo de nitrosila (NOBr) é formado pela reação entre o óxido nítrico (NO) e o gás bromo (Br_2), segundo o equilíbrio:

$$2\ NO(g) + Br_2(g) \rightleftharpoons 2\ NOBr(g) \qquad \Delta H = -16\ kJ$$

Um experimento realizado a 60 °C em frasco de 5 L de capacidade, contendo inicialmente 0,1 mol de NO e 0,1 mol de Br_2 constatou que o equilíbrio é atingido em t minutos apresentando constante K_P igual a 6.

Em seguida dois novos experimentos foram realizados:

I. Em um frasco de 2 L de capacidade mantido a 60 °C e contendo inicialmente 0,1 mol de NO e 0,1 mol de Br_2 foi determinado o valor de K_{P_1} e o tempo t_1 em que o equilíbrio foi atingido.
II. Em um frasco de 5 L de capacidade mantido a 100 °C e contendo inicialmente 0,1 mol de NO e 0,1 mol de Br_2 foi determinado o valor de K_{P_2} e o tempo t_2 em que o equilíbrio foi atingido.

Cap. 8 | Deslocamento de Equilíbrio

Sabendo que a equação de velocidade da reação é $v = k[NO]^2[Br_2]$, pode-se afirmar sobre a constante de equilíbrio e o tempo em que esse equilíbrio foi atingido para as condições I e II que:

a) $K_{P_1} = 6$ e $t_1 < t$; $K_{P_2} > 6$ e $t_2 = t$
b) $K_{P_1} > 6$ e $t_1 = t$; $K_{P_2} = 6$ e $t_2 < t$
c) $K_{P_1} = 6$ e $t_1 < t$; $K_{P_2} < 6$ e $t_2 < t$
d) $K_{P_1} < 6$ e $t_1 > t$; $K_{P_2} = 6$ e $t_2 = t$
e) $K_{P_1} < 6$ e $t_1 = t$; $K_{P_2} < 6$ e $t_2 > t$

b) Considere os seguintes valores para as entalpias de formação $CH_3OH(g)$ e do $CO(g)$ nas condições padrão:

$\Delta H_f CO(g) = -110$ kJ/mol

$\Delta H_f CH_3OH(g) = -201$ kJ/mol

Indique o sentido do deslocamento do equilíbrio quando se aumenta a temperatura do sistema. Justifique sua resposta.

25. (UFRJ) Uma das reações para produção industrial do metanol é dada por:

$$CO(g) + 2\,H_2(g) \longrightarrow CH_3OH(g)$$

a) No gráfico a seguir, a reta representa a variação do número de mol de metanol, para diversas condições da reação.

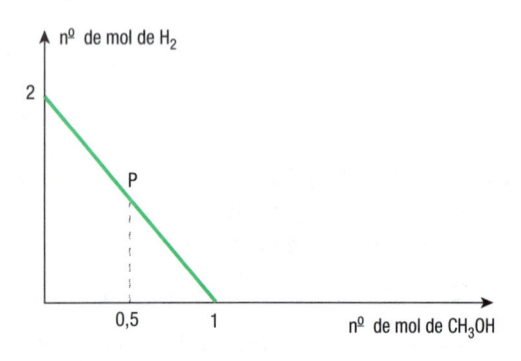

O ponto P representa uma situação de equilíbrio a uma dada temperatura.

Calcule a constante de equilíbrio (K_C), neste ponto, quando no início da reação estão presentes 2 mol de H_2 e 2 mol de CO num volume de 1 L.

	CO	+ 2 H_2 ⇌	CH_3OH
início	2	2	—
reage e forma			
equilíbrio			

mol/L

26. (FUVEST – SP) A transformação de um composto A em um composto B, até se atingir o equilíbrio (A ⇌ B), foi estudada em três experimentos. De um experimento para o outro, variou-se a concentração inicial do reagente A ou a temperatura ou ambas. Registraram-se as concentrações de reagente e produto em função do tempo.

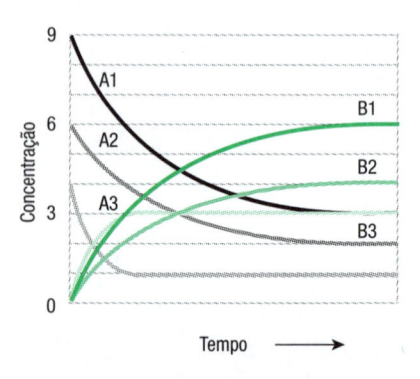

Com esses dados, afirma-se:

I. Os experimentos 1 e 2 foram realizados à mesma temperatura, pois as constantes de equilíbrio correspondentes são iguais.

II. O experimento 3 foi realizado numa temperatura mais elevada que o experimento 1, pois no experimento 3 o equilíbrio foi atingido em um tempo menor.

III. A reação é endotérmica no sentido da formação do produto B.

Dessas afirmações,

a) todas são corretas.
b) apenas I e III são corretas.
c) apenas II e III são corretas.
d) apenas I é correta.
e) apenas II é correta.

27. (FUVEST – SP) Na produção de hidrogênio por via petroquímica, sobram traços de CO e CO_2 nesse gás, o que impede sua aplicação em hidrogenações catalíticas, uma vez que CO é veneno de catalisador. Usando-se o próprio hidrogênio, essas impurezas são removidas, sendo transformadas em CH_4 e H_2O. Essas reações ocorrem a temperaturas elevadas, em que reagentes e produtos são gasosos, chegando a um equilíbrio de constante K_I no caso do CO e a um equilíbrio de constante K_{II} no caso do CO_2. O gráfico traz a variação dessas constantes com a temperatura.

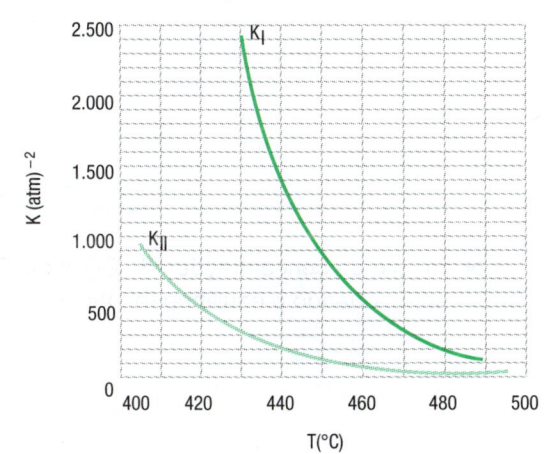

a) Num experimento de laboratório, realizado a 460 °C, as pressões parciais de CO, H_2, CH_4 e H_2O, eram, respectivamente, $4 \cdot 10^{-5}$ atm; 2 atm; 0,4 atm; e 0,4 atm. Verifique se o equilíbrio químico foi alcançado. Explique.

b) As transformações de CO e CO_2 em CH_4 mais H_2O são exotérmicas ou endotérmicas? Justifique sua resposta.

c) Em qual das duas transformações, na de CO ou na de CO_2, o calor desprendido ou absorvido é maior?

Explique, em termos do módulo da quantidade de calor |Q| envolvida.

28. (ITA – SP) Um cilindro de volume V contém as espécies A e B em equilíbrio químico representado pela seguinte equação:

$$A(g) \rightleftarrows 2 B(g)$$

Inicialmente, os números de mols de A e de B são, respectivamente, iguais a nA_1 e nB_1. Realiza-se, então, uma expansão isotérmica do sistema até que o seu volume duplique (2V) de forma que os números de mols de A e de B passem o ser, respectivamente, nA_2 e nB_2. Demonstrando o seu raciocínio, apresente a expressão algébrica que relaciona o número final de mol de B (nB_2) unicamente com nA_1, nA_2 e nB_1.

29. (UEL – PR) Uma reação exotérmica, representada por ⚪ (g) ⇌ 🟢 (g), foi acompanhada até o equilíbrio químico, como representado no sistema X:

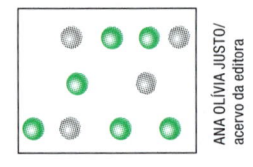

Sistema X: Sistema em equilíbrio químico

Algumas alterações foram realizadas, separada e individualmente, no sistema X.

Alteração 1 – Algumas 🟢 foram adicionadas no sistema X em equilíbrio.

Alteração 2 – A temperatura do sistema X em equilíbrio foi aumentada.

Alteração 3 – A pressão do sistema X em equilíbrio foi aumentada.

A seguir estão representados os sistemas Y, Z, W, T e J, todos em equilíbrio químico, que podem representar as alterações ocorridas.

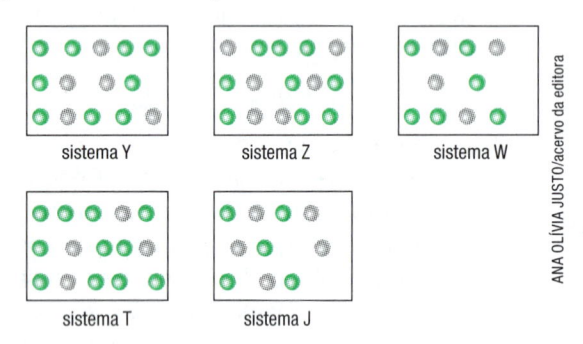

Com base no enunciado e nos conhecimentos sobre equilíbrio químico, considere as afirmativas.

I. O sistema Z é aquele que melhor representa a nova posição de equilíbrio após a alteração 1 no sistema X.

II. O sistema J é aquele que melhor representa a nova posição de equilíbrio após a alteração 2 no sistema X.

III. O sistema W é aquele que melhor representa a nova posição de equilíbrio após a alteração 3 no sistema X.

IV. Os sistemas Y e T são aqueles que melhor representam as novas posições de equilíbrio após as alterações 2 e 3, respectivamente no sistema X.

Assinale a alternativa correta.

a) Somente as afirmativas I e II são corretas.
b) Somente as afirmativas II e IV são corretas.
c) Somente as afirmativas III e IV são corretas.
d) Somente as afirmativas I, II e III são corretas.
e) Somente as afirmativas I, III e IV são corretas.

Exercícios Série Platina

1. Considere o equilíbrio em fase gasosa:

$$CO(g) + H_2O(g) \rightleftharpoons CO_2(g) + H_2(g)$$

cuja constante K_C, à temperatura de 430 °C, é igual a 4 e à temperatura de 600 K, vale 25. Foi feita uma mistura contendo 1 mol de CO, 1 mol de H_2O, 2 mol de CO_2 e 2 mol de H_2 em um frasco de 1 L, a 600 K.

a) Escreva a expressão de K_C para o equilíbrio.

b) Calcule as concentrações de CO e de CO_2, em mol/L, quando o equilíbrio for atingido.

c) O processo $CO(g) + H_2O(g) \rightleftharpoons CO_2(g) + H_2(g)$ é exo ou endotérmico? Justifique.

2. A equação química, a seguir representa uma das etapas da obtenção industrial do ácido sulfúrico.

$$2\ SO_2(g) + O_2(g) \rightleftharpoons 2\ SO_3(g) + 196\ kJ$$

Medindo-se as concentrações de cada substância desta reação em função do tempo, sob temperatura constante, obtém-se o seguinte gráfico:

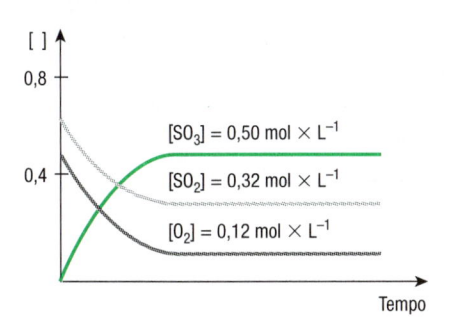

[gráfico inicial: $[SO_3] = 0{,}50\ mol \times L^{-1}$; $[SO_2] = 0{,}32\ mol \times L^{-1}$; $[O_2] = 0{,}12\ mol \times L^{-1}$]

Após ter sido atingido o estado de equilíbrio, foram retiradas quatro amostras desse sistema, mantendo-se constantes as condições de equilíbrio. Cada uma dessas amostras foi submetida a uma ação diferente. Observe os gráficos a seguir que representam os resultados obtidos em cada amostra.

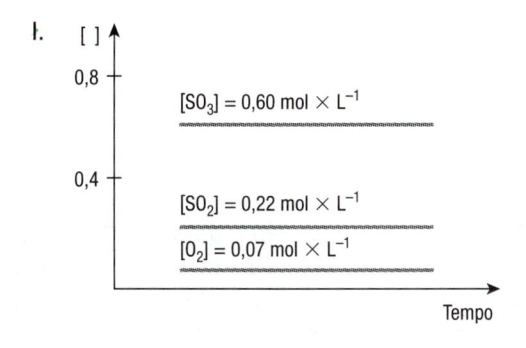

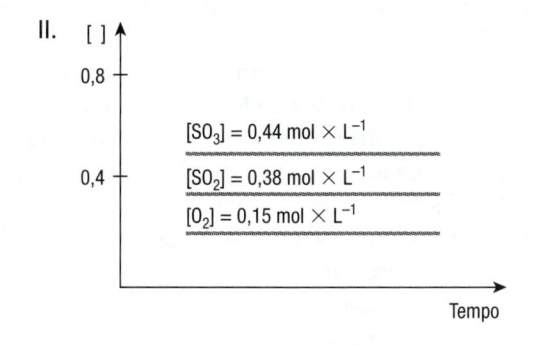

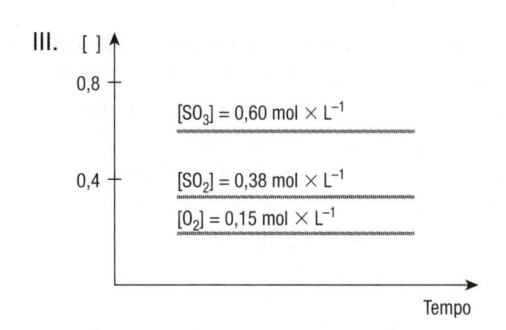

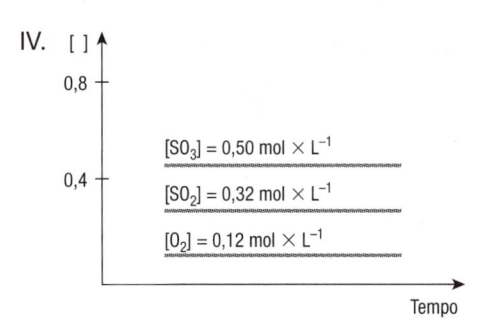

I. $[SO_3] = 0{,}60\ mol \times L^{-1}$; $[SO_2] = 0{,}22\ mol \times L^{-1}$; $[O_2] = 0{,}07\ mol \times L^{-1}$

II. $[SO_3] = 0{,}44\ mol \times L^{-1}$; $[SO_2] = 0{,}38\ mol \times L^{-1}$; $[O_2] = 0{,}15\ mol \times L^{-1}$

III. $[SO_3] = 0{,}60\ mol \times L^{-1}$; $[SO_2] = 0{,}38\ mol \times L^{-1}$; $[O_2] = 0{,}15\ mol \times L^{-1}$

IV. $[SO_3] = 0{,}50\ mol \times L^{-1}$; $[SO_2] = 0{,}32\ mol \times L^{-1}$; $[O_2] = 0{,}12\ mol \times L^{-1}$

Identifique a amostra a que foi submetida a ação especificada abaixo, justificando as escolha:

a) Aumento de temperatura.

b) Diminuição de temperatura.

c) Adição de catalisador.

3. (IME) Dois experimentos foram realizados a volume constante e à temperatura T. No primeiro, destinado a estudar a formação do gás fosgênio, as pressões parciais encontradas no equilíbrio foram 0,130 atm para o cloro, 0,120 atm para o monóxido de carbono e 0,312 atm para o fosgênio. No segundo, estudou-se a dissociação de n mols de fosgênio de acordo com a reação:

$$COCl_2(g) \rightleftharpoons CO(g) + Cl_2(g)$$

sendo a pressão total P, no equilíbrio, igual a 1 atm.

a) Calcule o valor de K_p nessas condições.

b) Calcule o grau de dissociação α do fosgênio após o equilíbrio ser alcançado.

c) O que acontece com a pressão parcial do Cl_2 se o volume de recipiente for aumentado?

4. (UNICAMP – SP) Nas lâmpadas comuns, quando estão acesas, o tungstênio do filamento sublima, depositando-se na superfície interna do bulbo. Nas chamadas "lâmpadas halógenas" existe, em seu interior, iodo para diminuir a deposição de tungstênio. Estas, quando acesas, apresentam uma reação de equilíbrio que pode ser representada por:

$$W(s) + 3\ I_2(g) \rightleftharpoons WI_6(g)$$

Na superfície do filamento (região de temperatura elevada), o equilíbrio está deslocado para a esquerda. Próximo à superfície do bulbo (região mais fria), o equilíbrio está deslocado para a direita.

a) Escreva a expressão para a constante de equilíbrio.
b) A formação do $WI_6(g)$ a partir dos elementos, conforme a equação acima, é exotérmica ou endotérmica? Justifique a resposta
c) Que efeito sobre o equilíbrio seria esperado ao introduzirmos um gás inerte no bulbo das lâmpadas?

5. (FATEC – SP – adaptada) A amônia (NH_3) é um dos produtos químicos mais importantes para o ser humano e uma das cinco substâncias produzidas em maior quantidade no mundo. Sua importância está relacionada a seu uso direto como fertilizante. Em 1898, Sir William Ramsey – o descobridor dos gases nobres – previu uma catástrofe para a humanidade: a escassez de fertilizantes nitrogenados para meados do século XX, o que provocaria uma redução desastrosa na produção de alimentos em todo o mundo. A catástrofe não ocorreu graças ao trabalho de dois alemães – o químico Fritz Haber e o engenheiro William Carl Bosch – que criaram um processo pelo qual conseguiram sintetizar a amônia a partir de seus elementos constituintes, o processo de Haber-Bosch.

A equação e a figura a seguir mostram a reação de obtenção da amônia e as condições industriais nas quais ela ocorre.

$$N_2(g) + 3\ H_2(g) \rightleftarrows 2\ NH_3(g) \qquad \Delta H = -92,22\ kJ$$

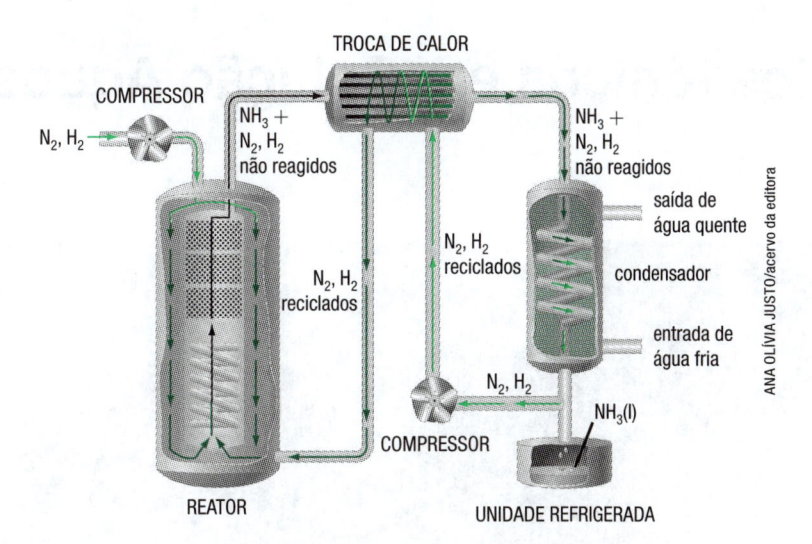

Temperatura: 400 a 600 °C
Pressão: 140 a 340 atm
Catalisador: Fe_3O_4, com pequenas impurezas de Al_2O_3, MgO, CaO e K_2O.

a) Explique a utilidade do condensador no processo de obtenção da amônia.
b) Por que no reator a temperatura é da ordem de 500 °C e a pressão da ordem de 200 atm? Justifique.
c) Qual a função cinética das impurezas no catalisador Fe_3O_4?
d) Se utilizarmos 2,8t de N_2, obteremos 3,4t de NH_3? Justifique.

Dados: N = 14 g/mol; H = 1 g/mol.

Capítulo 9
Equilíbrios Iônicos em Solução Aquosa

No famoso livro "*Viagem ao Centro da Terra*", do escritor francês Jules Verne, o professor Lidenbrock e seu sobrinho Axel embarcam numa aventura em direção ao centro da Terra. Eles iniciam essa empreitada a partir de um vulcão desativado na Islândia e, logo adentrarem nas profundezas da Terra, Axel nota a presença de uma formação rochosa:

"Mas aquilo que formava degraus para nossos pés, tornava-se estalactite nas outras paredes."

Mas o que seriam essas estalactites e como teriam se formado?

Estalactites são depósitos minerais que formam as estruturas das cavernas e revestem seu interior. As estalactites são formações que se originam do teto das cavernas, como pingentes de gelo, e geralmente estão associadas a outras estruturas que estão saindo do chão e são chamadas de estalagmites.

Ambas as palavras remetem à palavra grega "*stalassein*", que significa pingar. Apesar de um pouco assustadoras, essas estruturas crescem simplesmente em decorrência da água que passa sobre o material inorgânico e através dele.

Na maioria dos casos, essas estruturas são encontradas em cavernas de calcário, que é constituído basicamente de carbonato de cálcio ($CaCO_3$). Quando a água (proveniente da chuva, por exemplo) cai sobre uma caverna e escorre pelas rochas, ela carrega dióxido de carbono (CO_2) do ar e o calcário. Essas três substâncias reagem entre si formando o bicarbonato de cálcio, que é solúvel. A solução passa então a ter uma elevada concentração de íons Ca^{2+}, sendo chamada de água dura.

$$H_2O(l) + CO_2(aq) + CaCO_3(s) \rightleftharpoons$$
$$\rightleftharpoons Ca^{2+}(aq) + 2\,HCO_3^-(aq)$$

Se no teto ocorrer o acúmulo de água dura, podem ocorrer dois fenômenos interessantes:

– com a lenta evaporação da água, a reação acima se desloca para a esquerda, com a formação do precipitado $CaCO_3$. Assim, com o decorrer dos anos, formaram-se as estalactites.
– por outro lado, as gotas de água dura podem gotejar sobre o solo. Nesse caso, o processo de evaporação da água e precipitação do sal ocorrem no próprio solo, formando as conhecidas estalagmites.

Vamos estudar neste capítulo como os íons interferem na posição do equilíbrio e seus cálculos correspondentes.

1. Conceito

É um caso particular dos equilíbrios químicos em que aparecem íons.

Exemplo:

$$2\,CrO_4^{2-} + 2\,H^+ \rightleftharpoons 2\,Cr_2O_7^{2-} + H_2O$$

Os equilíbrios iônicos em solução aquosa mais estudados são: a dissolução de um ácido fraco em água e a dissolução de uma base fraca em água.

A quantidade de íons é verificada pela condutividade elétrica das soluções.

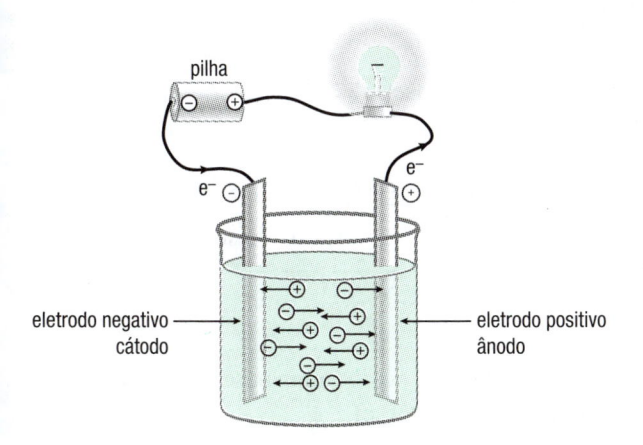

2. Teorias que explicam a formação de íons quando dissolvemos um ácido fraco ou base fraca em água

2.1 Teoria de dissociação de Arrhenius

a) Para Arrhenius, ao dissolver um ácido na água ocorre uma dissociação do ácido. Esta dissociação (separação) ocorre devido às colisões entre as moléculas do ácido com as moléculas da água. Esta colisão rompe a ligação covalente do ácido, formando íons.

$$\boxed{\text{ácido} \;\underset{}{\overset{H_2O}{\rightleftharpoons}}\; H^+ + \text{ânion}} \quad K_a,\,\alpha$$

A constante de equilíbrio nesse processo é chamada constante de dissociação do ácido (K_a) e o rendimento da reação (α) é chamado grau de dissociação que pode ser calculado pela expressão:

$$\alpha = \frac{\text{quantidade em mols dissociados}}{\text{quantidade em mols dissolvidos}}$$

ácido fraco $\alpha \leq 5\%$; base fraca $\alpha \leq 5\%$.

Exemplos:

- $CH_3COOH \rightleftharpoons H^+ + CH_3COO^- \quad K_a = 1,8 \cdot 10^{-5}$

$$K_a = \frac{[H^+]\,[CH_3COO^-]}{[CH_3COOH]}$$

- $HCN \rightleftharpoons H^+ + CN^- \quad K_a = 4,9 \cdot 10^{-10}$

$$K_a = \frac{[H^+]\,[CN^-]}{[HCN]}$$

Conclusão: CH_3COOH é mais forte que HCN.

Quanto maior for o valor da constante de dissociação de um ácido (K_a), maior será a força desse ácido.

b) K_a para diácidos, triácidos...

Vamos dissolver H_2S na água:

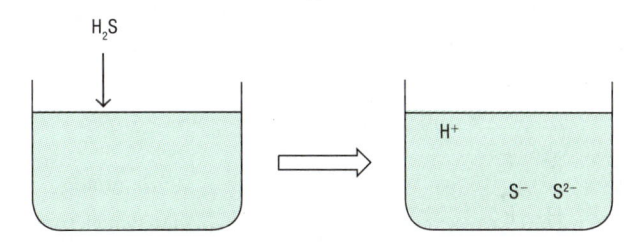

Através de uma análise química na solução, verificamos a presença de íons H^+, HS^- e S^{2-}, sendo que a quantidade de íons HS^- é maior que S^{2-}.

Conclusão: a dissociação de H_2S em água ocorre em duas etapas, sendo que a primeira etapa é mais intensa que a segunda, pois a carga negativa dificulta a saída do H^+.

$$H_2S \rightleftharpoons H^+ + HS^- \quad K_1 = 1,3 \cdot 10^{-7}$$

$$HS^- \rightleftharpoons H^+ + S^{2-} \quad K_2 = 7,1 \cdot 10^{-15}$$

equação global $\quad H_2S \rightleftharpoons 2\,H^+ + S^{2-}$

$$K_3 = K_1 \cdot K_2 = 2,2 \cdot 10^{-23}$$

$$K_1 = \frac{[H^+][HS^-]}{[H_2N]} \quad K_2 = \frac{[H^+]\cdot[S^{2-}]}{[HS^-]} \quad K_3 = \frac{[H^+]^2 \cdot [S^{2-}]}{[H_2S]}$$

Para poliácidos: $K_1 > K_2 > ...$

c) Para Arrhenius, ao dissolver uma base na água ocorre uma separação entre o cátion e o ânion hidróxido (OH^-).

$$\text{base} \underset{}{\overset{H_2O}{\rightleftharpoons}} \text{cátion} + OH^- \quad Kb,\, \alpha$$

A constante de equilíbrio nesse processo é chamada constante de dissociação da base (Kb).

Exemplo:

$$NH_4OH \rightleftharpoons NH_4^+ + OH^- \quad Kb = 1,8 \cdot 10^{-5}$$

$$Kb = \frac{[NH_4^+][OH^-]}{[NH_4OH]}$$

2.2 Teoria de ionização de Brönsted-Lowry

Essa teoria é mais ampla do que a de Arrhenius, pois utiliza conhecimentos químicos mais avançados, como exemplo, ligação covalente e polaridade.

$\overset{\delta+}{H} \cdots \overset{\delta-}{\ddot{F}}\!:$ 　　$\overset{\delta+}{H} \cdots \overset{\delta-}{\ddot{O}}\!:$ 　　H^+ próton

molécula polar　molécula polar　não tem elétron

Ao dissolver o HF na água, o polo negativo (O) da água atrai o polo positivo do HF(H), ocorrendo uma transferência de próton (H^+) do HF para H_2O formando o cátion H_3O^+ chamado de hidrônio ou hidroxônio e F^-, de acordo a equação química.

$$H\!-\!\ddot{F}\!: \;+\; H\!-\!\ddot{O}\!:\!-\!H \longrightarrow \left[H\!-\!\overset{H}{\underset{H}{O}}\!:\right]^+ + \;\ddot{F}\!:^-$$

$p = 10 \quad p = 11$
$e = 10 \quad e = 10$

p = número de prótons
e = número de elétrons

Outra maneira de escrever:

$$HF + H_2O \xrightarrow{H^+} H_3O^+ + F^-$$

Ácido de Brönsted: espécie química que fornece H^+ (próton).
Base de Brönsted: espécie química que recebe H^+ (próton).

Essa reação é chamada de **ionização**, pois temos a formação de íons. A ionização é um processo **reversível**, isto é, os reagentes originam os produtos e os produtos regeneram os reagentes.

Os íons H_3O^+ e F^- se atraem e colidem entre si ocorrendo uma transferência de H^+ para o F^- formando o HF e H_2O.

$$H_3O^+ + F^- \xrightarrow{H^+} HF + H_2O$$

De acordo com Brönsted temos dois ácidos e duas bases.

$$\text{ácido 1} + \text{base 1} \xrightarrow{H^+} \rightleftharpoons \text{ácido 2} + \text{base 2}$$

$$\underset{\text{ácido}}{HF} + \underset{\text{base}}{H_2O} \rightleftharpoons \underset{\text{ácido}}{H_3O^+} + \underset{\text{base}}{F^-}$$
PC (HF e F^-); PC (H_2O e H_3O^+)

Par conjugado é um ácido e uma base de Brönsted que diferem de 1 H^+ (próton).

HF e F^-; H_2O e H_3O^+

Exemplos de ionização envolvendo ácidos fracos.

$$H_3CCOOH + H_2O \rightleftharpoons H_3O^+ + H_3CCOO^-$$

$Ka = 1,8 \cdot 10^{-5}$

$$Ka = \frac{[H_3O^+][H_3CCOO^-]}{[H_3CCOOH]}$$

- $HCN + H_2O \rightleftharpoons H_3O^+ + CN^-$
  $Ka = 4,9 \cdot 10^{-10}$

  $Ka = \dfrac{[H_3O^+][CN^-]}{[HCN]}$

  Ka = constante de ionização do ácido

Exemplos de ionização envolvendo bases fracas.

- $NH_3 + H_2O \rightleftharpoons NH_4^+ + OH^-$ $Kb = 1,8 \cdot 10^{-5}$
  PC   PC

  $Kb = \dfrac{[NH_4^+][OH^-]}{[NH_3]}$

- $H_3C - NH_2 + H_2O \rightleftharpoons H_3C - NH_3^+ + OH^-$
  PC   PC

  $Kb = 3,9 \cdot 10^{-4}$

  $Kb = \dfrac{[H_3C - NH_3^+][OH^-]}{[H_3C - NH_2]}$

  Kb = constante de ionização da base.

Conclusão: $H_3C - NH_2$ é mais forte que NH_3.

> Quanto maior for o valor da constante de ionização de uma base (Kb), maior será a força dessa base.

Explicação: por que a concentração da água não entra na expressão da constante de ionização (Ka ou Kb)?

$$NH_3 + H_2O \rightleftharpoons NH_4^+ + OH^-$$

A água é o solvente da reação. Nas soluções diluídas do soluto a concentração da água é muito grande e praticamente invariável com a reação.

$$[H_2O] >> [NH_3] \therefore [H_2O]\text{ inicial} \cong [H_2O]\text{ final}$$

Por isso, a concentração em mol/L da água não é incluída na expressão de constante de equilíbrio, como no caso dos sólidos.

Atenção:

$$CH_3COOH(solv) \;\; CH_3CH_2OH(solv) \rightleftharpoons CH_3COOCH_2CH_3(solv) + H_2O(solv)$$

$$K_C = \dfrac{[CH_3COOCH_2CH_3][H_2O]}{[CH_3COOH][CH_3CH_2OH]}$$

Nesse caso a concentração da água entrou na expressão da constante de equilíbrio, pois a água não é o solvente.

Embora a ionização seja o mais correto, os químicos continuam usando a dissociação de acordo com a Teoria de Arrhenius.

2.3 Força envolvendo par conjugado

Se o ácido for mais forte que H_3O^+, a transferência de H^+ do ácido para água é mais fácil do que a transferência de H^+ do H_3O^+ para o ânion, resultando Ka > 1.

$$\underbrace{HCl}_{\text{ácido forte}} + H_2O \rightleftharpoons H_3O^+ + \underbrace{Cl^-}_{\text{base fraca}} \qquad Ka = 1 \cdot 10^7$$

(H^+ fácil; H^+ difícil)

Se o H_3O^+ for mais forte que o ácido, a transferência de H^+ do ácido para água será mais difícil do que a transferência de H^+ de H_3O^+ para o ânion, resultando Ka < 1.

$$\underbrace{HCN}_{\text{ácido fraco}} + H_2O \rightleftharpoons H_3O^+ + \underbrace{CN^-}_{\text{base forte}} \qquad Ka = 4,9 \cdot 10^{-10}$$

(H^+ difícil; H^+ fácil)

> **Conclusão:** se o ácido é forte a sua base conjugada é fraca e vice-versa.

Nome do ácido	Ácido	Ka	Base	Kb	Nome da base
ácido perclórico	$HClO_4$	grande	ClO_4^-	muito pequena	íon perclorato
ácido súlfurico	H_2SO_4	grande	HSO_4^-	muito pequena	íon hidrogenossulfato
ácido clorídrico	HCl	grande	Cl^-	muito pequena	íon cloreto
ácido nítrico	HNO_3	grande	NO_3^-	muito pequena	íon nitrato
íon hidrônio	H_3O^+	55,5	H_2O	$1,8 \cdot 10^{-16}$	água
ácido sulfuroso	H_2SO_3	$1,2 \cdot 10^{-2}$	HSO_3^-	$8,3 \cdot 10^{-13}$	íon hidrogenossulfito
ácido cianídrico	HCN	$4,0 \cdot 10^{-10}$	CN^-	$2,5 \cdot 10^{-5}$	íon cianeto

(Força de ácido crescente ↑ / Força de base crescente ↓)

$HClO_4, H_2SO_4, HX, HNO_3 > H_3O^+ >$ demais (H_2SO_3, HCN)
  ácidos fortes   ácidos fracos

HX: HCl, HBr, HI

---

3. Deslocamento de equilíbrios iônicos

3.1 Diluição de um ácido fraco e base fraca. Adição de água

Considere o equilíbrio de um ácido fraco: HAc (ácido acético)

$$HAc \rightleftarrows H^+ + Ac^- \quad Ka = 1,8 \cdot 10^{-5}$$

equilíbrio: $v_1 = v_2$

$v_1 = k_1 [HAc] \quad v_2 = k_2 [H^+][Ac^-]$

H_2O ↓

$$HAc \rightleftarrows H^+ + Ac^-$$

Ao adicionar água, o volume da solução aumenta, acarretando uma diminuição das concentrações de HAc, H^+ e Ac^-, portanto, perturbando o equilíbrio.

É fácil observar que v_2 diminui mais que v_1, deslocando o equilíbrio para a direita, aumentando o rendimento da reação (α aumenta) e a quantidade de íons H^+ e Ac^-.

$v_1 = k_1 [HAc] \quad v_2 = k_1 [H^+][Ac^-]$
  diminui   diminui   diminui

Conclusões:

Adição de água → α aumenta → α tende a 100%

Adição de água → direta → quantidade de íons aumentam (n aumenta)

$$[Ac^-] = \frac{n}{V} \xrightarrow{H_2O} [Ac^-] = \frac{n}{V}$$
                                        ↗ aumenta
                                        ↘ aumenta muito
                      ↓
                   diminui

Conclusão: quantidade em mol dos íons aumenta, concentração de íons em $mol \cdot L^{-1}$ diminui.

- pH da solução aumenta (pH = $-\log [H^+]$).
- Condutividade elétrica da solução diminui.
- Ka permanece constante.

Vamos discutir agora uma expressão matemática que envolve Ka ou Kb com grau de dissociação (α) e a concentração em mol/L (M), usando um ácido fraco HA.

	HA	$\rightleftarrows$	H^+	+	A^-
início	M		—		—
reage e forma	αM		αM		αM
equilíbrio	$M - \alpha M$		αM		αM

$$Ka = \frac{[H^+][A^-]}{[HA]} \therefore Ka = \frac{\alpha M \cdot \alpha M}{M(1-\alpha)}$$

$$Ka = \frac{\alpha^2 M}{1-\alpha}$$ essa expressão é conhecida como lei da diluição de Ostwald.

$\alpha \leq 5\%$ $1 - \alpha \cong 1$ $\boxed{Ka = \alpha^2 M}$ ou $\boxed{Kb = \alpha^2 M}$

Essa fórmula explica a diluição.
Com adição de água
  α aumenta M diminui
  $K = \uparrow \alpha^2 \cdot M \downarrow$ para K continuar constante.

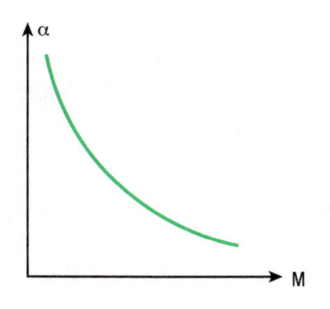

Em exercícios numéricos envolvendo Kb e Ka, para facilitar a resolução utilizamos as seguintes equações.

ácido fraco com $\alpha \leq 5\%$
  $Ka = \alpha^2 M$, $[H^+] = \alpha M$, $[H^+] = \sqrt{Ka \cdot M}$

base fraca com $\alpha \leq 5\%$
  $Kb = \alpha^2 M$, $[OH^-] = \alpha M$, $[OH^-] = \sqrt{Kb \cdot M}$

Provando $[H^+] = \sqrt{Ka \cdot M}$

$Ka = \alpha^2 M$ $[H^+] = \alpha M$ $\alpha = \frac{[H^+]}{M}$ $Ka = \frac{[H^+]^2}{M^2} M$

$Ka \cdot M = [H^+]^2$ $\therefore$ $[H^+] = \sqrt{Ka \cdot M}$

3.2 Efeito do íon comum

Íon comum é um íon adicionado no equilíbrio, que é igual ao íon presente no equilíbrio.

Exemplo: vamos adicionar 1 mol de ácido (HA) em água suficiente para completar 1 L de solução, cujo grau de dissociação é 20%

	HA	$\rightleftarrows$	H^+	+	A^-
início	1		—		—
reage e forma	0,2		0,2		0,2
equilíbrio	0,8		0,2		0,2

$$Ka = \frac{[H^+][A^-]}{[HA]} \therefore$$

$$Ka = \frac{2 \cdot 10^{-1} \cdot 2 \cdot 10^{-1}}{8 \cdot 10^{-1}} \therefore Ka = 5 \cdot 10^{-2}$$

Vamos agora adicionar a essa solução um pouco de sal solúvel que possua o íon A^- (íon comum), por exemplo, 0,35 mol de NaA.

NaA (0,35 mol)
↓

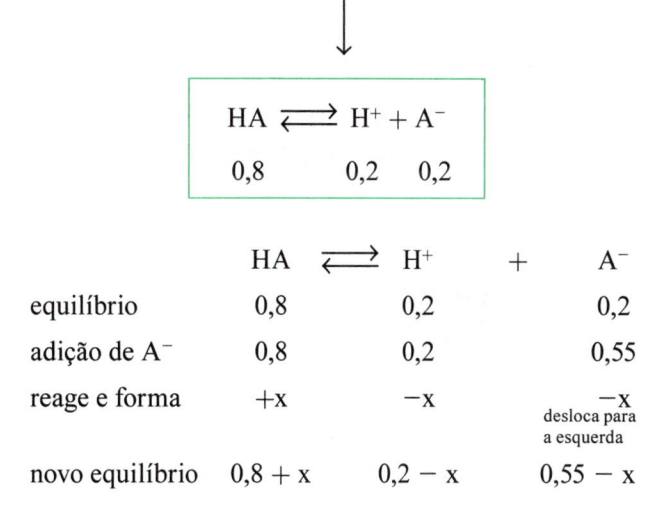

$\boxed{\begin{array}{c} HA \rightleftarrows H^+ + A^- \\ 0,8 \quad\quad 0,2 \quad 0,2 \end{array}}$

	HA	$\rightleftarrows$	H^+	+	A^-
equilíbrio	0,8		0,2		0,2
adição de A^-	0,8		0,2		0,55
reage e forma	$+x$		$-x$		$-x$ desloca para a esquerda
novo equilíbrio	$0,8 + x$		$0,2 - x$		$0,55 - x$

$$Ka = \frac{[H^+][A^-]}{[HA]} \therefore$$

$$5 \cdot 10^{-2} = \frac{(0,2-x) \cdot (0,37-x)}{(0,8+x)} \therefore x = 0,1$$

	[HA]	$\rightleftarrows$	H^+	+	A^-
novo equilíbrio	0,9		0,1		0,45

Perceba que o rendimento (α) diminui

	H^+	
equilíbrio	0,2	20%
novo equilíbrio	0,1	x $\therefore$ x = 10%

Percebemos então que a adição de um íon comum desloca o equilíbrio de dissociação para a esquerda. Perceba:

- K_a ou K_b não se altera, pois ela depende apenas da temperatura.
- A concentração de íons H^+ diminui.
- O grau de dissociação do ácido diminui.
- pH da solução aumenta (pH = $- \log [H^+]$).

3.3 Efeito do íon não comum

É possível deslocar um equilíbrio iônico mesmo sem adicionar um íon comum. Para isso basta que o íon adicionado reaja com um dos participantes do equilíbrio.

Exemplo:

NaOH
↓

$$2 CrO_4^{2-}(aq) + 2 H^+(aq) \rightleftarrows Cr_2O_7^{2-}(aq) + H_2O(l)$$
amarelo — alaranjado

A adição de OH^- nesse equilíbrio desloca para a esquerda, pois reage com H^+ diminuindo sua concentração, de acordo com a equação química:

$$H^+ + OH^- \longrightarrow H_2O$$

Como consequência a solução fica amarela.

Exercícios Série Prata

1. A dissociação do ácido acético, presente no vinagre, pode ser assim equacionada:

$$CH_3COOH \rightleftarrows CH_3COO^- + H^+$$

A expressão correta para a constante de acidez (constante de dissociação) desse composto é:

a) $\dfrac{[H^+]}{[CH_3COO^-]}$

b) $\dfrac{[H^+] \cdot [CH_3COO^-]}{[CH_3COOH]}$

c) $\dfrac{[H^+] + [CH_3COOH]}{[CH_3COO^-]}$

d) $\dfrac{[CH_3COOH]}{[H^+] \cdot [CH_3COO^-]}$

e) $\dfrac{[H^+] + [CH_3COO^-]}{[CH_3COOH]}$

2. (UEL – PR) Na comparação entre as forças de ácidos é correto afirmar que o ácido mais forte tem maior:
a) massa molecular.
b) densidade.
c) temperatura de ebulição.
d) temperatura de fusão.
e) constante de dissociação.

3. (PUC – MG) A constante de dissociação dos ácidos em água (Ka) indica a força relativa dos ácidos. De acordo com a tabela seguinte, o ácido mais fraco é o:

Ácido	Ka (25 °C)
H_2SO_3	$1,6 \cdot 10^{-2}$
HNO_2	$4,0 \cdot 10^{-4}$
C_6H_5COOH	$6,6 \cdot 10^{-5}$
H_2S	$1,0 \cdot 10^{-7}$
HCN	$4,0 \cdot 10^{-10}$

a) HCN
b) H_2S
c) C_6H_5COOH
d) HNO_2
e) H_2SO_3

4. Três ácidos presentes no cotidiano são:
- HCl (Ka = 10^{+7}), vendido comercialmente impuro como "ácido muriático" e usado para limpar pisos e paredes.
- H_3PO_4 (Ka = $7,6 \cdot 10^{-3}$), usado como acidulante em refrigerantes, balas e gomas de mascar.
- H_2CO_3 (Ka = $4,3 \cdot 10^{-7}$), presente em bebidas com gás. Sobre eles, alguns alunos fizeram as seguintes afirmações. Qual delas é a correta?

a) O H_2CO_3 é o mais fraco.
b) O H_3PO_4 é o mais forte, pois apresenta mais hidrogênios na molécula.

c) O H_3PO_4 é o mais forte, pois apresenta mais oxigênios na molécula.
d) H_2CO_3 é mais forte que HCl.
e) HCl é o mais fraco dos três.

5. (UNIFOR – CE) O ácido mais forte da série é:

Ácido	Ka (25 °C)
nitroso – HNO_2	$4,5 \cdot 10^{-4}$
fórmico – HCOOH	$1,8 \cdot 10^{-4}$
acético – H_3COOH	$1,8 \cdot 10^{-5}$
hipocloroso – HClO	$3,5 \cdot 10^{-8}$
hipobromoso – HBrO	$2,0 \cdot 10^{-9}$

a) HNO_2
b) HCOOH
c) H_3CCOOH
d) HClO
e) HBrO

6. (PUC – MG) A seguir estão tabeladas as constantes de ionização (Ka) em solução aquosa a 25 °C.

Ácido	Ka (25 °C)
HBrO	$2 \cdot 10^{-9}$
HCN	$4,8 \cdot 10^{-10}$
HCOOH	$1,8 \cdot 10^{-4}$
HClO	$3,5 \cdot 10^{-8}$
$HClO_2$	$4,9 \cdot 10^{-3}$

A ordem decrescente de acidez está corretamente representada em:

a) $HClO_2$ > HCOOH > HClO > HBrO > HCN
b) HCN > HBrO > HClO > HCOOH > $HClO_2$
c) $HClO_2$ > HClO > HCOOH > HCN > HBrO
d) HCOOH > HClO > $HClO_2$ > HBrO > HCN
e) $HClO_2$ > HBrO > HClO > HCOOH > HCN

7. (FUC – MT) Considere soluções aquosas de mesma concentração em mol/L dos ácidos relacionados na tabela.

Ácido	Ka (25 °C)
ácido nitroso (HNO_2)	$5,0 \cdot 10^{-4}$
ácido acético ($H_3C-COOH$)	$1,8 \cdot 10^{-5}$
ácido hipocloroso (HClO)	$3,2 \cdot 10^{-8}$
ácido cianídrico (HCN)	$4,0 \cdot 10^{-10}$

Podemos concluir que:

a) o ácido que apresenta maior acidez é o ácido cianídrico.
b) o ácido que apresenta menor acidez é o ácido acético.
c) o ácido que apresenta menor acidez é o ácido hipocloroso.
d) o ácido que apresenta maior acidez é o ácido nitroso.
e) todos os ácidos apresentam a mesma acidez.

8. Complete com **forte** ou **fraco** ou **fraca**.
a) H_3CCOOH (Ka = $1,8 \cdot 10^{-5}$) é ácido mais _____ _____ que o HCN (Ka = $4,0 \cdot 10^{-10}$).
b) CN^- é base mais _____ que o CH_3COO^-.
c) Se o ácido for mais fraco a sua base conjugada será mais _____ .
d) Se o ácido for mais forte a sua base conjugada será mais _____ .

9. (UFRN) A amônia (NH_3) é um gás incolor e de cheiro irritante que, quando borbulhado em água, origina uma solução denominada amoníaco, utilizada na fabricação de produtos de limpeza doméstica. Quando dissolvida em água, a amônia sofre ionização, que pode ser representada por:

$$NH_3(g) + H_2O(l) \rightleftarrows NH_4^+(aq) + OH^-(aq)$$

No equilíbrio acima, as espécies que se comportam como ácidos de Brönsted-Lowry são:

a) H_2O e NH_4^+
b) NH_3 e NH_4^+
c) H_2O e NH_3
d) NH_3 e OH^-

10. (UFAL) De acordo com Brönsted-Lowry, "um ácido libera prótons para uma base e uma base aceita prótons de um ácido".

$$HCl(aq) + NH_3(aq) \rightleftarrows NH_4^+(aq) + Cl^-(aq)$$

Na equação acima, dentro do conceito de Brönsted-Lowry, são ácidos as espécies químicas:

a) $HCl(aq)$ e $NH_3(aq)$
b) $HCl(aq)$ e $NH_4^+(aq)$
c) $HCl(aq)$ e $Cl^-(aq)$
d) $NH_3(aq)$ e $NH_4^+(aq)$
e) $NH_4^+(aq)$ e $Cl(aq)$

11. (UNIRIO – RJ) "Imagens de satélite do norte da África mostram que áreas do Deserto do Saara afetadas durante décadas pela seca estão ficando verdes novamente. (...) A causa dessa retração deve-se provavelmente ao maior volume de chuvas que cai sobre a região." (www.bbc.co.uk)

A água é uma substância peculiar e sua molécula possui propriedades anfipróticas. A seguir estão descritas três reações:

$NH_3 + H_2O \rightleftarrows NH_4^+ + OH^-$ (reação 1)
$HBr + H_2O \rightleftarrows Br^- + H_3O^+$ (reação 2)
$HNO_2 + H_2O \rightleftarrows NO_2^- + H_3O^+$ (reação 3)

Assinale a opção que contém o comportamento da água em cada reação:

	Reação 1	Reação 2	Reação 3
a)	ácido	base	ácido
b)	base	base	ácido
c)	ácido	ácido	base
d)	ácido	base	base

12. (UERJ) O controle do pH do sangue humano é um processo complexo que envolve o cérebro, os pulmões e os rins. Neste processo, o íon hidrogenocarbonato desempenha uma importante função tamponante. Em relação ao íon hidrogenocarbonato, escreva o nome da espécie química que desempenha o papel de seu ácido conjugado e indique a fórmula de sua base conjugada.

13. (UFFRJ) Sabe-se que, em água, alguns ácidos são melhores doadores de prótons que outros e algumas bases são melhores receptoras de prótons que outras. Seguindo Brönsted, por exemplo, o HCl é um bom doador de prótons e considerado um ácido forte.

a) Quanto mais forte a base, mais forte é seu ácido conjugado.
b) Quanto mais forte o ácido, mais fraca é sua base conjugada.
c) Quanto mais fraco o ácido, mais fraca é sua base conjugada.
d) Quanto mais forte a base, mais fraca é sua base conjugada.
e) Quanto mais forte o ácido, mais fraco é seu ácido conjugado.

14. (UFES) Considere as dissociações:

$H_2S \rightleftarrows H^+ + HS^-$ α_1, K_1
$HS^- \rightleftarrows H^+ + S^{2-}$ α_2, K_2

Podemos afirmar que:

a) $\alpha_1 = \alpha_2$ e $K_1 = K_2$
b) $\alpha_1 > \alpha_2$ e $K_1 < K_2$
c) $\alpha_1 < \alpha_2$ e $K_1 < K_2$
d) $\alpha_1 > \alpha_2$ e $K_1 > K_2$

15. (UFES) Considere as dissociações e complete.

$H_2S \rightleftarrows H^+ + HS^-$ K_1
$HS^- \rightleftarrows H^+ + S^{2-}$ K_2
―――――――――――――――――
$H_2S \rightleftarrows 2H^+ + S^{2-}$ $K =$

16. Complete.

Em decorrência do uso do pH, a letra p minúscula passou a significar, em Química, − log.

a) pKa = _____ .

b) pKb = _____ .

c) Quanto menor o pKa mais _____ é o ácido.

d) Quanto menor o pKb mais _____ é a base.

17. Complete com **fraco** ou **forte**.

$HNO_2 \rightleftarrows H^+ + NO_2^-$ pKa = 3,3

$HCN \rightleftarrows H^+ + CN^-$ pKa = 9,3

HNO_2 é o ácido mais _____ que HCN.

As questões **18** a **25** referem-se ao esquema a seguir:

↓ água

$HA \rightleftarrows H^+ + A^-$
ácido fraco

18. Complete com **aumentam** ou **diminuem**.

As concentrações HA, H^+ e A^- _____ devido à adição de água.

19. Complete com > ou <.

Q _____ Ka devido à adição de água.

20. Complete com **direita** ou **esquerda**.

O equilíbrio se desloca para a _____ devido à adição de água.

21. Complete com **constante** ou **não constante**.

O valor de Ka permanece _____ devido à adição de água.

22. Complete com **aumentam** ou **diminuem**.

A quantidade de íons H^+ e A^- _____ devido à adição de água.

23. Complete com **aumenta** ou **diminui**.

O rendimento ou grau de dissociação (α) _____ devido à adição de água.

24. Complete com **aumenta** ou **diminui**.

A condutividade elétrica _____ devido à adição de água, pois a concentração dos íons diminuem.

25. Complete com **aumenta** ou **diminui**.

O pH (pH = −log [H^+]) _____ devido à adição de água.

26. Complete.

a)

	$HA(aq) \rightleftarrows$	$H^+(aq) +$	$A^-(aq)$
início	M	−	−
reage e forma	αM		
equilíbrio			

b) [H^+] = _____   [OH^-] = _____ .

c) Ka = _____   Kb = _____ .

Essa expressão matemática de Ka ou de Kb é conhecida como lei da diluição de Ostwald.

27. Complete com **zero** ou **1**.

a) ácido fraco com α ≤ 5%

1 − α ≅ _____ , Ka =

[H^+] = $\sqrt{}$

b) base fraca com α ≤ 5%

1 − α ≅ _____ , Kb =

[OH^-] = $\sqrt{}$

28. Complete com **aumenta** ou **diminui**.

Quando diluímos uma solução de ácido ou base, ambos fracos, o valor de M _____ e, em consequência, α _____ para que o produto α²M permaneça constante.

29. Considere o esquema.

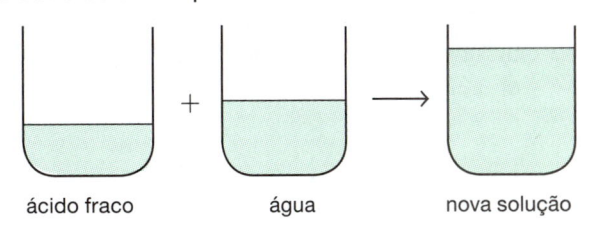

ácido fraco   +   água   →   nova solução

Complete com **aumenta** ou **diminui**.

α da nova solução _____ .

Cap. 9 | Equilíbrios Iônicos em Solução Aquosa

30. Um ácido HX apresenta uma constante de ionização igual a 10^{-6}, a 25 °C. Calcule o grau de ionização desse ácido numa solução 0,01 mol/L a 25 °C.
$Ka = \alpha^2 M$

31. Um monoácido fraco tem constante de ionização igual a 10^{-9}, a 25 °C. Esse ácido numa solução 0,1 mol/L terá que grau de ionização?
$Ka = \alpha^2 M$

32. Sabendo-se que o ácido cianídrico, HCN, numa solução aquosa 0,1 mol/L, encontra-se 0,007% ionizado, determine a concentração de H^+ e a de CN^- na solução.
$[H^+] = \alpha \cdot M$

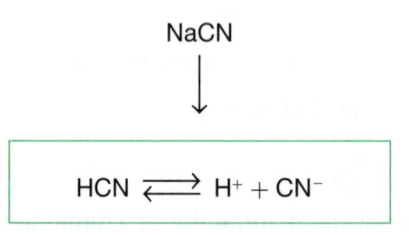

33. Qual é o valor de $[H^+]$ numa solução 0,01 mol/L de um monoácido que apresenta $Ka = 4 \cdot 10^{-6}$?
$[H^+] = \sqrt{Ka \cdot M}$

34. (FEI – SP) Uma solução 0,01 mol/L de um monoácido está 4% ionizada. A constante de ionização desse ácido é:
a) $16,66 \cdot 10^{-3}$
b) $1,6 \cdot 10^{-5}$
c) $3,32 \cdot 10^{-5}$
d) $4 \cdot 10^{-5}$
e) $3 \cdot 10^{-6}$
$Ka = \alpha^2 \cdot M$

35. Podemos considerar a constante de basicidade (Kb) da amônia como valendo $2 \cdot 10^{-5}$. Qual o valor de $[OH^-]$ numa solução 0,05 mol/L de amônia?
$[OH^-] = \sqrt{Kb \cdot M}$

36. Qual é a concentração em mol/L de uma solução de ácido cianídrico, sabendo-se que ele está 0,01% dissociado e que a constante de dissociação, na mesma temperatura, é $7,2 \cdot 10^{-10}$?
$Ka = \alpha^2 M$

37. (ITA – SP – adaptada) Observe o esquema:

NaCN
↓

$HCN \rightleftharpoons H^+ + CN^-$

a) Indique para qual lado o equilíbrio é deslocado.
b) O grau de ionização aumenta, diminui ou não se altera?
c) A $[H^+]$ aumenta, diminui ou não se altera?
d) A Ka aumenta, diminui ou não se altera?

38. (CESGRANRIO – RJ) Qual dos sais abaixo poderia diminuir o grau de ionização da base NH_4OH?
a) NaCl
b) $NaNO_3$
c) NH_4Cl
d) H_2SO_4
e) $CaCl_2$

39. (FUVEST – SP) No vinagre ocorre o seguinte equilíbrio:

$$H_3CCOOH \rightleftarrows H^+ + H_3CCOO^-$$

Que efeito provoca nesse equilíbrio a adição de uma substância básica? Justifique sua resposta.

40. (FUVEST – SP) Considere o seguinte equilíbrio em solução aquosa:

$$2\,CrO_4^{2-} + 2\,H^+ \rightleftarrows Cr_2O_7^{2-} + H_2O$$

Para deslocar o equilíbrio no sentido da formação do íon dicromato será necessário adicionar:

a) ácido clorídrico.
b) hidróxido de sódio.
c) hidróxido de amônio.
d) água.
e) sal de bário para precipitar $BaCrO_4$.

41. (PUC – Campinas – SP) Para aumentar efetivamente a concentração de íons carbonato no equilíbrio:

$$HCO_3^- + OH^- \rightleftarrows H_2O + CO_3^{2-}$$

deve-se adicionar:

a) HCl.
b) NaOH.
c) H_2SO_4.
d) H_2O.
e) CH_3COOH.

42. No equilíbrio

$$HS^- + H_2O \rightleftarrows H_3O^+ + S^{2-}$$

a adição de qual íon irá aumentar efetivamente a concentração de íons S^{2-}?

a) H_3O_7
b) Br^-
c) Cl^-
d) OH^-
e) Na^+

43. (MACKENZIE – SP) Sejam os equilíbrios aquosos e suas constantes de dissociação a 25 °C.

$$HF \rightleftarrows H^+ + F^- \quad K_1 = 10^{-4}$$
$$HA \rightleftarrows H^+ + A^- \quad K_2 = 10^{-5}$$

O valor da constante de equilíbrio da reação abaixo é:

$$HF + A^- \rightleftarrows HA + F^-$$

a) 10^{-9}
b) 10^{-5}
c) 10
d) 10^{-1}
e) 10^{-20}

44. (UERJ) Numa aula experimental, foram preparadas quatro soluções eletrolíticas com a mesma concentração de soluto e as mesmas condições adequadas para o estabelecimento de um estado de equilíbrio (figura 1). A seguir, cada uma dessas soluções foi submetida a um teste de condutividade elétrica. Observe a seguir o esquema do teste realizado (figura 2).

Figura 1

I	$CH_3COOH(aq) \underset{2}{\overset{1}{\rightleftarrows}} H^+(aq) + CH_3COO^-(aq)$	
II	$KCl(aq) \underset{2}{\overset{1}{\rightleftarrows}} K^+(aq) + Cl^-(aq)$	
III	$H_2SO_4(aq) \underset{2}{\overset{1}{\rightleftarrows}} H^+(aq) + HSO_4^-(aq)$	
IV	$Ca(OH)_2(aq) \underset{2}{\overset{1}{\rightleftarrows}} Ca^{2+}(aq) + 2\,OH^-(aq)$	

Figura 2

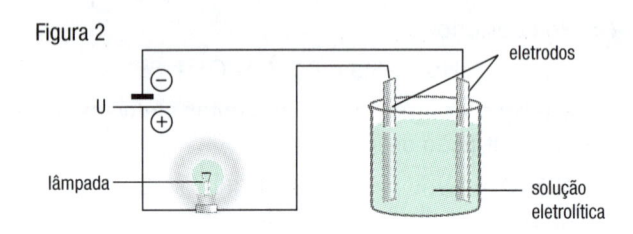

A solução na qual a posição de equilíbrio está acentuadamente deslocada no sentido 2, e provocará, quando submetida ao teste, menor intensidade luminosa da lâmpada, é a de número:

a) I b) II c) III d) IV

45. (UFRRJ) A tabela abaixo relaciona as constantes de ionização em solução aquosa de alguns ácidos a 25°C.

Nome	Fórmula	Ka
ácido acético	CH_3COOH	$1,8 \cdot 10^{-5}$
ácido fórmico	$HCOOH$	$1,7 \cdot 10^{-4}$
ácido fluorídrico	HF	$2,4 \cdot 10^{-4}$

a) Dentre os compostos acima, o ácido mais fraco é _____ .

b) A equação de ionização do ácido fórmico em água é _____ .

c) A expressão da constante de equilíbrio (Ka) para a ionização representada pela equação do item (b) é _____ .

Exercícios Série Ouro

1. (FATEC – SP) Uma solução aquosa 1 mol/L, de um ácido genérico HA, poderá ser classificada como solução de um ácido forte, se

a) a solução for altamente condutora de corrente elétrica.
b) mudar de cor, de vermelho para azul, o papel de tornassol.
c) apresentar coloração avermelhada na presença do indicador fenolftaleína.
d) mantiver uma concentração de HA muito maior que a concentração dos íons H⁺.
e) não se alterar na presença de uma base.

2. (FATEC – SP) Utilizando um dispositivo constituído por dois eletrodos conectados a uma lâmpada, testou-se o grau de condutibilidade elétrica de volumes iguais de duas soluções aquosas, uma do ácido HA e outra do ácido HB. Os resultados foram os seguintes:

Intensidade da luz da lâmpada:
• solução de HA: muito intensa
• solução de HB: fraca

De acordo com esses resultados, as soluções de HA e HB podem ser, respectivamente:

a) CH_3COOH 0,01 mol/L e CH_3COOH e 0,1 mol/L.
b) CH_3COOH 0,1 mol/L e H_2SO_4 0,1 mol/L.
c) HCl 0,1 mol/L e CH_3COOH 0,1 mol/L.
d) HCl 0,01 mol/L e H_2SO_4 0,1 mol/L.
e) HCl 0,001 mol/L e H_2SO_4 0,1 mol/L.

3. (UFSCAR – SP) O "gelo seco" é dióxido de carbono sólido, e na condição ambiente sofre sublimação. Colocando-se gelo seco em contato com água destilada contendo o indicador azul de bromotimol, observa-se que a coloração da solução, que inicialmente é verde, torna-se amarelada. Com base nessas informações, é correto afirmar que:

a) a solução final tornou-se alcalina.
b) o pH da solução aumentou.
c) as interações intermoleculares do gelo seco são mais intensas do que as interações intermoleculares da água.
d) o azul de bromotimol adquire coloração amarelada em meio ácido.
e) o gelo seco possui interações intermoleculares do tipo ligação de hidrogênio.

4. (UNICAMP – SP) Água pura, ao ficar em contato com o ar atmosférico durante um certo tempo, absorve gás carbônico, CO_2, o qual pode ser eliminado pela fervura. A dissolução do CO_2 na água doce pode ser representada pela seguinte equação química:

$$CO_2(g) + H_2O(l) \longrightarrow HCO_3^-(aq) + H^+(aq)$$

O azul de bromotimol é um indicador ácido-base que apresenta coloração amarela em soluções ácidas, verde em soluções neutras e azul em soluções básicas.

Uma amostra de água pura foi fervida e em seguida exposta ao ar durante longo tempo.

A seguir, dissolveu-se nessa água o azul de bromotimol.

a) Qual a cor resultante da solução?
b) Justifique sua resposta.

5. (FGV) A amônia é um composto muito versátil, pois seu comportamento químico possibilita seu emprego em várias reações químicas em diversos mecanismos reacionais, como em

I. $HBr(g) + NH_3(aq) \longrightarrow NH_4^+(aq) + Br^-(aq)$
II. $NH_3(g) + CH_3^-(g) \longrightarrow CH_4(g) + NH_2^-(g)$

De acordo com o conceito ácido-base de Lewis, em I a amônia é classificada como _____ .
De acordo com o conceito ácido-base de Brönsted-Lowry, a amônia é classificada em I e II, respectivamente, como _____ e _____ .

Assinale a alternativa que preenche, correta e respectivamente, as lacunas.

a) base — ácido — base
b) base — base — ácido
c) base — ácido — ácido
d) ácido — ácido — base
e) ácido — base — base

Resolução:
Em I, a amônia é classificada como *base de Lewis*, pois fornece par de elétrons ao íon H^+.

$$HBr(g) + H - \ddot{N} - H \quad \therefore \text{ base de Lewis}$$
$$\qquad\qquad\qquad |$$
$$\qquad\qquad\qquad H$$

Em I, a amônia é classificada como *base de Brönsted-Lowry*, pois recebe H^+ (próton) do HBr.

$$HBr(g) + NH_3(aq) \rightleftarrows NH_4^+(aq) + Br^-(aq)$$
base de Brönsted

Em II, a amônia é classificada como *ácido de Brönsted-Lowry*, pois fornece H^+ (próton) ao $CH_3^-(g)$.

$$NH_3(g) + CH_3^-(g) \rightleftarrows CH_4(aq) + NH_2^-(aq)$$
ácido de Brönsted

Resposta: alternativa b.

6. (MACKENZIE – SP) Uma substância química é considerada ácida devido a sua tendência em doar íons H^+ em solução aquosa. A constante de ionização Ka é a grandeza utilizada para avaliar essa tendência. Assim, são fornecidas as fórmulas estruturais de algumas substâncias químicas, com os seus respectivos valores de Ka, a 25 °C.

Ácido fosfórico Ka = 7,6 · 10⁻³

Fenol Ka = 1,0 · 10⁻¹⁰

Ácido etanoico (acético) Ka = 1,8 · 10⁻⁵

Ácido carbônico Ka = 4,3 · 10⁻⁷

A ordem crescente de acidez das substâncias químicas citadas é

a) ácido fosfórico < ácido etanoico < ácido carbônico < ácido fênico.
b) ácido fênico < ácido carbônico < ácido etanoico < ácido fosfórico.
c) ácido fosfórico < ácido carbônico < ácido etanoico < ácido fênico.
d) ácido fênico < ácido etanoico < ácido carbônico < ácido fosfórico.
e) ácido etanoico < ácido carbônico < ácido fênico < ácido fosfórico.

8. (UFSM – RS) Na construção de barragens usa-se o concreto. Nos primeiros dias de confecção, o concreto tem pH alcalino, o que protege a ferragem da oxidação. Com o tempo, o pH diminui pela carbonatação do concreto que se dá pela presença do H_2CO_3.

Em um teste de carbonatação feito em laboratório, foi usada uma solução de H_2CO_3 de concentração $0,02$ mol · L^{-1}, a qual apresenta um grau de dissociação de 0,45% a 25 °C. O valor da primeira constante de dissociação do H_2CO_3, nessa temperatura, é, aproximadamente:

a) $0,9 \cdot 10^{-5}$
b) $9 \cdot 10^{-5}$
c) $0,4 \cdot 10^{-7}$
d) $9 \cdot 10^{-7}$
e) $4 \cdot 10^{-7}$

7. Define-se pK como sendo:

$$pK = -\log K$$

sendo K a constante de equilíbrio.

Considere as reações químicas:

$CH_3NH_2 + H_2O \rightleftharpoons CH_3NH_3^+ + OH^-$ pK = 3,0
$(CH_3)_3N + H_2O \rightleftharpoons (CH_3)NH^+ + OH^-$ pK = 4,13

Pode-se afirmar que:

a) A metilamina é uma base mais forte que a trimetilamina.
b) A metilamina é um ácido mais forte que a trimetilamina.
c) A concentração de OH^- no primeiro equilíbrio é menor que a concentração de OH^- no segundo equilíbrio.
d) O pH no primeiro equilíbrio é menor do que 7.
e) No primeiro equilíbrio a amina funciona como ácido e no segundo equilíbrio a amina é uma base.

9. (PUC – SP) Tem-se 250 mL de uma solução 0,100 mol/L de hidróxido de amônio, à temperatura de 25 °C. Nesta solução ocorre o equilíbrio.

$NH_4OH(aq) \rightleftharpoons NH_4^+(aq) + OH^-(aq)$
$Kb = 1,8 \cdot 10^{-5}$

Se esta solução for diluída a 500 mL com água pura e a temperatura permanecer constante, a concentração, em mol/L, de íons OH^- _____ e a quantidade, em mol, de íons OH^- _____.

a) diminuirá — aumentará.
b) diminuirá — diminuirá.
c) aumentará — aumentará.
d) aumentará — diminuirá.
e) ficará constante — ficará constante.

10. (ITA – SP) Um copo, com capacidade de 250 mL, contém 100 mL de uma solução aquosa 0,10 mol/L em ácido acético na temperatura de 25 °C. Nesta solução ocorre o equilíbrio.

HOAc(aq) $\rightleftarrows$ H$^+$(aq) + OAc$^-$(aq); $K_c = 1,8 \cdot 10^{-5}$

A adição de mais 100 mL de água pura a esta solução, com a temperatura permanecendo constante, terá as seguintes consequências:

	Concentração de íons acetato (mol/L)	Quantidade de íons acetato (mol)
a)	vai aumentar	vai aumentar
b)	vai aumentar	vai diminuir
c)	fica constante	fica constante
d)	vai diminuir	vai aumentar
e)	vai diminuir	vai diminuir

11. (FUVEST – SP) Algumas argilas do solo têm a capacidade de trocar cátions da sua estrutura por cations de soluções aquosas do solo. A troca iônica pode ser representada pelo equilíbrio:

R$^-$Na$^+$(s) + NH$_4^+$ $\rightleftarrows$ R$^-$NH$_4^+$(s) + Na$^+$(aq)

em que R representa parte de uma argila.

Se o solo for regado com uma solução aquosa de um adubo contendo NH$_4$NO$_3$, o que ocorre com o equilíbrio acima?
a) Desloca-se para o lado do Na$^+$(aq).
b) Desloca-se para o lado do NH$_4^+$(aq).
c) O valor de sua constante aumenta.
d) O valor de sua constante diminui.
e) Permanece inalterado.

12. (UNICAMP – SP) Numa solução aquosa diluída de ácido acético (H$_3$CCOOH) existe o seguinte equilíbrio:

H$_3$C—C(=O)OH $\rightleftarrows$ H$_3$C—C(=O)O$^-$ + H$^+$

a) O que acontece com a concentração do íon acetato quando adicionamos ácido clorídrico (HCl) a essa solução?

b) Escreva a expressão da constante desse equilíbrio em termos de concentração.

13. (PUC – RS) Considere o equilíbrio químico que se estabelece em uma solução aquosa de ácido acético que pode ser representado pela equação:

CH$_3$—COOH(aq) $\rightleftarrows$ CH$_3$—COO$^-$(aq) + H$^+$(aq)

Mantendo-se constante a temperatura e adicionando-se uma solução aquosa de acetato de sódio, de fórmula CH$_3$—COONa, é incorreto afirmar que:
a) o equilíbrio se desloca para a esquerda.
b) aumenta a concentração de CH$_3$COOH.
c) aumenta a concentração do íon CH$_3$COO$^-$.
d) diminui a concentração do íon H$^+$.
e) altera o valor numérico da constante de equilíbrio.

14. (MACKENZIE – SP)

[CoCl$_4$]$^{2-}$(aq) + 6 H$_2$O $\underset{endo}{\overset{exo}{\rightleftarrows}}$ [Co(H$_2$O)$_6$]$^{2+}$(aq) + 4 Cl^{1-}(aq)
azul — rosa

Essa equação representa a reação que ocorre no "galinho do tempo", enfeite cuja superfície é impregnada por uma solução em que se estabelece o equilíbrio dado acima. O "galinho do tempo" indica, pela cor, como o tempo vai ficar.

Fazem-se as afirmações:

I. Quando a umidade relativa do ar está alta, o galinho fica rosa.
II. Quando a temperatura aumenta, o galinho fica azul.
III. Quando o galinho fica azul, há indicativo de tempo bom sem previsão de chuva.

Das afirmações,
a) somente II está correta.
b) somente I e III estão corretas.
c) somente III está correta.
d) I, II e III estão corretas.
e) somente I e II estão corretas.

15. (UNIP – SP) O esmalte dos dentes consiste em uma substância insolúvel chamada "hidroxiapatita". Na boca existe o equilíbrio:

$$Ca_5(PO_4)_3OH(s) \underset{\text{mineralização}}{\overset{\text{desmineralização}}{\rightleftarrows}} 5\ Ca^{2+}(aq) + 3\ PO_4^{3-}(aq) + OH^-(aq)$$
hidroxiapatita

A dissolução de hidroxiapatita é chamada "desmineralização" e a sua formação é chamada "mineralização". Quando o açúcar é absorvido no dente e fermenta, produz-se H^+, que provoca todas as transformações seguintes, **exceto**.

a) Ocorre uma desmineralização.
b) A concentração de $Ca^{2+}(aq)$ aumenta.
c) O íon H^+ combina com o íon OH^-.
d) Pode resultar na queda do dente.
e) A hidroxiapatita não sofre ataque de ácidos.

16. (UFRGS – RS) Considere as afirmações seguintes, a respeito da reação:

$$Ca^{2+}(aq) + 2\ HCO_3^-(aq) \rightleftarrows CaCO_3(s) + CO_2(g) + H_2O(l)$$

que é responsável pela formação de estalactites em cavernas.

I. A formação do depósito sólido é favorecida pela perda de CO_2 e evaporação da água.
II. A remoção do $CaCO_3$ precipitado favorece a formação dos depósitos calcários.
III. A formação de estalactites ocorre quando a água passa por rochas calcárias.

Qual(is) está(ão) correta(s)?

a) Apenas I.
b) Apenas I e II.
c) Apenas I e III.
d) Apenas II e III.
e) I, II e III.

17. (UFPel – RS) Os fabricantes de guloseimas têm avançado no poder de sedução de seus produtos, uma vez que passaram a incorporar substâncias de caráter ácido (ácido málico e ácido cítrico) e de caráter básico (bicarbonato de sódio) a eles. Criaram balas e gomas de mascar em que o sabor inicial é azedo, graças, principalmente, aos ácidos presentes e que, após alguns minutos de mastigação, começam a produzir uma espuma brilhante, doce e colorida que, acumulando-se na boca, passa a transbordar por sobre os lábios. Essa espuma é uma mistura de açúcar, corante, saliva e bolhas de gás carbônico liberada pela reação dos cátions hidrônio, H_3O^+, ou simplesmente H^+ (provenientes da ionização dos ácidos málico e cítrico na saliva), com o ânion bicarbonato, conforme a equação:

$$H^+(aq) + HCO_3^-(aq) \rightleftarrows H_2O(l) + CO_2(g)$$

Observação: geralmente o açúcar usado é o comum ou sacarose ($C_{12}H_{22}O_{11}$) que por hidrólise, no tubo digestivo humano, transforma-se em glicose e frutose, ambas de fórmula molecular $C_6H_{12}O_6$ — esses são os glicídios provenientes da sacarose que entram na corrente sanguínea e que, dissolvidos no soro, chegam até as células para supri-las com energia.

A reação entre H^+ e o ânion bicarbonato, formando gás carbônico e água, mostrada no texto é:

a) irreversível e apresentaria maior rendimento de CO_2 na presença de mais íons OH^-.
b) irreversível e apresentaria menor rendimento de CO_2 na presença de mais íons H^+.
c) irreversível e apresentaria maior rendimento de CO_2 na presença de mais íons H^+.
d) reversível e apresentaria menor rendimento de CO_2 na presença de mais íons H^+.
e) reversível e apresentaria menor rendimento de CO_2 na presença de mais íons OH^-.

18. (FGV) A água dura não é adequada para usos domésticos e industriais. Uma das maneiras para remoção do excesso de Ca^{2+} consiste em tratar a água dura em tanques de decantação, envolvendo os equilíbrios representados pelas equações:

$$Ca^{2+}(aq) + 2\ HCO_3^-(aq) \rightleftarrows CaCO_3(s) + CO_2(g) + H_2O(l)$$
$$CO_2(g) + 2\ H_2O(l) \rightleftarrows HCO_3^-(aq) + H_3O^+(aq)$$

Três soluções são adicionadas, separadamente, no processo de tratamento da água dura:

I. ácido nítrico;
II. hidróxido de sódio;
III. bicarbonato de sódio.

Pode-se afirmar que favorece a remoção de íons cálcio da água dura o contido em:

a) I, II e III.
b) II e III, apenas.
c) I e III, apenas.
d) I e II, apenas.
e) I, apenas.

19. (FATEC – SP) Quando cloro gasoso é borbulhado em solução de hidróxido de sódio, à temperatura ambiente, obtém-se uma solução conhecida pelo nome de água sanitária, usada como desinfetante e/ou alvejante. Nessa solução se estabelece o equilíbrio químico representado pela equação:

$$Cl_2(g) + 2\,OH^-(aq) \longrightarrow ClO^-(aq) + Cl^-(aq) + H_2O$$

Normas de segurança alertam quanto ao perigo da adição de ácido a um alvejante doméstico como a água sanitária. Isso porque

I. os íons $H^+(aq)$ do ácido aumentam o pH da solução, tornando-a mais corrosiva;

II. os íons $H^+(aq)$ do ácido favorecem a liberação de cloro, que é tóxico;

III. os íons $H^+(aq)$ do ácido favorecem o aumento das concentrações de Cl^- e de ClO^- na solução tornando-a mais corrosiva.

Dessas afirmações, apenas

a) I é correta.
b) II é correta.
c) III é correta.
d) I e II são corretas.
e) I e III são corretas.

20. (UNESP) Um dos métodos que tem sido sugerido para a redução do teor de dióxido de carbono na atmosfera terrestre, um dos gases responsáveis pelo efeito estufa, consiste em injetá-lo em estado líquido no fundo do oceano. Um dos inconvenientes deste método seria a acidificação da água do mar, o que poderia provocar desequilíbrios ecológicos consideráveis. Explique, através de equações químicas balanceadas, por que isto ocorreria e qual o seu efeito sobre os esqueletos de corais, constituídos por carbonato de cálcio.

21. (VUNESP) Quando a água que atravessa uma camada de calcário contém CO_2 dissolvido, há uma reação na qual o mineral é dissolvido e é formada uma solução aquosa de íons Ca^{2+} e HCO_3^-:

a) $CaCO_3(s) + CO_2(aq) + H_2O(l) \longrightarrow Ca^{2+}(aq) + 2\,HCO_3^-(aq)$

Quando essa água chega a uma caverna, ocorre a reação inversa, havendo o desprendimento de CO_2 gasoso e precipitação de $CaCO_3$. Formam-se assim as estalactites e as estalagmites.

b) $Ca^{2+}(aq) + 2\,HCO_3^-(aq) \longrightarrow CaCO_3(s) + CO_2(g) + H_2O(l)$

Analise as proposições:

I. Pelo exposto, conclui-se que a reação é reversível.

II. Para essa reação em equilíbrio, se a pressão parcial do CO_2 for diminuída, ocorrerá a dissolução do $CaCO_3$.

III. A constante de equilíbrio da reação tal como escrita em (B) é dada pela expressão:

$$K_C = \frac{[CO_2]}{[Ca^{2+}] \cdot [HCO_3^-]^2}$$

Está(ão) correta(s) somente:

a) I   b) II   c) III   d) I e III   e) I, II e III

22. (UFAL) Considere a informação a seguir.

Numa solução aquosa contendo nitrato de prata ($AgNO_3$) e amônia (NH_3) existem os equilíbrios:

$$NH_3(g) \rightleftarrows NH_3(aq)$$
$$NH_3(aq) + H_2O(l) \rightleftarrows NH_4^+(aq) + OH^-(aq)$$
$$Ag^+(aq) + 2\,NH_3(aq) \rightleftarrows Ag(NH_3)_2^+(aq)$$

Sendo assim, para precipitar, sob a forma de AgCl, praticamente todo o Ag^+ de uma solução aquosa de $AgNO_3$, pode-se utilizar solução aquosa contendo

a) somente NaCl.
b) somente NH_4Cl.
c) uma mistura de NaCl e NH_4Cl.
d) uma mistura de NaCl e NH_3.
e) uma mistura de NH_4Cl e NH_3.

Resolução:

A solução aquosa de NaCl contém íons dissolvidos Na^+ e Cl^-; os íons Ag^+ e Cl^- imediatamente reagem formando o sólido AgCl (praticamente não teremos mais íons Ag^+ na solução):

$$Ag^+(aq) + Cl^-(aq) \longrightarrow AgCl(s)$$

Ao adicionar uma solução contendo íons NH_4^+ e Cl^-, os íons NH_4^+ sofrem hidrólise (capítulo 11) produzindo NH_3, de acordo com a equação

$$NH_4^+ + HOH \rightleftarrows NH_3 + H_3O^+$$

A precipitação de AgCl será menor devido à presença de NH_3 em maior concentração.

O $NH_3(aq)$ adicionado com NaCl ou NH_4Cl também prejudica a precipitação de AgCl, pois teremos menor concentração de íons Ag^+ dissolvidos para formar AgCl(s).

Resposta: alternativa a.

Na presença de íons fluoreto, é estabelecido outro equilíbrio, indicado pela equação II:

$$5\,Ca^{2+}(aq) + 3\,PO_3^-(aq) + F^-(aq) \rightleftarrows Ca_5(PO_4)_3F(s)\ (II)$$

Nesse processo (equação II) uma nova substância é formada, a fluorapatita [($Ca_5(PO_4)_3F(s)$)], a qual é menos suscetível ao ataque por ácidos. Algumas substâncias presentes nos dentifrícios desempenham funções importantes, atuando como fator abrasivo, corante, espumante, umectante (poliálcoois), edulcorante (confere sabor doce) e agente terapêutico. Um creme dental típico apresenta as seguintes informações em sua embalagem: "ingredientes: 1.500 ppm (partes por milhão) de fluoreto, sorbitol [$C_6H_8(OH)_6$], carbonato de cálcio, carboximetilcelulose, lauril sulfato de sódio, sacarina sódica, pirofosfato tetrassódico, silicato de sódio, aroma, formaldeído e água. CONTÉM MONOFLUORFOSFATO DE SÓDIO". De acordo com o texto, assinale a(s) proposição(ões) CORRETA(S).

(01) O processo de desmineralização do esmalte do dente consiste na dissolução de pequenas quantidades de hidroxiapatita.

(02) Os OH^- são essenciais no processo de mineralização do esmalte do dente.

(04) A ingestão de frutas ácidas e refrigerantes favorece a formação de hidroxiapatita.

(08) A ingestão de leite de magnésia (pH 10) facilita a desmineralização.

(16) A presença de íons fluoreto na saliva contribui para o processo de desmineralização dos dentes.

23. (UFSC) O esmalte dos dentes é constituído de hidroxiapatita, $Ca_5(PO_4)_3OH$, um composto iônico muito pouco solúvel em água. Os principais fatores que determinam a estabilidade desse composto na presença da saliva são o pH e as concentrações dos íons cálcio e o fosfato em solução aquosa. Sabe-se que alimentos contendo açúcar são transformados em ácidos orgânicos pela ação da placa bacteriana. O pH normal da boca apresenta-se em torno de 6,8 e em poucos minutos, após a ingestão de alimentos com açúcar, pode atingir um valor abaixo de 5,5. Uma hora após o consumo de açúcar o pH retorna ao seu valor normal. O processo de mineralização/desmineralização do esmalte do dente pode ser representado pela equação I:

$$Ca_5(PO_4)_3OH(s) \rightleftarrows 5\,Ca^{2+} + 3PO_4^{3-}(aq) + OH^-(aq)\ (I)$$

24. (UNESP) O hipoclorito — ClO⁻ pode ser preparado pela reação representada pela seguinte equação:

$$Cl_2(aq) + 2\,OH^-(aq) \rightleftharpoons ClO^-(aq) + Cl^-(aq) + H_2O(l)$$

Composto	Solubilidade a 18 °C (mol/L)
HCl	9,4
AgNO$_3$	8,3
AgCl	10⁻⁵
KNO$_3$	2,6
KCl	3,9

Considerando, ainda, as informações constantes na tabela, qual substância, ao ser adicionada ao sistema, aumentará o rendimento da reação?

a) HCl   b) AgNO$_3$ c) AgCl   d) KNO$_3$ e) KCl

Diagrama:

NH$_3$ reage com:
- + HNO$_3$ → I
- + H$_2$SO$_4$ → II
- + CO$_2$ → III
- + H$_3$PO$_4$ → IV
- + H$_2$O → V

a) Escolha no quadro as situações que poderiam representar a preparação de ureia e de sulfato de amônio e escreva as equações químicas completas que representam essas preparações.

b) Considerando-se apenas o conceito de Lowry--Brönsted, somente uma reação do quadro não pode ser classificada como uma reação do tipo ácido-base. Qual é ela (algarismo romano)?

c) Partindo-se sempre de uma mesma quantidade de amônia (reagente limitante), algum dos adubos sugeridos no quadro conteria uma maior quantidade absoluta de nitrogênio? Comece por SIM ou NÃO e justifique sua resposta. Considere todos os rendimentos das reações como 100%.

Dado: massa molar do N = 14 g/mol.

---

25. (UNICAMP – SP) O nitrogênio é um macronutriente importante para as plantas, sendo absorvido do solo, onde ele se encontra na forma de íons inorgânicos ou de compostos orgânicos. A forma usual de suprir a falta de nitrogênio no solo é recorrer ao emprego de adubos sintéticos. O quadro abaixo mostra, de forma incompleta, equações químicas que representam reações de preparação de alguns desses adubos.

Exercícios Série Platina

1. (ENEM) No ano de 2004, diversas mortes de animais por envenenamento no zoológico de São Paulo foram evidenciadas. Estudos técnicos apontam suspeitas de intoxicação por monofluoracetato de sódio, conhecido como composto 1080 e ilegalmente comercializado como raticida. O monofluoracetato de sódio é um derivado do ácido monofluoracético e age no organismo dos mamíferos bloqueando o ciclo de Krebs, que pode levar à parada da respiração celular oxidativa e ao acúmulo de amônia na circulação.

monofluoracetato de sódio

*Disponível em: <http://www1.folha.uol.com.br>.
Acesso em: 5 ago. 2010 (adaptado).*

O monofluoracetato de sódio pode ser obtido pela

a) desidratação do ácido monofluoracético, com liberação de água.
b) hidrólise do ácido monofluoracético, sem formação de água.
c) perda de íons hidroxila do ácido monofluoracético, com liberação de sódio.
d) neutralização do ácido monofluoracético usando hidróxido de sódio, com liberação de água.
e) substituição dos íons hidrogênio por sódio na estrutura do ácido monofluoracético, sem formação de água.

2. (ENEM) Os refrigerantes têm-se tornado cada vez mais o alvo de políticas públicas de saúde. Os de cola apresentam ácido fosfórico, substância prejudicial à fixação de cálcio, o mineral que é o principal componente da matriz dos dentes. A cárie é um processo dinâmico de desequilíbrio do processo de desmineralização dentária, perda de minerais em razão da acidez. Sabe-se que o principal componente do esmalte do dente é um sal denominado hidroxiapatita. O refrigerante, pela presença da sacarose, faz decrescer o pH do biofilme (placa bacteriana), provocando a desmineralização do esmalte dentário. Os mecanismos de defesa salivar levam de 20 a 30 minutos para normalizar o nível do pH, remineralizando o dente. A equação química seguinte representa esse processo:

$$Ca_5(PO_4)_3OH(s) \underset{mineralização}{\overset{desmineralização}{\rightleftarrows}} 5\ Ca^{2+}(aq) + 3\ PO_4^{3-}(aq) + OH^-(aq)$$

hidroxiapatita

GROISMAN, S. **Impacto do Refrigerante nos Dentes É Avaliado sem Tirá-lo da Dieta**. *Disponível em: <http://www.isaude.net>.
Acesso em: 1.º maio 2010 (adaptado).*

Considerando que uma pessoa consuma refrigerantes diariamente, poderá ocorrer um processo de desmineralização dentária, devido ao aumento da concentração de

a) OH^- que reage com os íons Ca^{2+}, deslocando o equilíbrio para a direita.
b) H^+, que reage com as hidroxilas OH^-, deslocando o equilíbrio para a direita.
c) OH^-, que reage com os íons Ca^{2+}, deslocando o equilíbrio para a esquerda.
d) H^+, que reage com as hidroxilas OH^-, deslocando o equilíbrio para a esquerda.
e) Ca^{2+}, que reage com as hidroxilas OH^-, deslocando o equilíbrio para a esquerda.

Capítulo 10
pH e pOH

A origem da escala de pH

No final da década de 1880, o sueco Svante Arrhenius propôs que ácidos eram substâncias que forneciam íon hidrogênio para a solução.

Esta ideia foi seguida por Wilhelm Ostwald, que calculou a constante de dissociação, cujo símbolo moderno é Ka, para ácidos fracos. Ostwald também mostrou que o valor dessa constante é uma medida da acidez do ácido.

Assim, no início do século XX, iniciou-se o uso da concentração do íon hidrogênio para caracterizar as soluções, principalmente as ácidas. Nesse período, também foi sugerido o uso da concentração de hidroxila (OH^-) para caracterização das soluções alcalinas (básicas), uma vez que foi determinado experimentalmente uma relação entre as concentrações dos íons hidrogênio e hidroxila:

$$\frac{C_{H^+} \cdot C_{OH^-}}{C_{H_2O}} = \text{constante} = 10^{-14}$$

Muitos consideram esta a primeira e real introdução da escala de pH.

Entretanto, a nomenclatura "pH" foi introduzida apenas em 1909 pelo bioquímico dinamarquês Sorensen. Sorensen foi chefe do Centro de Pesquisa Carlsberg durante o período de 1901 a 1938. Este laboratório foi fundado em 1875 para estudar o malte, a cerveja e os processos de fabricação e compartilhava a filosofia de que as descobertas desse laboratório deveriam ser compartilhadas com toda a indústria cervejeira e não apenas usadas pela Carlsberg.

S. P. L. Sorensen (1868-1939).

No início do século XX, Sorensen estava estudando proteínas, aminoácidos e enzimas e percebeu que a divisão enzimática dependia, entre outros fatores, da acidez ou alcalinidade da solução. Em diversas medições da constante de dissociação da água, ele encontrou o valor de $0{,}72 \cdot 10^{-14}$, ou seja, 10^{-14}. Baseando-se em diversos experimentos, Sorensen percebeu que apenas raramente seriam encontradas concentrações de hidrogênio maiores que 1 mol/L. Assim, para facilitar a representação do valor das concentrações iônicas, ele estabeleceu uma maneira conveniente de expressar a acidez utilizando o logaritmo negativo da concentração do íon hidrogênio. Ele chamou esse fator de "expoente do íon hidrogênio" e designou o valor numérico por pH ("pondus hidrogenni" – potencial de hidrogênio).

Vamos estudar neste capítulo como determinar a acidez ou alcalinidade em soluções aquosas.

1. Equilíbrio iônico da água

Medidas experimentais de condutibilidade elétrica mostram que na água pura temos uma pequena quantidade de íons.

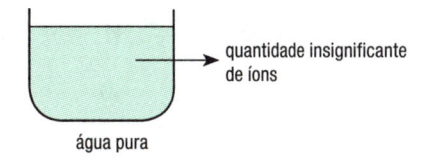

1.1 Teorias que explicam a presença de íons na água pura

1.1.1 Teoria de Arrhenius

O simples choque entre as moléculas de água origina os íons H^+ e OH^-.

$$H_2O \rightleftarrows H^+ + OH^-$$

1.1.2 Teoria de Brönsted-Lowry

No instante da colisão, ocorre a transferência de um H^+ (próton) de uma molécula de água para outra molécula de água, formando os íons H_3O^+ e OH^-.

$$H_2O + H_2O \rightleftharpoons H_3O^+ + OH^-$$

A representação de Arrhenius é mais utilizada

$$H_2O \rightleftharpoons H^+ + OH^-$$

2. Produto iônico da água (Kw)

O Kw é a constante de equilíbrio que representa o equilíbrio iônico da água.

$$H_2O \rightleftharpoons H^+ + OH^- \quad Kw$$

[H_2O] não entra, pois é constante (dissociação muito pequena).

$$Kw = [H^+][OH^-]$$

3. Kw a 25 °C

Vamos considerar 1 L de água pura a 25 °C cujo rendimento é de apenas $1,81 \cdot 10^{-9}$ (α).

1 L de água $\longrightarrow$ m = 1.000 g (d = 1 kg/L)

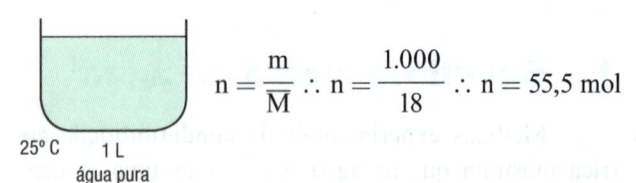

$$n = \frac{m}{M} \therefore n = \frac{1.000}{18} \therefore n = 55,5 \text{ mol}$$

	H_2O $\rightleftharpoons$	H^+	$+$	OH^-
início	55,5	0		0
reage e forma	$55,5 \cdot 1,8 \cdot 10^{-9}$	–		–
	$\cong 10^{-7}$	10^{-7}		10^{-7}
equilíbrio	55,5	10^{-7}		10^-

Observe que a concentração da água permaneceu constante.

água pura a 25 °C $[H^+] = 10^{-7}$ mol/L

$[OH^-] = 10^{-7}$ mol/L

$Kw = [H^+][OH^-] \therefore Kw = 10^{-7} \cdot 10^{-7}$

$$Kw = 10^{-14}$$

4. Influência da temperatura no Kw

O processo de dissociação da água é endotérmico ($\Delta H > 0$), portanto, o Kw aumenta com o aumento da temperatura.

$$H_2O \rightleftharpoons H^+ + OH^- \quad \Delta H > 0$$

Influência da temperatura na constante

Temperatura (ºC)	Kw
0	$0,11 \cdot 10^{-14}$
25	$1,00 \cdot 10^{-14}$
40	$3,00 \cdot 10^{-14}$
100	$51,30 \cdot 10^{-14}$

O Kw sempre apresenta um valor constante a uma dada temperatura, tanto em água pura como em soluções aquosas.

água pura a 25 °C $Kw = 10^{-14}$ $[H^+] = [OH^-]$

soluções aquosas a 25 °C

$$Kw = 10^{-14} \quad [H^+] \neq [OH^-] \text{ ou } [H^+] = [OH^-]$$

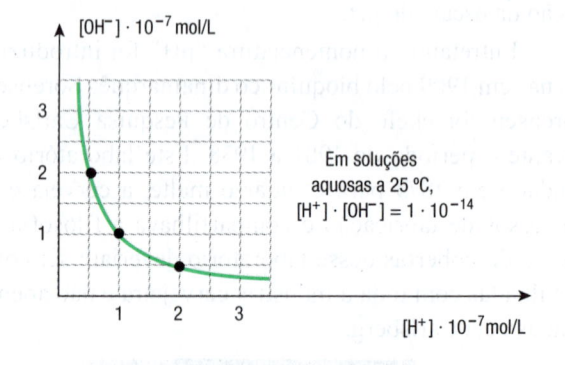

Em soluções aquosas a 25 °C, $[H^+] \cdot [OH^-] = 1 \cdot 10^{-14}$

Como podemos observar pelo gráfico, à medida que ocorre um aumento de H^+ ocorre uma diminuição de OH^-.

5. Meio neutro (solução aquosa neutra)

meio neutro $[H^+] = [OH^-]$

25 °C $[H^+] = [OH^-] = 10^{-7}$ mol/L

O equilíbrio iônico da água não é perturbado.

6. Meio ácido (solução aquosa ácida)

Quando adicionamos um ácido na água, o equilíbrio iônico da água é perturbado, isto é, devido ao aumento da concentração do íon H^+, o equilíbrio é deslocado para a esquerda, a concentração de OH^- fica menor que 10^{-7} mol/L. Veja um exemplo:

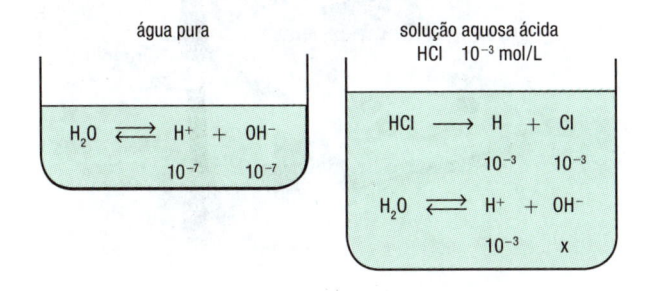

água pura

$$H_2O \rightleftarrows H^+ + OH^-$$
$$10^{-7} \quad 10^{-7}$$

solução aquosa ácida
HCl 10^{-3} mol/L

$$HCl \longrightarrow H + Cl$$
$$10^{-3} \quad 10^{-3}$$
$$H_2O \rightleftarrows H^+ + OH^-$$
$$10^{-3} \quad x$$

$[H^+] = 10^{-7}$ mol/L $+ 10^{-3}$ mol/L $= 10^{-3}$ mol/L

$K_w = [H^+][OH^-] \therefore 10^{-14} = 10^{-3} [OH^-]$

$[OH^-] = 10^{-11}$ mol/L

Em solução aquosa ácida

$[H^+] > [OH^-]$

$[H^+] > 10^{-7}$ mol/L

$[OH^-] < 10^{-7}$ mol/L

7. Meio básico ou alcalino (solução aquosa básica)

Quando adicionamos uma base na água, o equilíbrio iônico da água é perturbado, isto é, devido o aumento da concentração do íon OH^-, o equilíbrio é deslocado para a esquerda, a concentração de H^+ fica menor que 10^{-7} mol/L. Veja um exemplo:

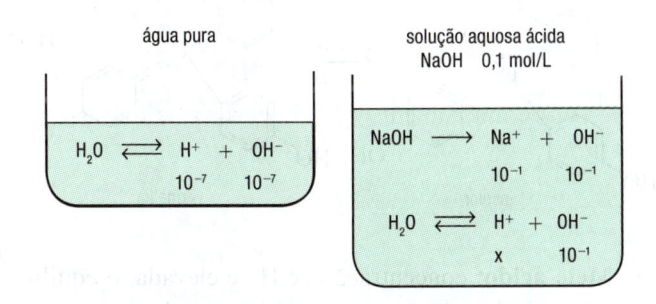

água pura

$$H_2O \rightleftarrows H^+ + OH^-$$
$$10^{-7} \quad 10^{-7}$$

solução aquosa ácida
NaOH 0,1 mol/L

$$NaOH \longrightarrow Na^+ + OH^-$$
$$10^{-1} \quad 10^{-1}$$
$$H_2O \rightleftarrows H^+ + OH^-$$
$$x \quad 10^{-1}$$

$[OH^-] = 10^{-7}$ mol/L $+ 10^{-1}$ mol/L $= 10^{-1}$ mol/L

$K_w = [H^+][OH^-] \therefore 10^{-14} = [H^+] \cdot 10^{-1}$

$[H^+] = 10^{-13}$ mol/L

Em solução aquosa básica:

$[OH^-] > [H^+]$

$[OH^-] > 10^{-7}$ mol/L

$[H^+] < 10^{-7}$ mol/L

8. pH e pOH

Lembrando que em qualquer solução aquosa teremos os íons H^+ e OH^-. Veremos nesse item uma maneira inteligente de lidar com concentrações pequenas de H^+ e OH^-, pois a maioria das soluções aquosas são diluídas.

Em 1901, Sorensen tornou-se diretor de laboratório das empresas Carlsberg. Como a concentração dos íons H^+ na cerveja era em média $10^{-4,5}$ mol/L, criou uma escala chamada de pH para medir a acidez de uma solução e evitar dificuldades matemáticas. Portanto, temos:

$$\boxed{pH = -\log [H^+]} \quad \text{ou} \quad [H^+] = 10^{-pH}$$

cerveja $[H^+] = 10^{-4,5}$ mol/L

$pH = \log 10^{-4,5} \therefore pH = 4,5$

De maneira semelhante, podemos determinar o pOH de uma solução aquosa:

$$\boxed{pOH = -\log [OH^-]}$$

cerveja $[OH^-] = 10^{-9,5}$ mol/L

$pOH = -\log 10^{-9,5} \therefore pOH = 9,5$

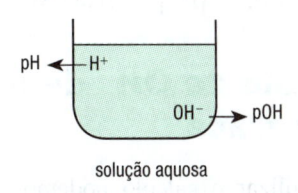

9. pH + pOH = 14 a 25 °C

$$H_2O \rightleftarrows H^+ + OH^- \quad K_w = [H^+][OH^-]$$

Aplicando log:

$\log K_w = \log [H^+] + \log [OH^-]$

Cap. 10 | pH e pOH

Multiplicando por (−1):

−log Kw = −log [H⁺] − log [OH⁻]

pKw = pH + pOH

Kw = 10^{-14}

pKw = −log Kw

pKw = −log 10^{-14} ∴ pKw = 14

$\boxed{pH + pOH = 14}$

10. Escala pH

Devido à definição de pH, pH = −log [H⁺].

Um aumento da acidez de um meio: [H⁺] aumenta, pH diminui, portanto, quanto menor o pH, mais ácido o meio.

Um aumento da basicidade de um meio: [H⁺] diminui, pH aumenta, portanto, quanto maior o pH, mais básico o meio.

água pura ou meio neutro:

[H⁺] = 10^{-7} mol/L, **pH = 7**

meio ácido:

[H⁺] > 10^{-7} mol/L, **pH < 7**

meio básico ou alcalino:

[H⁺] < 10^{-7} mol/L, **pH > 7**

Só tem sentido usar pH quando a solução é diluída, portanto, a escala de pH varia de 0 a 14. O uso de pH negativo mostraria a falta de sensibilidade científica.

11. Cálculo de H⁺ de um ácido fraco

Para agilizar o cálculo podemos utilizar as seguintes fórmulas:

[H⁺] = αM,   [H⁺] = $\sqrt{Ka \cdot M}$

12. Cálculo de OH⁻ de uma base fraca

Para agilizar o cálculo podemos utilizar as seguintes fórmulas:

[OH⁻] = αM,   [OH⁻] = $\sqrt{Kb \cdot M}$

13. A medida do pH na prática

O pH de uma solução aquosa pode ser medido através de um **peagâmetro ou de um indicador ácido-base**.

13.1 Peagâmetro

É um aparelho que mede a condutividade elétrica da solução e possui uma escala em valores de pH. O pH é medido com alto grau de exatidão.

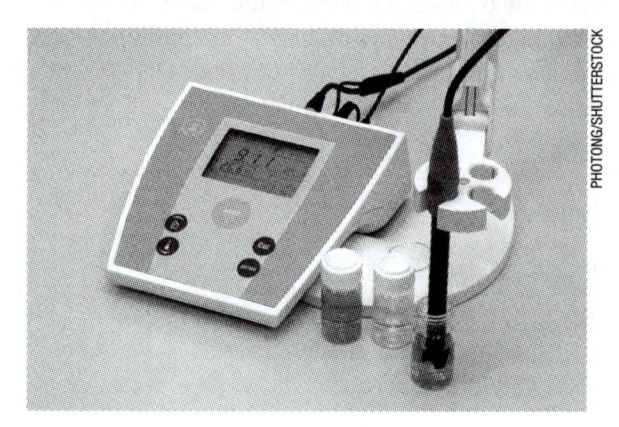

Peagâmetro.

13.2 Indicadores ácido-base

São substâncias orgânicas (que indicaremos por In) de fórmula complexas e possuidoras de um caráter de ácido fraco (ou de base fraca) que fornece de maneira aproximada o valor do pH do meio, através de um deslocamento de equilíbrio.

Um ácido fraco (ou base fraca) para ser usado como indicador, deve ter a parte molecular (HIn) e a parte iônica (In⁻) de cores diferentes.

ácido fraco   HIn $\rightleftharpoons$ H⁺ + In⁻

                    cor 1   cor 2

meio ácido prevalece a cor 1

meio básico prevalece a cor 2

Por exemplo, a fenolftaleína, em solução aquosa, estabelece o seguinte equilíbrio:

incolor ⇌ vermelha

- **Meio ácido:** concentração de H⁺ é elevada, o equilíbrio é deslocado para a esquerda, prevalecendo a estrutura não ionizada, logo, a solução é incolor.

- **Meio básico ou alcalino:** os íons OH⁻ retiram H⁺ do equilíbrio, que se desloca para a direita, prevalecendo a forma ionizada, logo, a solução é vermelha.

A forma ionizada apresenta mais ligações duplas conjugadas, por isso é vermelha. Existe uma estreita relação entre as cores das substâncias orgânicas e a existência de duplas-ligações conjugadas em suas moléculas.

A mudança de cor ocorre em determinados intervalos de pH, denominados faixa ou intervalo de viragem. Quando o valor do pH é menor ao intervalo de viragem, temos uma cor, quando o valor é maior ao intervalo, temos outra cor; na faixa da viragem temos uma cor intermediária às duas.

Exemplo:

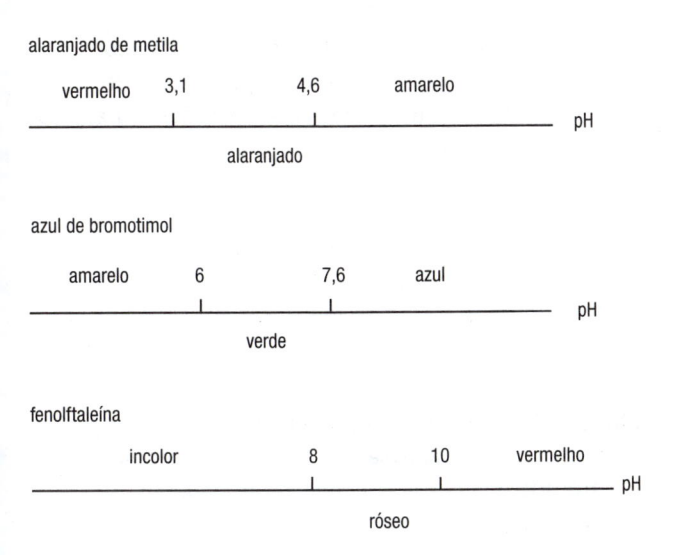

alaranjado de metila

vermelho 3,1   4,6   amarelo
————————|——————|——————————— pH
          alaranjado

azul de bromotimol

amarelo   6   7,6   azul
————————|——————|——————————— pH
             verde

fenolftaleína

   incolor   8   10   vermelho
————————————|————|——————————— pH
                róseo

Exercício Ilustrativo

(UFG – GO) Com as constantes estiagens que vêm ocorrendo nos estados da região Sul do Brasil, o racionamento de água em algumas cidades é inevitável. Em função disso, o mercado de água mineral natural engarrafada cresceu nos últimos anos. O pH da água mineral natural, à temperatura de 25 °C, é de 10 e o da água de torneira fica na faixa de 6,5 a 7,5. Na tabela abaixo encontram-se as cores que alguns indicadores apresentam à temperatura de 25 °C.

Indicador	Cores conforme pH
vermelho de metila	vermelho em pH $\leqslant$ 4,8; amarelo em pH $\geqslant$ 6,0
fenolftaleína	incolor em pH $\leqslant$ 8,2; vermelho em pH $\geqslant$ 10,0
alaranjado de metila	vermelho em pH $\leqslant$ 3,2; amarelo em pH $\geqslant$ 4,4

Qual o indicador você usaria para identificar se a água é mineral ou da torneira?

Resolução:

Seria usada a fenolftaleína, pois
- água mineral: pH = 10 (vermelho)
- água de torneira: pH = 6,5 a 7,5 (incolor)

Exercícios Série Prata

1. Calcule as concentrações de H^+ e OH^- de uma solução aquosa 0,1 mol/L de HCl a 25 °C.
   Dado: $Kw = 10^{-14}$.

2. Calcule as concentrações de H^+ e OH^- de uma solução aquosa 0,1 mol/L de NaOH a 25 °C.
   Dado: $Kw = 10^{-14}$.

3. Complete com =, > ou <.
   a) solução neutra $[H^+]$ ___ $[OH^-]$
      25 °C $[H^+] = 10^{-7}$ mol/L
   b) solução ácida $[H^+]$ ___ $[OH^-]$
      25 °C $[H^+] > 10^{-7}$ mol/L
   c) solução básica $[H^+]$ ___ $[OH^-]$
      25 °C $[H^+] < 10^{-7}$ mol/L

4. (FATEC – SP) A concentração de íons H^+ de uma certa solução aquosa é $2 \cdot 10^{-5}$ mol/L a 25 °C. Sendo assim, nessa mesma solução a concentração de íons OH^- em mol/L deve ser:
   a) $5 \cdot 10^{-10}$
   b) $2 \cdot 10^{-10}$
   c) $5 \cdot 10^{-9}$
   d) $5 \cdot 10^{-8}$
   e) $2,0 \cdot 10^{9}$

   Dado: $Kw = 10^{-14}$.

5. (MACKENZIE – SP)

	Soluções	[H$^+$]
I	urina	$1 \cdot 10^{-6}$
II	clara de ovo	$1 \cdot 10^{-8}$
III	lágrima	$1 \cdot 10^{-7}$
IV	café	$1 \cdot 10^{-5}$

Com os dados da tabela, pode-se afirmar que:

a) I, II, III e IV são soluções ácidas.
b) somente II é uma solução básica.
c) somente I, III e IV são soluções ácidas.
d) somente I, II e III são soluções básicas.
e) somente IV é solução básica.

6. Complete com **7** ou **14**.

A 25 °C pH + pOH = _____ .

7. Complete com =, > ou <.

a) meio neutro: pH _____ 7
b) meio ácido: pH _____ 7
c) meio básico ou alcalino: pH _____ 7

8. Complete com **menor** ou **maior**.

Quanto maior for a acidez de uma solução, maior será a concentração de H$^+$, porém _____ será o pH.

9. Complete com **diluídas** ou **concentradas**.

O pH é utilizado para soluções aquosas e _____ .

10. Complete **menor** e **maior**.

a) Quanto mais ácida for uma solução, _____ será o valor do pH.
b) Quanto mais básica for uma solução, _____ será o valor do pH.

11. Complete com **1** ou **10**.

A variação de uma unidade na escala pH corresponde à variação de _____ unidades nas concentrações em mol/L de H$^+$ e OH$^-$.

pH$_1$ = 2   [H$^+$]$_1$ = 10^{-2} mol/L
pH$_2$ = 3   [H$^+$]$_2$ = 10^{-3} mol/L $\dfrac{[H^+]_1}{[H^+]_2} = 10$

12. (UNIFOR – CE) Qual das amostras seguintes apresenta maior pH?

a) suco de limão
b) vinagre
c) água destilada
d) solução aquosa de NaOH

13. (IMT – SP) Uma piscina em boas condições de tratamento tem pH = 7,5.

a) Esse meio é ligeiramente ácido ou básico?
b) Se uma piscina apresenta pH = 8,0, qual das substâncias (HCl, NaOH) seria indicada para ser colocada nela a fim de acertar o pH?

14. (UFLA – MG) Para conseguirmos diminuir o pH de uma solução aquosa, devemos nela borbulhar quatro dos gases abaixo, menos um. Qual?

a) CO_2
b) SO_3
c) SO_2
d) CO
e) N_2O_5

15. (UNESP) Determinada variedade de suco de limão tem pH = 2,3 e determinada variedade de suco de laranja tem pH = 4,3. Quantas vezes o suco de limão é mais ácido que o de laranja?

16. Qual o pH de uma solução cuja concentração hidrogeniônica é 10^{-4}? A solução é ácida, neutra ou básica?

17. (PUC – MG) A análise de uma determinada amostra de refrigerante detectou pH = 3. A concentração de íons H⁺ nesse refrigerante é, em mol/L:
a) 10^{-3}
b) 10^{-6}
c) 10^{-7}
d) 10^{-8}
e) 10^{-11}

18. Qual o pH de uma solução de HCl 0,1 mol/L?

19. (CEUB) A 25 °C, uma solução aquosa de NaOH tem concentração 0,1 mol/L. O pH dessa solução é:
a) 0,01
b) 0,1
c) 1
d) 7
e) 13

20. Calcule o pH de uma solução cuja concentração hidrogeniônica é [H⁺] = 3,45 · 10^{-11} mol/L.
Dado: log 3,45 = 0,54.

21. Calcule o pH de uma solução cuja concentração de H⁺ é igual a 4,5 · 10^{-8} mol/L.
Dado: log 4,5 = 0,65.

22. Em solução aquosa 0,1 mol/L, o ácido acético está 1% ionizado. Calcule a concentração hidrogeniônica e o pH da solução.

23. (UNEB – BA) Preparou-se uma solução 0,1 mol/L de um ácido monoprótico que apresentou um pH igual a 3. O grau de ionização do ácido, nessa solução é de:
a) 10^{-3}
b) 10^{-2}
c) 10^{-1}
d) 10^{1}
e) 10^{2}

24. Qual o pH de uma solução 0,01 mol/L de um monoácido que apresenta Ka = 10^{-6}?

25. Considerando a constante de basicidade da amônia como sendo 2 · 10^{-5} mol/L, determine o pH de uma solução de amônia 0,05 mol/L.

26. (EE ITAJUBÁ – MG) O pH de uma solução de HCl é 2. Adicionando-se 1 L de H_2O a 1 L da solução de HCl, qual o novo pH?

Dado: $\log 2 = 0,3$.

27. (FUVEST – SP) Um estudante misturou todo o conteúdo de dois frascos A e B, que continham:
- frasco A: 25 mL de solução aquosa de HCl 0,80 mol/L;
- frasco B: 25 mL de solução aquosa de KOH 0,60 mol/L.

a) Calcule o pH da solução resultante.

b) A solução resultante é ácida, básica ou neutra?

28. (MACKENZIE – SP)

$$NH_4^{1+}(aq) + OH^{1-}(aq) \rightleftarrows NH_3(g) + H_2O(l)$$

Se ao equilíbrio acima, se adicionar uma solução de NaOH,

a) a quantidade de amônia liberada aumenta.
b) a concentração do íon amônio aumenta.
c) o pH da solução em equilíbrio diminui.
d) não há qualquer alteração.
e) a quantidade de amônia liberada diminui.

29. (EEM – SP) Uma substância ácida HA apresenta, em solução aquosa, o seguinte equilíbrio:

$$\underset{\text{amarela}}{HA} \rightleftarrows \underset{\text{vermelha}}{H^+ + A^-}$$

Se for borbulhado NH_3 nessa solução, qual será a cor por ela adquirida? Por quê?

30. O indicador ácido-base fenolftaleína, que sofre viragem de incolor a vermelha na faixa de pH de aproximadamente 8 a 10, pode ser usado para diferenciar soluções que apresentam pH.

a) 3 e 11?
b) 5 e 7?
c) 11 e 12?

Exercícios Série Ouro

1. (UNESP) Dois comprimidos de aspirina, cada um com 0,36 g deste composto, foram dissolvidos em 200 mL de água.

   a) Calcule a concentração em mol/L da aspirina nesta solução.
   Dado: massa molar da aspirina = 180 g/mol.

   b) Considerando a ionização da aspirina segundo a equação

   $$C_9H_8O_4(aq) \rightleftarrows C_9H_7O_4^-(aq) + H^+(aq)$$

   e sabendo que ela se encontra 5% ionizada, calcule o pH desta solução.

2. (PUC) **Dado:** Ka do ácido acético (H_3CCOOH) a 25 °C = $2 \cdot 10^{-5}$.

   A 25 °C, uma solução de ácido acético de pH 4 apresenta, no equilíbrio,

   a) $[H_3CCOO^-] = 1 \cdot 10^{-10}$ mol/L.
      $[H_3CCOOH] = 1 \cdot 10^{-4}$ mol/L.
   b) $[H_3CCOO^-] = 1 \cdot 10^{-4}$ mol/L.
      $[H_3CCOOH] = 5$ mol/L.
   c) $[H_3CCOO^-] = 1 \cdot 10^{-4}$ mol/L.
      $[H_3CCOOH] = 5 \cdot 10^{-4}$ mol/L.
   d) $[H_3CCOO^-] = 1 \cdot 10^{-4}$ mol/L.
      $[H_3CCOOH] = 1 \cdot 10^{-4}$ mol/L.
   e) $[H_3CCOO^-] = 1 \cdot 10^{-2}$ mol/L.
      $[H_3CCOOH] = 2 \cdot 10^{-3}$ mol/L.

3. (FUVEST – SP) Considere uma solução aquosa diluída de dicromato de potássio, a 25 °C. Dentre os equilíbrios que estão presentes nessa solução, destacam-se:

   Constantes de equilíbrio (25 °C)

   $Cr_2O_7^{2-} + H_2O \rightleftarrows 2\ HCrO_4^-$ $K_1 = 2,0 \cdot 10^{-2}$
   íon dicromato

   $HCrO_4^- \rightleftarrows H^+ + CrO_4^{2-}$ $K_2 = 7,1 \cdot 10^{-7}$
   íon cromato

   $Cr_2O_7^{2-} + H_2O \rightleftarrows 2\ H^+ + 2\ CrO_4^{2-}$ $K_3 = ?$

   $H_2O \rightleftarrows H^+ + OH^-$ $Kw = 1,0 \cdot 10^{-14}$

   a) Calcule o valor da constante de equilíbrio K_3.

   b) Essa solução de dicromato foi neutralizada. Para a solução neutra, qual é o valor numérico da relação.

   $$[CrO_4^{2-}]^2 / [Cr_2O_7^{2-}]?$$

   Mostre como obteve esse valor.

   c) A transformação de íons dicromato em íons cromato, em meio aquoso, é uma reação de oxirredução? Justifique.

4. (UNICAMP – SP) A figura da página seguinte esquematiza o sistema digestório humano que desempenha um importante papel na dissolução e absorção de substâncias fundamentais no processo vital. De maneira geral, um medicamento é absorvido quando suas moléculas se encontram na forma neutra. Como se sabe, o pH varia ao longo do sistema digestório.

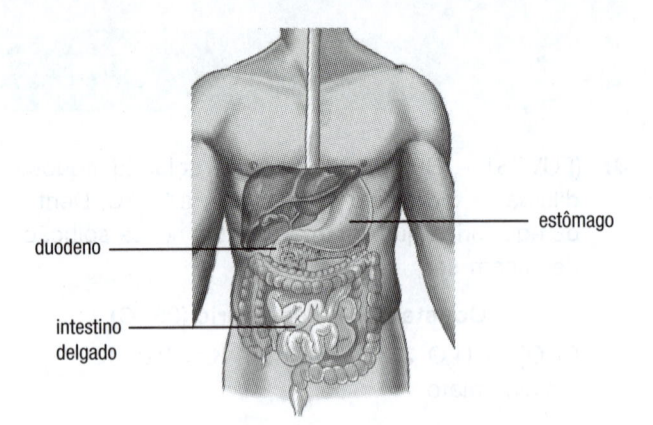

a) Associe as faixas de valores de pH (7,0 – 8,0; 1,0 – 3,0 e 6,0 – 6,5) com as partes do sistema digestório humano indicadas no desenho.
b) Calcule a concentração média de H⁺ em mol/L no estômago.
Dados: log 2 = 0,30; log 3 = 0,48; log 5 = 0,70 e log 7 = 0,85.
c) Em que parte do sistema digestório a substância representada abaixo será preferencialmente absorvida? Justifique.

Ibuprofen

6. (FUVEST – SP) Em água, o aminoácido alanina pode ser protonado, formando um cátion que será designado por ala⁺; pode ceder próton, formando um ânion designado por ala⁻. Dessa forma, os seguintes equilíbrios podem ser escritos:

$$ala + H_3O^+ \rightleftarrows H_2O + ala^+$$
$$ala + H_2O \rightleftarrows H_3O^+ + ala^-$$

A concentração relativa dessas espécies depende do pH da solução, como mostrado no gráfico.

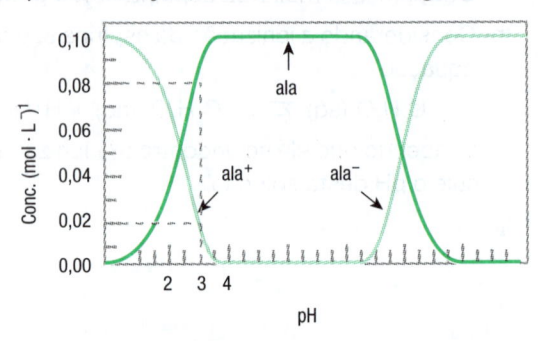

Quando [ala] = 0,08 mol · L⁻¹, [ala⁺] = 0,02 mol · L⁻¹ e [ala⁻] for desprezível, a concentração hidrogeniônica na solução, em mol · L⁻¹ será aproximadamente igual a

a) 10^{-11} d) 10^{-3}
b) 10^{-9} e) 10^{-1}
c) 10^{-6}

5. (UFFRJ) Dissolveu-se 0,61 g do ácido orgânico (HA) de massa molar 122,0 g/mol em quantidade suficiente de água para completar 0,5 L de solução.

Sabendo-se que sua constante de ionização vale 4,0 · 10⁻⁶, determine:

a) concentração em mol/L do ácido.
b) pH da solução.
c) o grau de ionização do ácido na solução preparada.
Dado: log 2 = 0,3.

7. (UNIFESP) Alguns medicamentos à base de AAS (monoácido acetilsalicílico) são utilizados como analgésicos, anti-inflamatórios e desplaquetadores sanguíneos. Nas suas propagandas, consta: "O Ministério da Saúde adverte: este medicamento é contraindicado em caso de suspeita de dengue". Como as plaquetas são as responsáveis pela coagulação sanguínea, esses medicamentos devem ser evitados para que um caso de dengue simples não se transforme em dengue hemorrágica. Sabendo-se que a constante de ionização do AAS é 3 · 10⁻⁵, o valor que mais se aproxima do pH de uma solução aquosa de AAS 3,3 · 10⁻⁴ mol/L é

a) 8   b) 6   c) 5   d) 4   e) 3

8. O pH de uma solução aquosa de um monoácido forte, cuja concentração é igual a 10^{-9} mol/L, é aproximadamente igual a

a) 1   b) 2   c) 5   d) 7   e) 9

Dados: $H_2O(l) \rightleftarrows H^+(aq) + OH^-(aq)$
$Kw = [H^+][OH^-] = 1,0 \cdot 10^{-14}$ a 25 °C

10. (FGV) Um empresário de agronegócios resolveu fazer uma tentativa de diversificar sua produção e iniciar a criação de rãs. Ele esperou a estação das chuvas e coletou 1 m³ de água para dispor os girinos. Entretanto, devido à proximidade de indústrias poluidoras na região, a água da chuva coletada apresentou pH = 4, o que tornou necessário um tratamento químico com adição de carbonato de cálcio, $CaCO_3$, para se atingir pH = 7. Para a correção do pH no tanque de água, a massa em gramas, de carbonato de cálcio necessária é, aproximadamente, igual a

a) 0,1   d) 5,0
b) 0,2   e) 10
c) 0,5

Dado: massa molar do $CaCO_3$ = 100 g/mol.

9. (PUC) Um aluno adicionou 0,950 g de carbonato de cálcio ($CaCO_3$) a 100 mL de solução aquosa de ácido clorídrico (HCl) de concentração 0,2 mol/L. É correto afirmar que, após cuidadosa agitação, o sistema final apresenta uma

a) solução incolor, com pH igual a 7.
b) mistura heterogênea, esbranquiçada, pois o $CaCO_3$ é insolúvel em água, com pH < 1.
c) solução incolor, com pH igual a 1.
d) solução incolor, com pH igual a 2.
e) mistura heterogênea, contendo o excesso de $CaCO_3$ como corpo de fundo e pH > 7.

Dado: massa molar do $CaCO_3$ = 100 g/mol.

11. (UNESP) Para evitar o desenvolvimento de bactérias em alimentos, utiliza-se ácido benzoico como conservante.

Sabe-se que:

I. Em solução aquosa, ocorre o equilíbrio:

$C_6H_5COOH \rightleftarrows C_6H_5COO^- + H^+$
(BzH)   (Bz⁻)

II. A ação bactericida é devido exclusivamente à forma não dissociada do ácido (BzH).

III. Com base nessas informações e a tabela seguinte

Alimento	pH
refrigerante	3,0
picles	3,2
leite	6,5

pode-se afirmar que é possível utilizar ácido benzoico como conservante do:

a) refrigerante, apenas.
b) leite, apenas.
c) refrigerante e picles, apenas.
d) refrigerante e leite, apenas.
e) picles e leite, apenas.

c) $CaC_2(s) + 2\ H_2O(l) \longrightarrow$
$\longrightarrow Ca^{2+}(aq) + 2\ OH^-(g) + C_2H_2(g)$

d) $CaCO_3(s) + CO_2(g) + H_2O(l) \longrightarrow$
$\longrightarrow Ca^{2+}(aq) + 2\ HCO_3^-(aq)$

e) $CaCO_3(s) \xrightarrow{H_2O} Ca^{2+}(aq) + CO_3^-(aq)$

12. (VUNESP) As leis de proteção ao meio ambiente proíbem que as indústrias lancem nos rios efluentes com pH menor que 5 ou superior a 8. Os efluentes das indústrias I, II e III apresentam as seguintes concentrações (em mol/L) de H⁺ ou OH⁻:

Indústria	Concentração no efluente (mol/L)
I	$[H^+] = 10^{-3}$
II	$[OH^-] = 10^{-5}$
III	$[OH^-] = 10^{-8}$

Considerando apenas a restrição referente ao pH, podem ser lançados em rios, sem tratamento prévio, os efluentes:

a) da indústria I, somente.
b) da indústria II, somente.
c) da indústria III, somente.
d) das indústrias I e II, somente.
e) das indústrias I, II e III.

13. (FUVEST – SP) Acreditava-se que a dissolução do dióxido de carbono atmosférico na água do mar deveria ser um fenômeno desejável por contribuir para a redução do aquecimento global. Porém, tal dissolução abaixa o pH da água do mar, provocando outros problemas ambientais. Por exemplo, são danificados seriamente os recifes de coral, constituídos, principalmente, de carbonato de cálcio.

A equação química que representa, simultaneamente, a dissolução do dióxido de carbono na água do mar e a dissolução dos recifes de coral é:

a) $CaC_2(s) + CO_2(g) + H_2O(l) \longrightarrow$
$\longrightarrow Ca^{2+}(aq) + C_2H_2(g) + CO_3^{2-}(aq)$

b) $CaCO_3(s) + 2\ H^+(aq) \longrightarrow$
$\longrightarrow Ca^{2+}(aq) + CO_2(g) + H_2O(l)$

14. (UNESP) Sabe-se que, no estômago, o pH está na faixa de 1 a 3, e no intestino o pH é maior que 7. Com base nessas informações, pode-se prever que:

a) só a aspirina é absorvida no estômago.
b) só a anfetamina é absorvida no estômago.
c) só a aspirina é absorvida no intestino.
d) ambos os medicamentos são absorvidos no estômago.
e) ambos os medicamentos são absorvidos no intestino.

Dados: aspirina = caráter ácido; anfetamina = caráter básico.

15. (UFSCar – SP) A acidose metabólica é causada pela liberação excessiva, na corrente sanguínea, de ácido láctico e de outras substâncias ácidas resultantes do metabolismo. Considere a equação envolvida no equilíbrio ácido-base do sangue e responda.

$$CO_2(g) + H_2O(l) \rightleftharpoons H_2CO_3(aq) \rightleftharpoons$$
$$\rightleftharpoons H^+(aq) + [HCO_3]^-(aq)$$

a) Explique de que forma o aumento da taxa de respiração, quando se praticam exercícios físicos, contribui para a redução da acidez metabólica.
b) O uso de diuréticos em excesso pode elevar o pH do sangue, causando uma alcalose metabólica. Explique de que forma um diurético perturba o equilíbrio ácido-base do sangue.

16. (UNIFESP) O equilíbrio ácido básico do sangue pode ser representado como segue:

$$CO_2 + H_2O \rightleftharpoons H_2CO_3 \rightleftharpoons H^+ + HCO_3^-$$

Assinale a alternativa que apresente dois fatores que combateriam a alcalose respiratória (aumento do pH sanguíneo).

a) Aumento da concentração de CO_2 e HCO_3^-.
b) Diminuição da concentração de CO_2 e HCO_3^-.
c) Diminuição da concentração de CO_2 e aumento da concentração de HCO_3^-.
d) Aumento da concentração de CO_2 e diminuição da concentração de HCO_3^-.
e) Aumento da concentração de CO_2 e diminuição da concentração de H_2O.

17. (FUVEST – SP) A autoionização da água é uma reação endotérmica. Um estudante mediu o pH da água recém-destilada, isenta de CO_2 e a 50 °C, encontrando o valor 6,6. Desconfiado de que o aparelho de medida estivesse com defeito, pois esperava o valor 7,0, consultou um colega que fez as seguintes afirmações:

I. O seu valor (6,6) pode estar correto, pois 7,0 é o pH da água pura, porém a 25 °C.
II. A aplicação do princípio de Le Chatelier ao equilíbrio da ionização da água justifica que, com o aumento da temperatura, aumenta a concentração de H^+.
III. Na água, o pH é tanto menor quanto maior a concentração de H^+.

Está correto o que se afirma:

a) somente em I.
b) somente em II.
c) somente em III.
d) somente em I e II.
e) em I, II e III.

18. (UNESP) O esmalte dos dentes é constituído por um material pouco solúvel em água. Seu principal componente é a hidroxiapatita [$Ca_5(PO_4)_3OH$] e o controle do pH da saliva – normalmente muito próximo de 7 — é importante para evitar o desgaste desse esmalte, conforme o equilíbrio apresentado a seguir.

$$Ca_5(PO_4)_3OH(s) + 4 H^+(aq) \rightleftharpoons 5 Ca^{2+}(aq) + 3 HPO_4^{2-} + H_2O(l)$$

a) Sabendo que, cerca de dez minutos após a ingestão de um refrigerante com açúcar, o pH da saliva pode alcançar, aproximadamente, o valor 5, e que pH = $-\log [H^+]$, calcule quantas vezes a concentração de H^+ na saliva nesta situação é maior do que o normal. Apresente seus cálculos.
b) Explique, considerando o equilíbrio apresentado e o princípio de Le Chatelier, o efeito da diminuição do pH sobre o esmalte dos dentes.

19. (FUVEST – SP) O fitoplâncton consiste em um conjunto de organismos microscópicos encontrados em certos ambientes aquáticos. O desenvolvimento desses organismos requer luz e CO_2, para o processo de fotossíntese, e requer também nutrientes contendo os elementos nitrogênio e fósforo.

Considere a tabela que mostra dados de pH e de concentrações de nitrato e de oxigênio dissolvidos na água, para amostras coletadas durante o dia, em dois diferentes pontos (A e B) e em duas épocas do ano (maio e novembro), na represa Billings, em São Paulo.

	pH	Concentração de nitrato (mg/L)	Concentração de oxigênio (mg/L)
ponto A (novembro)	9,8	0,14	6,5
ponto B (novembro)	9,1	0,15	5,8
ponto A (maio)	7,3	7,71	5,6
ponto B (maio)	7,4	3,95	5,7

Cap. 10 | pH e pOH

Com base nas informações da tabela e em seus próprios conhecimentos sobre o processo de fotossíntese, um pesquisador registrou três conclusões:

I. Nessas amostras, existe uma forte correlação entre as concentrações de nitrato e de oxigênio dissolvidos na água.
II. As amostras de água coletadas em novembro devem ter menos CO_2 dissolvido do que aquelas coletadas em maio.
III. Se as coletas tivessem sido feitas à noite, o pH das quatro amostras de água seria mais baixo do que o observado.

É correto o que o pesquisador concluiu em
a) I, apenas.
b) III, apenas.
c) I e II, apenas.
d) II e III, apenas.
e) I, II e III.

20. (FGV) *Mudanças climáticas estão tornando oceanos mais ácidos.*

Segundo um estudo publicado na edição desta semana da revista científica "Nature", o pH dos oceanos caiu 6% nos últimos anos, de 8,3 para 8,1 e, sem controle de CO_2 nos próximos anos, a situação chegará a um ponto crítico por volta do ano 2300, quando o pH dos oceanos terá caído para 7,4 e permanecerá assim por séculos. (...) A reação do CO_2 com a água do mar produz íons bicarbonato e íons hidrogênio, o que eleva a acidez. (...) Os resultados do aumento da acidez da água ainda são incertos, mas, como o carbonato tende a se dissolver em meios mais ácidos, as criaturas mais vulneráveis tendem a ser as que apresentam exoesqueletos e conchas de carbonato de cálcio, como corais, descreveu, em uma reportagem sobre a pesquisa, a revista "New Scientist".

globonews.com, 25 set. 2003.

Com base no texto, analise as afirmações:

I. A reação responsável pela diminuição do pH das águas dos mares é:
$$CO_2(g) + H_2O(l) \rightleftarrows HCO_3^-(aq) + H^+(aq)$$

II. Os exoesqueletos e conchas de carbonato de cálcio não sofrem modificações em meio ácido.
III. Se o pH do mar variar de 8,4 para 7,4, a concentração de H^+ aumentará por um fator de 10.

Está correto apenas o que se afirma em
a) I
b) II
c) III
d) I e II
e) I e III

21. (UNIFESP) Quando se borbulha $Cl_2(g)$ na água, estabelecem-se os seguintes equilíbrios:

$$Cl_2(g) \rightleftarrows Cl_2(aq)$$
$$Cl_2(aq) + H_2O \rightleftarrows HClO + H^+ + Cl^-$$
$$HClO(aq) \rightleftarrows H^+ + ClO^-$$

$K_{dissoc} = 8 \cdot 10^{-4}$, a 25 °C.

Analisando-se esses equilíbrios, foram feitas as seguintes afirmações:

I. Quanto maior o pH da água, maior será a solubilidade do gás.
II. Pode ocorrer desprendimento de Cl_2 gasoso se for adicionado NaCl sólido à solução.
III. A constante de dissociação do HClO aumenta se for adicionado um ácido forte à solução, a 25 °C.

Está correto o que se afirma em:
a) I, apenas.
b) II, apenas.
c) I e II, apenas.
d) II e III, apenas.
e) I, II e III.

22. (UNESP) A 1,0 L de uma solução 0,1 mol · L⁻¹ de ácido acético, adicionou-se 0,1 mol de acetato de sódio sólido, agitando-se até a dissolução total. Com relação a esse sistema, pode-se afirmar que

a) o pH da solução resultante aumenta.
b) o pH não se altera.
c) o pH da solução resultante diminui.
d) o íon acetato é uma base de Arrhenius.
e) o ácido acético é um ácido forte.

23. (FATEC – SP) O ácido nicotínico, ou niacina ($C_6H_4NO_2H$), é um ácido fraco.

O gráfico a seguir mostra como seu grau de ionização varia de acordo com a concentração de suas soluções aquosas (medidas à temperatura ambiente).

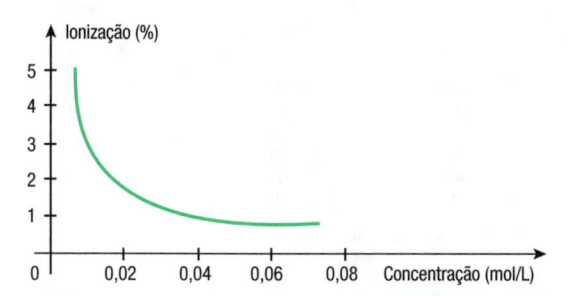

Sobre esse gráfico, foram feitas as seguintes afirmações:

I. A ionização do ácido nicotínico aumenta à medida que a concentração da solução aumenta.
II. O pH de uma solução de ácido nicotínico não depende da concentração da solução.
III. Quanto maior a concentração da solução, menor a porcentagem de íons $C_6H_4NO_2^-$ em relação às moléculas $C_6H_4NO_2H$.

Dessas afirmações, somente

a) I é correta.
b) II é correta.
c) III é correta.
d) I e II são corretas.
e) II e III são corretas.

24. (FATEC – SP) Alterações do pH do sangue afetam a eficiência do transporte de oxigênio pelo organismo humano. Num indivíduo normal, o pH do sangue deve-se manter entre os valores 7,35 e 7,45.

Considere os gráficos apresentados a seguir, que se referem às variações do pH e da p_{CO_2} em um paciente submetido a uma cirurgia cardíaca.

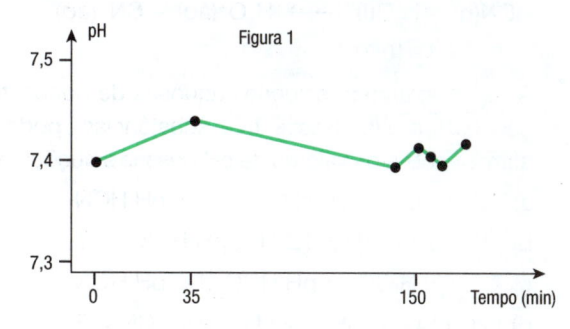

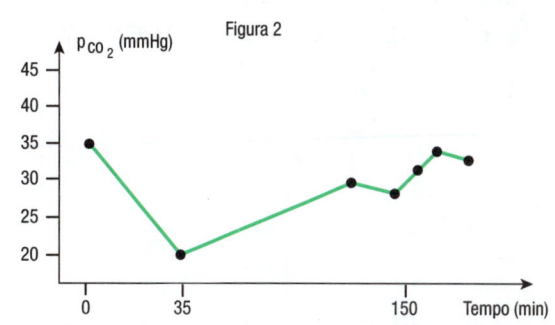

Considerando o intervalo de tempo de 0 a 35 minutos, a análise dos gráficos permite as seguintes afirmações:

I. Quando pH aumenta, p_{CO_2} também aumenta.
II. Quando pH = 7,4, p_{CO_2} é cerca de 35 mmHg.
III. Quando pH cresce (> 7,4) a p_{CO_2} decresce (< 35 mmHg).

São corretas apenas as afirmações

a) I
b) I e II
c) II e III
d) III
e) I e III

25. (PUC) Considere as seguintes reações de ionização e suas respectivas constantes:

$H_2SO_3(l) + H_2O(l) \longrightarrow H_3O^+(aq) + HSO_3^-(aq)$
   $Ka = 1 \cdot 10^{-2}$

$HCO_2H(g) + H_2O(l) \longrightarrow H_3O^+(aq) + HCO_2^-(aq)$
   $Ka = 2 \cdot 10^{-4}$

$HCN(g) + H_2O(l) \longrightarrow H_3O^+(aq) + CN^-(aq)$
   $Ka = 4 \cdot 10^{-10}$

Ao se prepararem soluções aquosas de concentração 0,01 mol/L dessas três substâncias, pode-se afirmar, sobre os valores de pH dessas soluções que

a) pH H_2SO_3 < pH HCO_2H < 7 < pH HCN
b) pH HCN < pH HCO_2H < pH H_2SO_3 < 7
c) 7 < pH H_2SO_3 < pH HCO_2H < pH HCN
d) pH H_2SO_3 < pH HCO_2H < pH HCN < 7
e) pH H_2SO_3 = pH HCO_2H = pH HCN < 7

26. (PUC – SP) Duas substâncias distintas foram dissolvidas em água, resultando em duas soluções, **X** e **Y**, de concentração 0,1 mol/L. A solução **X** apresentou pH igual a 4, medido a 25 °C, enquanto a solução **Y** apresentou pH igual a 1, nas mesmas condições. Sobre as soluções e seus respectivos solutos foram feitas as seguintes considerações:

I. Os dois solutos podem ser classificados como ácidos de alto grau de ionização (ácidos fortes).
II. As temperaturas de congelamento das soluções **X** e **Y** são rigorosamente idênticas.
III. A concentração de íons $H^+(aq)$ na solução **X** é 1.000 vezes menor do que na solução **Y**.

Está correto o que se afirma apenas em

a) II.
b) III.
c) I e II.
d) I e III.
e) II e III.

27. (FUVEST – SP) O composto HClO, em água, dissocia-se de acordo com o equilíbrio:

$HClO(aq) + H_2O(l) \rightleftarrows ClO^-(aq) + H_3O^+(aq)$

As porcentagens relativas, em mols, das espécies ClO^- e HClO dependem do pH da solução aquosa. (Constante de dissociação do HClO em água, a 25 °C: $4 \cdot 10^{-8}$.) O gráfico que representa corretamente a alteração dessas porcentagens com a variação do pH da solução é:

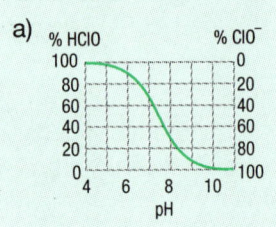

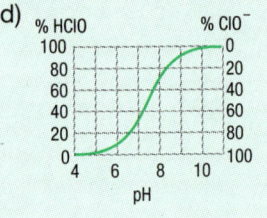

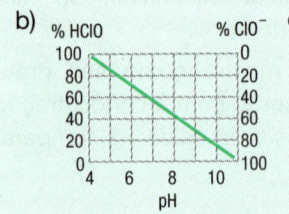

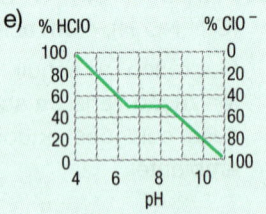

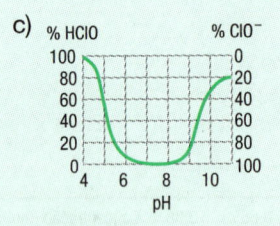

Resolução:

À medida que aumenta o pH da água, o equilíbrio é deslocado para a direita, aumentando a % de ClO^- e diminuindo a % de HClO.

$HClO(aq) + H_2O(l) \rightleftarrows ClO^-(aq) + H_3O^+(aq)$

Os gráficos possíveis seriam os das alternativas a ou b.

pH = 6 ∴ $[H_3O^+] = 10^{-6}$ mol/L

$Ka = \dfrac{[ClO^-][H_3O^+]}{[HClO]}$ ∴ $4 \cdot 10^{-8} = \dfrac{[ClO^-] \cdot 10^{-6}}{[HClO]}$

$4 \cdot 10^{-2} = \dfrac{[ClO^-]}{[HClO]}$ ∴ $[HClO] = 25 \, [ClO^-]$

% HClO   26x ——— 100%
         25x ——— p   ∴ p = 96%

Resposta: essa porcentagem corresponde ao gráfico da alternativa a.

28. (PUC) **Dado:** coloração do indicador azul de bromotimol

pH < 6 ⇒ solução amarela
6 < pH < 8 ⇒ solução verde
pH > 8 ⇒ solução azul

Em um béquer, foram colocados 20,0 mL de solução aquosa de hidróxido de sódio (NaOH) de concentração 0,10 mol/L e algumas gotas do indicador azul de bromotimol. Com auxílio de uma bureta, foram adicionados 20,0 mL de uma solução aquosa de ácido sulfúrico (H_2SO_4) de concentração 0,10 mol/L.

A cada alíquota de 1,0 mL adicionada, a mistura resultante era homogeneizada e a condutibilidade da solução era verificada através de um sistema bastante simples e comum em laboratórios de ensino médio.

Uma lâmpada presente no sistema acende quando em contato com um material condutor, como água do mar ou metais, e não acende em contato com materiais isolantes, como água destilada, madeira ou vidro.

A respeito do experimento, é correto afirmar que

a) após a adição de 10,0 mL da solução de H_2SO_4, a solução apresenta coloração azul e a lâmpada acende.

b) após a adição de 10,0 mL da solução de H_2SO_4, a solução apresenta coloração verde e a lâmpada não acende.

c) após a adição de 12,0 mL da solução de H_2SO_4, a solução apresenta coloração azul e a lâmpada acende.

d) após a adição de 12,0 mL da solução de H_2SO_4, a solução apresenta coloração amarela e a lâmpada acende.

e) após a adição de 20,0 mL da solução de H_2SO_4, a solução apresenta coloração verde e a lâmpada não acende.

29. (FUVEST – SP) O experimento descrito a seguir foi planejado com o objetivo de demonstrar a influência da luz no processo de fotossíntese. Em dois tubos iguais, colocou-se o mesmo volume de água saturada com gás carbônico e, em cada um, um espécime de uma mesma planta aquática. Os dois tubos foram fechados com rolhas. Um dos tubos foi recoberto com papel alumínio e ambos foram expostos à luz produzida por uma lâmpada fluorescente (que não produz calor).

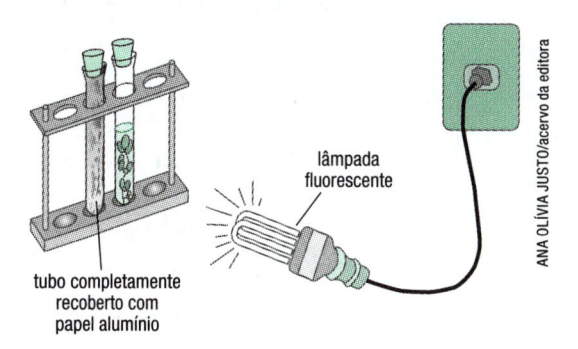

a) Uma solução aquosa saturada com gás carbônico é ácida. Como deve variar o pH da solução no tubo **não recoberto** com papel alumínio, à medida que a planta realiza fotossíntese? Justifique sua resposta.
No tubo recoberto com papel alumínio, não se observou variação de pH durante o experimento.

b) Em termos de planejamento experimental, explique por que é necessário utilizar o tubo recoberto com papel alumínio, o qual evita que um dos espécimes receba luz.

30. (FUVEST – SP) Íons indesejáveis podem ser removidos da água, tratando-a com resinas de troca iônica, que são constituídas por uma matriz polimérica, à qual estão ligados grupos que podem reter cátions ou ânions. Assim, por exemplo, para o sal C^+A^-, dissolvido na água, a troca de cátions e ânions, com os íons da resina, pode ser representada por:

Resina tipo I – Removedora de cátions

polímero —$SO_3^-H^+$
polímero —$SO_3^-H^+$ + C^+(aq) ⟶ polímero —$SO_3^-C^+$ + H^+(aq)
polímero —$SO_3^-H^+$

(com os demais grupos $SO_3^-H^+$ inalterados)

Resina tipo II – Removedora de ânions

polímero —$N(CH_3)_3^+OH^-$
polímero —$N(CH_3)_3^+OH^-$ + A^-(aq) ⟶ polímero —$N(CH_3)_3^+A^-$ + OH^-(aq)
polímero —$N(CH_3)_3^+OH^-$

No tratamento da água com as resinas de troca iônica, a água atravessa colunas de vidro ou plástico, preenchidas com a resina sob a forma de pequenas esferas. O líquido que sai da coluna é chamado de eluído. Considere a seguinte experiência, em que água, contendo cloreto de sódio e sulfato de cobre (II) dissolvidos, atravessa uma coluna com resina do tipo I.

A seguir, o eluído, assim obtido, atravessa outra coluna, desta vez preenchida com resina do tipo II.

Supondo que ambas as resinas tenham sido totalmente eficientes, indique

a) Os íons presentes no eluído da coluna com resina do tipo I.
b) Qual deve ser o pH do eluído da coluna com resina do tipo I (maior, menor ou igual a 7). Justifique.
c) Quais íons foram retidos pela coluna com resina do tipo II.
d) Qual deve ser o pH do eluído da coluna com resina do tipo II (maior, menor ou igual a 7). Justifique.

31. (FUVEST – SP)

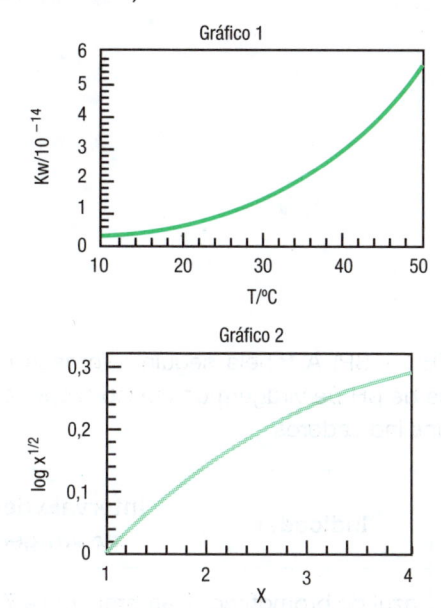

Gráfico 1: $K_w/10^{-14}$ vs $T/°C$ (curva crescente de ~0,3 em 10°C até ~5,5 em 50°C)

Gráfico 2: $\log x^{1/2}$ vs x (curva crescente de 0 em x=1 até ~0,29 em x=4)

O produto iônico da água, K_w, varia com a temperatura conforme indicado no gráfico 1.

a) Na temperatura do corpo humano, 36 °C.
   1. Qual é o valor de K_w?
   2. Qual é o valor do pH da água pura e neutra? Para seu cálculo, utilize o gráfico 2.

b) A reação de autoionização da água é exotérmica ou endotérmica? Justifique sua resposta, analisando dados do gráfico 1.

> Assinale, por meio de linhas de chamada, todas as leituras feitas nos dois gráficos.

32. (FUVEST – SP) Algumas gotas de um indicador de pH foram adicionadas a uma solução aquosa saturada de CO_2, a qual ficou vermelha. Dessa solução, 5 mL foram transferidos para uma seringa, cuja extremidade foi vedada com uma tampa (**Figura I**). Em seguida, o êmbolo da seringa foi puxado até a marca de 50 mL e travado nessa posição, observando-se liberação de muitas bolhas dentro da seringa e mudança da cor da solução para laranja (**Figura II**). A tampa e a trava foram então removidas, e o êmbolo foi empurrado de modo a expulsar totalmente a fase gasosa, mas não o líquido (**Figura III**). Finalmente, a tampa foi recolocada na extremidade da seringa (**Figura IV**) e o êmbolo foi novamente puxado para a marca de 50 mL e travado (**Figura V**). Observou-se, nessa situação, a liberação de poucas bolhas, e a solução ficou amarela. Considere que a temperatura do sistema permaneceu constante ao longo de todo o experimento.

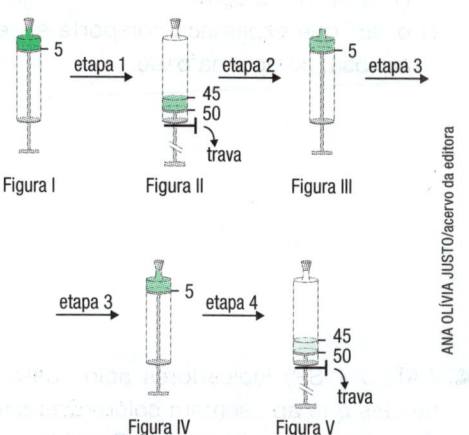

a) Explique, incluindo em sua resposta as equações químicas adequadas, por que a solução aquosa inicial, saturada de CO_2, ficou vermelha na presença do indicador de pH.
b) Por que a coloração da solução mudou de vermelho para laranja ao final da Etapa 1?
c) A pressão da fase gasosa no interior da seringa, nas situações ilustradas pelas figuras II e V, é a mesma? Justifique.

Dados:														
pH	1,0	1,5	2,0	2,5	3,0	3,5	4,0	4,5	5,0	5,5	6,0	6,5	7,0	7,5
cor da solução contendo o indicador de pH	vermelho	vermelho	vermelho	vermelho	vermelho	vermelho	vermelho	vermelho	laranja	laranja	laranja	amarelo	amarelo	amarelo

33. (UNESP) Ao cozinhar repolho roxo, a água do cozimento apresenta-se azulada. Esta solução pode ser utilizada como um indicador ácido-base. Adicionando vinagre (ácido acético), a coloração mudará para o vermelho e, adicionando soda cáustica (hidróxido de sódio), a coloração mudará para o verde. Se você soprar através de um canudinho na água de cozimento do repolho roxo durante alguns segundos, sua coloração mudará do azul para o vermelho. Destas observações, pode-se concluir que:

a) no "ar" que expiramos existe vinagre, produzindo íons CH_3COO^- e H^+ na solução.
b) no "ar" que expiramos existe soda cáustica, produzindo íons Na^+ e OH^- na solução.
c) no "ar" que expiramos há um gás que, ao reagir com água, produz íons H^+.
d) o "ar" que expiramos reage com a água do repolho formando ácido clorídrico e produzindo íons H^+ e Cl^- na solução.
e) o "ar" que expiramos comporta-se, em solução aquosa, como uma base.

34. (FATEC – SP) Indicadores ácido-base são substâncias que apresentam colorações diferentes em meio ácido e meio básico. Considere o indicador abaixo, para o qual existe o equilíbrio:

incolor ⇌ rósea

Esse indicador assumirá a cor rósea quando adicionado a

a) suco de limão.
b) suco gástrico.
c) água com gás.
d) água sanitária ("cândida").
e) cerveja.

35. (FATEC – SP) A tabela seguinte fornece os intervalos de pH de viragem de cor correspondentes a alguns indicadores.

	Indicador	Intervalo de pH de viragem
I.	azul de bromotimol	amarelo 6,0 a 7,6 azul
II.	vermelho de metila	vermelho 4,4 a 6,2 amarelo alaranjado
III.	timolftaleína	incolor 9,3 a 10,5 azul
IV.	azul de bromofenol	amarelo 3,0 a 4,6 violeta alaranjado
V.	alaranjado de metila	vermelho 3,1 a 4,4 alaranjado

Suponha que três copos contenham água mineral. Cada um contém água de uma fonte diferente das demais. Uma das águas apresenta pH = 4,5, outra pH = 7,0 e a outra pH = 10,0.

Para identificar qual a água contida em cada copo, entre os indicadores relacionados na tabela, o mais apropriado é:

a) I.   b) II.   c) III.   d) IV.   e) V.

36. (ITA – SP) Um indicador ácido-base monoprótico tem cor vermelha em meio ácido e cor laranja em meio básico. Considere que a constante de dissociação desse indicador seja igual a $8,0 \cdot 10^{-5}$. Assinale a opção que indica a quantidade, em mols, do indicador que, quando adicionada a 1 L de água pura, seja suficiente para que 80% de suas moléculas apresentem a cor vermelha após alcançar o equilíbrio químico.

a) $1,3 \cdot 10^{-5}$
b) $3,2 \cdot 10^{-5}$
c) $9,4 \cdot 10^{-5}$
d) $5,2 \cdot 10^{-4}$
e) $1,6 \cdot 10^{-3}$

Resolução:

$$HIn \rightleftarrows H^+ + Ind^-$$
cor vermelha　　　　cor laranja

	HIn	$\rightleftarrows$	H^+	+ Ind^-
início	n		0	0
reage e forma	0,2n		0,2n	0,2n
equilíbrio	0,8n		0,2n	0,2n

$$K_a = \frac{[H^+] \cdot [Ind^-]}{[HIn]}$$

$$8,0 \cdot 10^{-5} = \frac{0,2n \cdot 0,2n}{0,8n} \therefore \boxed{n = 1,6 \cdot 10^{-3} \text{ mol}}$$

Resposta: alternativa e.

Exercícios Série Platina

1. Na temperatura ambiente, a constante de ionização do ácido acético é $1,8 \cdot 10^{-5}$.

a) Escreva a expressão da constante de equilíbrio.

b) Qual a concentração, em mol/L, da solução em que o ácido se encontra 3% dissociado.

c) Calcule o pH da solução.
Dado: log 6 = 0,7.

2. (UNIFESP – adaptada) A figura representa os volumes de duas soluções aquosas, X e Y, a 25°C, com $3,01 \cdot 10^{14}$ e $6,02 \cdot 10^{19}$ íons H^+, respectivamente.

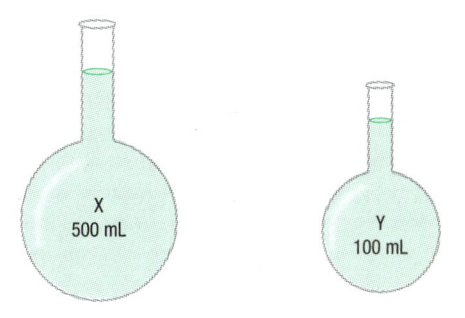

X 500 mL　　Y 100 mL

a) Calcular a concentração em mol/L de íons H^+ nas soluções X e Y.
b) Calcular o pH das soluções X e Y.
Dado: constante de Avogadro = $6,02 \cdot 10^{23}$ mol^{-1}.

3. (UNICAMP – SP) Antes das provas de 100 e 200 metros rasos, viu-se, como prática comum, os competidores respirarem rápida e profundamente (hiperventilação) por cerca de meio minuto. Essa prática leva a uma remoção mais efetiva do gás carbônico dos pulmões imediatamente antes da corrida e ajuda a aliviar as tensões da prova. Fisiologicamente, isso faz o valor do pH sanguíneo se alterar, podendo chegar a valores de até 7,6.

a) Mostre com uma equação química e explique como a hiperventilação faz o valor do pH sanguíneo se alterar.

b) Durante esse tipo de corrida, os músculos do competidor produzem uma grande quantidade de ácido lático, $CH_3CH(OH)COOH$, que é transferido para o plasma sanguíneo. Qual é a fórmula da espécie química predominante no equilíbrio ácido-base dessa substância no plasma ao término da corrida? Justifique com cálculos.

Dados: Ka do ácido lático = $1,4 \cdot 10^{-4}$; considerar a concentração de $H^+ = 5,6 \cdot 10^{-8}$ mol/L no plasma.

4. O ácido benzoico é muito utilizado como conservante de alimentos. Em 1 L de ácido benzoico, em que o grau de ionização vale 1%, são adicionados 99 L de água destilada.

a) Escreva a equação química da ionização do ácido benzoico em água.

b) Explique o que acontece com as quantidades dos íons formados na ionização após adição de 99 L de água.

c) Calcule o grau de ionização do ácido benzoico após a diluição.

d) Calcule o pH após a diluição, admitindo que a concentração hidrogeniônica é igual a 0,1 mol/L, na solução original, antes da diluição.

5. Analise as informações abaixo, a respeito de duas soluções ácidas:

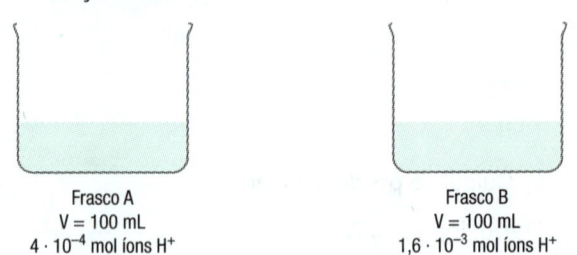

Frasco A
V = 100 mL
$4 \cdot 10^{-4}$ mol íons H^+

Frasco B
V = 100 mL
$1,6 \cdot 10^{-3}$ mol íons H^+

Pede-se:

a) Qual das soluções é a mais ácida? Justifique.

b) Calcule o pH resultante da mistura das duas soluções.

c) Qual o volume, em mL, da solução de NaOH de concentração 0,005 mol/L necessária para neutralizar completamente a mistura obtida?

6. (ITA – SP – adaptada) Uma solução aquosa de ácido fraco monoprótico é mantida à temperatura de 25 °C. Na condição de equilíbrio, este ácido está 2,0% dissociado. Calcule o pH e a concentração molar (expressa em mol/L^{-1}) do íon hidroxila nessa solução aquosa.

Dados: pKa = 4,0; log 5 = 0,7

7. (ENEM) Decisão de asfaltamento da rodovia MG-010, acompanhada da introdução de espécies exóticas, e a prática de incêndios criminosos ameaçam o sofisticado ecossistema do campo rupestre da reserva da Serra do Espinhaço. As plantas nativas desta região, altamente adaptadas a uma alta concentração de alumínio, que inibe o crescimento das raízes e dificulta a observação de nutrientes e água, estão sendo substituídas por espécies invasoras que não teriam naturalmente adaptação para esse ambiente; no entanto, elas estão dominando as margens da rodovia, equivocadamente chamada de "estrada ecológica". Possivelmente, a entrada de espécies de plantas exóticas neste ambiente foi provocada pelo uso, neste empreendimento, de um tipo de asfalto (cimento-solo) que possui uma mistura rica em cálcio, que causou modificações químicas aos solos adjacentes à rodovia MG-010.

Scientific American Brasil.
Ano 7, n. 79, 2008 (adaptado).

Essa afirmação baseia-se no uso de cimento-solo, mistura rica em cálcio que

a) inibe a toxicidade do alumínio, elevando o pH dessas áreas.
b) inibe a toxicidade do alumínio, reduzindo o pH dessas áreas.
c) aumenta a toxicidade do alumínio, elevando o pH dessas áreas.
d) aumenta a toxicidade do alumínio, reduzindo o pH dessas áreas.
e) neutraliza a toxicidade do alumínio, reduzindo o pH dessas áreas.

8. (UFG – GO) De acordo com um estudo de indicadores ácido-base ("Quim. Nova", 2006, 29, 600), o equilíbrio ácido-base do corante azul de bromofenol pode ser representado pela Figura 1 e o perfil da concentração desse corante em função do pH é representado no gráfico da Figura 2.

Figura 1

$$IND \rightleftharpoons IND^{2-} + H^+$$

IND – Cor amarela
IND^{2-} – Cor azul

Figura 2

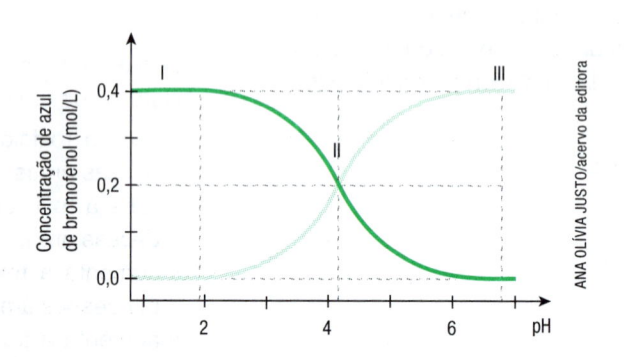

Com base nas informações apresentadas:

a) identifique as espécies químicas presentes na solução em I, II e III;
b) calcule o valor da constante de equilíbrio em II, sabendo que nesse pH, $[H^+] = 3{,}2 \cdot 10^{-4}$ mol/L.

Capítulo 11
Hidrólise Salina

Por que o papel fica amarelo?

O papel branco é composto basicamente por celulose – um polímero da glicose $(C_6H_{10}O_5)_n$ —, mas também apresenta cerca de 4 a 7% de água.

Durante a fabricação do papel, o sulfato de alumínio, $Al_2(SO_4)_3$ um sal solúvel, é utilizado para purificação da água, controle de espuma, tratamento de efluentes etc.

$$Al_2(SO_4)_3(aq) \longrightarrow 2\ Al^{3+}(aq) + 3\ SO_4^{2-}(aq)$$

Esse sal interfere no equilíbrio iônico da água

$$H_2O(l) \rightleftarrows H^+(aq) + OH^-(aq)$$

acidificando o meio:

$$[Al(H_2O)_6]^{3+} + H_2O \rightleftarrows [Al(H_2O)_5OH]^{2+} + H_3O^+$$

Essa acidez acelera a oxidação da celulose, responsável pelo amarelecimento do papel. A oxidação da celulose pelo oxigênio do ar tem como produtos compostos orgânicos com as funções aldeído, cetona e ácido carboxílico. Nesses compostos, há a presença do grupo orgânico carbonila (—CO—). Esse grupo orgânico, sob reações catalisadas pela luz, provoca o amarelecimento do papel.

A reação entre o cátion Al^{3+} e a água é chamada de hidrólise e será estudada neste capítulo: vamos determinar quais íons podem sofrer reações de hidrólise e como efetuar os cálculos necessários para obter o pH do meio.

1. Força de ácidos e bases

- **Ácidos fortes:** HCl, HBr, HI, HNO_3, $HClO_4$, H_2SO_4 (cedendo apenas o primeiro H^+).
- **Ácidos fracos:** os demais.
- **Bases fortes:** grupo 1 (LiOH, NaOH, KOH) grupo 2 $(Ca(OH)_2, Sr(OH)_2, Ba(OH)_2)$.
- **Bases fracas:** as demais, como destaque temos NH_3 ou NH_4OH.

2. Força do par conjugado

Ácido forte implica (vice-versa) base conjugada fraca

$$\underset{\text{ácido fraco}}{HCN} + H_2O \rightleftarrows H_3O^+ + \underset{\substack{\text{base conjugada}\\ \text{forte}}}{CN^-}$$

$$\underset{\text{base fraca}}{NH_3} + H_2O \rightleftarrows NH_4^+ + OH^-$$
$$\underset{\substack{\text{ácido conjugado}\\ \text{forte}}}{}$$

3. Conceito de sal

Sal é um composto iônico em que o **cátion** é proveniente de uma **base** e o **ânion** proveniente de um **ácido**.

Exemplos:

$$NaOH + HCl \longrightarrow NaCl + H_2O$$

- NaCl
  - NaOH: base forte
  - HCl: ácido forte

- KCN
  - KOH: base forte
  - HCN: ácido fraco

- NH_4Cl
  - NH_4OH: base fraca
  - HCl: ácido forte

- NH_4CN
  - NH_4OH: base fraca ($K_b = 1,8 \cdot 10^{-5}$)
  - HCN: ácido fraco ($K_a = 4,9 \cdot 10^{-10}$)

4. Caráter ácido-base de uma solução aquosa de sal

Observe as seguintes experiências:

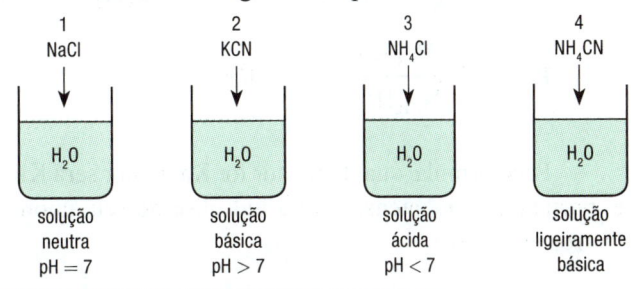

1 NaCl	2 KCN	3 NH_4Cl	4 NH_4CN
H_2O	H_2O	H_2O	H_2O
solução neutra pH = 7	solução básica pH > 7	solução ácida pH < 7	solução ligeiramente básica

Conclusões:

- sal de ácido forte e base forte: solução neutra;
- sal de ácido fraco e base forte: solução básica;
- sal de ácido forte e base fraca: solução ácida;
- sal de ácido fraco e base fraca:

    Ka > Kb: solução ácida;
    Kb > Ka: solução básica;
    Kb = Ka: solução neutra.

Essas experiências podem ser explicadas por um fenômeno chamado **hidrólise salina**. Há reação de hidrólise quando um sal se dissolve em água e provoca alteração da concentração dos íons H^+ ou OH^- da água.

Importante: sal de ácido forte e base forte não sofre hidrólise, pois não altera o pH da água.

Exemplos: $NaCl$, KNO_3, Na_2SO_4

5. Conceito de hidrólise salina

Hidrólise salina é o nome do processo em que o cátion(s) e/ou ânion(s) proveniente(s) da dissociação de um sal reage(m) com a água.

6. Quando um ânion sofre hidrólise?

Brönsted explica que apenas ânions de ácido fraco sofrem hidrólise apreciável, pois é uma base conjugada forte capaz de receber H^+ da água.

Exemplo:

$$HCN \longrightarrow CN^-$$
ácido fraco   base forte

$$CN^- + HOH \rightleftarrows HCN + OH^- \qquad Kh = 2,5 \cdot 10^{-5}$$

$$Kh = \frac{[HCN][OH^-]}{[CN^-]}$$

Kh = constante de hidrólise (não entra H_2O)

Como $[OH^-] = \dfrac{Kw}{[H^+]}$ e $Ka = \dfrac{[H^+][CN^-]}{[HCN]}$

$$Kh = \frac{[HCN] \, Kw}{[CN^-][H^+]} \quad \therefore \quad Kh = \frac{Kw}{Ka}$$

Pela fórmula, quanto menor for Ka, maior será Kh e, portanto, mais intensa será a hidrólise do seu ânion. Outros exemplos:

$$ClO^- + HOH \rightleftarrows HClO + OH^-$$

$$HCO_3^- + HOH \rightleftarrows H_2CO_3 + OH^-$$

$$CH_3COO^- + HOH \rightleftarrows CH_3COOH + OH^-$$

Ânions que não sofrem hidrólise: Cl^-, Br^-, I^-, NO_3^-, ClO_4^-, pois são provenientes de ácidos fortes.

7. Quando um cátion sofre hidrólise?

Brönsted explica que apenas cátions de base fraca sofrem hidrólise apreciável, pois é um ácido conjugado forte capaz de doar H^+ para a água.

Exemplo:

$$NH_3 \longrightarrow NH_4^+$$
base fraca   ácido conjugado forte

$$NH_4^+ + H_2O \rightleftarrows NH_3 + H_3O^+ \qquad Kh = 5,6 \cdot 10^{-10}$$

$$Kh = \frac{[NH_3][H_3O^+]}{[NH_4^+]} \qquad Kh = \text{constante de hidrólise}$$

Como $[H_3O^+] = \dfrac{Kw}{[OH^-]}$ e $Kb = \dfrac{[NH_4^+][OH^-]}{[NH_3]}$,

$$Kh = \frac{[NH_3] \, Kw}{[NH_4^+][OH^-]} \quad \therefore \quad Kh = \frac{Kw}{Kb}$$

Pela fórmula, quanto menor for Kb, maior será o Kh e, portanto, mais intensa será a hidrólise do seu cátion.

Quando o sal de cátion metálico se dissolve na água, o íon do metal fica hidratado. Na realidade, as interações são bastante intensas para que o íon fique envolto por pelo menos seis moléculas de água: $[M(H_2O)_6]^{n+}$, em que M é íon do metal com a carga +n. Os íons de metais provenientes de bases fracas com carga +2 e +3, como Al^{3+} e muitos íons de metais de transição (Cu^{2+}, Fe^{2+}, Zn^{2+}, ...) sofrem hidrólise doando H^+ para a água.

$$[Cu(H_2O)_6]^{2+} + H_2O \rightleftarrows [Cu(H_2O)_5(OH)]^+ + H_3O^+$$
$$Kh = 1,6 \cdot 10^{-7}$$

Generalizando, temos:

$$[M(H_2O)_6]^{n+} + H_2O \rightleftarrows [M(H_2O)_5 OH]^{n-1} + H_3O^+$$

8. Cálculo do pH de uma solução aquosa de sal

Como o equilíbrio de uma hidrólise é pouco intenso, podemos usar as mesmas fórmulas do equilíbrio de ácido fraco e base fraca.

- hidrólise de ânion

$Kh = \alpha^2 M$, $[OH^-] = \alpha M$, $[OH^-] = \sqrt{Kh \cdot M}$

- hidrólise de cátion

$Kh = \alpha^2 M$, $[H^+] = \alpha M$, $[H^+] = \sqrt{Kh \cdot M}$

Observações:

- A hidrólise de ânion libera OH^-.
- A hidrólise de cátion libera H^+

Exercícios Série Prata

1. Complete com **fortes** e **fracos**.

a) $HClO_4$, H_2SO_4, HNO_3, HCl, HBr, HI: ácidos _____.

b) HCN, H_2S, H_3CCOOH, H_2CO_3 ...: ácidos _____.

2. Complete com **forte** e **fracas**.

a) LiOH, NaOH, KOH, $Ca(OH)_2$, $Ba(OH)_2$ bases _____.

b) NH_4OH, $Mg(OH)_2$, $Al(OH)_3$, $Cu(OH)_2$ bases _____.

3. Complete com **base** e **ácido**.
O cátion de um sal é proveniente de uma _____ _____ e o ânion de um sal é proveniente de um _____.

NaCl
- $Na^+ \longrightarrow$ NaOH
- $Cl^- \longrightarrow$ HCl

4. Complete com **forte**, **fraco** ou **fraca**.

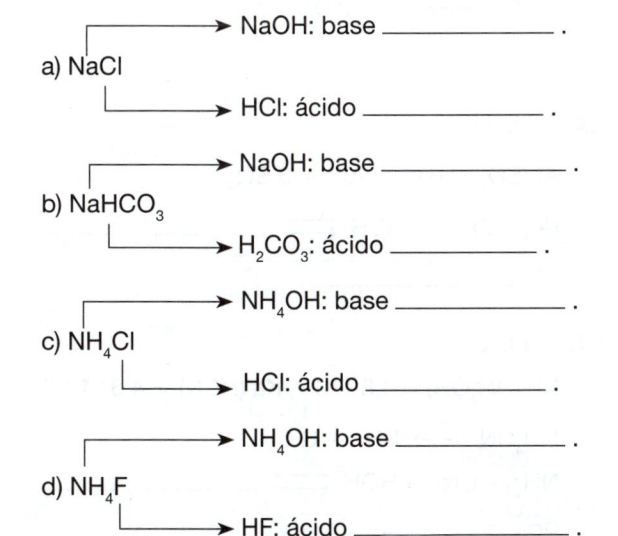

a) NaCl
- NaOH: base _____.
- HCl: ácido _____.

b) $NaHCO_3$
- NaOH: base _____.
- H_2CO_3: ácido _____.

c) NH_4Cl
- NH_4OH: base _____.
- HCl: ácido _____.

d) NH_4F
- NH_4OH: base _____.
- HF: ácido _____.

5. Complete > **7**, < **7** e =.
Quando um sal é dissolvido na água temos três possibilidades:

a) solução neutra: pH _____.

b) solução ácida: pH _____.

c) solução básica: pH _____.

6. Complete com **neutra**, **básica** ou **ácida**.

a) Sal de ácido fraco e base forte: solução _____.

b) Sal de ácido forte e base fraca: solução _____.

c) Sal de ácido forte e base forte: solução _____.

d) Sal de ácido fraco e base fraca:
1) Ka > Kb solução _____.
2) Ka < Kb solução _____.
3) Ka = Kb solução _____.

7. Complete com **forte**, **fraco** e **fraca**, **pH = 7**, **pH > 7** ou **pH < 7**.

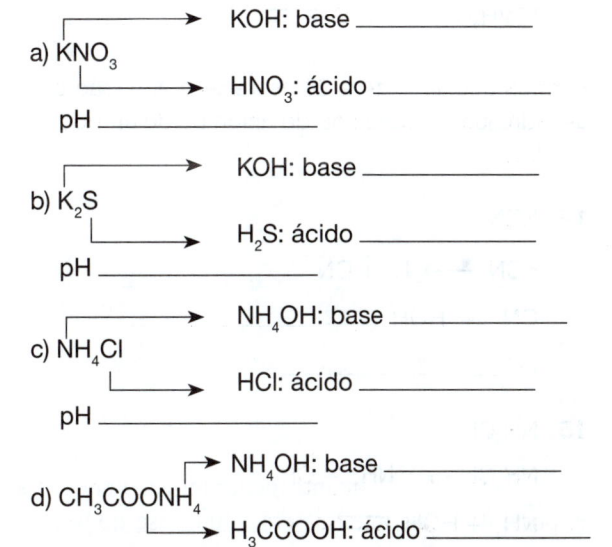

a) KNO_3
- KOH: base _____
- HNO_3: ácido _____
- pH _____

b) K_2S
- KOH: base _____
- H_2S: ácido _____
- pH _____

c) NH_4Cl
- NH_4OH: base _____
- HCl: ácido _____
- pH _____

d) CH_3COONH_4
- NH_4OH: base _____
- H_3CCOOH: ácido _____
- pH _____ (Ka = Kb)

8. Complete com **álcool** ou **água**.

O caráter ácido-básico de uma solução aquosa de sal é explicado através do conceito de hidrólise salina. Hidrólise salina é o nome do processo em que o cátion e/ou ânion proveniente(s) de um sal reage(m) com _____ .

9. Complete com **sofre** ou **não sofre**.

Sal de ácido forte e de base forte _____ hidrólise do cátion e nem do ânion, pois o pH da água continua 7.

10. Complete com **forte** ou **fraca** e **forte** ou **fraco**.

Apenas cátions de base _____ e ânions de ácido _____ sofrem hidrólise.

11. Complete com H^+ ou OH^-.

A hidrólise de um ânion (base de Brönsted): recebe _____ da água e produz _____ , tornando o meio básico.

Exemplos:

$CN^- + HOH \rightleftharpoons HCN + OH^-$ (H$^+$)

$CH_3COO^- + HOH \rightleftharpoons CH_3COOH + OH^-$ (H$^+$)

12. Complete com H^+ ou OH^-.

A hidrólise do cátion NH_4^+ (ácido de Brönsted): dá _____ para água e produz H_3O^+, tornando o meio ácido.

Exemplo:

$NH_4^+ + HOH \rightleftharpoons NH_3 + H_3O^+$ (H$^+$)

13. Complete.

$[Fe(H_2O)_6]^{3+} + H_2O \rightleftharpoons$ _____

Para as questões **14** a **26** escrever a equação química de hidrólise do cátion ou do ânion ou de ambos e o pH resultante.

14. KCN

$KCN \longrightarrow K^+ + CN^-$

$CN^- + HOH \rightleftharpoons$ _____

pH _____

15. NH_4Cl

$NH_4Cl \longrightarrow NH_4^+ + Cl^-$

$NH_4^+ + HOH \rightleftharpoons$ _____

pH _____

16. K_2SO_4

$K_2SO_4 \longrightarrow 2 K^+ + SO_4^{2-}$

pH _____

17. Na_2S

$Na_2S \longrightarrow 2 Na^+ + S^{2-}$

$S^{2-} + HOH \rightleftharpoons$ _____

pH _____

18. CH_3COONa

$CH_3COONa \longrightarrow CH_3COO^- + Na^+$

$CH_3COO^- + HOH \rightleftharpoons$ _____

pH _____

19. CH_3COONH_4 Ka $(CH_3COOH) = 1,8 \cdot 10^{-5}$
    Kb $(NH_4OH) = 1,8 \cdot 10^{-5}$

$CH_3COONH_4 \longrightarrow CH_3COO^- + NH_4^+$

$CH_3COO^- + NH_4^+ + HOH \rightleftharpoons$ _____

pH _____

20. $NaHCO_3$

$NaHCO_3 \rightleftharpoons Na^+ + HCO_3^-$

$HCO_3^- + HOH \rightleftharpoons$ _____

pH _____

21. Na_2CO_3

$Na_2CO_3 \longrightarrow 2 Na^+ + CO_3^{2-}$

$CO_3^{2-} + HOH \rightleftharpoons$ _____

pH _____

22. $LiNO_3$

$LiNO_3 \longrightarrow Li^+ + NO_3^-$

pH _____

23. $Al_2(SO_4)_3$

$Al_2(SO_4)_3 \longrightarrow 2 Al^{3+} + 3 SO_4^{2-}$

$[Al(H_2O)_6]^{3+} + HOH \rightleftharpoons$ _____

pH _____

24. NH_4CN

Kb $(NH_4OH) = 1,8 \cdot 10^{-5}$, Ka $(HCN) = 4,8 \cdot 10^{-10}$

$NH_4CN \longrightarrow NH_4^+ + CN^-$

$NH_4^+ + CN^- + HOH \rightleftharpoons$ _____

pH _____

25. $CaCO_3$

$CaCO_3 \longrightarrow Ca^{2+} + CO_3^{2-}$

$CO_3^{2-} + HOH \rightleftharpoons$ _____

pH _____

26. $Fe(NO_3)_2$

$Fe(NO_3)_2 \longrightarrow Fe^{2+} + 2\ NO_3^-$

$[Fe(H_2O)_6]^{2+} + HOH \rightleftharpoons$ _____

pH _____

27. Complete.

a) $CN^- + HOH \rightleftharpoons HCN + OH^-$

$Kh =$ _____ ou $Kh = \dfrac{Kw}{}$

b) $NH_4^+ + H_2O \rightleftharpoons NH_3 + H_3O^+$

$Kh =$ _____ ou $Kh = \dfrac{Kw}{}$

c) $NH_4^+ + CN + H_2O \rightleftharpoons NH_4OH + HCN$

$Kh =$ _____ ou $Kh = \dfrac{Kw}{}$

28. Complete com **menor** ou **maior**.

Quanto mais fraco o ácido ou a base, _____ _____ é o valor da constante de hidrólise (Kh), do ânion ou do cátion correspondente.

$\uparrow Kh = \dfrac{Kw}{\downarrow Ka} \qquad \uparrow Kh = \dfrac{Kw}{\downarrow Kb}$

29. Qual a solução tem maior pH?

0,1 mol/L de KF ou 0,1 mol/L de KCN

Dados:

Ácido	Ka
KF	$6{,}7 \cdot 10^{-4}$
HCN	$4 \cdot 10^{-10}$

30. Complete com **diferente** ou **parecido**.

A hidrólise salina é um processo _____ a ionização de um ácido fraco ou base fraca, portanto poderemos aplicar fórmulas semelhantes.

31. Complete com **ânion** ou **cátion**.

$Kh = \dfrac{Kw}{Kb}$, $Kh = \alpha^2 M$, $[H^+] = \alpha M$, $[H^+] = \sqrt{Kh \cdot M}$

Essas fórmulas são usadas na hidrólise de um _____.

32. Complete com **ânion** ou **cátion**.

$Kh = \dfrac{Kw}{Ka}$, $Kh = \alpha^2 M$,

$[OH^-] = \alpha M$, $[OH^-] = \sqrt{Kh \cdot M}$

Essas fórmulas são usadas na hidrólise de um _____.

33. Calcule o pH de uma solução 0,2 mol/L de NH_4Cl.

Dados: $Kb = 2 \cdot 10^{-5}$, $Kh = \dfrac{Kw}{Kb}$, $Kw = 10^{-14}$

34. Em uma solução 0,2 mol/L de NaCN, o ânion está 1% hidrolizado. Qual o pH da solução?
Dado: $\log 2 = 0{,}3$.

35. Em uma solução 0,2 mol/L de CH_3COONa determine:

a) a constante de hidrólise do íon CH_3COO^-;
b) a $[OH^-]$;
c) o pH.

Dados: $Ka\ (CH_3COOH) = 2 \cdot 10^{-5}$, $Kh = \dfrac{Kw}{Ka}$.

36. (PUC – MG) Dados os compostos: NaCN, KCl, NH_4Cl, KOH e H_2SO_4.

a) Coloque esses compostos em ordem crescente de acidez.
b) Calcule a constante de hidrólise do cianeto de sódio sabendo-se que, em solução 0,2 mol/L, esse sal está 0,50% hidrolisado.
c) Qual o pH dessa solução de cianeto de sódio?

37. (FUVEST – SP) A redução da acidez de solos impróprios para algumas culturas pode ser feita tratando-os com:

a) gesso $\left(CaSO_4 - \dfrac{1}{2} H_2O \right)$

b) salitre ($NaNO_3$)

c) calcário ($CaCO_3$)

d) sal marinho (NaCl)

e) sílica (SiO_2)

38. (FESP – PE) A água sanitária é uma solução aquosa de NaClO. Experimentalmente, verifica-se que esse produto é básico, o que pode ser explicado em virtude:

a) da hidrólise do cátion.
b) da hidrólise do ânion.
c) da hidrólise do cátion e do ânion.
d) da oxidação do ClO^-.
e) da redução do Na^+.

39. Bicarbonato de sódio é um produto de larga aplicação doméstica. Explique, com auxílio de uma equação química, por que esse sal produz solução alcalina.

Exercícios Série Ouro

1. (MACKENZIE – SP) Na dissolução de bicarbonato de sódio em água, ocorre a hidrólise apenas do ânion, resultando numa solução com

a) pH = 7, pois $NaHCO_3$ é um sal de ácido e base forte.
b) pH < 7, pois o $NaHCO_3$ é um sal de ácido forte e base fraca.
c) pH > 7, pois o $NaHCO_3$ é um sal de ácido fraco e base forte.
d) pH < 7, pois o $NaHCO_3$ é um sal de ácido e base fracos.
e) pH > 7, pois o $NaHCNO_3$ é um sal de base fraca e ácido forte.

2. (UFSCar – SP) Em um experimento de laboratório, um aluno adicionou algumas gotas do indicador azul de bromotimol a três soluções aquosas incolores: A, B e C. A faixa de pH de viragem desse indicador é de 6,0 e 7,6, sendo que ele apresenta cor amarela em meio ácido e cor azul em meio básico. As soluções A e C ficaram com coloração azul e a solução B ficou com coloração amarela. As soluções A, B e C foram preparadas, respectivamente, com

a) $NaHCO_3$, NH_4Cl e NaClO.
b) NH_4Cl, HCl e NaOH.
c) $NaHCO_3$, HCl e NH_4Cl.
d) NaOH, $NaHCO_3$ e NH_4Cl.
e) NaClO, $NaHCO_3$ e NaOH.

3. (UNIFESP) Os rótulos de três frascos que deveriam conter os sólidos brancos Na_2CO_3, KCl e glicose, não necessariamente nessa ordem, se misturaram. Deseja-se, por meio de testes qualitativos simples, identificar o conteúdo de cada frasco. O conjunto de testes que permite esta identificação é

a) condutibilidade elétrica e pH.
b) solubilidade em água e pH.
c) adição de gotas de um ácido forte e pH.
d) aquecimento e solubilidade em água.
e) adição de gotas de uma base forte e condutibilidade elétrica.

4. (UNESP) Em um laboratório, 3 frascos contendo diferentes sais tiveram seus rótulos danificados. Sabe-se que cada frasco contém um único sal e que soluções aquosas produzidas com os sais I, II e III apresentaram, respectivamente, pH ácido, pH básico e pH neutro. Estes sais podem ser, respectivamente:

a) acetato de sódio, acetato de potássio e cloreto de potássio.
b) cloreto de amônio, acetato de sódio e cloreto de potássio.
c) cloreto de potássio, cloreto de amônio e acetato de sódio.
d) cloreto de potássio, cloreto de sódio e cloreto de amônio.
e) cloreto de amônio, cloreto de potássio e acetato de sódio.

5. (UFSCar – SP) Em um laboratório químico, um aluno identificou três recipientes com as letras A, B e C. Utilizando água destilada (pH = 7), o aluno dissolveu quantidades suficientes para obtenção de soluções aquosas 0,1 mol/L de cloreto de sódio, NaCl, acetato de sódio, CH_3COONa, e cloreto de amônio, NH_4Cl, nos recipientes A, B e C, respectivamente. Após a dissolução, o aluno mediu o pH das soluções dos recipientes A, B, C. Os valores corretos obtidos forma, respectivamente:

a) $= 7, > 7$ e < 7.
b) $= 7, < 7$ e > 7.
c) $> 7, > 7$ e > 7.
d) $< 7, < 7$ e < 7.
e) $= 7, = 7$ e < 7.

6. (UNIFESP) No passado, alguns refrigerantes à base de soda continham citrato de lítio e os seus fabricantes anunciavam que o lítio proporcionava efeitos benéficos, como energia, entuasiasmo e aparência saudável. A partir da década de 1950, o lítio foi retirado da composição daqueles refrigerantes, devido à descoberta de sua ação antipsicótica. Atualmente, o lítio é administrado oralmente, na forma de carbonato de lítio, na terapia de pacientes depressivos. A fórmula química do carbonato de lítio e as características ácido-base de suas soluções aquosas são, respectivamente:

a) Li_2CO_3 e ácidas.
b) Li_2CO_3 e básicas.
c) Li_2CO_4 e neutras.
d) $LiCO_4$ e ácidas.
e) $LiCO_3$ e básicas.

7. (UFV – MG) A acidez do solo é prejudicial ao desenvolvimento das plantas, podendo ocasionar queda na produção. A aplicação do calcário ($CaCO_3$) no solo reduz sua acidez, conforme representado pela equação química abaixo:

$$CaCO_3(s) + 2\ H^+(aq) \rightleftarrows CO_2(g) + H_2O(l) + Ca^{2+}(aq)$$

Com base nas informações da página anterior e no seu conhecimento sobre o assunto, assinale a afirmativa **incorreta**.

a) O calcário neutraliza a acidez do solo pelo consumo de íons H^+.
b) O uso do calcário diminui a concentração de íons H^+ no solo.
c) A correção da acidez do solo se faz com consumo de calcário.
d) Além de corrigir a acidez do solo, a aplicação do calcário contribui para o consumo de íons Ca^{2+}.
e) Um solo com concentração de íons H^+ igual a $8 \cdot 10^{-4}$ mol/ha necessita de pelo menos $4 \cdot 10^{-4}$ mol/ha de calcário para a correção da acidez.

8. (FUVEST – SP) O vírus da febre aftosa não sobrevive em pH < 6 ou pH > 9, condições essas que provocam a reação de hidrólise das ligações peptídicas de sua camada proteica. Para evitar a proliferação dessa febre, pessoas que deixam zonas infectadas mergulham, por instantes, as solas de seus sapatos em uma solução aquosa de desinfetante, que pode ser o carbonato de sódio. Neste caso, considere que a velocidade da reação de hidrólise aumenta com o aumento da concentração de íons hidroxila (OH^-). Em uma zona afetada, foi utilizada uma solução aquosa de carbonato de sódio, mantida à temperatura ambiente, mas que se mostrou pouco eficiente. Para tornar este procedimento mais eficaz, bastaria:

a) utilizar a mesma solução, porém a uma temperatura mais baixa.
b) preparar uma nova solução utilizando água dura (rica em íons Ca^{2+}).
c) preparar uma nova solução mais concentrada.
d) adicionar água destilada à mesma solução.
e) utilizar a mesma solução, porém com menor tempo de contato.

9. (UFMG) Considere os sais

NH_4Br, $NaCH_3COO$, Na_2CO_3, K_2SO_4 e $NaCN$.

Soluções aquosas desses sais, de mesma concentração, têm diferentes valores de pH. Indique, entre esses sais, um que produza uma solução ácida, um que produza uma solução neutra e um que produza uma solução básica. Justifique as escolhas feitas, escrevendo as equações de hidrólise dos sais escolhidos que sofram esse processo.

10. (VUNESP) Quando se adiciona o indicador fenolftaleína a uma solução aquosa incolor de uma base de Arrhenius, a solução fica vermelha. Se a fenolftaleína for adicionada a uma solução aquosa de um ácido de Arrhenius, a solução continua incolor. Quando se dissolve cianeto de sódio em água, a solução fica vermelha após adição de fenolftaleína. Se a fenolftaleína for adicionada a uma solução aquosa de cloreto de amônio, a solução continua incolor.

a) Explique o que acontece no caso do cianeto de sódio, utilizando equações químicas.
b) Explique o que acontece no caso do cloreto de amônio, utilizando equações químicas.

11. (FEI – SP) Quando se fazem reagir quantidades estequiométricas de ácido clorídrico (HCl) e hidróxido de amônio (NH_4OH) em solução aquosa, a solução resultante será neutra, alcalina ou ácida? Explique mediante equações químicas.

12. Sabe-se que a maioria dos cloretos é solúvel, com exceção dos cloretos de prata, chumbo e mercúrio. Os sulfatos são solúveis, com exceção dos sulfatos dos metais alcalinoterrosos e chumbo. Têm-se seis soluções aquosas incolores. Pergunta-se:

I. Como diferenciar uma solução de $AgNO_3$ de uma solução de $NaNO_3$?
II. Como diferenciar uma solução de KCl de uma solução de NH_4Cl?
III. Como diferenciar uma solução de HCl de uma solução de H_2SO_4?

Assinale a alternativa correta.

	I	II	III
a)	medida do pH	adição de $AgNO_3$	papel de tornassol azul
b)	adição de NaCl	medida do pH	adição de $BaCl_2$
c)	condução da eletricidade	medida do pH	papel de tornassol vermelho
d)	adição de $Cu(NO_3)_2$	adição de $Pb(NO_3)_2$	adição de ouro
e)	adição de NaCl	adição de $AgNO_3$	adição de $NaCl_2$

13. Considere os seguintes sistemas:

I. $NaNO_3$ 0,2 mol · L^{-1}
II. $NaHCO_3$ 2 mol · L^{-1}
III. $HClO_3$ 20% g · L^{-1}
IV. H_2CO_3 2% (m/V)
V. KBr 25 ppm
VI. etilamina 5% (V/V)

As soluções aquosas que apresentam pOH menor que 7 são apenas

a) I e II.
b) II e VI.
c) III e IV.
d) III e V.
e) IV e VI.

14. (UNESP) Numa estação de tratamento de água, uma das etapas do processo tem por finalidade remover parte do material em suspensão e pode ser descrita como adição de sulfato de alumínio e da cal, seguida de repouso para a decantação.

a) Quando o sulfato de alumínio – $Al_2(SO_4)_3$ – é dissolvido em água, forma-se um precipitado branco gelatinoso, constituído por hidróxido de alumínio. Escreva a equação balanceada que representa esta reação.
b) Por que é adicionada cal – CaO – neste processo? Explique usando equações químicas.

15. (UFES) Durante uma aula sobre constante de equilíbrio, um estudante realizou o seguinte experimento: em três tubos de ensaio numerados, colocou meia colher de chá de cloreto de amônio. Ao tubo 1, ele adicionou meia colher de chá de carbonato de sódio; ao tubo 2, meia colher de chá de bicarbonato de sódio e, ao tubo 3, meia colher de chá de sulfato de sódio. Em seguida, ele adicionou em cada tubo 2 mililitros de água e agitou-os para homogeneizar. Em qual dos tubos foi sentido um odor mais forte de amônia? Justifique.

Dados:

1) $NH_4^+(aq) + H_2O \rightleftharpoons H_3O^+(aq) + NH_3(aq)$
   $K_1 = 5,6 \cdot 10^{-10}$

2) $CO_3^{2-}(aq) + H_2O \rightleftharpoons HCO_3^-(aq) + OH^-(aq)$
   $K_2 = 2,1 \cdot 10^{-4}$

3) $HCO_3^-(aq) + H_2O \rightleftharpoons H_2CO_3(aq) + OH^-(aq)$
   $K_3 = 2,4 \cdot 10^{-8}$

4) $SO_4^{2-}(aq) + H_2O \rightleftharpoons HSO_4^-(aq) + OH^-(aq)$
   $K_4 = 8,3 \cdot 10^{-13}$

5) $H_3O^+ + OH^-(aq) \rightleftharpoons 2 H_2O$
   $\dfrac{1}{K_w} = 1 \cdot 10^{14}$

16. (UNICAMP – SP) Quando em solução aquosa, o cátion amônio, NH_4^+, dependendo do pH, pode originar cheiro de amônia, em intensidades diferentes. Imagine três tubos de ensaio, numerados de 1 a 3, contendo, cada um, porções iguais de uma mesma solução de NH_4Cl. Adiciona-se, no tubo 1, uma dada quantidade de $NaCH_3COO$ e agita-se para que se dissolva totalmente. No tubo 2, coloca-se a mesma quantidade em mol de Na_2CO_3 e também se agita até a dissolução. Da mesma forma se procede no tubo 3, com a adição de $NaHCO_3$. A hidrólise dos ânions considerados pode ser representada pela seguinte equação:

$$X^{n-}(aq) + H_2O(aq) = HX^{(n-1)-}(aq) + OH^-(aq)$$

Os valores das constantes das bases Kb, para acetato, carbonato e bicarbonato são, na sequência, $5,6 \cdot 10^{-10}$, $5,6 \cdot 10^{-4}$ e $2,4 \cdot 10^{-8}$. A constante Kb da amônia é $1,8 \cdot 10^{-5}$.

a) Escreva a equação que representa a liberação de amônia a partir de uma solução aquosa que contém íons amônio.
b) Em qual dos tubos de ensaio se percebe cheiro mais forte de amônia? Justifique.
c) O pH da solução de cloreto de amônio é maior, menor ou igual a 7,0? Justifique usando equações químicas.

17. (UNICAMP – SP) Alcalose e acidose são dois distúrbios fisiológicos caracterizados por alterações do pH no sangue: a alcalose corresponde a um aumento, enquanto a acidose corresponde a uma diminuição do pH. Essas alterações de pH afetam a eficiência do transporte de oxigênio pelo organismo humano. O gráfico esquemático a seguir mostra a porcentagem de oxigênio transportado pela hemoglobina, em dois pH diferentes em função da pressão do O_2.

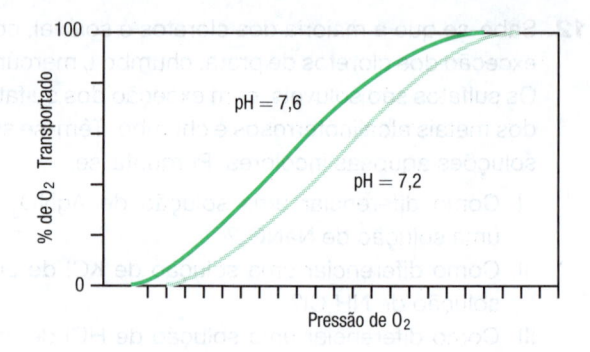

a) Em qual dos dois pH há uma maior eficiência no transporte de oxigênio pelo organismo? Justifique.
b) Em casos clínicos extremos, pode-se ministrar solução aquosa de NH_4Cl para controlar o pH do sangue. Em qual destes distúrbios (alcalose ou acidose) pode ser aplicado esse recurso? Justifique.

18. (FUVEST – SP) Em um laboratório químico, um estudante encontrou quatro frascos (1, 2, 3 e 4) contendo soluções aquosas incolores de sacarose, KCl, HCl, e NaOH, não necessariamente nessa ordem. Para identificar essas soluções, fez alguns experimentos simples, cujos resultados são apresentados na tabela a seguir:

Frasco	Cor da solução após a adição de fenolftaleína	Condutibilidade elétrica	Reação com $Mg(OH)_2$
1	incolor	conduz	não
2	rosa	conduz	não
3	incolor	conduz	sim
4	incolor	não conduz	não

Dado: soluções aquosas contendo o indicador fenolftaleína são incolores em pH menor do que 8,5 e têm coloração rosa em pH igual a ou maior do que 8,5.

As soluções aquosas nos frascos 1, 2, 3 e 4 são, respectivamente, de

a) HCl, NaOH, KCl e sacarose.
b) KCl, NaOH, HCl e sacarose.
c) HCl, sacarose, NaOH e KCl.
d) KCl, sacarose, HCl e NaOH.
e) NaOH, HCl, sacarose e KCl.

19. (ITA – SP) Com relação aos ácidos e constantes de dissociação incluídos na tabela a seguir:

Ácido	Ka
acético	$1{,}85 \cdot 10^{-5}$
cianídrico	$4{,}8 \cdot 10^{-10}$
fluorídrico	$6{,}8 \cdot 10^{-4}$
fórmico	$1{,}8 \cdot 10^{-4}$

Assinale qual das afirmações é **falsa**:

a) O ácido fluorídrico é o mais forte dos quatro.
b) O ácido cianídrico é o mais fraco dos quatro.
c) Para soluções 1 mol/L desses ácidos, o pH cresce na seguinte ordem:
   fluorídrico → fórmico → acético → cianídrico
d) Dentre os sais de sódio de cada um desses ácidos, o fluoreto de sódio é o que fornece solução aquosa de maior pH.
e) Deve-se esperar a formação de ácido acético quando da reação de ácido fórmico com acetato de sódio.

20. (UEL – PR) Considere a tabela e as constantes de ionização (Ka) abaixo e responda:

Ácido	Ka (25 °C)
fluorídrico (HF)	$6{,}5 \cdot 10^{-4}$
nitroso (HNO_2)	$4{,}5 \cdot 10^{-4}$
benzoico ($C_6H_5 - COOH$)	$6{,}5 \cdot 10^{-5}$
acético ($CH_3 - COOH$)	$1{,}8 \cdot 10^{-5}$
propiônico ($C_2H_5 - COOH$)	$1{,}4 \cdot 10^{-5}$
hipocloroso (HOCl)	$3{,}1 \cdot 10^{-8}$
cianídrico (HCN)	$4{,}9 \cdot 10^{-10}$

Dados os sais de sódio:
I. nitrito   IV. acetato
II. hipoclorito   V. fluoreto
III. benzoato

qual apresenta maior constante de hidrólise (Kh)?

a) I   b) II   c) III   d) IV   e) V

21. (FGV) O hipoclorito de sódio, NaOCl, é o principal constituinte da água sanitária. Soluções diluídas de água sanitária são recomendadas para lavagem de frutas e verduras. A equação a seguir representa o equilíbrio químico do íon hipoclorito em solução aquosa a 25 °C:

$$OCl^-(aq) + H_2O(l) \rightleftarrows HOCl(aq) + OH^-(aq)$$
$$K = 1{,}0 \cdot 10^{-6}$$

Considerando a equação fornecida, o pH de uma solução aquosa de NaOCl de concentração 0,01 mol/L, a 25 °C é

Dados: $pOH = -\log [OH^-]$ e $pH + pOH = 14$.

a) 10   b) 8   c) 7   d) 5   e) 4

22. (UNIFESP) Extratos de muitas plantas são indicadores naturais ácido-base, isto é, apresentam colorações diferentes de acordo com o meio em que se encontram. Utilizando-se o extrato de repolho roxo como indicador, foram testadas soluções aquosas de HCl, NaOH, NaOCl, $NaHCO_3$ e NH_4Cl, de mesma concentração. Os resultados são apresentados na tabela.

Solução	Coloração
HCl	vermelha
NaOH	verde
X	vermelha
Y	verde
NaOCl	verde

a) Identifique as soluções X e Y. Justifique.
b) Calcule, a 25 °C, o pH da solução de NaOCl 0,04 mol/L.

Considere que, a 25 °C, a constante de hidrólise do íon ClO^- é $2,5 \cdot 10^{-7}$.

23. (VUNESP) Quando se dissolvem sais em água, nem sempre a solução se apresenta neutra. Alguns sais podem reagir com a água e, como consequência, íons hidrogênio ou íons hidroxila ficam em excesso na solução, tornando-a ácida ou básica. Essa reação entre a água e pelo menos um dos íons formados na dissociação do sal denomina-se hidrólise.

a) Na reação de neutralização do vinagre comercial (solução de ácido acético) com solução de hidróxido de sódio obtém-se acetato de sódio (CH_3COONa) aquoso como produto da reação. Escreva a reação de hidrólise do íon acetato, indicando se a hidrólise é ácida ou básica.
b) Considerando que a constante de hidrólise para o íon acetato e $Kh = 10^{-10}$ e a constante de autoprotólise da água é $Kw = 10^{-14}$, qual será o valor do pH de uma solução 0,01 mol/L de acetato de sódio?

24. (ENEM) Sabões são sais de ácidos carboxílicos de cadeia longa, utilizados com a finalidade de facilitar, durante processos de lavagem, a remoção de substâncias de baixa solubilidade em água, por exemplo, óleos e gorduras. A figura a seguir representa a estrutura de uma molécula de sabão.

$CO_2^- Na^+$ sal de ácido carboxílico

Em solução, os ânions do sabão podem hidrolisar a água e, desse modo, formar o ácido carboxílico correspondente. Por exemplo, para o estearato de sódio, é estabelecido o seguinte equilíbrio:

$CH_3(CH_2)_{16}COO^- + H_2O \rightleftarrows CH_3(CH_2)_{16}COOH + OH^-$

Uma vez que o ácido carboxílico formado é pouco solúvel em água e menos eficiente na remoção de gorduras, o pH do meio deve ser controlado de maneira a evitar que o equilíbrio acima seja deslocado para a direita.

Com base nas informações do texto, é correto concluir que os sabões atuam de maneira

a) mais eficiente em pH básico.
b) mais eficiente em pH ácido.
c) mais eficiente em pH neutro.
d) eficiente em qualquer faixa de pH.
e) mais eficiente em pH ácido ou neutro.

25. (FUVEST – SP) Em uma experiência, realizada a 25 °C, misturam-se **volumes iguais** de soluções aquosas de hidróxido de sódio e de acetato de metila, ambas de concentração 0,020 mol/L. Observou-se que, durante a hidrólise alcalina do acetato de metila, ocorreu variação de pH.

a) Calcule o pH da mistura de acetato de metila e hidróxido de sódio no instante em que as soluções são misturadas (antes de a reação começar).

b) Calcule a concentração de OH^- na mistura, ao final da reação. A equação que representa o equilíbrio de hidrólise do íon acetato é:

$$CH_3COO^-(aq) + H_2O(l) \rightleftharpoons CH_3COOH(aq) + OH^-(aq)$$

A constante desse equilíbrio, em termos de concentrações em mol/L, a 25 °C, é igual a $5{,}6 \cdot 10^{-10}$.

Dados: produto iônico da água: $Kw = 10^{-14}$ (a 25 °C), $\sqrt{5{,}6} = 2{,}37$.

Exercícios Série Platina

1. O nitrito de sódio, $NaNO_2$, é um dos aditivos mais utilizados na conservação de alimentos. É um excelente agente antimicrobiano e está presente em quase todos os alimentos industrializados à base de carne, tais como presuntos, mortadelas, salames, entre outros. Alguns estudos indicam que a ingestão deste aditivo pode proporcionar a formação no estômago de ácido nitroso e este desencadear a formação de metabólitos carcinogênicos.

Dada a constante de hidrólise $Kh = \dfrac{Kw}{Ka}$ e considerando as constantes de equilíbrio Ka $(HNO_2) = 5 \cdot 10^{-4}$ e $Kw = 10^{-14}$, a 25 °C, calcule:

a) o valor de Kh.

b) o pH de uma solução de nitrito de sódio $5 \cdot 10^{-2}$ mol/L.

2. (FUVEST – SP) Um botânico observou que uma mesma espécie de planta podia gerar flores azuis ou rosadas. Decidiu então estudar se a natureza do solo poderia influenciar a cor das flores. Para isso, fez alguns experimentos e anotou as seguintes observações:

I. Transplantada para um solo cujo pH era 5,6, uma planta com flores rosadas passou a gerar flores azuis.

II. Ao se adicionar um pouco de nitrato de sódio ao solo em que estava a planta com flores azuis, a cor das flores permaneceu a mesma.

III. Ao se adicionar calcário moído ($CaCO_3$) ao solo em que estava a planta com flores azuis, ela passou a gerar flores rosadas.

Considerando essas observações, o botânico pôde concluir:

a) em um solo mais ácido do que aquele de pH 5,6, as flores da planta seriam azuis.

b) a adição de solução diluída de NaCl ao solo, de pH 5,6, faria a planta gerar flores rosadas.

c) a adição de solução diluída de $NaHCO_3$ ao solo, em que está a planta com flores rosadas, faria com que ela gerasse flores azuis.

d) em um solo de pH 5,0, a planta com flores azuis geraria flores rosadas.

e) a adição de solução diluída de $Al(NO_3)_3$ ao solo, em que está uma planta com flores azuis, faria com que ela gerasse flores rosadas.

Capítulo 12
Solução-tampão — Curva de Titulação

Distúrbios do equilíbrio ácido-básico nos seres humanos

Distúrbios do equilíbrio ácido-básico no corpo humano são alterações comuns resultantes de uma série de condições que podem ser adquiridas ou genéticas. Esses distúrbios são facilmente detectados por meio do histórico médico e de exames laboratoriais: a análise gasométrica (ou gasometria) juntamente com avaliação urinária permitem a identificação do distúrbio e de suas causas.

A regulação do hidrogênio é essencial, uma vez que quase todos os sistemas enzimáticos do organismo são influenciados por sua concentração. Como essa concentração é muito baixa, usa-se a escala de pH (pH = $-\log [H^+]$), cujo valor normal varia de 7,35 a 7,45. Uma pessoa entra em acidose quando o pH está abaixo de 7,35 e em alcalose quando está acima de 7,45. Os limites de pH compatíveis com a vida humana situam-se entre 6,8 e 8,0.

O controle da concentração desses íons hidrogênio ocorre por meio de 3 sistemas: mecanismos de tamponamento ácido-básico, pulmão e rins.

Caso haja excesso de íons H^+, em um primeiro momento, os íons bicarbonato, presentes no sangue, são capazes de receber um íon hidrogênio formando um ácido fraco, H_2CO_3 (ácido carbônico). Esse mecanismo de defesa (sistema tampão) não elimina o excesso de H^+, mas mantém-no estacionado.

$$H^+(aq) + HCO_3^-(aq) \rightleftharpoons H_2CO_3(aq) \rightleftharpoons CO_2(aq) + H_2O(l)$$

A segunda linha de defesa é o sistema respiratório, que entra em ação em poucos minutos, atuando por meio da eliminação ou retenção de CO_2 e, consequentemente, balanceando o déficit ou excesso de H_2CO_3 do organismo. Assim, pode-se perceber que a concentração de CO_2 também deve ser monitorada: valores normais de pCO_2 (pressão parcial) situam-se entre 35 e 45 mmHg. Quando a pCO_2 é maior que 45 mmHg, diz-se que o indivíduo apresenta uma acidose respiratória. Por outro lado, quando a pCO_2 é menor que 35 mmHg, trata-se de uma alcalose respiratória.

Já os rins, terceira linha de defesa, agem de forma mais lenta por meio da eliminação do excesso de ácido ou de base do organismo. Embora lentos para responder, eles são a única forma efetiva de alteração na concentração de hidrogênio no decurso de dias ou semanas. São o sistema regulador ácido-básico mais potente. Quando os rins não são capazes de regular o pH e este apresenta-se maior que 7,45, trata-se de uma alcalose metabólica; já quando o pH é menor que 7,35, classifica-se como acidose metabólica.

A tabela a seguir resume o diagnóstico dos distúrbios ácido-básicos a partir da análise dos valores de pH e pCO_2.

	pH baixo (< 7,30)	pH normal (7,35-7,45)	pH alto (> 7,50)
pCO_2 alta (acima de 45 mmHg)	Acidose respiratória com ou sem alcalose metabólica parcialmente compensada. Acidose metabólica e respiratória concomitantes.	Acidose respiratória compensada com alcalose metabólica.	Alcalose metabólica com acidose respiratória concomitante. Alcalose respiratória parcialmente compensada.
pCO_2 normal (35 a 45 mmHg)	Acidose metabólica.	Normal.	Alcalose metabólica.
pCO_2 baixa (abaixo de 35 mmHg)	Acidose metabólica com alcalose respiratória, concomitante, ou alcalose respiratória parcialmente compensada.	Alcalose respiratória compensada com acidose metabólica.	Alcalose respiratória com ou sem acidose metabólica parcialmente compensada. Alcalose metabólica e respiratória coexistentes.

Assim, a solução-tampão é o primeiro mecanismo de defesa quando há distúrbios do equilíbrio ácido-básico. Vamos desvendar como o nosso organismo se defende nessas situações e como efetuar os cálculos para determinar o pH do sistema.

1. Solução-tampão

É uma solução que praticamente não sofre variação de pH quando adicionamos uma pequena quantidade de ácido ou de base, mesmo que sejam fortes.

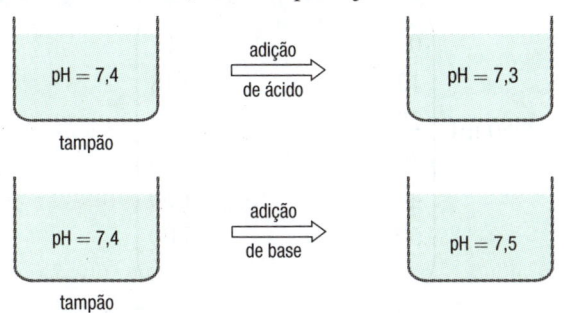

pH = 7,4 (tampão) →(adição de ácido)→ pH = 7,3

pH = 7,4 (tampão) →(adição de base)→ pH = 7,5

2. Como se prepara uma solução-tampão?

a) **Tampão ácido**: mistura de um ácido fraco e sua base conjugada (proveniente de um sal).

Exemplos:

CH_3COOH / CH_3COO^- ⟶
ácido fraco   base conjugada

proveniente do CH_3COONa

H_2CO_3 / HCO_3^- ⟶
ácido fraco base conjugada

proveniente do $NaHCO_3$

b) **Tampão básico**: mistura de uma base fraca e seu ácido conjugado (proveniente de um sal).

Exemplos:

NH_3 / NH_4^+ ⟶ proveniente do NH_4Cl.
base fraca   ácido conjugado

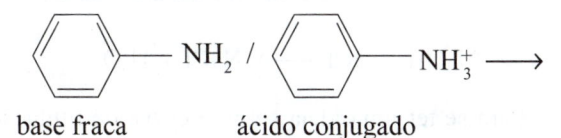

C$_6$H$_5$—NH_2 / C$_6$H$_5$—NH_3^+ ⟶
base fraca   ácido conjugado

proveniente do C$_6$H$_5$—$NH_3^+Cl^-$

Na prática usa-se mais o tampão ácido. Qualquer tampão, porém, perde a sua capacidade se for adicionada quantidade muito grande de ácido forte ou de base forte.

3. Como funciona um tampão?

Vamos exemplificar com o tampão CH_3COOH / CH_3COONa.

Qualquer íon H^+ adicionado em pequena quantidade no tampão reage com o íon acetato (base conjugada) presente no tampão, não alterando o pH.

$$H^+ + CH_3COO^- \rightleftarrows CH_3COOH \quad K = 5,6 \cdot 10^4$$

0,1 mol CH_3COOH / 0,1 mol CH_3COO^- ; pH = 4,74 →(adição de 0,01 mol de H^+ (HCl))→ 0,11 mol CH_3COOH / 0,09 mol CH_3COO^- ; pH = 4,65

Qualquer íon OH^- adicionado em pequena quantidade no tampão reage com o CH_3COOH (ácido fraco) presente no tampão, não alterando o pH.

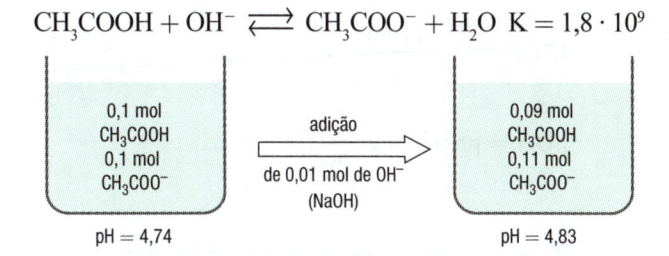

$$CH_3COOH + OH^- \rightleftarrows CH_3COO^- + H_2O \quad K = 1,8 \cdot 10^9$$

0,1 mol CH_3COOH / 0,1 mol CH_3COO^- ; pH = 4,74 →(adição de 0,01 mol de OH^- (NaOH))→ 0,09 mol CH_3COOH / 0,11 mol CH_3COO^- ; pH = 4,83

4. Cálculo do pH de um tampão

4.1 Tampão ácido

Exemplo: CH_3COOH / CH_3COONa

Temos:

$$CH_3COOH \rightleftarrows H^+ + CH_3COO^-$$

$$CH_3COONa \longrightarrow Na^+ + CH_3COO^-$$

a) Através do Ka

O pH de um tampão ácido pode ser calculado pela expressão de Ka:

$$Ka = \frac{[H^+][CH_3COO^-]}{[CH_3COOH]}$$

$[CH_3COO^-]$ proveniente do sal CH_3COONa

Podemos generalizar

$$Ka = \frac{[H^+][sal]}{[ácido]}$$

Cap. 12 | Solução-tampão — Curva de Titulação

b) Através da equação Henderson-Hasselbach. Aplicando log nos dois membros, temos:

$$Ka = [H^+] \frac{[sal]}{[ácido]}$$

$$\log Ka = \log [H^+] + \log \frac{[sal]}{[ácido]} \quad x\ (-1)$$

$$-\log Ka = -\log [H^+] - \log \frac{[sal]}{[ácido]}$$

$$pKa = pH - \log \frac{[sal]}{[ácido]}$$

$$\boxed{pH = pKa + \log \frac{[sal]}{[ácido]}}$$

4.2 Tampão básico

As fórmulas são semelhantes:

$$Kb = \frac{[OH^-]\,[sal]}{[base]}$$

$$pOH = pKb + \log \frac{[sal]}{[base]}$$

5. Tampão nos seres vivos

a) **Sangue**

O pH normal do sangue está entre 7,35 e 7,45. O pH do sangue é mantido nesse intervalo por três tampões principais: H_2CO_3 / HCO_3^-, $H_2PO_4^- / HPO_4^{2-}$ e proteínas.

Acidose ocorre para altas concentrações de H^+ (baixo pH), tendo como efeito a depressão do sistema nervoso central e, eventualmente, estado de coma.

Alcalose ocorre para baixas concentrações de H^+ (alto pH), causando hiperexcitabilidade, espasmos musculares e convulsões.

A morte ocorre rapidamente se a acidose e a alcalose não forem tratadas e se o pH do sangue ficar abaixo de 6,8 ou acima de 8,0.

b) **Sistema digestório**

A digestão do alimento começa na boca. A saliva contém enzimas que catalisam a degradação dos carboidratos e o tampão H_2CO_3 / HCO_3^- que remove ácidos dos alimentos e os ácidos produzidos por bactérias na boca. O pH da saliva mantém-se no valor 6,8.

No estômago, os sucos gástricos são bastante ácidos. O pH deve estar por volta de 1,5 para promover a digestão dos alimentos.

O pH do duodeno está entre 6,0 e 6,5 e o da urina entre 5,5 e 6,5.

6. Curvas de titulação

6.1 Conceito

São curvas obtidas através de um gráfico pH *versus* volume de um ácido ou base adicionada em uma titulação. Um fato importante é que a variação do volume é maior que a variação do pH, pois o pH corresponde a uma escala logarítima.

$$50\ mL \begin{pmatrix} \textbf{Volume (mL)} & \textbf{pH} \\ 0 & 1 \\ 10 & 1{,}18 \\ 20 & 1{,}37 \\ 30 & 1{,}50 \\ 40 & 1{,}50 \\ 50 & 7{,}00 \end{pmatrix} 6$$

Verifica-se experimentalmente que o ponto de neutralização, também chamado ponto de equivalência, pode ter os seguintes valores:

1. Ácido Forte + Base Forte $\longrightarrow$ pH = 7 (não há hidrólise do sal formado).

2. Ácido Fraco + Base Forte $\longrightarrow$ pH > 7 (hidrólise do ânion do sal formado).

3. Ácido Forte + Base Fraca $\longrightarrow$ pH < 7 (hidrólise do cátion do sal formado).

Não se fazem, em geral, titulações de ácido fraco e base fraca, pois o ponto de equivalência não pode ser determinado com exatidão.

6.2 Curva de titulação: ácido forte e base forte

Vamos exemplificar titulando 50 mL de uma solução de HCl 0,1 mol/L com 0,1 mol/L de NaOH.

$$NaOH + HCl \longrightarrow NaCl + H_2O$$

Para se ter uma ideia sobre a curva de titulação, vamos calcular alguns pH.

1. O pH antes da adição da base

$$HCl \longrightarrow H^+ + Cl^-$$

0,1 mol/L   0,1 mol/L

$$pH = -\log [H^+] \therefore pH = 1$$

2. O pH antes do ponto de equivalência:

adição de 49 mL de NaOH 0,1 mol/L

	NaOH	+	HCl	$\longrightarrow$	NaCl	+	H_2O
início	—		0,005 mol		—		—
adição	0,0049 mol		0,0049 mol		—		—
final	—		0,0001 mol		—		—

$$[HCl] = \frac{0{,}0001 \text{ mol}}{(0{,}005 + 0{,}049) \text{ L}} \quad \therefore \quad [HCl] \cong 10^{-3} \text{ mol/L}$$

$[H^+] = 10^{-3}$ mol/L $\therefore$ pH = 3

3. O pH no ponto de equivalência. Neste ponto há a reação em quantidades em mol iguais de ácido forte e base forte. O pH é igual a 7, pois o NaCl não sofre hidrólise.

adição de 50 mL de NaOH 0,1 mol/L

	NaOH	+	HCl	$\longrightarrow$	NaCl	+	H_2O
início	—		0,005 mol		—		—
adição	0,005 mol		0,005 mol		0,005 mol		—
final	—		—		0,005 mol		—

O ponto de equivalência numa titulação ácido-base se localiza no ponto médio da parte vertical da curva de pH.

4. O pH além do ponto de equivalência. Não há ácido remanescente depois do ponto de equivalência. A solução de NaOH é adicionada a uma solução de NaCl, que é um sal de caráter neutro. Então, o pH depende exclusivamente da concentração do íon OH^- proveniente da solução de NaOH adicionada.

adição de 51 mL de NaOH 0,1 mol/L

excesso de 1 mL de NaOH

1.000 mL ——————— 0,1 mol

1 mL ——————— x $\therefore$ x = 10^{-4} mol

$$[NaOH] = \frac{n}{V} \quad \therefore \quad [NaOH] = \frac{10^{-4}}{\underbrace{0{,}05}_{\text{ácido}} + \underbrace{0{,}051}_{\text{base}}}$$

$[NaOH] \cong 10^{-3}$ mol/L $\therefore$ $[OH^-] = 10^{-3}$ mol/L

pOH = 3 e pH = 11

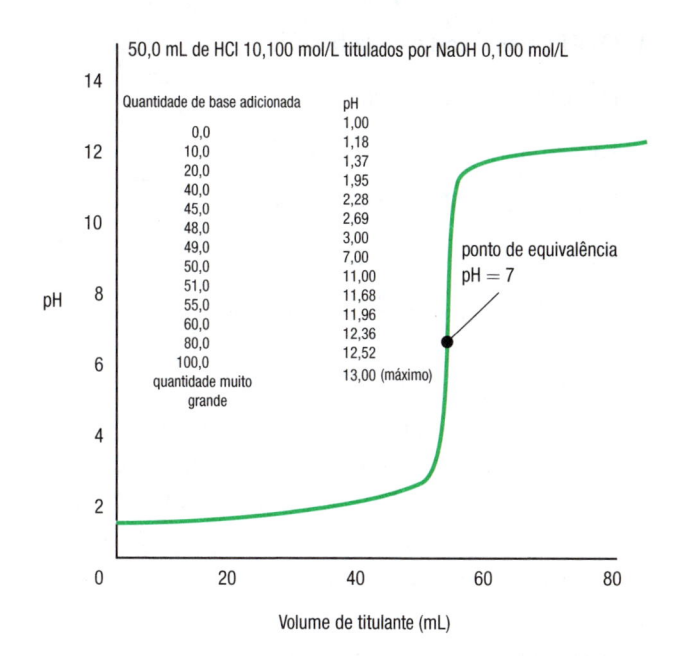

50,0 mL de HCl 10,100 mol/L titulados por NaOH 0,100 mol/L

Quantidade de base adicionada	pH
0,0	1,00
10,0	1,18
20,0	1,37
40,0	1,95
45,0	2,28
48,0	2,69
49,0	3,00
50,0	7,00
51,0	11,00
55,0	11,68
60,0	11,96
80,0	12,36
100,0	12,52
quantidade muito grande	13,00 (máximo)

Para perceber o ponto de equivalência, junta-se à solução de HCl um indicador que mude de cor na faixa de pH 3 a 11.

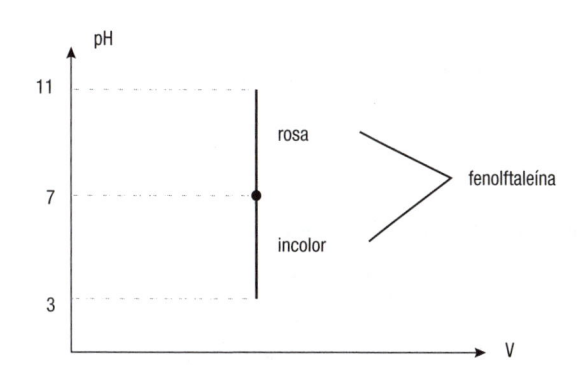

Um indicador adequado seria a fenolftaleína.

pH = 3 incolor $\qquad$ pH > 8 rosa

incolor	8	rosa	10	vermelha

6.3 Curva de titulação: ácido fraco e base forte

A curva de titulação de um ácido fraco por uma base forte é um tanto diferente da curva de titulação de um ácido forte com base forte. Analisaremos detalhadamente a curva de titulação de 100 mL de H_3CCOOH, 0,1 mol/L, com NaOH, 0,1 mol/L.

$$NaOH + CH_3COOH \longrightarrow CH_3COONa + H_2O$$

Para se ter uma ideia sobre a curva de titulação, vamos calcular alguns pH.

1. O pH antes da adição da base.

    H$_3$CCOOH: ácido fraco

    Ka = 1,8 · 10^{-5} e M = 0,1 mol/L

    [H$^+$] = $\sqrt{Ka \cdot M}$ ∴ [H$^+$] = $\sqrt{1,8 \cdot 10^{-5} \cdot 10^{-1}}$

    [H$^+$] = 1,34 · 10^{-3} mol/L

    Como log 1,34 = 0,13 ∴ pH = 2,87

2. O pH antes do ponto de equivalência.

    Em qualquer ponto entre o início da titulação (só H$_3$CCOOH) e o ponto de equivalência (só H$_3$CCOONa) a solução contém H$_3$CCOOH (excesso) e também CH$_3$COONa que formam um tampão. Devido ao tampão, a curva de titulação sofrerá uma pequena ascenção.

    A concentração do íon H$^+$ pode ser calculada usando a expressão do Ka.

    $$[H^+] = \frac{[CH_3COOH] \text{ excesso}}{[CH_3COONa] \text{ formado}} \cdot Ka$$

    Adição de 90 mL de NaOH 0,1 mol/L (0,009 mol)

	NaOH	+ CH$_3$COOH	→ CH$_3$COONa	+ H$_2$O
início	—	0,01 mol	—	—
adição	0,009 mol	0,009 mol	0,009 mol	—
final	—	0,001 mol	0,009 mol	—

    tampão

    $$[H^+] = \frac{[CH_3COOH] \text{ excesso}}{[CH_3COONa] \text{ formado}} \cdot Ka$$

    $$[H^+] = \frac{0,001}{0,009} \cdot 1,8 \cdot 10^{-5}$$

    [H$^+$] = 2 · 10^{-6} mol/L como log 2 = 0,3 ∴ pH = 5,67

3. O pH na metade da titulação.

    Na metade da titulação (adição de 50 mL de NaOH), metade do ácido foi neutralizada, portanto, [CH$_3$COOH] excesso = [CH$_3$COONa] formada.

    $$[H^+] = \frac{[CH_3COOH] \text{ excesso}}{[CH_3COONa] \text{ formado}} \cdot Ka$$

    [H$^+$] = Ka ∴ [H$^+$] = 1,8 · 10^{-5} mol/L

    log 1,8 = 0,26 ∴ pH = 4,74

4. O pH no ponto de equivalência.

    No ponto de equivalência todo CH$_3$COOH foi neutralizado, a solução é constituída somente de CH$_3$COONa, este sofre hidrólise liberando OH$^-$, o pH no ponto de equivalência é maior que 7.

    adição de 100 mL de NaOH 0,1 mol/L

	NaOH	+ H$_3$CCOOH	→ H$_3$CCOONa	+ H$_2$O
início	—	0,01 mol	—	—
adição	0,01 mol	0,01 mol	—	—
final	—	0	0,01 mol	—

    O H$_3$CCOONa sofre hidrólise de acordo com a equação.

    CH$_3$COO$^-$ + HOH ⇌ CH$_3$COOH + OH$^-$

    Kh = 5,6 · 10^{-10}

    $$[CH_3COO^-] = \frac{0,01}{0,2} \therefore [CH_3COO^-] = 0,05 \text{ mol/L}$$

    [OH$^-$] = $\sqrt{Kh \cdot M}$ ∴ [OH$^-$] = $\sqrt{5,6 \cdot 10^{-10} \cdot 5 \cdot 10^{-2}}$

    [OH$^-$] = $\sqrt{28 \cdot 10^{-12}}$ [OH$^-$] = 5,29 · 10^{-6} mol/L

    log 5,29 = 0,72, pOH = 5,28 ∴ pH = 8,72

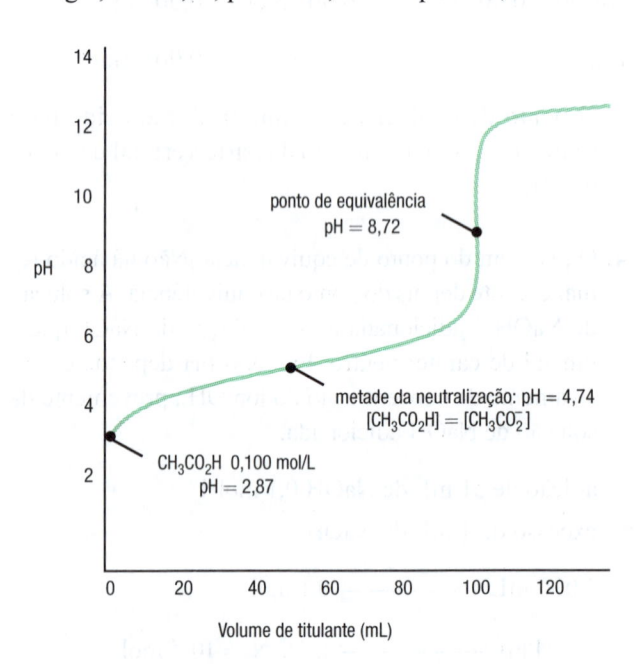

    Para perceber o ponto de equivalência, junta-se à solução de H$_3$CCOOH um indicador cuja faixa de viragem é maior que 7, por exemplo, fenolftaleína.

incolor	8	rosa	10	vermelha

6.4 Curva de titulação: ácido forte e base fraca

Toda a discussão feita para a curva de ácido fraco e base forte vale para ácido forte e base fraca, portanto, mostraremos de imediato um exemplo:

titulação de 25 mL de NH_3 0,1 mol/L com HCl 0,1 mol/L

$$NH_3 + HCl \longrightarrow NH_4Cl$$

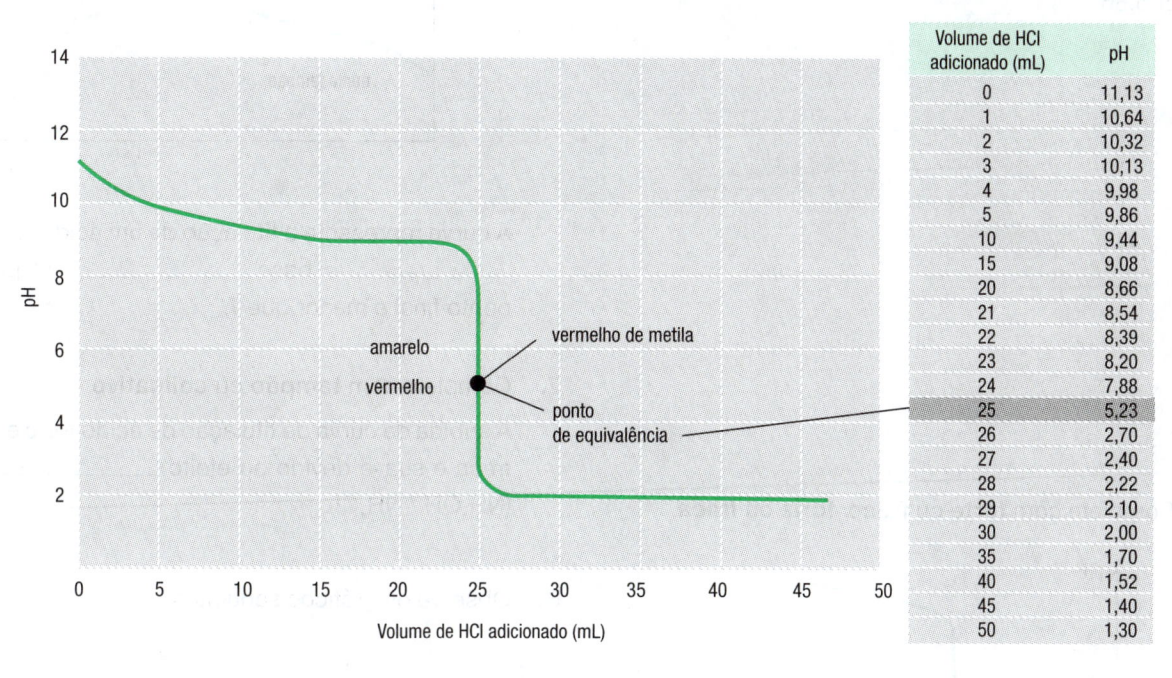

Volume de HCl adicionado (mL)	pH
0	11,13
1	10,64
2	10,32
3	10,13
4	9,98
5	9,86
10	9,44
15	9,08
20	8,66
21	8,54
22	8,39
23	8,20
24	7,88
25	5,23
26	2,70
27	2,40
28	2,22
29	2,10
30	2,00
35	1,70
40	1,52
45	1,40
50	1,30

No ponto de equivalência, o pH é menor que 7, devido à hidrólise do cátion NH_4^+.

$$NH_4^+ + HOH \rightleftharpoons NH_3 + H_3O^+$$

Para perceber o ponto de equivalência, junta-se à solução de NH_3 um indicador cuja faixa de viragem é menor que 7, por exemplo, vermelho de metila.

| vermelho | 3,1 alaranjado | 4,6 amarelo |

Exercícios Série Prata

1. (UFPA) A adição de uma pequena quantidade de ácido ou base produzirá uma variação desprezível no pH da solução de:

a) NH_4Cl
b) NH_4Cl / NaOH
c) NH_4^+ / HCl
d) NH_4Cl / NaCl
e) NH_3 / NH_4Cl

2. Uma solução-tampão contém 0,1 mol/L de CH_3COOH e 0,1 mol/L de $NaCH_3COO$. Sabendo que Ka = $1,8 \cdot 10^{-5}$, determine o pH dessa solução.

Dado: log 1,8 = 0,26.

3. (FESP – PE) O pH de um tampão, preparado misturando-se 0,1 mol de ácido lático e 0,1 mol de lactato de sódio, em um litro de solução é

Dados: Ka = 1,38 · 10⁻⁴, log 1,38 = 0,14.

a) 3,86
b) 3,76
c) 5,86
d) 6,86
e) 4,86

4. Complete com **forte** ou **fraco, forte** ou **fraca**.

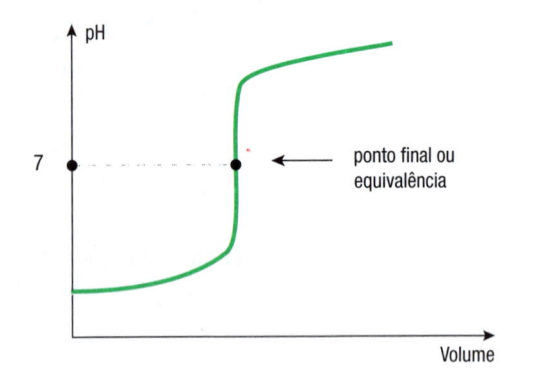

A curva representa a titulação ácido _____ e base _____ o pH no ponto final é igual a 7.

5. Complete com **forte** ou **fraco, forte** ou **fraca**.

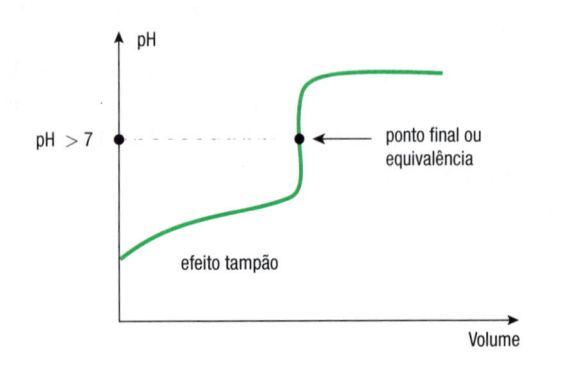

A curva representa a titulação de um ácido _____ e base _____. O pH no ponto final é maior que 7.

6. Complete com **forte** ou **fraco, forte** ou **fraca**.

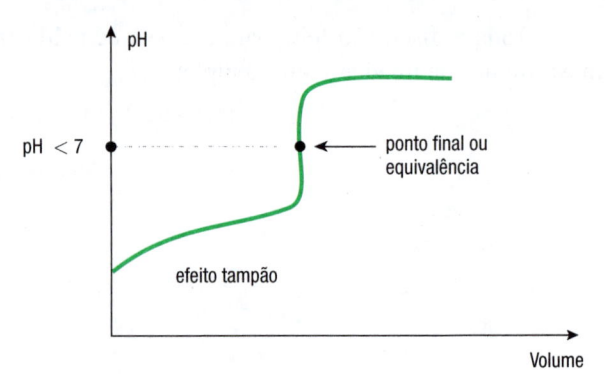

A curva representa a titulação de um ácido _____ _____ e base _____. O pH no ponto final é menor que 7.

7. Complete com **tampão** ou **coligativo**.

A subida da curva de titulação de ácido forte e base fraca é suave devido ao efeito _____ (NH_4OH / NH_4Cl).

8. Observe os gráficos seguintes.

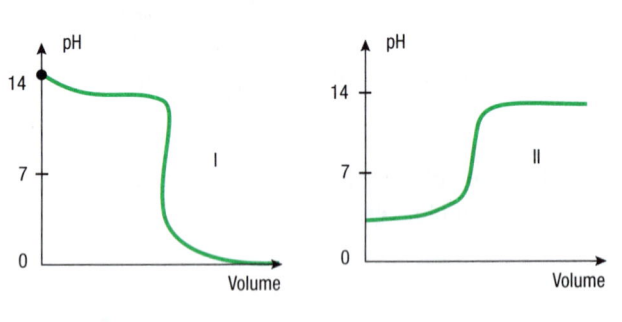

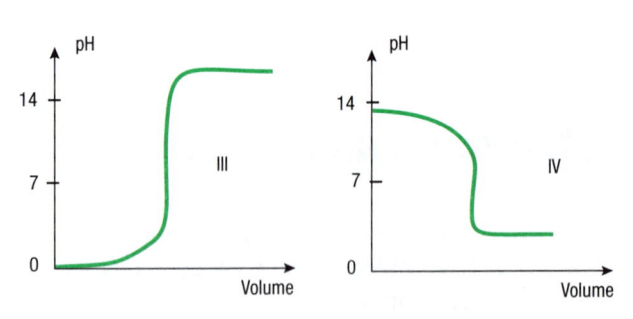

Faça a associação correta entre esses gráficos e os itens abaixo:

– Titulação de ácido forte por base forte _____

– Titulação de ácido fraco por base forte _____

– Titulação de base fraca por ácido forte _____

– Titulação de base forte por ácido forte _____

9. (UFPE) Considere o gráfico que representa a variação do pH de uma solução 0,1 mol/L de HCl quando se adiciona gradualmente uma solução 0,1 mol/L de NaOH. Assinale os itens certos:

a) O ponto **e** corresponde ao pH inicial do ácido.
b) O ponto **c** corresponde ao pH de neutralização de HCl pelo NaOH.
c) O ponto **a** corresponde à concentração final do HCl.
d) O ponto **b** corresponde à neutralização parcial do HCl.
e) O ponto **d** corresponde ao pH da mistura com excesso de NaOH.

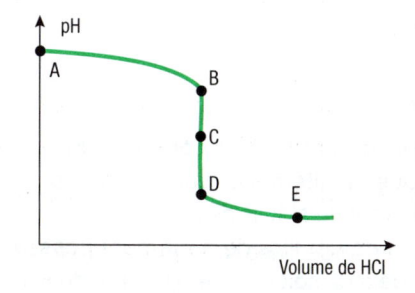

Analise as afirmações:

I. O ponto **A** corresponde ao pH inicial da base.
II. O ponto **C** corresponde ao pH de neutralização do NaOH pelo HCl.
III. O ponto **B** corresponde à neutralização parcial do NaOH.
IV. O ponto **D** corresponde ao pH da mistura com excesso de NaOH.
V. O ponto **E** corresponde à concentração final da base.

Responda qual é a alternativa correta:

a) somente I.
b) somente II e V.
c) somente I, II, III.
d) somente I, II, III e V.
e) todas as alternativas.

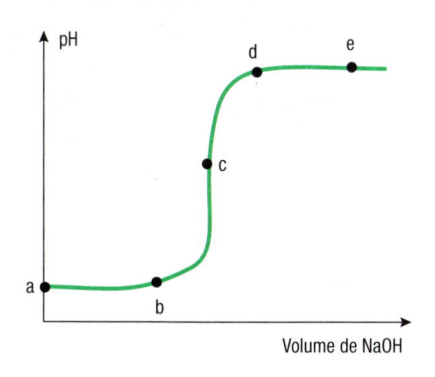

10. (PUC – MG) Considere o gráfico que representa a variação do pH de uma solução 0,1 mol/L de NaOH, quando se adiciona gradualmente uma solução 0,1 mol/L de HCl.

11. A curva de titulação refere-se à titulação de um ácido HA, e KOH, 0,1 mol/L. Classifique cada uma das afirmações seguintes como verdadeira ou falsa:

1. O ácido pode ser HNO_3 0,1 mol/L.
2. O ácido pode ser HCN 0,1 mol/L.
3. No ponto de equivalência, o volume de HNO_3 0,1 mol/L neutralizado é 75 mL.
4. O pH no ponto de equivalência é igual a 4.

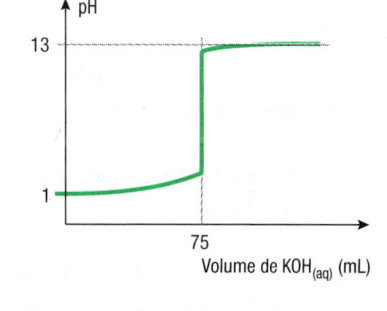

12. (UFSM – RS) A titulação de 50 mL de uma base forte com ácido forte 0,1 mol/L, que reagem com estequiometria 1 : 1, pode ser representada através do gráfico, onde PE = ponto de equivalência.

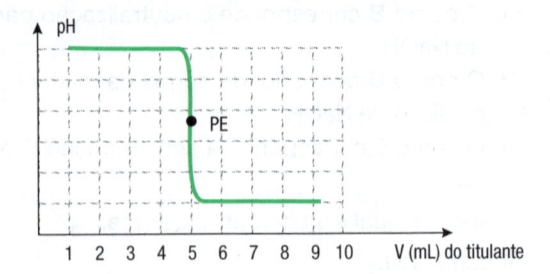

Considerando a informação dada, a alternativa correta é:

a) A concentração da base é 0,01 mol/L.
b) O pH P.E. é 12,0.
c) A concentração da base é 1,0 mol/L.
d) A concentração da base é 0,05 mol/L.
e) O pH da base é 12,7.

13. (ITA – SP – adaptada) Considere a curva de titulação abaixo, de um ácido fraco com uma base forte.

a) Qual o valor do pH no ponto de equivalência?
b) Em qual(ais) intervalo(s) de volume de base adicionado o sistema se comporta como tampão?
c) Em qual valor de volume de base adicionado pH = pKa?

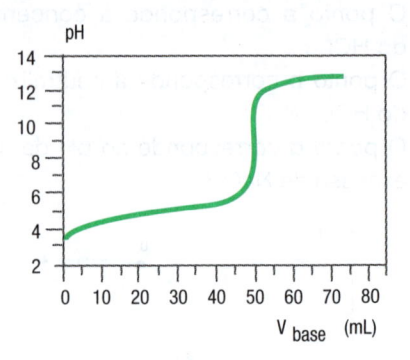

Exercícios Série Ouro

1. (UNICAP – PE) Suponha uma solução formada por 0,2 mol/litro de ácido acético e 0,2 mol/L de acetato de sódio.
Dado: $Ka = 10^{-5}$.

Decida quais das afirmações a seguir são verdadeiras e quais são falsas.

a) A solução constitui um sistema tamponado.
b) O pH da solução formada pelo ácido e o sal correspondente é 5.
c) O pH da solução, após a adição de pequenas quantidades de NaOH 0,1 mol/L, é pouco maior que 5.
d) Se fossem adicionadas algumas gotas de um ácido forte, o pH seria pouco menor que 5.
e) Ao adicionar o NaOH, as hidroxilas são retiradas da solução pelas moléculas não ionizadas do ácido acético, evitando grande variação de pH.

2. (CESGRANRIO – RJ) Assinale a opção na qual as substâncias relacionadas podem formar uma solução-tampão pH < 7:

a) NH_4Cl, H_2O
b) NH_4Cl, NH_3, H_2O
c) Na_2SO_4, H_2SO_4, H_2O
d) CH_3COOH, CH_3COONa, H_2O
e) HCl, $NaCl$, H_2O

3. (UFMG) Considere as seguintes experiências:
I. O pH de um litro de sangue (7,5) sofre apenas pequena alteração quando lhe é adicionado 0,01 mol de NaOH(s).
II. O pH de um litro de água pura passa de 7 para 12, pela dissolução de 0,01 mol de NaOH(s).

A alternativa que apresenta a explicação para a diferença de comportamento entre o sangue humano e a água pura é:

a) As soluções fracamente ácidas resistem a variações de pH.
b) As soluções fracamente básicas resistem a variações de pH.
c) O NaOH(s) é insolúvel no sangue humano.
d) O sangue e uma solução 0,01 mol/L de NaOH têm o mesmo pH.
e) O sangue humano é uma solução tamponada.

III. administração endovenosa de uma solução de bicarbonato de sódio; a situação que melhor representa o que ocorre com o pH do plasma, em relação à faixa normal é:

	I	II	III
a)	diminui	diminui	diminui
b)	diminui	aumenta	aumenta
c)	diminui	aumenta	diminui
d)	aumenta	diminui	aumenta
e)	aumenta	aumenta	diminui

4. (UFMG) Considere duas soluções aquosas diluídas, I e II, ambas de pH = 5,0. A solução I é um tampão e a solução II não. Um béquer contém 100 mL da solução I e um segundo béquer contém 100 mL da solução II. A cada uma dessas soluções, adicionam-se 10 mL de NaOH aquoso concentrado. Assinale a alternativa que representa corretamente as variações de pH das soluções I e II, após a adição de NaOH(aq).

a) O pH de ambas irá diminuir e o pH de I será maior do que o de II.
b) O pH de ambas irá aumentar e o pH de I será igual ao de II.
c) O pH de ambas irá diminuir e o pH de I será igual ao de II.
d) O pH de ambas irá aumentar e o pH de I será menor do que o de II.

5. (UNIFESP) O pH do plasma sanguíneo, em condições normais, varia de 7,35 a 7,45 e é mantido nesta faixa principalmente devido à ação tamponante do sistema H_2CO_3 / HCO_3^-, cujo equilíbrio pode ser representado por:

$$CO_2 + H_2O \rightleftarrows H_2CO_3 \rightleftarrows H^+ + HCO_3^-$$

Em determinadas circunstâncias, o pH do plasma pode sair dessa faixa. Nas circunstâncias:

I. histeria, ansiedade ou choro prolongado, que provocam respiração rápida e profunda (hiperventilação);
II. confinamento de um indivíduo em um espaço pequeno e fechado;

6. (UEL – PR) Nos seres humanos, o pH do plasma sanguíneo está entre 7,35 e 7,45, assegurado pelo tamponamento característico associado à presença das espécies bicarbonato/ácido carbônico de acordo com a reação:

$$H_3O^+ + HCO_3^- \rightleftarrows H_2CO_3 + H_2O$$

Após atividade física intensa a contração muscular libera no organismo altas concentrações de ácido lático. Havendo adição de ácido lático ao equilíbrio químico descrito, é correto afirmar:

a) A concentração dos produtos permanece inalterada.
b) A concentração dos reagentes permanece inalterada.
c) O equilíbrio desloca-se para uma maior concentração de reagentes.
d) O equilíbrio desloca-se nos dois sentidos, aumentando a concentração de todas as espécies presentes nos reagentes e produtos.
e) O equilíbrio desloca-se no sentido de formação dos produtos.

7. (ITA – SP) Considere as soluções aquosas obtidas pela dissolução das seguintes quantidades de solutos em 1 L de água:

I. 1 mol de acetato de sódio e 1 mol de ácido acético.
II. 2 mol de amônia e 1 mol de ácido clorídrico.
III. 2 mol de ácido acético e 1 mol de hidróxido de sódio.
IV. 1 mol de hidróxido de sódio e 1 mol de ácido clorídrico.
V. 1 mol de hidróxido de amônio e 1 mol de ácido acético.

Das soluções obtidas, apresentam efeito tamponante

a) apenas I e V.
b) apenas I, II e III.
c) apenas I, II, III e V.
d) apenas III, IV e V.
e) apenas IV e V.

8. (UNIRIO – RJ) Uma solução-tampão é preparada adicionando 6,4 g de NH_4NO_3 em 0,10 L de solução aquosa 0,080 mol/L de NH_4OH. Sendo assim, determine:

a) o pH desta solução;
b) o pH após a adição de 700 mL de água destilada à solução-tampão. Justifique.

Dados: $Kb = 1{,}8 \cdot 10^{-5}$; log 1,8 = 0,26; H = 1; N = 14; O = 16.

9. (PSS – UFPB) Soluções-tampão são sistemas químicos muito importantes na Medicina e Biologia, visto que muitos fluidos biológicos necessitam de um pH adequado para que as reações químicas aconteçam apropriadamente. O plasma sanguíneo é um exemplo de um meio tamponado que resiste a variações bruscas de pH quando se adicionam pequenas quantidades de ácidos ou bases.

Se a uma solução 0,01 mol · L^{-1} de ácido nitroso (HNO_2, Ka = 5 · 10^{-4}) for adicionado igual volume de nitrito de sódio ($NaNO_2$) também 0,01 mol · L^{-1}, determine:

a) o pH da solução do ácido;
b) o pH da solução-tampão resultante depois da adição do sal à solução do ácido.

Dados: log 5 = 0,7.

10. (FUVEST – SP) Um indicador universal apresenta as seguintes cores em função do pH da solução em que está dissolvido.

vermelho	laranja		verde	azul
1	3	5	8	11	14

A 25,0 mL de uma solução de ácido fórmico (HCOOH), de concentração 0,100 mol/L, contendo indicador universal, foi acrescentada, aos poucos, solução de hidróxido de sódio (NaOH), de concentração 0,100 mol/L. O gráfico mostra o pH da solução resultante no decorrer dessa adição.

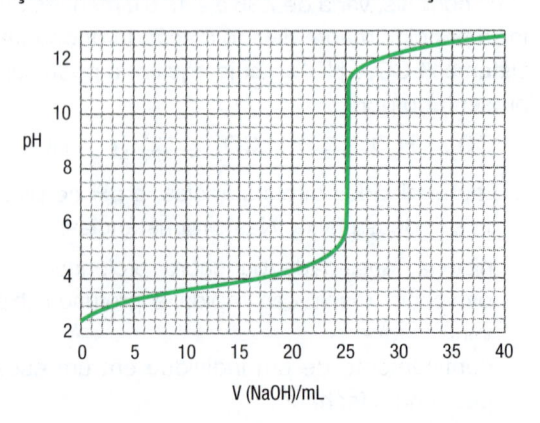

Em certo momento, durante a adição, as concentrações de HCOOH e de HCOO⁻ se igualaram. Nesse instante, a cor da solução era

a) vermelha.
b) laranja.
c) amarela.
d) verde.
e) azul.

11. (UNIFESP) Os resultados da titulação de 25,0 mL de uma solução 0,10 mol/L do ácido CH_3COOH por adição gradativa de solução de NaOH 0,10 mol/L estão representados no gráfico.

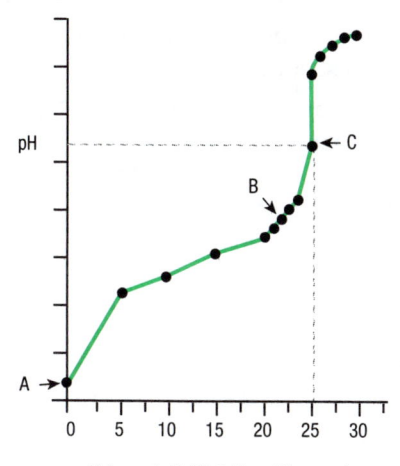

Com base nos dados apresentados neste gráfico foram feitas as afirmações:

I. O ponto **A** corresponde ao pH da solução inicial do ácido, sendo igual a 1.
II. O ponto **B** corresponde à neutralização parcial do ácido, e a solução resultante é um tampão.
III. O ponto **C** corresponde ao ponto de neutralização do ácido pela base, sendo seu pH maior que 7.

É correto o que se afirma em

a) I, apenas.
b) II, apenas.
c) I e II, apenas.
d) II e III, apenas.
e) I, II e III.

12. (UNESP) A análise ácido-base de uma solução de concentração desconhecida é geralmente feita por titulação, procedimento no qual um volume medido do ácido é adicionado a um frasco, e um titulante, uma solução conhecida de base, é adicionado até que o ponto de equivalência seja atingido.

a) Qual o valor de pH no ponto de equivalência em uma titulação de uma solução aquosa de HCl 0,10 mol/L com uma solução aquosa de NaOH 0,10 mol/L? Justifique.
b) Dos indicadores a seguir, qual seria o mais apropriado para realizarmos a titulação de HCl com NaOH? Justifique.

Indicador	pH para mudança de cor	Mudança de cor
azul de bromofenol	3,0 – 4,6	amarelo para azul
fenolftaleína	8,0 – 10,0	incolor para vermelho
amarelo de alizarina	10,0 – 12,0	amarelo para violeta

13. (ITA – SP) Considere a curva de titulação abaixo, de um ácido fraco com uma base forte.

a) Qual o valor do pH no ponto de equivalência?
b) Em qual(is) intervalo(s) de volume de base adicionado o sistema se comporta como tampão?
c) Em qual valor de volume de base adicionado pH = pKa?

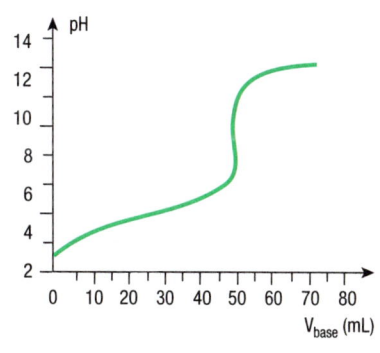

Exercícios Série Platina

1. A fenolftaleína, incolor, é um indicador ácido-base utilizado nas titulações com o objetivo de caracterizar a acidez da solução. Sua coloração muda de incolor para rósea em pH 8,00 e é completamente rósea quando o pH alcança o valor 9,80.

Determine se a fenolftaleína assumirá coloração rósea permanente

a) em uma solução que contém 1,0 mL de hidróxido de amônio 0,10 mol/L, dissolvido em 25,0 mL de água pura;

b) na mesma solução diluída, sabendo-se que a ela foi adicionado 0,10 g de cloreto de amônio. Considere que $K_b = 1,00 \times 10^{-5}$ e despreze a adição de volumes.
log 2 = 0,3; massa molar de NH_4Cl = 53,5 g/mol; log 5,3 = 0,7.

c) Escreva a equação química de hidrólise do cátion NH_4^+.

2. (UNIFESP) O metabolismo humano utiliza diversos tampões. No plasma sanguíneo, o principal deles é o equilíbrio ácido carbônico e íon bicarbonato, representado na equação:

$$CO_2(g) + H_2O(l) \rightleftharpoons H_2CO_3(aq) \rightleftharpoons$$
$$\rightleftharpoons H^+(aq) + HCO_3^-(aq)$$

A razão $[HCO_3^-]/[H_2CO_3]$ é 20/1.

Considere duas situações:

I. No indivíduo que se excede na prática de exercícios físicos, ocorre o acúmulo de ácido lático, que se estende rapidamente para o sangue, produzindo cansaço e cãibras.

II. O aumento da quantidade de ar que ventila os pulmões é conhecido por hiperventilação, que tem como consequência metabólica a hipocapnia, diminuição da concentração de gás carbônico no sangue.

a) O que ocorre com a razão $[HCO_3^-]/[H_2CO_3]$ no plasma sanguíneo do indivíduo que se excedeu nos exercícios físicos? Justifique.

b) O que ocorre com o pH do sangue do indivíduo que apresenta hipocapnia? Justifique.

Capítulo 13
Equilíbrio da Dissolução

A "dança da chuva" moderna

Sertão nordestino... 37 °C... Tempo seco e 3 meses sem chover. Qual seria a solução? A dança da chuva? Provavelmente não.

Atualmente, existem métodos mais modernos e eficazes para se induzir a precipitação atmosférica de água, chamados de semeadura de nuvens (*cloud seeding*). Alguns desses métodos envolvem a dispersão de substâncias nas nuvens que servem como núcleos de condensação ou núcleos de gelos. Dentre as substâncias mais utilizadas nesses processos, destaca-se o iodeto de prata, pois este possui uma estrutura cristalina similar à do gelo, o que induz a formação de gelo e chuva em certas condições.

Para que o uso de iodeto de prata seja eficaz, é necessário que, nas condições atmosféricas, essa substância esteja sob a forma sólida, para servir de base para a nucleação da água. Assim, é preciso calcular, de alguma maneira, qual a quantidade mínima necessária de iodeto de prata que deve ser adicionada para que haja a formação de cristais, ou seja, deve-se saber qual é a solubilidade desse sal naquelas condições atmosféricas específicas.

As grandezas utilizadas para essa caracterização são conhecidas como solubilidade e produto de solubilidade e serão apresentadas e estudadas neste capítulo. Enquanto a primeira fornece o valor máximo de determinada substância que pode ser dissolvida, a segunda permite analisar a dissolução a partir da óptica do equilíbrio iônico, permitindo avaliar como a variação da temperatura e a adição de outros elementos influem sobre o valor da solubilidade.

Poluição da água por íons de metais pesados

Muitos íons de metais, como Na^+, K^+, Fe^{2+}, Ca^{2+}, são **íons essenciais** à manutenção da vida. Outros, como íons de metais Pb^{2+}, Hg^{2+}, Cd^{2+}, são chamados de **íons de metais pesados**, pois têm maior massa que os íons essenciais.

Os íons de metais pesados ligam-se às proteínas de nosso corpo, fazendo com que elas não funcionem normalmente. Diz-se que as proteínas são desnaturadas (perdem sua estrutura tridimensional) por esses íons. Os efeitos são traduzidos em danos ao sistema nervoso, aos rins, ao fígado, levando até mesmo à morte.

Quando ocorre contaminação da água por íons de metais pesados, removê-los envolve um processo muito difícil e muito dispendioso. A indústria faz esta remoção por precipitação, assunto abordado nesse capítulo.

1. Introdução

Este capítulo introduz a parte quantitativa da solubilidade.

Duas grandezas experimentais serão abordadas: **solubilidade** (S) ou **coeficiente de solubilidade** (CS) e a **constante do produto de solubilidade** (K_S ou K_{PS}).

2. Solubilidade ou coeficiente de solubilidade

Quando se utiliza uma substância é importante conhecer os valores das principais propriedades físicas, como ponto de fusão, ponto de ebulição e densidade. Esse tópico estuda uma propriedade física chamada de **solubilidade** ou **coeficiente de solubilidade**.

Como exemplo, estudaremos a solubilidade do brometo de potássio (KBr), que é um sólido branco, utilizado no tratamento de pacientes com convulsão leve. Para tanto, deve-se dissolver o KBr em uma certa quantidade de água a uma temperatura constante. Geralmente trabalha-se com a quantidade de água equivalente 100 g ou 100 mL para que o desperdício de material seja evitado.

A tabela a seguir mostra as quantidades máximas de KBr que é capaz de se dissolver (**solubilidade**) em 100 g de água a diferentes temperaturas (valores experimentais).

Solubilidade (g) de KBr	Temperatura (°C)
70	20
80	40
90	60
100	80

Podemos dissolver no máximo 70 g de KBr em 100 g de água a 20 °C obtendo uma mistura homogênea ou solução, denominada de solução saturada.

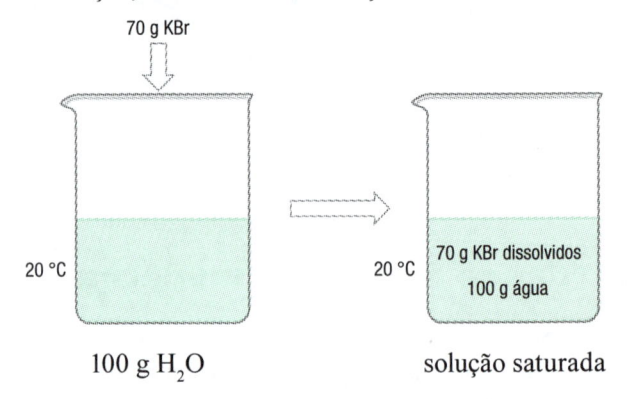

Todo KBr adicionado além desse valor não se dissolve, indo diretamente para o fundo do béquer (corpo de fundo ou de chão).

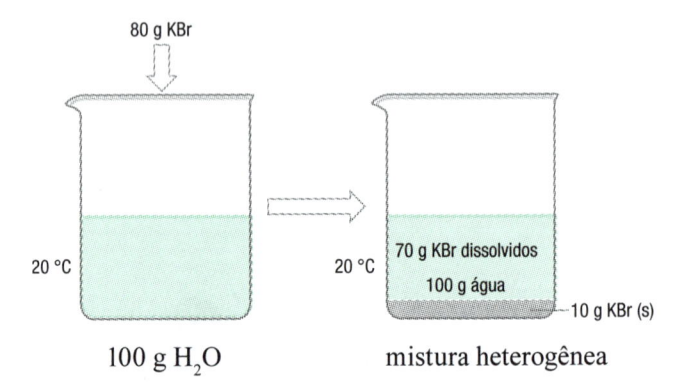

A mistura heterogênea é formada por uma fase líquida, que é a solução saturada de KBr, e por uma fase sólida, que corresponde aos 10 g de KBr(s).

Solução de precipitado de hidróxido de ferro (III).

Esta quantidade máxima dissolvida é chamada de **solubilidade** ou **coeficiente de solubilidade**. Dizemos que a solubilidade do KBr é de 70 g/100 g H_2O a 20 °C.

Uma solução saturada mantém sempre uma proporção constante entre as quantidades de KBr e de H_2O. Veja os exemplos:

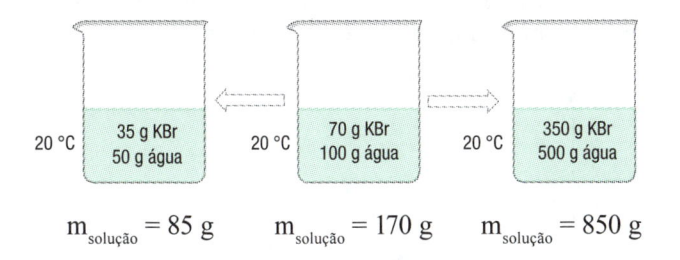

20 °C / 35 g KBr / 50 g água	20 °C / 70 g KBr / 100 g água	20 °C / 350 g KBr / 500 g água
$m_{solução}$ = 85 g	$m_{solução}$ = 170 g	$m_{solução}$ = 850 g

Concluímos que:

Solubilidade ou **coeficiente de solubilidade** é a máxima quantidade dissolvida de uma substância em uma dada quantidade de água, mantida à temperatura constante, originando uma solução saturada.

Nota: quando a quantidade dissolvida for menor que a solubilidade em uma determinada temperatura, a solução resultante é chamada de **solução insaturada**.

KBr(s)

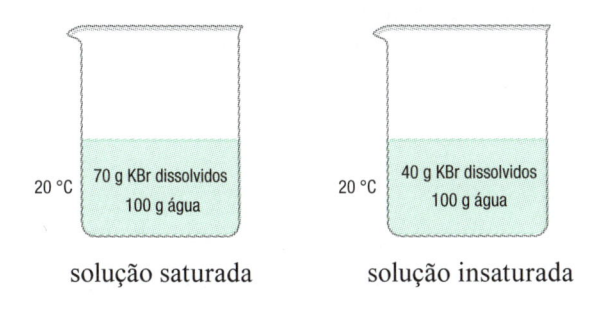

20 °C / 70 g KBr dissolvidos / 100 g água — solução saturada

20 °C / 40 g KBr dissolvidos / 100 g água — solução insaturada

3. Solução supersaturada

As soluções supersaturadas são muito frequentes em nosso dia a dia. O mel é um exemplo de solução supersaturada, do qual o soluto é a frutose ($C_6H_{12}O_6$).

Se o mel é deixado em repouso, a frutose cristaliza.

Você sabia?

Bolsas geradoras de calor muitas vezes utilizam soluções supersaturadas. Quando pressionadas, há cristalização do sal e liberação de calor. Essas bolsas são recipientes plásticos utilizados em primeiros socorros ou em fisioterapia, substituindo as bolsas de água quente.

Não se obtém uma solução supersaturada pela adição direta de uma substância em água.

Preparando uma solução supersaturada de KBr a 20 °C utilizando uma solução saturada de KBr a 60 °C.

KBr   S = 90 g/100 g H_2O a 60 °C

S = 70 g/100 g H_2O a 20 °C

- Situação 1 (mais frequente):

Ao resfriarmos uma solução saturada de KBr a 60 °C deverá ocorrer precipitação, pois a solubilidade diminui.

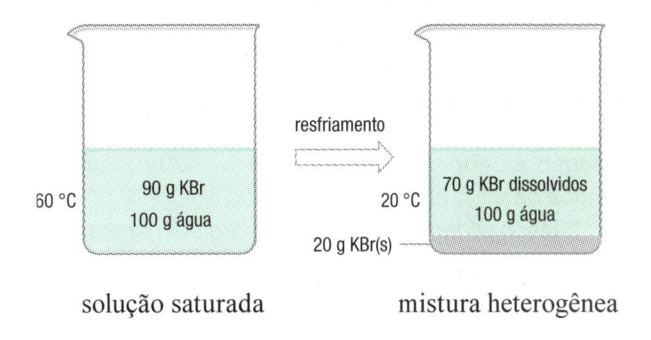

60 °C / 90 g KBr / 100 g água — solução saturada

→ resfriamento →

20 °C / 70 g KBr dissolvidos / 100 g água / 20 g KBr(s) — mistura heterogênea

- Situação 2 (menos frequente):

Ao resfriarmos lentamente uma solução saturada de KBr a 60 °C poderá não ocorrer a precipitação, portanto a massa dissolvida de KBr será maior que a solubilidade do KBr a 20 °C.

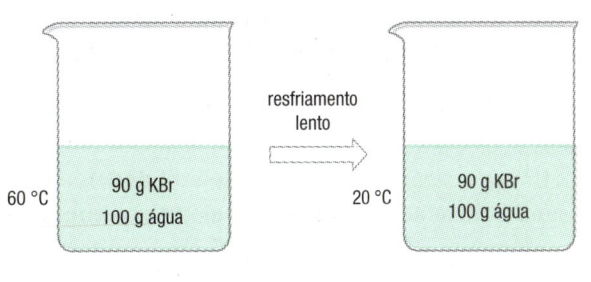

60 °C / 90 g KBr / 100 g água — solução saturada

→ resfriamento lento →

20 °C / 90 g KBr / 100 g água — solução supersaturada

Uma solução supersaturada é **instável**, pois uma simples agitação da solução ou adição de um pequeno cristal da substância na solução supersaturada vai precipitar o excesso de soluto (corpo de fundo), liberando calor.

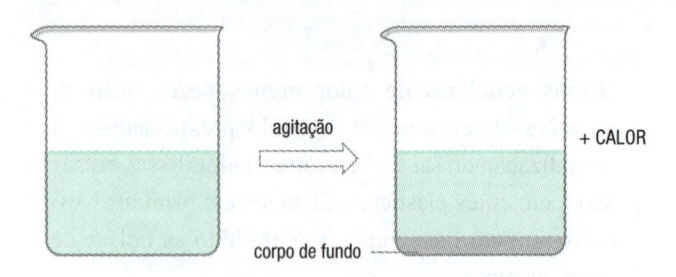

solução supersaturada de NaC₂H₃O₂

Concluímos que:

> Em determinadas condições experimentais, a massa dissolvida pode ser maior que a solubilidade em uma dada temperatura, originando uma solução **supersaturada**.

4. Curvas de solubilidade

4.1 Introdução

Os valores de solubilidade em diversas temperaturas podem ser mostrados em tabelas ou gráficos.

Solubilidade (g) de KBr	Temperatura (°C)
70	20
80	40
90	60
100	80

Observe que ao dobrar a temperatura da água de 20 °C para 40 °C, a solubilidade aumenta de 70 g para 80 g. Assim, solubilidade e temperatura **não** são grandezas diretamente proporcionais.

O gráfico é construído colocando no eixo das ordenadas a solubilidade e no eixo das abscissas a temperatura. A curva obtida é chamada de curva de solubilidade.

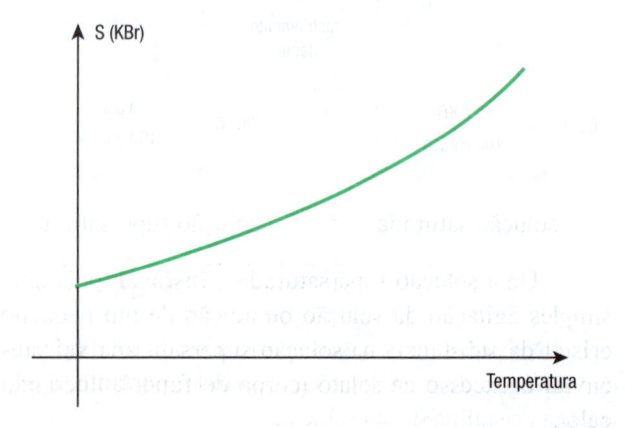

4.2 Curva ascendente (maioria das substâncias)

A curva ascendente implica que a solubilidade aumenta com o aumento da temperatura da água.

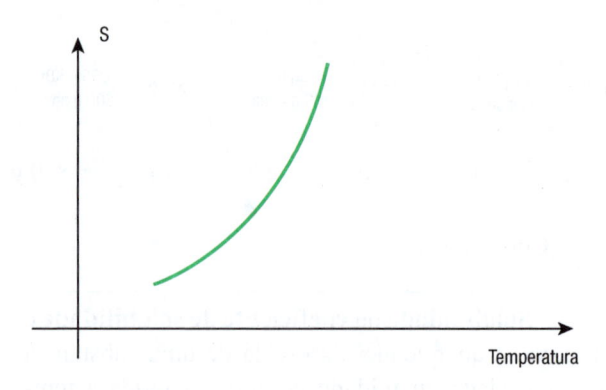

A dissolução é endotérmica ($\Delta H > 0$), ou seja, um aumento da temperatura desloca o equilíbrio no sentido dos íons hidratados (sentido endotérmico), aumentando a solubilidade.

$$KBr(s) \rightleftarrows K^+(aq) + Br^-(aq) \quad \Delta H > 0$$

4.3 Curva descendente

A curva descendente implica que a solubilidade diminui com o aumento da temperatura da água.

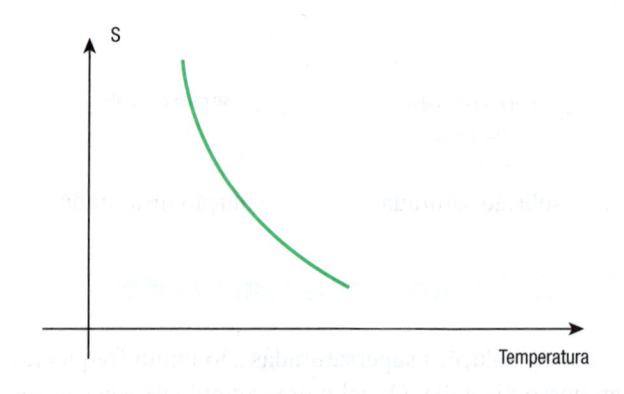

A dissolução é exotérmica ($\Delta H < 0$), ou seja, um aumento da temperatura desloca o equilíbrio no sentido da substância sólida (sentido endotérmico), diminui a solubilidade.

$$Ca(OH)_2(s) \rightleftarrows Ca^{+2}(aq) + 2\ OH^-(aq) \quad \Delta H < 0$$

4.4 Curva pouco ascendente (Principal exemplo: NaCl)

A curva pouco ascendente implica que a solubilidade aumenta muito pouco com o aumento da temperatura da água.

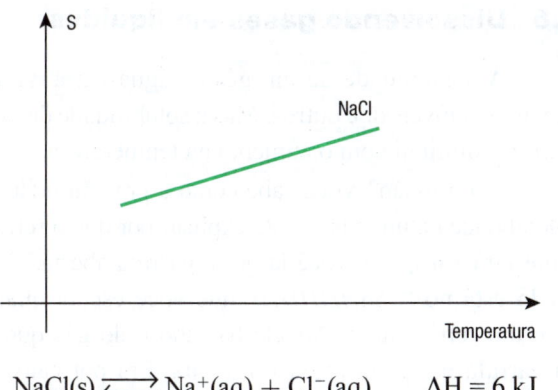

$NaCl(s) \rightleftharpoons Na^+(aq) + Cl^-(aq) \quad \Delta H = 6 \text{ kJ}$

O equilíbrio desloca pouquíssimo no sentido dos íons Na⁺(aq) e Cl⁻(aq), pois o ΔH tem valor muito pequeno.

4.5 Curva com ponto de inflexão

A curva de solubilidade de uma substância é geralmente ascendente ou descendente, mas quando temos um sal hidratado, há curvas que aparecem "quebradas".

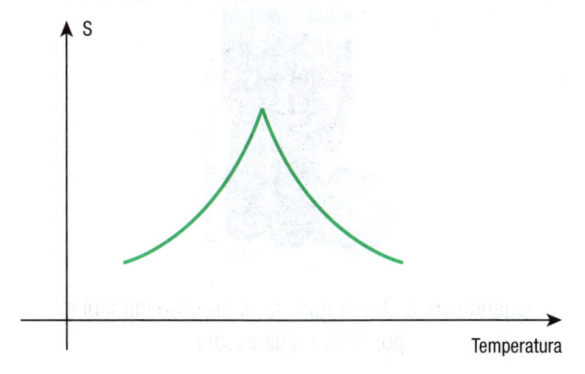

Quando os sais se cristalizam a partir de uma solução aquosa, os íons podem reter algumas das moléculas de água de hidratação e formar sais hidratados como $Na_2SO_4 \cdot 10\ H_2O$ (laxante) e $CuSO_4 \cdot 5\ H_2O$ (algicida), por exemplo. O tamanho do íon e sua carga controlam a extensão da hidratação. Essa interação é do tipo íon-dipolo.

As interações íon-dipolo são fortes para íons pequenos com carga elevada. Em consequência, os cátions pequenos com carga elevada formam, frequentemente, sais hidratados. Por exemplo, no grupo 1:

grupo 1 — raio iônico aumenta →

| Li¹⁺ | Na¹⁺ | K¹⁺ | Rb¹⁺ | Cs¹⁺ |

formam sais hidratados | não formam sais hidratados

Os nomes dos sais hidratados citados são:

$Na_2SO_4 \cdot 10\ H_2O \rightarrow$ sulfato de sódio deca-hidratado

$CuSO_4 \cdot 5\ H_2O \rightarrow$ sulfato de cobre penta-hidratado

Vamos utilizar o sulfato de sódio para explicar a curva de solubilidade de um sal hidratado.

Se a temperatura ambiente for menor que 32 °C, o Na_2SO_4 encontra-se hidratado e sua dissolução em água é endotérmica, de acordo com a equação:

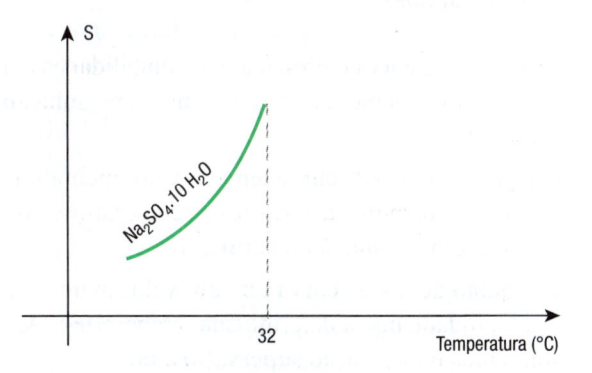

$$Na_2SO_4 \cdot 10\ H_2O(s) \rightleftharpoons 2\ Na^+(aq) + SO_4^{-2}(aq) + 10\ H_2O(l) \quad \Delta H > 0$$

Se a temperatura ambiente for maior que 32 °C, o Na_2SO_4 encontra-se anidro e sua dissolução em água é exotérmica, de acordo com a equação:

$$Na_2SO_4(s) \rightleftharpoons 2\ Na^+(aq) + SO_4^{-2}(aq) \quad \Delta H < 0$$

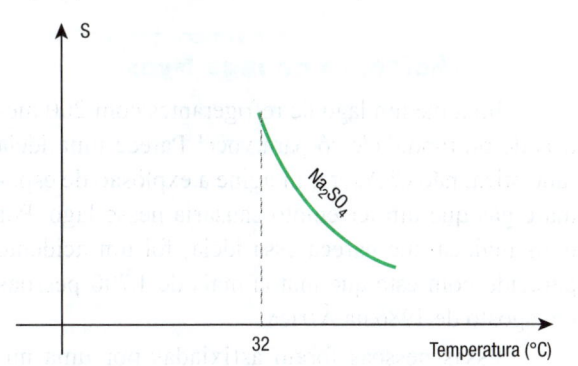

Unindo as duas curvas, temos:

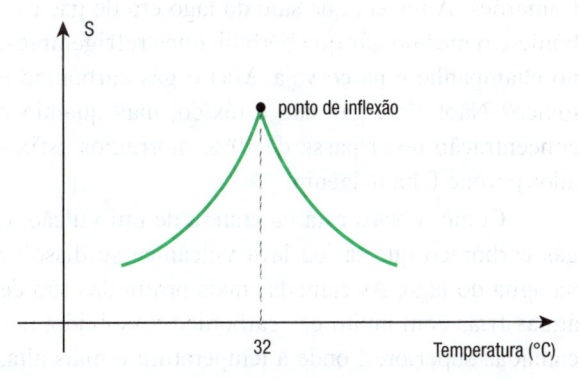

No ponto de inflexão ocorre a perda total ou parcial da água de cristalização, alterando, portanto, a estrutura cristalina da substância.

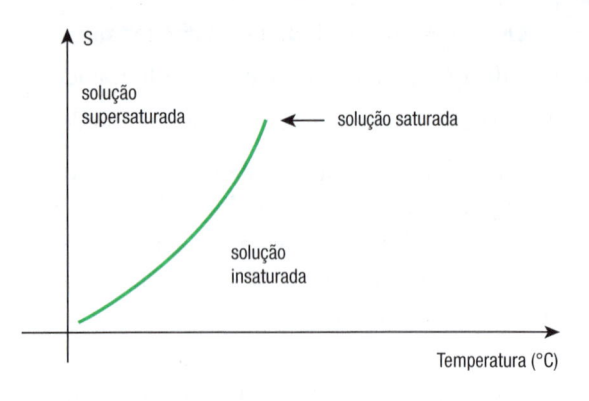

Concluímos que:

- Os pontos da curva representam as solubilidades em diferentes temperaturas. Assim temos uma **solução saturada**.
- Um ponto abaixo da curva tem um valor menor que a solubilidade numa determinada temperatura. Assim temos uma **solução insaturada**.
- Um ponto acima da curva tem um valor maior que a solubilidade numa determinada temperatura. Assim temos uma solução **supersaturada**.
- Um ponto acima da curva não representa uma solução saturada com corpo de fundo, pois o eixo da ordenada refere-se à **quantidade dissolvida de substância na solução**.

Acidente no lago Nyos

Imagine um lago de refrigerantes com 200 metros de profundidade só para você! Parece uma ideia fantástica, não é? Agora, imagine a explosão de espuma e gás que um terremoto causaria nesse lago. Por mais maluca que pareça essa ideia, foi um acidente parecido com este que matou mais de 1.700 pessoas em agosto de 1986 na África.

Essas pessoas foram asfixiadas por uma nuvem de gás que saiu do lago Nyos, na República dos Camarões. A nuvem que saiu do lago era de gás carbônico, o mesmo gás que borbulha nos refrigerantes, no champanhe e na cerveja. Mas o gás carbônico é tóxico? Não! Esse gás não é tóxico, mas quando a concentração no ar passa de 10%, morremos asfixiados porque falta oxigênio.

Como o Nyos está na cratera de um vulcão, o gás carbônico que sai da lava vulcânica se dissolve na água do lago. As camadas mais profundas são de águas frias com muito gás carbônico dissolvido; nas camadas superiores, onde a temperatura é mais alta, tem menos gás dissolvido. Veremos a seguir que a solubilidade de um gás diminui com o aumento da temperatura.

4.6 Dissolvendo gases em líquidos

A solubilidade de um gás na água varia, alguns são mais solúveis que outros. Mas a solubilidade de qualquer gás diminui com o aumento da temperatura.

E a pressão? Você sabe como a pressão influi na solubilidade de um gás? Tente explicar por que o refrigerante vira xarope se você largar a garrafa aberta. O segredo está no "*SSSHHHHH*" que você escuta quando abre um refrigerante. Aquele barulho é do gás que sai da garrafa porque a pressão era alta. Era por causa da pressão alta que o gás ficava dissolvido no líquido.

Quando você abre a garrafa, a pressão diminui e, por isso, o gás escapa.

Mas vamos voltar ao Nyos. Quando algo perturba o equilíbrio, a água do fundo sobe, isto é, a água fria que estava lá embaixo vai lá para cima. Aí é como se abrisse a garrafa de uma champanhe. Lembre-se que a água mais fria tinha mais gás dissolvido porque estava a uma temperatura mais baixa e a pressão era mais alta. (Por que você acha que a pressão era mais alta?)

Depois que o borbulhamento do Nyos terminou, o seu nível estava um metro mais baixo. E dizem que suas águas ficaram tingidas de vermelho por causa do hidróxido de ferro que estava no fundo do lago. Mas um mês depois o lago estava tranquilo de novo e as aldeias vizinhas totalmente desertas.

A concentração de gás carbônico no lago continua subindo, aumentando os riscos de outro evento, que poderá ser pior agora porque a represa está em processo de erosão e, se arrebentar, a inundação pode atingir até a Nigéria. Infelizmente os cientistas não conseguem prever quando a champanhe, quer dizer, o lago Nyos vai estourar de novo.

5. Solubilidade dos gases na água

5.1 Introdução

Quase todos os organismos aquáticos dependem do oxigênio dissolvido para a respiração. Ainda que as moléculas de O_2 não sejam polares, pequenas quantidades do gás se dissolvem em água, cerca de 10 ppm. O O_2 penetra na água, pois a velocidade média das moléculas de O_2 é elevada, em torno de 480 m/s.

O O_2 se dissolve na água graças à força de atração entre um dipolo permanente (molécula de H_2O) e outro induzido (molécula de O_2).

Total de elétrons: 16

4 elétrons ficam entre os núcleos

$:\ddot{O}::\ddot{O}:$ 12 elétrons ficam ao redor dos 2 núcleos O

O_2: molécula apolar

Quando uma molécula de H_2O fica próxima de O_2, o polo negativo repele a maioria dos 12 elétrons para o lado oposto, criando um dipolo induzido.

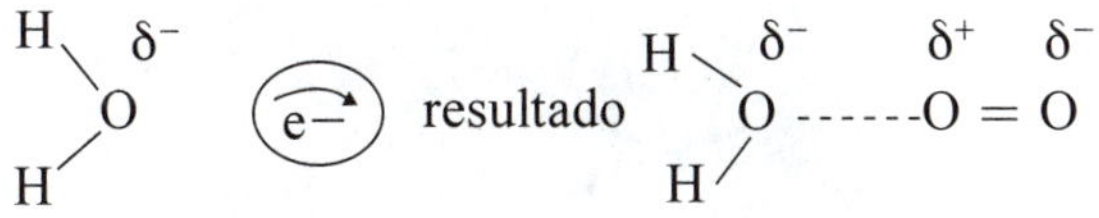

5.2 Influência da temperatura na solubilidade dos gases na água

No caso da dissolução de um gás na água, não havendo reação química, sempre temos $\Delta H^0 < 0$.

$$O_2(g) \rightleftarrows O_2(aq) \quad \Delta H^0 < 0$$

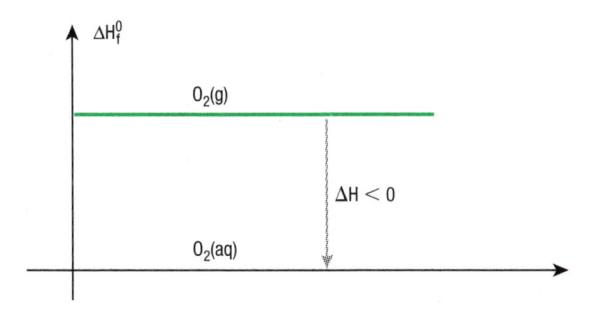

Um aumento da temperatura desloca o equilíbrio no sentido de $O_2(g)$ (sentido endotérmico), portanto teremos escape de $O_2(g)$, diminuindo a solubilidade de O_2 na água.

> A solubilidade de um gás na água diminui com a elevação da temperatura.

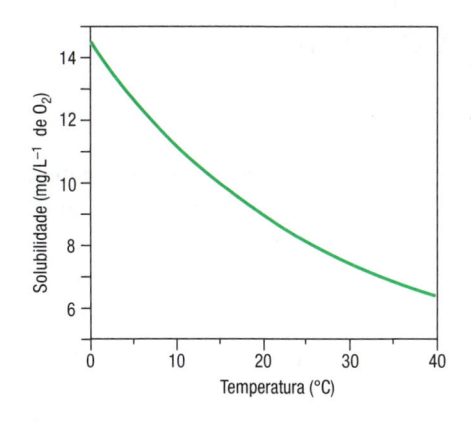

5.3 Influência da pressão na solubilidade dos gases na água

Lei de Henry

William Henry era um químico inglês que estudou a influência da pressão sobre a solubilidade dos gases na água.

William Henry (1775-1836).

Henry verificou experimentalmente que quanto maior a concentração de um gás no ar (maior pressão parcial), maior é a penetração na água e, como consequência, maior é a quantidade de gás dissolvido na água.

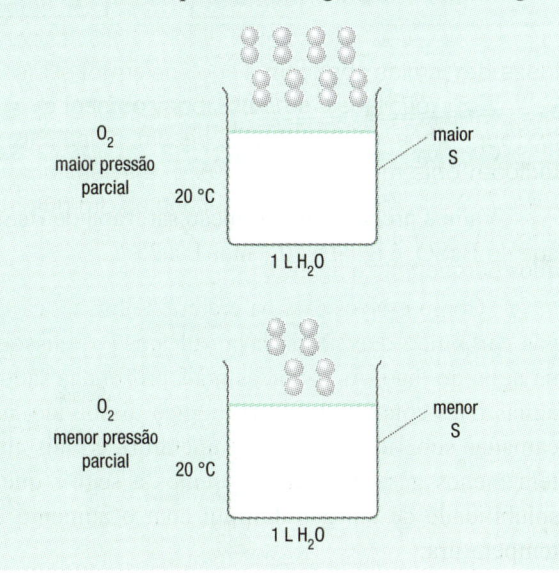

A lei de Henry é:

$$S = k_H \cdot p$$

A constante k_H que é chamada **constante de Henry**, depende do gás, do solvente e da temperatura.

$$k_H\, O_2 = 1,3 \cdot 10^{-3}\ mol/L \cdot atm$$

A tabela abaixo mostra a solubilidade do oxigênio em função de sua pressão parcial.

S do O_2 (mol/L)	$0,273 \cdot 10^{-3}$	$0,546 \cdot 10^{-3}$
p do O_2 (atm)	0,21	0,42

A lei mostra que, em temperatura constante, quando a pressão parcial de um gás dobra, a sua solubilidade dobra também.

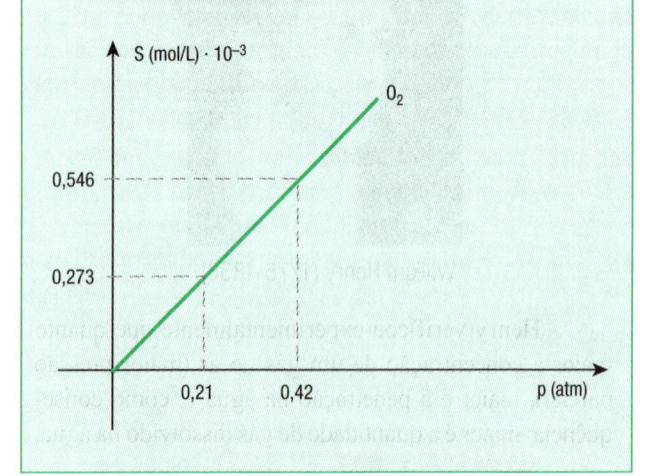

Radiografias de contraste

Os raios X, um tipo de radiação eletromagnética, passam facilmente pelos tecidos moles, como músculos e órgãos internos, mas são parcialmente barrados por tecidos mais densos, como dentes e ossos. Com chapas de raios X, podemos localizar cáries dentárias e fraturas ósseas.

A figura abaixo mostra a radiografia do pescoço de um indivíduo. O pescoço é colocado entre o equipamento emissor de raios X e o filme. A parte escura do filme indica que a radiação incidiu no filme, e na parte clara do filme não houve incidência de radiação, pois esta foi absorvida pela parte óssea do pescoço. A parte óssea fica visível no filme revelado.

Para radiografar o estômago ou os intestinos, o paciente precisa ingerir uma suspensão de $BaSO_4$, que forra as paredes dos órgãos e barra a passagem dos raios, aparecendo na chapa como uma região clara. Um tumor, por exemplo, apareceria como uma mancha escura.

Sabe-se que $2 \cdot 10^{-3}$ mol/L do íon Ba^{2+} no organismo de uma pessoa pode levá-la à morte. Por que então a ingestão de solução saturada de $BaSO_4$ não provoca a morte do paciente? A resposta é dada pelos tópicos dos itens 6 e 7.

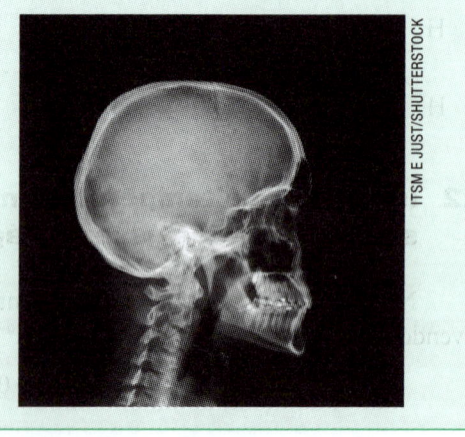

6. Equilíbrio químico entre a solução saturada e o corpo de fundo de uma substância pouco solúvel em água

Vamos preparar uma solução saturada de $BaSO_4$ que poderá ser usada em radiografias de contraste. A solubilidade do $BaSO_4$ é igual a 10^{-5} mol/L a 25 °C.

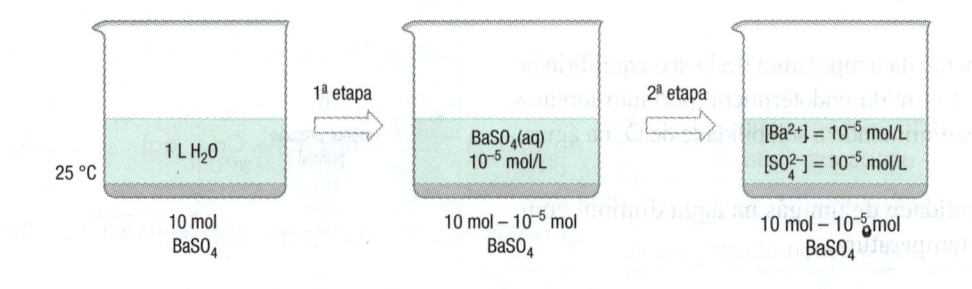

25 °C | 1 L H_2O | 10 mol $BaSO_4$

1ª etapa ⟶ $BaSO_4(aq)$ 10^{-5} mol/L | 10 mol − 10^{-5} mol $BaSO_4$

2ª etapa ⟶ $[Ba^{2+}] = 10^{-5}$ mol/L ; $[SO_4^{2-}] = 10^{-5}$ mol/L | 10 mol − 10^{-5} mol $BaSO_4$

Na 1ª etapa dissolve-se na água 10^{-5} mol/L de $BaSO_4$ que é a solubilidade em mol/L. Na 2ª etapa ocorre a dissociação do $BaSO_4$, produzindo 10^{-5} mol/L de íons Ba^{2+} e 10^{-5} mol/L de íons SO_4^{2-}. Essas concentrações são constantes (solução saturada) evidenciando que o sistema atingiu o equilíbrio químico.

$$BaSO_4(s) \rightleftharpoons BaSO_4(aq) \rightleftharpoons Ba^{2+}(aq) + SO_4^{2-}(aq)$$
10 mol $- 10^{-5}$ mol/L 10^{-5} mol/L 10^{-5} mol/L 10^{-5} mol/L

Como a primeira etapa é muito rápida, não é costume escrevê-la.

$$BaSO_4(s) \rightleftharpoons Ba^{2+}(aq) + SO_4^{2-}(aq)$$
10 mol $- 10^{-5}$ mol/L 10^{-5} mol/L 10^{-5} mol/L

Essa equação química representa o equilíbrio do corpo de fundo com os íons da solução saturada.

Conclusão: A solução saturada de $BaSO_4$ apresenta concentração de Ba^{2+} igual a 10^{-5} mol/L bem menor que $2 \cdot 10^{-3}$ mol/L necessária para matar uma pessoa, como foi dito em "Radiografias de contraste".

7. Produto de solubilidade

Retornando ao equilíbrio:

$$BaSO_4(s) \rightleftharpoons Ba^{2+}(aq) + SO_4^{2-}(aq) \quad 25\ °C$$
10 mol $- 10^{-5}$ mol/L 10^{-5} mol/L 10^{-5} mol/L

A constante desse equilíbrio é chamada de produto de solubilidade sendo representada por K_S ou K_{PS}.

$$K_S = [Ba^{2+}] \cdot [SO_4^{2-}]$$
$$K_S = 10^{-5} \cdot 10^{-5} \longrightarrow K_S = 10^{-10} \quad 25\ °C$$

O K_S como qualquer constante de equilíbrio só depende da temperatura.

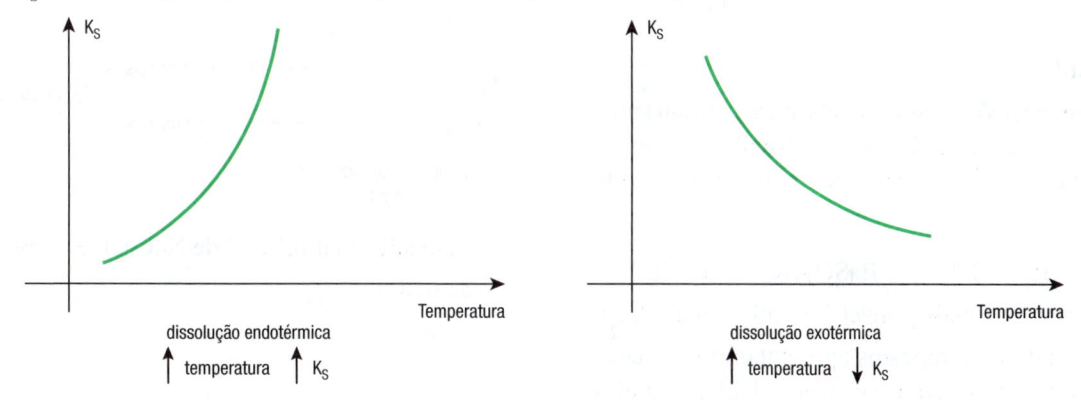

dissolução endotérmica
↑ temperatura   ↑ K_S

dissolução exotérmica
↑ temperatura   ↓ K_S

Outros exemplos:

	Característica e aplicação	Equilíbrio de solubilidade	Fórmula do K_S
CaF_2	sólido branco usado para obter o ácido fluorídrico (HF)	$CaF_2(s) \rightleftharpoons Ca^{2+}(aq) + 2\ F^-(aq)$	$K_S = [Ca^{2+}] \cdot [F^-]^2$
$Al(OH)_3$	sólido branco usado como antiácido	$Al(OH)_3(s) \rightleftharpoons Al^{3+}(aq) + 3\ OH^-(aq)$	$K_S = [Al^{3+}] \cdot [OH^-]^3$
Ag_2CrO_4	sólido marrom avermelhado usado em titulação	$Ag_2CrO_4(s) \rightleftharpoons 2\ Ag^+(aq) + CrO_4^{2-}(aq)$	$K_S = [Ag^+]^2 \cdot [CrO_4^{2-}]$
Sb_2S_3	sólido cinza chumbo usado para obter o semimetal antimônio	$Sb_2S_3(s) \rightleftharpoons 2\ Sb^{3+}(aq) + 3\ S^{2-}(aq)$	$K_S = [Sb^{3+}]^2 \cdot [S^{2-}]^3$

8. Relação entre K_S e S

É preciso não confundir solubilidade (S) com produto de solubilidade (K_S). A **solubilidade** de um composto é a quantidade presente numa certa unidade de solução saturada, expressa, por exemplo, em mol/L. O **produto de solubilidade** é uma constante de equilíbrio. Há entre ambos uma relação, como veremos: o conhecimento de um acarreta o do outro e vice-versa.

A relação entre K_S e S vai depender da fórmula da substância. Veja os exemplos:

$BaSO_4(s) \rightleftarrows Ba^{2+}(aq) + SO_4^{2-}(aq)$
constante   S   S

$K_S = [Ba^{2+}] \cdot [SO_4^{2-}]$ $K_S = S^2$

$CaF_2(s) \rightleftarrows Ca^{2+}(aq) + 2\,F^-(aq)$
constante   S   2 S

$K_S = [Ca^{2+}] \cdot [F^-]^2$ $K_S = 4\,S^3$

$Al(OH)_3(s) \rightleftarrows Al^{3+}(aq) + 3\,OH^-(aq)$
constante   S   3 S

$K_S = [Al^{3+}] \cdot [OH^-]^3$ $K_S = 27\,S^4$

$Sb_2S_3(s) \rightleftarrows 2\,Sb^{3+}(aq) + 3\,S^{2-}(aq)$
constante   2 S   3 S

$K_S = [Sb^{3+}]^2 \cdot [S^{2-}]^3$ $K_S = [2S]^2 \cdot [3S]^3$

$K_S = 108\,S^5$

Importante:

Quando os compostos apresentam a mesma proporção dos íons, não é necessário calcular a solubilidade. Aquele que tiver o maior K_S será o mais solúvel.

Exemplo:

AgI ($K_S = 1,5 \cdot 10^{-16}$) $BaSO_4$ ($K_S = 1,0 \cdot 10^{-10}$)

Portanto, o mais solúvel é o $BaSO_4$ (maior K_S).

Quando os compostos apresentam proporções dos íons diferentes, será necessário calcular a solubilidade de cada composto.

Exemplo:

$BaCO_3$ ($K_S = 4,9 \cdot 10^{-9}$)

$BaCO_3(s) \rightleftarrows Ba^{2+}(aq) + CO_3^{2-}(aq)$
                     S   S

$K_S = S^2 \rightarrow 4,9 \cdot 10^{-9} = S^2 \rightarrow S = 7,0 \cdot 10^{-5}$ mol/L

Ag_2CrO_4 ($K_S = 9,0 \cdot 10^{-12}$)

$Ag_2CrO_4(s) \rightleftarrows 2\,Ag^+(aq) + CrO_4^{2-}(aq)$
                      2 S   S

$K_S = 4\,S^3 \rightarrow 9,0 \cdot 10^{-12} = 4\,S^3 \rightarrow S = 1,3 \cdot 10^{-4}$ mol/L

Portanto, o mais solúvel é o Ag_2CrO_4 (maior S).

---

9. Efeito do íon comum sobre a solubilidade

Considere uma solução saturada de AgCl em água a 25 °C juntamente com corpo de fundo.

$AgCl(s) \rightleftarrows Ag^+(aq) + Cl^-(aq)$

$K_S = 1,6 \cdot 10^{-10}$, $S = 1,3 \cdot 10^{-5}$ mol/L

Se adicionarmos NaCl(s) à solução, a concentração de íons Cl^- aumenta. Para que o K_S permaneça constante, a concentração de íons Ag^+ deve decrescer (o equilíbrio foi deslocado no sentido de AgCl(s)). Como existe, agora, menos Ag^+ em solução, a solubilidade de AgCl é menor em uma solução que tem NaCl do que em água pura.

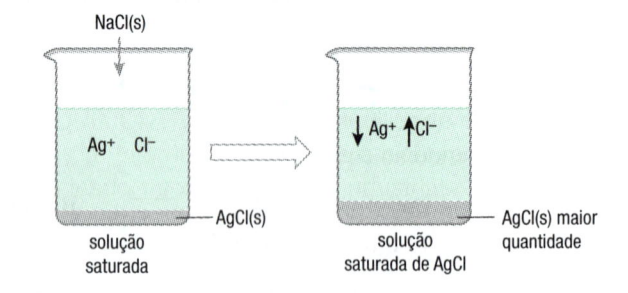

Vamos calcular a solubilidade do AgCl quando adicionamos 0,1 mol de NaCl(s).

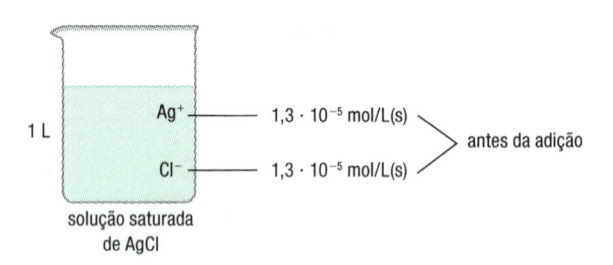

Ao adicionar 0,1 mol de NaCl(s) teremos:

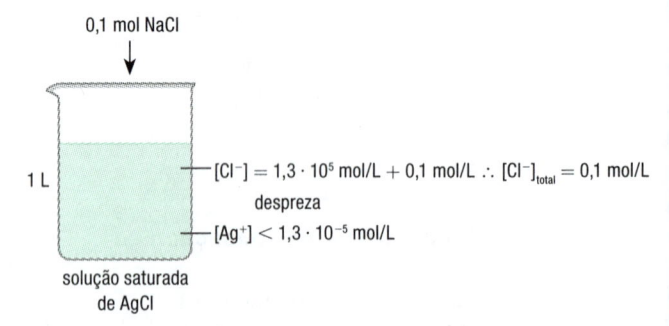

$[Cl^-] = 1,3 \cdot 10^{-5}$ mol/L $+ 0,1$ mol/L $\therefore [Cl^-]_{total} = 0,1$ mol/L
despreza

$[Ag^+] < 1,3 \cdot 10^{-5}$ mol/L

$[Ag^+]$ será menor que $1,3 \cdot 10^{-5}$ mol/L, pois o equilíbrio foi deslocado para o lado do AgCl(s).

$K_S = [Ag^+] \cdot [Cl^-]$
$1,6 \cdot 10^{-10} = [Ag^+] \cdot 0,1$
$[Ag^+] = 1,6 \cdot 10^{-9}$

A nova solubilidade do AgCl será $1,6 \cdot 10^{-9}$ mol/L na presença de NaCl que é 10.000 vezes menor do que a solubilidade de AgCl em água pura ($1,6 \cdot 10^{-5}$ mol/L).

Concluímos que:

> O efeito do íon comum é a redução da solubilidade de um composto pouco solúvel por adição de um composto solúvel que tenha um íon comum com ele. O K_S permanece constante.

10. Quando ocorre a precipitação ao misturarmos duas soluções?

Suponha que misturamos duas soluções de igual volume, uma sendo 0,2 mol/L de $Pb(NO_3)_2$ e a outra 0,2 mol/L de KI. Haverá precipitação de PbI_2?

$K_S = 1,4 \cdot 10^{-8}$ (PbI_2).

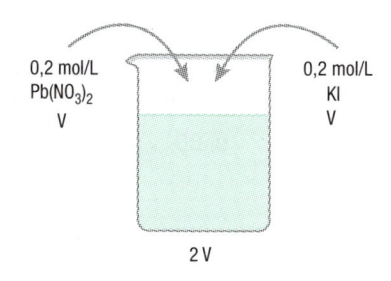

[Pb^{2+}] inicial = 0,2 mol/L

Como V dobrou, [Pb^{2+}] mistura = 0,1 mol/L

[I^-] inicial = 0,2 mol/L

Como V dobrou, [I^-] mistura = 0,1 mol/L

Para saber se houve ou não precipitação de PbI_2, vamos introduzir uma grandeza representada por **Q (produto das concentrações dos íons)** que é calculada da mesma forma que o K_S.

$PbI_2(s) \rightleftarrows Pb^{2+}(aq) + 2\,I^-(aq)$ $K_S = 1,4 \cdot 10^{-8}$

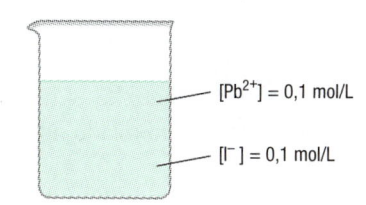

$Q = [Pb^{2+}] \cdot [I^-]^2$

$Q = 0,1 \cdot (0,1)^2$ ∴ $Q = 1,0 \cdot 10^{-3}$

$Q > K_S \rightleftarrows$ haverá precipitação de PbI_2 até que $Q = K_S$.

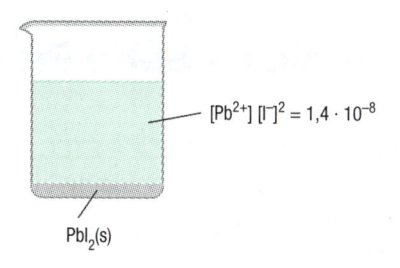

Concluímos que:

> Um composto precipita se Q (produto das concentrações dos íons) for maior que o K_S.

> $K_S < Q$ precipita.
> $K_S > Q$ não precipita.

11. Precipitação seletiva – separação de íons pela diferença de solubilidade

K_2CO_3 sólido é adicionado a uma solução que contém as seguintes concentrações de cátions: 0,030 mol/L de Mg^{2+} e 0,001 mol/L de Ca^{2+}. Determinar a ordem em que cada íon precipita por adição progressiva de K_2CO_3.

Dados: $K_S = 1 \cdot 10^{-5}$ ($MgCO_3$); $K_S = 8,7 \cdot 10^{-9}$ ($CaCO_3$).

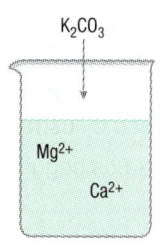

$MgCO_3$ $K_S = [Mg^{+2}] \cdot [CO_3^{2-}] \rightarrow 10^{-5} = 0,03\,[CO_3^{2-}] \rightarrow$
$\rightarrow [CO_3^{2-}] = 3,3 \cdot 10^{-4}$ mol/L maior

$CaCO_3$ $K_S = [Ca^{+2}] \cdot [CO_3^{2-}] \rightarrow 8,7 \cdot 10^{-9} = 0,001\,[CO_3^{2-}] \rightarrow$
$\rightarrow [CO_3^{2-}] = 8,7 \cdot 10^{-6}$ mol/L menor

O K_S do $CaCO_3$ será ultrapassado apenas quando $[CO_3^{2-}] > 8,7 \cdot 10^{-6}$ mol/L; portanto, o $CaCO_3$ precipita antes do $MgCO_3$, este só começará a precipitar quando $[CO_3^{2-}]$ for maior que $3,3 \cdot 10^{-4}$.

Concluímos que:

> Quando temos uma mistura, a primeira substância a precipitar é a que requer menor concentração de cátion ou de ânion, isto é, o K_S será ultrapassado em primeiro lugar.

Exercícios Série Prata

1. (CENTRO PAULA SOUZA – ETEC – SP) Em uma das Etecs, após uma partida de basquete sob sol forte, um dos alunos passou mal e foi levado ao pronto-socorro.
O médico diagnosticou desidratação e por isso o aluno ficou em observação, recebendo soro na veia. No dia seguinte, a professora de Química usou o fato para ensinar aos alunos a preparação do soro caseiro, que é um bom recurso para evitar a desidratação.

> **Soro caseiro**
> um litro de água fervida
> uma colher (de café) de sal
> uma colher (de sopa) de açúcar

Após a explicação, os alunos estudaram a solubilidade dos dois compostos em água, usados na preparação do soro, realizando dois experimentos:

I. Pesar 50 g de açúcar (sacarose) e adicionar em um béquer que continha 100 g de água sob agitação.

II. Pesar 50 g de sal (cloreto de sódio) e adicionar em um béquer que continha 100 g de água sob agitação.

Após deixar os sistemas em repouso, eles deveriam observar se houve formação de corpo de chão (depósito de substância que não se dissolveu). Em caso positivo, eles deveriam filtrar, secar, pesar o material em excesso e ilustrar o procedimento.

Um grupo elaborou os seguintes esquemas:

Experimento I

50 g de açúcar ($C_{12}H_{22}O_{11}$) + 100 g H_2O (20 °C) = estado final (sistema I)

Experimento II

50 g de sal (NaCl) + 100 g H_2O (20 °C) = 14 g de corpo de chão (NaCl(s)) estado final (sistema II)

Analisando os esquemas elaborados, é possível afirmar que, nas condições em que foram realizados os experimentos,

a) o sistema I é homogêneo e bifásico.
b) o sistema II é uma solução homogênea.
c) o sal é mais solúvel em água que a sacarose.
d) a solubilidade da sacarose em água é 50 g por 100 g de água.
e) a solubilidade do cloreto de sódio (NaCl) em água é de 36 g por 100 g de água.

2. A solubilidade de um sal é de 60 g por 100 g de água a 80 °C. A massa em gramas desse sal, nessa temperatura, necessária para saturar 80 g de H_2O é:

a) 20   b) 48   c) 60   d) 80   e) 140

3. (MACKENZIE – SP – adaptada) Em 100 g de água a 20 °C, adicionaram-se 40,0 g de KCl. Verifique se o sistema é homogêneo ou heterogêneo.

Dado: S = 34,0 g de KCl / 100 g de H_2O (20 °C).

4. (UFRN – adaptada) Analisando a tabela de solubilidade de K_2SO_4 a seguir, indique a massa de K_2SO_4 que precipitará quando a solução (ver tabela) for devidamente resfriada de 80 °C até atingir a temperatura de 20 °C:

a) 28 g   b) 18 g   c) 10 g   d) 8 g

Temperatura (°C)	0	20	40	60	80	90
K_2SO_4(g/100 g de H_2O)	7,1	10,0	13,0	15,5	18,0	19,3

5. (CESGRANRIO – RJ) A curva de solubilidade de um sal hipotético é:

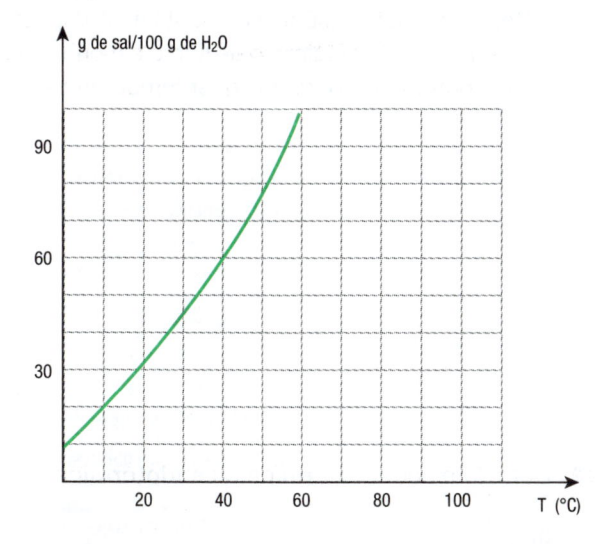

a) Indique a solubilidade do sal a 20 °C.
b) Calcule a quantidade de água necessária para dissolver 30 g do sal a 35 °C.

6. Dadas as curvas de solubilidade dos sais hipotéticos **A** e **B**:

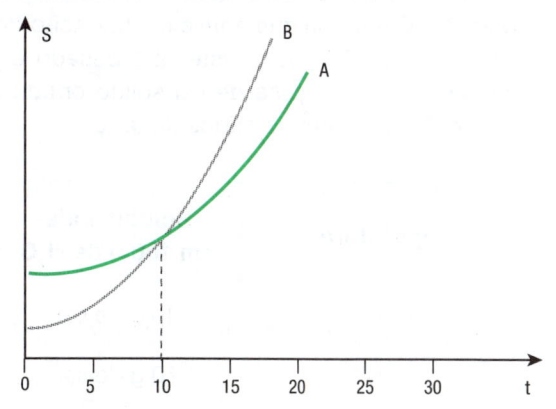

a) Indique o sal mais solúvel a 5 °C.
b) Indique o sal mais solúvel a 15 °C.
c) Indique a temperatura em que as solubilidades dos sais são iguais.

7. Dada a curva de solubilidade de um determinado sal:

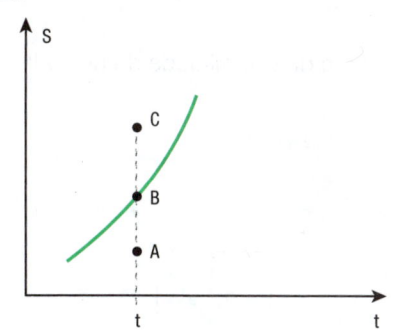

No ponto **A** temos uma solução _____ .
No ponto **B** temos uma solução _____ .
No ponto **C** temos uma solução _____ .

8. A 22 °C, a solubilidade de uma substância **X** em água é igual a 15 g de **X** por 100 g de H_2O. 61 g de **X** são adicionados a 400 g de água, a 22 °C. A solução obtida:

a) é saturada sem corpo de fundo.
b) é supersaturada.
c) é diluída.
d) é insaturada.
e) é saturada com corpo de fundo.

9. Um técnico preparou 340 g de solução saturada de um sal, a 50 °C. Em seguida, resfriou o sistema para 20 °C e notou que houve cristalização do sal sólido. Tendo filtrado o sistema e pesado o precipitado, qual a massa de sal sólido obtida pelo técnico? Considere os dados da tabela:

Temperatura	Solubilidade em 100 g de H_2O
20 °C	40 g de sal
50 °C	70 g de sal

10. Dada a curva de solubilidade de um sal:

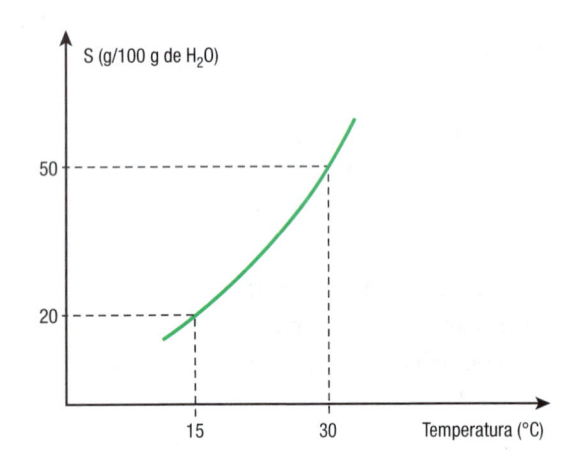

Determine a massa de sal que irá cristalizar no resfriamento de 75 g de solução saturada, de 30 °C para 15 °C.

11. (UPE) O gráfico a seguir mostra curvas de solubilidade para substâncias nas condições indicadas e pressão de 1 atm.

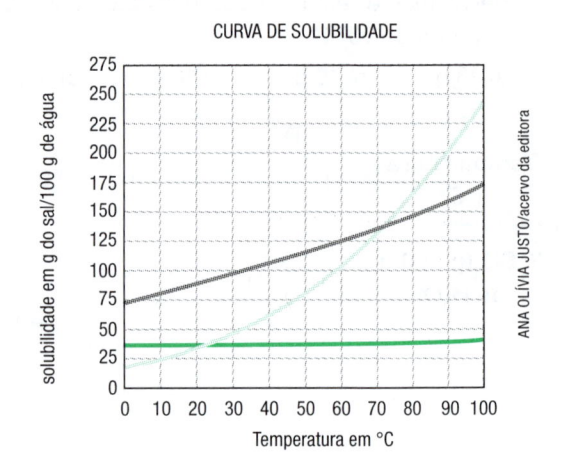

CURVA DE SOLUBILIDADE

A interpretação dos dados desse gráfico permite afirmar CORRETAMENTE que

a) compostos iônicos são insolúveis em água, na temperatura de 0 °C.
b) o cloreto de sódio é pouco solúvel em água à medida que a temperatura aumenta.
c) sais diferentes podem apresentar a mesma solubilidade em uma dada temperatura.
d) a solubilidade de um sal depende, principalmente, da espécie catiônica presente no composto.
e) a solubilidade do cloreto de sódio é menor que a dos outros sais para qualquer temperatura.

12. Complete com **exotérmica** ou **endotérmica**.

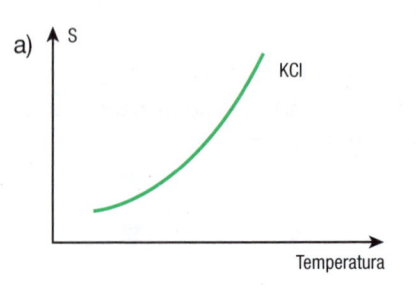

a)

dissolução _____

calor favorece a dissolução

$KNO_3(s)$ + calor $\longrightarrow$ $KNO_3(aq)$

temperatura da água diminui

b)

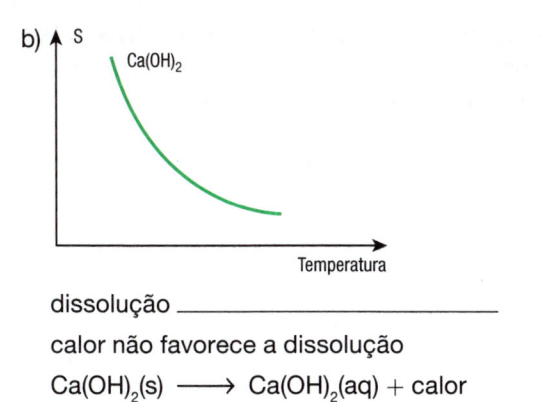

S — Ca(OH)₂ vs Temperatura

dissolução _____
calor não favorece a dissolução
Ca(OH)₂(s) ⟶ Ca(OH)₂(aq) + calor
temperatura da água aumenta

13.

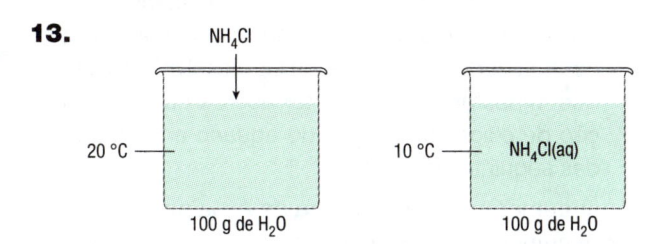

NH₄Cl adicionado a 100 g de H₂O a 20 °C → NH₄Cl(aq) a 10 °C em 100 g de H₂O

Explique o tipo de dissolução ocorrido no sistema.

14. Dada a curva de solubilidade:

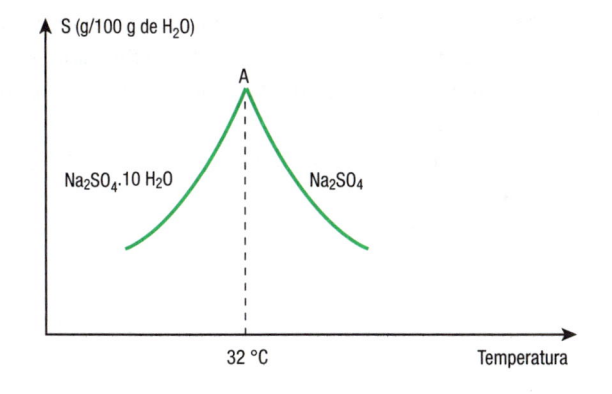

S (g/100 g de H₂O) — Na₂SO₄·10 H₂O à esquerda, Na₂SO₄ à direita, ponto A em 32 °C.

Pede-se:
a) A fórmula do sal que corresponde ao corpo de fundo antes de 32 °C.
b) A fórmula do sal que corresponde ao corpo de fundo depois de 32 °C.
c) Explique o que ocorre no ponto de inflexão (A).

15. (UNIP – SP) Considere as curvas de solubilidade do cloreto de sódio (NaCl) e do nitrato de potássio (KNO₃).

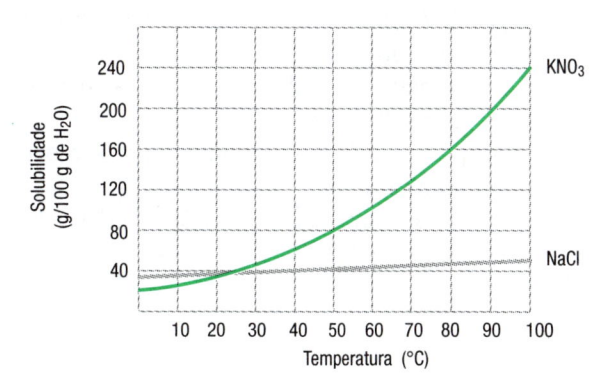

Solubilidade (g/100 g de H₂O) × Temperatura (°C)

Pode-se afirmar que:

a) uma solução aquosa de NaCl que contém 25 g de NaCl dissolvidos em 100 g de água, a 20 °C, é saturada.
b) o nitrato de potássio é mais solúvel que o cloreto de sódio, a 10 °C.
c) o nitrato de potássio é aproximadamente seis vezes mais solúvel em água a 100 °C do que a 25 °C.
d) a dissolução do nitrato de potássio em água é um processo exotérmico.
e) a 100 °C, 240 gramas de água dissolvem 100 gramas de nitrato de potássio formando solução saturada.

16. (PUC – MG) O diagrama representa curvas de solubilidade de alguns sais em água.

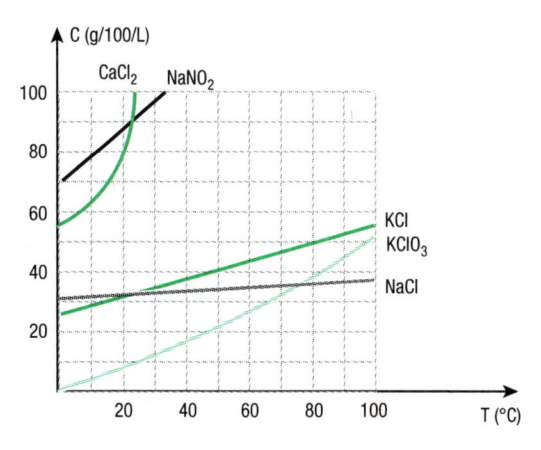

C (g/100 L) × T (°C) — curvas: CaCl₂, NaNO₂, KCl, KClO₃, NaCl

Cap. 13 | Equilíbrio da Dissolução

Com relação ao diagrama anterior, é correto afirmar:

a) O NaCl é insolúvel em água.
b) O KClO$_3$ é mais solúvel do que o NaCl a temperatura ambiente.
c) A substância mais solúvel em água, a uma temperatura de 10 °C, é KClO$_3$.
d) O KCl e o NaCl apresentam sempre a mesma solubilidade.
e) A 25 °C, a solubilidade do CaCl$_2$ e a do NaNO$_2$ são praticamente iguais.

Observando o gráfico a seguir responda as questões 17, 18, 19 e 20.

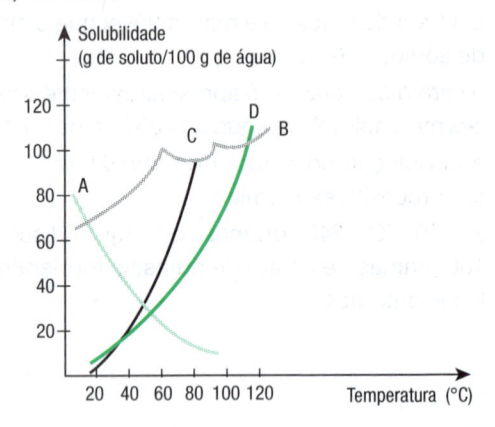

17. Qual das substâncias tem a sua solubilidade diminuída com a elevação da temperatura?

18. Qual a máxima quantidade de **A** que conseguimos dissolver em 100 g de H$_2$O a 20 °C?

19. Qual das curvas de solubilidade representa a dissolução de um sal hidratado?

20. Qual é a massa de **D** que satura 500 g de água a 100 °C? Indique a massa da solução obtida (massa do soluto + massa do solvente).

21. (UNICAMP – SP) Quando borbulha o ar atmosférico, que contém cerca de 20% de oxigênio, em um aquário mantido a 20 °C, resulta uma solução que contém certa quantidade de O$_2$ dissolvido. Explique que expectativa se pode ter acerca da concentração de oxigênio na água do aquário em cada uma das seguintes hipóteses:

a) aumento da temperatura da água para 40 °C.
b) aumento da concentração atmosférica de O$_2$ para 40%.

22. Um refrigerante está contido em uma garrafa fechada, a 25 °C, com gás carbônico exercendo pressão de 5 atm sobre o líquido. Determine a solubilidade do CO$_2$. Considere desprezível a reação do CO$_2$ com a água.

Dado: constante de Henry do CO$_2$ a 25 °C = $= \dfrac{1}{32}$ mol · L^{-1} · atm^{-1}.

23. (FATEC – SP) Considere a seguinte informação:

"Quando um mergulhador sobe rapidamente de águas profundas para a superfície, bolhas de ar dissolvido no sangue e outros fluidos do corpo borbulham para fora da solução. Estas bolhas impedem a circulação do sangue e afetam os impulsos nervosos, podendo levar o indivíduo à morte".

Dentre os gráficos esboçados a seguir, relativos à variação da solubilidade do O$_2$ no sangue em função da pressão, o que melhor se relaciona com o fato descrito é:

a) [graph: [O₂] mol/L vs Pressão (atm), linear increasing]

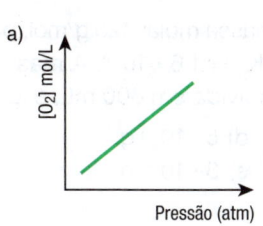

b) [graph: [O₂] mol/L vs Pressão (atm), linear decreasing]

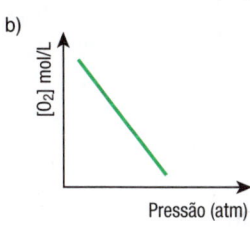

c) [graph: [O₂] mol/L vs Pressão (atm), decreasing curve]

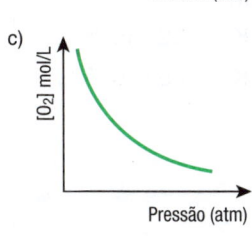

d) [graph: [O₂] mol/L vs Pressão (atm), vertical line]

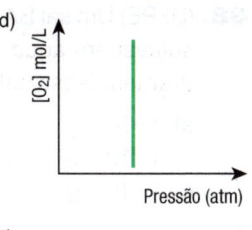

e) [graph: [O₂] mol/L vs Pressão (atm), U-shaped curve]

28. Complete com **endotérmica** ou **exotérmica**.

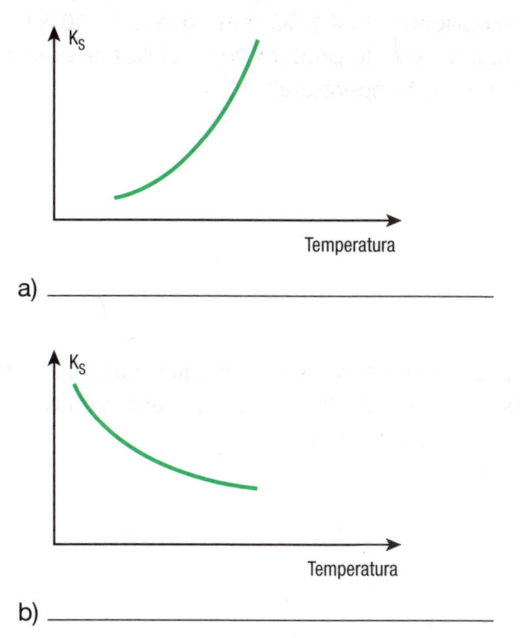

a) [graph: K_S vs Temperatura, increasing curve] _____

b) [graph: K_S vs Temperatura, decreasing curve] _____

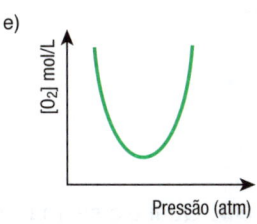

Escreva a expressão do K_S para as questões de **24** a **27**.

24. $BaSO_4(s) \rightleftharpoons Ba^{2+}(aq) + SO_4^{2-}(aq)$
$K_S =$

25. $Mg(OH)_2(s) \rightleftharpoons Mg^{2+}(aq) + 2\,OH^-(aq)$
$K_S =$

26. $Ag_2SO_4(s) \rightleftharpoons 2\,Ag^+(aq) + SO_4^{2-}(aq)$
$K_S =$

27. $Ca_3(PO_4)_2(s) \rightleftharpoons 3\,Ca^{2+}(aq) + 2\,SO_4^{3-}(aq)$
$K_S =$

Escrever a relação entre a constante do produto de solubilidade e a solubilidade em mol/L para os exercícios **29** a **32**.

29. $BaSO_4(s) \rightleftharpoons Ba^{2+}(aq) + SO_4^{2-}(aq)$

30. $Mg(OH)_2 \rightleftharpoons Mg^{2+}(aq) + 2\,OH^-(aq)$

31. $Fe(OH)_3(s) \rightleftharpoons Fe^{3+}(aq) + 3\,OH^-(aq)$

32. $Ca_3(PO_4)_2(s) \rightleftharpoons 3\,Ca^{2+}(aq) + 2\,PO_4^{3-}(aq)$

33. (FUVEST – SP) Em determinada temperatura, a solubilidade do Ag_2SO_4 em água é $2 \cdot 10^{-2}$ mol/L. Qual o valor do produto de solubilidade desse sal, à mesma temperatura?

34. A solubilidade do HgS, em água numa dada temperatura, é $3,0 \cdot 10^{-26}$ mol/L. Determine o K_S desse sal nessa temperatura.

35. A solubilidade do cloreto de chumbo (II) em água é $1,6 \cdot 10^{-2}$ mol/L. O K_S nessa temperatura será aproximadamente igual a:
a) $1,64 \cdot 10^{-6}$
b) $2,24 \cdot 10^{-6}$
c) $1,60 \cdot 10^{-2}$
d) $3,28 \cdot 10^{-4}$
e) $1,64 \cdot 10^{-5}$

36. Sabendo que para o $PbBr_2$ o K_S vale $4 \cdot 10^{-6}$, determine o valor da solubilidade desse sal, em mol/L.

37. O produto de solubilidade do sulfato de chumbo (II) é $2,25 \cdot 10^{-8}$, a 25 °C. Calcule a solubilidade do sal, em mol/L e g/L nessa temperatura.
Dado: massa molar $PbSO_4$ = 303 g/mol.

38. (UFPE) Um sal BA, de massa molar 125 g/mol, pouco solúvel em água, tem $K_S = 1,6 \cdot 10^{-9}$. A massa em gramas desse sal, dissolvida em 800 mL, é igual a:
a) $3 \cdot 10^{-3}$ g
b) $4 \cdot 10^{-5}$ g
c) $4 \cdot 10^{-3}$ g
d) $5 \cdot 10^{-3}$ g
e) $3 \cdot 10^{-4}$ g

39. Qual é o sal mais solúvel?
AgCl $K_S = 1,2 \cdot 10^{-10}$
AgI $K_S = 1,5 \cdot 10^{-16}$

40. Qual o sal é mais solúvel?
$BaCO_3$ $K_S = 4,9 \cdot 10^{-9}$
CaF_2 $K_S = 4 \cdot 10^{-12}$

41. Complete com =, < ou >.
$$BaSO_4(s) \rightleftarrows Ba^{2+}(aq) + SO_4^{2-}(aq)$$
a) $[Ba^{2+}][SO_4^{2-}]$ _____ K_S A solução fica insaturada, não se formando o precipitado.
b) $[Ba^{2+}][SO_4^{2-}]$ _____ K_S A solução fica saturada sem corpo de fundo.
c) $[Ba^{2+}][SO_4^{2-}]$ _____ K_S A solução fica saturada com corpo de fundo (ocorre a precipitação).

42. (OPEQ) Em uma solução de 0,01 mol/L de NaCl é dissolvido $AgNO_3$, lenta e continuamente, até que se inicie a precipitação do AgCl. Sabendo que o K_S do AgCl vale $2 \cdot 10^{-10}$, determine a concentração de íons Ag^+ necessária para que se inicie a precipitação.

43. Em uma solução de 0,002 mol/L de $Pb(NO_3)_2$ é dissolvido NaCl, lenta e continuamente, até que se inicie a precipitação de $PbCl_2$ ($K_S = 2 \cdot 10^{-5}$). Qual é a concentração de íons cloreto (Cl^-) no momento que se inicia a precipitação?

46. (MACKENZIE – SP) Uma solução aquosa é 0,10 mol/L com respeito a cada um dos cátions seguintes: Cu^{++}; Mn^{++}; Zn^{++}; Hg^{++} e Fe^{++}. As constantes do produto de solubilidade (K_{PS}) para o CuS, MnS, ZnS, HgS e FeS são, respectivamente, $8,5 \cdot 10^{-45}$; $1,4 \cdot 10^{-15}$; $4,5 \cdot 10^{-24}$; $3 \cdot 10^{-53}$ e $3,7 \cdot 10^{-19}$. Se íons de sulfeto (S^{2-}) forem introduzidos gradualmente na solução acima, o cátion que primeiro precipitará será o:

a) Cu^{++} b) Mn^{++} c) Zn^{++} d) Hg^{++} e) Fe^{++}

44. Observe o esquema.

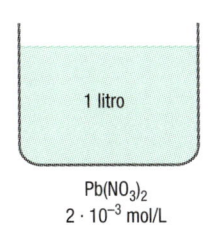

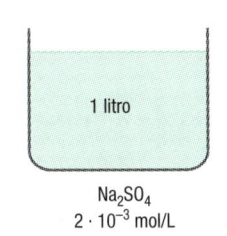

[Béquer 1: 1 litro — $Pb(NO_3)_2$ — $2 \cdot 10^{-3}$ mol/L]
[Béquer 2: 1 litro — Na_2SO_4 — $2 \cdot 10^{-3}$ mol/L]

Misturando-se volumes iguais das duas soluções, verificar se ocorre ou não precipitação.

Dado: $K_S = 1,3 \cdot 10^{-8}$ ($PbSO_4$).

47. (FUVEST – SP) Em um béquer foram misturadas soluções aquosas de cloreto de potássio, sulfato de sódio e nitrato de prata, ocorrendo, então, a formação de um precipitado branco, que se depositou no fundo do béquer. A análise da solução sobrenadante revelou as seguintes concentrações:

$[Ag^+] = 1,0 \cdot 10^{-3}$ mol/L

$[SO_4^{2-}] = 1,0 \cdot 10^{-1}$ mol/L

$[Cl^-] = 1,6 \cdot 10^{-7}$ mol/L

De que é constituído o sólido formado? Justifique.

45. Uma solução aquosa contém 0,1 mol/L de Cl^- e 0,1 mol/L de Br^-. Se íons Ag^+ forem introduzidos nessa solução, o ânion que primeiro precipitará será o:

a) Cl^-
b) Br^-

Dados: AgCl $K_S = 1,2 \cdot 10^{-10}$; AgBr $K_S = 4,8 \cdot 10^{-13}$

Composto	Produto de solubilidade	Cor
AgCl	$1,6 \cdot 10^{-10}$	branca
Ag_2SO_4	$1,4 \cdot 10^{-5}$	branca

48. Considere uma solução saturada de cloreto de prata contendo corpo de fundo. Adicionando-se pequena quantidade de cloreto de sódio sólido, qual a modificação observada no corpo de fundo?

a) Aumentará.
b) Diminuirá.
c) Permanecerá constante.
d) Diminuirá e depois aumentará.
e) Aumentará e depois diminuirá.

49. Sabendo que o K_s do AgCl vale $2 \cdot 10^{-10}$, a 25 °C, calcule a solubilidade do AgCl em:

a) água pura, a 25 °C. **Dado:** $\sqrt{2} = 1,4$.
b) uma solução contendo 0,1 mol/L de íons Ag⁺, a 25 °C.

50. Considerando que o K_s do CaCO$_3$ vale $3,0 \cdot 10^{-9}$, a 25 °C, calcule a solubilidade do CaCO$_3$ em:

a) água pura, a 25 °C. **Dado:** $\sqrt{30} = 5,5$.
b) uma solução contendo 0,01 mol/L de íons CO_3^{2-}, a 25 °C.

51. (PUC – SP) Uma solução saturada de base, representada por X(OH)$_2$ tem um pH = 10 a 25 °C. O K_s vale:

a) $5 \cdot 10^{-13}$
b) $2 \cdot 10^{-13}$
c) $6 \cdot 10^{-12}$
d) $1 \cdot 10^{-12}$
e) $3 \cdot 10^{-10}$

52. (CESGRANRIO – RJ) Calcule o pH da suspensão a 25 °C, sabendo-se que na temperatura em questão o K_s do Mg(OH)$_2$ é 10^{-12}.

a) 6   b) 8   c) 2,4   d) 7,9   e) 10,1

Dados: log 2 = 0,3, log 3 = 0,48, log 4 = 0,6, log 5 = 0,7.

53. (UEM) O $CaCO_3$ é um sal pouco solúvel em água. Sabe-se que o valor da constante do produto de solubilidade (K_{PS}) do $CaCO_3$, a 25 °C, é igual a $4,0 \cdot 10^{-10}$.

$CaCO_3(s) \rightleftarrows Ca^{+2}(aq) + (CO_3)^{2-}(aq)$ $\Delta H > 0$

Com relação a esse equilíbrio, assinale o que for correto.

(01) O valor da constante do produto de solubilidade não depende da temperatura.

(02) A solubilidade desse sal, a 25 °C, é de 2,0 mg/L.

(04) A quantidade máxima desse sal que se dissolve em 6,0 L de água, a 25 °C, é de 12,0 mol.

(08) Esse tipo de equilíbrio é chamado de heterogêneo.

(16) A dissolução desse sal em água é um processo exotérmico.

Dado: massa molar do $CaCO_3$ = 100 g/mol.

Resolução:

(01) *Falso.*

As constantes de equilíbrio dependem da temperatura.

(02) *Correto.*

Se a solubilidade for x mol/L, teremos:

$CaCO_3(s) \rightleftarrows Ca^{+2}(aq) + CO_3^{2-}(aq)$
                         x mol/L   x mol/L

$K_{PS} = [Ca^{2+}][CO_3^{2-}]$

$4,0 \cdot 10^{-10} = x \cdot x$

$x = \sqrt{4,0 \cdot 10^{-10}} = 2,0 \cdot 10^{-5}$ mol/L

1 mol de $CaCO_3$ ——— 100 g
$2,0 \cdot 10^{-5}$ mol de $CaCO_3$ ——— y

$y = 2,0 \cdot 10^{-3}$ g = 2,0 mg

∴ solubilidade = 2,0 mg/L

(04) *Falso.*

$2,0 \cdot 10^{-5}$ mol ——— 1 L
y ——— 6 L

$y = 12,0 \cdot 10^{-5}$ mol

(08) *Correto.*

Apresenta duas fases.

(16) *Falso.*

$\Delta H > 0 \Rightarrow$ dissolução endotérmica.

Exercícios Série Ouro

1. (FUVEST – SP) 160 gramas de uma solução aquosa saturada de sacarose a 30 °C são resfriados a 0 °C. Quanto do açúcar cristaliza?

Temperatura (°C)	Solubilidade da sacarose g/100 g de H_2O
0	180
30	220

a) 20 g   b) 40 g   c) 50 g   d) 64 g   e) 90 g

2. (UNIFESP) A lactose, principal açúcar do leite da maioria dos mamíferos, pode ser obtida a partir do leite de vaca por uma sequência de processos. A fase final envolve a purificação por recristalização em água. Suponha que, para esta purificação, 100 kg de lactose foram tratados com 100 L de água, a 80 °C, agitados e filtrados a esta temperatura. O filtrado foi resfriado a 10 °C. Solubilidade da lactose, em kg/100 L de H_2O:

a 80 °C ——————— 95
a 10 °C ——————— 15

A massa máxima de lactose, em kg, que deve cristalizar com este procedimento é, aproximadamente:

a) 5   b) 15   c) 80   d) 85   e) 95

3. (FATEC – SP) O processo Solvay de obtenção do Na_2CO_3, matéria-prima importante na fabricação do vidro, envolve os reagentes CO_2, NH_3 e solução saturada de NaCl. Na solução final encontram-se os íons $NH_4^+(aq)$, $Na^+(aq)$, $Cl^-(aq)$ e $HCO_3^-(aq)$. Analisando, no gráfico apresentado, as curvas de solubilidade em função da temperatura, é correto afirmar que, na temperatura de 20 °C, o sólido que deverá precipitar primeiro é o:

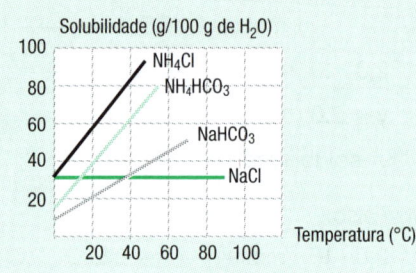

a) NH_4Cl
b) $NaHCO_3$
c) NH_4HCO_3
d) NaCl
e) Na_2CO_3

Resolução:

Na cristalização fracionada devido a evaporação da água vai precipitar o composto de menor solubilidade. Nas salinas a água evapora ocorrendo a precipitação de NaCl (sal de menor solubilidade).

No nosso exemplo vai precipitar em primeiro lugar o $NaHCO_3$ menor solubilidade a 20 °C. A precipitação é devido a evaporação da água.

Resposta: alternativa b.

4. (UNESP) Os coeficientes de solubilidade do hidróxido de cálcio ($Ca(OH)_2$), medidos experimentalmente com o aumento regular da temperatura, são mostrados na tabela.

Temperatura (°C)	Coeficiente de solubilidade (g de $Ca(OH)_2$ por 100 g de H_2O)
0	0,185
10	0,176
20	0,165
30	0,153
40	0,141
50	0,128
60	0,116
70	0,106
80	0,094
90	0,085
100	0,077

a) Com os dados de solubilidade do $Ca(OH)_2$ apresentados na tabela, faça um esboço do gráfico do Coeficiente de Solubilidade desse composto em função da temperatura e indique os pontos onde as soluções desse composto estão saturadas e os pontos onde essas soluções não estão saturadas.

b) Indique, com justificativa, se a dissolução do $Ca(OH)_2$ é exotérmica ou endotérmica.

5. (UFSCar – SP) As solubilidades dos sais KNO_3 e $Ce_2(SO_4)_3$ em água, medidas em duas temperaturas diferentes, são fornecidas na tabela a seguir.

Sal	Solubilidade, em g de sal/100 g de água	
	10 °C	80 °C
KNO_3	13,3	169,6
$Ce_2(SO_4)_3$	10,1	2,2

Com base nestes dados, pode-se afirmar que:

a) a dissolução de KNO_3 em água é um processo exotérmico.
b) a dissolução de $Ce_2(SO_4)_3$ em água é acompanhada de absorção de calor do ambiente.
c) os dois sais podem ser purificados pela dissolução de cada um deles em volumes adequados de água a 80 °C, seguido do resfriamento de cada uma das soluções a 10 °C.
d) se 110,1 g de uma solução saturada de $Ce_2(SO_4)_3$ a 10 °C forem aquecidos a 80 °C, observa-se a deposição de 2,2 g do sal sólido.
e) a adição de 100 g de KNO_3 a 100 g de água a 80 °C dá origem a uma mistura homogênea.

6. (FUVEST – SP) Quando o composto LiOH é dissolvido em água, forma-se uma solução aquosa que contém os íons Li$^+$(aq) e OH$^-$(aq). Em um experimento, certo volume de solução aquosa de LiOH, à temperatura ambiente, foi adicionado a um béquer de massa 30,0 g, resultando na massa total de 50,0 g. Evaporando a solução **até a secura**, a massa final (béquer + resíduo) resultou igual a 31,0 g. Nessa temperatura, a solubilidade de LiOH em água é cerca de 11 g por 100 g de solução. Assim sendo, pode-se afirmar que, na solução da experiência descrita, a porcentagem, em massa, de LiOH era de:

a) 5,0%, sendo a solução insaturada.
b) 5,0%, sendo a solução saturada.
c) 11%, sendo a solução insaturada.
d) 11%, sendo a solução saturada.
e) 20%, sendo a solução supersaturada.

7. (UNIFESP) As solubilidades dos sais KNO$_3$ e NaCl, expressas em gramas do sal por 100 gramas de água, em função da temperatura, estão representadas no gráfico a seguir.

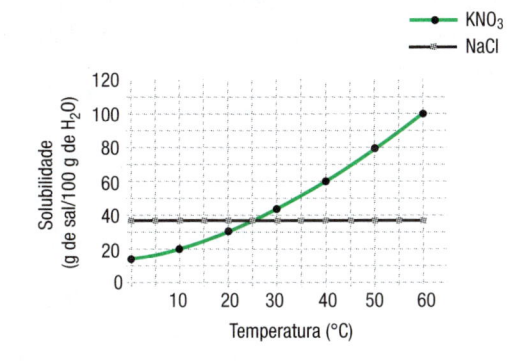

Com base nas informações fornecidas, pode-se afirmar corretamente que:

a) as dissoluções dos dois sais em água são processos exotérmicos.
b) quando se adicionam 50 g de KNO$_3$ em 100 g de água a 25 °C, todo o sólido se dissolve.
c) a solubilidade do KNO$_3$ é maior que a do NaCl para toda a faixa de temperatura abrangida pelo gráfico.
d) quando se dissolvem 90 g de KNO$_3$ em 100 g de água em ebulição, e em seguida se resfria a solução a 20 °C, recupera-se cerca de 30 g do sal sólido.
e) a partir de uma amostra contendo 95 g de KNO$_3$ e 5 g de NaCl, pode-se obter KNO$_3$ puro por cristalização fracionada.

8. (FUVEST – SP) Uma mistura constituída de 45 g de cloreto de sódio e 100 mL de água, contida em um balão e inicialmente a 20 °C, foi submetida à destilação simples, sob pressão de 700 mm Hg, até que fossem recolhidos 50 mL de destilado. O esquema a seguir representa o conteúdo do balão de destilação, antes do aquecimento:

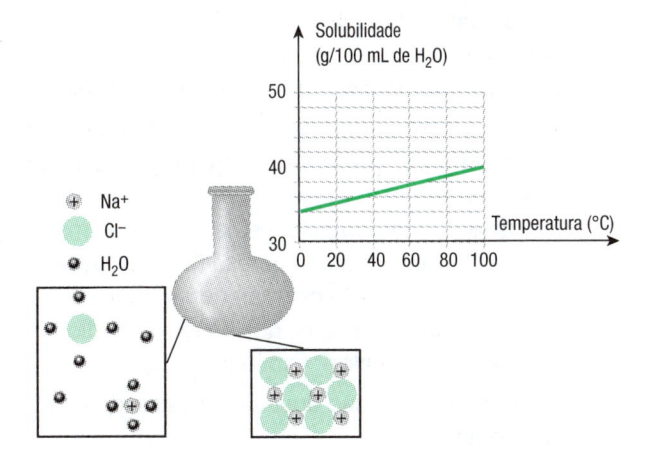

a) De forma análoga à mostrada acima, represente a fase do vapor, durante a ebulição.
b) Qual a massa de cloreto de sódio que está dissolvida, a 20 °C, após terem sido recolhido 50 mL de destilado? Justifique.

9. (FUVEST – SP) Industrialmente, o clorato de sódio é produzido pela eletrólise de salmoura* aquecida, em uma cuba eletrolítica, de tal maneira que o cloro formado no ânodo se mistura e reage com o hidróxido de sódio formado no cátodo. A solução resultante contém cloreto de sódio e clorato de sódio.

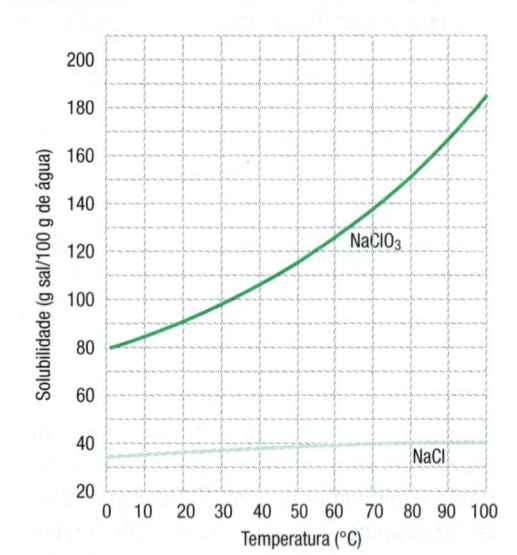

Ao final de uma eletrólise de salmoura, retiraram-se da cuba eletrolítica, a 90 °C, 310 g de solução aquosa saturada tanto de cloreto de sódio quanto de clorato de sódio. Essa amostra foi resfriada a 25 °C, ocorrendo a separação de material sólido.

a) Quais as massas de cloreto de sódio e de clorato de sódio presentes nos 310 g da amostra retirada a 90 °C? Explique.
b) No sólido formado pelo resfriamento da amostra a 25 °C, qual o grau de pureza (% em massa) do composto presente em maior quantidade?
c) A dissolução, em água, do clorato de sódio libera ou absorve calor? Explique.

* salmoura = solução aquosa saturada de cloreto de sódio.

10. (FASM – SP) A cafeína é muito utilizada por atletas, mas existe preocupação com o abuso do seu consumo. Recentemente, alguns estudos mostraram que os efeitos da cafeína na melhora da tolerância ao exercício prolongado devem-se ao aumento da mobilização da gordura durante o exercício, preservando os estoques de glicogênio muscular.

Disponível em: <www.globo.com>. Adaptado.

cafeína

O gráfico representa a curva de solubilidade da cafeína em água.

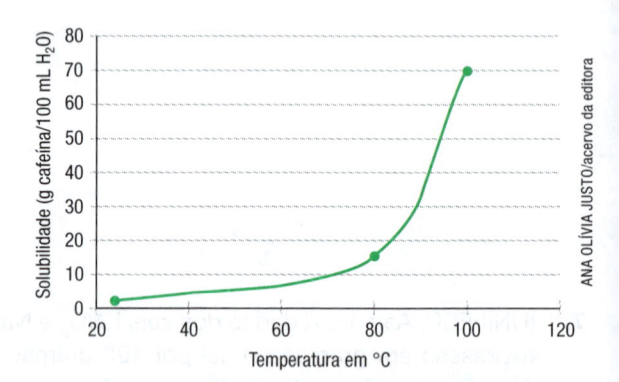

Quando uma solução saturada de cafeína contendo 200 mL de água é resfriada de 100 °C para 80 °C, a quantidade máxima de cafeína cristalizada, em gramas, será igual a

a) 110.
b) 70.
c) 35.
d) 55.
e) 15.

11. (UFRGS – RS) A solubilidade aquosa do KNO₃ é de 36 g/100 mL, na temperatura 25 °C, e de 55 g/100 mL na temperatura de 35 °C.

Uma solução de KNO₃ preparada em água a 30 °C, contendo 55 g deste sal em 100 mL de água será uma

a) solução saturada, porém sem precipitado.
b) solução saturada na presença de precipitado.
c) solução não saturada, porém sem precipitado.
d) solução não saturada na presença de precipitado.
e) mistura heterogênea formada por sal precipitado e água pura.

12. (FATEC – SP) A partir do gráfico abaixo são feitas as afirmações de I a IV.

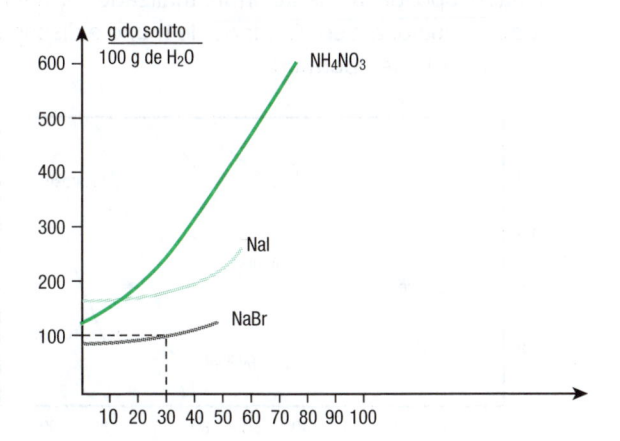

I. Se acrescentarmos 250 g de NH₄NO₃ a 50 g de água a 60 °C, obteremos uma solução saturada com corpo de chão.
II. A dissolução, em água, do NH₄NO₃ e de NaI ocorre com liberação e absorção de calor, respectivamente.
III. A 40 °C, o NaI é mais solúvel que o NaBr e menos solúvel que o NH₄NO₃.
IV. Quando uma solução aquosa saturada de NH₄NO₃, inicialmente preparada a 60 °C, for resfriada a 10 °C, obteremos uma solução insaturada.

Está correto apenas o que se afirma em:

a) I e II.
b) I e III.
c) I e IV.
d) II e III.
e) III e IV.

13. (UFRJ) Os frascos a seguir contêm soluções saturadas de cloreto de potássio (KCl) em duas temperaturas diferentes. Na elaboração das soluções foram adicionados, em cada frasco, 400 mL de água e 200 g de KCl.

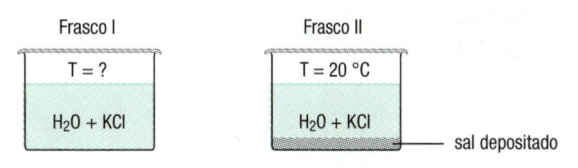

O diagrama a seguir representa a solubilidade do KCl em água, em gramas de soluto/100 mL de H₂O, em diferentes temperaturas.

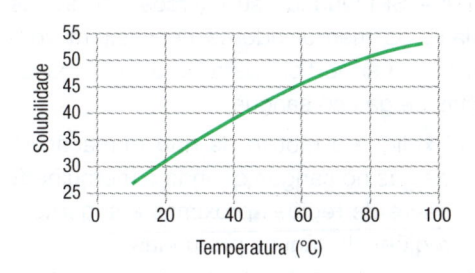

a) Determine a temperatura da solução do frasco I.
b) Sabendo que a temperatura do frasco II é de 20 °C, calcule a quantidade de sal (KCl) depositado no fundo do frasco.

14. (FUVEST – SP) O gráfico representa a curva de solubilidade do nitrato de potássio (KNO₃).

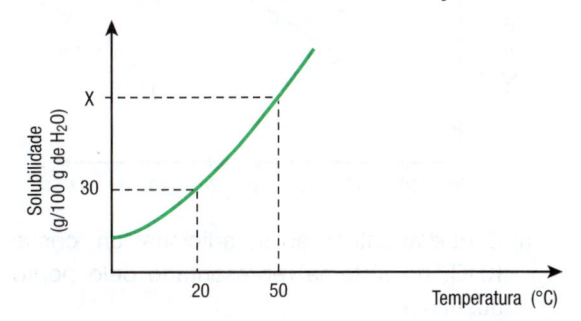

Cap. 13 | Equilíbrio da Dissolução **301**

Uma solução saturada sem corpo de fundo com massa igual a 380 g, a 50 °C, foi resfriada a 20 °C, obtendo-se 120 g de cristais de KNO_3. A solubilidade (X) de KNO_3 a 50 °C, em g/100 g de H_2O, é:

a) 200.
b) 180.
c) 120.
d) 90.
e) 60.

b) Calcule a concentração em mol/L de uma solução saturada de KNO_3 a 40 °C. Admita o volume da solução igual a 100 mL.
Dado: massa molar do KNO_3 = 100 g/mol.

c) Sabendo que 120 g de uma solução saturada, sem corpo de fundo, inicialmente à 70 °C, foi resfriada á 40 °C e que após o resfriamento ocorreu a cristalização de 40 g de KNO_3, calcule o valor de X.

15. (ITA – SP) Quando submersos em "águas profundas", os mergulhadores necessitam voltar lentamente à superfície para evitar a formação de bolhas de gás no sangue.

a) Explique o motivo da **não** formação de bolhas de gás no sangue quando o mergulhador desloca-se de regiões próximas à superfície para as regiões de "águas profundas".

b) Explique o motivo da **não** formação de bolhas de gás no sangue quando o mergulhador desloca-se muito lentamente de regiões de "águas profundas" para as regiões próximas da superfície.

c) Explique o motivo da **formação** de bolhas de gás no sangue quando o mergulhador desloca-se muito rapidamente de regiões de "águas profundas" para as regiões próximas da superfície.

16. O gráfico a seguir representa a solubilidade do KNO_3 em 100 g de água em função da temperatura:

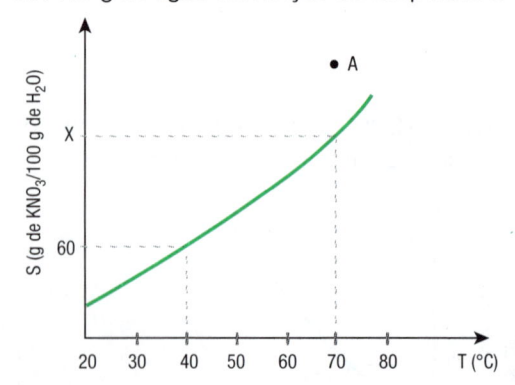

a) O que acontece ao se adicionar um cristal de KNO_3 no sistema representado pelo ponto A? Justifique.

17. (UNIMONTES – MG) A solubilidade dos açúcares é um fator importante para a elaboração de determinado tipo de alimento industrializado. A figura abaixo relaciona a solubilidade de mono e dissacarídeos com a temperatura.

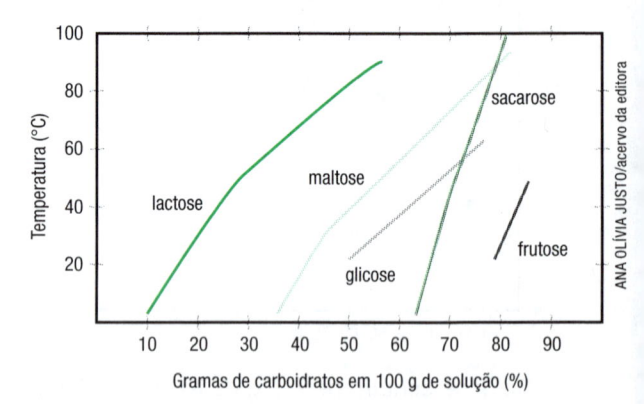

Em relação à solubilidade dos açúcares, a alternativa que **contradiz** as informações da figura é

a) A frutose constitui o açúcar menos solúvel em água, e a lactose, a mais solúvel.
b) Em temperatura ambiente, a maior solubilidade é da frutose, seguida da sacarose.
c) A solubilidade dos dissacarídeos em água aumenta com a elevação da temperatura.
d) A 56 °C, cerca de 73 g de glicose ou de sacarose dissolvem-se em 100 g de solução.

18. (UNICAMP – SP) Há uma certa polêmica a respeito da contribuição do íon fosfato, consumido em excesso, para o desenvolvimento da doença chamada osteoporose. Essa doença se caracteriza por uma diminuição da absorção de cálcio pelo organismo, com consequente fragilização dos ossos. Sabe-se que alguns refrigerantes contêm quantidades apreciáveis de ácido fosfórico, H_3PO_4, e dos ânions $H_2PO_4^-$, HPO_4^{2-} e PO_4^{3-}, originários de sua dissociação (ionização). A diminuição da absorção do cálcio pelo organismo dever-se-ia à formação do composto fosfato de cálcio, que é pouco solúvel.

a) Sabe-se que $H_2PO_4^-$ e HPO_4^{2-} são ácidos fracos, que o pH do estômago é aproximadamente 1 e que o do intestino é superior a 8. Nessas condições, em que parte do aparelho digestório ocorre a precipitação do fosfato de cálcio? Justifique.

b) Escreva a equação química da reação entre os cátions cálcio e os ânions fosfato.

19. (UFMG) Analise estes dois equilíbrios que envolvem as espécies provenientes do PbS, um mineral depositado no fundo de certo lago:

$$PbS(s) \rightleftarrows Pb^{2+}(aq) + S^{2-}(aq)$$

$$S^{2-}(aq) + 2\,H^+(aq) \rightleftarrows H_2S(aq)$$

No gráfico, estão representadas as concentrações de Pb^{2+} e S^{2-}, originadas exclusivamente PbS, em função do pH da água:

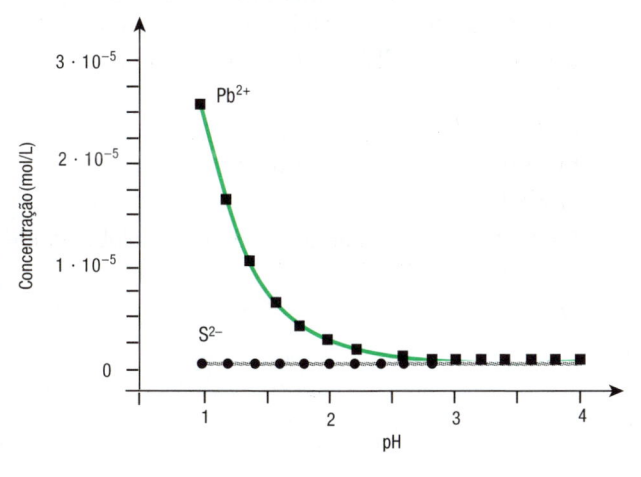

Considere que a incidência de chuva ácida sobre o mesmo lago altera a concentração das espécies envolvidas nos dois equilíbrios.

Com base nessas informações, é **CORRETO** afirmar que, na situação descrita,

a) a concentração de íons Pb^{2+} e a de S^{2-}, em pH igual a 2, são iguais.
b) a contaminação por íons Pb^{2+} aumenta com a acidificação do meio.
c) a quantidade de H_2S é menor com a acidificação do meio.
d) a solubilidade do PbS é menor com a acidificação do meio.

20. (PUC – SP) Considere os equilíbrios abaixo:

$$Ba^{2+} + SO_4^{2-} \rightleftarrows BaSO_4(s) \quad K = 1,0 \cdot 10^{10}$$

$$Pb^{2+} + SO_4^{2-} \rightleftarrows PbSO_4(s) \quad K = 5,2 \cdot 10^{7}$$

a) Qual dos sulfatos acima é mais solúvel? Justifique sua resposta.
b) Calcule a concentração de íons bário em uma solução saturada de $BaSO_4$.

21. O K_S do CaF_2 é $1,7 \cdot 10^{-10}$. Qual é a solubilidade do CaF_2 em uma solução que contém 0,35 mol/L de íons F^-?

a) $2,4 \cdot 10^{-10}$ mol/L
b) $4,9 \cdot 10^{-10}$ mol/L
c) $1,4 \cdot 10^{-9}$ mol/L
d) $1,6 \cdot 10^{-5}$ mol/L

22. (UNIP – SP) São dadas soluções $2 \cdot 10^{-3}$ mol/L de $Pb(NO_3)_2$ e de Na_2SO_4.

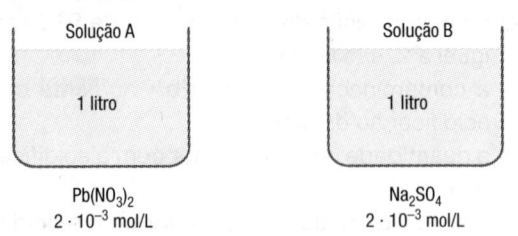

Solução A — 1 litro — $Pb(NO_3)_2$ — $2 \cdot 10^{-3}$ mol/L

Solução B — 1 litro — Na_2SO_4 — $2 \cdot 10^{-3}$ mol/L

O produto de solubilidade do sulfato de chumbo ($PbSO_4$) é $K_{PS} = 1,3 \cdot 10^{-6}$.

Analise as proposições.

I. A concentração de íons Pb^{2+} na solução A é $2 \cdot 10^{-3}$ mol/L.

II. A concentração de íons Na^{1+} na solução B é $2 \cdot 10^{-3}$ mol/L.

III. Misturando-se volumes iguais das duas soluções, forma-se um precipitado.

É(são) correta(s):

a) todas.
b) somente I e III.
c) somente I e II.
d) somente II e III.
e) somente I.

23. (FUVEST – SP) Preparam-se duas soluções saturadas, uma de oxalato de prata ($Ag_2C_2O_4$) e outra de tiocianato de prata (AgSCN). Esses dois sais têm, aproximadamente, o mesmo produto de solubilidade (da ordem de 10^{-12}). Na primeira, a concentração de íons prata é $[Ag^+]_1$ e, na segunda, $[Ag^+]_2$; as concentrações de oxalato e tiocianato são, respectivamente, $[C_2O_4^{2-}]$ e $[SCN^-]$.

Nesse caso, é correto afirmar que:

a) $[Ag^+]_1 = [Ag^+]_2$ e $[C_2O_4^{2-}] < [SCN^-]$.
b) $[Ag^+]_1 > [Ag^+]_2$ e $[C_2O_4^{2-}] > [SCN^-]$.
c) $[Ag^+]_1 > [Ag^+]_2$ e $[C_2O_4^{2-}] = [SCN^-]$.
d) $[Ag^+]_1 < [Ag^+]_2$ e $[C_2O_4^{2-}] < [SCN^-]$.
e) $[Ag^+]_1 = [Ag^+]_2$ e $[C_2O_4^{2-}] > [SCN^-]$.

24. (UNESP) Segundo a Portaria do Ministério da Saúde MS nº 1.469 de 29 de dezembro de 2000, o valor máximo permitido (VMP) da concentração do íon sulfato (SO_4^{2-}), para que a água esteja em conformidade com o padrão para consumo humano, é de 250 mg $\cdot$ L^{-1}. A análise da água de uma fonte revelou a existência de íons sulfato numa concentração de $5 \cdot 10^{-3}$ mol $\cdot$ L^{-1}.

a) Verifique se a água analisada está em conformidade com o padrão para consumo humano, de acordo com o VMP pelo Ministério da Saúde para a concentração do íon sulfato. Apresente seus cálculos.

b) Um lote de água com excesso de íons sulfato foi tratado pela adição de íons cálcio até que a concentração de íons SO_4^{2-} atingisse o VMP. Considerando que o K_{PS} para o $CaSO_4$ é $2,6 \cdot 10^{-5}$, determine o valor para a concentração final dos íons Ca^{2+} na água tratada. Apresente seus cálculos.

Dados: massas molares: Ca = 40,0 g $\cdot$ mol^{-1}; O = 16,0 g $\cdot$ mol^{-1}; S = 32,0 g $\cdot$ mol^{-1}.

25. (ITA – SP) Uma solução aquosa saturada em fosfato de estrôncio [$Sr_3(PO_4)_2$] está em equilíbrio químico à temperatura de 25 °C, e a concentração de equilíbrio do íon estrôncio, nesse sistema, é de $7,5 \cdot 10^{-7}$ mol L^{-1}.

Considerando-se que ambos os reagentes (água e sal inorgânico) são quimicamente puros, assinale a alternativa CORRETA com o valor do $pK_{PS(25\ °C)}$ do $Sr_3(PO_4)_2$.

a) 7,0
b) 13,0
c) 25,0
d) 31,0
e) 35,0

Dado: K_{PS} = constante do produto de solubilidade.

26. (MACKENZIE – SP) Íons Pb^{2+} e Cd^{2+} reagem com sulfeto de sódio (Na_2S), formando sais insolúveis em água. Pode-se afirmar que:

> Dado produto de solubilidade, K_{PS}, a 25 °C:
> Sulfeto de cádmio $K_{PS} = 4,0 \cdot 10^{-30}$
> Sulfeto de chumbo (II) $K_{PS} = 1,0 \cdot 10^{-20}$

a) a fórmula do sulfeto de chumbo II é Pb_2S.
b) o composto que precipitará primeiro será o sulfeto de cádmio.
c) Cd_2S_3 é a fórmula do sulfeto de cádmio.
d) o composto que precipitará primeiro será o sulfeto de chumbo (II).
e) o coeficiente de solubilidade a 25 °C, em mol/L, do sulfeto de cádmio é $2,0 \cdot 10^{-30}$.

27. (UNESP) Em um litro de água foram adicionados 0,005 mol de $CaCl_2$ e 0,02 mol de Na_2CO_3. Sabendo-se que o produto de solubilidade (K_{PS}) do carbonato de cálcio ($CaCO_3$) é igual a $5 \cdot 10^{-9}$ e que $K_{PS} = [Ca^{2+}] \cdot [CO_3^{2-}]$, pode-se afirmar que:

a) ocorre a precipitação de $CaCO_3$.
b) não ocorre a precipitação de $CaCO_3$ porque o pH é básico.
c) o produto das concentrações dos íons Ca^{2+} e CO_3^{2-} é menor que o valor do K_{PS}.
d) não precipita $CaCO_3$ porque a concentração de íons Ca^{2+} é menor que a concentração de íons CO_3^{2-}.
e) nessas condições, o pH da água é ácido.

28. (F. CARLOS CHAGAS) Quando se misturam volumes iguais de soluções aquosas de $CaCl_2$ e de Na_2CO_3, ambos 0,020 mol/L, há formação de um precipitado de $CaCO_3$.

Qual é a concentração dos íons CO_3^{2-} que permanecem em solução?

a) $2,5 \cdot 10^{-7}$ mol/L
b) $1,0 \cdot 10^{-6}$ mol/L
c) $7,0 \cdot 10^{-5}$ mol/L
d) $5,0 \cdot 10^{-4}$ mol/L
e) $1,0 \cdot 10^{-3}$ mol/L

Dado: $K_{PS}(CaCO_3) = 4,9 \cdot 10^{-9}$.

29. O produto de solubilidade para o fluoreto de cálcio (CaF_2) é $1,7 \cdot 10^{-10}$. Em uma solução cuja concentração de íons fluoreto é 0,2 mol/L, pode-se concluir que:

a) a solubilidade do CaF_2 é a mesma tanto em água pura como na solução de $[F^-] = 0,2$ mol/L.
b) a solubilidade do CaF_2 é maior em água pura do que na solução de $[F^-] = 0,2$ mol/L.
c) a solubilidade do CaF_2 é menor em água pura do que na solução de $[F^-] = 0,2$ mol/L.
d) os dados acima são insuficientes para se tirar qualquer conclusão.

30. (UNIFESP) Compostos de chumbo podem provocar danos neurológicos gravíssimos em homens e animais. Por essa razão, é necessário um controle rígido sobre os teores de chumbo liberado para o ambiente. Um dos meios de se reduzir a concentração do íon Pb^{2+} em solução aquosa consiste em precipitá-lo, pela formação de compostos poucos solúveis, antes do descarte final dos efluentes. Suponha que sejam utilizadas soluções de sais de Na^+ com os ânions X^{n-}, listados na tabela a seguir, com concentrações finais de X^{n-} iguais a 10^{-2} mol/L, como precipitantes.

X^{-n} (10^{-2} mol/L)	Composto precipitado	Constante do produto de solubilidade do composto a 25 °C
CO_3^{2-}	$PbCO_3$	$1,5 \cdot 10^{-13}$
CrO_4^{2-}	$PbCrO_4$	$1,8 \cdot 10^{-14}$
SO_4^{2-}	$PbSO_4$	$1,3 \cdot 10^{-19}$
S^{2-}	PbS	$7,0 \cdot 10^{-29}$
PO_4^{3-}	$Pb_3(PO_4)_2$	$3,0 \cdot 10^{-44}$

Assinale a alternativa que contém o agente precipitante mais eficiente na remoção do Pb^{2+} do efluente.

a) CO_3^{2-}
b) CrO_4^{2-}
c) SO_4^{2-}
d) S^{2-}
e) PO_4^{3-}

31. (UNIFESP) O uso de pequenas quantidades de flúor adicionadas à água potável diminui sensivelmente a incidência de cáries dentárias. Normalmente, adiciona-se um sal solúvel de flúor, de modo que se tenha 1 parte por milhão (1 ppm) de íons F^-, o que equivale a uma concentração de $5 \cdot 10^{-5}$ mol de íons F^- por litro de água.

a) Se a água contiver também íons Ca^{2+} dissolvidos, em uma concentração igual a $2 \cdot 10^{-4}$ mol/L, ocorrerá precipitação de CaF_2? Justifique sua resposta.

b) Calcule a concentração máxima de íons Ca^{2+} que pode estar presente na água contendo 1 ppm de íons F^-, sem que ocorra precipitação de CaF_2.

Dado: K_{PS} do $CaF_2 = 1,5 \cdot 10^{-10}$; K_{PS} é a constante do produto de solubilidade.

b) Determine a solubilidade molar do CO_2 na água (em mol/1 L de água) a 40 °C e 100 atm. Mostre na figura como ela foi determinada.

Dados: massa molar do $CO_2 = 44$ g/mL; $d = 1$ g/mL.

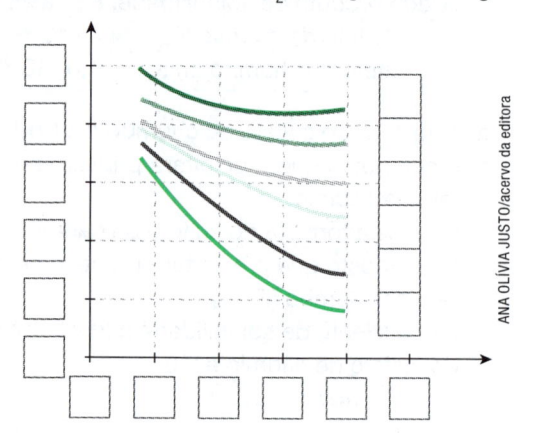

32. (UNICAMP – SP) A questão do aquecimento global está intimamente ligada à atividade humana e também ao funcionamento da natureza. A emissão de metano na produção de carnes e a emissão de dióxido de carbono em processos de combustão de carvão e derivados do petróleo são as mais importantes fontes de gases de origem antrópica. O aquecimento global tem vários efeitos, sendo um deles o aquecimento da água dos oceanos, o que, consequentemente, altera a solubilidade do CO_2 nela dissolvido. Este processo torna-se cíclico e, por isso mesmo, preocupante. A figura a seguir, preenchida de forma adequada, dá informações quantitativas da dependência da solubilidade do CO_2 na água do mar, em relação à pressão e à temperatura.

a) De acordo com o conhecimento químico, escolha adequadamente e escreva em cada quadrado da figura o valor correto, de modo que a figura fique completa e correta: *solubilidade em gramas de CO_2 /100 g água:* 2, 3, 4, 5, 6, 7; *temperatura /°C:* 20, 40, 60, 80, 100 e 120; *pressão/atm:* 50, 100, 150, 200, 300, 400.

Justifique sua resposta.

33. (UNICAMP – SP) Para fazer exames de estômago usando a técnica de raios X, os pacientes devem ingerir, em jejum uma suspensão aquosa de sulfato de bário, $BaSO_4$, que é pouco solúvel em água. Essa suspensão é preparada em uma solução de sulfato de potássio, K_2SO_4, que está totalmente dissolvido e dissociado na água. Os íons bário, Ba^{2+}, são prejudicais à saúde humana. A constante do produto de solubilidade do sulfato de bário em água, a 25 °C, é igual a $1,6 \cdot 10^{-9}$.

a) Calcule a concentração de íons bário dissolvidos em uma suspensão de $BaSO_4$ em água.

b) Por que, para a saúde humana, é melhor fazer a suspensão de sulfato de bário em uma solução de sulfato de potássio do que em água apenas? Considere que o K_2SO_4 não é prejudicial à saúde.

34. (UNICAMP – SP) A presença do íon de mercúrio (II), Hg^{2+}, em águas dos rios, lagos e oceanos, é bastante prejudicial aos seres vivos. Uma das maneiras de se diminuir a quantidade de Hg^{2+} dissolvido é provocando a sua reação com o íon sulfeto, já que a constante de solubilidade do HgS é $9 \cdot 10^{-52}$, a 25 °C. Trata-se, portanto, de um sal pouquíssimo solúvel. Baseando-se somente neste dado, responda:

a) Que volume de água, em dm^3, seria necessário para que se pudesse encontrar um único íon Hg^{2+} em uma solução saturada de HgS? Constante do Avogadro = $6 \cdot 10^{23}$ mol^{-1}.

b) O volume de água existente na Terra é, aproximadamente, $1,4 \cdot 10^{21}$ dm^3. Esse volume é suficiente para solubilizar um mol de HgS? Justifique.

35. (UNICAMP – SP) Uma indústria foi autuada pelas autoridades por poluir um rio com efluentes contendo íons Pb^{2+}. O chumbo provoca no ser humano graves efeitos toxicológicos. Para retirar o chumbo, ele poderia ser precipitado na forma de um sal pouco solúvel e, a seguir, separado por filtração.

a) Considerando apenas a constante de solubilidade dos compostos a seguir, escreva a fórmula do ânion mais indicado para a precipitação do Pb^{2+}. Justifique.

b) Se num certo efluente aquoso há $1 \cdot 10^{-3}$ mol/L de Pb^{2+} e se a ele for adicionada a quantidade estequiométrica do ânion escolhido no item **a**, qual é a concentração final de íons Pb^{2+} que sobra neste efluente? Admita que não ocorra diluição significativa ao efluente.

Dados: sulfato de chumbo $K_s = 2 \cdot 10^{-8}$; carbonato de chumbo $K_s = 2 \cdot 10^{-13}$; sulfeto de chumbo $K_s = 4 \cdot 10^{-28}$.

36. A uma solução de ácido sulfúrico, cujo volume é 10 mL, adiciona-se, gradativamente, solução de hidróxido de bário (0,1 mol/L) e mede-se continuamente a condutividade elétrica do sistema, que é mostrada no gráfico a seguir.

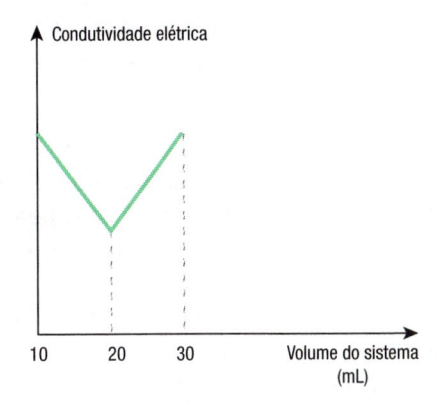

A massa do sal formada e a concentração dos íons bário na solução, no instante em que o ácido foi totalmente neutralizado, são, respectivamente,

a) 0,466 g, $1,0 \cdot 10^{-5}$ mol/L.
b) 0,466 g, $1,0 \cdot 10^{-10}$ mol/L.
c) 0,233 g, $1,0 \cdot 10^{-5}$ mol/L.
d) 0,233 g, $1,0 \cdot 10^{-10}$ mol/L.
e) 0,699 g, $1,0 \cdot 10^{-5}$ mol/L.

Dados: massas molares em g/mol: Ba = 137, S = 32, O = 16, constante do produto de solubilidade do $BaSO_4 = 1,0 \cdot 10^{-10}$ (25 °C); temperatura da experiência = 25 °C.

37. (FUVEST – SP) Num laboratório de ensino de Química, foram realizados dois experimentos:

I. Uma solução aquosa bastante concentrada de nitrato de prata ($AgNO_3$) foi adicionada, gradativamente, a 100 mL de uma solução aquosa de cloreto de sódio de concentração desconhecida.

II. Fluoreto de lítio sólido (LiF) foi adicionado, gradativamente, a 100 mL de água pura.

Em ambos os experimentos, registrou-se a condutibilidade elétrica em função da quantidade (em mol) de $AgNO_3$ e LiF adicionados. No experimento I, a solução de $AgNO_3$ era suficientemente concentrada para que não houvesse variação significativa do volume da solução original de cloreto de sódio. No experimento II, a quantidade total de LiF era tão pequena que variações de volume do líquido puderam ser desprezadas.

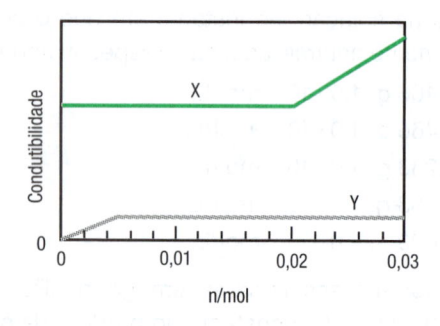

Utilize o gráfico para responder:

a) Qual dos registros, X ou Y, deve corresponder ao experimento I e qual deve corresponder ao experimento II? Explique seu raciocínio.
b) Qual era a concentração da solução de cloreto de sódio original? Justifique.
c) Qual é a solubilidade do LiF, em mol por 100 mL de água? Justifique.

Dados: o produto de solubilidade do cloreto de prata é igual a $1,8 \cdot 10^{-10}$. A contribuição dos íons nitrato e cloreto, para a condutibilidade da solução, é praticamente a mesma.

Exercícios Série Platina

1. (PUC – RJ) As curvas de solubilidade das substâncias KNO_3 e $Ca(OH)_2$ (em gramas da substância em 100 g de água) em função da temperatura são mostradas a seguir.

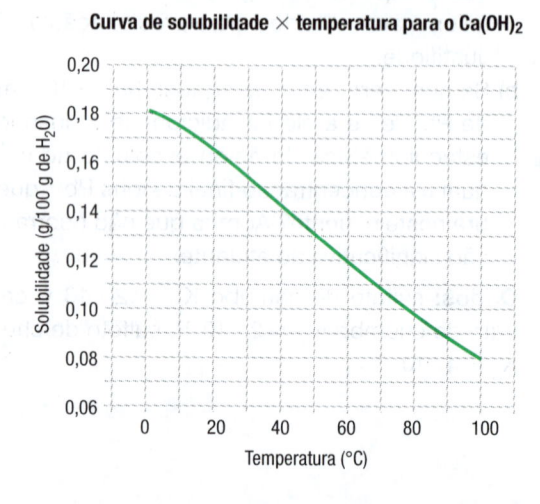

a) 240 g de solução saturada de KNO_3 foi preparada a 90 °C. Posteriormente, esta solução sofreu um resfriamento sob agitação até atingir 50 °C. Determine a massa de sal depositada neste processo. Justifique sua resposta com cálculos.

b) Qual das soluções, de KNO_3 ou de $Ca(OH)_2$, poderia ser utilizada como um sistema de aquecimento (como, por exemplo, uma bolsa térmica)? Justifique sua resposta.

2. (UFSCar – SP) Um frasco contém 40 g de um pó branco que pode ser cloreto de potássio (KCl) ou brometo de potássio (KBr).

a) Sabendo que os sais são compostos iônicos e que a intensidade das forças elétricas que mantém a estrutura de sua rede cristalina pode ser calculada pela Lei de Coulomb, $F = k \cdot (q_1^+ \cdot q_2^-)/d^2$, qual dos sais apresenta maior força elétrica? Justifique sua resposta.

b) Supondo que 100 g de água foram adicionados ao frasco, sob agitação, à 40°C. A partir dos dados da tabela abaixo, responda:

Temperatura (°C)	Solubilidade/100 g de H_2O	
	KCl	KBr
10	31	55
20	34	65
30	37	70
40	40	76

I. Identifique para qual dos sais, KCl ou KBr, a mistura água + pó branco resultará em uma solução insaturada.

II. Para o sal identificado no item anterior, escreva a sua equação de dissociação em água.

3. (FUVEST – SP) A vida dos peixes em um aquário depende, entre outros fatores, da quantidade de oxigênio (O_2) dissolvido, do pH e da temperatura da água. A concentração de oxigênio dissolvido deve ser mantida ao redor de 7 ppm (1 ppm de O_2 = 1 mg de O_2 em 1.000 g de água) e o pH deve permanecer entre 6,5 e 8,5.

Um aquário de paredes retangulares possui as seguintes dimensões: 40 × 50 × 60 cm (largura × comprimento × altura) e possui água até a altura de 50 cm. O gráfico abaixo apresenta a solubilidade do O_2 em água, em diferentes temperaturas (a 1 atm).

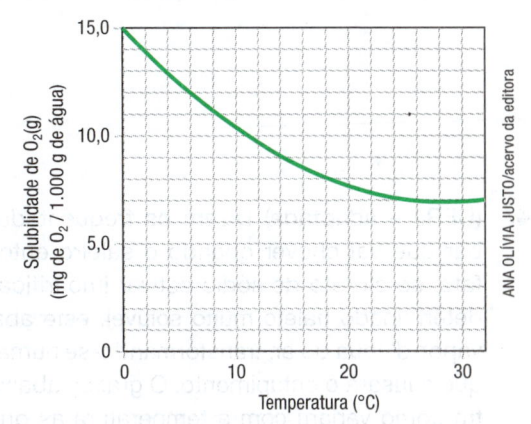

a) A água do aquário mencionado contém 500 mg de oxigênio dissolvido a 25°C. Nessa condição, a água do aquário está saturada em oxigênio? Justifique.

Dado: densidade da água do aquário = 1,0 g/cm³.

b) Deseja-se verificar se a água do aquário tem um pH adequado para a vida dos peixes. Com esse objetivo, o pH de uma amostra de água do aquário foi testado, utilizando-se o indicador azul de bromotimol, e se observou que ela ficou azul. Em outro teste, com uma nova amostra de água, qual dos outros dois indicadores da tabela dada deveria ser utilizado para verificar se o pH está adequado? Explique.

pH 4,0 4,5 5,0 5,5 6,0 6,5 7,0 7,5 8,0 8,5 9,0 9,5 10,0 10,5 11,0	Indicador
vermelho | laranja | amarelo	vermelho de metila
amarelo | verde | azul	azul de bromotimol
incolor | rosa claro | rosa intenso	fenolftaleína

Com base no gráfico:

a) Identifique pelo menos um haleto capaz de produzir o entupimento descrito, em temperatura ambiente (25 °C).
b) Determine a massa de cloreto de magnésio capaz de saturar 100 cm³ de água, a 55 °C.
c) Calcule a quantidade de soluto dispersa em 19 g de solução saturada, sem corpo de fundo, de $CaCl_2$, a 40 °C.

4. (UFRJ – adaptada) Dizem os frequentadores de bar que vai chover quando o saleiro entope. De fato, se cloreto de sódio estiver impurificado por determinado haleto muito solúvel, este absorverá vapor-d'água do ar, transformando-se numa pasta, que causará o entupimento. O gráfico abaixo mostra como variam com a temperatura as quantidades de diferentes sais capazes de saturar 100 cm³ de água.

Obs: haletos são compostos onde um dos elementos pertence ao grupo 17 da Tabela Periódica.

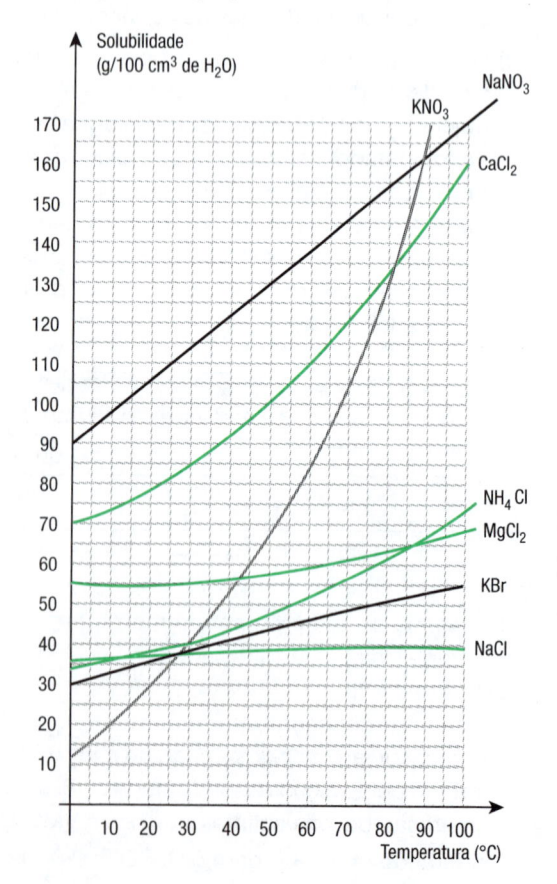

5. (UNICAMP – adaptada) A figura abaixo mostra a solubilidade do gás ozônio em água em função da temperatura. Esses dados são válidos para uma pressão parcial de 3.000 Pa do gás em contato com a água. A solubilização em água, nesse caso, pode ser representada pela equação:

$$\text{ozônio}(g) + H_2O(l) \rightarrow \text{ozônio}(aq)$$

Dados: Pa = Pascal – unidade padrão de pressão (101.325 Pa = 1 atm)

a) Esboce, na figura apresentada abaixo, um possível gráfico de solubilidade do ozônio, considerando, agora, uma pressão parcial igual a 5.000 Pa. Justifique sua resposta.

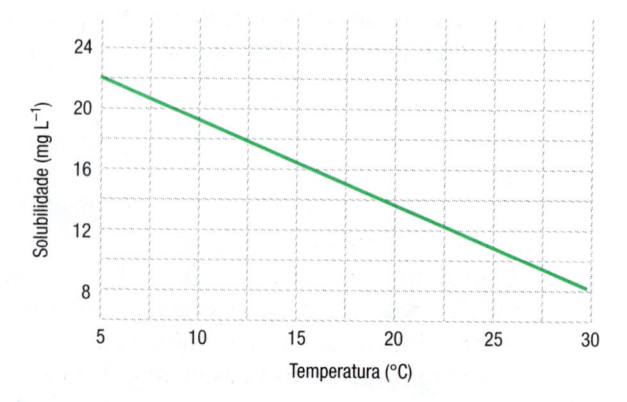

b) Considerando que o comportamento da dissolução, apresentado na figura anterior, seja válido para outros valores de temperatura, determine, utilizando o gráfico abaixo, a que temperatura a solubilidade do gás ozônio em água seria nula. Mostre como obteve o resultado.

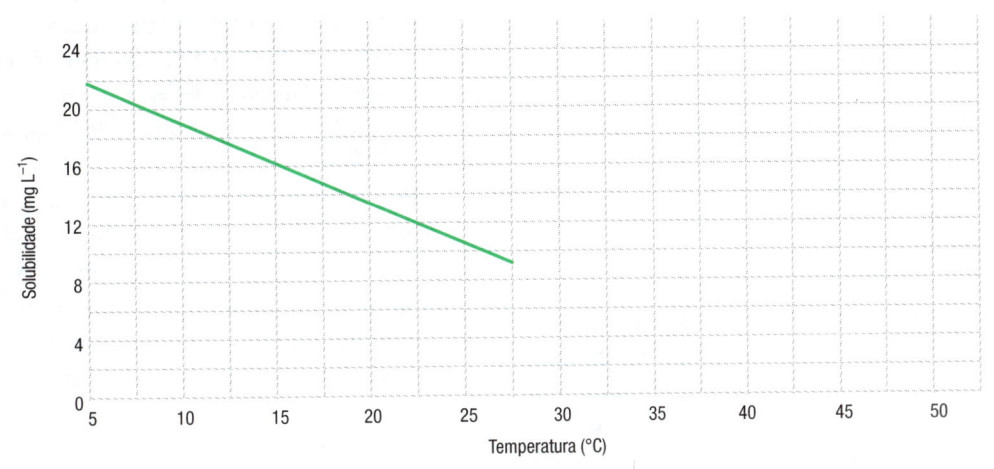

---

6. (UNICAMP – SP) Um estudo divulgado na Revista nº 156 mostra as possíveis consequências da ingestão de pastas dentárias por crianças entre 11 meses e 7 anos de idade. A proposta dos pesquisadores é uma pasta que libere pouco fluoreto, e isso é obtido com a diminuição de seu pH. O excesso de fluoreto pode provocar a fluorose, uma doença que deixa manchas esbranquiçadas ou opacas nos dentes em formação, por reação com a hidroxiapatita $[Ca_{10}(PO_4)_6(OH)_2]$, um sólido presente nas camadas superficiais dos dentes. Nos casos mais graves, essa doença provoca porosidade nos dentes, o que facilita fraturas dos dentes e absorção de corantes de alimentos.

a) Escolha um íon da hidroxiapatita que pode ser substituído pelo fluoreto. Faça a substituição indicando o nome do íon substituído e a respectiva fórmula da substância formada.

b) Considere que no equilíbrio de solubilidade, a hidroxiapatita libere os íons Ca^{2+}, PO_4^{3-}, OH^- para o meio aquoso próximo à superfície dos dentes. Equacione a reação descrita.

c) Levando em conta apenas o fator pH do dentifrício, a dissolução da hidroxiapatita seria **favorecida**, **dificultada** ou **não sofreria alteração** com a proposta dos pesquisadores? Justifique.

7. (UNESP) Segundo a Portaria do Ministério da Saúde MS nº 1.469, de 20 de dezembro de 2000, o valor máximo permitido (VMP) da concentração de íons sulfato (SO_4^{2-}), para que a água esteja em conformidade com o padrão para consumo humano, é de 250 mg · L^{-1}. A análise da água de uma fonte revelou a existência de íons sulfato numa concentração de $5 \cdot 10^{-3}$ mol · L^{-1}.

Massas molares (g · mol^{-1}): O = 16, S = 32

a) Verifique se a água analisada está em conformidade com o padrão para consumo humano, de acordo com o VMP pelo Ministério da Saúde para a concentração do íon sulfato.
Um lote de água com excesso de íons sulfato foi tratado pela adição de íons cálcio até que a concentração de íons sulfato atingisse o VMP. Considerando que o K_{PS} para o $CaSO_4$ é $2,6 \cdot 10^{-5}$.

b) Escreva a expressão do K_{PS} para o $CaSO_4$.

c) Determine o valor para a concentração final dos íons Ca^{2+} na água tratada.

8. (UFSCar – SP) Uma das origens da água fornecida à população são as fontes superficiais, compreendendo rios e lagos, cujas águas normalmente contêm material em suspensão. Um dos processos utilizados para a remoção do material em suspensão envolve a reação entre $FeCl_3$ e $Ca(OH)_2$, com produção de $Fe(OH)_3$ gelatinoso, o qual, durante sua decantação, remove esse material, que se deposita no fundo do tanque de decantação. Na sequência, a água já clarificada segue para as outras etapas do tratamento, envolvendo filtração, cloração, ajuste do pH e, eventualmente, fluoretação. Considere um lote de água tratado por esse processo e distribuído à população com pH igual a 7,0.

a) Nas condições descritas, calcule a concentração máxima de ferro (III) dissolvido na água, expressa em mol/L. Explicite seus cálculos.
Constante do produto de solubilidade de $Fe(OH)_3$ a 25 °C = $4 \cdot 10^{-38}$.

b) Segundo as normas vigentes, o valor máximo para o teor de ferro (III) dissolvido em água potável é de 0,3 mg/L. O lote de água em consideração atende a legislação? Justifique sua resposta, comparando o valor máximo previsto pela legislação com a concentração de ferro (III) encontrada no lote de água distribuído para a população.

Dado: massa molar do Fe^{3+} = 56 g/mol.

9. (UERJ) A atividade humana tem sido responsável pelo lançamento inadequado de diversos poluentes na natureza. Dentre eles, destacam-se:

- amônia: proveniente de processos industriais;
- dióxido de enxofre: originado da queima de combustíveis fósseis;
- cádmio: presente em pilhas e baterias descartadas.

Em meio básico, o íon metálico do cádmio forma o hidróxido de cádmio II, pouco solúvel na água.

Sabendo que, a 25 °C, a solubilidade do hidróxido de cádmio II é aproximadamente de $2 \cdot 10^{-5}$ mol · L^{-1}, determine o valor da constante de seu produto de solubilidade e escreva a expressão do K_S.

10. (UFRRJ) Considere uma solução contendo os cátions A^+, B^+ e C^+, todos com concentração 0,1 mol · L^{-1}. A esta solução gotejou-se hidróxido de sódio (NaOH).

a) Determine a ordem de precipitação dos hidróxidos.

b) Calcule a concentração de hidroxila (OH$^-$) necessária para cada hidróxido precipitar.

Dados: K_{PS} AOH = 10^{-8}, K_{PS} BOH = 10^{-12} e K_{PS} COH = 10^{-16}.

Capítulo 14
Radioatividade

Séries radioativas naturais

É comum na natureza um átomo X (**elemento-pai** ou **núcleo-pai**) emitir uma radiação (α ou β), transformando-se em um novo átomo instável A que, por uma nova emissão, transforma-se em um átomo B; e assim sucessivamente, até a sequência chegar em um átomo estável Y. Os átomos A, B, ... e Y são descendentes do átomo X e denominam-se **elementos-filhos** ou **núcleos-filhos**. A sequência X, A, B, ..., Y é chamada **série** (ou **família**) **radioativa**. Embora existam inúmeras séries radioativas artificiais, na natureza, três são importantes: urânio, actínio e tório (tabela 1).

Tabela 1 – Séries (famílias) radioativas naturais.

Série ou família	Inicia-se com → Termina com
urânio	$^{238}_{92}U \longrightarrow\ ^{206}_{82}Pb$
actínio	$^{235}_{92}U \longrightarrow\ ^{207}_{82}Pb$
tório	$^{232}_{92}Th \longrightarrow\ ^{208}_{82}Pb$

A série do actínio inicia-se, na realidade, com o urânio-235 e tem esse nome porque inicialmente pensava-se que ela iniciava-se com o actínio-227. As três séries terminam no chumbo, embora com números de massa diferentes. A figura 1 apresenta as três séries radioativas naturais.

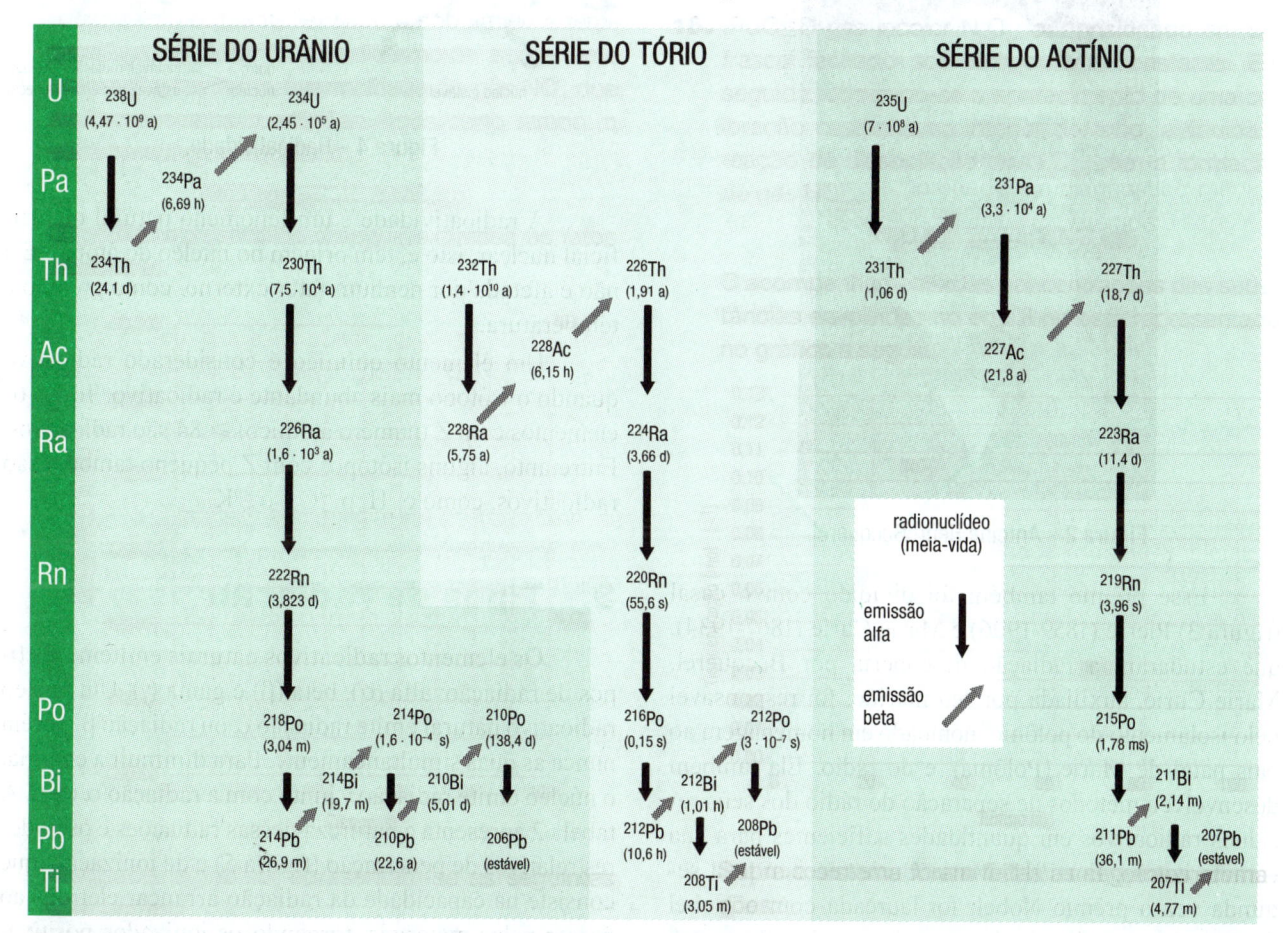

Figura 1 – Séries radioativas naturais. Nos tempos de meia-vida, "a" significa anos; "d", dias; "h", horas; "m", minutos; ms, microssegundos; e "s", segundos.

1. Descoberta da radioatividade

Seguindo uma discussão com o matemático e físico francês Henri Poincaré (1854-1912) acerca da radiação descoberta pelo físico alemão Röntgen (1845-1923) em 1895 (raios X), o físico francês Henri Becquerel (1852-1908) decidiu investigar se havia alguma conexão entre os raios X e a fosforescência natural. Becquerel havia herdado de seu pai uma quantidade de sais de urânio, que fosforescem ao serem expostos à luz. Quando colocava os sais próximos a uma placa fotográfica coberta com um papel opaco, a placa enegrecia. Becquerel descobriu que esse fenômeno era comum a todos os sais de urânio estudados e concluiu que essa era uma propriedade do átomo do urânio.

Mais tarde, Becquerel (figura 2) mostrou que os raios emitidos pelo urânio, que foram inicialmente nomeados como raios B em sua homenagem, têm a capacidade de ionizar gases e, ao contrário dos raios X, podem ser defletidos por campos elétricos e magnéticos. "Em reconhecimento aos extraordinários serviços que a descoberta da radiação espontânea possibilitaram", Becquerel foi laureado com o Nobel da Física em 1903.

Figura 2 – Antoine Henri Becquerel.

Esse prêmio também foi dividido com o casal (figura 3) Pierre (1859-1906) e Marie Curie (1867-1934), que estudaram a radiação descoberta por Becquerel. Marie Curie, auxiliada por seu marido, foi responsável pelo isolamento do polônio, nomeado em homenagem ao país natal de Marie (Polônia), e do rádio. Ela também desenvolveu métodos de separação do rádio dos seus resíduos radioativos em quantidades suficientes para sua caracterização. Em 1911, Marie Curie recebeu pela segunda vez o prêmio Nobel; foi laureada com o Nobel de Química em virtude das descobertas dos elementos polônio e rádio.

Figura 3 – Casal Curie: Pierre e Marie.

2. Conceito de radioatividade

Radioatividade é a emissão de radiação de um núcleo instável que se transforma em outro núcleo (instável ou estável), como esquematizado na figura 4.

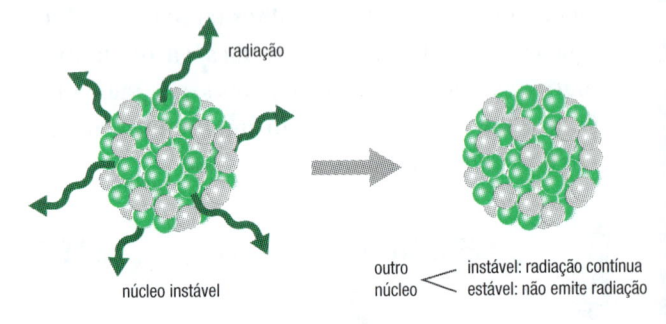

Figura 4 – Radioatividade.

A radioatividade é um fenômeno natural ou artificial nuclear, isto é, tem origem no núcleo do átomo. Ela não é afetada por nenhum fator externo, como pressão e temperatura.

Um elemento químico é considerado radioativo quando o isótopo mais abundante é radioativo. Todos os elementos com Z (número atômico) $\geq$ 84 são radioativos. Entretanto, alguns isótopos com Z pequeno também são radioativos, como o $^{3}_{1}H$, o $^{14}_{6}C$ e o $^{40}_{19}K$.

3. Tipos de radiação

Os elementos radioativos naturais emitem três tipos de radiação: alfa (α), beta (β) e gama (γ). Um núcleo radioativo natural emite radiação α ou radiação β, porém nunca as duas simultaneamente. Para diminuir a energia, o núcleo emite radiação γ junto com a radiação α ou β. A tabela 2 apresenta a natureza dessas radiações e os poderes relativos de penetração (figura 5) e de ionização (que consiste na capacidade da radiação arrancar elétrons ao passar pelos materiais, tornando-os ionizados positivamente).

Tabela 2 – Tipos de radiação natural.

Radiação	Símbolo	Natureza	Poder de penetração	Poder de ionização
alfa	$_{2}^{4}\alpha$	núcleo de He (2p, 2n)	baixo	muito alto
beta	$_{-1}^{0}\beta$	elétron acelerado	alto	alto
gama	$_{0}^{0}\gamma$	onda eletromagnética	muito alto	baixo

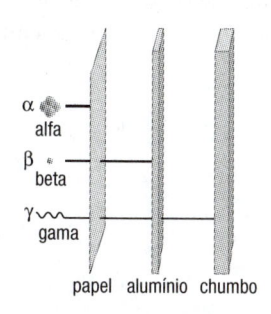

Figura 5 – Poder de penetração.

A figura 6 compara os desvios sofridos por essas radiações ao atravessar um campo elétrico. A radiação γ, por não apresentar carga, não sofre desvio. Já a radiação positiva α (carga positiva) sofre desvio para o lado negativo, enquanto a radiação negativa β (carga negativa) sofre desvio para o lado positivo. O desvio sofrido pela partícula β é maior que o da α, porque a primeira (elétron acelerado) é mais leve (que o núcleo de hélio).

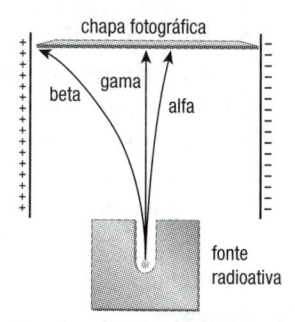

Figura 6 – Desvios sofridos pelas radiações α, β e γ ao atravessar um campo elétrico.

4. Leis das emissões radioativas

Quando um núcleo emite radiação, dizemos que ele sofreu um **decaimento radioativo**, uma **desintegração radioativa** ou uma **transmutação nuclear**. Trata-se de um processo espontâneo e, em uma equação nuclear, há conservação do número de massa e da carga.

4.1 Emissão α

A emissão alfa, desintegração alfa ou decaimento alfa (figura 7) é uma forma de decaimento radioativo que ocorre quando um núcleo atômico instável emite uma partícula alfa, transformando-se em outro núcleo atômico com número atômico duas unidades menor e número de massa quatro unidades menor.

$$_{Z}^{A}X \longrightarrow\ _{2}^{4}\alpha +\ _{Z-2}^{A-4}Y$$

Dependendo do átomo emissor, as partículas α têm velocidade entre 3.000 e 30.000 km/s e penetração de 2 a 8 cm no ar, de modo que, normalmente, uma folha de papel detém essas partículas. Em seu trajeto, as partículas α arrancam elétrons das moléculas do ar, ionizando-as; o poder de ionização das partículas α é o maior dos três tipos de radiação mencionados.

Exemplo:

$$_{92}^{238}U \longrightarrow\ _{2}^{4}\alpha +\ _{90}^{234}Th$$

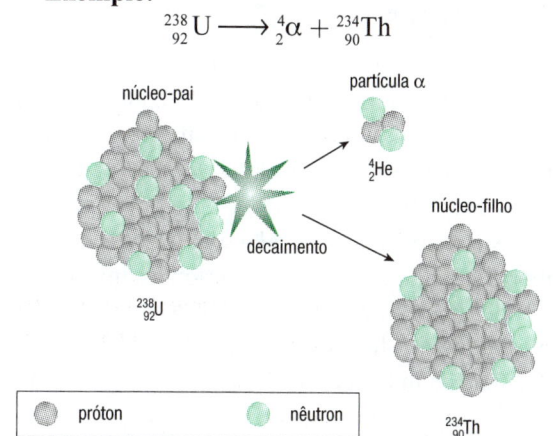

Figura 7 – Decaimento alfa do urânio-238.

4.2 Emissão β

A emissão beta, desintegração beta ou decaimento beta (figura 8) é o processo pelo qual um núcleo instável pode transformar-se em outro núcleo mediante a emissão de uma partícula beta, transformando-se em outro núcleo atômico com número atômico uma unidade maior e mesmo número de massa.

$$_{Z}^{A}X \longrightarrow\ _{-1}^{0}\beta +\ _{Z+1}^{A}Y$$

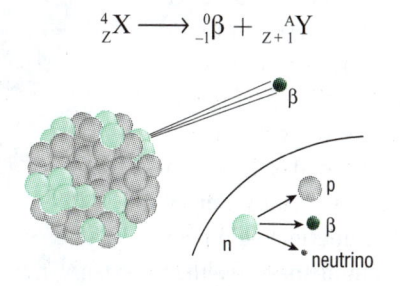

Figura 8 – Decaimento β.

A radiação β é proveniente da decomposição de um nêutron, que gera um próton, um elétron (radiação β) e um neutrino. O neutrino é uma partícula subatômica neutra que é dificilmente detectada devido a sua fraca interação com a matéria. Sua existência foi primeiramente proposta pelo físico austríaco Wolfgang Pauli (1900-1958) como forma de conservar a energia e o momento angular no decaimento beta. Sua detecção direta só foi possível em 1956, o que garantiu o prêmio Nobel de Física de 1995 (quase 40 anos depois) ao físico americano Frederick Reines (1918-1998).

Dependendo do átomo emissor, as partículas β têm velocidade de 70.000 a quase 300.000 km/s (que é a velocidade da luz) e penetração de até 1 cm no alumínio ou 1 mm no chumbo (50 a 100 vezes maior que as partículas α). Tendo carga elétrica menor, as partículas β são menos ionizantes que as α.

Exemplo:

$$^{231}_{90}\text{Th} \longrightarrow {}^{0}_{-1}\beta + {}^{231}_{91}\text{Pa}$$

4.3 Emissão γ

As emissões γ não são partículas, mas ondas eletromagnéticas com comprimento de onda entre 10^{-10} e 10^{-11} m. Não possuindo massa nem carga elétrica, as emissões γ não sofrem desvio ao atravessar um campo elétrico ou magnético.

Sua velocidade é igual à da luz (300.000 km/s) e, embora dependam do átomo emissor, as emissões γ têm um poder de penetração maior que o das partículas α e β. Normalmente, uma emissão γ atravessa 20 cm no aço ou 5 cm no chumbo. Por outro lado, o poder de ionização das emissões γ é menor que o das demais.

Na radioatividade natural, as emissões γ nunca aparecem isoladamente. Como uma emissão γ não altera o número atômico nem o número de massa do elemento, não se costuma escrever a emissão γ nas equações nucleares.

4.3.1 O contador Geiger

Já que não é possível visualizar as emissões radioativas, é necessário um equipamento para a sua detecção. Um desses equipamentos é o contador Geiger (ou contador Geiger-Müller ou contador G-M – figura 9), que serve para medir emissões radioativas ionizantes (emissões α, β e γ, por exemplo). O seu princípio de funcionamento foi desenvolvido pelo físico alemão Hans Geiger (1882-1945) e aperfeiçoado pelo físico, também alemão, Walther Müller (1905-1979).

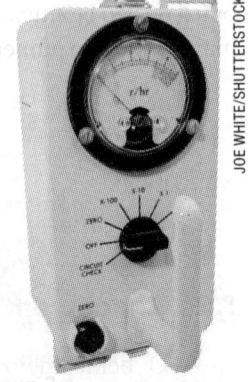

Figura 9 – Contador Geiger.

O principal elemento do contador Geiger (esquematizado na figura 10) é o tubo de Geiger-Müller, que consiste basicamente em uma câmara preenchida com gás inerte, geralmente argônio. O tubo contém dois eletrodos, o ânodo e o cátodo, que são usualmente revestidos com grafita. O ânodo é representado por um fio no centro da câmara cilíndrica, enquanto o cátodo corresponde à área lateral do cilindro. Uma das extremidades do cilindro, pela qual a radiação entra na câmara, é selada por uma janela de mica (mineral do grupo dos silicatos).

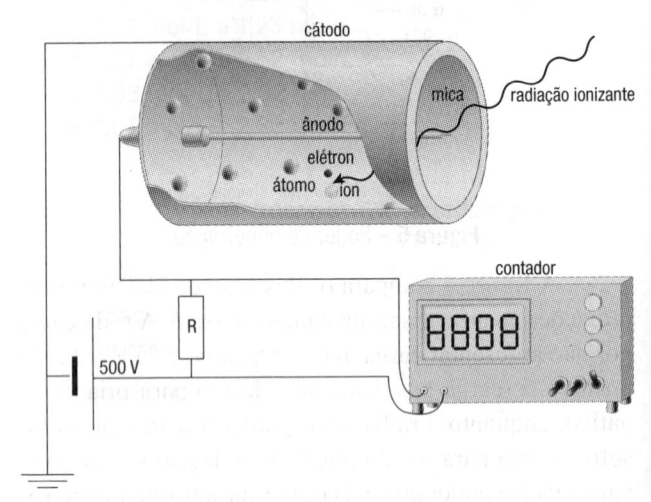

Figura 10 – Esquema de um contador Geiger.

A radiação que adentra a câmara ioniza o gás, transformando-o em íons carregados positivamente e elétrons. Os elétrons migram para o ânodo, enquanto os íons positivos aceleram em direção ao cátodo. Quando isso ocorre, um pico de corrente elétrica é estabelecido entre os dois eletrodos. Essa corrente pode ser facilmente coletada, amplificada e mensurada; na maioria dos equipamentos, a corrente é representada na forma de um sinal acústico: cliques.

4.4 Outros tipos de decaimento

Além do decaimento radioativo pela emissão de radiação α, β e γ, observam-se também outros processos de decaimento. Alguns núcleos, por exemplo, decaem pela emissão de um pósitron, ${}^{0}_{+1}\beta$. Como o seu nome sugere, um pósitron tem uma massa igual à massa de um elétron, porém com carga +1.

$$^{207}_{84}\text{Po} \longrightarrow {}^{0}_{+1}\beta + {}^{207}_{83}\text{Bi}$$

Outro decaimento é chamado de **captura do elétron** ou **captura K**, isto é, um elétron da camada K é capturado pelo núcleo (próton + elétron → nêutron).

$$^{7}_{4}\text{Be} + {}^{0}_{-1}e \longrightarrow {}^{7}_{3}\text{Li} + \gamma$$

5. Reação nuclear artificial ou transmutação artificial

É a transformação de um núcleo em outro, provocada pelo bombardeamento com uma partícula ($_1^1p$, $_0^1n$, $_1^2d$) ou outro núcleo. O símbolo d corresponde ao dêuteron, que é o núcleo do deutério, isótopo do hidrogênio.

A primeira reação nuclear artificial foi feita pelo físico neozelandês Ernest Rutherford (1871-1937) em 1919. Rutherford colocou uma amostra de polônio, emissor de partículas α, em um recipiente contendo nitrogênio e, após várias semanas, verificou a presença de oxigênio no interior do recipiente.

$$_7^{14}N + _2^4\alpha \longrightarrow _8^{17}O + _1^1p$$

Atualmente esse tipo de reação nuclear é usado para obtenção de elementos transurânicos (Z > 92).

$$_{83}^{209}Bi + _{26}^{58}Fe \longrightarrow _{109}^{266}Mt + _0^1n$$

6. Meia-vida ou período de semidesintegração (P ou $t_{1/2}$)

É o tempo necessário para que a metade de uma amostra radioativa se desintegre. O gráfico da figura 11 apresenta a evolução de uma amostra de 10 g de rádio em função do tempo.

$$_{88}^{226}Ra \longrightarrow _2^4\alpha + _{86}^{222}Rn \qquad P = 1.600 \text{ anos}$$

Tempo (anos)	0	1.600	3.200	4.800	6.400
Massa Ra (g)	10	5	2,5	1,25	0,625
Massa Rn (g)	0	5	7,5	8,75	9,375

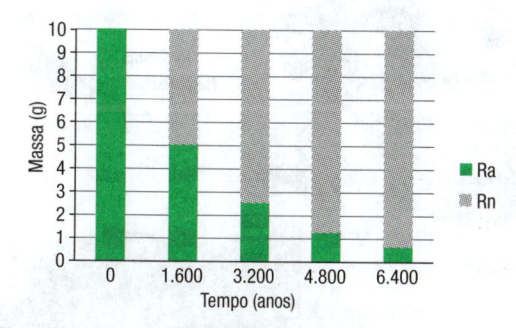

Figura 11 – Decaimento do rádio em função do tempo.

A massa em um certo instante (m) pode ser calculada em função da massa inicial (m_0):

$$m = \frac{m_0}{2^x} \quad (x = \text{número de meias-vidas})$$

Tem-se também que:

$$t = x \cdot P \quad (t = \text{tempo total})$$

Portanto, para o caso do rádio acima, sabendo que a massa inicial é de 10 gramas e que a massa em um certo instante é 1,25 gramas, é possível determinar o tempo total da amostra:

$$m = \frac{m_0}{2^x} \Rightarrow 1,25 = \frac{10}{2^x} \Rightarrow 2^x = \frac{10}{1,25} = 8 = 2^3 \Rightarrow$$

$$\Rightarrow x = 3 \Rightarrow t = 3 \cdot 1.600 = \mathbf{4.800 \text{ anos}}$$

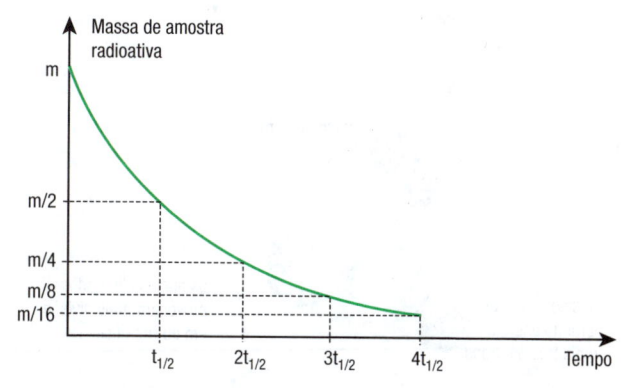

Figura 12 – Curva de decaimento de um elemento genérico.

À curva da figura 12 dá-se o nome de **curva de decaimento** do elemento radioativo e traduz também a **velocidade de desintegração** do elemento. A velocidade média de desintegração pode ser entendida como o número de átomos que se desintegram em uma unidade de tempo. No sistema internacional de unidades, a unidade de desintegração é o **becquerel (Bk)**, que indica o número de desintegrações por segundo.

O tempo de meia-vida é uma característica de cada radioisótopo e independe da pressão, da temperatura e do composto químico no qual o radioisótopo esteja presente ou que ele venha a formar.

De maneira geral, quando chega-se a 10 meias-vidas, a quantidade de radioisótopo se torna muito pequena (menor que 0,1% da inicial), podendo ser descartado.

7. Fissão nuclear induzida

7.1 Conceito

É a quebra de certos núcleos grandes (^{235}U ou ^{239}Pu) em núcleos menores pelo bombardeamento com nêutron, que libera uma grande quantidade de energia. A fissão nuclear é uma reação em cadeia.

$$_{92}^{235}U + _0^1n \longrightarrow _{56}^{140}Ba + _{36}^{93}K + 3 \, _0^1n + \text{energia}$$

7.2 Reação em cadeia

O bombardeio do $_{92}^{235}U$ com nêutrons acarreta sua fragmentação, dando origem a dois outros núcleos menores, com liberação de dois a três novos nêutrons do próprio núcleo do ^{235}U. Esses nêutrons liberados atingem outros núcleos de ^{235}U e provocam a mesma transmutação (figura 13). Assim, à medida que aumenta o número de núcleos de ^{235}U fragmentados, aumenta o número de nêutrons liberados.

Quanto maior o número de nêutrons liberados, maior o aumento de núcleos de ^{235}U atingidos. É dessa forma que a reação nuclear se processa: uma vez iniciada, continua em cadeia.

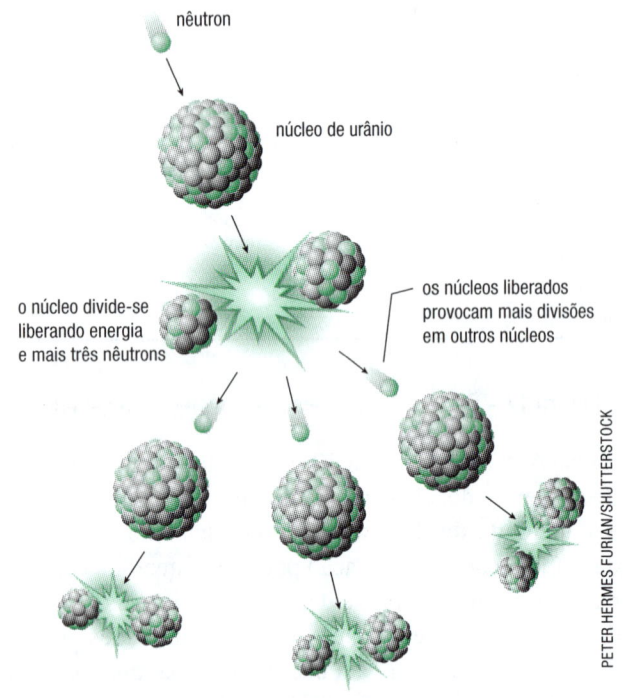

Figura 13 – Fissão do urânio em uma reação em cadeia.

O número de fissões e a energia liberada incrementam-se rapidamente e, se o processo não for controlado, o resultado será uma explosão violenta. Por exemplo, 1 g de ^{235}U libera $8 \cdot 10^7$ kJ. Por esse motivo, a fissão nuclear é o princípio de funcionamento das bombas atômicas e dos reatores nucleares.

7.3 Bomba atômica

A bomba nuclear baseada na reação de fissão do urânio-235 foi fruto do Projeto Manhattan, que consistiu em um esforço durante a Segunda Guerra Mundial (1939-1945) para desenvolver as primeiras armas nucleares pelos Estados Unidos da América com apoio do Reino Unido e do Canadá. Defende-se que um dos pontos de partida desse projeto foi uma carta entregue ao presidente Franklin Roosevelt e assinada, em 2 de outubro de 1939, pelo físico Albert Einstein. Nessa carta, Einstein alertava que a Alemanha nazista já estaria fazendo estudos para construção de uma bomba nuclear.

"No curso dos últimos quatro meses foi-se provado – pelo trabalho de Joliot na França, assim como o de Fermi e Szilard na América – que pode ser possível provocar uma cadeia de reações nucleares numa grande massa de urânio, na qual grandes quantidades de poder e um novo tipo de radioatividade seriam geradas. Agora parece quase certo que isso poderá ser atingido num futuro próximo.

Esse novo fenômeno poderia ser usado na construção de bombas, e é concebível – apesar de haver muita pouca certeza – que bombas extremamente poderosas poderiam assim ser construídas. Uma única bomba desse tipo, levada por um barco e detonada num porto, poderia muito bem destruir todo o porto e alguma parte da sua área adjacente. Contudo, tais bombas podem muito bem acabar por serem muito pesadas para o transporte aéreo.

[...]

Eu entendo que a Alemanha interrompeu a venda de urânio das minas tchecoslovacas de que se apoderou. Essa medidas precocemente tomadas talvez possam ser entendidas pelo fato de que o filho do sub-secretário de Estado alemão, von Weizsäcker, está ligado ao Kaiser-Wilhelm-Institut, em Berlim, onde alguns trabalhos sobre o urânio estão sendo repetidos."

02/08/1939

1ª carta de Albert Einstein para o presidente americano Franklin Roosevelt.

O Projeto Manhattan culminou com a detonação de três bombas nucleares em 1945:

– 16 de julho: **Trinity** (bomba de plutônio-239), detonada perto de Alamogordo, Novo México.

– 06 de agosto: **Little Boy** (bomba de urânio-235), detonada sobre a cidade de Hiroshima, Japão.

– 09 de agosto: **Fat Man** (bomba de plutônio-239), detonada sobre a cidade de Nagasaki, Japão.

Figura 14 – Bombas **Little Boy** (Hiroshima), à esquerda, e **Fat Man** (Nagasaki), à direita.

As estimativas do primeiro massacre por armas de destruição em massa sobre uma população civil apontam para um número total de mortos de 140 mil em Hiroshima e de 80 mil em Nagasaki (figura 14). Devido à repercussão do Projeto Manhattan, Linus Pauling informou posteriormente que Albert Einsten arrependeu-se de ter assinado a carta de 1939, que levou ao desenvolvimento e uso da bomba atômica contra a população civil.

7.3.1 O Funcionamento da bomba atômica

A bomba atômica baseia-se no fato de que para produzir a reação em cadeia e a consequente explosão, deve-se reunir uma certa quantidade de urânio enriquecido (ou plutônio), conhecida como massa crítica. Caso a massa seja subcrítica (menor que a crítica), o nêutron inicial quebra um primeiro átomo de urânio, mas os nêutrons produzidos por essa fissão escapam do material antes de quebrar um segundo átomo de urânio; assim, a reação não se propaga em cadeia e não há explosão.

Desse modo, a bomba atômica possui duas ou mais porções de urânio enriquecido com massas subcríticas (figura 15). Por meio de uma carga explosiva comum, essas massas são reunidas; sendo ultrapassada a massa crítica, a explosão ocorre.

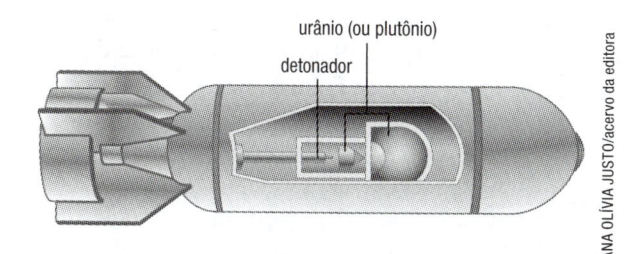

Figura 15 – Esquema de uma bomba atômica de fissão.

7.4 Usinas nucleares

A versão moderna do reator do físico italiano Enrico Fermi (1901-1954) são as usinas nucleares. O princípio de funcionamento de uma usina é a utilização da energia pela fissão controlada do ^{235}U para vaporização de água. O vapor produzido gira uma turbina de um gerador elétrico, que transforma a energia mecânica em energia elétrica.

Um dos problemas das usinas nucleares é que os produtos da fissão do ^{235}U também são radioativos e devem ser descartados em recipientes de chumbo e concreto em locais seguros por tempo suficiente para que os níveis de radiação sejam inofensivos. É o chamado rejeito nuclear ou lixo nuclear.

7.4.1 Tipos de reatores

Atualmente, existem cerca de 440 usinas nucleares em operação no mundo. Cerca de 65% delas contam com reatores a água pressurizada (PWR – *Pressurized Water Reactor*). Aproximadamente 25% são reatores a água fervente (BWR – *Boiling Water Reactor*). Os outros 10% equivalem a tecnologias que estão se tornando obsoletas.

A figura 16 mostra o interior de um reator nuclear em que o calor liberado na fissão nuclear vaporiza a água circundante. O vapor-d'água move os eixos da turbina, gerando corrente elétrica.

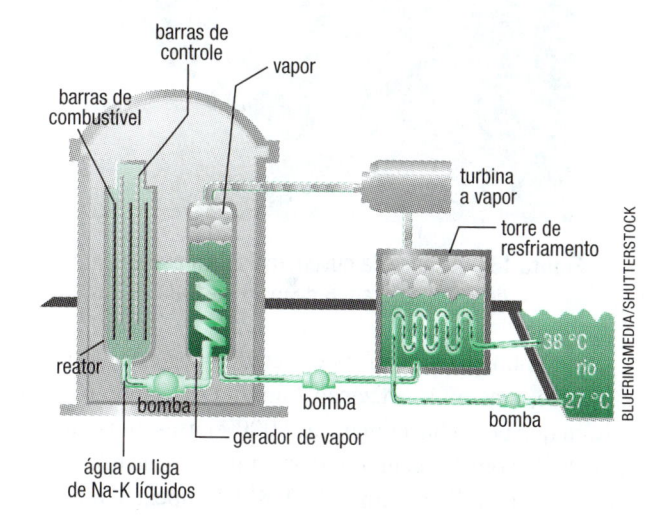

Figura 16 – O interior de um reator nuclear.

7.4.2 Acidente de Chernobyl

Em Chernobyl, na Ucrânia, em 26 de abril de 1986, o reator número 4 sofreu um aumento catastrófico de potência, que levou à explosão de seu núcleo (figura 17). Essa explosão provocou a dispersão de uma grande quantidade de combustível radioativo na atmosfera e provocou o incêndio do moderador de grafita (cuja função seria reduzir a velocidade dos nêutrons).

Figura 17 – Usina de Chernobyl, após o acidente de 1986.

A nuvem de material radioativo (figura 18) espalhou-se por diversos países da União Soviética e da Europa, sendo que os mais afetados foram a Bielorrússia, a Rússia e a Ucrânia. De 1986 a 2000, mais de 300 mil pessoas tiveram de ser realocadas dessas regiões.

Figura 18 – Alcance da nuvem radioativa proveniente de Chernobyl em 6 de maio de 1986.

O número de mortos e afetados por este desastre é incerto, mas a Organização Mundial da Saúde (OMS) estima que possa haver mais de 4.000 mortes civis diretamente relacionadas com o acidente, número que não inclui as mortes de militares em trabalhos de limpeza e reparos. Já o número de mortes por câncer é muito maior, podendo atingir mais de 200 mil, em estimativa da organização Greenpeace. Por esses números, o acidente de Chernobyl é considerado o pior desastre nuclear na história.

7.4.3 Acidente de Fukushima

O acidente nuclear de Fukushima consistiu em uma série de falhas de equipamentos, fusão de reatores e liberação de material radioativo na Central Nuclear de Fukushima I, no Japão, em consequência dos danos causados pelo terremoto (de 9,0 graus na escala Richter) e tsunami (com ondas com mais de 10 metros de altura) de Tohoku, em 11 de março de 2011.

A central nuclear de Fukushima compreende 6 reatores do tipo BWR. Os reatores 4, 5 e 6 haviam sido desligados para manutenção antes do terremoto. Os reatores restantes (1, 2 e 3) desligaram logo após o terremoto e geradores de emergência foram acionados para manter o resfriamento dos reatores.

A central nuclear era projetada para resistir a ondas de aproximadamente 7 metros de altura, mas foi atingida por ondas de até 15 metros de altura, inundando toda a planta. Como consequência, os geradores de emergência foram desativados e os reatores começaram a superaquecer, o que provocou a fusão dos núcleos.

O terremoto e o tsunami também contribuíram para dificultar a chegada de assistência à usina. Estimativas apontam que a quantidade de césio-137 liberada nesse acidente nuclear foi 168 vezes maior que a liberada pela bomba atômica de Hiroshima, em 1945. No entanto, a comparação termina aí, já que a bomba atômica provocou 140 mil mortes, em um primeiro momento, pelo calor ou pela onda da explosão, e nos meses seguintes pelos efeitos das radiações. A figura 19 apresenta o alcance da nuvem radioativa do acidente de Fukushima.

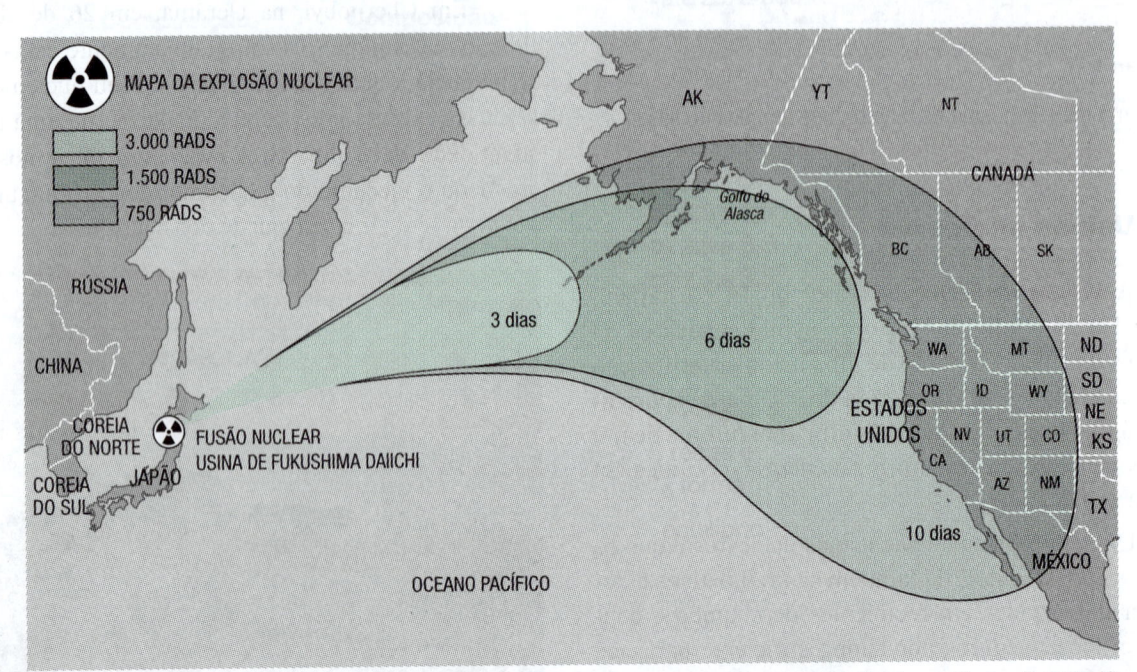

Figura 19 – Alcance da nuvem radioativa de Fukushima. O "rad" é uma unidade de radiação absorvida e vale 0,01 J/kg.

8. Fusão nuclear

8.1 Conceito

É a união de núcleos pequenos até a formação de núcleos maiores que faz liberar uma quantidade muito grande de energia.

$$_1^2H + {}_1^3H \longrightarrow {}_2^4H + {}_0^1n + \text{energia}$$

Essa reação requer uma temperatura elevada (4.000.000 K) devido à repulsão dos núcleos de deutério e trítio. É essa reação que é responsável pela energia produzida no Sol.

Na Terra, essas temperaturas altas têm sido atingidas quando se usa uma bomba atômica para iniciar o processo de fusão. Isso é feito na bomba termonuclear ou de hidrogênio, cujo funcionamento está esquematizado na figura 20.

EXPLOSÃO DE UMA BOMBA DE HIDROGÊNIO

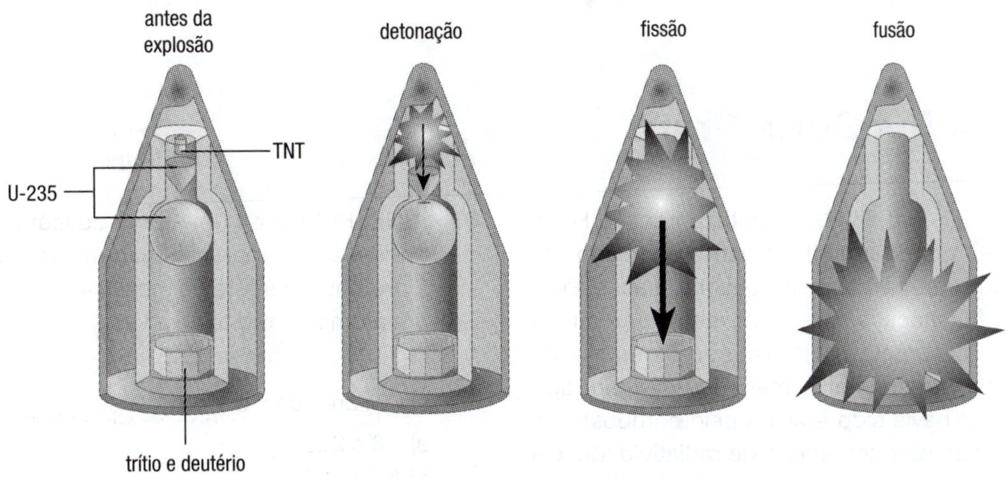

Figura 20 – Funcionamento da bomba de hidrogênio.

A fusão nuclear é um processo bastante atrativo, pois o combustível principal, o deutério, é relativamente abundante (0,015% de todo hidrogênio existente na água da Terra) e de separação não muito difícil. Além disso, a fusão nuclear é um processo com menor radioatividade que a fissão nuclear.

9. Datação de compostos orgânicos (por C-14)

A datação por carbono 14 (C-14) é um belo exemplo da preocupação do homem em atribuir idade aos objetos e datar os acontecimentos.

Esse isótopo é produzido na atmosfera pela ação dos nêutrons (radiação cósmica) sobre o nitrogênio, sendo posteriormente transformado em dióxido de carbono.

$$_7^{14}N + {}_0^1n \longrightarrow {}_6^{14}C + {}_1^1p$$

$$_6^{14}C + O_2 \longrightarrow {}^{14}CO_2$$

Todos os organismos vivos absorvem esse isótopo por meio da fotossíntese ou alimentação, de modo que a quantidade de ^{14}C mantém-se constante (10 ppb) durante a vida.

$$6\,{}^{14}CO_2 + 6\,H_2O \longrightarrow {}^{14}C_6H_{12}O_6 + 6\,O_2$$

Após a morte desses organismos, a quantidade incorporada do C-14 começa a diminuir exponencialmente, por não haver mais absorção.

$$_6^{14}C \longrightarrow {}_{-1}^0\beta + {}_7^{14}N \quad t_{1/2} = 5.730 \text{ anos}$$

A razão de C-14 em relação ao C-12 consequentemente diminui. Dessa forma, medindo-se essa razão e comparando-a com a da atmosfera, podemos estimar a idade de um objeto.

Por outro lado, a datação de rochas baseia-se nas desintegrações do urânio-238 para o chumbo-206 e na do potássio-40 para o argônio-40.

10. Outros usos

É comum relacionar a química nuclear com usinas nucleares e bombas. Contudo, os elementos radioativos são atualmente usados em todas as áreas da ciência e da medicina e têm-se tornado cada vez mais importantes. Alguns exemplos ilustrativos das aplicações da radioatividade são:

– Obtenção de imagens médicas por meio da administração de um isótopo radioativo que se concentre no tecido a ser observado.

- O tecnécio-99m ("m" de metaestável – estado instável que existe por um período finito de tempo) é utilizado em mais de 85% dos exames diagnósticos por imagem. É empregado em imagem da tireoide, do cérebro e dos rins.

- O tálio-201 é usado em imagens do coração; o índio-123, para tireoide; o gálio-67, para vários tumores e abscessos; o flúor-18, para o cérebro e locais de atividade metabólica.

– Radioterapia pode ser utilizada no tratamento de câncer. Uma fonte de radiação γ é cobalto-60.

– Isótopos radioativos podem ser usados como traçadores para determinar o destino de compostos em um organismo ou no meio ambiente.

– Irradiação com raios γ a partir de fontes como cobalto-60 e césio-137 é uma opção para se prolongar a validade dos alimentos.

Exercícios Série Prata

1. (UNESP – SP) Em 1896, o cientista francês Henri Becquerel guardou uma amostra de óxido de urânio em uma gaveta que continha placas fotográficas. Ele ficou surpreso ao constatar que o composto de urânio havia escurecido as placas fotográficas. Becquerel percebeu que algum tipo de radiação havia sido emitida pelo composto de urânio e chamou o fenômeno de radiatividade. Os núcleos radiativos comumente emitem três tipos de radiação: partículas α, partículas β e raios γ. Essas três radiações são, respectivamente,

a) elétrons, fótons e nêutrons.
b) nêutrons, elétrons e fótons.
c) núcleos de hélio, elétrons e fótons.
d) núcleos de hélio, fótons e elétrons.
e) fótons, núcleos de hélio e elétrons.

2. Complete. $^{226}_{88}Ra \longrightarrow {}^{4}_{2}\alpha + Rn$

3. (UNESP) Quando um átomo do isótopo 228 do tório libera uma partícula alfa (núcleo de hélio com 2 prótons e número de massa 4), transforma-se em um átomo de rádio, de acordo com a equação:

$$^{228}_{x}Th \longrightarrow {}^{y}_{88}Ra + \alpha$$

Os valores de x e y são, respectivamente:

a) 88 e 228
b) 89 e 226
c) 90 e 224
d) 91 e 227
e) 92 e 230

4. (UNESP – SP) Detectores de incêndio são dispositivos que disparam um alarme no início de um incêndio. Um tipo de detector contém uma quantidade mínima do elemento radioativo amerício-241. A radiação emitida ioniza o ar dentro e ao redor do detector, tornando-o condutor de eletricidade. Quando a fumaça entra no detector, o fluxo de corrente elétrica é bloqueado, disparando o alarme. Este elemento se desintegra de acordo com a equação a seguir:

$$^{241}_{95}Am \longrightarrow {}^{237}_{93}Np + Z$$

Nessa equação, é correto afirmar que Z corresponde a:
a) uma partícula alfa.
b) uma partícula beta.
c) radiação gama.
d) raios X.
e) dois prótons.

Este material é um emissor de partículas β. Considerando-se esta última informação, a alternativa que melhor representa, genericamente, o elemento produzido pelo decaimento do iodo-131 ($^{131}_{53}$I) é:

a) $^{131}_{54}$X

b) $^{132}_{53}$X

c) $^{132}_{54}$X

d) $^{127}_{51}$X

e) $^{130}_{53}$X

5. Complete.
$$^{210}_{81}Tl \longrightarrow {}^{0}_{-1}\beta + Pb$$

6. (UEPA) O ferro-59 é um isótopo radioativo, utilizado em diagnósticos de anemia. A equação nuclear para o decaimento do ^{59}Fe, como um emissor beta, é:

a) $^{59}_{26}Fe \longrightarrow {}^{55}_{24}Cr + {}^{0}_{-1}e$
b) $^{59}_{26}Fe \longrightarrow {}^{59}_{25}Mn + {}^{0}_{-1}e$
c) $^{59}_{26}Fe \longrightarrow {}^{60}_{25}Mn + {}^{0}_{-1}e$
d) $^{59}_{26}Fe \longrightarrow {}^{59}_{27}Co + {}^{0}_{-1}e$

8. (UEM – PR) Responda com relação às afirmações:
I. Uma reação química ocorre na eletrosfera do átomo.
II. As partículas β têm massa igual a 4.
III. As reações nucleares ocorrem na eletrosfera do átomo.
IV. Os raios γ não são desviados em um campo elétrico.
V. As partículas α têm carga igual a +2.

As afirmações corretas são:
a) I, II e IV.
b) III, IV e V.
c) II, III e V.
d) I, IV e V.
e) II, IV e V.

7. (CENTRO UNIVERSITÁRIO SÃO CAMILO – SP) A energia nuclear voltou, recentemente, a ser assunto de várias matérias jornalísticas devido ao acidente na Usina Nuclear de Fukushima, ocorrido em março de 2011, após a passagem de um terremoto e de um *tsunami* pelo Japão. Sabe-se que um dos materiais radioativos liberados nesse tipo de acidente é o iodo-131 (^{131}I) que, inclusive, pode ser utilizado na Medicina, em procedimentos de diagnóstico e de tratamento.

9. (UnB – DF) Ao acessar a rede Internet, procurando algum texto a respeito do tema radioatividade no "Cadê?" (http://www.cade.com.br), um jovem deparou-se com a seguinte figura, representativa do poder de penetração de diferentes tipos de radiação.

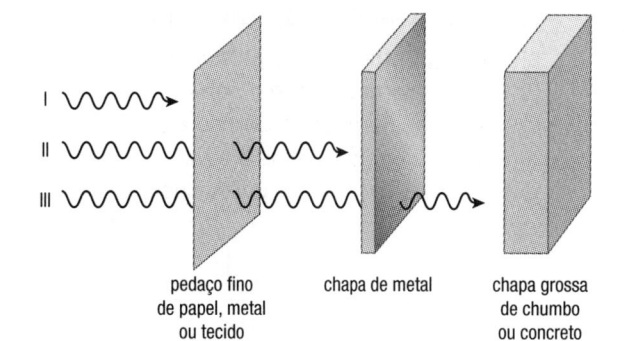

Com auxílio da figura, julgue os itens abaixo:

1. A radiação esquematizada em II representa o poder de penetração das partículas beta.
2. A radiação esquematizada em III representa o poder de penetração das partículas alfa.
3. As partículas alfa e beta são neutras.
4. Quando um núcleo radioativo emite uma radiação do tipo I, o número atômico é inalterado.

10. Dada a equação nuclear:

$$^{207}_{84}Po \longrightarrow x + ^{207}_{83}Bi$$

Quem é o x?

11. O gálio-67 emite radiação γ quando seu núcleo captura um elétron de sua eletrosfera. Escreva a equação dessa reação nuclear e identifique o nuclídeo formado.

Dados: $_{29}Cu$, $_{30}Zn$, $_{31}Ga$, $_{32}Ge$, $_{33}As$.

12. (UFV – MG) Uma amostra de material radioativo foi colocado em um compartimento de chumbo com uma pequena abertura. O esquema abaixo mostra o comportamento das emissões observadas frente a um campo elétrico.

As emissões A, B, C são, respectivamente:

a) Raios γ, partículas β e partículas α.
b) Raios γ, partículas α e a partícula β.
c) Partículas β, raios γ e partículas α.
d) Partículas α, partículas β e raios γ.
e) Partículas α, raios γ e partículas β.

13. Na transformação do $^{238}_{92}U$ em $^{206}_{82}Pb$, quantas partículas α e quantas β são emitidas por átomo de urânio inicial?

14. (CESGRANRIO – RJ) $^{206}_{238}Pb$ representa átomos estáveis do elemento Pb, obtidos por desintegrações sucessivas partindo do ^{238}U. Durante este processo, forma-se ^{230}Th. Assinale o número de partículas α e β emitidas na transformação:

$$^{230}_{90}Th \longrightarrow ^{206}_{82}Pb$$

Partículas:

	α	β
a)	5	4
b)	4	6
c)	6	5
d)	6	4
e)	4	5

15. Complete com o símbolo.

a) próton: _____

b) nêutron: _____

c) dêuteron: _____

d) pósitron: _____

16. Complete com os nomes dos processos.

a) $^{14}_{6}C \longrightarrow ^{0}_{-1}\beta + ^{14}_{7}N$ _____

b) $^{241}_{95}Am + ^{4}_{2}\alpha \longrightarrow ^{243}_{97}Bk + 2\,^{1}_{0}n$ _____

17. Dada a equação nuclear:
$$^{19}_{9}F + x \longrightarrow ^{22}_{11}Na + ^{1}_{0}n$$
Quem é o x?

18. (CESGRANRIO – RJ) Na obtenção de um dado elemento transurânio, por meio das reações nucleares:
$$^{238}_{92}U + ^{1}_{0}n \longrightarrow A + \gamma$$
e
$$A \rightarrow B + \beta$$
podemos afirmar que o isótopo B desse elemento transurânio possui número de massa respectivamente iguais a:
a) 93 e 239
b) 94 e 210
c) 95 e 241
d) 96 e 245
e) 97 e 248

19. (FUND. CARLOS CHAGAS) O ^{60}Co, largamente utilizado em radioterapia, é um nuclídeo obtido pelo bombardeamento de outro isótopo, o $^{59}_{27}Co$, segundo a reação $^{59}_{27}Co$ + projétil $\longrightarrow$ $^{60}_{27}Co$.

O projétil usado é:
a) um próton.
b) um nêutron.
c) radiação gama.
d) uma partícula alfa.
e) uma partícula beta.

20. (PUC – Campinas – SP) Entre algumas reações nucleares, muito úteis na produção de elementos químicos artificiais, pode ser citada a seguinte:
$$^{93}_{41}Nb + ^{4}_{2}He \longrightarrow ^{96}_{43}Tc + X$$
onde ocorre a emissão de uma partícula X, que é:
a) 1 próton.
b) 1 nêutron.
c) 1 partícula beta.
d) 1 partícula alfa.
e) 1 pósitron.

21. Complete com **quebra** ou **união**.

A fissão nuclear é a _____ de um núcleo grande ($^{235}_{92}U$, $^{239}_{94}Pu$) pelo bombardeamento de um nêutron, originando dois núcleos menores com liberação de grande quantidade de energia.

$$^{235}_{92}U + ^{1}_{0}n \longrightarrow ^{140}_{56}Ba + ^{93}_{36}Kr + 3\,^{1}_{0}n + energia$$

22. (CESGRANRIO – RJ) Assinale a alternativa que indica o isótopo do elemento X que completa a reação de fissão nuclear:
$$^{235}_{92}U + ^{1}_{0}n \longrightarrow ^{90}_{38}Sr + X + 3\,^{1}_{0}n$$
a) $^{145}_{53}I$
b) $^{143}_{53}I$
c) $^{145}_{51}Sb$
d) $^{144}_{54}Xe$
e) $^{143}_{54}Xe$

23. Complete com **fissão** ou **fusão**.

Reator nuclear é um equipamento de engenharia em que se efetua, de maneira controlada, uma _____ nuclear. Um reator nuclear é destinado a produzir energia elétrica.

24. Complete com **quebra** ou **união**.

A fusão nuclear é a _____ de núcleos pequenos originando um núcleo maior com liberação de grande quantidade de energia.

$$^{2}_{1}H + ^{3}_{1}H \longrightarrow ^{4}_{2}He + ^{1}_{0}n + energia$$

25. (FUVEST – SP) Na reação de fusão nuclear representada por $_1^2H + \,_1^3H \longrightarrow E + n$ ocorre a liberação de um nêutron (n). A espécie E deve ter:

a) 2 prótons e 2 nêutrons.
b) 2 prótons e 3 nêutrons.
c) 2 prótons e 5 nêutrons.
d) 2 prótons e 3 elétrons.
e) 4 prótons e 3 elétrons.

26. A meia-vida do polônio-218 é 3 min. Qual é o tempo necessário para que uma amostra desse radionuclídeo se reduza à quarta parte da inicial?

27. O isótopo $_{15}^{32}P$, cuja meia-vida vale 14 dias, é usado em certos laboratórios no estudo de alguns processos que ocorrem dentro de células vivas. Se um laboratório recebeu uma amostra de 20 g desse isótopo, quanto restará após 70 dias?

28. (PUC-Campinas – SP) Protestos de várias entidades ecológicas têm alertado sobre os danos causados pelas experiências nucleares francesas no Atol de Mururoa.

Isótopos radioativos prejudiciais aos seres vivos, como o ^{90}Sr, formam o chamado "lixo nuclear" desses experimentos.

Quantos anos são necessários para que uma amostra de ^{90}Sr, lançada no ar, se reduza a 25% de massa inicial?

a) 28,5
b) 57,0
c) 85,5
d) 99,7
e) 114

Dado: meia-vida $^{90}Sr = 28,5$ anos.

29. (FUVEST – SP) O radioisótopo $_{53}^{131}I$ emite radiação β^- e perde 75% de sua atividade em 16 dias.

a) Qual o tempo de meia-vida de $_{53}^{131}I$?
b) Qual o elemento formado nessa desintegração?

Dados: $_{54}Xe$, $_{55}Cs$.

30. (FATEC – SP) O actínio-225 é obtido artificialmente e tem tempo de meia-vida igual a 10 dias. Isso significa que, a cada 10 dias, a quantidade dessa espécie radioativa em uma amostra cai à metade. Sendo assim, nanobombas contendo uma quantidade x de actínio-225, após 10 dias, passam a conter uma quantidade x/2, após mais 10 dias, passam a conter x/4 e assim por diante.

Entre os gráficos representados abaixo, o que mostra a variação da atividade radioativa do actínio-225 em função do tempo, está na alternativa:

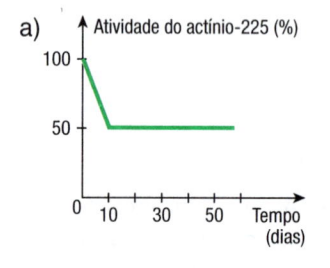

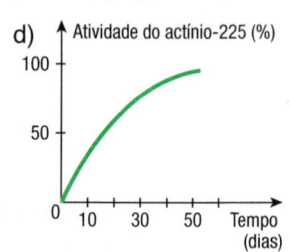

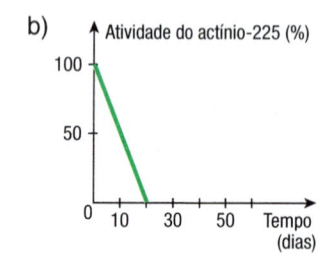

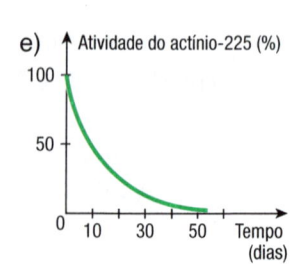

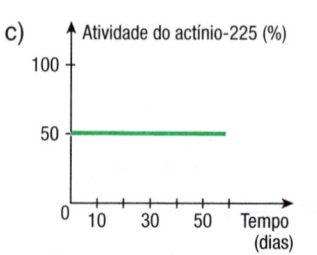

31. (FUVEST – SP) O decaimento radioativo de uma amostra de Sr-90 está representado no gráfico abaixo. Partindo-se de uma amostra de 40,0 g, após quantos anos, aproximadamente, restarão apenas 5,0 g de Sr-90?

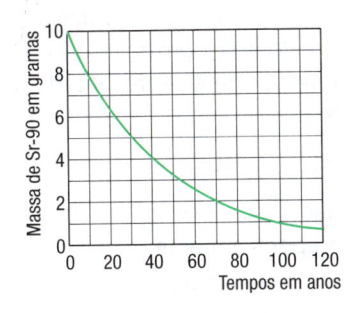

a) 15
b) 54
c) 90
d) 100
e) 120

Exercícios Série Ouro

1. (UNESP) A natureza das radiações emitidas pela desintegração espontânea do $^{234}_{92}U$ pode ser estudada através do arranjo experimental mostrado na figura.

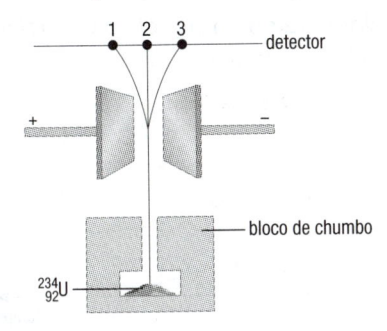

a) A abertura do bloco de chumbo dirige o feixe de radiação para passar entre duas placas eletricamente carregadas, verificando-se a separação em três novos feixes, que atingem o detector nos pontos 1, 2 e 3.
Qual é o tipo de radiação que atinge o detector no ponto 3? Justifique.

b) Representando por X o novo núcleo formado, escreva a equação balanceada da reação nuclear responsável pela radiação detectada no ponto 3.

2. (FGV – SP) O isótopo de massa 226 do elemento químico rádio ($^{226}_{88}Ra$) é produzido naturalmente a partir do decaimento radioativo do $^{238}_{92}U$. Os números de partículas alfa e beta emitidas para a obtenção de um átomo de $^{226}_{88}Ra$ partir do $^{238}_{92}U$ são, respectivamente,

a) 2 e 3.
b) 3 e 1.
c) 3 e 2.
d) 3 e 3.
e) 4 e 1.

3. (UNIFESP) O isótopo 131 do iodo (número atômico 53) é usado no diagnóstico de disfunções da tireoide, assim como no tratamento de tumores dessa glândula. Por emissão de radiações β e γ, esse isótopo se transforma em um outro elemento químico, E. Qual deve ser a notação desse elemento?

a) $^{130}_{52}E$
b) $^{131}_{52}E$
c) $^{130}_{53}E$
d) $^{130}_{54}E$
e) $^{131}_{54}E$

4. (ITA – SP) Considere as seguintes equações relativas a processos nucleares:

I. $^{8}_{3}Li \longrightarrow ^{4}_{2}He + ^{4}_{2}He + x$
II. $^{7}_{4}Be + y \longrightarrow ^{7}_{3}Li$
III. $^{8}_{5}B \longrightarrow ^{8}_{4}Be + z$
IV. $^{3}_{1}H \longrightarrow ^{3}_{2}He + w$

Ao completar as equações dadas, as partículas x, y, z e n são, respectivamente:

a) pósitron, alfa, elétron e elétron.
b) elétron, alfa, elétron e pósitron.
c) alfa, elétron, elétron e pósitron.
d) elétron, elétron, pósitron e elétron.
e) elétron, elétron, pósitron e nêutron.

Segundo o texto, foi possível obter o elemento 114 quando um átomo de plutônio-242 colidiu com um átomo de cálcio-48, a 1/10 da velocidade da luz. Em cerca de 0,5 segundo, o elemento formado transforma-se no elemento de número atômico 112 que, por ter prioridades semelhantes às do ouro, forma amálgama com mercúrio. O provável processo que ocorre é representado pelas equações nucleares:

$$^{242}_{94}Pu + ^{48}_{20}Ca \longrightarrow ^{a}_{114}X \longrightarrow ^{286}_{112}Y + b$$

Com base nestas equações, pode-se dizer que α e β são, respectivamente:

a) 290 e partícula beta.
b) 290 e partícula alfa.
c) 242 e partícula beta.
d) 242 e nêutron.
e) 242 e pósitron.

5. (UNIRIO – RJ) De acordo com a série radioativa a seguir, identifique X, Z, R e T, descrevendo os números atômicos e números de massa correspondentes.

$$^{238}_{92}U \xrightarrow{\alpha} X \xrightarrow{\beta} Y \xrightarrow{\beta} Z \xrightarrow{\alpha} M \xrightarrow{\alpha} R$$
$$\xrightarrow{\alpha} Q \xrightarrow{\alpha} T \xrightarrow{\alpha} ^{214}_{82}Pb$$

6. Em 1934 surgiu o primeiro isótopo artificial radioativo. O alumínio foi bombardeado com partículas α (alfa), chegando-se a um isótopo radioativo de fósforo, de acordo com a equação abaixo:

$$^{27}_{13}Al + \alpha \longrightarrow ^{30}_{15}P + x$$

O fósforo $^{30}_{15}P$, por sua vez, emite uma partícula y e se transforma em $^{30}_{14}Si$.

As partículas x e y são, respectivamente:

a) nêutron e elétron.
b) beta e próton.
c) beta e pósitron.
d) próton e nêutron.
e) nêutron e pósitron.

7. (VUNESP – SP) *Cientistas russos conseguem isolar o elemento 114 superpesado.*

Folha Online, 31 maio 2006.

8. (FATEC – SP) Considere que $^{210}_{82}Pb$ sofra a seguinte sequência de decaimento radioativo:

$$^{210}_{82}Pb \longrightarrow ^{210}_{83}Bi \longrightarrow ^{210}_{84}Po$$

Considere também o gráfico que relaciona massa no nuclídeo x tempo.

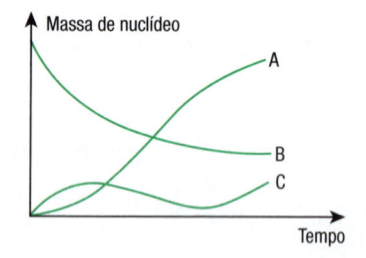

As curvas A, B e C correspondem, respectivamente, a:

	Curva A	Curva B	Curva C
a)	$^{210}_{82}Pb$	$^{210}_{83}Bi$	$^{210}_{84}Po$
b)	$^{210}_{84}Po$	$^{210}_{82}Pb$	$^{210}_{83}Bi$
c)	$^{210}_{83}Bi$	$^{210}_{82}Pb$	$^{210}_{84}Po$
d)	$^{210}_{84}Po$	$^{210}_{83}Bi$	$^{210}_{82}Pb$
e)	$^{210}_{82}Pb$	$^{210}_{84}Po$	$^{210}_{83}Bi$

9. (UFF – RJ) O iodo-131 é um radiosótopo do iodo que emite partículas beta e radiação gama. É utilizado para o diagnóstico de problemas na glândula tireoide. No exame, o paciente ingere uma solução contendo I-131 e por meio de um detector verifica-se a quantidade de iodo absorvido e sua distribuição na glândula.

Se a atividade de certa amostra de iodo diminuiu de 160 mCi no instante inicial para 10 mCi após 32 dias, a atividade dessa amostra 16 dias depois do instante inicial era, em mCi, igual a:

a) 20
b) 30
c) 40
d) 80
e) 85

10. (UNIFESP) O isótopo ^{238}U é utilizado para localizar tumores no cérebro e em estudos de formação de ossos e dentes. Uma mesa de laboratório foi contaminada com 100 mg desse isótopo, que possui meia-vida de 14,3 dias. O tempo mínimo, expresso em dias, para que a radioatividade caia a 0,1% do seu valor original, é igual a:

a) 86
b) 114
c) 129
d) 143
e) 157

11. (UNESP) O cobre-64 $^{64}_{29}Cu$ é usado na forma de acetato de cobre para investigar tumores no cérebro. Sabendo-se que a meia-vida desse radioisótopo é de 12,8 horas, pergunta-se:

a) Qual a massa de cobre-64 restante, em miligramas, após 2 dias e 16 horas, se sua massa inicial era de 32 mg?

b) Quando um átomo de cobre-64 sofre decaimento, emitindo duas partículas α, qual o número de prótons e nêutrons no átomo formado?

12. (UFRRJ) As células cancerosas são mais fracas que as normais e, por esse motivo, uma dose controlada de radiação incidindo apenas sobre o local do tumor pode matar apenas as células cancerosas. Esse é o princípio da chamada radioterapia do câncer. O cobalto-60, usado no tratamento do câncer, possui tempo de meia-vida de aproximadamente 5 anos. Observou-se, por exemplo, que uma amostra desse radionúcleo colocado em uma cápsula lacrada e aberta após 20 anos continha 750 mg de cobalto-60.

a) Qual a quantidade de cobalto-60 colocada inicialmente na cápsula?

b) Qual a porcentagem de material que restou da amostra inicial?

13. (UNIFESP) O decaimento do tecnécio-99, um isótopo radioativo empregado em diagnóstico médico, está representado no gráfico fornecido a seguir:

Uma amostra típica de tecnécio-99 usada em exames apresenta uma atividade radioativa inicial de $2 \cdot 10^7$ desintegrações por segundo. Usando as informações do gráfico, pode-se prever que essa amostra apresentará uma atividade de $2,5 \cdot 10^6$ desintegrações por segundo após, aproximadamente:

a) 3,5 horas.
b) 7 horas.
c) 10 horas.
d) 18 horas.
e) 24 horas.

14. O gráfico mostra a radioatividade em uma amostra de radiofármaco contendo Tl-201, usado em diagnósticos por imagem do miocárdio. A abscissa mostra o número de dias decorridos a partir da produção desse fármaco e a ordenada mostra a radioatividade corresponde naquele dia.

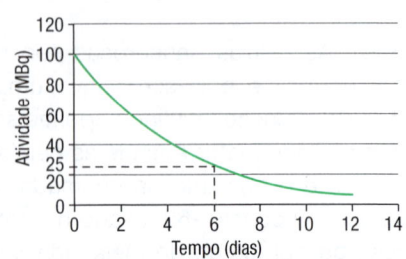

A radioatividade nessa amostra (A_f) será de cerca de 1 milésimo da inicial (A_i), após:

a) 15 dias.
b) 30 dias.
c) 2 meses.
d) 4 meses.
e) 6 meses.

Dados: $\dfrac{A_i}{A_f} = 2^x$, x = número de meias-vidas e log 2 = 0,3.

15. (UERJ) Na datação de rochas pode-se empregar a técnica do potássio-40. A conversão deste isótopo em argônio-40, por captura de elétron, tem meia-vida de $1,28 \cdot 10^9$ anos e é representada pela seguinte equação.

$$_{19}^{40}K + _{-1}^{0}e \longrightarrow _{18}^{40}Ar$$

a) Estime a idade, em anos, de uma amostra de rocha cuja razão entre os números de isótopos de argônio-40 e potássio-40 seja igual a 7. Assuma que todo o argônio presente na rocha foi produzido a partir do potássio-40.

b) Existe uma outra forma de decaimento do potássio-40, que consiste na emissão de uma partícula beta. Escreva a equação que representa esta emissão.

16. (FUVEST – SP) O isótopo 14 do carbono emite radiação β, sendo que 1 g de carbono de um vegetal vivo apresenta cerca de 900 decaimentos β por hora — valor que permanece constante, pois as plantas absorvem continuamente novos átomos de ^{14}C da atmosfera enquanto estão vivas. Uma ferramenta de madeira, recolhida num sítio arqueológico, apresentava 225 decaimentos β por hora por grama de carbono. Assim sendo, essa ferramenta deve datar, aproximadamente, de

a) 19100 a.C.
b) 17100 a.C.
c) 9400 a.C.
d) 7400 a.C.
e) 3700 a.C.

Dado: tempo de meia-vida do ^{14}C = 5.700 anos.

17. (UNICAMP – SP) O homem, na tentativa de melhor compreender os mistérios da vida, sempre lançou mão de seus conhecimentos científicos e/ou religiosos. A datação por carbono quatorze é um belo exemplo da preocupação do homem em atribuir idade aos objetos e datar os acontecimentos.
Em 1946, a química forneceu as bases científicas para a datação de artefatos arqueológicos, usando o ^{14}C. Esse isótopo é produzido na atmosfera pela ação da radiação cósmica sobre o nitrogênio, sendo posteriormente transformado em dióxido de carbono. Os vegetais absorvem o dióxido de carbono e, através da cadeia alimentar, a proporção de ^{14}C nos organismos vivos mantém-se constante. Quando o organismo morre, a proporção de ^{14}C nele presente diminui, já que, em função do tempo, se transforma novamente em ^{14}N. Sabe-se que, a cada período de 5.730 anos, a quantidade de ^{14}C reduz-se à metade.

a) Qual o nome do processo natural pelo qual os vegetais incorporam o carbono?

b) Poderia um artefato de madeira, cujo teor determinado de ^{14}C corresponde a 25% daquele presente nos organismos vivos, ser oriundo de uma árvore cortada no período do Antigo Egito (3200 a.C. a 2300 a.C.)? Justifique.

c) Se o ¹⁴C e o ¹⁴N são elementos diferentes que possuem o mesmo número de massa, aponte uma característica que os distingue.

18. (FUVEST – SP) Considere os seguintes materiais:

I. Artefato de bronze (confeccionado pela civilização inca).
II. Mangueira centenária (que ainda produz frutos nas ruas de Belém do Pará).
III. Corpo humano mumificado (encontrado em tumbas do Egito Antigo).

O processo de datação, por carbono-14, é adequado para estimar a idade apenas.

a) do material I.
b) do material II.
c) do material III.
d) dos materiais I e II.
e) dos materiais II e III.

19. (UNIFESP) 2011 foi o Ano Internacional da Química; nesse ano, comemoram-se também os 100 anos do recebimento do Prêmio Nobel de Química por Marie Curie, pela descoberta dos elementos químicos rádio e polônio. Ela os obteve purificando enormes quantidades de minério de urânio, pois esses elementos estão presentes na cadeia de decaimento do urânio-238. Vários radionuclídeos dessa cadeia emitem partículas alfa ($^4_2\alpha$) ou beta negativa (β^-).

a) O Po-210 decai por emissão alfa com meia-vida aproximada de 140 dias, gerando um elemento estável. Uma amostra de Po-210 de altíssima pureza foi preparada, guardada e isolada por 280 dias. Após esse período, quais elementos químicos estarão presentes na amostra e em que proporção, em número de átomos?
b) Qual o número de partículas alfa e o número de partículas beta negativa que são emitidas na cadeia de decaimento que leva de um radionuclídeo de Ra-226 até um radionuclídeo de Po-210? Explique.

Dado: $_{84}$Po; $_{82}$Pb; $_{88}$Ra.

20. (FUVEST – SP) Os elementos químicos se relacionam de diferentes maneiras com os organismos vivos. Alguns elementos são parte da estrutura das moléculas que constituem os organismos vivos. Outros formam íons essenciais à manutenção da vida. Outros, ainda, podem representar riscos para os seres vivos: alguns, por serem tóxicos, outros, por serem radiativos.

Observe o esquema da tabela periódica, no qual estão destacados quatro elementos químicos, identificados pelas letras **w**, **x**, **y** e **z**.

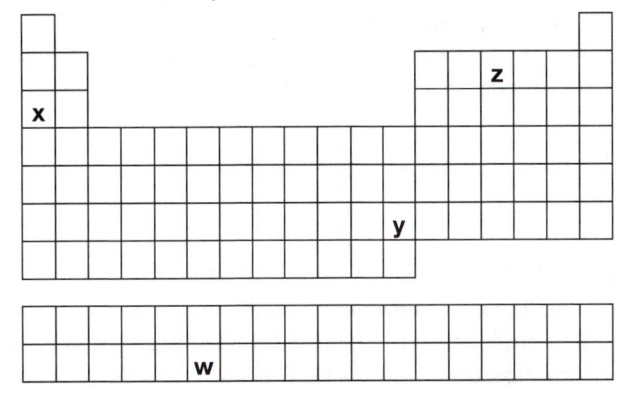

Considerando suas posições na tabela periódica, assinale a alternativa que melhor associa esses quatro elementos químicos com as propriedades discutidas acima.

	Elemento w	Elemento x	Elemento y	Elemento z
a)	elemento radioativo	íon essencial	metal tóxico	elemento estrutural
b)	metal tóxico	íon essencial	elemento estrutural	elemento radioativo
c)	elemento radioativo	elemento estrutural	íon essencial	metal tóxico
d)	elemento estrutural	elemento radiativo	íon essencial	metal tóxico
e)	elemento radiativo	metal tóxico	elemento estrutural	íon essencial

Exercícios Série Platina

1. (FUVEST – SP) A proporção do isótopo radioativo do carbono (^{14}C), com meia-vida de, aproximadamente, 5.700 anos, é constante na atmosfera. Todos os organismos vivos absorvem tal isótopo por meio da fotossíntese e alimentação. Após a morte desses organismos, a quantidade incorporada do ^{14}C começa a diminuir exponencialmente, por não haver mais absorção.

a) Por que um pedaço de carvão que contenha 25% da quantidade original de ^{14}C não pode ser proveniente de uma árvore do início da era cristã?

b) Por que não é possível fazer a datação de objetos de bronze a partir da avaliação da quantidade de ^{14}C?

b) O decaimento radioativo pode originar três diferentes tipos de partículas: α, β e γ. Para efeito de resposta ao item, considere apenas α e β. A partícula β tem uma massa igual à massa do elétron, enquanto a partícula α tem uma massa igual à do núcleo do átomo de hélio. Considerando essas informações, que tipo de decaimento sofre o ^{192}Ir, α ou β? Justifique.

Dado: $_{77}Ir$, $_{78}Pt$.

2. (UNICAMP – SP) A revista nº 162 apresenta uma pesquisa desenvolvida no Instituto de Pesquisa Energéticas e Nucleares (IPEN) sobre a produção de fios de irídio-192 para tratar tumores. Usados em uma ramificação da radioterapia chamada braquiterapia, esses fios são implantados no interior dos tumores e a radiação emitida destrói as células cancerígenas e não os tecidos sadios. O ^{192}Ir se transforma em ^{192}Pt por um decaimento radioativo e esse decaimento em função do tempo é ilustrado na figura abaixo.

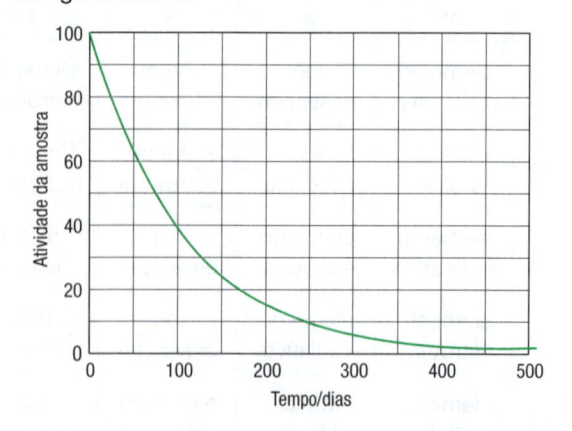

a) Considerando que a radiação é gerada por uma liga que contém inicialmente 20% de ^{192}Ir e 80% de ^{192}Pt, depois de quantos dias essa liga se transformará em uma liga que contém 5% de ^{192}Ir e 95% de ^{192}Pt? Mostre seu raciocínio.

3. O isótopo $^{226}_{88}Ra$, utilizado em tratamentos medicinais, é um alfa-emissor com tempo de meia-vida de 3,8 dias.

a) Escreva a equação de decaimento sabendo que produz Rn (radônio).

b) Para estudar a decomposição do ^{226}Ra, realizou-se um experimento em que uma amostra sólida de 1 mol dessa substância foi introduzida em uma ampola com capacidade de 8,2 L. Nessa ampola, a pressão interna inicial era igual a 1,5 atm e a temperatura, constante em todo o experimento, igual a 27 °C. Calcule a pressão, em atm, no interior da ampola, 7,6 dias após o início do experimento, sabendo que as partículas alfa se transformaram em gás hélio.

Dado: $R = 0,082 \dfrac{atm \cdot L}{atm \cdot K}$.

4. (UFSCar – SP) A queima de 1 litro de gasolina fornece 33 kJ de energia. A fissão de somente 1 g de $^{235}_{92}U$ fornece $8{,}25 \cdot 10^7$ kJ de energia. A bomba de Hiroshima, utilizada pelos Estados Unidos contra o Japão no final da Segunda Guerra Mundial, tinha uma quantidade de urânio de aproximadamente 16 kg. Essa é a massa crítica necessária para a obtenção da reação em cadeia de fissão e, consequentemente, a explosão.

a) Considerando a gasolina como sendo constituída por octano, escreva a sua fórmula estrutural.

b) Calcule o valor de **A**.

$$^{235}_{92}U + ^{1}_{0}n \longrightarrow ^{90}_{35}Br + ^{A}_{57}La + 3\ ^{1}_{0}n + \text{energia}$$

c) Calcule a energia liberada na explosão da bomba de Hiroshima. Mostre os cálculos.

d) Sabendo que um caminhão-tanque tem capacidade para transportar 40.000 L de gasolina, quantos milhões de caminhões-tanque cheios seriam necessários para produzir quantidade de energia similar àquela liberada na explosão da bomba de Hiroshima? Mostre os cálculos.

5. (FUVEST – SP) Para diagnósticos de anomalias da glândula tireoide, por cintilografia, deve ser introduzido, no paciente, iodeto de sódio, em que o ânion iodeto é proveniente de um radioisótopo do iodo (número atômico 53 e número de massa 131). A meia-vida efetiva desse isótopo (tempo que decorre para que metade da quantidade do isótopo deixe de estar presente na glândula) é de aproximadamente 5 dias.

a) O radioisótopo em questão emite radiação β^-. O elemento formado nessa emissão é $_{52}Te$, ^{127}I ou $_{54}Xe$? Justifique.
Escreva a equação nuclear correspondente.

b) Suponha que a quantidade inicial do isótopo na glândula (no tempo zero) seja de 1.000 µg. Determine o tempo, em dias, necessário para que essa amostra se reduza para 0,125 µg. Mostre seus cálculos.

6. (UNESP – SP) Para determinar o tempo em que certa quantidade de água permaneceu em aquíferos subterrâneos, pode-se utilizar a composição isotópica com relação aos teores de trítio e de hidrogênio. A água da chuva apresenta a relação $^{3}_{1}H/^{1}_{1}H = 1{,}0 \cdot 10^{-17}$ e medições feitas na água de um aquífero mostraram uma relação igual a $6{,}25 \cdot 10^{-19}$.

Um átomo de trítio sofre decaimento radioativo, resultando em um átomo de um isótopo de hélio, com emissão de uma partícula beta.

a) Escreva a equação química para o decaimento radioativo do trítio.

b) Sabendo que sua meia-vida é de 12 anos, determine por quanto tempo a água permaneceu confinada no aquífero. Justifique sua resposta com cálculos.

Cap. 14 | Radioatividade **333**